平安校园建设的实践与探索

——北京高教保卫学会第十四届学术年会优秀论文选集

主　编／宁秋娅

副主编／王建辉　卢向红　赵如发　孙　毅　辛　磊　孙铭涛

北京航空航天大学出版社
BEIHANG UNIVERSITY PRESS

图书在版编目（CIP）数据

平安校园建设的实践与探索：北京高教保卫学会第十四届学术年会优秀论文选集 / 宁秋娅主编. -- 北京：北京航空航天大学出版社，2021.6

ISBN 978-7-5124-3433-2

Ⅰ.①平… Ⅱ.①宁… Ⅲ.①高等学校—保卫工作—北京—文集 Ⅳ.①G647.4-53

中国版本图书馆 CIP 数据核字（2020）第 254136 号

平安校园建设的实践与探索：北京高教保卫学会第十四届学术年会优秀论文选集

责任编辑：曲建文
责任印制：秦　赟
出版发行：北京航空航天大学出版社
地　　址：北京市海淀区学院路 37 号（100191）
电　　话：010 - 82317023（编辑部）　010 - 82317024（发行部）
　　　　　010 - 82316936（邮购部）
网　　址：http：//www.buaapress.com.cn
读者信箱：bhxszx@163.com
印　　刷：北京九州迅驰传媒文化有限公司
开　　本：787mm × 1092mm　1/16
印　　张：35.5
字　　数：715 千字
版　　次：2021 年 6 月第 1 版
印　　次：2021 年 6 月第 1 次印刷
定　　价：78.00 元

序

建设更高水平的平安中国，是以习近平同志为核心的党中央做出的重大战略部署。党的十八大以来，习近平总书记提出了建设平安中国的战略目标、总体思路和重点任务，多次对平安中国建设做出重要指示。在全国高校思想政治工作会议上，习近平总书记强调要坚持不懈促进高校和谐稳定，培养理性和平的健康心态，加强人文关怀和心理疏导，把高校建设成为安定团结的模范之地。2020 年 12 月 11 日，习近平总书记在中央政治局第二十六次集体学习时强调，坚持系统思维构建大安全格局，坚持总体国家安全观，把国家安全贯穿到党和国家工作各方面全过程，为建设社会主义现代化国家提供坚强保障。总书记一系列重要批示指示，为我们做好北京高校平安建设、坚决维护北京高校安全稳定指明了前进方向，提供了根本遵循。

近年来，北京高校系统以习近平新时代中国特色社会主义思想为指导，深入贯彻落实党的十九大和十九届二中、三中、四中、五中全会精神，增强“四个意识”、坚定“四个自信”、做到“两个维护”，坚持稳中求进工作总基调，牢固树立安全发展理念，弘扬生命至上、安全第一的思想，全面落实中央和北京市委关于平安建设部署要求，以首善标准全面推进平安校园建设。“十二五”期间，北京市委教育工委、市教委出台《关于深入推进高校平安校园创建工作的意见》，指导北京高校扎实推进组织领导、维护稳定、矛盾排查、综合防控、安全管理、应急处置等六大体系建设，大安全、大稳定的工作格局基本形成。“十三五”期间，我们在前期工作的基础上，进一步分析高校安全稳定面临的形势任务，针对“平安校园”建设中还没有解决的短板弱项，研究制订《关于“十三五”时期实施高校“平安校园”建设提升工程的意见》，组织北京高校再用五年的时间，致力于强化基础、完善机制、补齐短板，持续深化平安校园建设。经过十年的建设与探索，我们切身感到，北京高校平安校园建设的体制机制更加完善，工作机构、制度机制和责任体系更加完备，安全稳定工作整体效能得到有效提升；基础工作更加精细，分类别、分领域、分等级的管理体系与业务规范逐步完善，操作流程更加科学清晰，工作的规范性和实效性明显增强；条件保障更加有力，物技防系统整合联动更加有效，安全稳定工作信息化水平明显提升，专兼职队伍数量得到有效保障，队伍结构层次更加优化。工作成效更加明显，一些突出问题与薄弱环节得到明显改进，高校积极应对各类风险挑战和复杂局面的能力得到有效提升。近年来，北京高校圆满完成了新中国成立 70 周年庆祝活动等一系列重大专项任务，保持了和谐稳定的良好局面，为高校改革发展奠定了坚实基础，为维护首都安全大局做出了应有贡献。

平安校园建设涉及国家安全的方方面面，与学校消防、交通、治安、实验室、大型活动管理等日常性、基础性工作密不可分，与每一位师生员工息息相关，涵盖人、事、地、物、组织、网络等校园管理的全要素，包含组织领导、研判预警、日常管理、综合防控、安全检查、应急管理、条件保障等诸多子系统。总的来看，平安校园建设内容丰富、对象众多、体系复杂，有很强的系统性、规律性和科学性，迫切需要我们静下心来深入研究，努力在把握规律、形成规范、指导实践上下功夫。

北京市委教育工委高度重视平安校园建设相关研究工作，每年划拨专项经费，依托北京高教保卫学会组织开展课题研究，针对平安校园建设中的重点难点问题立项了一批重大、重点和一般课题，充分发挥北京高校的人才和智力优势，集中精力开展定向研究，着力破解一批问题、形成一批规范，指导平安校园建设工作实践。为进一步调动更多地高校一线干部参与研究，我们鼓励引导高校申请设立了一批自筹课题，给一线干部提供研究问题、展示自我的平台，边干边想、勇于探索的研究型工作已蔚然成风。我们组织专家团队对立项课题全程把关，开题前出谋划策，进一步聚焦目标和问题；研究中听取汇报督促进度，协调解决研究中遇到的问题，确保研究工作顺利推进；结题时专家论证评审验收，确保课题研究的质量；结题后推广成果重在应用，防止空谈空想落不了地。我们通过一系列高质量的研究进一步厘清了工作思路，把握了工作规律，产生了一批优秀研究成果。也进一步提高了安全稳定战线干部职工的战略思维、创新思维、辩证思维、法治思维和底线思维，增强了平安校园建设的系统性、创造性和科学性，锻炼了工作队伍，提升了能力水平。

北京高教保卫学会精心挑选近年来平安校园建设研究与实践取得的优秀成果，编写出版《平安校园建设的实践与探索——北京高教保卫学会第十四届学术年会优秀论文选集》。本书选编了 2015、2016 年立项经结题评审而产生的优秀研究报告 6 项，以及第十四届学术年会录用的优秀论文 39 篇。这些成果有理论层面的研究，有工作经验的总结，有难点问题的探索，有实践形成的规范，凝结了北京高校安全稳定战线的智慧与心血。我们相信，本书的出版对高校系统进一步做好高校安全稳定工作、打造更高水平的平安校园将起到积极的促进作用，也必将激励我们持之以恒地组织开展平安校园建设领域的研究和探索，力争产生更多更好的经验成果。

党的十九届五中全会进一步就统筹发展和安全、建设更高水平的平安中国提出要求、做出部署，同时吹响了构建高质量教育体系的“冲锋号”。北京高校系统将认真落实中央和北京市委关于平安建设决策部署，立足两个大局和两个百年，深刻认识高校发展环境面临的新格局新特点新风险，进一步坚定发展信心、保持战略定力，进一步认清复杂环境，警惕风险挑战，在统筹总体国家安全观工作布局中提升政治站位，在统筹校园安全稳定与改革发展中展现使命担当，在构建高质量教育体系中防范化解风险，在推进校园治理体系现代化进程中提升能力水平，坚持久久为功、精准研判、深入研究，努力推进建设更高水平的平安校园。

中共北京市委教育工作委员会
副书记　李军锋
2021 年 6 月

目 录

首都高校消防安全检查指标体系研究

北京科技大学《首都高校消防安全检查指标体系研究》课题组

1 前言

消防安全是高校安全的一个重要组成部分，在国家层面制定了“坚持安全发展，加强安全生产”的战略部署，并提出坚持安全第一、预防为主、综合治理工作方针。对高校自身，良好的安全环境既是高校正常教学秩序、科研工作顺利进行的有力保证，也是确保学校和师生人身、财产安全的一个重要因素。作为消防安全工作重要手段之一的消防安全检查日益显现出其重要地位和作用，并也得到了一定发展。当前如何针对高校特点，做好高校消防安全检查工作，成为一个具有现实意义的课题。

根据市委教育工委、保卫学会关于2015年研究课题申报指南，北京科技大学申报了《首都高校消防安全检查指标体系研究》课题，并获得批准立项。保卫保密处处长刘兴德同志为课题负责人，课题组成员以主管消防安全工作的同志为主体，具有研究能力的其他同志参与共同组成。同时邀请教育部应急专家、原北京科技大学保卫保密处处长贾水库研究员为顾问。

1.1 课题研究背景

1.1.1 课题研究必要性

高校是社会的一个重要组成部分，良好的安全环境既是高校正常教学秩序、科研工作顺利进行的有力保证，也是确保学校集体和师生人身、财产安全的一个重要因素。高校消防安全是校园安全的重中之重，一旦发生火灾事故很容易造成重大人员伤亡，成为校园安全稳定不利因素，也给社会整体稳定带来影响。

消防安全是高校安全生产的重要组成部分，推动高校安全文化、安全法制、安全责任、安全科技、安全投入、安全检查“六要素”落实到位，特别是全面加强高校消防安全工作，提升消除火灾隐患、组织扑救初起火灾、组织人员疏散逃生、消防宣传教育培训“四个能力”建设等要求，有其重大现实意义。但是，个别高校存在领导不够重视、经费投入不足、宣传教育力度不够、检查不到位等问题。安全检查特别是消防安全检查，不够系统化、规范化、科学化。消防安全检查日益显现出其重要地位和作用，研究制定高校消防安全检查体系课题十分必要。

1.1.2 课题研究意义

随着社会、经济快速发展，高等教育事业突飞猛进，高校安全工作面临许多新情况新问题，消防安全工作与学校的快速发展还不适应。例如消防设施设备配置增多、性能检测不及时、运行状态差；新的建筑设计防火规范（2015 年 5 月 1 日）出台，对老式楼宇等部分校园建筑消防设施提出新要求；校园部分楼宇因教学、科研、办公需要改变其原有建筑用途，原有消防设施不能满足现有功能需要；消防检查指标细化不够；根据现有功能需求，消防经费投入不足；消防安全从业人员培训滞后，缺乏工作技能等，高校消防安全工作面临严峻形势。

高校消防安全检查是学校消防安全管理工作的重要工作职责，是发现和消除火灾隐患，杜绝高校群死群伤等重大安全事故，维护高校安全稳定的重要工作手段，也是做好高校校园防火工作的核心和基础。《高等学校消防安全管理规定》（教育部、公安部第 28 号令）中明确指出了高校消防安全检查的重点和重心，但当前高校消防监督检查工作中仍然面临诸多问题，如消防安全检查制度不完善、体系不健全、检查不规范、隐患排查不科学，特别是监督检查人员存在对校园空间检查内容不了解、指标不明确、专业知识匮乏、检查技能不强等问题。研究和解决这些问题，有助于进一步提高安全管理人员消防安全检查能力和整改火灾隐患的水平，提升整个校园的消防安全检查工作整体水平，更好地服务于高校中心工作。开展首都高校消防安全检查指标体系研究，对推动高校消防安全工作体系化、规范化、科学化具有重要的现实意义。

1.2 文献综述

消防安全检查是一项综合性的工作，涉及学校多个方面。当前我国专家学者对消防安全监督检查工作已有研究，主要集中在法律依据、问题对策、机制体系及设施设备等方面。研究成果具有代表性的论著有：陈景新的《如何开展消防监督检查》，按照《消防法》等有关法规和技术规范，对消防监督检查、办理消防产品检测、办理火灾责任事故罪等执法流程进行了明确阐述，使消防监督检查工作做到有法可依、有章可循，从而全面推进消防监督执法规范化建设的进程。张冬萍的《谈现阶段消防监督检查现状与对策》，针对当前社会单位消防安全管理的现状，分析了消防监督工作存在的问题，并提出了进一步改进和加强社会消防安全管理工作的对策和建议，以及提高消防监督员发现和整改火灾隐患的能力，提升消防监督整体水平。傅智敏等的《消防检查员专业资质标准初探》，在对比中美消防检查员资格考试制度的基础上，提出了在我国建立更为完善的消防检查员资质标准制度的方案。万伟光的《浅谈城市建筑消防检查与消防管理》，针对我国经济的发展，城市化进程的加快，结合自己的工作经验，对城市建筑消防检查和消防管理的有关内容进行分析，从城市建筑消防检查的程序、城市建筑消防管理要点等几个方面，对该问题进行分析。刘彦富的《试论城市高层建筑消防排烟系统的检查与维护》，在详细阐释高层建筑防排烟系统重要性的基础上，重点分析防排烟系统目前存在的一些问题及检查与维护的方法。邸英的《物联网技术在消防监督检查业务中的应用前景分析》，通过对物联网技术以及消防业务需求的分析，对物联网技术在消防监督检查业务领域的应用进行了详细的阐述。

目前关于消防安全检查工作的研究中，专家学者、消防从业人员们结合消防工作实际，从不同角度对消防检查工作进行了研究，并从不同的角度提出了加强消防检查工作的意见。综合各方面研究，呈现以下特点：谈问题的多，从取得的成绩中总结推广经验的少；定性研究的多，定量统计分析和比较的少；针对管理制度、教育培训等软性研究的多，基础设施等硬件配备及建设建议研究少。但是高等学校校园在社会单位中有其特殊性，具有人员密集、建筑物集中、建筑火灾负荷大、人为产生火灾隐患多等特点。而针对校园消防安全检查体系的研究凤毛麟角。因此，高校消防安全检查体系研究对当前高校消防安全管理工作有其现实指导意义。

1.3 课题研究的内容和方法

1.3.1 课题研究内容

本课题将依据国家全面深化改革依法治国的战略部署精神，根据国家法律规章和高校依法治校、提升治理能力等自身发展对消防安全工作提出的要求，重点按照当前高校消防检查工作现状、问题，本着为教学、科研服务的宗旨和坚持“预防为主、防消结合”的方针，对高校消防安全检查的原则、依据、内容和指标等进行研究，探讨高校消防安全检查指标体系的建立，为实现高校消防检查工作制度化、检查规范化和法制化、手段科学化提供智力支持。

1.3.2 课题研究方法

本课题预计采用文献综述法、实证研究法以及调查与访谈相结合的方法，重点在包括消防安全“检查体系、检查主要内容、检查重点部位、问题整改及检查监督”等在内的总体框架里，对建立高校消防安全检查指标体系进行探讨和研究。

2 高校消防安全检查工作的现状及特点

2.1 消防安全检查工作现状

消防安全检查工作是落实高校消防安全工作措施的关键，也是发现火灾隐患、预防火灾事故发生的重要抓手。消防安全检查工作是否到位，与能否有效阻止或减少火灾事故发生有直接关系。现阶段高校消防安全检查工作中尚存在问题。

（1）规范、科学的检查指标缺失

高校消防安全管理人员进行检查时没有具体的检查指标，尽管检查覆盖了高校消防各个方面，但缺乏统一、具体的指标，造成了检查过程中消防安全管理人员只能凭借自己的经验和主观认识做出判断，难免在检查工作中产生片面性，隐患得不到及时发现和整改。

（2）消防安全检查工作体系不健全

部分高校对消防安全工作重视程度不够，消防安全领导体系和工作机制还需要进一步完善，特别是部分高校消防安全检查工作流于形式，健全的消防安全检查工作机制尚未建立，安全隐患及问题不能及时发现、及时整改，消防安全检查的实效性不强。

（3）消防监督检查意识薄弱

高校内部分二级单位消防监督检查意识不强，不能履行消防安全主体责任，对消防监督检查工作存在误区，不能有效开展单位内部消防安全检查，对身边的安全隐患不能及时消除。

（4）消防监督检查针对性不强

高校建筑物类型多、功能复杂，相应的消防安全要求不同，缺少针对性强的消防安全检查指标。因此不同类型和功能的建筑，检查内容和指标应各有侧重，具体指标应更有针对性。

(5) 安全管理工作人员专业技能有待提高

消防检查是项实践性很强的工作，对安全管理工作人员知识和技能有较高的要求。特别是在高校高科技设施设备环境中，消防检查人员对新科技、新技术的火灾危险性认识能力不够，造成了检查工作中不能发现火灾隐患。

(6) 消防监督检查工作宣传力度有待进一步加强

高校消防检查工作是消除单位安全隐患的重要措施，是落实消防安全措施的监督手段，但实际工作中得不到师生的理解和支持，只有提高师生对消防安全检查工作的认识，才能做好消防安全检查工作，降低火灾发生概率，保障师生生命财产安全。

2.2 高校消防安全检查的特点

高等学校作为人员密集场所，校园人员集中，用火用电频繁，致灾人为因素增加；学校各类建筑物相对集中、功能复杂。从学校建筑物类型区分：有高层、多层建筑，有地下人防工程；从用途区分：有教学楼、办公楼、学生宿舍、实验室、学生食堂、后勤服务场所及商业网点、家属楼等。客观上形成了校园空间内人员复杂、流动性大特点。消防安全检查应根据校园建筑物及空间内功能不同，依据国家有关消防法律法规和规范，检查的内容重点和具体指标有所区分。

3 加强高校消防安全检查工作的对策

多年来，首都高校不断加大消防工作投入，完善消防工作体制机制，加强监督检查队伍建设，推动了高校消防安全检查工作开展。但是，消防安全检查存在指标体系不健全、检查运行管理机制不顺畅等问题。为使消防安全检查工作取得实效，需要进一步制定科学规范的消防安全检查指标体系，建立消防安全检查运行管理机制。

3.1 建立高校消防安全检查工作运行管理机制

建立完善的高校消防安全检查工作运行机制，进一步加强对消防安全检查工作领导，明确安全检查工作职责分工，才能保证消防安全检查工作得到有效落实。

3.1.1 明确消防安全检查主体，逐级落实职责

学校及各单位应明确消防安全检查主体责任，消防安全责任人督促开展消防安全检查工作。消防安全检查人员主要由单位消防安全管理人和专兼职消防安全工作人员组成，明确职责分工，有组织开展消防安全检查工作。

（1）高校消防安全检查人员一般由学校消防安全管理人及消防安全管理部门人员组成，对学校各单位消防安全工作责任制、消防安全工作措施落实情况及隐患整改情况进行检查。

（2）各单位消防安全检查人员由各单位消防安全责任人及兼职消防安全工作人员组成，对单位内部消防安全责任制和工作措施落实情况进行检查。监督检查所属区域消防设施、器材、标志、应急照明等设施设备的完好情况。

（3）部门消防检查人员由各部门消防安全负责人及相关人员组成，检查本部门消防安全工作措施落实情况。

（4）岗位消防检查人员即每位在岗师生员工，对各自工作岗位相关的防火措施进行自查。

（5）设施设备消防检查人员由学校消防安全管理部门及学校聘请的有资质的消防维保人员组成，对学校消防安全基础设施设备、器材进行检修、维护、保养。

3.1.2 建立消防安全检查制度，制定工作规程

（1）高校根据国家现行消防法律法规，制定学校消防安全检查制度，明确消防安全检查职责、工作规程、具体要求。

（2）各单位根据学校关于消防安全检查制度，制定本单位消防安全检查实施细则，有效开展本单位消防安全检查工作。

3.1.3 开展消防安全检查宣传，定期组织培训

（1）学校利用各种宣传手段对师生进行消防安全检查工作宣传，使师生充分认识消防安全检查的重要性，积极配合、自觉开展消防安全检查工作。

（2）学校畅通消防法律法规获取、更新渠道，及时传达消防安全管理规定及相关规范标准，并对消防检查人员进行规定和标准的解读及技能培训。

（3）各单位及时完善、落实单位内部消防安全检查制度及相关要求。

3.1.4 建立安全隐患风险评估机制，落实整改措施

（1）对检查情况及时汇总，科学论证

一般火灾隐患应由高校消防安全管理部门依据国家消防法律法规及标准中的规定

进行认定。重大火灾隐患由高校防火安全委员会和相关专业技术专家组对火灾隐患的等级、类别及整改要求进行“会诊”论证，提出相应意见和整改方案，最终确定整改目标和要求。并应以书面形式正式下发《火灾隐患限期整改通知书》。

(2) 明确隐患整改责任，落实整改措施

火灾隐患整改应由高校消防安全管理人负责协调，消防安全管理部门负责组织，隐患单位具体负责实施，高校防火安全委员会负责监督。各单位通过有效途径，协调好火灾隐患整改过程中各方面的关系，解决矛盾，消除障碍，组织力量，统筹计划，落实整改；隐患单位要认真贯彻“谁主管、谁负责”原则，扎实制订具体整改措施和隐患未改前的安全保卫措施，确保安全。

(3) 火灾隐患整改坚持“安全第一”的原则

高校各级领导、各单位、各部门，尤其是存在重大火灾隐患单位，必须站在对广大师生员工的利益负责的高度，切实做好重大火灾隐患的整改工作。在效益与安全发生矛盾或冲突的时候，要坚决贯彻“安全优先”的原则。

3.1.5 加强消防安全检查考核，落实奖惩措施

(1) 明确各单位、各岗位消防检查工作职责，通过考核，督促各单位及相关人员认真履行职责，使消防安全检查工作能够有计划、有层次顺利完成。

(2) 通过总结考核，可以使领导了解各单位消防检查工作情况及消防检查各岗位人员的工作情况，依据考核结果进行管理决策，为推动消防检查工作开展，科学合理的配置各岗位和人员提供客观的依据，促进高校消防安全检查工作开展。

3.2 建立高校消防安全检查指标体系

依据国家全面深化改革依法治国的战略部署精神，根据国家法律法规和规章，依法治校，提升消防安全检查的能力。重点根据当前高校消防安全检查工作现状和问题，本着为教学、科研服务的宗旨和坚持“预防为主、防消结合”的方针，依据高校自身特点，对高校消防安全检查的内容和指标等进行研究，探讨建立高校消防安全检查指标体系。通过消防安全检查指标体系的建立，为实现高校消防检查工作法制化、制度化、规范化和科学化提供支持，有助于把创建校园消防安全与高校的改革发展有机结合起来，确保高等学校校园的安全稳定。

3.2.1 检查指标体系总体架构

高校消防安全检查指标体系共有 5 大项，28 小项，每小项中按照检查内容不同类

别分为若干具体小项，如下图所示：

一级（5项）　二级（28项）　三级（若干）

高校消防安全检查指标体系

- 1. 消防安全责任
  - 1.1消防安全责任人责任（法定代表人）
  - 1.2消防安全管理人责任（分管消防安全工作领导）
  - 1.3各单位消防安全责任人责任（二级单位主要负责人）
  - 1.4各单位消防安全管理人责任（二级单位分管领导）
  - 1.5科室、系所、实验室、中心等消防安全责任人责任（三级单位负责人）
  - 1.6师生岗位责任
- 2. 组织机构
  - 2. 1防火安全委员会或领导小组
  - 2. 2消防安全管理工作机构
  - 2. 3二级单位
  - 2. 4消防安全专职 兼职工作人员
- 3. 管理制度
  - 3. 1基本制度
  - 3. 2专项制度
  - 3. 3二级制度
  - 3. 4安全操作规程
  - 3. 5各重点单位(部位) 管理细则和操作规程
- 4. 日常管理
  - 4. 1消防设施 器材管理
  - 4. 2用火用电管理
  - 4. 3建筑物消防检查
  - 4. 4重点单位(部位) 管理
  - 4. 5专项工作
  - 4. 6防火检查
  - 4. 7教育培训
  - 4. 8应急处理
  - 4. 9考核与奖惩
  - 4. 10工作档案
- 5. 条件保障
  - 5. 1日常经费
  - 5. 2专项经费
  - 5. 3其他保障

具体指标（略）

3. 2. 2　检查指标体系具体内容

3. 2. 2. 1　消防安全责任

（1）消防安全责任人责任（法定代表人）

学校法定代表人是学校消防安全责任人，对本校消防安全工作负全面领导责任，应当履行下列职责：

①保障国家有关消防安全工作法律法规在本单位的贯彻执行；

②及时解决消防安全工作中的重要问题，监督检查领导责任制的落实；

③为消防安全工作提供人力、财力、物力等条件保障；

④法律、法规规定的其他消防安全职责。

主要检查指标：

①了解消防法律法规及学校相关制度；

②明确承担的消防责任，了解学校消防安全工作中的重点、难点；

③对上级消防安全工作会议和文件等有具体落实的批示和要求；

④消防安全工作纳入学校年度工作要点，党委常委会或校长办公会定期研究部署消防安全工作（每年至少两次）；

⑤消防安全工作机构健全、配备足够专兼职消防工作人员；

⑥消防安全工作经费纳入学校预算，满足消防安全工作需要；

⑦逐级落实消防安全责任制，落实考核奖惩制度。

（2）消防安全管理人责任（分管消防安全工作领导）

分管学校消防安全的领导是学校消防安全管理人，协助学校法定代表人负责消防安全工作，对本校消防安全工作负具体领导责任，应当履行下列职责：

①及时研究和部署学校消防安全工作；

②对消防安全工作落实情况组织监督检查；

③为消防安全工作机构履行职责提供保障；

④法律、法规规定的其他消防安全职责。

其他校领导在分管业务工作范围内对消防安全工作负有领导、监督、检查、教育和管理职责。

主要检查指标：

①全面了解学校消防安全工作，掌握学校消防安全工作重点、难点；

②定期组织召开消防安全工作会议，研究解决存在的问题，部署学校消防安全工作；

③组织制定学校消防安全工作计划，审核年度工作预算；

④审查审批有关事项，对消防安全工作有具体批示、要求等；

⑤组织消防安全检查和火灾隐患整改；

⑥协调指导消防安全工作机构履行职责，及时听取工作汇报。

其他校领导了解分管业务工作范围内消防安全工作情况；对分管业务范围内消防安全工作进行研究和部署；定期组织开展消防安全检查，督促解决存在的消防安全隐患和问题；对消防安全工作提供支持。

（3）各单位消防安全责任人责任（二级单位主要负责人）

校内各单位主要负责人是本单位消防安全责任人，驻校内其他单位主要负责人是该单位消防安全责任人，对本单位的消防安全工作负全面领导责任，应当履行下列职责：

①贯彻落实上级及学校有关消防安全工作要求和部署；

②逐级落实本单位消防安全工作责任制，明确消防安全管理人员；

③将消防安全工作纳入单位年度工作计划；

④为本单位履行消防安全工作职责提供保障；

⑤法律、法规规定的其他消防安全职责。

主要检查指标：

①了解本单位消防安全工作情况，知悉本单位消防安全工作难点、重点；

②定期研究部署本单位消防安全工作（每学期至少一次）；

③对本单位消防安全工作有具体批示和要求；

④落实本单位消防安全责任制，逐级签订安全责任书；

⑤对本单位消防安全工作提供人财物等支持保障。

（4）各单位消防安全管理人责任（二级单位分管领导）

各单位分管消防安全的领导是本单位消防安全管理人，协助本单位主要负责人负责消防安全工作，对本单位消防安全工作负有具体领导责任，应当履行下列职责：

①掌握本单位消防安全工作情况；

②组织落实本单位消防安全工作；

③对消防安全工作措施落实情况进行监督检查；

④法律、法规规定的其他消防安全职责。

各单位其他领导在分管工作范围内对消防工作负有领导、监督、检查、教育和管理职责。

主要检查指标：

①每学期研究本单位消防安全工作，提出意见和建议；

②将消防安全责任制落实到科室、系所、实验室、中心；

③制定本单位消防安全工作计划，及时总结和考核；

④每月组织单位内部消防安全检查，及时落实火灾隐患整改措施；

⑤每学期至少组织一次本单位消防安全教育、培训与演练；

⑥建立单位志愿消防队或设置兼职消防安全员。

(5) 科室、系所、实验室、中心等消防安全责任人责任（三级单位负责人）

科室、系所、实验室、中心等是学校各单位的下设机构，其主要负责人是本机构消防安全责任人，对消防安全工作负管理责任，应当履行下列职责：

①执行学校和单位有关工作要求，及时研究和开展本机构消防安全工作；

②组织本机构消防安全检查；

③法律、法规规定的其他消防安全职责及领导交办的其他工作。

主要检查指标：

①落实学校消防安全管理制度，将消防安全责任落实到岗、到人；

②制定科室、系所、实验室、中心等安全管理细则、灭火和应急疏散预案；

③制定岗位安全操作规程；

④每周组织消防安全自查，落实隐患整改措施；

⑤重点部位每日进行消防安全巡查；

⑥组织师生岗前消防安全宣传教育、技能培训及演练；

⑦设置兼职消防安全员。

(6) 师生岗位责任

对本职岗位的消防安全工作负直接责任：

①遵守本职岗位的消防安全工作要求；

②按照规定履行消防安全工作职责。

主要检查指标：

①掌握本岗位消防安全重点、隐患点；

②掌握消防设施、灭火器材及水源设施位置，熟悉周边环境；

③遵守本岗位的安全操作规程，掌握灭火、逃生技能；

④开展消防安全岗位自查；

⑤无消防安全违规行为。

3.2.2.2 消防安全组织机构

(1) 防火安全委员会或领导小组

学校应设立防火安全委员会（领导小组），由主管校领导及有关部门负责人组成，是学校消防安全工作的领导机构，下设办公室，负责日常消防安全工作。防火安全委员会（领导小组）应当履行下列职责：

①贯彻落实国家消防安全工作方针政策及有关法律法规；

②研究部署学校消防安全工作；

③组织审定学校消防安全各项规章制度；

④审查审批学校消防安全工作重要事项；

⑤组织学校消防安全监督检查工作；

⑥批准消防安全工作奖惩意见。

主要检查指标：

①学校设立防火安全委员会（领导小组）；

②学校防火安全委员会（领导小组）成员职责明确；

③每年至少召开2次学校防火安全委员会会议，研究部署消防安全工作；

④遇特殊情况，及时召开防火安全委员会会议，研究解决主要问题；

⑤组织部署学校消防安全季度检查；

⑥学校消防安全工作有年度计划、总结、考核及奖惩。

（2）消防安全管理工作机构

学校应当设立或者明确负责日常消防安全管理工作机构，配备专职消防安全管理人员，履行下列职责：

①落实防火安全委员会工作部署，向学校防火安全委员会提出工作建议；

②拟定学校年度消防安全工作计划及经费预算，拟定学校消防安全工作规章制度；

③组织开展消防安全宣传、教育及培训演练工作；

④确定学校消防安全重点单位（部位）；

⑤监督指导各单位落实消防安全工作措施，开展学校消防安全检查；

⑥配合查处违反消防法律法规行为和火灾事故；

⑦提出消防安全工作责任追究和奖惩建议。

主要检查指标：

①设置专门消防安全工作机构，配备满足工作需要的专职工作人员；

②组织签订年度消防安全责任书；

③学校消防安全工作台账健全，记录完整；

④消防器材、设施每年进行检测，维修保养及时；

⑤每季度开展全校性或专项消防安全检查；

⑥消防安全隐患整改及时、管控措施到位；

⑦事故（事件）处理情况。

（3）二级单位

学校各二级单位负责本单位消防安全管理工作，配备消防安全管理人员，履行下列职责：

①贯彻落实国家消防法律法规和学校消防安全管理制度；
②研究部署本单位消防安全工作；
③组织开展消防安全宣传、教育及培训演练工作；
④组织本单位消防安全检查，落实隐患整改和管控措施；
⑤配合相关部门查处火灾安全事故。
学生宿舍管理部门还应当履行下列安全管理职责：
①建立由学生参加的志愿消防组织，定期进行消防演练；
②组织学生宿舍用火、用电安全教育与检查；
③开展夜间防火巡查，发现火灾立即组织扑救和疏散学生。
主要检查指标：
①消防安全工作人员配备到位；
②本单位消防安全工作有研究、有计划、有部署、有总结；
③单位消防安全责任制逐级落实，每年签订安全责任书；
④每学期至少组织一次单位消防安全教育、培训、演练；
⑤每月组织单位消防安全检查，安全隐患整改及时到位；
⑥事故（事件）处理情况。
对承担消防设施、设备及器材管理职责的二级单位还应检查下列指标：
①消防设施设备器材及标志标识等日常管理和维修保养制度健全；
②消防设施设备器材维护保养和维修记录完整。

(4) 消防安全专职、兼职工作人员

Ⅰ消防安全专职管理人员，应当具备下列条件：
①具备消防安全工作所需的基本素质；
②熟悉消防法律法规，掌握消防安全知识技能，具有一定的组织协调能力；
③掌握学校消防安全工作情况。
主要检查指标：
①了解掌握有关消防法律法规和学校管理制度；
②岗位职责清晰明确；
③掌握消防安全基本知识和设施器材操作技能；
④熟悉火警处置程序。
Ⅱ消防安全兼职管理人员，应当具备下列条件：
①具备消防工作所需的基本素质；
②了解消防法律法规，掌握消防安全知识和技能，具有一定的管理能力；

③熟悉本单位消防工作情况。

主要检查指标：

①了解熟悉有关消防法律法规和学校管理制度；

②岗位职责清晰明确；

③掌握消防安全基本知识和必备技能；

④熟悉单位内消防设施、器材情况。

3.2.2.3 消防安全管理制度

消防安全管理制度是做好消防安全管理工作的基础，是依据国家相关法律、法规、国家标准及行业标准，结合学校具体情况制定的。消防安全管理制度包括基本制度、专项制度、操作规程、各单位二级制度、各部位管理细则及相关操作规程等。

（1）基本制度

消防安全基本制度是校园消防安全管理的基本制度，在校内具有普遍适用性，指导校园内所有单位进行消防安全管理，各单位应当自觉遵守。消防安全管理基本制度内容应包括：消防工作领导机构的组成、消防安全职责的划分、专兼职消防员的工作责任、消防器材的配备及日常检查的要求、消防安全责任的落实、消防安全检查与整改、消防专项经费的管理与使用、宣传教育与演练、考核与奖惩等内容。

主要检查指标：

①基本制度体系健全、内容规范、可操作性强；

②基本制度修订及时，与上级有关消防工作方针、政策和法规标准要求一致。

（2）专项制度

校园消防安全管理专项制度是在基本制度的基础上对管理主体、对象等细化分类进行的管理措施，专项制度的制定在消防安全管理中具可操作性，高校消防安全管理专项制度应当包括以下几项：

①消防安全教育培训制度：包括教育培训的形式、对象、内容、时间、考核等。

②防火巡查、检查制度：包括巡查、检查人员的组成、时间要求、项目的范围、记录填写的要求、结果后续的处理等。

③消防疏散设施管理制度：包括消防疏散设施责任人、设施的维护、使用要求等。

④消防控制室管理制度：包括消防控制室工作人员的工作职责、工作时间、在岗人数、上岗资格、在岗要求及火灾处置工作程序等。

⑤消防设施器材维护管理制度：包括消防设施器材维护时间、维护规范及更换、报废消防设施器材的要求等。

⑥义务消防队组织管理制度：包括义务消防队的人员组成、教育培训、个人业务

要求及考核与奖惩等。

⑦灭火和应急疏散预案演练制度：包括灭火和应急疏散预案演练时间、参加人员、组织要求及结束后总结等。

⑧消防安全工作考评和奖惩制度：包括消防安全工作考评小组成员、考评细则、奖惩细则、考评和奖惩工作记录等。

⑨消防安全例会制度：包括消防安全例会召开时间、参加人员、会议内容、会议纪要等。

⑩消防安全重点部位管理制度：包括消防安全重点部位确定的依据、消防器材的配备、消防应急预案、消防巡查、相关记录要求及重点部位安全责任人的确定等。

⑪消防档案管理制度：包括消防档案的内容、保管的要求及管理责任人的确定等。

⑫火灾隐患整改制度：包括火灾隐患整改期限、整改要求反馈的内容、整改责任人及处罚措施等。

⑬用火安全管理制度：包括动火的基本原则、用火安全重点部位、用火危险等级的划分、用火审批权限、动火人权限、动火地监督等。

主要检查指标：

①专项制度体系健全、内容规范、可操作性强；

②专项制度修订及时，与上级有关消防工作方针、政策和法规标准要求一致。

（3）二级制度

二级消防安全管理制度是校内各学院、职能部门等二级单位针对本单位实际和特点所制定的消防安全管理制度，是各二级单位消防工作实施的细则，二级制度应当依据基本制度，结合消防工作实际，制定具体的消防管理措施，应当按照消防工作流程，明确消防要求和消防责任，做到简明扼要，易记易懂易操作。

主要检查指标：

①内容体现本单位工作流程和特点，满足本部门具体工作要求，责任到位、简明扼要、易操作；

②修订及时、与上级有关消防工作方针、政策和法规标准要求一致。

（4）安全操作规程

操作规程是为保证相关人员在操作消防设备时能够保证其安全、稳定、有效运转而制定的管理措施，操作人员进行设备操作的时候必须严格按照规程进行。主要包括以下规程：

①安全疏散设施维护管理操作规程：包括安全疏散设施维护责任人、安全疏散设施进行维护的时间、安全疏散设施操作内容、安全疏散设施维护内容等。

②消防自动报警主机操作规程：包括消防自动报警主机系统管理和维护规定、消防自动报警主机开关机注意事项、系统电源管理、火警报警处理程序、故障报警处理等。

③电工安全操作规程：包括电工人员从业资格、电工操作过程要求、电工操作发生危险时应对措施等。

④电气线路设备安装操作规程：包括从业资格规定、安装工作过程前要求、安装工作过程中要求、安装工作过程后要求。

⑤防火卷帘系统与防火门维护操作规程：包括明确管理责任、系统设施、设备、监控显示、警示标志、设施定期维护、定期检查和巡查要求。

⑥防烟排烟系统操作规程：包括明确管理责任、设施定期维护、定期检查和巡查、警示标志要求等。

⑦火灾自动报警系统操作规程：包括明确管理责任、设施定期维护、定期检查和巡查、警示标志要求及报警记录保存的规定等。

⑧燃油燃气设备使用操作规程：包括操作人员资格、定期检查和巡查要求、设备运行前应具备的条件和检查项目、遇到异常情况时处理程序。

⑨室内消火栓系统维护管理操作规程：包括明确管理责任、定期检查和巡查要求、室内消火栓系统操作规程。

⑩自动喷水灭火系统操作规程：包括维护管理的基本要求、定期检查和巡查要求、设备操作规程等。

主要检查指标：

操作规程健全、条理清晰、层次清楚，简单易懂。

(5) 各重点单位（部位）管理细则和操作规程

各重点单位（部位）管理细则是依据国家、地方有关法律法规和学校消防安全管理规定，针对各重点部门部位、实验室的实际情况和特点所制定的消防安全管理实施细则。操作规程是针对重点单位（部位）的仪器设备使用、实验操作、危险物品使用、用火用电等具体操作流程。各部门部位针对实际情况具体制定，以确保消防安全。

主要检查指标：

各单位重点（部位）管理细则和操作规程健全、针对性强、符合实际情况、简明扼要，易记易懂易操作。

3.2.2.4 消防安全日常管理

(1) 消防设施、器材管理

Ⅰ日常管理

消防设施、器材是发现、预防、处置火灾事故，做好消防安全工作的必要条件保障，须根据消防法律法规、技术规范和技术标准要求建设完善的消防设施，配备满足需要的消防器材。同时须加强消防设施、器材的日常管理，确保消防设施正常运行，器材完好有效。

主要检查指标：

①消防设施值班、巡查、检测、维修、保养、建档等制度健全；

②设施建设与器材配置符合相关消防安全技术标准及规范；

③消防设施、器材台账完整；

④每年进行一次消防设施器材技术检测；

⑤消防设施每月检查或测试一次，日常进行巡检，发现问题及时维修；

⑥消防设施无私自拆改、遮挡、封闭、停用，器材放置位置明显易取；

⑦消防设施设备张贴维护保养、检测情况记录；

⑧建筑消防设施维护保养记录完整；

⑨消防设施器材、标志标识醒目规范，并标明使用方法；

⑩配备专职消防设施、器材维护管理人员。

Ⅱ现场检查

为及时了解掌握消防安全设施设备及器材运行使用情况，确保消防设施正常运行，器材完好有效，须定期对消防安全设施设备及器材进行现场检查和巡查，对消防安全设施设备定期进行启动和测试。

A. 消防设施检查

a. 消防供电配电系统

①消防配电柜（箱）检查指标：消防配电柜（箱）主、备电切换功能正常；消防电源主、备电源供电能力正常；配电箱上的仪表、指示灯的显示正常；开关及控制按钮灵活可靠。

②自备发电机组检查指标：发电机自动、手动启动功能及发电机启动电源充、放电功能正常；自动切换和自动延时停机功能正常。

③应急电源检查指标：应急电源充、放电功能正常；应急电源满足工作需求。

④储油设施检查指标：储油量正常，储油设施无泄漏。

b. 火灾自动报警系统

①火灾探测器检查指标：每天巡检一次，报警功能反应灵敏，信号传输正常。

②手动报警按钮检查指标：每月抽检一次（10%），指示灯显示及信号传输正常。

③警报装置检查指标：声光信号正常。

④报警控制器检查指标：火警报警、故障报警、火警优先、打印机打印、自检、

消音等功能正常；火灾显示盘和 CRT 显示器的报警、显示功能正常。

⑤消防联动控制器检查指标：联动控制器及控制模块的手动和自动联动控制、控制器显示、主备电源切换、备用电源充放电等功能正常。

⑥远程监控系统检查指标：信息传输装置显示传输、监控主机信息显示、告警受理、派单、接单及电源主备电切换、备用电源充放电功能正常。

c. 消防供水设施

①消防水池检查指标：水池无泄漏，储水量正常，自动进水阀、液位检测装置及补水功能正常。每月检查一次。

②消防水箱检查指标：水箱无泄漏，储水量正常，自动进水阀、消防水箱出水供水、液位检测装置及补水功能正常。每月检查一次。

③稳（增）压泵及气压水罐检查指标：稳压增压功能正常，自动启泵停泵、主备泵切换功能正常。每月检查一次。

④消防水泵及控制柜检查指标：手动自动启泵、启动关闭主泵电源、主备泵切换功能正常。

⑤水泵接合器检查指标：水泵接合器外观完好、供水能力正常。

⑥阀门检查指标：外观完好，阀门启闭功能、阀体升降功能正常，无泄漏。

d. 消火栓灭火系统

①室内消火栓检查指标：部件完好，出水正常、压力及静压符合标准。

②消防水喉（软盘）检查指标：软管外观完好，转臂水平摆动、射水功能正常。

③室外消火栓检查指标：部件完好，出水正常、压力及静压符合标准，防冻措施有效。

④消防炮检查指标：遥控功能、出水功能正常。

⑤启泵按钮检查指标：远程启泵、消火栓按钮启泵功能及信号指示功能正常。

⑥联动控制功能检查指标：联动功能正常，每月联动一次。

e. 自动喷水灭火系统

①报警阀组检查指标：排放阀、压力开关、水力警铃报警功能正常。

②末端试水装置检查指标：工作压力、水流指示器、压力开关动作信号、水质情况正常。

③水流指示器检查指标：标志标牌清晰、指向准确，反馈信号正常。

④联动控制功能检查指标：水流指示器、压力开关、水力警铃联动报警功能正常。

f. 泡沫灭火系统

①泡沫液储罐检查指标：部件完好、无堵塞、泡沫液有效期和储存量符合要求。

②泡沫栓、泡沫喷头，泡沫产生器检查指标：阀门启闭灵活，零部件无腐蚀、喷

嘴无堵塞、出泡沫功能正常。

③泡沫泵检查指标：手动自动启动、主备泵切换功能正常；阀门启闭及信号反馈功能正常。

④联动控制功能检查指标：泡沫消火栓、泡沫喷头、泡沫产生器出泡沫功能正常，泡沫比例混合器混合配比及泡沫泵、水泵供泡沫液、供水功能正常。

g. 气体灭火系统

①瓶组与储罐检查指标：外观完好、标牌清晰，灭火剂储存量及主备瓶组切换功能正常。

②检漏装置检查指标：外观完好，称重装置泄漏上限报警功能正常。

③紧急启/停功能检查指标：紧急启动停止按钮警报功能、启动时间及紧急停止功能正常。

④启动装置、选择阀检查指标：启动装置、选择阀手动启动功能正常。

⑤联动控制功能检查指标：自动喷气、系统报警联动功能正常。

h. 机械加压送风系统

①送风口检查指标：风口位置、截面尺寸、手动自动开启功能及反馈信号正常。

②送风机检查指标：螺栓、叶轮、外壳固定情况，手动自动启动、停止功能正常。每月启动一次。

③送风量、风速、风压检查指标：送风量、风速、风压符合要求。每半年检测一次。

④联动控制功能检查指标：防火阀开启、送风自动启动功能正常。

i. 机械排烟系统

①自然排烟设施检查指标：自动排烟窗周边环境整洁，自然排烟窗开启面积、开启方式正确。

②排烟阀、电动排烟窗、电动挡烟垂壁、排烟防火阀检查指标：排烟阀、电动排烟窗手动自动开启、挡烟垂壁释放、排烟防火阀动作功能正常。

③排烟风机检查指标：螺栓、叶轮、外壳固定情况，手动自动启动、停止功能正常。每月启动一次。

④排烟风量、风速检查指标：排烟量、风速符合要求。每半年检测一次。

⑤联动控制功能检查指标：排烟风机各组件联动功能正常。

j. 应急照明系统检查指标

应急灯具照度、电源切换、充放电功能正常；应急电源供电时间符合设计要求；联动功能正常。

k. 应急广播系统

①扬声器检查指标：最远点音量音质清晰。

②功放、分配盘检查指标：播音录音扩音、分配盘选层通层广播、合用广播系统应急强制切换功能正常。

l. 防火分隔

①防火门检查指标：非电动防火门启闭功能及密封性能正常，电动防火门自动、现场释放及信号反馈功能正常。

②防火卷帘检查指标：手动、机械应急和自动控制功能、信号反馈功能、封闭性能正常。

m. 消防电梯检查指标：首层按钮控制、电梯应急操作、轿箱消防电话通话、电梯自动迫降功能正常。

B. 消防器材检查

①灭火器检查指标：外观及配件完好、规格型号正确、压力正常、未超报废年限，按时进行年度检测。

②消防空气呼吸器检查指标：呼吸器外观完好，阀门牢固，报警器工作正常，气密性完好，面罩与供气阀匹配。

③消防水带检查指标：水带外观完好、无老化裂损、衬里整洁、公称尺寸合格。

④安全出口、疏散指示标志、应急照明灯具检查指标：外观完好，安装齐全、位置正确，工作时长、转换时间、照明亮度等功能测试符合要求。

⑤消防面罩检查指标：外观、滤毒装置及包装情况完好。

（2）用火用电管理

A. 用火管理

学校应对动用明火实行严格的消防安全管理。建立完善的用火管理制度；禁止在具有火灾、爆炸危险场所吸烟、使用明火；因特殊原因确需进行电、气焊等明火作业的，动火单位和人员应当向学校消防安全机构申办相关手续，落实现场监管人，并采取相应消防安全措施；作业人员应遵守消防安全规定。

主要检查指标：

①学校用火管理制度健全、完善；

②学校有火灾、爆炸危险场所无吸烟、使用明火等违规行为；

③电气焊等明火作业符合消防管理规定，有动火证，作业人员持有资质证书；

④学校内动火审批记录完备、可查。

B. 用电管理

学校应对用电实行严格的消防安全管理。建立完善的用电管理制度；供电、用电符合相关规范、标准；电气设备安装、维护应由专业技术人员操作；禁止违规使用大功率电器；供电线路、设施设备定期进行电气设施安全检测。

主要检查指标：

①学校用电制度健全、完善；

②无私拉电线、乱接电源等违章用电行为；

③电气设备安装、维护工作人员持证上岗；

④无违规使用大功率电器行为；

⑤重点部位每年进行一次电气设施安全技术检测。

（3）建筑物消防检查

建筑消防检查主要是通过查看建筑消防设计等有关资料，了解建筑设计类别、耐火等级、功能用途、结构布局、使用性质、消防设施等基本情况，对建筑物现状进行检查，是否符合设计规范要求，以确定其安全性。对建筑进行消防检查首先要进行整体基本项目检查，主要包括法律文件、功能及使用情况、结构布局情况、消防设施设备情况等，在基本检查基础上，还需按功能分区进行检查。

A. 建筑基本消防检查指标

①建设工程消防设计审核、消防验收或备案等文件齐全；

②建筑物功能类别及结构布局与原设计相符；

③建筑构件的燃烧性能和耐火极限、耐火等级与原建筑分类一致；

④建筑物无扩建、改造，周边无临时建设，防火间距符合规范；

⑤建筑物新建、扩建、改建及装饰装修经学校及上级有关部门审核审批；

⑥建筑周边消防车通道未被占用或堵塞；

⑦建筑物周边消防设施完好，未被圈占、埋压；

⑧消防车登高操作场地符合规范要求，未被占用；

⑨疏散通道、安全出口处消防警示、提示标识设置规范；

⑩建筑物应急疏散指示图设置齐全。

B. 防火分区检查指标

①防火分区面积无改变，防火分隔完整有效；

②电梯井和管道井等竖向井道缝隙、孔洞封堵完好；

③中庭与四周防火分隔措施、消防设施设置符合要求；

④中庭的使用功能无消防安全隐患；

⑤防火分区变形缝、伸缩缝材质及管道的敷设不影响防火分区功能。

C. 防烟分区检查指标

①防烟分区设置、划分、面积与设计一致；

②挡烟设施型号规格与消防设计一致，挡烟高度及挡烟垂壁的外观完好，材料、尺寸与搭接宽度符合要求。

D. 防火分隔措施检查指标

①防火墙位置、墙体材料符合规范要求，穿越防火墙的管道防火封堵严密；

②防火门型号规格及耐火性能与消防设计一致、选型符合要求，防火门外观完好、安装规范，防火门系统功能正常；

③防火窗型号规格及耐火性能与消防设计一致、选型符合要求，防火窗外观完好、安装质量规范，防火窗控制功能正常；

④防火卷帘型号规格及耐火性能与消防设计一致，防火卷帘的设置部位、类型与设计一致，防火卷帘外观完好、组件质量合格，防火卷帘系统功能正常；

⑤防火隔间防火分隔内部装修材料、使用用途符合消防要求。

E. 安全疏散设施检查指标

①根据场所或建筑使用功能，安全出口数量、宽度、间距符合要求并畅通。

②根据使用功能、建筑面积，疏散门数量、宽度、形式、间距符合要求并畅通。

③根据建筑类别、平面布局、消防设施的设置及使用功能，安全疏散距离符合设计要求。

F. 疏散走道与避难走道检查指标

①疏散走道的宽度、疏散距离符合功能要求，疏散走道畅通、与其他部位有分隔措施、内部装修符合防火要求；

②避难走道直通地面出口数量、净宽度、入口处前室、内部装修及消防设施的设置符合消防要求；

③疏散楼梯的平面布置、净宽度及疏散楼梯间设置形式与设计一致；

④避难层（间）设置数量、避难面积满足需求，避难层消防设施完好有效；

⑤病房楼避难间设置数量、避难面积满足需求，避难层消防设施完好有效；

⑥下沉式广场直通地面的疏散楼梯完好，设置广场防风雨棚。

G. 建筑装修和外保温检查

①装修材料选用与《装修材料进场验收记录》、《建筑内部装修工程防火施工过程检查记录》和《建筑内部装修工程防火验收记录》等记录内容一致；

②装修材料燃烧性能等级符合建筑物防火等级要求；

③装修对消防设施及疏散设施使用无影响；

④照明灯具和配电箱安装符合用电规范；

⑤建筑幕墙与每层楼板缝隙间进行防火封堵，合理设置灭火救援窗口；

⑥建筑外墙装饰的设置报上级有关部门审批，装饰材料的燃烧性能符合建筑防火等级，广告牌、灯箱用电符合规范；

⑦建筑外保温材料的燃烧性能符合建筑防火等级，分类设置防护层、防火隔离带，每层进行防火封堵，电气线路规范和电器配件质量合格。

（4）重点单位（部位）管理

根据中华人民共和国消防法、高等学校消防安全管理规定，各学校要确定消防安全重点单位（部位），突出重点加强管理。消防安全重点单位（部位）检查包括安全责任、规章制度、建筑物安全、消防设施设备及器材、用火用电管理、日常消防安全管理、应急处理等。安全责任、规章制度、建筑物安全、消防设施设备及器材、用火用电管理等检查前面已经进行阐述，属通用检查项目，为避免重复不再详述。但是，消防安全重点单位（部位）在开展上述通用检查项目基础上，还应增加检查以下内容。

Ⅰ日常管理

主要检查指标：

①重点单位（部位）台账健全；

②消防安全管理制度符合本单位（部位）使用功能特点、针对性强；

③消防安全责任制逐级落实，每年签订消防安全责任书；

④消防警示、提示标志标识设置规范；

⑤巡查、检查工作落实到位；

⑥制定有针对性的应急预案，并定期演练；

⑦建立应急救援志愿队伍。

Ⅱ重点单位（部位）现场检查

A. 教学、办公场所检查指标

电器设备定期检测和维护；电器设备未超期服役、散热功能正常；电器设备无长时间充电现象；教室、办公室及公共部位无可燃杂物；楼道（疏散通道）楼梯未被占用；无焚烧杂物、吸烟、乱扔烟头现象；人走断电；无违规使用大功率电器；门窗、阳台等部位无影响逃生和灭火救援障碍物。

B. 实验室检查指标

压力气瓶存放地点通风良好、远离热源；气瓶（易燃易爆）分类分区域存放、固定；气瓶明确标识、悬挂状态标识牌；安装气体报警装置；化学性质相抵药品分开、分类存放、明确标识化学品信息；设有危险废弃物专用存放区域，与生活垃圾分开；实验室外无堆放危险废弃物现象；实验期间有人值守、操作人员佩戴防护装备；仪器设备操作规程上墙明示；电路布线规范，无违章用火用电；消防通道畅通，疏散通道无物品占用；消防设施器材无遮挡。

C. 学生公寓检查指标

无存放、使用违章电器现象；无私接电源和擅自改变线路；电器设备无长时间充电现象；人走断电；无吸烟或乱扔烟头、点蜡烛、焚烧可燃物现象；无擅自挪用、移动、损坏消防设备和消防设施现象；室内无可燃物堆积；学生能够使用消防器材、会报火警；值班人员了解楼内消防设施器材情况，掌握火警处置程序；宿舍及楼道公共部位张贴有紧急疏散指示图；门窗、阳台等部位无影响逃生和灭火救援障碍物。

D. 食堂检查指标

无易燃易爆物品；无吸烟、违规操作燃气行为；燃气管线、灶具定期检查维修；燃气总阀、换压设施等部位使用防爆灯，且通风良好；排油烟系统定期（季度）清理；供电线路完好、无安全隐患；24 小时专人值班。

E. 商场检查指标

展销及换季换柜等活动需申报审批；无吸烟、违规使用明火行为；安全疏散设施畅通、标识指示清晰；营业期间每 2 小时进行一次防火巡查；电气线路无超负荷工作现象；24 小时专人值班。

F. 体育馆检查指标

临时电器线路铺设具有保护措施；电器安装符合规范；大型活动人数、舞台、用电用火符合相关规范；举办大型活动申报审批；举办活动与举办方签订安全责任书；开放期间每 2 小时进行一次防火巡查；24 小时专人值班。

G. 图书馆检查指标

馆内无吸烟行为；动用明火审批；无私接电源和擅自改变线路现象；开放期间每 2 小时进行一次防火巡查；24 小时专人值班。

H. 配电室检查指标

仪器仪表显示功能正常；各部件无超温情况；制定操作规程及应急预案；室内环境及通风良好；室内配有消防器材；值班人员岗位职责明确，24 小时专人值班。

I. 锅炉房检查指标

安全管理制度和操作规程上墙明示；锅炉按期进行年度检测；燃气管线、设施设备定期检测维修；无可燃物堆积；室内环境及通风良好；操作人员持证上岗；值班人员岗位职责明确，24 小时专人值班。

J. 库房检查指标

安全标志标识设置齐全明显；室内有防爆、防潮、防雨等保护措施；用电设施设备定期检测、维修；货物与用电设施设备间的安全距离符合要求；库房内外无可燃物堆积。

K. 地下空间检查指标

无违规使用各类违禁品行为；防火分区面积、安全出口设置符合要求；通风排烟换气设施完好；消防器材及设施齐全有效；无私接电源和擅自改变线路现象；用于公共活动的地空间安装简易喷水灭火系统、火灾自动报警系统、应急广播系统及电铃；使用功能符合相关安全要求；开设公共活动场所报学校消防部门备案。

L. 礼堂检查指标

消防器材及设施齐全有效；通风机、空调系统运行正常；电气设备安装规范；演出等活动履行审批手续；动用明火经过审批；门窗、阳台等部位无影响逃生和灭火救援的障碍物。

M. 易燃易爆危险品场所检查指标

具备与场所规模、火灾危险性、物料性质相适应的消防设施及器材；防雷、防静电措施到位；通讯及报警装置功能正常；电气线路铺设及安装符合消防设计要求；通风条件及设施符合要求。

N. 电梯间检查指标

电梯井道井壁材料符合耐火极限要求、无开设其他洞口、井道无敷设与电梯无关的电线路和管道、无可燃气体和甲乙丙类液体管道、电缆电线阻燃、绝缘及韧性好、井道顶部需设置排除高温烟热的装置、前室设计及消防设施符合要求、轿厢配备灭火器并安装应急灯、机房门设置一级防火门、安装消防专线电话、无吸烟现象、电梯及机房及时清理维护、装饰材料为耐火材料、不载运易燃易爆品等。

O. 消防控制室检查指标

建立消防中控室管理与值班制度；值班人员岗位职责明确，专职双人值班；值班人员持证上岗，应急处置程序、培训证书上墙明示；值班记录完整；应急物品齐备。

（5）专项工作

A. 大型活动管理

为保障大型活动的消防安全，根据《中华人民共和国消防法》和《消防监督检查规定》，举办大型活动应进行消防安全检查。

a. 场所及活动合法性检查

场所及活动合法性主要是检查建筑物或场所办理消防行政许可手续、活动审批情况。主要检查指标：

①大型室内活动使用的建筑物（场所）依法通过消防验收或者进行消防竣工验收备案。

②举办大型群众性活动的公众聚集场所使用、营业前通过消防安全检查。

③举办大型群众性活动依法依规履行报批手续。

b. 临时建筑检查指标

①临时建筑与相邻建筑之间的防火间距符合消防安全要求。

②临时建筑的防火性能，即建筑承重构件、建筑围护结构、建筑屋面材料等的燃烧性能和耐火等级符合消防技术标准。

③临时建筑采用的装修装饰材料有阻燃报告。

④临时建筑有安全评价和消防检测报告。

c. 安全疏散可靠性检查

室内活动场所检查指标：

①安全疏散通道、安全出口畅通。

②封闭楼梯间、防烟楼梯及前室的防火门启闭功能及密封性能正常。

③疏散门能从内部开启，有明显标识和使用提示。

④常开防火门的启闭状态在控制室显示正常。

⑤带有电子门禁系统的安全疏散门在火灾报警状态和失电状态下能自动释放。

⑥疏散指示标志、应急照明完好有效。

搭建的临时活动场所或室外活动场所检查指标：

①安全出口、安全通道的数量、宽度和距离符合消防安全要求；

②疏散指示标志、应急照明完好有效。

d. 消防设施、器材的检查

大型活动场所主要检查建筑消防设施运行及灭火器材的配置情况。

消防设施检查：主要包括消防供电配电系统、火灾自动报警系统、消防供水设施、消火栓灭火系统、自动喷水灭火系统、泡沫灭火系统、气体灭火系统、机械加压送风系统、机械排烟系统、应急照明系统、应急广播系统、防火分隔、消防电梯等，具体指标参照消防设施现场检查内容。

消防器材检查：主要包括灭火器、消防空气呼吸器、消防水带、安全出口、疏散指示标志、应急照明灯具、消防面罩等，具体指标参照消防器材检查内容。

e. 消防救援的保障性检查

为保障发生火灾事故能有效快速救援，举办大型活动需要进行救援保障性检查。

主要检查指标：

①应急预案体系健全、内容规范、针对性强；

②活动场所周围消防车通道畅通，消防登高作业场地未被占用；

③门窗无影响逃生和灭火救援的障碍物；

④活动场所周边有消防水源，消防车可停靠；

⑤消防车停放场地有利于消防车快速出动；

f. 电气燃气的安全性检查

为保障用电用气安全，对电气燃气的安全性检查。

主要检查指标：

①活动场所电气线路、燃气管路定期维修保养和检测；

②活动临时用电线路敷设规范，供电设备与用电设备匹配，燃气燃油设备符合消防安全条件。

③有电检合格报告。

g. 安全管理的严密性检查

安全管理的严密性检查主要包括制度、人员、责任制及安全措施情况。

主要检查指标：

①活动场所安全管理制度健全。

②消防安全管理人职责明确。

③消防安全责任制落实到位。

④消防安全措施完善。

h. 应急预案的针对性检查

应急预案的针对性检查主要检查应急预规范性和有效性。

主要检查指标：

①灭火和应急疏散预案体系健全、内容规范、针对性强；

②消防安全责任人、管理人、安全员及工作人员对预案熟悉、掌握。

B. 施工现场管理

学校新建、改建、扩建以及装饰、装修和房屋修缮等建筑工程施工应遵守《消防法》及《北京市建设工程施工现场消防安全管理规定》。现场消防安全应由施工单位负责，签订消防安全责任书，并确定施工现场消防安全负责人，落实消防安全工作；施工现场应建立相应易燃易爆化学危险物品、用火及用电管理制度，施工所用材料应当符合消防安全规范，施工现场禁止吸烟；施工现场功能分区明确、设置符合要求；应设置符合要求的临时消防车道和健全的消防设施及器材。

主要检查指标：

①施工现场消防安全管理制度、组织机构健全，工作职责明确；

②有公安消防机构出具的施工许可证明；

③施工现场负责人掌握施工现场内的安全重点区域，熟悉消防设施设备及器材配置情况；

④施工现场存放和使用的施工材料及安全网、围网、保温材料等符合消防安全规范；

⑤建筑工程内易燃易爆化学危险物品和易燃可燃材料分区分类存放、管理到位；

⑥用火作业经有关部门审查审批并落实安全措施，施工现场无吸烟现象；

⑦施工现场用电管理规范；

⑧特种作业人员持证上岗；

⑨员工宿舍、食堂设置与管理符合消防安全要求；

⑩临时消防车道设置符合要求，消防设施器材配置齐全。

C. 危险化学品管理

危险化学品是指具有毒害、腐蚀、爆炸、燃烧、助燃等性质，对人体、设施、环境具有危害的剧毒化学品和其他化学品。学校应当成立危化品安全管理领导机构，制定健全的危化品全管理机制。学校内危化品购买、存储、使用和消纳单位应当严格落实危化品安全管理规定，并做好相关审批、记录的留存。

主要检查指标：

①危化品管理机构健全，规章制度完善，安全责任落实到位；

②危化品储存、使用场所符合规范；

③危化品购买、存储、领取、使用、消纳等审批、记录完整；

④管理、使用危化品人员了解掌握操作规程、安全管理制度、应急预案；

⑤管理、使用危化品人员经岗前培训；

⑥学校对危化品管理使用情况定期检查；

⑦建立危化品事故应急预案并组织演练。

D. 特种设备管理

为保障特种设备的正常使用，根据《中华人民共和国特种设备安全法》规定，应明确特种设备使用单位的安全主体责任，逐级落实责任制。健全特种设备安全管理制度，主要包括特种作业人员作业标准、各岗位安全技术操作规程、日常检查记录、维修保养、定期报检、安全管理人员和特种作业人员的安全教育培训及考核制度等。认真落实各种安全管理措施，制定事故应急措施、救援预案并定期组织救援演习。完善特种设备技术档案管理，主要包括特种设备的设计文件、制造单位、产品质量合格证明、使用维护说明等文件以及安装技术文件和资料；定期检验和定期自行检查的记录；日常使用状况记录；特种设备及其安全附件、安全保护装置、测量调控装置及有关附属仪器仪表的日常维护保养记录；特种设备运行故障和事故记录。

主要检查指标：

①特种设备安全管理制度健全；

②特种设备台账完整；

③作业、检测、管理人员档案齐全；

④特种设备管理、作业人员培训记录齐全；

⑤特种设备定期检查和维护保养；

⑥特种设备安全技术档案齐备。

E. 防雷设施设备管理

学校建筑物、重点部位、重要仪器设备、供电设施设备等应当安装配套防雷设施，由具有专业资质的部门定期检测、维护。

主要检查指标：

①学校建筑物、重点部位、重要仪器设备、供电设施设备等安装防雷设施；

②具有专业资质机构出具的防雷装置设计核准文件、竣工验收文件；

③学校防雷设施设备定期检查，维修及时；

④防雷设施设备进行年度检测，有检测报告。

（6）防火检查

防火检查是监督学校及各单位消防安全工作落实情况的重要手段，学校及各单位应组织开展防火巡查和检查。重点对检查要求、检查时限、检查责任、隐患整改提出要求，做到隐患查改规范化。

A. 学校防火检查

学校消防安全责任人监督检查消防安全责任制落实情况，消防安全管理人每季度组织一次消防安全工作检查，发现问题提出书面整改要求，并督促整改。

主要检查指标：

①检查记录齐全，每季度一次；

②单位隐患及问题整改及时，有报告。

B. 二级单位防火检查

二级单位结合自身情况，适时组织督促、检查本单位内部消防安全工作情况及存在的问题和隐患，每月开展一次自查。

主要检查指标：

①检查记录齐全，每月一次；

②隐患及问题整改及时，有报告。

C. 系（所）防火检查

各二级单位下属系（所）根据本单位开展检查情况，结合自身特点开展定期自查，每周一次。

主要检查指标：

①检查记录齐全，每周一次；

②隐患及问题整改及时，有报告。

D. 岗位防火检查

各岗位人员结合本岗位工作实际开展自查和巡查，每天一次。

主要检查指标：

①检查记录齐全，每天一次；

②隐患及问题整改及时，有记录。

E. 重点部位防火检查

各重点单位对所属消防安全重点部位每日开展定时巡查，每2小时一次。

主要检查指标：

①检查、巡查记录齐全，每2小时一次；

②隐患及问题整改及时，有报告。

（7）教育培训

学校应当建立消防安全宣传教育培训制度，并将师生员工的消防安全教育和培训纳入学校消防安全年度工作计划，促进消防安全教育培训常态化。

学校应当在校园显著位置设置消防安全宣传栏、张贴消防安全宣传品，通过全媒体平台刊播消防安全知识。

A. 全校性教育培训

学校每年在安全生产月、119消防安全宣传日期间开展全校性消防安全宣传教育，新生开学、新职工入职期间组织教育培训，特殊时期结合实际开展针对性宣传教育。

主要检查指标：

①每年对教职员工开展一次消防安全宣传教育培训；

②对消防安全管理人员、消防安全重点部位工作人员进行消防安全培训；

③组织新入职员工进行岗前消防安全培训；

④学校对每届新生组织不低于4学时的消防安全教育培训；

⑤每半年组织全校师生开展一次消防应急演练；

⑥学校在校园显著位置设置消防安全宣传教育专栏。

B. 各单位教育培训

各单位根据学校总体要求，在安全生产月、119消防安全宣传日期间开展本单位消防安全宣传教育，新生入学教育、学期开学组织教育培训；特殊时期结合实际开展针对性宣传教育。

主要检查指标：

①学期开学初、假期前对师生开展一次消防安全教育培训；

②对单位内重点岗位工作人员进行消防安全培训；

③组织新进岗人员进行岗前消防安全培训；

④每半年组织本单位师生开展一次消防应急演练；

⑤各单位在显著位置设置消防安全宣传教育专栏。

（8）应急处理

学校应当加强消防安全应急工作的组织领导和应急队伍建设，完善预警机制，编制应急预案，开展培训演练，做好保障服务和事后恢复等工作。建立健全分类管理、分级负责的应急管理体制，形成统一指挥、功能齐全、反应快速、运转高效的应急机制。

主要检查指标：

①组织机构和应急队伍健全；

②应急预案完整规范，针对性和可操作性强；

③应急队伍定期进行培训、演练；

④应急经费保障到位，应急物资齐备；

⑤落实值班制度，信息畅通、报送及时；

⑥善后处理机制完善。

（9）考核与奖惩

学校应当制定消防安全奖惩制度，将消防安全工作纳入学校内部检查、考评内容，对在消防安全工作中成绩突出的单位和个人给予表彰奖励；对未依法履行消防安全职责、违反消防安全管理制度并造成严重后果的，学校应依照有关规定给予责任人相应处理。消防安全工作实现考核奖惩制度化。

主要检查指标：

①将消防安全工作责任制落实情况纳入学校年度考核内容，落实绩效考核；

②对消防安全工作先进集体和个人进行表彰；

③对未依法履行消防安全职责、违反消防安全管理制度的进行处理。

（10）工作档案

消防工作档案是单位开展消防安全工作的凭证。各单位应当完善消防安全工作档案的建设与管理，消防工作开展情况应当有文字记载，实现日常消防安全管理工作档案标准化。消防工作档案包括以下方面：

①学校基本情况档案：地理位置、建筑性质情况；消防安全重点部位数量、位置、使用性质情况；消防设施、灭火器材的种类、数量、规格情况等。

②人员组织制度档案：学校消防安全组织管理机构；各类消防安全规章制度及责任书；各级消防安全责任人及与消防安全有关的重点工种人员情况；消防奖惩情况等。

③消防法律文书档案：包括消防审核、验收情况、日常监督检查等法律文书；消防产品、防火材料的合格证明材料等。

④工作部署落实档案：上级文件传达及学校消防工作部署等文件资料档案等。

⑤宣传教育培训档案：学校宣传活动、集中培训、员工岗前培训、灭火和应急疏散演练的文字、图片、视频资料等。

⑥隐患排查整改档案：消防安全巡查、检查记录；消防中控室和重点部位值班记录；隐患整改记录等。

⑦灭火疏散演练档案：消防应急预案；志愿消防队员名册、岗位职责、个人装备配备情况等。

⑧户籍化管理档案：学校消防安全管理人员报告备案档案；消防设施维护保养及检测报告备案档案；消防安全自我评估报告备案档案；火灾记录等。

主要检查指标：

①档案分类管理，内容完整；

②档案内容翔实。

3.2.2.5 消防安全条件保障

消防安全条件保障是学校开展消防安全工作的必要条件，主要包括消防经费和其他保障。消防经费分为消防安全管理工作日常经费和专项经费，纳入学校年度经费预算，保证消防经费投入，保障消防工作的需要。任何单位和个人不得挤占、挪用消防经费。其他保障是满足消防工作需要的设施设备器材等。

(1) 日常经费

学校日常消防经费应当用于校内消防设施和灭火器材的检测、维修、保养、标志标识制作以及全校性消防宣传教育、专职消防管理人员、公共消防控制室值班操作人员的培训、表彰奖励等。日常经费保证足额开支，确保学校消防工作正常开展。

主要检查指标：

①日常消防经费单独列入学校年度财务预算，使用合理；

②根据需要保证足额开支。

(2) 专项经费

学校消防专项经费应当用于解决重大火灾隐患，配置灭火器材、建设改造消防专用给水管网、消防专用供水系统、灭火系统、自动报警系统、防排烟系统、消防通信系统、消防监控系统等消防设施。专项经费保证实际工作需要。

主要检查指标：

①学校年度财政预算预留消防专项经费，根据需要随时支付；

②学校专项消防经费足额拨付，保证实际工作需要。

(3) 其他保障

其他条件是指满足消防安全工作需要的办公条件、设备、交通运输工具、应急物资等。

主要检查指标：

①办公条件良好，实现办公自动化、信息化；

②应急物资、交通设备满足日常应急需要。

4 结束语

本课题从准备工作起，历时一年，课题研究工作已经完成预定任务。在研究中，课题组查阅了大量消防安全法律法规、相关规范标准，对高等学校建筑功能与布局进行了分析研究，以公安消防监督管理机关开展消防安全检查的内容为基础，结合高校消防安全检查整体运行情况，坚持以现代管理科学和现代系统科学为方法论基础，将高校校园及建筑物进行了区域功能划分，结合区域功能实际情况，研究确定了通用检查项目、专项检查项目及特定的检查项目。对各检查项目进行深入研究，确定了通用的、专项的及特定的具体检查指标，从而构建了高校消防安全检查指标体系。该检查指标体系系统总结了高校消防安全检查的实际经验，解决了高校消防检查工作的潜在问题，完善了高校消防安全检查指标体系，使高校消防安全检查工作针对性更强，更具有可操作性。甚至对整个高校消防安全管理体系的健全和完善都具有借鉴意义。

本课题研究了高校消防安全检查指标体系，提出了高校消防安全检查的三级检查项目及指标。课题组建议将本课题做进一步延伸探究，制定针对每项检查指标的检查方式和具体考核评价内容（即反映各项指标情况的证明支撑材料）。

安全教育标准化工作体系研究

北京航空航天大学《安全教育标准化工作体系研究》课题组

1 研究背景和意义

本课题组在对课题所涉及的相关理论及实证研究进行借鉴学习时，对在本课题研究、写作过程中起到指导作用的大量文献及研究成果进行了整合及分析。不同的研究所侧重的方向亦有所不同，本研究借鉴前人多角度、宽范围的研究基础对相关文献进行了系统综述。

在中国知网上以“高校安全教育体系”为关键词进行高级检索，共检索出结果527条，其中期刊报纸401篇，硕士论文73篇，最早可追溯到2005年中国矿业大学文法学院边和平教授对构建高校国家安全教育独立体系的背景研究。为将现有的文献成果进行清晰、有条理的分类呈现，笔者将从我国高校安全教育工作推进历程和国内外高校安全教育体系建设研究现状等两个方面进行综述。

1.1 我国高校安全教育发展历程

改革开放以来，高校校园治安和大学生安全问题得到了党和政府的高度重视，大学生安全教育已纳入社会主义法制建设轨道。在《高等教育法》《高等学校学生行为准则（试行）》《高等学校校园秩序管理若干规定》《普通高等学校学生安全教育及管理暂行规定》等法规中，均明确了高校对大学生进行安全教育和管理的权利与义务，体现了党和政府对大学生安全的高度重视。尤其在《普通高等学校学生安全教育及管理暂行规定》中，更为明确地要求“高等学校应将对学生进行安全教育作为一项经常性工作，列入学校工作的重要议事日程，加强领导”“高等学校应确定学生安全教育及管理工作的主管部门，明确其职责，具体组织安全教育及其管理工作”。这些相关法律法规均把维护大学生安全合法权益、对大学生进行安全教育和管理等内容确定为高校各级领导的法定义务，为高校对大学生进行安全教育和管理提供了有力的法律保障。

各地教育主管部门也出台相关文件，一方面不断规范大学生安全教育的行为，如福建省教育厅发布《关于做好 2017 年全省学校安全教育工作的通知》、江西省教育厅发布《关于进一步加强全省安全教育工作的通知》等，另一方面将大学生安全教育纳入了考评体系，如北京市委教育工委将安全教育管理服务体系建设纳入“首都高校‘平安校园’创建基本标准”，江西省教育厅出台《江西省高校安全稳定工作评估办法》等。此外，各地教育主管部门也陆续下发《关于进一步加强学生安全教育工作的通知》等文件，要求各高校积极落实安全教育“进课堂、进教材、落实学分”的要求，下发《大学生安全教育的培养》教学课件、《大学生安全教育大纲》等，进一步明确和规范大学生安全教育的目标、内容和方式。

由于教育主管部门的强力推动，各高校也高度重视安全教育工作，采取多种方式开展安全教育。当前高校安全教育普遍采取的手段，一是课堂教学，各高校面向新生开设安全教育课程并进行必修课考试；二是结合安全宣传日等节点开展宣传教育活动，活动形式主要为悬挂横幅、摆放展板、微信微博推送、专家讲座等；三是实践演练，学校会定期开展消防疏散演练以提高学生的应急处理能力。

1.2 国内外高校安全教育工作研究现状

当前，大部分学者在高校安全教育相关研究中主要集中于高校安全教育内容、高校安全教育存在的问题、高校安全教育的对策等三个方面。

在安全教育内容上，李峥嵘（2014）在其编写的《大学生安全教育》中从饮食安全、学习安全、交通安全、人身安全、财产安全、网络安全、心理安全、社会实践安全、消防安全、国家安全以及救护知识等角度系统介绍了大学生安全教育的内容。吴胜利、王华光等人（2013）认为现有的大学生安全教育体系已不能适应时代的需要，应根据新形势构建包括思想体系教育、人身安全教育、心理健康教育、网络安全教育、职业安全教育和廉洁教育等在内的全新大学生安全教育体系。胡如朝（2010）提出高校安全教育的内容体系应由安全意识教育、安全知识教育和安全防范技能教育等方面组成。

在安全教育存在问题上，邓国林（2005）认为高校对安全教育工作的重要性和必要性认识不到位、现有保卫组织的部分人员素质尚难满足安全教育需要、安全教育内容陈旧急需加以更新和拓展、教育行政主管部门对安全教育要求不具体、督促检查力度不够是目前开展大学生安全教育存在的主要矛盾。李晓霞（2011）提出当前高校安全教育存在的问题为高校体制不健全、安全教育内容方法单一、文化安全与国家安全教育意识淡薄、心理健康教育有待加强等。周水平、万江文等人（2010）则以江西省高校为例，提出安全教育的主体权责不明确、安全教育缺乏系统性和规范性、安全教育的手段陈旧、安全教育经费不足等实际问题。

在安全教育对策上，梁卫玲（2011）提出通过开设安全教育课程、加强师资队伍建设、创新安全教育方法和加强安全教育实践等对策来加强大学生安全教育。龙平平、韦忠恩（2014）从安全理性培养的角度，认为安全教育应以师资队伍建设为抓手，在教学策略上注重融合人才培养的"高素质"要求，通过结果探原因、透过现象看本质、运用理论促实践，以求提高大学生安全教育课成效。程诗敏（2013）从冲突理论视角，提出要正视冲突现象，树立科学理念；同时努力化冲突为和谐，妥善处理好大学生安全教育过程中的各种关系；最后要不断强化冲突的正功能，从而提高大学生安全教育的实效性。葛冬冬（2015）则提出公共安全风险防控视域下大学生安全教育的对策，他认为要培养学生风险思维，完善以学生为本的安全教育管理体制，增强突发事件应急演练的实效性，挖掘中华传统文化精髓，培育校园安全文化。

国外对于高校安全教育相关理论研究相对较少，但根据搜集到的文献来看，国外高校对安全教育更加重视可行性和实效性，以切实维护学生安全。本研究重点概述美国、日本和俄罗斯高校安全教育的特点。

美国高校实施安全教育可以概括为三点：第一是法律保障。美国联邦政府最早于1965年颁布《高校校园犯罪统计报告法》，要求各校向教育部提交包含校园安全政策和犯罪数据的年度安全报告；1990年通过《校园安全法》，正式将校园警察制度纳入立法保护体系。第二是信息通知系统。如设立校园网站"突发事件告知"专栏，包括紧急情况通告、公共安全警报等内容，或建立紧急事故通告系统，一旦发生突发事故，该系统会警告学校全体师生。第三是指导性信息。高校会在校园主页上提供内容详尽，指导性强的防范安全事故、采取安全措施的建议或是包括一般性常识、居家安全、宿舍安全、取款安全等方面的安全提示；开办关于紧急救援、基础救护等内容的培训班；编写《安全手册》介绍学校安全服务等内容。

日本高校安全教育主要包括课堂教学、体育保健课以及安全演练。日本制定了一套从低年级到高年级的安全教育课程体系，根据年龄段开设不同的安全教育专业课，讲授安全知识和防灾减灾的各种技能。体育保健课，是日本实施安全教育的中心课程，它不同于我国开设的体育课，不仅仅传授体育知识以增强学生体质，更重要的是包含保健和安全等重要内容。此外，日本高校最常见、最频繁的方式就是进行灾害模拟演习，有时甚至是突击演练，以提高师生防灾减灾技能和自救互救能力。

1.3 高校安全教育标准化工作体系的研究意义

综上，以往国内外高校安全教育相关研究为本研究提供了丰富的理论指导，但这些研究主要以现象和问题论述为主，缺少基于高校本身的实际调研，越过了师生的实际认知、感受和需求，本研究采取问卷调查的方式，在了解高校师生真实想法的基础上对照分析目前高校安全教育的现状，从成效和不足两个侧面进行更为客观的分析，并在此基础上提出具有针对性的建议，形成《首都高校安全教育标准化工作体系》《大学生安全教育课程通用大纲》《大学生安全教育知识点与推荐教育方法》等，对高校安全教育工作实务更有现实的指导意义。

2 研究思路及结论

2.1 研究思路

2.1.1 研究对方及研究方法

本课题通过多方面的文献整理和专门的访谈、调研、咨询、模型分析等方式，对高校构建安全教育体系的内涵、标准和重点难点进行专项研究，从而有针对性地研究制定标准化的高校安全教育体系。具体采用了以下几种研究方法：

文献研究法。通过阅读文献及相关的规章制度，对安全教育的发展历程和国内外相关理论和实践进行研究。

访谈调查法。面向学生，侧重于通过访谈了解学生对于组织形式、教育内容和教学方法的需求。

问卷调查法。主要面向北京各高校保卫处处长或分管安全教育的副处长，全方位的就安全教育工作体系开展深入调研，也是本课题所采用的重点研究方法。

讨论咨询法。通过咨询专家，探讨安全教育的内容体系和教学手段，综合评价并进一步完善整个安全教育体系。

2.1.2 研究内容及研究目标

本课题研究内部包括但不限于高校安全教育的组织责任体系、教育对象、组织形式、考核方式、内容体系、教学手段、保障体系等。围绕研究内容，课题组设计了14道题的调研问卷，主要通过问卷反应安全教育相关工作人员对高校构建安全教育标准化工作体系的认识、理解、需求和建议，并尝试通过分析问卷结果，提出建议方案，明确高校安全教育体系中长期难以标准化的组织责任体系、组织形式、考核方式、内容体系、教学手段等问题。

2.2 调研结果分析

2.2.1 调研对象的选取

本课题研究内容是安全教育标准化工作体系，一般情况下，高校普通师生对安全教育的概念并不能完全弄清楚明白，对安全教育工作体系更是难以全面、深入、透彻地了解，所以本课题组摒弃了常规的"广撒网"式的调研方式，而是有重点、有针对性地选取了北京各高校与安全教育相关的在职工作人员（主要为高校保卫处处长或分管安全教育的副处长等）开展专项问卷调研，体现了精准、精细、精心的调研原则，调研结果更加贴近实际，更加有说服力。

2.2.2 问卷结果的分析

2.2.2.1 学校设立跨部门的中心或教研室是建立安全教育组织机构的最佳选择

针对"您建议在学校层面应建立哪种安全教育组织机构？（多选）"这个问题，选择"学校设立跨部门的安全教育中心或教研室"的比例达62.12%，其次是"保卫部门内部设立跨业务的专门科室或专岗"占比56.06%，也有53.03%的受访者选择"在已成立校级跨部门的安全管理服务中心中明确安全教育职责"，由此可见，在北京高校中，已有约半数的高校成立了校级跨部门的安全管理服务中心（或类似的安全教育组织机构）。

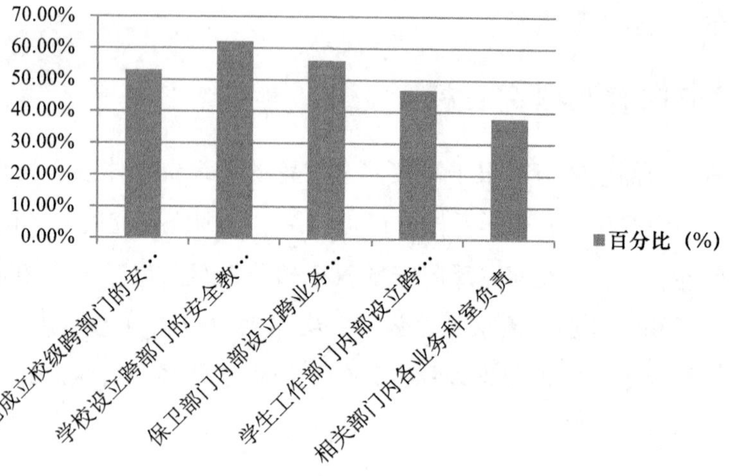

图 1 “建议在学校层面建立哪种安全教育组织机构?”的选择

2.2.2.2 构建全员参与的安全教育工作体系已成为必然趋势

在“您认为学校的二级单位层面应包括哪些安全教育工作人员？（多选）”和“您认为学校二级单位的内设机构应包括哪些安全教育工作人员？（多选）”这两个问题的选择中，均有超过半数的人选择了所列举的所有人员类别，其中包括实验室负责人、导师、实验员、楼管、物业工作人员、班集体或社团组织安全委员等。

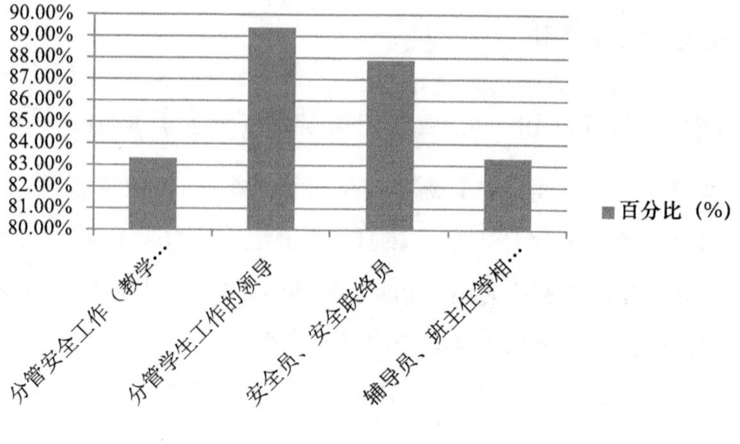

图 2 “您认为学校的二级单位层面应包括哪些安全教育工作人员?”的选择

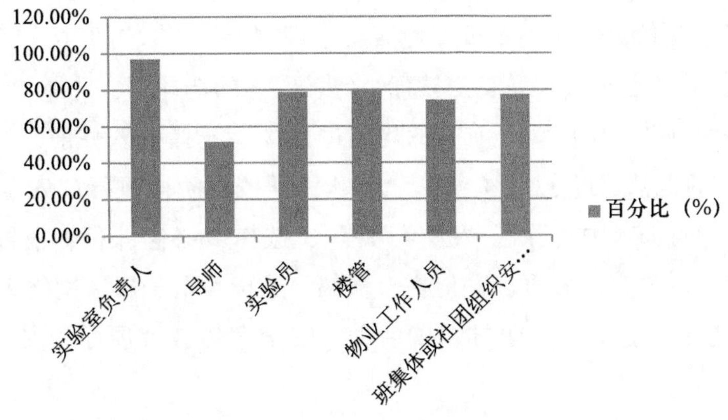

图 3 “您认为学校二级单位的内设机构应包括哪些安全教育工作人员?”的选择

2.2.2.3 在校各类群体都应当接受安全教育已成为高校共识

在“您认为学校的安全教育必须覆盖的对象包括哪些？（多选）”的选择中，均有超过90%的人选择了事业编教师、聘用编教师、事业编管理服务人员、聘用编管理服务人员、大学生，即使是对临时劳务人员和留学生，也都有超过85%的人认为必须接受安全教育，由此可见，高校实现所有人员的安全教育全覆盖已成为全体安全相关工作者的共识。

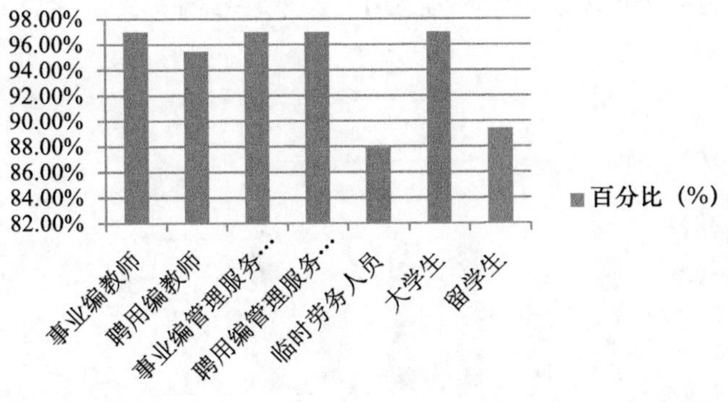

图 4 “您认为学校的安全教育必须覆盖的对象包括哪些?”的选择

2.2.2.4 开展多种形式、多种渠道、多种载体的安全教育是共同需求

在“您认为学校的安全教育应包含哪些组织形式？（多选）”的选择中，除了“设置安全教育选修课程”，选择“在关键节点（入学前、入住前、出国出境前等）开展准入制安全培训”“设置安全教育必修课程”“发放安全宣传品（书籍、读本、知识手

册、彩页等)”“创建安全宣传阵地（宣传栏、横幅、电子屏等)”“举办安全文化活动(安全知识竞赛、技能大赛、主题日宣传活动等)”的受访者均超过了80%；在“您认为在下面哪些关键节点必须开展安全教育？(多选)”的选择中，选择“入学前”“入职前”“进入实验室前”“生产实习前”的均超过80%，选择“入住前”“出国（境）行前”“毕业前”的也都超过了50%；在“您认为学校现阶段可行的安全教育载体包括哪些？(多选)”的选择中，除了“选修课程”，选择“必修课程、报告/讲座、书籍/读本/知识手册、图文宣传彩页、宣传栏、横幅、展板、电子屏、网络平台、安全知识竞赛、安全技能比拼竞赛、主题日宣传活动、安全宣传教育展厅、安全教育体验馆”的均超过了50%。

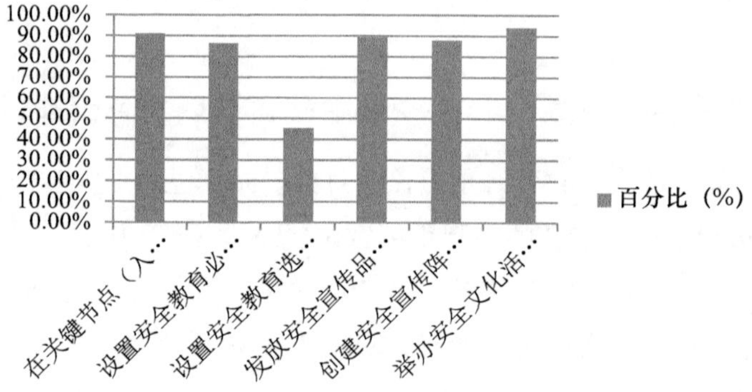

图5 “您认为学校的安全教育应包含哪些组织形式？”的选择

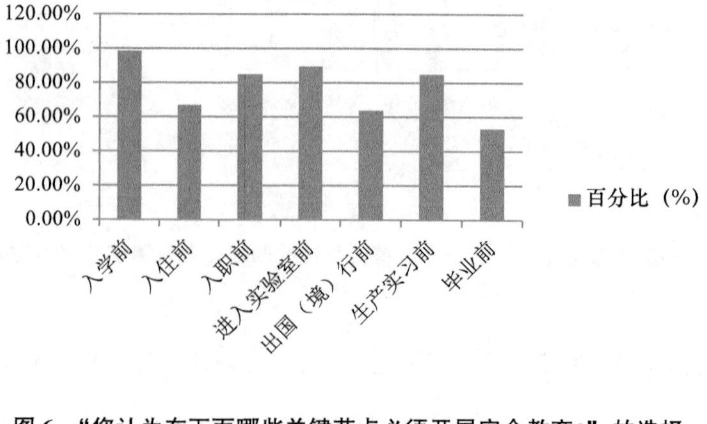

图6 “您认为在下面哪些关键节点必须开展安全教育？”的选择

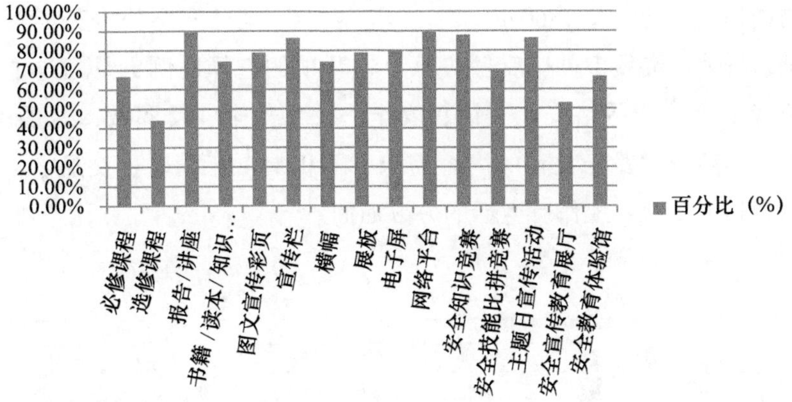

图7 “您认为学校现阶段可行的安全教育载体包括哪些?”的选择

2.2.2.5 适度延长高校学生安全教育时长成为主要诉求

当前北京各高校普遍施行人均每年接受不少于10学时的安全教育工作制度，但在“您认为学生人均每年接受各级各类安全教育的时长至少为多少?（单选）”的选择中，仅22%的受访者选择了“10小时/年”，其中选择“18小时/年”的受访者比例达到了50%，由此可见，当前的安全教育时长已经不能满足高校安全稳定相关的工作需求，适度延长在校学生接受安全教育的时长成为主要诉求。

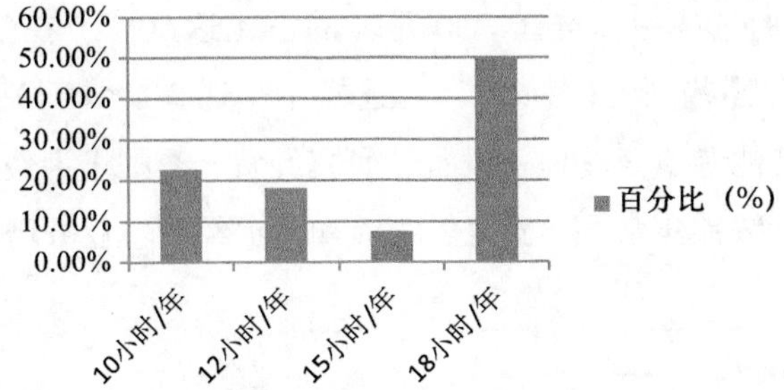

图8 “您认为学生人均每年接受各级各类安全教育的时长至少为多少?”的选择

2.2.2.6 安全教育的内容体系应涵盖学习、工作、生活的方方面面

在“您认为学校的安全教育必须覆盖哪些专题?（多选）”的选择中，本课题列举了“国家安全、消防安全、治安安全、交通安全、家居生活安全、户外运动安全、野外生存、实验室安全、安全生产、自然灾害、群体性突发事件、反恐防暴、防范艾滋

病、禁毒、心理健康”等专题，除了“家居生活安全、野外生存”以外，受访者对其他每一项的选择比例均超过了60%，对“国家安全、消防安全、治安安全、交通安全、实验室安全、群体性突发事件、反恐防暴”这几项的选择比例更是超过了90%，也有16%的受访者补充了“网络安全、饮食安全、公共安全、反邪教、恋爱观教育”等，由此可见，当前高校对安全教育的内容需求已不仅局限于消防、交通、治安等传统领域，而是扩展到了学习、工作、生活的方方面面。

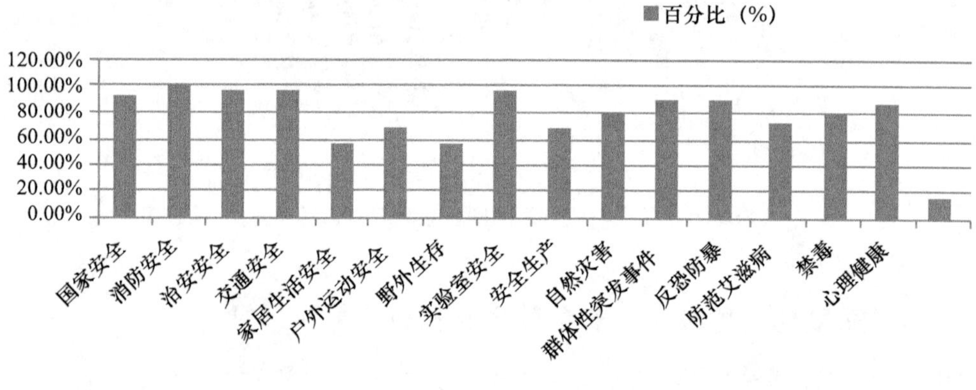

图9 “您认为学校的安全教育必须覆盖哪些专题?”的选择

2.2.2.7 专项经费的足额定向投入是做好安全教育工作的基础保障

在“您认为全校每年安全教育专项经费总额不能低于多少？(单选)”的选择中，选择“10万”占比达75.76%；在“您认为每年安全教育专项经费全校师生人均不能低于多少？(单选)”的选择中，选择“30元”的占比达50%；在“您认为学校安全教育经费投入方向应包含哪些项？(多选)”的选择中，选择“课时费（含专家咨询费)、日常工作保障经费、其他专项（场地、设备、研究经费、教师培训费等)”的受访者均超过80%，也有9%的受访者补充了“安全教育活动专项经费、业务培训经费”等。

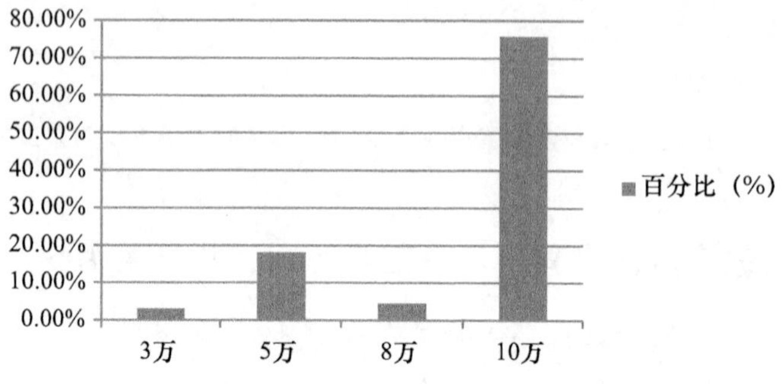

图10 “您认为全校每年安全教育专项经费总额不能低于多少?”的选择

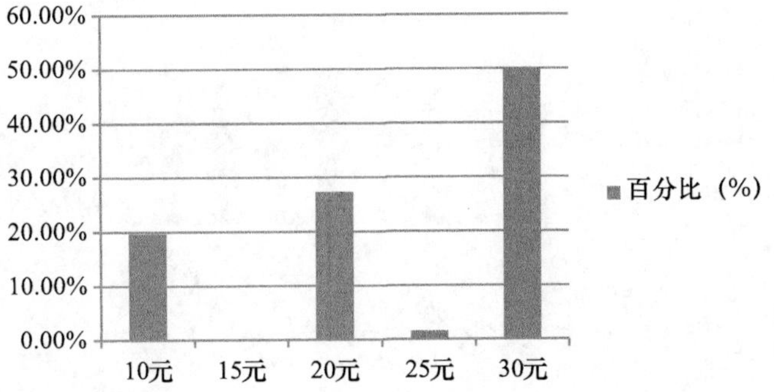

图 11 “您认为每年安全教育专项经费全校师生人均不能低于多少?”的选择

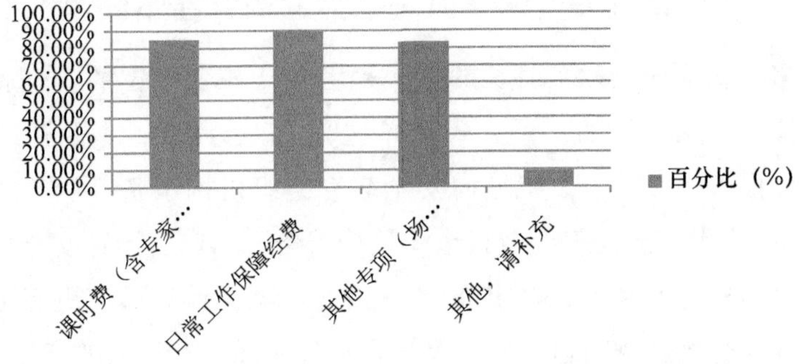

图 12 “您认为学校安全教育经费投入方向应包含哪些项?”的选择

2.2.2.8 建设统一的覆盖全体高校的安全教育网络平台是主流呼声

在“现阶段部分高校开展安全教育工作的条件保障存在一定困难，为突破这一难题，您认为可行的方式是?（多选）”的选择中，本课题组列举了“省市以上建设统一的覆盖全体高校的安全教育网络平台、学校自主建设安全教育网络平台或购买第三方服务、省市按高校分布建设区域性安全教育展厅（馆）、学校自主建设安全教育展厅（馆）、省市以上开发统一的安全教育课件、学校自主开发安全教育课件、省市以上制作发放统一的安全教育宣传用品、学校自主制作安全教育宣传用品、省市以上组织开展统一的安全教育活动、学校自主策划举办安全教育活动”，从结果比例来看，各种方式的选择比例比较均衡，但选择“省市以上建设统一的覆盖全体高校的安全教育网络平台”的比例最高，达 75.76%，是唯一比例超过 70% 的选项。由此可见，在全北京市建设起统一的覆盖全体高校的安全教育网络平台是各高校安全教育相关工作者的主流呼声。

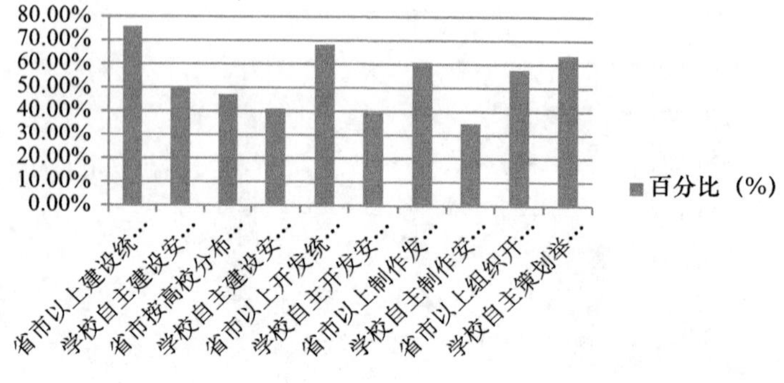

图 13 “部分高校开展安全教育工作条件保障存在困难，可行的突破方式是?”的选择

2.2.2.9 各高校对认证安全教育时长的方式尚存在不同观点

在“如果采用认证安全教育时长的方式来考核学校各单位的安全教育工作，您认为安全教育时长应采用怎样的认证方式（单选）”的选择中，本课题组列举了“三级单位向二级单位报备，二级单位统一向安全教育组织机构报备，认定后计算安全教育时长”“由活动组织者直接向安全教育组织机构报备，认定后计算安全教育时长”两种方式，而选择比例分别占到了 56% 和 40%，由此可见，针对如何更好更准确地认证师生接受安全教育的时长这个问题，各高校结合自身实际，有不同的意见和做法。

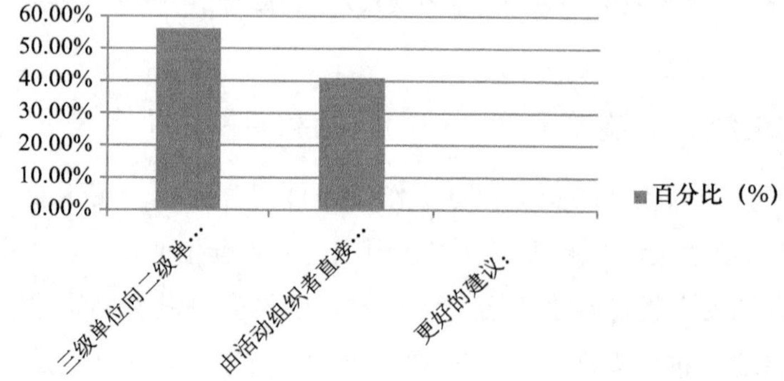

图 14 “您认为安全教育时长应采用怎样的认证安全教育时长的方式”的选择

3 高校构建标准化安全教育工作体系的建议

综合以上问卷数据分析结果和前期调研、访谈的结论可知，目前高校安全教育工作已经取得了一些成效，师生对于安全教育的重要性认同度和学校安全教育工作的总体满意度正逐步提高，与此同时，目前高校安全教育仍然存在工作体系不完善等问题，尤其是安全教育工作体系没有统一标准这一问题亟待解决。为进一步推进安全教育的实效性和专业性，切实为高校的发展提升创造安全、稳定、和谐的校园环境，本文提出以下几个方面的建议：

3.1 高度重视高校安全教育的重要性

树立安全教育为先观念。学校领导对安全工作要高度重视，将安全工作放在高校各项工作的基础地位，并进一步将安全教育放在安全工作的优先位置。形成安全“重在防范、教育为先”的思想观念。

面对发生在大学生身上的安全事故，国外多数国家和地区均采取了较为积极有效的应对措施，发达国家普遍高度重视大学生安全教育，对安全教育管理工作较为科学严谨。

美国高度重视大学生安全教育，将其上升至国民素质教育层面，通过国家立法，保障安全教育工作有序开展；成立安全教育中心，开设安全工程类相关专业，加强安全教育的理论和应用研究，提升安全教育的现代化水平；拥有系统完备的安全教育管理机构，教育手段多样化、内容丰富、贴近生活，具有较高的专业化和科学化水平；全美教育协会（NEA）通过制定各种危机预防、管理及安全教育的规范、准则，为各学校开展安全教育和培训活动、应对危机训练提供执行标准，使学校师生员工真正理解并支持学校的安全规划、教育及措施；各州政府给予学校专项资金支持，使学校能经常进行紧急疏散、预防暴力或恐怖袭击等演练。

韩国将“安全教育”写入了《学校保健法》，该法第十二条规定，“校长为了预防学生发生安全事故，要定期检查和改善校内的装备、设施，并采取对学生进行安全教育等其他必要措施”；《儿童福祉法》第九条第三项也规定，“儿童福利机构、婴幼儿保育机构、幼儿园、小学、中学、大学的校长，要依据《总统令》，进行有关交通安全、药物误（滥）用、灾难预防等安全教育”。

日本文部省非常重视学校安全教育，突出强调加强安全管理、充实安全教育，强化教师安全危机意识，还统一编修专用教材《当可疑人进入学校时的危机管理指导手册》《防止校园犯罪实践案例集》等；各地区的教育行政部门向学校委派安全指导员、巡视员，利用全校集会或综合学习实践课向学生传授自护知识，提供从小学、中学到大学的不同年级涵盖生活安全、交通安全、灾害安全、避难训练的大量实践案例，从计划、实施、到评价形成“三位一体”，具有很强的指导与操作性。

我国的学校安全教育，在改革开放以后逐步发展起来，特别是近十多年来，在学校安全教育实践、安全防范技术、相关法规建设等方面都取得较大成绩。但是，与世界学校安全教育理念和实践的主流比较，我们仍存在较大差距，我们的学校安全教育理念还没有跟上“主动安全”理念的主流，安全教育实践没有充分体现“主动安全”理念的重点，大多还停留在“应急”的层面，有些初步体现“主动安全”理念的教育实践还需要结合我国实际进一步改进和大胆创新。

3.2 完善安全教育组织责任体系

3.2.1 落实安全教育三级责任

落实“党政同责，一岗双责”，“业务谁主管，安全教育谁负责”。各级单位的主要负责人既是安全的第一责任人，也是安全教育的第一责任人。将安全教育的责任落实到具体人员，分解到具体岗位，让每个师生在学习生活工作的各个环节都能接受到相应的安全教育。学校，学院、部处、直附属机构等二级单位，系所、实验室、中心、班级、社团等三级单位分别承担本级安全教育主体责任。学校安全保卫、实验室管理、科研管理、教学管理、实训管理、学生工作、后勤管理等部门分别负责本部门所涉及业务的安全教育；二级单位的分管安全、教学科研、学生的领导以及安全员、联络员、辅导员、班主任等相关工作人员分别负责所分管工作和师生群体的安全教育；三级单位的实验室负责人、学生导师、实验室管理员、楼管、物业工作人员、班集体或社团组织安全委员分别具体负责所属师生群体和人员的安全教育。

3.2.2 健全安全教育组织机构

有条件的学校在安全管理服务中心中明确安全教育职责，设立校级跨部门的安全教育中心或教研室。未设立安全教育中心或教研室的学校在保卫部门内部设立安全宣传教育业务科室或安全宣传教育专岗。安全教育中心、教研室、安全宣传教育业务科室和安全宣传教育专岗负责统筹组织全校师生安全教育和相关考核。

3.2.3 实现教育对象全覆盖

高校安全教育要实现对本单位各类编制教职工、临时劳务人员、各类学生的全覆盖。确保各类师生对学习、工作、生活中所面临的主要安全风险和隐患能够识别和正确处置。高校的每一名成员，既是安全教育效果的直观反应者，也是学校安全管理服务的直接参与者，所以安全教育的全面覆盖不应只是数量上的全面覆盖，还应包括角色的全面覆盖，即不能忽视教师与其他工作人员。只有打破了身份局限，才能突破场合的限制，及时有效地开展安全教育，领导的讲话、辅导员与学生的谈话、公寓管理员的嘱咐、党团支部会议等也都可以变成一次小而精的安全教育课。

3.3 完善安全教育内容

教学内容是教育者传授于学习者的一切思想、理论、知识、技能的总和。爱因斯坦认为，教育的真谛就是把所学的内容忘掉后剩下来的那部分东西——安全能力，正是忘掉知识后剩下来的意识和技能。设定教学内容时，也应坚持这样的理念。

3.3.1 敢于取舍，合理把握多与少

安全教育内容包罗万象，涉及国安、消防、治安、交通、生活、自然灾害等方方面面，但若事无巨细，纠结于面面俱到，总会顾此失彼，加之多数高校开展安全教育的时间和条件有限，教学内容必然要敢于舍弃。学习者知道的，尽量不讲，以免厌倦，学习者不知道的，有些也要少讲，避免为不安全甚至不法行为提供参考。取舍的实际是合理把握“多与少”，既不要奢望学习者主动记住过多，也不要让教育承载太多，不能用课程和教学活动完全替代管理服务的功能。

3.3.2 与时俱进，拓展延伸宏微观

随着时代发展和社会变迁，师生面临的安全隐患、威胁也悄然改变。宏观上，我国高速发展所承受的国际压力增大，社会转型、矛盾日趋突出，由此产生的政治、生态、资源和环境等安全问题要求我们以教育的方式进行干预；微观上，高校管理模式的改变、学生结构的变化，网络对生活的影响，迫使我们对师生心理、社交、财产等安全要更加关注，这些新变化要求我们引征新时期的新实例，拓展和延伸安全教育的新内容[3]。

3.3.3 有章可循，划清底线可操作

安全教育的内容既应有原则性，也应有可操作性。以杜绝校园传教为例，除讲清“教育与宗教分离”“校园不允许传教”等法规外，还可根据一些科学标准制定相应行为准则加以规范。如教育部某调研结果显示，判断学生是否为教徒的标准有三个，熟悉教义教规、定期参加宗教活动、自觉利用教义指导规范行为，第一、三个标准对应的情况很难干预，但基于第二个标准，高校可制定“三不”原则（即“本身无宗教信仰不参与；在非宗教场所不参与；不了解具体情况不参与”）引导学生参照执行，这样，面对校园传教，学生既有防范意识，又能把握底线，有章可循。

3.3.4 丰富安全教育内容

高校要根据师生面临的安全风险，开展涉及国家安全、消防、治安、交通安全、家居生活安全、户外运动安全、野外生存、实验室安全、安全生产、自然灾害、群体性突发事件、反恐防暴、防艾、禁毒等主题的安全教育。增强师生安全意识、提升法治文明水平、丰富安全防范知识、提高应急处置能力。安全教育教学内容可设置如下：

3.3.4.1 全教育绪论（2学时）

1. 课程背景和意义

2. 安全相关理论、法则、规律

3. 国家安全、消防安全、治安安全、交通安全、生活安全、户外安全、自然灾害防范与应对、群体性突发事件防范与应对综述

3.3.4.2 国家安全（2学时）

1. 国家安全的重要性及其定义和理解

2. 当前国家安全的新形势新特点：面临的威胁，与主要国家和地区的关系，新技术的两面性

3. 防失泄密知识技能：主要的失泄密隐患和方式，计算机技术防护，手机技术防护，应对措施

4. 知法懂法正确用法：间课组织常用手法及案例，国家安全法制建设情况，相关法律法规介绍解读，增强主动防范和报告的意识，依法正确处理外交问题

5. 崇尚科学反对邪教：宗教政策及基本规定，非正常传教应对措施，邪教的特点及常见组织

6. 合理表达政治诉求：相关法律法规介绍，合理选择表达渠道，依法合规游行示威，课后思考自身的诉求该合格表达

3.3.4.3 消防安全（2学时）

1. 典型的火灾案例及警示：社会案例，高校案例，故障树分析

2. 火灾相关基本概念：火灾的定义与分类，火灾的原因及诱因，火灾的分级

3. 初期火灾灭火知识：初期火灾基本知识，初期火灾灭火方法，正确认识灭火器，正确使用灭火器（带上模拟灭火器演练）

4. 火灾现场逃生方法：火灾逃生的常见误区，火灾现场最大的威胁，火场逃生的正确方法与姿势（带上毛巾演练），消防标志的识别和逃生路线的判断

5. 消防逃生绳结技术：逃生绳结的应用条件和具体作用，主要绳结的详细打法和

实践操作（带上绳子演练）

3.3.4.4 治安防范（2 学时）

1．防诈骗：社会与高校诈骗形势，典型的诈骗案例及手法详解，防范诈骗的策略和方法

2．防盗窃：常见盗窃作案的种类及手段，易被盗窃物品，部分盗窃监控视频展示，防范盗窃的策略和方法

3．防伤害：伤害的主要类型，既要防止被他人伤害，也要防止伤害他人（相关的法律及案例），防范伤害的策略和方法，防伤害的自创微电影展播

4．防骚扰：骚扰的定义，骚扰的诱因，常见骚扰地点及方式，女子自我保护的意识及方法，遇到骚扰的应对措施

5．防抢劫：抢劫的重大案例及典型特征，抢劫的诱发因素，防范抢劫的注意事项

6．防传销：典型案例，传销特点及与代销的区别，如何应对传销组织

3.3.4.5 交通安全（2 学时）

1．数据及案例警示：海因里希法则 300∶29∶1

2．航空安全知识：民航空难回顾，乘坐民航安全须知，航空救生衣的穿戴及使用方法（带上救生衣演练）

3．公交安全知识：常见公交安全问题，公交起火的应对措施，公交密闭逃生指南（带上安全锤试用）

4．交通安全与文明素质：学习相关法律法规 ，遵纪守法，谦虚礼让，小心谨慎，注意视觉盲区，不占用应急车道、让特殊车辆先行（救护车、消防车等）、完全识别交通标志，正确使用汽车的车灯、文明乘车、开车门的注意事项 ，行人和驾驶人都不能使用手机等

5．简易交通事故处理：停车注意事项，如何更换备胎（带上实物演练），如何报警求助（包括保险、定责、赔偿等问题），如何搬运伤员

3.3.4.6 生活安全（3 学时）

1．食品安全：食品中毒事件案例，有机食品、转基因食品、清真食品简介，合法的添加剂、非法的添加剂的认知，食物相克的常见类型及正确认知，安全食品的具体标识

2．药品安全：处方药与非处方药，抗生素的认识与使用，吃药的一些误区、注意事项，用药安全原则

3．防艾：艾滋病防控的严峻形势，大学生受教育现状，艾滋病传播途径与预防，

艾滋病的检查方法

4. 禁毒：毒品滥用形势，毒品的种类与识别，毒品的危害，如何防范毒品，误食毒品的解救办法

5. 家居安全：物品摆放（防滑、防坠物等），燃气泄漏，家电、燃气灶等安全标准，违规用电的类型及隐患，用电安全常识（零火线辨识、插排的使用规范、不违规乱拉电线、电线的走线设计）

6. 生活急救：触电救助，醉酒后处理方法，异物卡住喉咙的应对措施

3.3.4.7 心理安全（1学时）

1. 心理安全：尊重他人的人格，人与人之间相互关心的方式方法，抑郁症的预防、识别、求助

3.3.4.8 户外活动安全（2学时）

1. 运动安全：常见运动损伤分类，常见运动伤害的处理（拉伤、扭伤、抽筋、挫伤、擦伤、刺伤、脱臼、骨折），运动中的保护措施及伤害的预防，避免尚未发现的心肺等疾病带来危害

2. 野外生存：必备物资，方向辨别，寻找水源，取水净水方法，住所搭建方法，生火方法，有危险的动植物识别，动物伤害的防范措施

3. 包扎技术：（带上纱布）虎口、肘关节的包扎技术

4. 溺水救助：救助原则及解救方法，上岸后的急救措施

5. 心肺复苏：（带上模拟假人真实练习）

3.3.4.9 自然灾害与突发事件的防范与应对（2学时）

1. 水灾防范与应对措施：雷电暴雨天气的防范与注意事项，洪水的应对措施

2. 地震逃生与震后生活：地震相关的科学知识，日常生活中如何储备物资，如何防患于未然，地震发生时如何逃生，震后生活有哪些注意事项

3. 危化物品的使用和处理：重要案例警示，药品保存分类、废弃物的处理

4. 远离群体事件与防范措施：踩踏案例，防范及自救方法

5. 恐怖袭击与反恐防暴：暴恐活动的定义及手段，当前形势，典型可疑分子的特征与识别，恐怖袭击发生时躲避方案及注意事项（播放视频），暴恐活动的事后处置，大学生应该具备的反恐防暴能力

3.4 拓展安全教育方式科学选择安全教育手段

教学方式是教育者使用物资或工具，对学习者产生影响的理念、思路、方法的总

和。关于新时期高校安全教育的教学方式，本文提出以下建议。

3.4.1 以内容为核心，设计科学实用的新形式

形式可以改善教学效果已得到广泛认同，但与其盲目地标新立异，不如回归内容本身，紧扣内容主题设计切合实际的教学形式，比如讲国家安全时，让学习者假设自己作为间谍，根据反奸防谍注意事项去反推、想象如何完成策反任务，开展消防教育时，根据教学内容设计比拼环节，让学习者集体参与到必须依靠所学技能才能“存活”的“逃生大赛”中，都是行之有效的安全教育新形式。

3.4.2 以效率为根本，适时适度地运用新技术

当前，虚拟现实等新技术在模拟事故、逃生演习等诸多安全教育方面均有成功实践，而移动互联网的兴盛也让安全教育更加便捷高效，但部分高校也因此“对新技术过度依赖”或者“被新技术牵着鼻子走”。为破解这两大难题，高校应以提高安全教育的效率为根本，建立科学的标准，评估到底“是否需要创新”“如何创新”“用什么新技术”，不能没有条件也要“硬着头皮上”。

3.4.3 以文化为基础，让讲安全成为一种时尚

文化对人的世界观、人生观、价值观有着深远影响，而“三观”决定着“安全观”，所以，树立师生正确的安全观，必先营造良好的“安全文化”。如若能将安全知识贯穿到恋爱观里、应用到电商购物节中，或者将安全技能融汇到成长细节上、设计到生活情趣里……那不仅只是安全教育形式的创新，更是一种时尚的引领，安全文化自然也就形成。

3.4.4 分类有层次有针对性地拓展安全教育方式

许多高校已将教职工等纳入安全教育对象，但却未分类、无层次，常通过一两次活动，将各种知识技能杂糅，一起灌输给随机参与者。但科学的组织不能只“打包销售”——所有学习人员都应掌握的是安全防范知识和急救自护技能，而楼宇管理员、师生骨干等则可进一步学习应急救援，对于单位一把手、安全责任人、实验室安全员等，还必须熟悉安全管理制度和责任体系等，这些不同层次的学习人员都应当有针对性地区分。高校可通过开设安全教育必修课和选修课程，举行报告、讲座、展厅参观、体验馆教学等安全主题工作坊，发放读本、手册、彩页等安全教育宣传品，创建宣传栏、电子屏、网络平台等安全宣传阵地，举办知识竞赛、技能大赛、主题日、主题周、文化月等安全文化活动，进一步拓展安全教育方式方法，丰富安全教育素

材和载体。

3.4.5 注重教育的传播性和学习者的示范效应

教育过程与传播过程有着天然的一致性与相融性，安全教育效果也会在师生群体中无形传播，学习者的示范效应不可小视，其辐射作用往往具有事半功倍的效果。在实践中，重点培养一些师生骨干或培育一两支社团，让其以点带面，耳濡目染地开展以其为圆心的同事、室友、同学、朋友圈子的安全教育，不仅利于更广泛地传播安全知识，还便于效果反馈和对学习人员的跟进。

3.4.6 科学选择安全教育方法

高校在采取课堂讲授、宣传品教育、试题教学、参观展览等传统教育教学手段基础上，可利用实践演练、模拟体验、多媒体互动等新兴教学手段，针对不同的安全教育知识点开展有效的教学。各主题安全教育知识点的推荐教育方法如下表。

大学生安全教育知识点与推荐教育方法

国家安全						
	传统课堂讲授	传统宣传品教育	参观展览	模拟体验	多媒体互动	试题教学
国家安全的重要性	√		√		√	
国家安全的内涵和外延	√		√		√	
国家安全的新形势新特点	√		√	√	√	
国家安全法律法规介绍	√	√	√			√
主要的失泄密隐患和方式				√	√	
计算机技术防护知识				√	√	
手机技术防护知识				√	√	
间谍组织常用手法及案例			√	√	√	
反奸防谍的注意事项	√	√	√	√	√	
正确处理外交问题	√	√	√	√	√	
宗教政策及基本规定	√	√	√		√	
非正常传教应对措施			√	√	√	
邪教的特点及常见组织			√	√	√	
表达政治诉求的合法渠道	√	√	√		√	

（续表）

消防安全						
	传统课堂讲授	传统宣传品教育	参观展览	模拟体验	多媒体互动	试题教学
火灾的案例警示	√		√		√	
火灾的定义及分类、分级	√		√		√	
初期火灾的相关知识及灭火方法				√	√	
正确认识及使用灭火器				√	√	
消防标志的识别		√	√	√	√	
火灾逃生路线的判断与选择				√	√	
火灾逃生的正确方法与姿势				√	√	
消防逃生绳结技术				√	√	
治安安全						
	传统课堂讲授	传统宣传品教育	参观展览	模拟体验	多媒体互动	试题教学
诈骗的形势与案例	√	√	√	√	√	
典型的诈骗案例与手法详解	√	√	√	√	√	
防范诈骗的策略和方法		√	√	√	√	
常见盗窃作案的种类及手段		√	√	√	√	
防范盗窃的策略和方法		√	√	√	√	
伤害的主要类型	√	√	√	√	√	
防范伤害的策略和方法		√	√	√	√	
骚扰的定义、特点及案例	√	√	√	√	√	
遇到骚扰的应对措施		√	√	√	√	
防范抢劫的注意事项		√	√	√	√	
传销的特点及案例	√	√	√	√	√	
如何应对传销组织	√	√	√	√	√	

（续表）

交通安全						
	传统课堂讲授	传统宣传品教育	参观展览	模拟体验	多媒体互动	试题教学
乘坐民航安全须知				√	√	
航空救生衣的穿戴及使用方法				√	√	
常见公交安全问题				√	√	
公交起火的应对措施				√	√	
公交逃生指南				√	√	
小轿车逃生指南				√	√	
交通法律法规介绍	√	√	√			√
乘车安全文明须知	√	√	√			√
识别交通标志		√	√	√	√	
文明礼让的交通安全法则		√	√	√	√	
注意视觉盲区				√	√	
正确使用汽车的车灯				√		
停车注意事项				√		
开车门的注意事项				√		
如何更换备胎				√		
如何应对处理交通事故				√	√	
如何报警求助				√		
如何搬运伤员				√		
生活安全						
	传统课堂讲授	传统宣传品教育	参观展览	模拟体验	多媒体互动	试题教学
安全食品的类别及基础知识	√	√	√	√	√	
添加剂的认知	√	√	√	√	√	
食物相克的常见类型及正确认知	√	√	√	√	√	
安全食品的标识及识别	√	√	√	√	√	
处方药与非处方药	√	√	√	√	√	
抗生素的认识与使用	√	√	√	√	√	
用药安全注意事项			√	√	√	

（续表）

生活安全						
	传统课堂讲授	传统宣传品教育	参观展览	模拟体验	多媒体互动	试题教学
艾滋病防控的严峻形势	√	√	√			
艾滋病传播途径与预防		√	√		√	
艾滋病的检查方法		√	√		√	
毒品滥用形势		√	√			
毒品的种类与识别		√	√		√	
毒品的危害	√	√	√		√	
如何防范毒品		√	√		√	
误食毒品的解救办法		√	√		√	
家电、燃气灶等安全标准		√	√			√
漏电漏水漏气的应对				√	√	
违规用电的类型和危害	√		√	√	√	
用电安全常识	√	√	√	√	√	
触电救助				√		
醉酒后处理方法				√	√	
异物卡住喉咙的应对措施				√		
抑郁症的预防、识别、求助	√	√	√		√	
户外活动与野外生存安全						
	传统课堂讲授	传统宣传品教育	参观展览	模拟体验	多媒体互动	试题教学
常见运动损伤分类	√	√	√	√	√	
常见运动伤害的处理				√		
运动中的保护措施及伤害的预防				√	√	
野外生存物资准备		√	√	√	√	
辨别方向				√	√	
寻找水源和净化水的方法				√	√	
寻找或搭建住所的方法				√		
生火方法				√		
有危害植物的识别		√	√		√	
动物伤害的防范措施				√	√	

（续表）

户外活动与野外生存安全						
	传统课堂讲授	传统宣传品教育	参观展览	模拟体验	多媒体互动	试题教学
包扎技术				√		
溺水救助				√		
心肺复苏				√		
AED 的使用				√		
自然灾害与突发事件的防范与应对						
	传统课堂讲授	传统宣传品教育	参观展览	模拟体验	多媒体互动	试题教学
水灾防范与应对措施			√	√	√	
雷电暴雨天气的防范与注意事项			√	√	√	
地震相关的科学知识	√	√	√	√	√	
日常生活中如何储备物资	√	√	√	√	√	
地震发生时如何逃生				√	√	
震后生活有哪些注意事项	√	√	√	√	√	
危化物品的使用和处理				√	√	
群体性事件的防范与应对措施			√	√	√	
暴恐活动的定义及手段		√	√	√	√	
暴恐活动的辨别与防范			√	√	√	
恐怖袭击发生时躲避方案及注意事项			√	√	√	
暴恐活动的事后处置	√	√	√	√	√	

备注：教学手段定义如下：

传统课堂讲授：通过课堂、报告、讲座等单向传递信息的讲解方式；

传统宣传品教育：通过阅读书籍、读本、知识手册、彩页等获取知识的教学方式；

参观展览：通过观看展板、宣传栏、横幅、电子屏等展示的内容的教学方式；

模拟体验：通过虚拟现实技术或者实物，模拟逼真的现实场景或环境，让人身临其境体验灾难、事故等安全事件，或仿真模拟灭火、避险、救灾等安全技能操作的教学方式；

多媒体互动：通过多媒体技术，构建人机交互界面，以便实现自主阅览、趣味问答、游戏闯关等互动教学的方式；

试题教学：通过线上线下的知识测试、模拟考试等传授知识的方式。

3.5 规范安全教育考核，完善条件保障

实行特定环节安全教育准入制。高校对各类学生新生入学、入住学生公寓、进入实验室、生产实习、因公出国（境）以及新教职工入职等环节实行安全教育准入制。了解和掌握相关安全知识与技能的师生方能取得相应资格或参与相应活动。确保师生在特定环节能够接受必要的安全教育。

对各类安全教育活动进行教育时长认证。举办安全教育活动时由活动组织方逐级报备，学校安全教育中心、教研室、安全宣传教育业务科室或安全宣传教育专岗根据参与难度、付出的时间精力对活动的时长进行认定。活动组织者负责记录时长。确保每名在校学生每学年接受不少于18学时的安全教育。

加强安全教育条件保障。高校每年用于安全教育的日常经费确保生均不少于30元。学生规模小的学校确保每年用于安全教育的日常经费总数不低于10万元。日常经费主要用于安全课程建设、安全报告讲座的课酬、教育活动组织、小额安全教育教具与设备、安全教育研究、教师培训等方面。学校需另行保障安全教育教学网络平台、大额安全教育设备、安全展厅、安全体验馆等其他专项资金的使用。

参考文献

[1] 习近平. 决胜全面建成小康社会夺取新时代中国特色社会主义伟大胜利——在中国共产党第十九次全国代表大会上的报告 [M]. 北京：人民出版社，2017.

[2] 李峥嵘. 大学生安全教育 [M]. 教育科学出版社，2014.

[3]《普通高等学校学生安全教育及管理暂行规定》第五条、第九条。

[4] 吴胜利，王华光，唐荣宁，刘雪莲. 构建当代大学生安全教育新体系研究 [J]. 中国电力教育，2013 (16).

[5] 胡如朝. 论大学生安全教育体系的构建 [J]. 湖南科技学院学报，2010，31 (1).

[6] 邓国林. 论加强大学生的安全教育 [J]. 苏州大学学报（哲学社会科学版），2005 (5).

[7] 周水平，万江文，郭安平，陈裕鹏，龚志强. 大学生安全教育的现状分析与对策研究 [J]. 江西农业大学学报（社会科学版），2010，9 (4).

[8] 梁卫玲. 新时期加强大学生安全教育的思考 [J]. 长春理工大学学报，2011 (3).

[9] 龙平平，韦忠恩. 论安全理性培养在大学生安全教育中的作用与实施 [J]. 中国成人教育，2014 (12).

[10] 梁诗敏. 从冲突理论视角看大学生安全教育工作 [J]. 学校党建与思想教育: 高教版, 2013 (9).

[11] 葛冬冬. 公共安全风险防控视域下大学生安全教育探究——基于对上海外滩拥挤踩踏事件的思考 [J]. 思想教育研究, 2015 (4).

[12] 褚积挺. 浅议校园安全文化建设 [J]. 科技信息, 2010 (03).

[13] 辛崇胜. 对大学生安全教育“进教材、进课堂、落实学分”的思考 [G]. 北京市高等教育学会2007年学术年会议论文集, 2007.

[14] 李晓霞. 当前大学生安全教育的问题成因及对策研究 [D]. 湖北: 华中东师范大学, 2011.

[15] 潘彬. 平安校园建设视角下的高校安全教育研究 [D]. 江苏: 南京信息工程大学, 2015.

[16] 赵雪. 大学生安全教育体系研究 [D]. 浙江: 中国计量学院, 2014.

附件1：首都高校安全教育标准化工作体系

建议稿

根据中央、教育部等上级文件精神，落实《中共北京市委教育工作委员会 北京市教育委员会关于十三五时期实施高校“平安校园”建设提升工程的意见》文件要求，进一步加强首都高校安全教育工作，特制订本标准。

树立安全教育为先观念

学校领导对安全工作要高度重视，将安全工作放在高校各项工作的基础地位，并进一步将安全教育放在安全工作的优先位置。形成安全“重在防范、教育为先”的思想观念。

建立三级安全教育责任制

落实“党政同责，一岗双责”，“业务谁主管，安全教育谁负责”。各级单位的主要负责人既是安全的第一责任人，也是安全教育的第一责任人。将安全教育的责任落实到具体人员，分解到具体岗位，让每个师生在学习生活工作的各个环节都能接受到相应的安全教育。学校，学院、部处、直附属机构等二级单位，系所、实验室、中心、班级、社团等三级单位分别承担本级安全教育主体责任。学校安全保卫、实验室管理、科研管理、教学管理、实训管理、学生工作、后勤管理等部门分别负责本部门所涉及业务的安全教育；二级单位的分管安全、教学科研、学生的领导以及安全员、联络员、辅导员、班主任等相关工作人员分别负责所分管工作和师生群体的安全教育；三级单位的实验室负责人、学生导师、实验室管理员、楼管、物业工作人员、班集体或社团组织安全委员分别具体负责所属师生群体和人员的安全教育。

健全安全教育组织机构

有条件的学校在安全管理服务中心中明确安全教育职责，设立校级跨部门的安全教育中心或教研室。未设立安全教育中心或教研室的学校在保卫部门内部设立安全宣传教育业务科室或安全宣传教育专岗。安全教育中心、教研室、安全宣传教育业务科室和安全宣传教育专岗负责统筹组织全校师生安全教育和相关考核。

实现教育对象全覆盖

高校安全教育要实现对本单位各类编制教职工、临时劳务人员、各类学生的全覆盖。确保各类师生对学习、工作、生活中所面临的主要安全风险和隐患能够识别和正确处置。

实行特定环节安全教育准入制

高校对各类学生新生入学、入住学生公寓、进入实验室、生产实习、因公出国（境）以及新教职工入职等环节实行安全教育准入制。了解和掌握相关安全知识与技能的师生方能取得相应资格或参与相应活动。确保师生在特定环节能够接受必要的安全教育。

拓展安全教育方式

高校可通过开设安全教育必修课和选修课程，举行报告、讲座、展厅参观、体验馆教学等安全主题工作坊，发放读本、手册、彩页等安全教育宣传品，创建宣传栏、电子屏、网络平台等安全宣传阵地，举办知识竞赛、技能大赛、主题日、主题周、文化月等安全文化活动，进一步拓展安全教育方式方法，丰富安全教育素材和载体。

规范安全教育考核

对各类安全教育活动进行教育时长认证。举办安全教育活动时由活动组织方逐级报备，学校安全教育中心、教研室、安全宣传教育业务科室或安全宣传教育专岗根据参与难度、付出的时间精力对活动的时长进行认定。活动组织者负责记录时长。确保每名在校学生每学年接受不少于 18 学时的安全教育。

完善安全教育内容体系

高校要根据师生面临的安全风险，开展涉及国家安全、消防、治安、交通安全、家居生活安全、户外运动安全、野外生存、实验室安全、安全生产、自然灾害、群体性突发事件、反恐防暴、防艾、禁毒等主题的安全教育。增强师生安全意识、提升法治文明水平、丰富安全防范知识、提高应急处置能力。

科学选择安全教育教学方法

高校在采取课堂讲授、宣传品教育、试题教学、参观展览等传统教育教学手段基础上，可利用实践演练、模拟体验、多媒体互动等新兴教学手段，针对不同的安全教育知识点开展有效的教育。

加强安全教育条件保障

高校每年用于安全教育的日常经费确保生均不少于30元。学生规模小的学校确保每年用于安全教育的日常经费总数不低于10万元。

附件2：大学生安全教育课程通用大纲

建议稿

总共18个学时，9大节课

第一部分　绪论

第1课时

1. 课程背景和意义
2. 安全相关理论、法则、规律

第2课时

3. 国家安全、消防安全、治安安全、交通安全、生活安全、户外安全、自然灾害防范与应对、群体性突发事件防范与应对综述
4. 教学计划和课程安排介绍

第二部分　国家安全

第 1 课时

1．国家安全的重要性及其定义和理解

2．当前国家安全的新形势新特点：面临的威胁，与主要国家和地区的关系，新技术的两面性

3．防失泄密知识技能：主要的失泄密隐患和方式，计算机技术防护，手机技术防护，应对措施

第 2 课时

4．知法懂法正确用法：间谍组织常用手法及案例，国家安全法制建设情况，相关法律法规介绍解读，增强主动防范和报告的意识，依法正确处理外交问题

5．崇尚科学反对邪教：宗教政策及基本规定，非正常传教应对措施，邪教的特点及常见组织

6．合理表达政治诉求：相关法律法规介绍，合理选择表达渠道，依法合规游行示威，课后思考自身的诉求该合格表达

第三部分　消防安全

第 1 课时

1．典型的火灾案例及警示：社会案例，高校案例，故障树分析

2．火灾相关基本概念：火灾的定义与分类，火灾的原因及诱因，火灾的分级

3．初期火灾灭火知识：初期火灾基本知识，初期火灾灭火方法，正确认识灭火器，正确使用灭火器（带上模拟灭火器演练）

第 2 课时

4．火灾现场逃生方法：火灾逃生的常见误区，火灾现场最大的威胁，火场逃生的正确方法与姿势（带上毛巾演练），消防标志的识别和逃生路线的判断

5．消防逃生绳结技术：逃生绳结的应用条件和具体作用，主要绳结的详细打法和实践操作（带上绳子演练）

第四部分　治安安全

第 1 课时

1．防诈骗：社会与高校诈骗形势，典型的诈骗案例及手法详解，防范诈骗的策略

和方法

2. 防盗窃：常见盗窃作案的种类及手段，易被盗窃物品，部分盗窃监控视频展示，防范盗窃的策略和方法

第 2 课时

3. 防伤害：伤害的主要类型，既要防止被他人伤害，也要防止伤害他人（相关的法律及案例），防范伤害的策略和方法，防伤害的自创微电影展播

4. 防骚扰：骚扰的定义，骚扰的诱因，常见骚扰地点及方式，女子自我保护的意识及方法，遇到骚扰的应对措施

5. 防抢劫：抢劫的重大案例及典型特征，抢劫的诱发因素，防范抢劫的注意事项

6. 防传销：典型案例，传销特点及与代销的区别，如何应对传销组织

第五部分　交通安全

第 1 课时

1. 数据及案例警示：海因里希法则300：29：1

2. 航空安全知识：民航空难回顾，乘坐民航安全须知，航空救生衣的穿戴及使用方法（带上救生衣演练）

3. 公交安全知识：常见公交安全问题，公交起火的应对措施，公交密闭逃生指南（带上安全锤试用）

第 2 课时

4. 交通安全与文明素质：学习相关法律法规 ，遵纪守法，谦虚礼让，小心谨慎，注意视觉盲区，不占用应急车道、让特殊车辆先行（救护车、消防车等）、完全识别交通标志，正确使用汽车的车灯、文明乘车、开车门的注意事项 ，行人和驾驶人都不能使用手机等

5. 简易交通事故处理：停车注意事项，如何更换备胎（带上实物演练），如何报警求助（包括保险、定责、赔偿等问题），如何搬运伤员

第六部分　生活安全

第 1 课时

1. 食品安全：食品中毒事件案例，有机食品、转基因食品、清真食品简介，合法的添加剂、非法的添加剂的认知，食物相克的常见类型及正确认知，安全食品的具体

标识

2. 药品安全：处方药与非处方药，抗生素的认识与使用，吃药的一些误区、注意事项，用药安全原则

第2课时

3. 禁毒：毒品滥用形势，毒品的种类与识别，毒品的危害，如何防范毒品，误识毒品的解救办法

4. 防艾：艾滋病防控的严峻形势，大学生受教育现状，艾滋病传播途径与预防，艾滋病的检查方法

第3课时

5. 家居安全：物品摆放（防滑、防坠物等），燃气泄漏，家电、燃气灶等安全标准，违规用电的类型及隐患，用电安全常识（零火线辨识、插排的使用规范、不违规乱拉电线、电线的走线设计）

6. 生活急救：触电救助，醉酒后处理方法，异物卡住喉咙的应对措施

第七部分　心理安全

心理安全：尊重他人的人格，人与人之间相互关心的方式方法，抑郁症的预防、识别、求助

第八部分　户外活动安全

第1课时

1. 运动安全：常见运动损伤分类，常见运动伤害的处理（拉伤、扭伤、抽筋、挫伤、擦伤、刺伤、脱臼、骨折），运动中的保护措施及伤害的预防，避免尚未发现的心肺等疾病带来危害

2. 野外生存：必备物资，方向辨别，寻找水源，取水净水方法，住所搭建方法，生火方法，有危险的动植物识别，动物伤害的防范措施

第2课时

3. 包扎技术：（带上纱布）虎口、肘关节的包扎技术

4. 溺水救助：救助原则及解救方法，上岸后的急救措施

5. 心肺复苏：（带上模拟假人真实练习）

第九部分　自然灾害与突发事件的防范与应对

第 1 课时

1. 水灾防范与应对措施：雷电暴雨天气的防范与注意事项，洪水的应对措施

2. 地震逃生与震后生活：地震相关的科学知识，日常生活中如何储备物资，如何防患于未然，地震发生时如何逃生，震后生活有哪些注意事项

第 2 课时

3. 危化物品的使用和处理：重要案例警示，药品保存分类、废弃物的处理

4. 远离群体事件与防范措施：踩踏案例，防范及自救方法

5. 恐怖袭击与反恐防暴：暴恐活动的定义及手段，当前形势，典型可疑分子的特征与识别，恐怖袭击发生时躲避方案及注意事项（播放视频），暴恐活动的事后处置，大学生应该具备的反恐防暴能力

附件 3：大学生安全教育知识点与推荐教育方法

国家安全						
	传统课堂讲授	传统宣传品教育	参观展览	模拟体验	多媒体互动	试题教学
国家安全的重要性	√		√		√	
国家安全的内涵和外延	√		√		√	
国家安全的新形势新特点	√		√	√	√	
国家安全法律法规介绍	√	√	√			√
主要的失泄密隐患和方式				√	√	
计算机技术防护知识				√	√	
手机技术防护知识				√	√	
间谍组织常用手法及案例			√	√	√	
反奸防谍的注意事项	√	√	√	√	√	
正确处理外交问题	√	√	√	√	√	
宗教政策及基本规定	√	√	√		√	
非正常传教应对措施			√	√	√	
邪教的特点及常见组织			√	√	√	
表达政治诉求的合法渠道	√	√	√		√	

（续表）

消防安全						
	传统课堂讲授	传统宣传品教育	参观展览	模拟体验	多媒体互动	试题教学
火灾的案例警示	√		√		√	
火灾的定义及分类、分级	√		√		√	
初期火灾的相关知识及灭火方法				√	√	
正确认识及使用灭火器				√	√	
消防标志的识别		√	√	√	√	
火灾逃生路线的判断与选择				√	√	
火灾逃生的正确方法与姿势				√	√	
消防逃生绳结技术				√	√	
治安安全						
	传统课堂讲授	传统宣传品教育	参观展览	模拟体验	多媒体互动	试题教学
诈骗的形势与案例	√	√	√	√	√	
典型的诈骗案例与手法详解	√	√	√	√	√	
防范诈骗的策略和方法		√	√	√	√	
常见盗窃作案的种类及手段		√	√	√	√	
防范盗窃的策略和方法		√	√	√	√	
伤害的主要类型	√	√	√	√	√	
防范伤害的策略和方法		√	√	√	√	
骚扰的定义、特点及案例	√	√	√	√	√	
遇到骚扰的应对措施		√	√	√	√	
防范抢劫的注意事项		√	√	√	√	
传销的特点及案例	√	√	√	√	√	
如何应对传销组织	√	√	√	√	√	

（续表）

交通安全						
	传统课堂讲授	传统宣传品教育	参观展览	模拟体验	多媒体互动	试题教学
乘坐民航安全须知				√	√	
航空救生衣的穿戴及使用方法				√	√	
常见公交安全问题				√	√	
公交起火的应对措施				√	√	
公交逃生指南				√	√	
小轿车逃生指南				√	√	
交通法律法规介绍	√	√	√			√
乘车安全文明须知	√	√	√			√
识别交通标志		√	√	√	√	
文明礼让的交通安全法则		√	√	√	√	
注意视觉盲区				√	√	
正确使用汽车的车灯				√		
停车注意事项				√		
开车门的注意事项				√		
如何更换备胎				√		
如何应对处理交通事故				√	√	
如何报警求助				√		
如何搬运伤员				√		

生活安全						
	传统课堂讲授	传统宣传品教育	参观展览	模拟体验	多媒体互动	试题教学
安全食品的类别及基础知识	√	√	√	√	√	
添加剂的认知	√	√	√	√	√	
食物相克的常见类型及正确认知	√	√	√	√	√	
安全食品的标识及识别	√	√	√	√	√	
处方药与非处方药	√	√	√	√	√	
抗生素的认识与使用	√	√	√	√	√	
用药安全注意事项			√	√	√	

（续表）

生活安全						
	传统课堂讲授	传统宣传品教育	参观展览	模拟体验	多媒体互动	试题教学
艾滋病防控的严峻形势	√	√	√			
艾滋病传播途径与预防		√	√		√	
艾滋病的检查方法		√	√		√	
毒品滥用形势		√	√			
毒品的种类与识别		√	√		√	
毒品的危害	√	√	√		√	
如何防范毒品		√	√		√	
误识毒品的解救办法		√	√		√	
家电、燃气灶等安全标准		√	√			√
漏电漏水漏气的应对				√	√	
违规用电的类型和危害	√		√	√	√	
用电安全常识	√	√	√	√	√	
触电救助				√		
醉酒后处理方法				√	√	
异物卡住喉咙的应对措施				√		
抑郁症的预防、识别、求助	√	√	√		√	
户外活动与野外生存安全						
	传统课堂讲授	传统宣传品教育	参观展览	模拟体验	多媒体互动	试题教学
常见运动损伤分类	√	√	√	√	√	
常见运动伤害的处理				√		
运动中的保护措施及伤害的预防				√	√	
野外生存物资准备		√	√	√	√	
辨别方向				√	√	
寻找水源和净化水的方法				√	√	
寻找或搭建住所的方法				√		
生火方法				√		
有危害植物的识别		√	√		√	
动物伤害的防范措施				√	√	

（续表）

户外活动与野外生存安全						
	传统课堂讲授	传统宣传品教育	参观展览	模拟体验	多媒体互动	试题教学
包扎技术				√		
溺水救助				√		
心肺复苏				√		
AED 的使用				√		
自然灾害与突发事件的防范与应对						
	传统课堂讲授	传统宣传品教育	参观展览	模拟体验	多媒体互动	试题教学
水灾防范与应对措施			√	√	√	
雷电暴雨天气的防范与注意事项			√	√	√	
地震相关的科学知识	√	√	√	√	√	
日常生活中如何储备物资	√	√	√	√	√	
地震发生时如何逃生				√	√	
震后生活有哪些注意事项	√	√	√	√	√	
危化物品的使用和处理				√	√	
群体性事件的防范与应对措施			√	√	√	
暴恐活动的定义及手段		√	√	√	√	
暴恐活动的辨别与防范			√	√	√	
恐怖袭击发生时躲避方案及注意事项			√	√	√	
暴恐活动的事后处置	√	√	√	√	√	

备注：教学手段定义如下：

传统课堂讲授：通过课堂、报告、讲座等单向传递信息的讲解方式；

传统宣传品教育：通过阅读书籍、读本、知识手册、彩页等获取知识的教学方式；

参观展览：通过观看展板、宣传栏、横幅、电子屏等展示的内容的教学方式；

模拟体验：通过虚拟现实技术或者实物，模拟逼真的现实场景或环境，让人身临其境体验灾难、事故等安全事件，或仿真模拟灭火、避险、救灾等安全技能操作的教学方式；

多媒体互动：通过多媒体技术，构建人机交互界面，以便实现自主阅览、趣味问答、游戏闯关等互动教学的方式；

试题教学：通过线上线下的知识测试、模拟考试等传授知识的方式。

消防安全标准化工作体系深化研究

中国人民大学保卫处（部）课题组

1　前言

1.1　高校消防安全现状

1.1.1　校内人员密集、消防安全素质参差不齐

据不完全统计，2019 年中国 38 所一流大学建设高校在校学生 1587093 人。高校还有大量的教职员工和科研机构、校办企业等职工，平均每所高校的教职工数量达到千人规模。外来服务人员也广泛分布在校内银行服务点、快递网点、商业场所等区域，高校的建设与维修也需要大量施工人员入校进行各类作业。校内人员接受安全教育培训程度不同，消防安全素质参差不齐，普遍存在不安全行为。有的学校很少或从来没有组织对校内人员的防火安全、应急疏散和逃生自救教育培训，缺乏消防安全意识，遇到火灾就会惊慌失措，失去理性判断能力和自我控制能力。

1.1.2　消防设施历史欠账较多、维保工作量大

高校内部楼宇投入时间较早，工程设计、消防产品质量、工程施工、竣工验收、维护管理等影响系统功能的关键环节尚存在一些亟待解决的问题，致使一些已安装的系统不能处于正常的准工作状态，甚至相当一部分消防设施瘫痪，致使建筑消防安全得不到应有的保障，一旦发生火灾可能导致严重的经济损失和人员伤亡。

1.1.3　私自改扩建项目较多，消防安全隐患凸显

近年来为改善学校办学条件，校内一些单位未经学校修缮管理部门同意私自进行

改扩建，擅自更改防火分区、防火墙、安全出口等，选择不符合消防要求的装修材料甚至改变房间原有设计使用功能，造成大量消防安全隐患。

1.1.4　高校消防安全责任制不健全

为加强和规范高校消防安全管理，教育部颁布了《高等学校消防安全管理规定》，其中明确提出“学校应当落实逐级消防安全责任制和岗位消防安全责任制，明确逐级和岗位消防安全职责，确定各级、各岗位消防安全责任人”，也明确了学校消防机构的责任。由于消防安全管理工作需校内多单位协同配合，规定中并未提及校内其他相关部门消防责任，直接导致个别高校消防安全管理体系不健全，消防安全责任落实存在盲区，制度规定执行不到位、职责不明晰，消防安全管理工作未做到闭环管理。

1.2　我国高校消防安全标准化研究现状

为了加强和规范高等学校的消防安全管理，预防和减少火灾危害，保障师生员工生命财产和学校财产安全，根据消防法、高等教育法等法律、法规制定了《高等学校消防安全管理规定》，并于2010年1月1日起施行。

2016年3月24日，为深入贯彻落实消防安全法律法规和《国务院关于进一步加强和改进消防工作的意见》(国发〔2011〕46号)、《北京市政府关于进一步加强和改进消防工作的意见》(京政发〔2012〕22号)、《教育部、公安部关于加强中小学、幼儿园消防安全管理工作的意见》(教督〔2015〕4号)，认真履行消防安全管理职责，提高学校消防安全管理水平，督促全市校园落实消防安全主体责任，切实保证全市广大师生的人身和财产安全，北京市教育委员会、北京市公安局联合制定了《北京市学校消防安全标准化管理规定》，并于2016年5月1日起施行。

2017年1月19日，为进一步推进普通高等学校安全管理工作制度化和规范化，根据《高等学校消防安全管理规定》(教育部、公安部令第28号)要求，教育部制定了《普通高等学校消防安全工作指南》。《工作指南》既是对高等学校消防安全工作的系统规定，也是对高等学校消防安全检查工作的具体要求。

1.3　高校消防安全管理标准化建设意义

高校消防安全管理是一个系统工程，它与国家法律法规、国家及行业标准、单位管理、科技进步、培训教育、监督监察等诸多方面密切相关。高校消防安全标准化工作的主要目的就是进一步加强高校主体责任，在高校内部建立一套规范、系统的消防安全管理机制，实现以事故预防与风险控制管理为核心的消防安全标准化管理模式，建立消防安全管理长效机制。消防安全管理标准化建设是高校加强消防安全管理的重要抓手，高校将消防安全管理标准化引入和延伸到消防安全管理工作中．按标准化要求来组织和推进高校的消防安全管理工作，使高校的本质安全水平不断得到提升，保障高校消防安全管理处于良好稳定状态。

（1）落实高校消防安全责任制的必要途径

国家有关消防安全法律法规和规定明确要求要严格落实消防安全责任制。高校是消防安全管理标准化建设的主体，要通过加强每个岗位和环节的消防安全管理标准化建设，提高消防安全管理水平，促进高校消防安全责任落实到位。

（2）强化高校消防安全基础工作的长效制度

消防安全管理标准化建设涵盖了增强人员消防安全素质、提高消防设施完好水平、改善作业环境、强化岗位责任落实等各个方面，是一项长期的、基础性的系统工程，有利于提高高校消防安全管理水平。

（3）有效防范事故发生的重要手段

深入开展消防安全标准化建设，能够进一步规范高校人员消防安全行为，促进各类消防安全隐患排查治理，推进消防安全管理长效机制建设，有效防范和遏制事故发生，促进高校消防安全管理状况持续稳定好转。

2 高校消防安全管理术语

1. 消防安全标准化

通过建立和落实消防安全责任制，制定消防安全管理制度和操作规程，排查治理消防安全隐患和监控重大消防安全隐患，建立预防机制，规范消防安全管理行为，使各环节符合有关消防法律法规和标准规范的要求，人、机、物、环处于良好的状态，并持续改进，不断加强单位消防安全管理水平。

2. 消防安全绩效

根据消防安全管理目标，在消防安全管理工作方面取得的可测量的结果。

3. 相关方

与单位的消防安全绩效相关联或受其影响的团体或个人。

4. 消防安全责任人

学校消防安全责任人。

5. 消防安全管理人

分管学校消防安全的校领导。

6. 专职消防安全管理人员

从事消防安全管理具体工作的人员。

7. 消防安全文化

消防安全理念、消防安全意识以及在其指导下的各项行为的总称。

8. 消防安全重点部位

单位应当将容易发生火灾、一旦发生火灾可能严重危及人身和财产安全以及对消防安全有重大影响的部位。

9. 消防档案

消防安全基本情况和消防安全管理情况。

10. 重大火灾隐患

违反消防法律法规、不符合消防技术标准，可能导致火灾发生或火灾危害增大，并由此可能造成重大、特别重大火灾事故或严重社会影响的各类潜在不安全因素。

11. 火灾隐患

可能导致火灾发生或火灾危害增大的各类潜在不安全因素。

12. 主动防火措施

主要指火灾自动报警系统、自动灭火系统、防排烟系统等。

13. 被动防火措施

主要指建筑防火间距、建筑耐火等级、建筑防火构造、建筑防火分区分隔、建筑安全疏散设施等。

14. 应急预案

对单位火灾发生后灭火救援有关问题作出预先筹划和安排的计划安排文书，是针对单位内部可能发生的火灾，根据灭火救援指导思想和处理原则，以及单位内部现有的消防设施和消防器材装备和单位内部员工的数量、质量、岗位情况而拟定的灭火救援应急方案。

15. 人员密集场所

人员聚集的室内场所。如：餐饮场所、体育馆、医院、教学楼、图书馆和集体宿舍、员工集体宿舍等。

16. 建筑内部装修

为满足功能需求，对建筑内部空间所进行的修饰、保护及固定设施安装等活动。

17. 建筑消防设施

建筑物、构筑物中设置的用于火灾报警、灭火、人员疏散、防火分隔、灭火救援行动等设施的总称。

18. 住宿与生产储存经营合用场所（俗称“三合一”）

住宿与生产储存经营等一种或几种用途混合设置在同一连通空间内的场所。

19. 建设工程消防验收

政府部门依据消防法律法规和国家工程建设消防技术标准，对纳入消防行政许可范围的建设工程在建设单位组织竣工验收合格的基础上，通过抽查、评定，作出是否合格的行政许可决定。

20. 动火作业

能直接或间接产生明火的工艺设置以外的非常规作业，如使用电焊、气焊（割）、喷灯、电钻、砂轮等进行可能产生火焰、火花和炽热表面的非常规作业。

21. 建筑防水工程

保证建筑物的结构不受水的侵蚀、内部空间不受水的危害所进行的设计和施工等各项技术工作和完成的工程。

22. 巡查

对建筑消防设施直观属性的检查。

23. 检测

依照相关标准．对各类建筑消防设施的功能进行测试性的检查。

24. 专职消防队

由专职灭火的人员组成，有固定消防站用房，配备消防车辆、装备、通信器材，定期组织消防训练，能够每日 24h 备勤的消防组织。

3 高校消防安全标准化运行模式

3.1 PDCA 循环

PDCA 循环是美国质量管理专家休哈特博士首先提出的，由戴明采纳、宣传，获得普及，所以又称戴明环。消防安全标准化实施过程的思想基础和方法依据就是 PDCA 循环。PDCA 循环的含义是将质量管理分为四个阶段，即计划（plan）、执行（do）、检查（check）、处理（act），如图 2.1 所示。在安全标准化管理过程中，要求把各项工作按照作出计划、计划实施、检查实施效果，然后将成功的纳入标准，不成功的留待下一循环去解决。

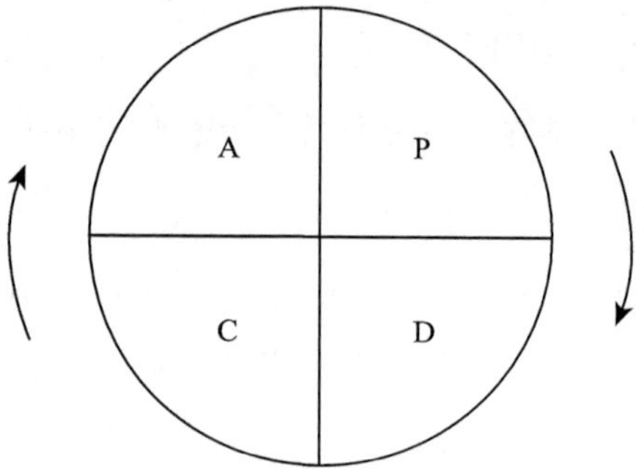

图 2.1　PDCA 循环

3.1.1　策划阶段

对消防安全管理进行总体规划，包括确定组织的方针、目标；配备必要资源，包括人力、物力资源等；建立组织结构，规定相应职责、权限及相互关系；识别消防安全标准化运行的相互活动或过程，并规定活动或过程的实施程序和作业方法等。

3.1.2　实施阶段

将策划中所制定的目标、组织机构、职责、制度等加以实施。根据制度规定，做好高校人员的消防安全教育培训工作，保证高校人员具备必要的消防安全管理知识，保障各项消防安全管理规章制度和操作规程顺利实施；通过现场管理等将各项制度落实到位，实现消防安全标准化工作有效实施，实现消防安全管理的目标，通过应急救援、事故报告、调查和处理，对实施过程中可能发生的事故，一旦发生，能及时采取有效措施，将损失降低到最低。

3.1.3　检查阶段

为了确保计划的有效实施，需要对计划实施效果进行检查，并报告结果。

3.1.4　处置阶段

采取措施（如纠正措施、预防措施、管理评审等），以持续改进管理过程。

3.2 消防安全标准化运行模式

消防安全标准化运行遵循 PDCA 循环模式，具有持续改进的特点，因此，是不断完善、不断提高的过程。

3.3 消防安全标准化实施阶段划分

（1）消防安全标准化的建立

消防安全标准化的建立和实施，阶段划分包括初始评审、策划、培训、实施、自评、改进与提高等6个阶段。

（2）各阶段目的

a. 初始评审阶段

依据法律法规及本规范要求，对高校消防安全管理现状进行初始评估，了解高校消防安全管理现状、业务流程、组织机构等基本管理信息，发现差距。

b. 策划阶段

根据相关法律法规及相关要求，针对初始评审的结果，确定建立消防安全标准化方案，包括资源配置、进度、分工等；进行风险分析；识别和获取适用的消防法律法规、标准及其他要求；完善消防安全规章制度、安全操作规程、台账、档案、记录等。

c. 培训阶段

对全体消防安全管理人员进行消防安全标准化相关内容培训。

d. 实施阶段

根据策划结果，落实消防安全标准化各项要求。

e. 自评阶段

应对消防安全标准化的实施情况进行检查和评价，发现问题，找出差距，提出完善措施。

f. 改进与提高阶段

根据自评的结果，改进消防安全标准化管理，不断提供消防安全标准化实施水平和安全绩效。

（3）消防安全标准化的实施

a. 消防安全标准化的实施：应体现全员、全过程、全方位、全天候的安全监督管理原则，通过有效方式实现信息的交流和沟通，不断提高消防安全意识和消防安全管理水平。

b. 实施过程必须要有计划、记录、考评、评审和持续改进等程序。

c. 建立消防安全标准化档案和档案管理制度。

d. 消防安全标准化必须保持和持续运行。

4 高校消防安全标准化体系的要素

4.1 消防安全目标与职责

4.1.1 消防安全目标

4.1.1.1 适用文件

1. 《中华人民共和国消防法》
2. 《机关、团体、企业、事业单位消防安全管理规定》
3. 《高等学校消防安全管理规定》
4. 《消防安全责任制实施办法》
5. 《关于做好高等学校消防安全工作的通知》
6. 《企业安全生产标准化基本规范》GB/T 33000－2016

4.1.1.2 工作要求

做好高校消防安全工作，消除火灾隐患，杜绝重大事故发生，保护师生生命财产安全，营造良好的育人环境。

4.1.2 消防组织机构与职责

4.1.2.1 适用文件

1. 《中华人民共和国消防法》
2. 《机关、团体、企业、事业单位消防安全管理规定》
3. 《高等学校消防安全管理规定》
4. 《消防安全责任制实施办法》
5. 《关于做好高等学校消防安全工作的通知》
6. 《教育部、公安部关于加强学校消防安全工作的通知》
7. 《企业安全生产标准化基本规范》GB/T 33000－2016

4.1.2.2 工作要求

消防安全组织机构由防火安全委员会、消防安全归口管理部门和其他部门组成。

1. 防火安全委员会职责

防火安全委员会由学校消防安全责任人牵头负责，消防归口管理部门和其他部门的主要负责人组成，并履行以下职责：

(1) 认真贯彻执行《中华人民共和国消防法》和国家、行业、地方政府等有关消防管理行政法规、技术规范。

(2) 起草下发本单位有关消防文件，制定有关消防规定、制度，组织、策划重大消防活动。

(3) 督促、指导消防归口管理部门和其他部门加强消防基础档案材料和消防设施建设，落实逐级防火责任制，推动消防管理科学化、技术化、法制化、规范化。

(4) 组织对本单位专（兼）职消防管理人员的业务培训，指导、鼓励本单位职工积极参加消防活动，推动开展消防知识、技能培训。

(5) 组织防火检查和重点时期的抽查工作。

(6) 组织对重大火灾隐患的认定和整改工作。

(7) 负责组织对重点部位消防应急预案的制定、演练、完善工作，依工作实际，统一有关消防工作标准。

(8) 支持、配合公安机关消防机构的日常消防管理监督工作，协助火灾事故的调查、处理以及消防机构交办的其他工作。

2. 消防安全归口管理部门职责

(1) 依照消防机构布置的工作，结合单位实际情况，研究和制订计划并贯彻实施。定期或不定期向单位主管领导和领导小组及消防机构汇报工作情况。

(2) 负责处理单位防火安全委员会和主管领导交办的日常工作，发现违反消防规定的行为，及时提出修正意见，如未采纳，可向学校防火安全委员会或向当地消防机构报告。

(3) 推行逐级防火责任制和岗位防火责任制，贯彻执行国家消防法规和单位的各项规章制度。

(4) 进行经常性的消防教育，普及消防常识，组织和训练专职（志愿）消防队。

(5) 经常深入单位内部进行防火检查，协助各部门搞好火灾隐患整改工作。

(6) 负责消防器材分布管理、检查、保管维修及使用。

(7) 协助领导和有关部门处理单位系统发生的火灾事故，详细登记每起火灾事故，定期分析单位消防工作形势。

（8）严格用火、用电管理，执行审批动火申请制度，安排专人现场进行监督和指导，跟班作业。

（9）建立健全消防档案。

（10）积极参加消防部门组织的各项安全工作会议，并做好记录，会后向单位消防安全责任人、管理人汇报有关情况。

3. 其他部门消防安全职责

其他部门应按照分工，建立和完善本部门消防管理规章、程序、方法和措施，负责部门内部日常消防安全管理，形成自上而下的一级抓一级、一级对一级负责的消防管理体系。

（1）下级部门对上级部门负责，上级部门要与直属下级部门按照职责签订《消防安全责任书》和《消防安全管理承诺书》。

（2）明确本部门及所有岗位人员的消防工作职责，真正承担起与部门、岗位相适应的消防安全责任，做到分工合理、责任分明，各司其职、各尽其责。

（3）应当配合消防安全管理归口部门、专（兼）职消防人员实施本部门职责范围内的每日防火巡查、每月防火检查等消防安全工作，并在相关的检查记录内签字，及时落实火灾隐患整改措施及防范措施等。

（4）应指定责任心强、工作能力高的人员为本部门的消防安全工作人员，负责保管和检查属于本部门管辖范围内的各种消防设施，发生故障后，及时向本部门消防安全责任人和消防安全归口管理部门汇报，协调解决相关事宜。

（5）负责监督、检查和落实与本部门工作有关的消防安全制度的执行和落实。

（6）积极组织本部门职工参加消防知识教育和灭火应急疏散演练，提高消防安全意识。

（7）在发生火灾或其他突发情况时，按照灭火应急疏散预案所做的规定和分工，履行职责。

由于学校属于消防安全重点单位，还应当履行下列职责：

（1）明确承担消防安全管理工作的机构和消防安全管理人并报知当地公安消防部门，组织实施本单位消防安全管理。消防安全管理人应当经过消防培训。

（2）建立消防档案，确定消防安全重点部位，设置防火标志，实行严格管理。

（3）安装、使用电器产品、燃气用具和敷设电气线路、管线必须符合相关标准和用电、用气安全管理规定，并定期维护保养、检测。

（4）组织员工进行岗前消防安全培训，定期组织消防安全培训和疏散演练。

（5）根据需要建立微型消防站，积极参与消防安全区域联防联控，提高自防自救能力。

（6）积极应用消防远程监控、电气火灾监测、物联网技术等技防、物防措施。

4.1.3 消防管理人员构成与职责

4.1.3.1 适用文件

1.《机关、团体、企业、事业单位消防安全管理规定》

2.《高等学校消防安全管理规定》

3.《消防安全责任制实施办法》

4.《消防安全重点单位微型消防站建设标准（试行）》

5.《公安部关于充分发挥保安队伍作用积极开展消防安全工作的通知》

6.《关于街道乡镇推行消防安全网格化管理的指导意见》

7.《关于做好高等学校消防安全工作的通知》

8.《教育部、公安部关于加强学校消防安全工作的通知》

9.《北京市微型消防站标准化建设细则（试行）》

10.《企业安全生产标准化基本规范》GB/T 33000－2016

4.1.3.2 工作要求

1. 消防安全责任人

学校法定代表人是学校消防安全责任人，全面负责学校消防安全工作，履行下列消防安全职责：

（1）贯彻落实消防法律、法规和规章，批准实施学校消防安全责任制、学校消防安全管理制度。

（2）批准消防安全年度工作计划、年度经费预算，定期召开学校消防安全工作会议。

（3）提供消防安全经费保障和组织保障。

（4）督促开展消防安全检查和重大火灾隐患整改，及时处理涉及消防安全的重大问题。

（5）依法建立志愿消防队等多种形式的消防组织，开展群众性自防自救工作。

（6）与学校二级单位负责人签订消防安全责任书。

（7）组织制定灭火和应急疏散预案。

（8）促进消防科学研究和技术创新。

（9）法律、法规规定的其他消防安全职责。

2. 学校消防安全管理人

分管学校消防安全的校领导是学校消防安全管理人，协助学校法定代表人负责消防安全工作，履行下列消防安全职责：

（1）组织制定学校消防安全管理制度，组织、实施和协调校内各单位的消防安全工作。

（2）组织制定消防安全年度工作计划。

（3）审核消防安全工作年度经费预算。

（4）组织实施消防安全检查和火灾隐患整改。

（5）督促落实消防设施、器材的维护、维修及检测，确保其完好有效，确保疏散通道、安全出口、消防车通道畅通。

（6）组织管理志愿消防队等消防组织。

（7）组织开展师生员工消防知识、技能的宣传教育和培训，组织灭火和应急疏散预案的实施和演练。

（8）协助学校消防安全责任人做好其他消防安全工作。

其他校领导在分管工作范围内对消防工作负有领导、监督、检查、教育和管理职责。

3. 保卫处专职消防安全管理人员

学校必须设立或者明确负责日常消防安全工作的机构（以下简称学校消防机构），配备专职消防管理人员，履行下列消防安全职责：

（1）拟订学校消防安全年度工作计划、年度经费预算，拟订学校消防安全责任制、灭火和应急疏散预案等消防安全管理制度，并报学校消防安全责任人批准后实施。

（2）监督检查校内各单位消防安全责任制的落实情况。

（3）监督检查消防设施、设备、器材的使用与管理，以及消防基础设施的运转，定期组织检验、检测和维修。

（4）确定学校消防安全重点单位（部位）并监督指导其做好消防安全工作。

（5）监督检查有关单位做好易燃易爆等危险品的储存、使用和管理工作，审批校内各单位动用明火作业。

（6）开展消防安全教育培训，组织消防演练，普及消防知识，提高师生员工的消防安全意识、扑救初起火灾和自救逃生技能。

（7）定期对志愿消防队等消防组织进行消防知识和灭火技能培训。

（8）推进消防安全技术防范工作，做好技术防范人员上岗培训工作。

（9）受理驻校内其他单位在校内和学校、校内各单位新建、扩建、改建及装饰装修工程和公众聚集场所投入使用、营业前消防行政许可或者备案手续的校内备案审查工作，督促其向公安机关消防机构进行申报，协助公安机关消防机构进行建设工程消防设计审核、消防验收或者备案以及公众聚集场所投入使用、营业前消防安全检查工作。

（10）建立健全学校消防工作档案及消防安全隐患台账。

（11）按照工作要求上报有关信息数据。

（12）协助公安机关消防机构调查处理火灾事故，协助有关部门做好火灾事故处理及善后工作。

4. 学校二级单位和其他驻校单位主要负责人应当履行下列消防安全职责：

（1）落实学校的消防安全管理规定，结合本单位实际制定并落实本单位的消防安全制度和消防安全操作规程。

（2）建立本单位的消防安全责任考核、奖惩制度。

（3）开展经常性的消防安全教育、培训及演练。

（4）定期进行防火检查，做好检查记录，及时消除火灾隐患。

（5）按规定配置消防设施、器材并确保其完好有效。

（6）按规定设置安全疏散指示标志和应急照明设施，并保证疏散通道、安全出口畅通。

（7）消防控制室配备消防值班人员，制定值班岗位职责，做好监督检查工作。

（8）新建、扩建、改建及装饰装修工程报学校消防机构备案。

（9）按照规定的程序与措施处置火灾事故。

（10）学校规定的其他消防安全职责。

5. 其他部门专（兼）职消防管理人员职责

（1）掌握消防法律法规，了解本单位消防安全状况，及时向上级报告。

（2）提取确定消防安全重点单位，提出落实消防安全管理措施的建议。

（3）实施日常防火检查、巡查，及时发现火灾隐患，落实火灾隐患整改措施。

（4）管理、维护消防设施、灭火器材和消防安全标志。

（5）组织开展消防宣传，对全体员工进行教育培训。

（6）编制灭火和应急疏散预案，组织演练。

（7）记录有关消防安全工作的开展情况，完善消防档案。

（8）完成其他消防安全管理工作。

6. 消防控制室值班人员职责

（1）必须持证上岗，熟悉和掌握消防控制室设备的功能及操作规程，按照规定测试自动消防设施的功能，保障消防控制室设备的正常运行。

（2）对火警信号应立即确认，火灾确认后应立即报火警并向消防主管人员报告，随即启动灭火和应急疏散预案。

（3）对故障报警信号应及时确认，消防设施故障应及时排除，不能排除的应立即向部门主管人员或消防安全管理人报告。

（4）不间断值守岗位，做好消防控制室的火警、故障和值班记录。

7. 消防设施操作维护人员职责

（1）必须持证上岗，熟悉和掌握消防设施的功能和操作规程。

（2）按照管理制度和操作规程等对消防设施进行检查、维护和保养，保证消防设施和消防电源处于正常运行状态，确保有关阀门处于正确位置。

（3）发现故障应及时排除，不能排除的应及时向上级主管人员报告。

（4）做好运行、操作和故障记录。

8. 部门消防安全责任人职责

部门主要负责人作为本部门消防安全责任人，对本部门消防安全工作负总责，应当带头并督促本部门员工遵守各种消防安全法律法规和各项消防安全管理制度，利用多种手段积极学习消防安全知识。其应当履行下列职责：

（1）组织实施本部门的消防安全管理工作计划。

（2）根据本部门的实际情况，开展消防安全教育和培训，制订消防安全管理制度，落实消防安全措施。

（3）按照规定实施消防安全巡查和定期检查，管理消防安全重点部位，维护管辖范围的消防设施。

（4）及时发现和消除火灾隐患，不能消除的，应采取相应措施并及时向消防安全管理人报告。

（5）发现火灾，及时报警，并组织人员疏散和初起火灾扑救。

9. 微型消防站人员职责

（1）站长负责微型消防站日常管理，组织制定各项管理制度和灭火应急预案，开展防火巡查、消防宣传教育和灭火训练；指挥初起火灾扑救和人员疏散。

（2）消防员负责扑救初起火灾；熟悉建筑消防设施情况和灭火应急预案，熟练掌握器材性能和操作使用方法，并落实器材维护保养；参加日常防火巡查和消防宣传教育。

（3）控制室值班员应熟悉灭火应急处置程序，熟练掌握自动消防设施操作方法，接到火情信息后启动预案。

10. 保安员职责

(1) 将防火检查作为巡逻检查内容，重点检查消防器材完好情况、防火门关闭情况、疏散通道和安全出口及消防车通道畅通情况，及时劝阻和制止违章用火、用电等违反消防法规和消防安全管理制度的行为，发现问题及时报告。

(2) 发现火灾应及时报警，积极组织引导人员疏散逃生。

(3) 利用建筑消防设施、灭火器材及时扑救初起火灾。

(4) 按照单位要求开展经常性的消防安全常识宣传，提醒员工和公众注意消防安全。

11. 一般员工职责

(1) 明确各自消防安全责任，认真执行本单位的消防安全制度和消防安全操作规程。维护消防安全、预防火灾。

(2) 保护消防设施和器材，保障消防车通道畅通。

(3) 发现火灾，及时报警。

(4) 参加有组织的灭火工作。

(5) 发生火灾后，公共场所的现场工作人员应当立即组织、引导在场群众安全疏散。

(6) 接受单位组织的消防安全培训，掌握火灾的危险性和预防火灾措施，懂得火灾扑救方法及火灾现场逃生方法；会报火警、使用灭火器材和扑救初期火灾，会逃生自救。

4.1.4 消防经费

4.1.4.1 适用文件

1.《机关、团体、企业、事业单位消防安全管理规定》

2.《高等学校消防安全管理规定》

3.《国务院关于加强和改进消防工作的意见》

4.《企业安全生产标准化基本规范》GB/T 33000－2016

4.1.4.2 工作要求

(1) 学校应当将消防经费纳入学校年度经费预算，保证消防经费投入，保障消防工作的需要。

(2) 学校日常消防经费用于校内灭火器材的配置、维修、更新，灭火和应急疏散预案的备用设施、材料，以及消防宣传教育、培训等，保证学校消防工作正常开展。

（3）学校安排专项经费，用于解决火灾隐患，维修、检测、改造消防专用给水管网、消防专用供水系统、灭火系统、自动报警系统、防排烟系统、消防通信系统、消防监控系统等消防设施。

（4）消防经费使用坚持专款专用、统筹兼顾、保证重点、勤俭节约的原则。

（5）任何单位和个人不得挤占、挪用消防经费。

4.2 消防法律法规与规章制度

4.2.1 法律法规

4.2.1.1 适用文件

1.《中华人民共和国消防法》

2.《中华人民共和国城乡规划法》

3.《中华人民共和国建筑法》

4.《中华人民共和国产品质量法》

5.《中华人民共和国安全生产法》

6.《中华人民共和国行政处罚法》

7.《中华人民共和国行政许可法》

8.《中华人民共和国刑法》

4.2.2 部门规章

4.2.2.1 适用文件

1.《公共娱乐场所消防安全管理规定》（公安部令第 39 号）

2.《机关、团体、企业、事业单位消防安全管理规定》（公安部令第 61 号）

3.《社会消防安全教育培训规定》（公安部令第 109 号）

4.《建设工程消防监督管理规定》（公安部令第 119 号）

5.《消防监督检查规定》（公安部令第 120 号）

6.《火灾事故调查规定》（公安部令第 121 号）

7.《消防产品监督管理规定》（公安部令第 122 号）

8.《社会消防技术服务管理规定》（公安部令第 129 号）

9.《高等学校消防安全管理规定》

10.《消防安全责任制实施办法》

11. 《关于做好高等学校消防安全工作的通知》

4.2.3 消防规范

4.2.3.1 适用文件

1. 《建筑设计防火规范》GB 50016－2014（2018 年版）
2. 《建筑防烟排烟系统技术标准》GB 51251－2017
3. 《建筑内部装修设计防火规范》GB 50222－2017
4. 《自动喷水灭火系统设计规范》GB 50084－2017
5. 《火灾自动报警系统设计规范》GB 50116－2013
6. 《火灾自动报警系统施工及验收规范》GB 50166－2007
7. 《消防给水及消火栓系统技术规范 》GB 50974－2014
8. 《气体灭火系统设计规范》GB 50370－2005
9. 《二氧化碳灭火系统设计规范》（2010 版）GB 50193－93
10. 《建筑灭火器配置设计规范》GB 50140－2005
11. 《建筑消防设施的维护管理》GB 25201－2010
12. 《建设工程施工现场消防安全技术规范》GB 50720－2011
13. 《干粉灭火系统设计规范 》GB 50347－2004

4.2.4 单位规章制度

4.2.4.1 适用文件

1. 《机关、团体、企业、事业单位消防安全管理规定》
2. 《高等学校消防安全管理规定》
3. 《企业安全生产标准化基本规范》GB/T 33000－2016
4. 《关于做好高等学校消防安全工作的通知》

4.2.4.2 工作要求

学校消防安全制度主要包括：消防安全责任制；消防安全教育、培训；防火检查、巡查；安全疏散设施管理；消防控制室值班制度；消防设施、器材维护管理；火灾隐患整改；用火、用电安全管理；易燃易爆危险物品和场所防火防爆；专职（志愿）消防队的组织管理；灭火和应急疏散预案演练；燃气和电气设备的检查和管理；消防安全工作考评和奖惩；其他必要的消防安全内容。

1. 消防安全责任制

消防安全责任制主要包括以下内容：防火安全委员会领导机构及其责任人的消防安全职责；消防安全归口管理部门和消防安全管理人的消防安全职责；单位下属部门和岗位消防安全责任人以及安全员的职责；单位义务消防队和专职消防队的领导和成员的职责；全员在各自工作岗位上的消防安全职责。

2. 消防安全教育、培训制度

主要包括：确定消防安全教育及培训的责任部门和责任人；确定消防安全教育的对象、培训形式、培训内容、培训要求及培训组织程序；确定消防安全教育的频次、考核办法和情况记录等要求。

3. 防火检查、巡查制度

主要包括：确定防火检查及巡查的责任部门和责任人，确定防火检查的时间、频次和方法；确定防火检查和防火巡查的内容；确定检查部位、内容和方法；确定处理火灾隐患和报告程序、防范措施及防火检查记录管理等要点。

4. 消防安全疏散设施管理制度

主要包括：确定消防安全疏散设施管理责任部门、责任人和日常管理方法；确定隐患整改程序及惩戒措施；确定安全疏散部位、设施检测、管理要求及情况记录等。

5. 消防设施器材维护管理制度

主要包括：确定消防器材维护保养的责任部门、责任人和管理方法；制订消防设施维护保养和维修检查的要求；制定每日检查、月（季）度试验检查和年度检查的内容和方法；确定检查记录管理、定期建筑消防设施维护保养报告备案等要点。

6. 消防（控制室）值班制度

主要包括：确定消防控制室责任部门、责任人以及操作人员的职责；确定执行值班操作人员岗位资格、消防控制设备操作规程、值班制度、突发事件处置程序、报告程序、工作交接等要点。

7. 火灾隐患整改制度

主要包括：确定火灾隐患整改的责任部门和责任人；确定火灾隐患、火灾隐患整改期间的安全防范措施、火灾整改的期限和程序、整改合格的标注及所需经费保障等要点。

8. 用火、用电安全管理制度

主要包括：确定安全用电管理责任部门和责任人；确定定期检查制度；确定用火、

用电审批范围、程序和要求；确定操作人员的岗位资格及其职责要求；确定违规惩处等要点。

9. 灭火和应急疏散预案演练制度

主要包括：确定单位灭火和应急疏散预案的编制和演练的责任部门和责任人；确定预案制定、修改、审批程序；确定演练范围、演练频次、演练程序、注意事项、演练情况记录、演练后的总结和自评及预案修订等要点。

10. 易燃易爆危险化学品和场所防火防爆管理制度

主要包括：确定易燃易爆危险物品和场所防火防爆管理责任部门和责任人；明确危险物品的储存方法及储存的数量；确定防火措施和灭火方法；确定危险物品的人口登记、使用与出库审批登记、特殊环境安全防范等要点。

11. 专职（志愿）消防队的组织管理制度

主要包括：确定专职（志愿）消防队的人员组成；明确专职（志愿）消防队员调整、补充归口管理；明确培训内容、频次、实施方法和要求；确定组织演练考核方法及明确奖惩措施等要点。

12. 燃气和电气设备的检查和管理制度

主要包括：确定燃气和电气设备的检查和管理的责任部门和责任人；确定消防安全工作考评和奖惩内容及频次；确定电气设备检查、燃气管理检查的内容、方法和频次；记录检查中发现的隐患，落实整改措施等要点。

13. 消防安全工作考评和奖惩制度

主要包括：确定消防安全工作考评和奖惩实施的责任部门和责任人，确定考评目标、频次、考评内容（执行规章制度和操作规程的情况、履行岗位职责的情况等），考评方法、奖励和惩戒的具体行为等要点。

4.2.5 消防设施操作规程

4.2.5.1 消防控制室

1. 火灾报警控制器状态识别及操作

显示器采用数码 LED 或液晶显示器。

消音键：按下“消音”键可消除火灾报警控制器发出的火警或故障警报声。当接到下次报警信号后，又能发出声响功能。

复位键：按下“复位”键可使火灾自动报警系统或系统内各组成部分恢复到正常

监视状态。

火灾报警控制器的工作状态主要有正常监视状态、火灾报警状态、消音状态、各类故障报警状态、屏蔽状态等。

正常监视状态：接通电源后，火灾报警控制器及监控的探测器等现场设备均处于正常工作状态，无火灾报警、故障报警、屏蔽、监管报警、消音等信息发生。

火灾报警状态：火灾报警信息具有最高显示级别，优先显示，不受其他信息显示影响。

火灾报警指示灯：点亮“火警”总指示灯，不能自动清除，只能通过手动复位操作进行清除。

消音状态：火灾报警控制器接收到火灾报警或故障报警等信号并发出声、光报警信号时，按下“消音”键控制器所处的工作状态。

在火灾报警控制器发生火警或故障报警情况下，可发出相应的警报声加以提示，当值班人员进行火警确认时，警报声可被手动消除，即消音操作，当再有报警信号输入时，可以再次启动警报声音。

故障一般分为两大类，一类为控制器内部部件产生的故障，如主备电故障、总线故障等；另一类是现场设备故障，如探测器故障、模块故障等。

主电故障状态：指示灯点亮“故障”总指示灯，“备电工作”指示灯点亮。故障排除后，“故障”“备电工作”的光指示灯信号可自动清除，“主电工作”指示灯点亮。

备电故障状态：指示灯点亮“故障”总指示灯，故障排除后，故障信息的光指示信号可自动清除。

现场设备故障报警状态：火灾报警控制器监控的现场设备发生故障并发出声、光、报警所处的工作状态。指示灯点亮“故障”总指示灯，故障排除后，故障信息的光指示信号可自动清除。

屏蔽状态：按下“屏蔽”按键使火灾报警控制器屏蔽某些设备信息所处的工作状态。屏蔽状态应不受“复位”操作的影响。

开机操作方法：打开主机主电电源开关，然后打开备用电开关，如有联动电源和火灾显示盘再打开联动电源和火灾显示盘供电电源主电开关、备电开关，最后打开控制器工作开关。

关机操作方法：关机过程按照与开机时相反的顺序关掉各开关即可。

自检：火灾报警控制器操作面板上具有“自检”键，在“系统运行正常状态”下按下此键能检查本机火灾报警功能，可对火灾报警控制器的音响器件、面板上所有指示灯（器）、显示器进行检查。在执行自检功能期间，受到控制器控制的外接设备和输出接点均不动作。

当控制器的自检时间超过 1min 或不能自动停止时，自检功能不影响非自检部位、探测区和控制器本身的火灾报警功能。

复位即是为使火灾自动报警系统或系统内各组成部分恢复到正常监视状态进行的操作。

火灾报警控制器的屏蔽不受复位操作的影响，所以“屏蔽状态受到复位操作的影响”是不可能由复位操作来实现的。

屏蔽\取消屏蔽：当外部设备（探测器、模块或火灾显示盘）发生故障时，可将它屏蔽掉，待修理或更换后，再利用取消屏蔽功能将设备恢复到正常状态。

信息记录查询：火灾报警控制器面板上具有“记录检查”键，按下此键可以查看系统存储的各类信息，以了解每条信息包括记录信息发生的时间、六位编码、类型及内容提要。

主备电运行检查：火灾报警控制器的电源部分由主电及备用电源组成，均具有手动控制开关。

如果主电源发生故障，应确认是否发生主电停电，否则检查主电源的接线、熔断器是否发生断路，也就是应首先确认是主电源断电还是控制器或线路发生故障。

为了保证火灾报警控制器的正常运行要定期对火灾报警控制器电源运行情况进行检查。

2. 火灾报警与故障处置

(1) 火灾报警信息的确认

火灾报警控制器报出并显示火警信号后，消防值班人员应首先按下“消音”键消音，再依据报警信号确定报警点具体位置。通知另一名消防值班人员或安保人员到报警点现场火灾确认。

(2) 火灾处置流程

如确有火灾发生，现场火灾确认人员应立即用对讲机或到附近消防电话插孔处用消防电话分机等通信工具向消防控制室反馈火灾确认信息。可根据火灾燃烧规模情况决定利用现场灭火器材进行扑救还是立即疏散转移。

消防控制室内值班人员接到现场火灾确认信息后，必须立即将火灾报警控制器开关转入自动状态（处于自动状态的除外）。

拨打 119 火警电话向消防部门报警：拨通“119”后，应确认对方是否为“119”火警受理台，以免拨错。准确报出建筑物所在地地址（路名、街区名、门牌号），说明建筑物所处地理位置及周围明显的建筑物或道路标志。简要说明起火原因及火灾范围，联系电话。等待接警人提问，并简要准确地回答问题。

火灾确认后，在消防值班经理或负责人的指挥下启动相应的联动设备，如消火栓系统、喷淋系统、防排烟系统等消防设施。

（3）误报警的处置方法

当火灾探测器出现误报警时，应首先按下“警报器消音”键，停止现场警报器发出的报警音响，通知现场人员及相关人员取消报警状态。应查明报警原因，采取相应措施，并认真做好记录。

消防控制室值班人员在值班记录中对误报的时间、部位、原因及处理情况进行详细的记录，并及时将系统误报的原因及处理情况向上级领导汇报。

4.2.5.2 室内消火栓

首先，打开消防栓箱，取出水带，将水带向起火方向甩开，一头接消防栓，另一头接水枪，打开消防阀出水灭火。

注意事项：使用水枪灭火，人持水枪灭火要从远及近，水流要从高到低喷射，避免着火物倒塌伤到救火人员。

4.2.5.3 室外消防栓

（1）首先将水带向着火方向铺开，然后用专用扳手打开消防栓端盖，将消防水带一端接到消防栓接口上，另一端接水枪，准备好后，再用专用扳手将消防栓开关打开放水灭火。

注意事项：使用水枪灭火，人持水枪灭火要从远及近，水流要从高到低喷射，避免着火物倒塌伤到救火人员。

（2）消防水带灭火后，须打开晒干水分，并经检查确认没有破损，才折叠到消防室内。

4.2.5.4 消防泵

（1）消防水泵房值班人员使用消防水泵应按规定要求及时通知运行消防中心值班人员。

（2）消防水泵房的消防水泵确定为自动启动和手动停止的运行方式。

（3）消防泵房的消防水泵的自动（压力开关控制）启动过程：在消防泵房的配电消防水泵控制柜，把电源开关操作手柄打在“ON”的位置；当消防水管网的压力低于 $7.5kg/cm^2$ 时，消防泵房的消防泵会自动启动供水；低于 $5.5kg/cm^2$ 时，消防泵房的另一台消防水泵启动供水，这时两台消防泵同时工作。

（4）消防水泵房消防水泵的“停止”操作步骤：在消防控制中心的消防主控盘的

“自动/手动”选择开关上选择手动后，按下消防泵房的消防水泵的“停止”按钮，停止消防泵房的消防水泵工作，或在现场电动消防泵控制盘上按下“停止”按钮，停止消防泵房的消防水泵工作。

（5）水泵房消防水泵手动控制操作步骤：在消防中心的消防主控盘的“自动/手动”选择开关上选择“手动”；在消防泵房的消防水泵控制箱上，把电源开关操作手柄打在“ON”的位置；在消防中心的消防主控盘按下消防电动消防泵“启动”按钮，启动消防泵房的消防水泵；在消防中心的消防主控盘按下消防水泵“停止”按钮，停止消防泵房的消防水泵。

（6）消防泵房的消防水泵控制箱就地操作步骤：在消防泵房的消防水泵控制箱，把电源开关操作手柄打在“ON”的位置；在消防泵房的消防水泵控制箱上按下“启动”按钮，启动消防泵房的消防水泵；在消防泵房的消防水泵控制箱上按下“停止”按钮，停止消防泵房的消防水泵。

4.2.5.5 灭火器的使用方法

1. 手提式 CO_2 气体灭火器

（1）手提灭火器，拔出保险梢，操作者站在火焰上风有效距离 2—3 米处。

（2）手提喷嘴对准火焰根部，按下压把，CO_2 气体即喷出。同时适当摆动喷嘴，使气体横扫整个火焰根部，并逐渐向前推移。

（3）如遇多处明火，可移动位置点射着火点，直至火焰点完全熄灭，不留明火为止，防止复燃。

（4）火灭后，抬起灭火器压把，即停止喷射。

2. 推车式 ABC 干粉灭火器

（1）使用时将灭火器推到距火点有效距离处。

（2）取出喷管，伸展胶管，操作者在火焰上风位置用手压开喷枪开关，双手紧握喷管，然后向上提起阀门手柄，对准火焰根部推进，直到将火完全扑灭。

3. 推车式 CO_2 气体灭火器

（1）使用时将灭火器推到距火点有效距离处。

（2）取出喷管，伸展胶管，双手紧握喷筒，操作者在火焰上风位置，拉出保险销，逆时针旋开阀门，对准火焰根部喷射，逐渐推进，直到将火完全扑灭。

4.2.6 消防档案管理

4.2.6.1 适用文件

1.《机关、团体、企业、事业单位消防安全管理规定》

2.《高等学校消防安全管理规定》

3.《企业安全生产标准化基本规范》GB/T 33000－2016

4.2.6.2 工作要求

学校应当建立健全消防档案。消防档案应当包括消防安全基本情况和消防安全管理情况。消防档案应当翔实，全面反映单位消防工作的基本情况，并附有必要的图表，根据情况变化及时更新。单位应当对消防档案统一保管、备查。

1. 消防安全基本情况

（1）单位基本概况和消防安全重点部位情况。

（2）建筑物或者场所施工、使用或者开业前的消防设计审核、消防验收以及消防安全检查的文件、资料。

（3）消防管理组织机构和各级消防安全责任人。

（4）消防安全制度。

（5）消防设施、灭火器材情况。

（6）专职消防队、义务消防队人员及其消防装备配备情况。

（7）与消防安全有关的重点工种人员情况。

（8）新增消防产品、防火材料的合格证明材料。

（9）灭火和应急疏散预案。

2. 消防安全管理情况应当包括以下内容

（1）公安消防机构填发的各种法律文书。

（2）消防设施定期检查记录、自动消防设施全面检查测试的报告以及维修保养的记录。

（3）火灾隐患及其整改情况记录。

（4）防火检查、巡查记录。

（5）有关燃气、电气设备检测（包括防雷、防静电）等记录资料。

（6）消防安全培训记录。

（7）灭火和应急疏散预案的演练记录。

（8）火灾情况记录。

（9）消防奖惩情况记录。

保存期限：建筑消防设施的原始技术资料应长期保存；《消防控制室值班记录表》和《建筑消防设施巡查记录表》的存档时间不应少于一年；《建筑消防设施检测记录表》《建筑消防设施故障维修记录表》《建筑消防设施维护保养计划表》《建筑消防设施维护保养记录表》的存档时间不应少于五年。

3. 评估

学校应每年至少评估一次消防安全管理法律法规、标准规范、规章制度、操作规程的适宜性、有效性和执行情况。

4. 修订

学校应根据评估结果、消防安全检查情况、自评结果、评审情况、事故情况等，及时修订消防安全管理规章制度、操作规程。

4.3 消防安全教育培训

4.3.1 适用文件

1.《中华人民共和国消防法》

2.《机关、团体、企业、事业单位消防安全管理规定》

3.《高等学校消防安全管理规定》

4.《社会消防安全教育培训规定》

5.《北京市微型消防站标准化建设细则（试行)》

6.《关于推进消防安全宣传教育进机关进学校进社区进企业进农村进家庭进网站工作的指导意见》

7.《关于做好高等学校消防安全工作的通知》

8.《教育部、公安部关于加强学校消防安全工作的通知》

9.《企业安全生产标准化基本规范》GB/T 33000－2016

4.3.2 工作要求

1. 学校应当将师生员工的消防安全教育和培训纳入学校消防安全年度工作计划，并明确消防安全教育主管部门。消防安全教育和培训的主要内容包括：

(1) 国家消防工作方针、政策，消防法律、法规。

(2) 本单位、本岗位的火灾危险性，火灾预防知识和措施。

(3) 有关消防设施的性能、灭火器材的使用方法。

(4) 报火警、扑救初起火灾和自救互救技能。

(5) 组织、引导在场人员疏散的方法。

2. 学校应当采取下列措施对学生进行消防安全教育，使其了解防火、灭火知识，掌握报警、扑救初起火灾和自救、逃生方法。

(1) 开展学生自救、逃生等防火安全常识的模拟演练，每学年至少组织一次学生消防演练。

（2）根据消防安全教育的需要，将消防安全知识纳入教学和培训内容。

（3）对每届新生进行不低于4学时的消防安全教育和培训。

（4）对进入实验室的学生进行必要的安全技能和操作规程培训。

（5）每学年至少举办一次消防安全专题讲座，并在校园网络、广播、校内报刊开设消防安全教育栏目。

（6）学校校园显著位置设置固定消防安全宣传教育栏，有条件的学校设立消防体验室，配备常用消防器材和模拟体验装置。寄宿制学校的宿舍张贴消防安全须知和疏散示意图。

3. 学校二级单位应当组织新上岗和进入新岗位的员工进行上岗前的消防安全培训。

4. 消防安全重点单位（部位）对员工每年至少进行一次消防安全培训。

5. 下列人员应当依法接受消防安全培训：

（1）学校及各二级单位的消防安全责任人、消防安全管理人。

（2）专职消防管理人员、学生宿舍管理人员。

（3）消防控制室的值班、操作人员。

（4）微型消防站应制定业务训练计划，组织人员开展体能、消防技能等日常业务训练，并每年至少参加一次由属地消防中队组织的消防专业培训，不断提高消防业务水平和能力。

（5）其他依照规定应当接受消防安全培训的人员。

4.4 现场消防安全管理

4.4.1 消防安全重点部位管理

4.4.1.1 适用文件

1.《机关、团体、企业、事业单位消防安全管理规定》

2.《高等学校消防安全管理规定》

3.《关于做好高等学校消防安全工作的通知》

4.《企业安全生产标准化基本规范》GB/T 33000－2016

4.4.1.2 工作要求

学校应当将下列部位列为学校消防安全重点部位：

（1）学生宿舍、食堂（餐厅）、教学楼、校医院、体育场（馆）、会堂（会议中心）、超市（市场）、宾馆（招待所）、托儿所、幼儿园以及其他文体活动、公共娱乐等人员密集场所。

（2）学校网络、广播电台、电视台等传媒部门和驻校内邮政、通信、金融等单位。

（3）车库、油库、加油站等部位。

（4）图书馆、展览馆、档案馆、博物馆、文物古建筑。

（5）供水、供电、供气、供热等系统。

（6）易燃易爆等危险化学物品的生产、充装、储存、供应、使用部门。

（7）实验室、计算机房、电化教学中心和承担国家重点科研项目或配备有先进精密仪器设备的部位，监控中心、消防控制中心。

（8）学校保密要害部门及部位。

（9）高层建筑及地下室、半地下室。

（10）建设工程的施工现场以及有人员居住的临时性建筑。

（11）其他发生火灾可能性较大以及一旦发生火灾可能造成重大人身伤亡或者财产损失的单位（部位）。

重点单位和重点部位的主管部门，应当按照有关法律法规和本规定履行消防安全管理职责，设置防火标志，实行严格消防安全管理。

4.4.2 房屋内部改造流程

4.4.2.1 适用文件

1.《中华人民共和国消防法》

2.《建设工程消防监督管理规定》

3.《高等学校消防安全管理规定》

4.《建筑内部装修设计防火规范》GB 50222－2017

5.《建筑设计防火规范》GB 50016－2014

6.《消防给水及消火栓系统技术规范》GB 50974－2014

7.《给水排水管道工程施工及验收规范》GB 50268－2008

8.《自动喷水灭火系统设计规范》GB 50084－2017

9.《自动喷水灭火系统施工及验收规范》GB 50261－2017

10.《建筑防烟排烟系统技术标准》GB 51251－2017

11.《火灾自动报警系统设计规范》GB 50116－2013

12.《火灾自动报警系统施工及验收规范》GB 50166－2007

13.《防火卷帘、防火门、防火窗施工及验收规范》GB 50877－2014

14.《气体灭火系统设计规范》GB 50370－2005

15.《气体灭火系统施工及验收规范》GB 50263－2007

16.《建筑灭火器配置设计规范》GB 50140－2005

17.《建筑灭火器配置验收及检查规范》GB 50444－2008

18.《建筑电气工程施工质量验收规范》GB 50303－2015

19.《关于做好移交承接建设工程消防设计审查验收职责的通知》

20.《北京市消防总队关于印发推进“放管服”改革持续优化营商环境便民服务措施的通知》

21.《北京市规划和国土资源管理委员会、北京市公安局消防局、北京市民防局、北京市住房和城乡建设委员会关于全面推行施工图多审合一改革的实施意见》

22.《北京市住建委关于开展建设工程消防验收、备案及抽查有关工作的通知（试行）》

23.《企业安全生产标准化基本规范》GB/T 33000－2016

4.4.2.2 工作要求

学校进行内部改造项目活动，必须严格执行消防法规和国家工程建设消防技术标准，并依法办理建设工程消防设计审核、消防验收或者备案手续。施工单位负责施工现场的消防安全，监理单位应对施工现场的消防安全管理实施监理，均应接受学校消防机构的监督、检查。竣工后，建筑工程的有关图纸、资料、文件等应当报学校档案机构和消防机构备案。

1. 施工图检查申报

（1）事前审查

建筑面积大于300m^2的内部改造项目或其所在的原有建筑属于以下任一情况的，按事前审查申报：

a. 改造部分涉及原有建筑地下人防工程。

b. 单体建筑面积大于20000m^2的体育场馆、会堂、公共展览建筑、博物馆的展示厅。

c. 单体建筑面积大于10000m^2的宾馆、饭店、商场、市场。

d. 单体建筑面积大于2500m^2的影剧院、公共图书馆的阅览室、营业性室内健身、休闲场馆，医院的门诊楼，大学的教学楼、图书馆、食堂等。

e. 单体建筑面积大于40000m^2或者建筑高度超过50米的公共建筑。

f. 老旧小区改造项目、国家标准规定的一类高层住宅建筑。

（2）事后检查

不属于事前审查的且改造部分建筑面积大于2000m² 的内部改造项目，按事后检查申报，开工时将施工图数字化文件上传至本系统。

（3）抽查备案

不属于事前审查的，且改造部门建筑面积为300～2000m² 的内部改造项目，将备案抽查申报。开工时，将施工图数字化文件上传至本系统。

备注：建设单位取得建设工程规划许可证后（内部改造项目不需要办理建设工程规划许可证），应将符合深度要求的施工图设计文件送综合审查机构审查，综合审查机构对审查合格的项目通过北京市施工图审查管理信息系统进行备案，并出具《施工图设计文件审查合格书》，审查结果各部门予以认可，不再单独出具审核备案手续。

2. 建设工程消防验收、竣工验收消防备案及抽查工作

（1）建设工程消防验收

a. 受理

住房和城乡建设主管部门通过北京市投资项目在线审批监管平台受理消防验收。自收到申报材料之日起 5 个工作日内，作出受理、不予受理决定；施工、工程监理、检测单位的合法身份证明和资质等级证明文件部分缺失的，可以作出容缺受理决定，申请人需在开展现场验收时补正相关材料，否则，现场资料审查评定为不合格。

建设单位到窗口申报的，由窗口人员当场审核，作出受理、不予受理或容缺受理决定。

b. 现场验收与技术复核

现场验收应由两名以上不同专业的执法人员组成验收承办小组，实行组长负责制。验收人员应依据《建设工程消防验收评定规则》，按专业分组开展现场检查验收，填写单项验收检查记录表。承办组长根据汇总的检查情况，填写消防验收基本情况记录表并拟定现场验收综合评定意见，呈报技术复核人员进行复核。承办组长根据现场验收结果和技术复核意见草拟消防验收意见书，并将消防验收意见书及相关材料呈报审批。

c. 行政审批

行政审批实行三级审批，可以采取承办部门负责人、分管领导、单位负责人逐级审批。

d. 行政审批结果与公开

作出行政审批决定后，应及时出具消防验收意见书，及时向社会公告，并将结果共享至相关平台和部门。

e. 办结时限

自受理申请之日起 7 个工作日内完成消防验收，并出具消防验收意见，依法需要听证、检验、检测、鉴定的，需要协调消防车等大型救援设备开展现场检查的，所需时间不计算在内。对于重大、复杂的工程，消防验收办结时限按照国家规定时限执行。

f. 送达

自作出行政审批决定后 3 个工作日内将消防验收意见书直接送达申请人，直接送达有困难的，采取留置送达、邮寄送达和公告送达的方式，同时，申请人可以在平台自行下载打印。

g. 建档

实行纸质档案为主、电子档案为辅的档案管理制度。对于网上申报的工程，验收人员应在现场收集建设工程消防验收申报表，同时核对建设单位申报时网上提交的其他材料，发现存在问题的，依法进行处理。

h. 现场检查发现问题的整改

根据《建设工程消防验收评定规则》，对于消防验收综合评定结论为合格但存在 B 类、C 类不合格项目的，应通知建设单位组织整改，并提交整改报告。对于 B 类不合格项目，住房和城乡建设主管部门应进行现场复查。对于 C 类不合格项目，应当由建设单位组织复查，住房和城乡建设主管部门视情况进行抽查。

i. 通过北京市建设工程联合验收管理平台受理消防验收的，依据联合验收有关规定开展。

(2) 建设工程竣工验收消防备案及抽查工作

a. 备案办理

住房和城乡建设主管部门通过北京市投资项目在线审批监管平台接受建设工程竣工验收消防备案申报。自收到申报材料之日起 1 个工作日内，作出受理或不予受理决定。经审查，申报材料符合法定形式的，应当予以备案。申报材料不符合法定形式的，应当一次性告知需要补正的内容及期限。

建设单位到窗口申报的，由窗口人员当场审核。申报材料齐全、有效，符合法定形式的，应当予以备案；申报材料不齐全或者不符合法定形式的，应当当场一次性告知需要补正的全部内容及期限。对不属于本部门管辖范围的，应当告知到有关部门申报。依法应当申报消防验收的，应当告知申报消防验收。

b. 备案检查对象的确定

备案工程，按照住宅 5%、办公 5%、人员密集场所 50%、公众聚集场所 50%、易燃易爆场所 50%、厂房 20%、其他 5% 的抽查比例，在平台进行随机抽号确定检查对象，并及时向社会公告。

c．备案检查

备案检查应由两名以上不同专业的执法人员组成承办小组，实行组长负责制。检查人员应依据《建设工程消防验收评定规则》，按专业分组开展现场检查，填写单项检查记录表。承办组长根据汇总的单项检查情况，填写备案检查基本情况记录表并拟定备案检查综合评定意见，呈报技术复核人员进行复核，并将备案检查综合评定意见及相关材料呈报审批。

d．行政审批

行政审批实行三级审批，可以采取承办部门负责人、分管领导、单位负责人逐级审批。

e．备案、备案检查结果与公开

备案通过的，出具备案凭证（抽中/未抽中）；备案未通过的，出具备案材料补正通知书。备案检查不合格的，出具备案检查不合格通知书。

备案、备案检查结果，应及时向社会公告，并共享至相关平台和部门。

f．办结时限

自受理申报之日起2个工作日内完成备案。

确定为检查对象的，自受理申报之日起7个工作日内完成备案检查，依法需要听证、检验、检测、鉴定的，需要协调消防车等大型救援设备开展现场检查的，所需时间不计算在内。

g．备案检查不合格的处理

备案检查不合格的工程，应由建设单位组织整改后申请复查。住房和城乡建设主管部门应根据备案检查存在的问题及其整改情况进行复查，填写备案复查基本情况记录表，出具备案复查意见书，复查结果应及时向社会公告，并共享至相关平台和部门。备案复查应在建设单位提出申请之日起7个工作日内完成。

h．送达

自作出备案决定、备案检查行政审批决定后3个工作日内将相关法律文书直接送达申请人，直接送达有困难的，采取留置送达、邮寄送达和公告送达的方式，同时，申请人可以在平台自行下载打印。

i．建档

实行纸质档案为主、电子档案为辅的档案管理制度。对于网上申报的工程，验收人员应在现场收集建设工程竣工验收消防备案申报表。

j．备案工程的资料复查

住房和城乡建设主管部门应对备案工程在网上和现场进行资料复查，对存在“应验未验”进行备案、资料不符合要求等情况的工程，应依法处理。

4.4.3 建筑防火

4.4.3.1 适用文件

1.《中华人民共和国消防法》

2.《机关、团体、企业、事业单位消防安全管理规定》

3.《高等学校消防安全管理规定》

4.《北京市消防条例》

5.《建筑设计防火规范》GB 50016－2014

6.《建筑内部装修设计防火规范》GB 50222－2017

4.4.3.2 工作要求

由于高校消防管理部门不负责校内楼宇新建项目，仅对内部改造项目的消防负责，因此应重点参考以下几点：

1. 消防通道保持畅通。
2. 防火分区设置符合规范要求并保持完整。
3. 防烟分区设置符合规范要求并保持完整。
4. 竖向管井、管线穿越楼板及隔墙处应进行防火封堵。
5. 建筑外保温材料使用可燃、易燃材料。
6. 安全出口、疏散走道、前室、疏散楼梯等疏散通道保持畅通。
7. 存放和使用甲、乙类火灾危险性物品的储藏间严禁附设在民用建筑内。
8. 消防设施改动应符合规范要求并保持功能正常。

4.4.4 消防设施器材配置

4.4.4.1 适用文件

1.《中华人民共和国消防法》

2.《机关、团体、企业、事业单位消防安全管理规定》

3.《高等学校消防安全管理规定》

4.《北京市消防条例》

5.《建筑设计防火规范》GB 50016－2014

6.《消防给水及消火栓系统技术规范》GB 50974－2014

7.《自动喷水灭火系统设计规范》GB 50084－2017

8.《建筑防烟排烟系统技术标准》GB 51251－2017

9.《火灾自动报警系统设计规范》GB 50116－2013

10.《气体灭火系统设计规范》GB 50370－2005

11.《建筑灭火器配置设计规范》GB 50140－2005

4.4.4.2 工作要求

（1）下列建筑或场所应设置火灾自动报警系统

1）任一层建筑面积大于1500m^2 或总建筑面积大于3000m^2 的商店、展览等类似用途的建筑，总建筑面积大于500m^2 的地下或半地下商店。

2）图书或文物的珍藏库，每座藏书超过50万册的图书馆，重要的档案馆。

3）特等、甲等剧场，座位数超过1500个的其他等级的剧场，座位数超过2000个的会堂或礼堂，座位数超过3000个的体育馆。

4）任一层建筑面积大于1500m^2 或总建筑面积大于3000m^2 的旅馆建筑，不少于200床位的医院门诊楼、病房楼和手术部等。

5）净高大于2.6m且可燃物较多的技术夹层，净高大于0.8m且有可燃物的闷顶或吊顶内。

6）电子信息系统的主机房及其控制室、记录介质库，特殊贵重或火灾危险性大的机器、仪表、仪器设备室、贵重物品库房。

7）二类高层公共建筑内建筑面积大于50m^2 的可燃物品库房和建筑面积大于500m^2 的营业厅。

8）其他一类高层公共建筑。

9）设置机械排烟、防烟系统、雨淋或预作用自动喷水灭火系统、固定消防水炮灭火系统、气体灭火系统等需与火灾自动报警系统连锁动作的场所或部位。

10）建筑内可能散发可燃气体、可燃蒸气的场所应设置可燃气体报警装置。

（2）下列建筑或场所应设置室内消火栓系统

1）高层公共建筑。

2）体积大于5000m^3 的展览建筑、商店建筑、旅馆建筑、医疗建筑和图书馆建筑等单、多层建筑。

3）特等、甲等剧场，超过800个座位的其他等级的剧场等以及超过1200个座位的礼堂、体育馆等单、多层建筑。

4）建筑高度大于15m或体积大于10000m^3 的办公建筑、教学建筑和其他单、多层民用建筑。

（3）下列场所应设置自动灭火系统，并宜采用自动喷水灭火系统

1）一类高层公共建筑（除游泳池、溜冰场外）及其地下、半地下室。

2）二类高层公共建筑及其地下、半地下室的公共活动用房、走道、办公室和旅馆的客房、可燃物品库房、自动扶梯底部。

3）特等、甲等剧场，超过1500个座位的其他等级的剧场，超过2000个座位的会堂或礼堂，超过3000个座位的体育馆，超过5000人的体育场的室内人员休息室与器材间等。

4）任一层建筑面积大于1500m^2或总建筑面积大于3000m^2的展览、商店、餐饮和旅馆建筑以及医院中同样建筑规模的病房楼、门诊楼和手术部。

5）设置送回风道（管）的集中空气调节系统且总建筑面积大于3000m^2的办公建筑等。

6）藏书量超过50万册的图书馆。

7）总建筑面积大于500m^2的地下或半地下商店。

（4）建筑的下列场所或部位应设置防烟设施

1）防烟楼梯间及其前室。

2）消防电梯间前室或合用前室。

3）避难走道的前室、避难层（间）。

备注：建筑高度不大于50m的公共建筑当其防烟楼梯间的前室或合用前室符合下列条件之一时，楼梯间可不设置防烟系统：

1）前室或合用前室采用敞开的阳台、凹廊。

2）前室或合用前室具有不同朝向的可开启外窗，且可开启外窗的面积满足自然排烟口的面积要求。

（5）下列场所或部位应设置排烟设施

1）中庭。

2）公共建筑内建筑面积大于100m^2且经常有人停留的地上房间。

3）公共建筑内建筑面积大于300m^2且可燃物较多的地上房间。

4）建筑内长度大于20m的疏散走道。

5）地下或半地下建筑（室）、地上建筑内的无窗房间，当总建筑面积大于200m^2或一个房间建筑面积大于50m^2，且经常有人停留或可燃物较多时，应设置排烟设施。

（6）民用建筑下列部位应设置疏散照明

1）封闭楼梯间、防烟楼梯间及其前室、消防电梯间的前室或合用前室、避难走道、避难层（间）。

2）观众厅、展览厅、多功能厅和建筑面积大于200m^2的营业厅、餐厅等人员密集的场所。

3）建筑面积大于 $100m^2$ 的地下或半地下公共活动场所。

4）公共建筑内的疏散走道；

（7）灭火器设置要求如下

1）A 类火灾场所应选择水型灭火器、磷酸铵盐干粉灭火器、泡沫灭火器或卤代烷灭火器。

2）B 类火灾场所应选择泡沫灭火器、碳酸氢钠干粉灭火器、磷酸铵盐干粉灭火器、二氧化碳灭火器、灭 B 类火灾的水型灭火器或卤代烷灭火器。

极性溶剂的 B 类火灾场所应选择灭 B 类火灾的抗溶性灭火器。

3）C 类火灾场所应选择磷酸铵盐干粉灭火器、碳酸氢钠干粉灭火器、二氧化碳灭火器或卤代烷灭火器。

4）D 类火灾场所应选择扑灭金属火灾的专用灭火器。

5）E 类火灾场所应选择磷酸铵盐干粉灭火器、碳酸氢钠干粉灭火器、卤代烷灭火器或二氧化碳灭火器，但不得选用装有金属喇叭喷筒的二氧化碳灭火器。

（8）微型消防站应配置消防器材

详见表 4.1—表 4.3

表 4.1 小型专业消防车随车器材配置标准

序号	器材名称	数量
1	消防轻型安全绳	1 根
2	直流水枪	2 支
3	多功能消防水枪	1 支
4	水带	6—10 盘
5	水带挂钩	2 个
6	水带包布	2 个
7	水带护桥	2 个
8	分水器	1 个
9	铁铤	1 个
10	异径接口	2 个
11	强光照明灯	2 个
12	消防板斧	1 把
13	单杠梯	1 架
14	多功能挠钩	1 套
15	消火栓扳手	2 把
16*	两节拉梯	1 架

（续表）

序号	器材名称	数量
17*	手动破拆工具箱	1套
18*	机动消防泵（含手抬泵、浮艇泵）	1台
19*	集水器	1个
20*	吸水管	2根
21*	吸水管扳手	2把

*项可根据实际需求选配

表4.2　微型消防站基本个人防护装备配备标准

序号	器材名称	配备标准
1	消防头盔	1顶/人
2	消防员灭火防护服	1套/人
3	消防手套	1付/人
4	消防安全腰带	1根/人
5	消防员灭火防护靴	1双/人
6	防毒面具	2具/人
7	正压式消防空气呼吸器	2具/人
8	佩戴式防爆照明灯	1个/人
9	消防员呼救器	1个/人
10	消防轻型安全绳	1根/人
11	消防腰斧	1把/人

消防员灭火防护服在背后明显位置应站喷涂“＊＊＊微型消防站”

表4.3　微型消防站通信器材配备标准

类别	器材名称	配备标准
通信器材	外线电话	1部/人
	手持对讲机	1台/人

4.4.5　消防设施维护管理

4.4.5.1　适用文件

1.《中华人民共和国消防法》

2.《机关、团体、企业、事业单位消防安全管理规定》

3.《高等学校消防安全管理规定》

4.《北京市消防条例》

5.《建筑消防设施的维护管理》GB 25201－2010

6.《建筑消防设施检测技术规程》GA 503－2004

7.《建筑消防设施检测评定规程》DB11/ 1354－2016

8.《北京市电气防火检测技术规范》DB11/ 065－2010

9.《建筑设计防火规范》GB 50016－2014

10.《消防给水及消火栓系统技术规范》GB 50974－2014

11.《给水排水管道工程施工及验收规范》GB 50268－2008

12.《自动喷水灭火系统设计规范》GB 50084－2017

13.《自动喷水灭火系统施工及验收规范》GB 50261－2017

14.《建筑防烟排烟系统技术标准》GB 51251－2017

15.《火灾自动报警系统设计规范》GB 50116－2013

16.《火灾自动报警系统施工及验收规范》GB 50166－2007

17.《防火卷帘、防火门、防火窗施工及验收规范》GB 50877－2014

18.《气体灭火系统设计规范》GB 50370－2005

19.《气体灭火系统施工及验收规范》GB 50263－2007

20.《建筑灭火器配置设计规范》GB 50140－2005

21.《建筑灭火器配置验收及检查规范》GB 50444－2008

22.《建筑电气工程施工质量验收规范》GB 50303－2015

23.《火灾探测报警产品的维修保养与报废》GB 29837－2013

24.《社会消防技术服务管理规定》（公安部令第136号）

25.《企业安全生产标准化基本规范》GB/T 33000－2016

26.《人力资源社会保障部办公厅 应急管理部办公厅关于颁布消防设施操作员国家职业技能标准的通知》

4.4.5.2 工作要求

1. 值班

（1）设有建筑消防设施的单位应根据消防设施操作使用要求制定操作规程，明确操作人员。负责消防设施操作人员应通过消防行业特有工种职业技能鉴定，持有初级技能以上等级的职业资格证书，能熟练操作消防设施。消防控制室、具有消防配电功能的配电室，消防水泵房、防排烟机房等重要的消防设施操作控制场所，应根据工作、生产、经营特点建立值班制度，确保火灾情况下有人能按操作规程及时，正确操作建筑消防设施［持初级（五级）证书的人员可监控、操作不具备联动控制功能的区域火灾自动报警系统及其他消防设施；监控、操作设有联动控制设备的消防控制室和从事消防设施检测维修保养的人员，应持中级（四级）及以上等级证书]。

（2）单位制定灭火和应急疏散预案以及组织预案演练时，应将建筑消防设施的操作内容纳入其中，对操作过程中发现的问题应及时纠正。

（3）消防控制室值班时间和人员应符合以下要求：

1）实行每日24h值班制度，值班人员应通过消防行业特有工种职业技能鉴定，持有初级技能以上等级的职业资格证书。

2）每班工作时间应不大于8h，每班人员应不少于2人，值班人员对火灾报警控制器进行日检查、接班、交班时、应填写《消防控制室值班记录表》（见表4.4）的相关内容。值班期间每2h记录一次消防控制室内消防设备的运行情况，及时记录消防控制室内消防设备的火警或故障情况。

表4.4　消防控制室值班记录表

序号＿＿＿＿＿＿＿＿＿＿＿＿＿＿

<table>
<tr><td colspan="7">火灾报警控制器运行情况</td><td rowspan="3">报警、故障部位、原因及处理情况</td><td colspan="5">控制室内其他消防系统运行情况</td><td rowspan="3">报警、故障部位、原因及处理情况</td><td colspan="6">值班情况</td></tr>
<tr><td rowspan="2">正常</td><td rowspan="2">故障</td><td colspan="2">火警</td><td rowspan="2">故障报警</td><td rowspan="2">监管报警</td><td rowspan="2">漏报</td><td rowspan="2">消防系统及其相关设备名称</td><td colspan="2">控制状态</td><td colspan="2">运行状态</td><td>值班员</td><td></td><td>值班员</td><td></td><td>值班员</td><td></td></tr>
<tr><td>火警</td><td>误报</td><td>自动</td><td>手动</td><td>正常</td><td>故障</td><td>时段</td><td>~</td><td>时段</td><td>~</td><td>时段</td><td>~</td></tr>
<tr><td colspan="14"></td><td colspan="6">时间记录</td></tr>
<tr><td></td><td></td><td></td><td></td><td></td><td></td><td></td><td></td><td></td><td></td><td></td><td></td><td></td><td></td><td colspan="2"></td><td colspan="2"></td><td colspan="2"></td></tr>
<tr><td></td><td></td><td></td><td></td><td></td><td></td><td></td><td></td><td></td><td></td><td></td><td></td><td></td><td></td><td colspan="2"></td><td colspan="2"></td><td colspan="2"></td></tr>
<tr><td></td><td></td><td></td><td></td><td></td><td></td><td></td><td></td><td></td><td></td><td></td><td></td><td></td><td></td><td colspan="2"></td><td colspan="2"></td><td colspan="2"></td></tr>
<tr><td colspan="2" rowspan="6">火灾报警控制器日检查情况记录</td><td colspan="2" rowspan="2">火灾报警控制器型号</td><td colspan="10">检查内容</td><td colspan="2" rowspan="2">检查时间</td><td colspan="2" rowspan="2">检查人</td><td colspan="2" rowspan="2">故障及处理情况</td></tr>
<tr><td colspan="2">自检</td><td colspan="2">消音</td><td>复位</td><td colspan="2">主电源</td><td colspan="3">备用电源</td></tr>
<tr><td colspan="2"></td><td colspan="2"></td><td colspan="2"></td><td></td><td colspan="2"></td><td colspan="3"></td><td colspan="2"></td><td colspan="2"></td><td colspan="2"></td></tr>
<tr><td colspan="2"></td><td colspan="2"></td><td colspan="2"></td><td></td><td colspan="2"></td><td colspan="3"></td><td colspan="2"></td><td colspan="2"></td><td colspan="2"></td></tr>
<tr><td colspan="2"></td><td colspan="2"></td><td colspan="2"></td><td></td><td colspan="2"></td><td colspan="3"></td><td colspan="2"></td><td colspan="2"></td><td colspan="2"></td></tr>
<tr><td colspan="2"></td><td colspan="2"></td><td colspan="2"></td><td></td><td colspan="2"></td><td colspan="3"></td><td colspan="2"></td><td colspan="2"></td><td colspan="2"></td></tr>
</table>

对发现的问题应及时处理，当场不能处置的要填报《建筑消防设施故障维修记录表》（见表B.1），将处理记录表序号填入“故障及处理情况”栏。

注1：交接班时，接班人员对火灾报警控制器进行日检查后，如实填写火灾报警控制器日检查情况记录；值班期间按规定时限、异常情况出现时间如实填写运行情况栏内相应内容，填写时，在对应项目栏中打“√”；存在问题或故障的，在报警、故障部位、原因及处理情况栏中填写详细信息。

注2：本表为样表，使用单位可根据火灾报警控制器数量、其他消防系统及相关设备数量及值班时段制表。

3）正常工作状态下，不应将自动喷水灭火系统、防烟排烟系统和联动控制的防火卷帘等防火分隔设施设置在手动控制状态 ，其他消防设施及相关设备如设置在手动状态时，应有在火灾情况下迅速将手动控制转换为自动控制的可靠措施。

（4）消防控制室值班人员接到报警信号后，应按下列程序进行处理：

1）接到火灾报警信息后，应以最快方式确认。

2）确认属于误报时，查找误报原因并填写《建筑消防设施故障维修记录表》（见表4.5）。

表4.5　建筑消防设施故障维修记录表

序号：

故障情况				故障维修情况						故障排除确认
发现时间	发现人签名	故障部位	故障情况描述	是否停用系统	是否报消防部门备案	安全保护措施	维修时间	维修人员（单位）	维修方法	

注1：“故障情况”由值班、巡查、检测、灭火演练时的当事者如实填写。

注2：“故障维修情况”中因维修故障需要停用系统的由单位消防安全责任人在“是否停用系统”栏签字；停用系统超过24h的，单位消防安全责任人在“是否报消防部门备案”及“安全保防措施”栏如实填写；其他信息由维护人员（单位）如实填写。

注3：“故障排除情况”由单位消防安全管理人在确认故障排除后如实填写并签字。

注4：本有为样表，单位可根据建筑消防设施实际情况制表。

3）火灾确认后，立即将火灾报警联动控制开关转入自动状态（处于自动状态的除外），同时拨打“119”火警电话报警。

4）立即启动单位内部灭火和应急疏散预案，同时报告单位消防安全责任人，单位消防安全责任人接到报告后应立即赶赴现场。

2. 巡查

（1）建筑消防设施的巡查应由归口管理消防设施的部门或单位实施，按照实际情况，将巡查的职责落实到相关的工作岗位。

（2）从事建筑消防设施巡查的人员，应通过消防行业特有工种职业技能鉴定，持有初级技能以上等级的职业资格证书。

(3) 建筑消防设施巡查应明确各类建筑消防设施的巡查部位、频次和内容。巡查时应填写《建筑消防设施巡查记录表》(见表4.6)。巡查时发现故障，应按维修要求处理。

表4.6　建筑消防设施巡查记录表

序号：

巡查项目	巡查内容	巡查情况					
		部位	数量	正常	故障及处理		
					故障描述	当场处理情况	报修情况
消防供配电设施	消防电源主电源、备用电源工作状态						
	发电机启动装置外观及工作状态、发电机燃料储量、储油间环境						
	消防配电房、UPS电池室、发电机房环境						
	消防设备末端配电箱切换装置工作状态						
火灾自动报警系统	火灾探测器、手动报警按钮、信号输入模块、输出模块外观及运行状态						
	火灾报警控制器、火灾显示盘、CRT图形显示器运行状况						
	消防联动控制器外观及运行状况						
	火灾报警装置外观						
	建筑消防设施远程监控、信息显示、信息传输装置外观及运行状况						
	系统接地装置外观						
	消防控制室工作环境						
电气火灾监控系统	电气火灾监控探测器的外观及工作状态						
	报警主机外观及运行状态						
可燃气体探测报警系统	可燃气体探测器的外观及工作状态						
	报警主机外观及运行状态						

（续表）

巡查项目	巡查内容	巡查情况					
		部位	数量	正常	故障及处理		
					故障描述	当场处理情况	报修情况
消防供水设施	消防水池、消防水箱外观，液位显示装置外观及运行状况，天然水源水位、水量、水质情况，进户管外观						
	消防水泵及控制柜工作状态						
	稳压泵、增压泵、气压水罐及控制柜工作状态						
	水泵接合器外观、标识						
	系统减压、泄压装置、测试装置、压力表等外观及运行状况						
	管网控制阀门启闭状态						
	泵房照明、排水等工作环境						
消火栓（消防炮）灭火系统	室内消火栓、消防卷盘外观及配件完整情况						
	屋顶试验消火栓外观及配件完整情况、压力显示装置外观及状态显示						
	室外消火栓外观、地下消火栓标识、栓井环境						
	消防炮、炮塔、现场火灾探测控制装置、回旋装置等外观及周边环境						
	启泵按钮外观						
自动喷水灭火系统	喷头外观及距周边障碍物或保护对象的距离						
	报警阀组外观、试验阀门状况、排水设施状况、压力显示值						
	充气设备及控制装置、排气设备及控制装置、火灾探测传动及现场手动控制装置外观及运行状况						
	楼层或区域末端试验阀门处压力值及现场环境，系统末端试验装置外观及现场环境						

（续表）

巡查项目	巡查内容	巡查情况					
		部位	数量	正常	故障及处理		
					故障描述	当场处理情况	报修情况
泡沫灭火系统	泡沫喷头外观及距周边障碍物或保护对象距离						
	泡沫消火栓、泡沫炮、泡沫产生器、泡沫比例混合器外观						
	泡沫液贮罐外观及罐间环境，泡沫液有效期及储存量						
	控制阀门外观、标识管道外观、标识						
	火灾探测传动控制、现场手动控制装置外观、运行状况						
	泡沫泵及控制柜外观及运行状况						
	冷却水系统的巡查内容可参考6.2.7						
气体灭火系统	气体灭火控制器外观、工作状态						
	储瓶间环境，气体瓶组或储罐外观，检漏装置外观、运行状况						
	容器阀、选择阀、驱动装置等组件外观						
	紧急启/停按钮外观，喷嘴外观、防护区状况						
	预制灭火装置外观、设置位置、控制装置外观及运行状况						
	放气指示灯及警报器外观						
	低压二氧化碳系统制冷装置、控制装置、安全阀等组件外观、运行状况						
防烟、排烟系统	送风阀外观						
	送风机及控制柜外观及工作状态						
	挡烟垂壁及其控制装置外观及工作状况、排烟阀及其控制装置外观						
	电动排烟窗、自然排烟设施外观						
	排烟机及控制柜外观及工作状况						
	送风、排烟机房环境						

（续表）

巡查项目	巡查内容	巡查情况					
		部位	数量	正常	故障及处理		
					故障描述	当场处理情况	报修情况
应急照明和疏散指示标志	应急火车票具外观、工作状态						
	疏散指示标志外观、工作状态						
	集中供电型应急照明灯具、疏散指示标志灯外观、工作状况，集中电源工作状态						
	字母型应急照明灯具、疏散指示标志灯外观、工作状态						
应急广播系统	扬声器外观						
	功放、卡座分配盘外观及工作状态						
消防专用电话	消防电话主机外观、工作状况						
	分机电话外观，电话插孔外观，插孔电话机外观						
防火分隔设施	防火窗外观及固定情况						
	防火门外观及配件完整性，防火门启闭状况及周围环境						
	电动型防火门控制装置外观及工作状态						
	防火卷帘外观及配件完整性，防火卷帘控制装置外观及工作状况						
	防火墙外观、防火阀外观及工作状况						
	防火封堵外观						
消防电梯	紧急按钮外观，轿厢内电话外观						
	电梯井排水设施外观及工作状况						
	消防电梯工作状况						
细水雾灭火系统	灭火控制器工作状态						
	储气瓶和储水瓶（成储水罐）外观、工作环境						
	高压泵组、稳压泵外观及工作状态，末端试水装置压力值（闭式系统）						

（续表）

巡查项目	巡查内容	巡查情况					
		部位	数量	正常	故障及处理		
					故障描述	当场处理情况	报修情况
细水雾灭火系统	紧急启/停按钮、释放指示灯、报警器、喷头、分区控制阀等组件外观						
	防护区状况						
干粉灭火系统	灭火控制器工作状态						
	设备储存间环境、驱动气瓶和灭火剂储存装置外观						
	选择阀、驱动装置等组件外观						
	紧急启/停按钮、放气指示灯、警报器、喷嘴外观						
	防护区状况						
灭火器	灭火器外观						
	灭火器数量						
	灭火器压力表、维修标示						
	设置位置状况						
其他巡查内容	消防车道、疏散楼梯、疏散走道畅通情况，逃生自救设施配置及完好情况，消防安全标示使用情况，用火用电管理情况等						
巡查人（签名）					年	月	日
消防安全责任人或消防安全管理人（签名）					年	月	日
备注							

对发现的问题和故障应及时处理，当场不能处置的要填报《建筑消防设施故障维修记录表》（见表B.1）。

注1：情况正常的，在“正常”栏中打“√”；存在问题或故障的，在“故障及处理”栏中填写相应内容。

注2：本表为样表，单位可根据建筑消防设施实际情况和巡查时间段分系统、分部位制表。

（4）建筑消防设施巡查频次应满足下列要求：公共娱乐场每2h巡查一次的要求，视情况将建筑消防设施的巡查部分或全部纳入其中，但全部建筑消防设施应保证每日至少巡查一次；

（5）巡查内容：

1）消防供配电设施的巡查内容见表4.6中“消防供配电设施”部分。

2）火灾自动报警系统的巡查内容见表4.6中“火灾自动报警系统”部分。

3）电气火灾监控系统的巡查内容见表4.6中“电气火灾监控系统”部分。

4）可燃气体探测报警系统的巡查内容见表4.6中“可燃气体探测报警系统”部分。

5）消防供水设施的巡查内容见表4.6中“消防供水供施”部分。

6）消火栓（消防炮）灭火系统的巡查内容见表4.6中“消火栓（消防炮）灭火系统”部分。

7）自动喷水灭火系统的巡查内容见表4.6中“自动喷水灭火系统”部分。

8）泡沫灭火系统的巡查内容见表4.6中“泡沫灭火系统”部分。

9）气体灭火系统的巡查内容见表4.6中“气体灭火系统”部分。

10）防烟、排烟系统的巡查内容见表4.6中“防烟、排烟系统”部分。

11）应急照明和疏散指示标志的巡查内容见表4.6中“应急照明和疏散指示标志”部分。

12）应急广播系统的巡查内容见表4.6中“应急广播系统”部分。

13）消防专用电话的巡查内容见表4.6中“消防专用电话”部分。

14）防火分隔设施的巡查内容见表4.6中“防火分隔设施”部分。

15）消防电梯的巡查内容见表4.6中“消防电梯”部分。

16）细水雾灭系统的巡查内容见表4.6中“细水雾灭系统”部分。

17）干粉灭火系统的巡查内容见表4.6中“ 干粉灭火系统”部分。

18）灭火器的巡查内容见表4.6中“灭火器”部分。

19）其他需要巡查的内容见表4.6中“其他巡查内容”部分，单位也可根据实际情况，参考表4.6的样式，自行制定有关消防安全巡查记录表。

3. 检测

（1）建筑消防设施应每年至少检测一次，检测对象包括全部系统设备、组件等。在重大节日、重大活动前或者期间，应根据当地公安机关消防机构的要求对建筑消防设施进行检测。

（2）从事建筑消防设施检测的人员，应当通过消防行业特有工种职业技能鉴定，持有高级技能以上等级职业资格证书。

（3）建筑消防设施检测应按GA 503的要求进行，并如实填写《建筑消防设施检测记录表》（见表4.7）的相关内容。

表 4.7　建筑消防设施检修记录表

检测项目		检测内容	实测记录	故障记录及处理		
				故障描述	当场处理情况	报修情况
消防供电配电	消防配电柜(箱)	试验主、备电切换功能；消防电源主、备电源供电能力测试				
	自备发电机组	试验发电机自动、手动启动功能，试验发电机启动电源充、放电功能				
	应急电源	试验应急电源充、放电功能				
	储油设施	核对储油量				
	联动试验	试验非消防电源的联动切断功能				
火灾自动报警系统	火灾探测器	试验报警功能				
	手动报警按钮	试验报警功能				
	监管装置	试验监管装置报警功能，屏蔽信息显示功能				
	警报装置	试验报警功能				
	报警控制器	试验火警报警、故障报警、火警优先、打印机打印、自检、消音等功能，火灾显示盘和CRT显示器的报警、显示功能				
	消防联动控制器	试验联动控制器及控制模块的手动、自动联动控制功能，试验控制器显示功能，试验电源部分主、备电源切换功能，备用电源充、放电功能				
	远程监控系统	试验信息传输装置显示、传输功能，试验监控主机信息显示、告警受理、派单、接单、远程开锁等功能，试验电源部分主、备电源切换，备用电源充、放电功能				

（续表）

检测项目		检测内容	实测记录	故障记录及处理		
				故障描述	当场处理情况	报修情况
消防供水设施	消防水池	核对储水量、自动进水阀进水功能，液位检测装置报警功能				
	消防水箱	核对储水量、自动进水阀进水功能、模拟消防水箱出水，测试消防水箱供水能力、液位检测装置报警功能				
	稳（增）压泵及气压水罐	模拟系统渗漏，测试稳压泵、增压泵及气压水罐稳压、增压能力，自动启泵、停泵及联动启动主泵的压力工况，主、备泵切换功能				
	消防水泵及控制柜	试验手动/自动启泵功能和主、备泵切换功能，利用测试装置测试消防泵供水时的流量和压力				
	水泵接合器	利用消防车或机动泵测试其供水能力				
	阀门	试验控制阀门启闭功能、减压装置减压功能				
消火栓（消防炮）灭火系统	室内消火栓	试验屋顶消火栓出水压力、静压及水质，测试室内消火栓静压				
	消防水喉	射水试验				
	室外消火栓	试验室外消火栓出水及静压				
	消防炮	试验消防炮手动、遥控操作功能，试验手动按钮启泵功能、消防炮出水功能				
	启泵按钮	试验远距离启泵功能及信号指示功能				
	联动控制功能	自动方式下，分别利用远距离启泵按钮、消防联动控制盘控制按钮启动消防水泵，测试最不利点消火栓、消防炮出水压力及流量；具有火灾探测控制功能的消防炮系统，应模拟自动启动				

（续表）

检测项目		检测内容	实测记录	故障记录及处理		
				故障描述	当场处理情况	报修情况
自动喷水灭火系统	报警阀组	试验报警阀组试验排放阀排水功能，压力开关、水力警铃报警功能				
	末端试水装置	试验末端放水测试工作压力、水流指示器、压力开关动作信号、水质情况，楼层末端试验阀功能试验				
	水流指示器	核对反馈信号				
	探测、控制装置	测试火灾探测传动装置的火灾探测及控制功能、手动控制装置控制功能				
	充、排气装置	测试充气、排气装置充、排气功能				
	联动控制功能	在系统末端放水或排气，进行系统联动功能试验，测试水流指示器、压力开关、水力警铃报警功能；具有火灾探测传动控制功能应模拟系统自动启动				
泡沫灭火系统	泡沫液储罐	核对泡沫液有效期和储存量				
	泡沫栓、泡沫喷头、泡沫产生器	试验出水或出泡沫功能				
	泡沫泵	手动/自动启动及主、备泵切换功能；阀门启闭功能及信号反馈功能				
	联动控制功能	具有火灾探测传动控制装置的泡沫灭火系统，应结合泡沫灭火剂到期更换进行系统自动启动，测试泡沫消火栓、泡沫喷头、泡沫产生器出泡沫功能，泡沫比例混合器混合配比功能，泡沫泵、水泵供泡沫液、供水能力				
	自吸液泡沫消火栓、移动泡沫产生装置、喷淋冷却系统	测试吸液出泡沫功能；喷淋冷却系统检测内容同 7.2.5				

（续表）

检测项目		检测内容	实测记录	故障记录及处理		
				故障描述	当场处理情况	报修情况
气体灭火系统	瓶组与储罐	核对灭火剂储存量主、备瓶组切换试验				
	检漏装置	测试称重、检漏报警功能				
	紧急启/停功能	测试紧急启动/停止按钮的紧急功能				
	启动装置、选择阀	测试启动装置、选择阀手动启动功能				
	联动控制功能	以自动方式进行模拟喷气试验，检验系统报警、联动功能				
	通风换气设备	测试通风换气功能				
	备用瓶切换	测试主、备瓶组切换功能				
机械加压送风系统	送风口	测试手动/自动开启功能				
	送风机	测试手动/自动启动、停止功能				
	送风量、风速、风压	测试最大负荷状态下，系统送风量、风速、风压				
	联动控制功能	通过报警联动，检查防火阀、送风自动开启和启动功能				
机械排烟系统	自然排烟设施	测试自然排烟窗的开启面积、开启方式				
	排烟阀、电动排烟窗、电动挡烟垂壁、排烟防火阀	测试排烟阀、电动排烟窗手动/自动开启功能，测试挡烟垂壁的释放功能，测试排烟防火阀的动作性能				
	排烟风机	测试手动/自动启动、排烟防火阀联动停止功能				
	排烟风量、风速	测试最大负荷状态下，系统排烟风量、风速				
	联动控制功能	通过报警联动，检查电动挡烟垂壁、电动排烟阀、电动排烟窗的功能，检查排烟风机的性能				
应急照明系统		切断正常供电，测量应急灯具照度、电源切换、充电、放电功能；测试应急电源供电时间；通过报警联动，检查应急灯具自动投入功能				

（续表）

检测项目		检测内容	实测记录	故障记录及处理		
				故障描述	当场处理情况	报修情况
应急广播系统	扬声器	测试音量、音质				
	功放、卡座、分配盘	测试卡座的播音、录音功能，测试功放的扩音功能，测试分配盘的选层广播功能，测试合用广播系统应急强制切换功能，测试主、备扩音机切换功能				
	联动控制功能	通过报警联动，检查合用广播系统应急强制切换功能、扬声器播音质量及音量，卡座录音功功能，分配盘分区及选层广播功能				
消防专用电话		测试消防电话主机与电话分机、插孔电话之间通话质量；电话主机录音功能；拨打“119”功能				
防火分隔	防火门	试验非电动防火门的启闭功能及密封性自能，测试电动防火门自动、现场释放功能及信号反馈功能，通过报警联动，检查电动防火门释放功能、喷水冷却装置的联动启动功能				
	防火卷帘	试验防火卷帘的手动、机械应急和自动控制功能、信号反馈功能，封闭性能，通过报警联动，检查防火卷帘门自动释放功能及喷水冷却装置的联动启动功能，测试有延时功能的防火卷帘的延时时间、声光指示				
	电动防火阀	通过报警联动，检查电动防火阀的关闭功能及密封性				
消防电梯		测试首层按钮控制电梯回首层功能、消防电梯应急操作功能、电梯轿厢内消防电话通话质量、电梯井排水设备排水功能，通过报警联动，检查电梯自动迫降功能				
细水雾灭火系统		测试储瓶式细水雾灭火系统启动装置的启动性能、减压装置减压性能、喷头喷雾性能				
		测试泵式细水雾灭火系统手动/自动启、停泵功能，主、备泵切换功能，喷头雾性能				

（续表）

<table>
<tr><th rowspan="2">检测项目</th><th rowspan="2">检测内容</th><th rowspan="2">实测记录</th><th colspan="3">故障记录及处理</th></tr>
<tr><th>故障描述</th><th>当场处理情况</th><th>报修情况</th></tr>
<tr><td rowspan="3">细水雾灭火系统</td><td>测试分区控制阀的手动/自动控制功能，具有火灾探测控制系统的，应模拟自功控制功能</td><td></td><td></td><td></td><td></td></tr>
<tr><td>通过报警联动，检验开式细水雾灭火系统联动控制功能，进行模拟喷放细水雾试验</td><td></td><td></td><td></td><td></td></tr>
<tr><td>通过末端放水，测试闭式细水雾灭火系统联动功能，测试水流指示器报警功能，压力开关报警功能</td><td></td><td></td><td></td><td></td></tr>
<tr><td>干粉灭火系统</td><td>测试驱动气瓶压力和干粉储存量；通过报警联动，模拟干粉喷放试验，检验系统功能</td><td></td><td></td><td></td><td></td></tr>
<tr><td>灭火器</td><td>核对选型、压力和有效期对同批次的灭火器随机抽取一定数量进行灭火、喷射等性能试验</td><td></td><td></td><td></td><td></td></tr>
<tr><td>其他设施</td><td>逃生自救设施性能</td><td></td><td></td><td></td><td></td></tr>
<tr><td colspan="2">检测人（签名）：
等级证书编号：　　　　年　月　日</td><td colspan="4">检测结论：
检测单位（盖章）：
年　月　日</td></tr>
<tr><td colspan="6">消防安全责任人或消防安全管理人（签名）：　　　　年　月　日</td></tr>
<tr><td colspan="6">检测项目应满足设计资料、国家工程建设消防技术规范等的要求。对发现的问题应及时处理，当场不能处置的要填报《建筑消防设施故障维修记录表》（见表 B. 1）。
注 1：存在问题或故障的，在“故障及处理”栏中填写相应内容。
注 2：本表为样表，单位可根据建筑消防设施实际情况分系统制表，参与系统检测的人员均应在检测人一栏如实填写个人基本信息。</td></tr>
</table>

（4）检测内容：

1）消防供配电设施的检测内容见表 4. 7 中“消防供电配电设施”部分。

2）火灾自动报警系统的检测内容见表 4. 7 中“火灾自动报警系统”部分。

3）消防供水设施的检测内容见表 4. 7 中“消防供水设施”部分。

4）消火栓（消防炮）灭火系统的检测内容见表 4. 7 中“消火栓（消防炮）灭火

系统”部分。

5）自动喷水灭火系统的检测内容见表4.7中“自动喷水灭火系统”部分。

6）泡沫灭火系统的检测内容见表4.7中“泡沫灭火系统”部分。

7）气体灭火系统的检测内容见表4.7中“气体灭火系统”部分。

8）防烟系统的检测内容见表4.7中“机械加压送风系统”部分。

9）排烟系统的检测内容见表4.7中“机械排烟系统”部分。

10）应急照明系统的检测内容见表4.7中“应急照明系统”部分。

11）应急广播系统的检测内容见表4.7中“应急广播系统”部分。

12）消防专用电话的检测内容见表4.7中“消防专用电话”部分。

13）防火分隔设施的检测内容见表4.7中“防火分隔”部分。

14）消防电梯的检测内容见表4.7中“消防电梯”部分。

15）细水雾灭火系统的检测内容见表4.7中“细水雾灭火系统”部分。

16）干粉灭火系统的检测内容见表4.7中“干粉灭火系统”部分。

17）灭火器的检测内容见表4.7中“灭火器”部分。

18）其他需要检测的内容见表4.7中“其他设施”部分。从事检测工作的单位也可根据实际情况参考表4.7的样式，自行制定有关消防安全检测记录表。

4. 维修

（1）从事建筑消防设施维修的人员，应当通过消防行业特有工种职业技能鉴定，持有技师以上等级职业资格证书。

（2）值班、巡查、检测、灭火演练中发现建筑消防设施存在问题和故障的，相关人员应填写《建筑消防设施故障维修记录表》（见表4.5），并向单位消防安全管理人报告。

（3）单位消防安全管理人对建筑消防设施存在的问题和故障，应立即通知维修人员进行维修，维修期间，应采取确保消防安全的有效措施。故障排除后应进行相应功能试验并经单位消防安全管理人检查确认。维修情况应记入《建筑消防设施故障维修记录表》（见表4.5）。

5. 保养

（1）建筑消防设施维护保养应制定计划．列明消防设施的名称、维护保养的内容和周期（见表4.8）。

（2）从事建筑消防设施保养的人员，应通过消防行业特有工种职业技能鉴定，持有高级技能以上等级职业资格证书。

（3）凡依法需要计量检定的建筑消防设施所用称重、测压、测流量等计量仪器仪表以及泄压阀、安全阀等，应按有关规定进行定期校验并提供有效证明文件。单位应储备一定数量的建筑消防设施易损件或与有关产品厂家、供应商签订相关合同，以保证供应。

表 4.8　建筑消防设施维护保养计划表

序号：　　　　　日期

<table>
<tr><th>序号</th><th colspan="2">检查保养项目</th><th>保养内容</th><th>周期</th></tr>
<tr><td rowspan="5">1</td><td rowspan="5">消防水泵</td><td>外观清洁</td><td>擦洗，除污</td><td>一个月</td></tr>
<tr><td>泵中心轴</td><td>长期不用时，定期盘动</td><td>半个月</td></tr>
<tr><td>主回路控制回路</td><td>测试，检查，紧固</td><td>半年</td></tr>
<tr><td>水泵</td><td>检查或更换盘根填料</td><td>半年</td></tr>
<tr><td>机械润滑</td><td>加 0 号黄油</td><td>三个月</td></tr>
<tr><td rowspan="2">2</td><td colspan="2">管道</td><td>补漏，除锈，刷漆</td><td>半年</td></tr>
<tr><td colspan="2">阀门</td><td>加或更换盘根，补漏，除锈，刷漆，润滑</td><td>半年</td></tr>
</table>

消防泵、喷淋泵、送风机、排烟机应定期试验。
注 1：保养内容、周期，可根据设施、设备使用说明书、国家有关标准、安装场所环境等综合确定。
注 2：本表为样表，单位可根据建筑消防设施的类别，分别制表，如消火栓系统维护保养计划表、自动喷水灭火系统维护保养计划表、气体灭火系统维护保养计划表等。

消防安全责任人或消防安全管理人（签字）：　　　制订人：　　　　审核人：

（4）实施建筑消防设施的维护保养时，应填写《建筑消防设施维护保养记录表》（见表 4.9）并进行相应功能试验。

表 4.9　建筑消防设施维护保养记录表

<table>
<tr><td rowspan="2">设备名称</td><td rowspan="2">消防泵</td><td>设备参数</td><td></td></tr>
<tr><td>额定功率</td><td></td></tr>
<tr><td>保养项目</td><td colspan="3"></td></tr>
<tr><td>擦洗，除污</td><td colspan="3"></td></tr>
<tr><td>长期不用时，定期盘动</td><td colspan="3"></td></tr>
<tr><td>测试，检查，紧固</td><td colspan="3"></td></tr>
<tr><td>检查或更换盘根填料</td><td colspan="3"></td></tr>
<tr><td>加 0 号黄油</td><td colspan="3"></td></tr>
</table>

备注：

保养作业完成后，保养人员或单位应如实填写保养完成情况，并作相应功能试验，遇有故障应及时填写《建筑消防设施故障维修记录表》（见表 B. 1）。
注：本表为样表，单位可根据制定的建筑消防设施维护保养计划表确定的保养内容分别制表。

消防安全责任人或消防安全管理人（签字）：　　　保养人：　　　　审核人：

（5）保养内容：

1）对易污染、易腐蚀生锈的消防设备、管道、阀门应定期清洁、除锈、注润滑剂。

2）点型感烟火灾探测器应根据产品说明书的要求定期清洗、标定；产品说明书没有明确要求的，应每二年清洗、标定一次。可燃气体探测器应根据产品说明书的要求定期进行标定。火灾探测器、可燃气体探测器的标定应由生产企业或具备资质的检测机构承担，承担标定的单位应出具标定记录。

3）储存灭火剂和驱动气体的压力容器应按有关气瓶安全监察规程的要求定期进行试验、标识。

4）泡沫、干粉等灭火剂应按产品说明书委托有资质单位进行包括灭火性能在内的测试。

5）以蓄电池作为后备电源的消防设备，应按照产品说明书的要求定期对蓄电池进行维护。

6）其他类型的消防设备应按照产品说明书的要求定期进行维护保养。

7）对于使用周期超过产品说明书标识寿命的易损件、消防设备，以及经检查测试已不能正常使用的火灾探测器、压力容器、灭火剂等产品设备应及时更换。

6. 报废

产品使用或管理单位应建立并保持产品报废处理程序，做好报废处理记录。

（1）火灾探测报警产品

1）火灾探测报警产品使用寿命一般不超过 12 年，可燃气体探测器中气敏元件、光纤产品中激光器件的使用寿命不超过 5 年。生产企业应在产品说明书中明确规定产品的预期使用寿命。

2）产品达到使用寿命时一般应报废。若继续使用，应对所有达到使用寿命的产品每年逐一按本标准维修检测要求和接入复检要求进行检测，并进行系统性能测试，所有检测结果均应合格。并应每年抽取系统中的火灾探测器，进行下述试验，合格后方可继续使用：

a. 感烟类火灾探测器，抽取 4 只，按 GB 4715 进行 SH1 和 SH2 试验火的火灾灵敏度试验。

b. 点型感温火灾探测器，抽取 4 只，按 GB 4716 进行响应时间和动作温度试验。

c. 缆式线型感温火灾探测器，抽取 2 只，按 GB 16280 进行动作性能试验。

d. 线型光纤感温火灾探测器，抽取2只，按GB/T 21197进行动作性能试验。

e. 点型红外火焰探测器、图像型火灾探测器，抽取4只，按GB 15631进行火灾灵敏度试验。

3）产品未达到使用寿命但符合下列条件时，应报废：

a. 产品不能正常工作，且无法进行维修。

b. 感烟类火灾探测器不能标定到生产企业规定的响应阈值范围内，且在GB 4715规定的SH1和SH2试验火结束前未响应。

c. 感温类火灾探测器在环境温度达到GB 4716规定的该类型探测器响应时间上限值或动作温度上限值时未响应。

d. 点型红外火焰探测器、图像型火灾探测器的火灾灵敏度不符合GB 15631的要求。

（2）灭火器

1）下列类型的灭火器应报废：

a. 酸碱型灭火器。

b. 化学泡沫型灭火器。

c. 倒置使用型灭火器。

d. 氯溴甲烷、四氯化碳灭火器。

e. 国家政策明令淘汰的其他类型灭火器。

2）有下列情况之一的灭火器应报废：

a. 筒体严重锈蚀，锈蚀面积大于、等于筒体总面积的1/3，表面有凹坑。

b. 筒体明显变形，机械损伤严重。

c. 器头存在裂纹、无泄压机构。

d. 筒体为平底等结构不合理。

e. 没有间歇喷射机构的手提式。

f. 没有生产厂名称和出厂年月，包括铭牌脱落，或虽有铭牌，但已看不清生产厂名称，或出厂年月钢印无法识别。

g. 筒体有锡焊、铜焊或补缀等修补痕迹。

h. 被火烧过。

3）灭火器出厂时间达到或超过表4.10规定的报废期限时应报废。

表 4.10　灭火器报废期限

灭火器类型		报废期限（年）
水基型灭火口器	手提式水基型灭火器	6
	推车式水基型灭火器	
干粉灭火器	手提式（贮压式）干粉灭火器	10
	手提式（储气瓶式）干粉灭火器	
	推车式（贮压式）干粉灭火器	
	推车式（储气瓶式）干粉灭火器	
洁净气体灭火器	手提式洁净气体灭火器	
	推车式洁净气体灭火器	
二氧化碳灭火器	手提式二氧化碳灭火器	
	推车式二氧化碳灭火器	

4.4.6　作业消防安全

4.4.6.1　适用文件

1.《建设工程施工现场消防安全技术规范》GB 50720－2011

2.《施工现场临时用电安全技术规范》JGJ 46－2005

3.《建设工程安全生产管理条例》

4.《 建筑外墙防水工程技术规程 》JGJ/T 235－2011

5.《建筑防水工程技术规程》（DB33/T 1147—2018）

6.《企业安全生产标准化基本规范》GB/T 33000－2016

7.《机关、团体、企业、事业单位消防安全管理规定》

8.《公安部关于抓紧建立和认真落实建筑消防设施检查维修保养管理制度的通知》

4.4.6.2　工作要求

1. 作业环境和作业条件

消防安全检查应包括下列主要内容：

1）可燃物及易燃易爆危险品的管理是否落实。

2）动火作业的防火措施是否落实。

3）用火、用电、用气是否存在违章操作，电、气焊及保温防水施工是否执行操作规程。

4）临时消防设施是否完好有效。

5）临时消防车道及临时疏散设施是否畅通。

6）施工现场严禁吸烟。

2. 作业行为

（1）施工现场用火

1）动火作业应办理动火许可证；动火许可证的签发人收到动火申请后，应前往现场查验并确认动火作业的防火措施落实后，再签发动火许可证。

2）动火操作人员应具有相应资格。

3）焊接、切割、烘烤或加热等动火作业前，应对作业现场的可燃物进行清理；作业现场及其附近无法移走的可燃物应采用不燃材料对其覆盖或隔离。

4）施工作业安排时，宜将动火作业安排在使用可燃建筑材料的施工作业前进行。确需在使用可燃建筑材料的施工作业之后进行动火作业时，应采取可靠的防火措施。

5）裸露的可燃材料上严禁直接进行动火作业。

6）焊接、切割、烘烤或加热等动火作业应配备灭火器材，并应设置动火监护人进行现场监护，每个动火作业点均应设置1个监护人。

7）五级（含五级）以上风力时，应停止焊接、切割等室外动火作业；确需动火作业时，应采取可靠的挡风措施。

8）动火作业后，应对现场进行检查，并应在确认无火灾危险后，动火操作人员再离开。

9）具有火灾、爆炸危险的场所严禁明火。

10）施工现场不应采用明火取暖。

（2）施工现场用电

1）施工现场供用电设施的设计、施工、运行和维护应符合现行国家标准《建设工程施工现场供用电安全规范》GB 50194的有关规定。

2）电气线路应具有相应的绝缘强度和机械强度，严禁使用绝缘老化或失去绝缘性能的电气线路，严禁在电气线路上悬挂物品。破损、烧焦的插座、插头应及时更换。

3）电气设备与可燃、易燃易爆危险品和腐蚀性物品应保持一定的安全距离。

4）有爆炸和火灾危险的场所，应按危险场所等级选用相应的电气设备。

5）配电屏上每个电气回路应设置漏电保护器、过载保护器，距配电屏2m范围内不应堆放可燃物，5m范围内不应设置可能产生较多易燃、易爆气体、粉尘的作业区。

6）可燃材料库房不应使用高热灯具，易燃易爆危险品库房内应使用防爆灯具。

7）普通灯具与易燃物的距离不宜小于300mm，聚光灯、碘钨灯等高热灯具与易燃物的距离不宜小于500mm。

8）电气设备不应超负荷运行或带故障使用。

9）严禁私自改装现场供用电设施。

10）应定期对电气设备和线路的运行及维护情况进行检查。

（3）施工现场用气

1）储装气体的罐瓶及其附件应合格、完好和有效；严禁使用减压器及其他附件缺损的氧气瓶，严禁使用乙炔专用减压器、回火防止器及其他附件缺损的乙炔瓶。

2）气瓶运输、存放、使用时，应符合下列规定：

a. 气瓶应保持直立状态，并采取防倾倒措施，乙炔瓶严禁横躺卧放。

b. 严禁碰撞、敲打、抛掷、滚动气瓶。

c. 气瓶应远离火源，与火源的距离不应小于10m，并应采取避免高温和防止曝晒的措施。

d. 燃气储装瓶罐应设置防静电装置。

3）气瓶应分类储存，库房内应通风良好；空瓶和实瓶同库存放时，应分开放置，空瓶和实瓶的间距不应小于1.5m。

4）气瓶使用时，应符合下列规定：

a. 使用前，应检查气瓶及气瓶附件的完好性，检查连接气路的气密性，并采取避免气体泄漏的措施，严禁使用已老化的橡皮气管。

b. 氧气瓶与乙炔瓶的工作间距不应小于5m，气瓶与明火作业点的距离不应小于10m。

c. 冬季使用气瓶，气瓶的瓶阀、减压器等发生冻结时，严禁用火烘烤或用铁器敲击瓶阀，严禁猛拧减压器的调节螺丝。

d. 氧气瓶内剩余气体的压力不应小于0.1MPa。

e. 气瓶用后应及时归库。

（4）防水作业

1）外墙防水应由有相应资质的专业队伍进行施工；作业人员应持证上岗。

2）施工单位应定期对防水作业人员进行专项安全教育的培训，掌握防火等安全施工措施。

3）防水材料进场后，应贮存在通风干燥处，避免日晒雨淋，禁止接近火源，不同类型、规格的产品应分别堆放，不应混杂。

4）材料堆放处、库房、防水作业区应设置严禁烟火警告标志，同时必须配备消防器材。

5）施工现场动火作业必须取得动火许可证后方可进行施工作业。火焰加热器必须专人操作，定时保养，禁止带故障使用；在加油或更换气瓶时必须关火，禁止在防水层上操作，喷头点火时不得正面对人并远离油桶、气瓶、防水材料及其他易燃易爆材料。

6）不得直接在可燃类防水、保温材料上进行热熔或热粘法施工。

7）防水卷材热熔法铺贴、防水涂料热刮涂施工时，操作人员应穿戴防止烫伤的防护用具。不得在通风不畅的作业区进行热熔法施工。

8）不得在通风不畅的作业区进行热熔剂防水涂料施工。喷涂作业时，操作人员应配备工作服、护目镜、防护面具、乳胶手套等防护用品。

9）五级及以上大风时不得进行涂料喷涂作业。外墙防水工程严禁在雨天、雪天和五级风及其以上时施工；施工的环境气温宜为5℃ ~35℃。施工时应采取安全防护措施。

10）施工区域的垃圾应及时清理，并倾倒到指定位置。

3. 相关方

（1）施工现场的消防安全管理应由施工单位负责。实行施工总承包时，应由总承包单位负责。分包单位应向总承包单位负责，并应服从总承包单位的管理，同时应承担国家法律、法规规定的消防责任和义务。对建筑物进行局部改建、扩建和装修的工程，建设单位应当与施工单位在订立的合同中明确各方对施工现场的消防安全责任。

（2）施工单位应向施工人员进行消防安全教育和培训，并提供安全防护用具和安全防护服装，并书面告知危险岗位的操作规程和违章操作的危害。

（3）监理单位应对施工现场的消防安全管理实施监理。

（4）承担消防设施检查测试的单位应根据有关法规和消防技术规范规定，对建筑消防设施进行检查测试，并提交检查测试报告，检查测试报告除交建筑管理、使用单位外，要报消防监督部门备案。如检查测试不到位，致使消防设施失去作用造成后果的，要根据有关法规追究企业的法律责任。

（5）承担消防设施维修保养的单位应对消防设施出现的故障要及时修复，保证其正常运行；检查测试不得弄虚作假。如维修不到位，致使消防设施失去作用造成后果的，要根据有关法规追究企业的法律责任。

4.4.7 消防标志

4.4.7.1 适用文件

1.《消防安全标志设置要求》GB 15630－1995

2.《安全标志及其使用导则》GB 2894－2008

3.《疏散平面图设计原则与要求》GB/T 25894－2010

4.《北京市消防安全重点单位标准化管理操作手册》

5.《新疆建筑消防设施管理规范》DB65/T 3119－2010

6.《企业安全生产标准化基本规范》GB/T 33000－2016

4.4.7.2 工作要求

学校应当根据自身生产、经营性质、规模，分别设置消防安全布局、消防设施器材、消防安全疏散、消防安全警示提示、危险场所、消防安全重点部位等标识。消防标识应当醒目、美观，内容简练、准确。

1. 基本要求

（1）标识的构成

建筑消防设施标识由安全色、边框、图形符号或文字构成。

1）警示类标识应包含设置对象的名称和告知公众必须遵守的安全事项，必要时可以辅助简单易懂的图形符号。

2）识别类标识应包含设置对象的名称，可以辅助必要的图形符号和指向性标志。

3）提示类标识应包含设置对象的使用功能、使用方法、位置、应保持的状态等的简要说明，可以辅助必要的图形符号和指向性标志。

（2）标识的字体和颜色

1）标识应采用与背景颜色有明显反差的对比色。

2）识别类标识中的文字宜采用黄色底色，红色黑体字，图形符号采用红色，边框红色，用白色将边框周围勾 2mm 至 10mm 窄边作为标志的衬底色。没有边框时，则用外缘颜色的对比色作为标志的衬底色。

3）提示类标识中的文字宜采用红色底色，白色黑体字，图形符号采用白色，边框黄色，用白色将边框周围勾 2mm 至 10mm 窄边作为标志的衬底色，没有边框时，则用外缘颜色的对比色作为标志的衬底色。

4）警示类标识中的文字宜采用红色底色，白色黑体字，边框白色，用黄色将边框周围勾 2mm 至 10mm 窄边作为标志的衬底色，图形符号采用白色底色，黄色衬底色，图形符号的颜色应符合 GB 13495 的要求。

5）当图形符号和文字组合使用时，文字的底色应和图形符号的底色相一致。

6）识别类标识和警示类标识联合使用时，识别类标识的颜色宜和警示类标识的颜色保持一致；提示类标识和识别类标识联合使用时，提示类标识的颜色宜和识别类标识的颜色保持一致；三者同时使用时，宜采用警示类标识颜色。

（3）标识的尺寸

1）地面设置的标识尺寸根据实际需要确定，室外设置的界限标线宽度不宜小于100mm，室内设置的界线标线宽度不宜小于 50mm。

2）自动灭火系统的操作规程和流程图、安全疏散指示图和消防控制室的提示类标识的尺寸在保证清晰、醒目的前提下，根据设置地点面积合理确定。

3）建筑室内出入口处、防火门和墙面设置的标识尺寸不宜小于宽 160mm，高256mm 的长方形幅面。

4）设备、管道上设置的标识尺寸不宜小于宽 160mm，高 100mm 的长方形幅面。在保证清晰醒目的前提下，可根据设备、管道实际尺寸合理确定。

5）阀门设置的标识尺寸不宜小于宽 160mm，高 100mm 的长方形幅面。

6）室外消火栓、水泵接合器、阀门井等室外设置的标识尺寸应符合 GB 13495－1992 第 5.4 条的要求，不宜小于宽 400mm，高 250mm 的长方形幅面。

7）建筑内部设置的灯光疏散指示标志的尺寸应当由最大观察距离确定，测出所需的最大观察距离后，根据 GB 13495 附录 A 确定所需标志的大小。

8）标识的偏移距离、偏移角应当符合 GB 15630－1995 第 6.7 条的规定，对于超市、商场等受条件限制，无法满足设置要求的场所，应适当加大标志的尺寸以满足醒目度的要求。

（4）标识的材质

建筑消防设施的标识应用坚固耐用的材料制作，如金属板、塑料板、铝塑板等；有触电危险场所的标识应当使用绝缘材料制作；对于照明条件差的场合，标识可以用荧光材料制作，还可以加上适当照明；室外设置的标识应当采用不褪色的材料制作，有条件的可采用逆向反射材料制作。

（5）标识的参考式样

根据设置需要，警示类、提示类、识别类标识可单独使用，也可组合使用。在识别类标识远离指示物时，必须联用指示方向的提示类标识。标识组合方法应符合 GB 13495－1992 第 3.5.3、3.5.4、3.5.5、3.5.6、3.6.1、3.6.2、3.6.3、3.6.4、3.6.5、3.6.6、3.6.7 条的要求。

建筑消防设施的标识式样可参照表4.11－4.22执行。

2. 设置场所

消防安全重点单位和设有建筑自动消防设施的场所应当按照本标准设置建筑消防设施标识，其他单位参照本标准设置建筑消防设施标识。

3. 设置原则

（1）消防供配电设施

1）消防配电

a. 配电室的入口处应设置与其他房间区分的识别类和“非工勿入”警示类标识。

b. 消防设施配电柜（配电箱）应设置区别于其他设施配电柜（配电箱）的识别类标识；备用消防电源的配电柜（配电箱）应设置区别于主消防电源配电柜（配电箱）的识别类标识；不同消防设施的配电柜（配电箱）应有明显区分的识别类标识。

2）自备发电机房的入口处应设置与其他房间区分的识别类和“非工勿入”警示类标识。

（2）消防供水

1）消防水池

a. 消防水池应设置标明设计容量的识别类标识。

b. 供消防车取水的消防水池，取水口或取水井应设置永久性固定的识别类和“严禁埋压圈占消防设施”警示类标识。

c. 消防水池的补水、排水和消防泵吸水管道上的控制阀应设置提示类标识。

d. 消防水池分池设置时，连通管的阀门井应设置永久性固定的识别类和“严禁埋压圈占消防设施”警示类标识，连通管的控制阀应设置提示类标识。

2）消防水箱

a. 消防水箱间的入口处应设置与其他房间区分的识别类和“非工勿入”警示类标识。

b. 消防水箱应设置标明设计容量的识别类标识。

c. 消防水箱的补水、排水和消防出水管路的控制阀应设置提示类标识。

d. 消防水箱的补水、排水和消防出水管道应设置相互区分的识别类标识，并标明流向。

e. 多个消防水箱并联使用时，消防水箱之间的连通管的控制阀应设置提示类标识。

3）稳压泵、增压泵和气压水罐

a. 稳压泵、增压泵和气压水罐应设置区分所属系统、编号的识别类标识。

b. 稳压泵、增压泵和气压水罐的进出口控制阀应设置提示类标识。

c. 稳压泵、增压泵的控制柜应设置标明所属系统的识别类标识。

4）消防水泵

a. 消防水泵房入口处应设置与其他房间区分的识别类和“非工勿入”警示类标识。

b. 消防水泵应设置区分所属系统、区域和编号的识别类标识。

c. 消防水泵的进出口控制阀应设置提示类标识。

d. 消防水泵的控制柜应设置区分所属系统、区域的识别类标识，控制按钮应设置区别控制功能的标识。

e. 消防水泵出水管上回流管、试水管控制阀应设置区分所属系统的提示类标识。

5）水泵接合器

a. 水泵接合器的设置地点应设置区分所属系统和区域的识别类和“严禁埋压、圈占消防设施”警示类标识，地下消防水泵接合器应采用铸有“消防水泵接合器”标志的铸铁井盖。

b. 水泵接合器管路上的控制阀应设置提示类标识。

（3）消火栓

1）室内消火栓

a. 室内消火栓的门确需装修时，应设置识别类和“消防设施严禁圈占、遮挡”警示类标识。

b. 室内消火栓给水管道上的控制阀应设置提示类标识，给水管道应设置与其他系统区分的识别类标识，并标明流向。

2）室外消火栓

a. 室外消火栓的设置地点应设置永久性固定的识别类和“严禁埋压、圈占消防设施”警示类标识。

b. 室外消火栓给水管道的阀门井应设置永久性固定的识别类标识，给水管道上的控制阀应设置提示类标识。

（4）自动喷水灭火系统

1）报警阀组应设置区分系统类型和保护区域的识别类标识。

2）报警阀组的控制阀应设置提示类标识，当未采用信号阀时，应设置具有可靠锁定装置的控制阀。

3）连接水力警铃的管道上控制阀应设置提示类标识。

4）末端试水装置和试水阀的设置地点应设置识别类标识。

5）水流指示器前控制闸阀应设置提示类标识；当隐蔽设置时，设置地点应设置提示类标识。

（5）气体灭火系统

1）管网灭火系统

a. 储瓶间的入口处应设置与其他房间区分的识别类和“非工勿入”警示类标识。

b. 储瓶间室内墙面明显位置应设置系统工作流程图和操作规程等提示类标识。

c. 储瓶间灭火剂储存容器宜涂红色油漆，正面应设置标明灭火剂名称、类型和编号的识别类标识。

d. 选择阀应设置标明防护区或保护对象名称的永久性识别类标识。

气体驱动装置驱动气瓶上应设置标明驱动介质名称、对应防护区或保护对象名称的永久性识别类标识。

2）预制灭火系统

a. 预制灭火系统的机柜应设置和系统名称一致的识别类标识，并设置“消防设施严禁遮挡、移动”警示类标识。

b. 预制灭火系统的防护区墙面明显位置应设置系统工作流程图和操作规程等提示类标识。

3）气体灭火系统防护区的入口处应设置与采用的气体灭火系统灭火剂名称相一致的永久性识别类标识。

4）当设有气体灭火系统的场所配置有空气呼吸器时，空气呼吸器的存放地点应设置提示类标识。

（6）泡沫灭火系统

1）消防水池、消防水泵、泡沫消防泵、消防泵控制柜

消防水池、消防水泵、泡沫消防泵、消防泵控制柜的标识设置应符合 6.3.2.1、6.3.2.4 的要求。

2）泡沫液储罐

泡沫液储罐的罐体上应设置清晰注明泡沫灭火剂的型号、配比浓度、泡沫灭火剂的有效日期和储量的识别类标识。

3）泡沫混合液管道

a. 泡沫灭火系统的泡沫混合液管道应涂红色油漆，阀门井应设置识别类和“严禁埋压、圈占消防设施”警示类标识，控制阀应设置区分保护对象的提示类标识。

b. 半固定泡沫灭火系统防火堤外泡沫混合液管道控制阀门或消防车接口应设置区分保护对象的提示类标识。

4）泡沫消火栓

地下式泡沫消火栓应设置识别类和“严禁埋压、圈占消防设施”警示类标识，并应和消火栓有明显的区分。

5）泡沫灭火系统操作人员值班室或设置泡沫比例混合器的房间应当在墙面醒目位置设置系统操作规程和系统流程图等提示类标识。

（7）干粉灭火系统

1）干粉灭火系统的防护区的入口处应设置和灭火系统名称一致的永久性识别类标识。

2）干粉灭火系统的灭火剂储存装置间的入口处应设置和其他房间区分的识别类和“非工勿入”警示类标识。

3）组合分配系统中，选择阀上应设有标明防护区的识别类标识。

4）干粉灭火系统的所有手动启动装置应设置与对应的防护区或保护对象的名称相一致的识别类标识。

5）干粉灭火系统手动启动装置设置地点的醒目位置应设置系统操作规程和系统流程图等提示类标识。

6）干粉预制灭火装置机体应设置和系统名称一致的识别类标识，并设置“消防设施严禁遮挡、移动”警示类标识。

（8）灭火器

灭火器的设置地点宜设置提示类标识。

（9）火灾自动报警系统

1）消防控制室

a. 消防控制室的入口处应设置与其他房间区分的识别类和“非工勿入”警示类标识。

b. 消防控制室墙面明显位置应设置以下 10 种提示类标识。

——消防行政许可文书；

——控制室值班、操作人员上岗证；

——消防控制室管理及应急程序；
——自动消防设施操作流程图；
——灭火和应急疏散预案流程图；
——建筑消防设施平面布置图；
——建筑总平面布局图；
——消防安全重点部位示意图；
——消防安全组织结构图；
——消防设施设备管理表。

2）手动报警按钮

手动报警按钮的设置地点宜设置提示类标识。

3）未设消防控制室的场所，在火灾报警控制器设置部位的墙面明显位置应设置建筑消防设施平面布置图。

（10）防排烟系统

1）风机

风机房的入口处应设置与其他房间区分的识别类和“非工勿入”警示类标识。风机应设置注明系统名称和编号的识别类标识。

2）控制柜

风机的控制柜应设置注明系统名称和与对应风机相同编号的识别类标识，控制按钮应设置区别控制功能的标识。

3）正压送风口

送风口应设置注明系统名称的识别类和“消防设施严禁遮挡”的警示类标识。

4）电动排烟窗

电动排烟窗的控制柜和手动开启装置应当设置识别类标识。

（11）防火分隔设施

1）防火门

a. 常闭式防火门应当设置“常闭式防火门，请保持关闭”警示类标识。

b. 当防火门作为疏散用门时应当设置符合第（12）的标识。

2）防火卷帘

防火卷帘底部地面应当设置“防火卷帘下禁放物品”警示类标识。

(12) 安全疏散设施

1) 安全出口和疏散门

a. 安全出口和疏散门应当按照 GB 50016－2006 第 11.3.4 条、GB 50045－1995 第 9.2.3 条设置“安全出口”灯光疏散指示标志。

b. 人员密集场所生产、经营期间需要供人员疏散的门应当设置“安全出口，禁止锁闭”警示类标识。

c. 人员密集场所平时需要控制人员随意出入的疏散用门应当设置标明使用说明的“紧急出口”提示类标识。

2) 疏散走道

a. 疏散走道应当按照 GB 50016－2006 第 11.3.4、11.3.5 条，GB 50045－1995 第 9.2.4 条和 GB 13495－1992 第 3.2 条设置灯光疏散指示标志或蓄光疏散指示标志。

b. 商场（市场）疏散走道与营业区之间应在地面设置明显的界线标识。

3) 疏散楼梯间

疏散楼梯间每层平台应设置“禁止占用、堵塞楼梯间”的警示类标识，疏散楼梯间首层直通室外的疏散走道应设置“禁止占用、堵塞疏散通道”的警示类标识。

4) 消防电梯

消防电梯在每层应设置识别类标识。

5) 辅助疏散逃生设施

人员密集的公众建筑辅助疏散逃生设施设置地点应设置标明使用说明的提示类标识。

6) 安全疏散指示图

a. 在宾馆、大型餐饮场所、商场（市场）、医院、公众娱乐场所等各楼层的主要入口明显位置应设置安全疏散指示图，指示图上应标明疏散路线、安全出口、人员所在位置和必要的文字说明。

b. 宾馆客房、公众娱乐场所包厢的房间门后或附近醒目位置应设置安全疏散指示图。

(13) 消防车道

消防车道应设置明显的界限标识，并设置“消防车道禁止停放车辆”警示类标识。

(14) 消防登高车操作场地

消防登高车操作场地应设置明显的界限及禁停标识，并设置“消防登高车操作场地，其他车辆禁止停放”警示类标识。

4. 设置要求

（1）建筑消防设施标识应设在与消防安全有关的醒目位置，标识的正面或其邻近不得有妨碍视读的障碍物。

（2）除必须处，标识一般不应设置在可移动的物体上，也不应设置在经常被其他物体遮挡的地方。

（3）设置标识时，应避免出现标识内容相互矛盾、重复的现象。尽量用最少的标识把必需的信息表达清楚。

（4）消防安全标识设置应牢固，避免倒伏、移位、脱落，以保证其发挥应有的作用。

5. 设置方法

（1）建筑墙面设置的消防标识可以采用钉挂、粘贴、镶嵌等方式直接附着在建筑物的墙面。

（2）设备上设置的标识可以直接粘贴或采用吊杆、拉链等将标识悬挂在相应位置上。

（3）把标识固定在标志杆上时，应竖立于其指示消防设施附近。

（4）管道上的标识可直接用油漆喷涂在管道表面。

（5）地面设置的标识可以采取喷涂、粘贴或镶嵌的方式直接附着在地面。

6. 检查与维修

建筑消防设施标识应纳入日常防火巡查和检查的内容，至少每月组织全面检查一次，破损、松动、褪色、丢失应及时修整、更换或重新设置。

4.5 火灾隐患识别及整改

4.5.1 火灾隐患管理

4.5.1.1 适用文件

1.《机关、团体、企业、事业单位消防安全管理规定》

2.《高等学校消防安全管理规定》

3.《火灾隐患举报投诉中心工作规范 》GA/T 1338－2016

4.《消防监督检查规定》

5.《企业安全生产标准化基本规范》GB/T 33000－2016

4.5.1.2 工作要求

火灾隐患是指潜在的有直接引起火灾事故可能，或者火灾发生时能增加对人员、财产的危害，或者是影响人员疏散以及灭火救援的一切不安全因素。火灾隐患可分为一般火灾隐患和重大火灾隐患。

1. 对火灾隐患进行分析评估，确定隐患等级，登记建档。

（1）建设工程未依法经消防设计审核、消防验收或消防验收不合格，擅自施工或者投入使用的；建设工程未依法进行消防设计、竣工验收消防备案的。

（2）公众聚集场所未经消防机构消防安全检查或检查不合格，擅自投入使用、营业的。

（3）消防设施、器材、消防安全标志未保持完好、有效的。

（4）损坏、挪用或者擅自拆除、停用消防设施、器材的。

（5）占用、堵塞、封闭疏散通道、安全出口或者有其他妨碍安全疏散行为的。

（6）埋压、圈占、遮挡消火栓或者占用防火间距的，占用、堵塞、封闭消防车道的。

（7）人员密集场所在门窗设置影响逃生、灭火救援障碍物的。

（8）储存、经营易燃易爆危险品场所与居住场所设置在同一建筑物内，或者未与居住场所保持安全距离的。

（9）储存、经营其他物品的场所与居住场所设置在同一建筑物内，不符合消防技术标准的。

（10）在公共娱乐场所营业期间，进行电气焊等具有火灾危险的施工、维修作业的。

（11）人员密集场所使用不合格的消防产品的。

（12）其他火灾隐患或者违反消防安全法律、法规的行为。

（13）重大火灾隐患按照国家有关标准认定。

4.5.2 重大火灾隐患辨识

4.5.2.1 适用文件

1. 《机关、团体、企业、事业单位消防安全管理规定》
2. 《高等学校消防安全管理规定》
3. 《关于做好高等学校消防安全工作的通知》
4. 《重大火灾隐患判定方法》GB 35181－2017
5. 《企业安全生产标准化基本规范》GB/T 33000－2016

4.5.2.2 工作要求

1. 直接判定

（1）生产、储存、经营易燃易爆危险品的场所与人员密集场所、居住场所设置在同一建筑物内，或与人员密集场所、居住场所的防火间距小于国家工程建设消防技术标准规定值的75%。

（2）甲、乙类生产场所和仓库设置在建筑的地下室或半地下室。

（3）公共娱乐场所、商店、地下人员密集场所的安全出口数量不足或其总净宽度小于国家工程建设消防技术标准规定值的80%。

（4）旅馆、公共娱乐场所、商店、地下人员密集场所未按国家工程建设消防技术标准的规定设置自动喷水灭火系统或火灾自动报警系统。

（5）易燃可燃液体、可燃气体储罐（区）未按国家工程建设消防技术标准的规定设置固定灭火、冷却、可燃气体浓度报警、火灾报警设施。

（6）在人员密集场所违反消防安全规定使用、储存或销售易燃易爆危险品。

（7）托儿所、幼儿园的儿童用房以及老年人活动场所，所在楼层位置不符合国家工程建设消防技术标准的规定。

（8）人员密集场所的居住场所采用彩钢夹芯板搭建，且彩钢夹芯板芯材的燃烧性能等级低于 GB 8624 规定的 A 级。

2. 综合判定

符合下列条件应综合判定为重大火灾隐患：

1）人员密集场所存在安全疏散设施及灭火救援条件中第 1 条至第 9 条、防排烟设施、其他中的第 3 条规定的判定要素 3 条以上（含本数，下同）。

2）易燃、易爆危险品场所存在总平面布局第 1 条至第 3 条、消防给水及灭火设施的第 5 条和第 6 条规定的综合判定要素 3 条以上。

3）人员密集场所、易燃易爆危险品场所、重要场所存在以下规定的任意综合判定要素 4 条以上。

4）其他场所存在以下规定的任意综合判定要素 6 条以上。

（1）总平面布置

1）未按国家工程建设消防技术标准的规定或城市消防规划的要求设置消防车道或消防车道被堵塞、占用。

2）建筑之间的既有防火间距被占用或小于国家工程建设消防技术标准的规定值的80%。

3）在库房、商场中设置员工宿舍，或是在居住等民用建筑中从事生产、储存、经营等活动，且不符合 GA 703 的规定。

（2）防火分隔

1）原有防火分区被改变并导致实际防火分区的建筑面积大于国家工程建设消防技术标准规定值的 50%。

2）防火门、防火卷帘等防火分隔设施损坏的数量大于该防火分区相应防火分隔设施总数的 50%。

（3）安全疏散设施及灭火救援条件

1）建筑内的避难走道、避难间、避难层的设置不符合国家工程建设消防技术标准的规定，或避难走道、避难间、避难层被占用。

2）人员密集场所内疏散楼梯间的设置形式不符合国家工程建设消防技术标准的规定。

3）除公共娱乐场所、商店、地下人员密集场所外的其他场所或建筑物的安全出口数量或宽度不符合国家工程建设消防技术标准的规定，或既有安全出口被封堵。

4）按国家工程建设消防技术标准的规定，建筑物应设置独立的安全出口或疏散楼梯而未设置。

5）商店营业厅内的疏散距离大于国家工程建设消防技术标准规定值的 125%。

6）高层建筑和地下建筑未按国家工程建设消防技术标准的规定设置疏散指示标志、应急照明，或所设置设施的损坏率大于标准规定要求设置数量的 30%；其他建筑未按国家工程建设消防技术标准的规定设置疏散指示标志、应急照明，或所设置设施的损坏率大于标准规定要求设置数量的 50%。

7）设有人员密集场所的高层建筑的封闭楼梯间或防烟楼梯间的门的损坏率超过其设置总数的 20%，其他建筑的封闭楼梯间或防烟楼梯间的门的损坏率大于其设置总数的 50%。

8）人员密集场所内疏散走道、疏散楼梯间、前室的室内装修材料的燃烧性能不符合 GB 50222 的规定。

9）人员密集场所的疏散走道、楼梯间、疏散门或安全出口设置栅栏、卷帘门。

10）人员密集场所的外窗被封堵或被广告牌等遮挡。

11）高层建筑的消防车道、救援场地设置不符合要求或被占用，影响火灾扑救。

12）消防电梯无法正常运行。

（4）消防给水及灭火设施

1）未按国家工程建设消防技术标准的规定设置消防水源、储存泡沫液等灭火剂。

2）未按国家工程建设消防技术标准的规定设置室外消防给水系统，或已设置但不符合标准的规定或不能正常使用。

3）未按国家工程建设消防技术标准的规定设置室内消火栓系统，或已设置但不符合标准的规定或不能正常使用。

4）除旅馆、公共娱乐场所、商店、地下人员密集场所外，其他场所未按国家工程建设消防技术标准的规定设置自动喷水灭火系统。

5）未按国家工程建设消防技术标准的规定设置除自动喷水灭火系统外的其他固定灭火设施。

6）已设置的自动喷水灭火系统或其他固定灭火设施不能正常使用或运行。

（5）防排烟设施

人员密集场所、高层建筑和地下建筑未按国家工程建设消防技术标准的规定设置防烟、排烟设施，或已设置但不能正常使用或运行。

（6）消防供电

1）消防用电设备的供电负荷级别不符合国家工程建设消防技术标准的规定。

2）消防用电设备未按国家工程建设消防技术标准的规定采用专用的供电回路。

3）未按国家工程建设消防技术标准的规定设置消防用电设备末端自动切换装置，或已设置但不符合标准的规定或不能正常自动切换。

（7）火灾自动报警系统

1）除旅馆、公共娱乐场所、商店、其他地下人员密集场所以外的其他场所未按国家工程建设消防技术标准的规定设置火灾自动报警系统。

2）火灾自动报警系统不能正常运行。

3）防烟排烟系统、消防水泵以及其他自动消防设施不能正常联动控制

（8）消防安全管理

1）社会单位未按消防法律法规要求设置专职消防队。

2）消防控制室操作人员未按 GB 25506 的规定持证上岗

（9）其他

1）储存场所的建筑耐火等级与其储存物品的火灾危险性类别不相匹配，违反国家工程建设消防技术标准的规定。

2）储存、装卸易燃易爆危险品的场所或有粉尘爆炸危险场所未按规定设置防爆电气设备和泄压设施，或防爆电气设备和泄压设施失效。

3）违反国家工程建设消防技术标准的规定使用燃油、燃气设备，或燃油、燃气管

道铺设和紧急切断装置不符合标准规定。

4）违反国家工程建设消防技术标准的规定在可燃材料或可燃构件上直接敷设电气线路或安装电气设备，或采用不符合标准规定的消防配电线缆和其他供配电线缆。

5）违反国家工程建设消防技术标准的规定在人员密集场所使用易燃、可燃材料装修、装饰。

4.5.3 消防安全隐患检查

4.5.3.1 适用文件

1.《机关、团体、企业、事业单位消防安全管理规定》

2.《高等学校消防安全管理规定》

3.《关于做好高等学校消防安全工作的通知》

4.《企业安全生产标准化基本规范》GB/T 33000－2016

4.5.3.2 工作要求

制定消防安全隐患排查工作方案，明确隐患排查的范围、方法和要求等。

1. 学校每季度至少进行一次消防安全检查。检查的主要内容包括：

（1）消防安全宣传教育及培训情况。

（2）消防安全制度及责任制落实情况。

（3）消防安全工作档案建立健全情况。

（4）单位防火检查及每日防火巡查落实及记录情况。

（5）火灾隐患和隐患整改及防范措施落实情况。

（6）消防设施、器材配置及完好有效情况。

（7）灭火和应急疏散预案的制定和组织消防演练情况。

（8）其他需要检查的内容。

2. 学校消防安全检查应当填写检查记录，检查人员、被检查单位负责人或者相关人员应当在检查记录上签名，发现火灾隐患应当及时填发《火灾隐患整改通知书》。

3. 校内各单位每月至少进行一次防火检查。检查的主要内容包括：

（1）火灾隐患和隐患整改情况以及防范措施的落实情况。

（2）疏散通道、疏散指示标志、应急照明和安全出口情况。

（3）消防车通道、消防水源情况。

（4）消防设施、器材配置及有效情况。

（5）消防安全标志设置及其完好、有效情况。

（6）用火、用电有无违章情况。

（7）重点工种人员以及其他员工消防知识掌握情况。

（8）消防安全重点单位（部位）管理情况。

（9）易燃易爆危险物品和场所防火防爆措施落实情况以及其他重要物资防火安全情况。

（10）消防（控制室）值班情况和设施、设备运行、记录情况。

（11）防火巡查落实及记录情况。

（12）其他需要检查的内容。

防火检查应当填写检查记录。检查人员和被检查部门负责人应当在检查记录上签名。

4. 校内消防安全重点单位（部位）应当进行每日防火巡查，并确定巡查的人员、内容、部位和频次。其他单位可以根据需要组织防火巡查。巡查的内容主要包括：

（1）用火、用电有无违章情况。

（2）安全出口、疏散通道是否畅通，安全疏散指示标志、应急照明是否完好。

（3）消防设施、器材和消防安全标志是否在位、完整。

（4）常闭式防火门是否处于关闭状态，防火卷帘下是否堆放物品影响使用。

（5）消防安全重点部位的人员在岗情况。

（6）其他消防安全情况。

校医院、学生宿舍、公共教室、实验室、文物古建筑等应当加强夜间防火巡查；在学校内举办文艺、体育、集会、招生和就业咨询等大型活动和展览，主办单位应当确定专人负责消防安全工作，明确并落实消防安全职责和措施，保证消防设施和消防器材配置齐全、完好有效，保证疏散通道、安全出口、疏散指示标志、应急照明和消防车通道符合消防技术标准和管理规定，制定灭火和应急疏散预案并组织演练，并经学校消防机构对活动现场检查合格后方可举办。

防火巡查应当填写巡查记录，巡查人员及其主管人员应当在巡查记录上签名。

5. 对下列违反消防安全规定的行为，检查、巡查人员应当责成有关人员改正并督促落实：

（1）消防设施、器材或者消防安全标志的配置、设置不符合国家标准、行业标准，或者未保持完好有效的。

（2）损坏、挪用或者擅自拆除、停用消防设施、器材的。

（3）占用、堵塞、封闭消防通道、安全出口的。

（4）埋压、圈占、遮挡消火栓或者占用防火间距的。

（5）占用、堵塞、封闭消防车通道，妨碍消防车通行的。

（6）人员密集场所在门窗上设置影响逃生和灭火救援的障碍物的。

（7）常闭式防火门处于开启状态，防火卷帘下堆放物品影响使用的。

（8）违章进入易燃易爆危险物品生产、储存等场所的。

（9）违章使用明火作业或者在具有火灾、爆炸危险的场所吸烟、使用明火等违反禁令的。

（10）消防设施管理、值班人员和防火巡查人员脱岗的。

（11）对火灾隐患经公安机关消防机构通知后不及时采取措施消除的。

（12）其他违反消防安全管理规定的行为。

4.5.4 消防安全隐患整改

1. 防火巡查人员应当及时纠正消防违章行为，妥善处置火灾隐患，无法当场处置的，应当立即报告。发现初起火灾应当立即报警、通知人员疏散、及时扑救。

2. 学校对教育行政主管部门和消防机构指出的各类火灾隐患，应当及时予以核查、消除。对消防机构责令限期改正的火灾隐患，学校应当在规定的期限内整改。

3. 对不能及时消除的火灾隐患，隐患单位应当及时向学校及相关单位的消防安全责任人或者消防安全工作主管领导报告，提出整改方案，确定整改措施、期限以及负责整改的部门、人员，并落实整改资金。

火灾隐患尚未消除的，隐患单位应当落实防范措施，保障消防安全。对于随时可能引发火灾或者一旦发生火灾将严重危及人身安全的，应当将危险部位停止使用或停业整改。

4. 对于涉及城市规划布局等学校无力解决的重大火灾隐患，学校应当及时向其上级主管部门或者当地人民政府报告。

5. 火灾隐患整改完毕，整改单位应当将整改情况记录报送相应的消防安全工作责任人或者消防安全工作主管领导签字确认后存档备查。

4.6 应急管理

4.6.1 适用文件

1. 《生产安全事故应急预案管理办法》

2. 《消防应急救援作业规程 》GB/T 29179 - 2012

3. 《高等学校消防安全管理规定》

4.《关于做好高等学校消防安全工作的通知》

5.《企业安全生产标准化基本规范》GB/T 33000－2016

4.6.2 工作要求

1. 应急预案内容

应急预案的编制内容应包括单位的基本情况、应急组织机构、火情预想、报警和接警处置程序、初起火灾处置程序和措施、应急疏散的组织程序和措施、安全防护救护和通信联络的程序及措施、绘制灭火和应急疏散计划图、注意事项等。

（1）单位基本情况

单位基本情况包括单位基本概况和消防安全重点部位情况、消防设施、灭火器材情况、消防组织、志愿消防队人员及装备配置情况。消防安全重点单位应当将容易发生火灾或一旦发生火灾可能危及人身和财产安全以及对消防安全有重大影响的部位确定为消防安全重点部位。通过明确重点部位并分析其火灾危险，指导应急预案的制定和演练。

（2）应急组织机构

应急组织机构的设置应当结合本单位的实际情况、遵循归口管理，统一指挥，讲究效率、权责对等和灵活机动的原则。包括：火场指挥部、灭火行动组、疏散引导组、安全防护救护组、火灾现场警戒组、后勤保障组、机动组。

1）火场指挥部

火场指挥部确定总指挥、副总指挥成员，并承担以下职责：根据方便现场指挥、通信联络畅通、保证自身安全的原则，可将火场指挥部的地点设在起火部位附近或消防控制室、电话总机室；指挥协调各职能小组和志愿消防队开展工作，根据火情决定是否通知人员疏散并组织实施，及时控制和扑救火灾；消防队到达后，及时向指挥员报告火场内的有关情况，按照指挥员的统一部署，协调配合消防队开展灭火救援行动。

2）灭火行动组

灭火行动组由学校的志愿消防队员组成，可以进一步细化为灭火器材小组、水枪灭火小组、防火卷帘控制小组、物资疏散小组、抢险堵漏小组等。灭火行动组负责现场灭火、抢救被困人员、操作消防设施。

3）疏散引导组

疏散引导组负责引导人员疏散自救，确保人安全快速疏散。

4）安全防护救护组

安全防护救护组负责对受伤人员进行紧急救护，并视情转送医疗机构。

5）火灾现场警戒组

火灾现场警戒组负责控制各个出口，无关人员只许出不许进，火灾扑灭后保护现场。

6）后勤保障组

后勤保障组负责通讯联络、车辆调配、道路畅通、供电控制、水源保障等。

7）机动组

机动组受火场指挥部的指挥，负责增援行动。

（3）火情预想

火情预想即对学校可能发生的火灾做出的有根据、符合实际的预想，是制定应急预案的重要依据。要在调查研究、科学计划的基础上，从实际出发，根据火灾特点，使之切合实际，有较强的针对性。其内容如下：

1）重点部位和主要起火点。同一重点部位，可假设多个起火点。

2）起火物品及蔓延条件，燃烧面积（范围）和主要蔓延的方向。

3）可能造成的危害和影响（如可燃液体的燃烧，压力容器的爆炸，结构的倒塌，人员伤亡、被困情况等），以及火情发展变化趋势等。

（4）报警和接警处置程序

应急预案的编写，必须明确单位的报警方式、内容以及单位内部接警后的处置程序。

1）接警

以快捷方便为原则确定发现火灾后的报警方式，如口头报警、有线报警、无线报警等。报警的对象为“119”、学校值班领导、消防控制室等。报警时应说明以下情况：着火单位、着火部位、着火物质及有无人员被困、单位具体位置、报警电话号码、报警人姓名；同时，还要报告本单位值班领导和有关部门。

2）接警

单位领导接警后，启动应急预案，按预案确定内部报警的方式和疏散的范围，组织指挥初起火灾的扑救和人员疏散工作，安排力量做好警戒工作。有消防控制室的场所，值班员接到火情消息后，立即通知有关人员前往核实火情，火情确认后，立即报告消防队和值班负责人，通知灭火行动组人员前往着火地点。

(5) 初起火灾处置流程和措施

应急预案中需要明确火灾发生后，扑救初起火灾、引导人员疏散的基本程序、要求。

1）指挥部、各行动小组和志愿消防队集结，按照职责分工，进入相应位置开展灭火救援行动。

2）发现火灾时，起火部位现场员工应当与1min内形成灭火第一战斗力量，在第一时间采取如下措施：灭火器材、设施附近的员工利用现场灭火器、消火栓等器材、设施灭火；电话或火灾报警按钮附近的员工打“119”电话报警，报告消防控制室或单位值班人员；安全出口或通道附近的员工负责引导人员疏散。若火势扩大，单位应当于3min内形成灭火第二战斗力量，及时采取如下措施：通讯联络人员按照应急预案要求通知预案涉及的员工赶赴火场，向火场指挥员报告火灾情况，将火场指挥员的指令下达给有关员工；灭火行动组根据火灾情况利用本单位的消防器材、设施扑救火灾；疏散引导组按分工组织引导现场人员疏散；安全救护组负责协助抢救、护送受伤人员；现场警戒组阻止无关人员进入火场，维持火场秩序。

3）相关部位人员负责关闭空调系统和煤气总阀门，及时疏散易燃易爆危险品及其他重要物品。

(6) 应急疏散的组织程序和措施

1）疏散通报

火场指挥部根据火灾的发展情况，决定发出疏散通报。通报的次序是：着火层—着火层以上各层—有可能蔓延的着火层以下的楼层。

疏散通报采用以下方式：一是语音通报。可利用消防广播播放预先录制好的消防紧急广播录音带或由值班人员直接播报火情、介绍疏散路线及注意事项。语音通报应分别采用普通话和常用外语通报，并注意稳定人员的情绪。二是警铃通报。通过警铃发出紧急通告和疏散指令。

2）疏散引导

一是划定安全区。根据建筑特点和周围情况，事先划定供疏散人员集结的安全区域。二是明确责任人。在疏散通道上分段安排人员指明疏散方向，查看是否有人员滞留在应急疏散的区域内，统计人员数量，稳定人员情绪。三是及时变更修正。由于现场工作人员具有一定的流动性，在预案中担负灭火和疏散救援行动的人员变化后，要及时进行调整和补充。四是突出重点。应把疏散引导作为应急预案制定和演练的重点，加强疏散引导组的力量配备。

(7) 安全防护救护和通信联络的程序及措施

1) 建筑外围安全防护。清除路障，疏导车辆和围观群众，确保消防通道畅通；维护现场秩序，严防趁火打劫；引导消防车，协助消防车取水、灭火。

2) 建筑首层出入口安全防护。禁止无关人员进入起火建筑；对火场中疏散的物品进行规整并严加看管；指引消防人员进入起火部位。

3) 起火部位的安全防护。引导疏散人流，维护疏散秩序；阻止无关人员进入起火部位；防护好现场的消防器材、装备。

4) 在安全区及时对受伤人员进行救治，对于危重病人及时送往医院救治。

5) 利用电话、对讲机等建立有线、无线通信网络，确保火场信息传递畅通。

6) 火场指挥部、各行动组、各消防安全重点部位必须确定专人负责信息传递，保证火场指令得到及时传递、落实。

7) 安排专人在主要路口处接应消防车。

(8) 绘制灭火和应急疏散计划图

计划图有助于指挥部在救援过程中国对各小组的指挥和对事故的控制，应当力求详细准确，图文并茂，标注明确，直观明了。应针对假设部位制定灭火进攻和疏散路线平面图。平面图比例应正确，设备、物品、疏散通道、安全出口、灭火设施和器材分布位置应标记准确，假设部位及周围场所的名称应与实际相符。灭火进攻方向，灭火装备停放位置，消防水源，物资，人员疏散路线，物资位置，人员停留地点以及指挥员位置，图中应标识明确。

2. 应急演练

(1) 校内消防安全重点单位应当按照灭火和应急疏散预案每半年至少组织一次消防演练，并结合实际，不断完善预案。

(2) 消防演练应当设置明显标识并事先告知演练范围内的人员，避免意外事故发生。

3. 应急演练总结

演练总结可分为现场总结和事后总结。

(1) 现场总结

在演练的一个或所有阶段结束后，由演练总指挥、总策划、专家评估组长等在演练现场有针对性地进行讲评和总结。内容主要包括本阶段的演练目标、参演队伍及人员的表现、演练中暴露的问题、解决问题的办法等。

(2) 事后总结

在演练结束后，由文案组根据演练记录、演练评估报告、应急预案、现场总结等材料，对演练进行系统和全面的总结，并形成演练总结报告。演练参与单位也可对本单位的演练情况进行总结。

演练总结报告的内容包括：演练目的、时间、地点，参演单位和人员，演练方案概要，发现的问题与原因，经验和教训，以及改进有关工作的建议等。

4.7 事故管理

4.7.1 适用文件

1.《生产安全事故应急条例》

2.《生产安全事故报告和调查处理条例》

3.《高等学校消防安全管理规定》

4.《国务院办公厅关于立即开展消防安全大检查切实加强消防安全工作意见的紧急通知》

5.《关于做好高等学校消防安全工作的通知》

6.《企业安全生产标准化基本规范》GB/T 33000－2016

4.7.2 工作要求

1. 事故报告

报告事故应当包括事故发生单位的概况、事故发生的时间、地点以及事故现场情况、事故的简要经过、事故已经造成或者可能造成的伤亡人数和初步估计的直接经济损失、已经采取的措施和其他应当报告的情况。事故报告应当遵照完整性的原则，尽量能够全面地反映事故情况。

（1）事故发生单位概况

事故发生单位概况应当包括单位的全称、所处地理位置、单位负责人的基本情况等。

（2）事故发生的时间、地点以及事故现场情况

报告事故发生的时间应当具体，并尽量精确到分钟。报告事故发生的地点要准确，除事故发生的中心地点外，还应当报告事故所波及的区域。报告事故现场总体情况、现场的人员伤亡情况、设备设施的毁损情况以及事故发生前的现场情况。

（3）事故的简要经过

事故的简要经过是对事故全过程的简要描述。描述要前后衔接、脉络清晰、因果

相连。

(4) 人员伤亡和经济损失情况

对于人员伤亡情况的报告，应当遵守实事求是的原则，不做无根据的猜测，更不能隐瞒实际伤亡人数。对直接经济损失的初步估算，主要指事故所导致的建筑物的毁损、设备设施的损坏等。

(5) 已经采取的措施

已经采取的措施主要是指事故现场有关人员、事故单位责任人、已经接到事故报告的消防机构为减少损失、防止事故扩大和便于事故调查所采取的应急救援和现场保护等具体措施。

2. 事故处置及调查

发生火灾时，学校应当及时报警并立即启动应急预案，迅速扑救初起火灾，及时疏散人员。

事故发生后，有关单位和人员应妥善保护事故现场以及相关证据，任何单位和个人不得破坏事故现场、毁灭相关证据。因抢救人员、防止事故扩大以及疏导交通等原因，需要移动事故现场物件的，应当做出标志，绘制现场简图并做出书面记录，妥善保存现场重要痕迹、物证。

学校应当在火灾事故发生后两个小时内向所在地教育行政主管部门报告。较大以上火灾同时报教育部。

火灾扑灭后，事故单位应当保护现场并接受事故调查，协助公安机关消防机构调查火灾原因、统计火灾损失。未经公安机关消防机构同意，任何人不得擅自清理火灾现场。

要切实做到“四不放过”，即事故原因未查清不放过、责任人员未处理不放过、整改措施未落实不放过、有关人员未受到教育不放过。

3. 事故管理

学校应建立事故档案和管理台账。

4.8 持续改进

4.8.1 适用文件

1.《国务院关于加强和改进消防工作的意见中华人民共和国消防法》

2.《国务院办公厅关于印发消防工作考核办法的通知》

3.《企业安全生产标准化基本规范》GB/T 33000－2016

4.8.2 工作要求

1. 学校每年至少应对消防安全标准化管理体系的运行情况进行一次自评，验证各项制度措施的适宜性、充分性和有效性，检查消防安全管理目标、指标的完成情况。

2. 学校应根据消防安全生产标准化管理体系的自评结果和消防安全管理现状所反映的趋势，以及绩效评定情况，客观分析学校消防安全生产标准化管理体系的运行质量，及时调整完善相关制度文件和过程管控，持续改进，不断提高消防安全管理绩效。

5 高校消防安全标准化评定标准

5.1 基本要求

1. 本评定标准共8项考评类目、33项考评项目，详见表5.1。

表5.1 高校消防安全标准化考评表

项目	考评类目	满分	编号	考评项目
1	消防安全目标与职责	60	1	消防安全目标
			2	消防安全组织机构及人员
			3	消防安全责任制
			4	消防经费
2	消防法律法规与规章制度	90	1	消防法律法规及规章制度
			2	单位消防安全管理制度
			3	消防设施操作规程
			4	消防档案管理
3	消防安全教育培训	120	1	教育培训管理
			2	消防安全管理人员教育培训
			3	消防控制室值班人员
			4	微型消防站队员
			5	新上岗人员
			6	师生

（续表）

项目	考评类目	满分	编号	考评项目
4	现场消防安全管理	400	1	消防安全重点部位管理
			2	房屋内部改造流程
			3	建筑防火
			4	消防设施器材配置
			5	消防设施维护管理
			6	作业消防安全
			7	消防标志
5	火灾隐患识别及整改	200	1	火灾隐患管理
			2	重大火灾隐患辨识
			3	消防安全检查
			4	消防安全隐患整改
6	应急管理	50	1	应急预案
			2	应急演练
			3	应急演练总结
7	事故管理	40	1	事故报告
			2	事故调查与处理
			3	事故管理
8	持续改进	40	1	绩效评定
			2	持续改进
合计1000				

2．在本评定标准的“自评/评审描述”列中，应根据“考评内容”和“考评办法”的有关要求，针对高校实际情况，如实进行扣分点说明、描述，并在《自评扣分点及原因说明汇总表》（表5.3）中逐条列出。

3．本评定标准中累计扣分的，直到该考评内容分数扣完为止，不得出现负分。有需要追加扣分的，在该考评类目内进行扣分，也不得出现负分。

4．本评定标准实行计分制，满分为1000分。最终评审评分换算成百分制，最后得分采用四舍五入，取小数点后一位数。换算公式如下：

5．标准化等级分为一级、二级和三级，一级为最高。评定所对应的等级须同时满足评审评分和安全绩效等要求，取最低的等级来确定标准化等级（见表5.2）。考评分数高于60分的高校消防安全标准化达标。

表 5.2　高校消防安全标准化评定等级表

评定等级	评审得分
一级≥90	
二级≥75	
三级≥60	

5.2　评定细则

考评类目	考评项目	考评内容	标准分值	考评办法	自评/评审描述	空项	实际得分
1. 目标与职责	1.1　目标	建立学校年消防安全目标管理制度，明确目标与指标的制定、分解、实施、考核等环节内容。	2	无该项制度的，不得分；未以文件形式发布生效的，不得分；消防安全目标管理制度缺少制定、分解、实施、绩效考核等任一环节内容的，扣1分；未能明确相应环节的责任部门或责任人相应责任的，扣1分。			
		按照消防安全目标管理制度的规定，制定文件化的年度消防安全管理目标与指标。	2	无年度消防安全管理目标与指标的，不得分；消防安全管理目标与指标未以学校正式文件印发的，不得分。			
		根据各职能部门在消防安全管理中的职能，分解年度消防安全管理目标与指标，并制定实施计划和考核办法。	2	无年度消防安全管理目标与指标分解的，不得分；无实施计划或考核办法的，不得分；实施计划无针对性的，不得分；缺一个职能部门的指标实施计划或考核办法的，扣1分。			
		按照制度规定，对消防安全管理目标和指标实施计划的执行情况进行监测，并保存有关监测记录资料。	2	无消防安全管理目标与指标实施情况的检查或监测记录的，不得分；检查和监测不符合制度规定的，扣1分；检查和监测资料不齐全的，扣1分。			
		定期对消防安全管理目标的完成效果进行评估和考核，根据考核评估结果，及时调整消防安全管理目标和指标的实施计划。 评估结果、实施计划的调整、修改记录应形成文件并加以保存。	2	未定期进行效果评估和考核的，不得分；未及时调整实施计划的，不得分；调整后的目标与指标以及实施计划未以文件形式颁发的，扣1分；记录资料保存不齐全的，扣1分。			

（续表）

考评类目	考评项目	考评内容	标准分值	考评办法	自评/评审描述	空项	实际得分
1. 目标与职责	1.2 消防安全组织及人员配置	根据有关规定和学校实际，设立消防安全管理领导机构。	10	未设立的，不得分；未以文件形式任命的，扣1分；成员未包括主要负责人、部门负责人等相关人员的，扣1分。			
		消防安全管理领导机构每季度应至少召开一次安全专题会，协调解决消防安全问题。会议纪要中应有工作要求并保存。	5	未定期召开消防安全专题会的，不得分；无会议记录的，扣2分；未跟踪上次会议工作要求的落实情况的或未制订新的工作要求的，不得分；有未完成项且无整改措施的，每一项扣1分。			
	1.3 职责	按规定设置消防安全管理机构或配备专职（兼职）消防安全管理人员。	5	未设置或配备的，不得分；未以文件形式进行设置或任命的，不得分；设置或配备不符合规定的，每处扣1分；扣满4分的，追加扣除10分。			
		建立、健全消防安全责任制，并对落实情况进行考核。	10	未建立消防安全责任制的，不得分；未以文件形式发布生效的，不得分；每缺一个部门、岗位的责任制的，扣1分；责任制内容与岗位工作实际不相符的，每处扣1分；没有对消防安全责任制落实情况进行考核的，扣1分。			
		学校主要负责人应按照消防法律法规赋予的职责，全面负责消防安全管理工作，并履行消防义务。	5	主要负责人的消防管理职责不明确的，不得分；未按规定履行职责的，不得分，并追加扣除10分。			
		各级人员应掌握本岗位的消防安全管理职责。	5	未掌握岗位消防安全职责的，每人扣1分。			

（续表）

考评类目	考评项目	考评内容	标准分值	考评办法	自评/评审描述	空项	实际得分
1. 目标与职责	1.4 消防经费	建立消防安全费用提取和使用管理制度。	1	无该项制度或制度不全，不得分。			
		保证消防安全费用投入，专款专用，并建立消防安全费用使用台账。	2	未保证消防安全费用投入的，不得分；无消防安全费用使用台账的，不得分；台账不完整齐全的，扣1分。			
		制定并实施包含以下方面的消防安全费用的使用计划： (1) 完善、改造和维护消防安全设备设施； (2) 消防安全教育培训和配备个体防护装备； (3) 重大危险源监控、消防隐患排查和治理； (4) 消防设施及电气线路检测检验； (5) 应急救援器材、装备的配备及应急救援演练； (6) 消防安全标志； (7) 其他与消防安全直接相关的物品或者活动。	7	无该使用计划的，不得分；计划内容缺失的，每缺一个方面扣1分。			
小计			60	得分小计			
2. 消防法律法规与规章制度	2.1 法律法规、部门规章、标准规范	建立识别、获取、评审、更新消防安全法律法规、标准规范与其他要求的管理制度。	5	无该项制度的，不得分；缺少识别、获取、评审、更新等环节要求以及部门、人员职责等内容的，每缺少一项扣1分；未以文件形式发布生效的，扣2分。			

（续表）

考评类目	考评项目	考评内容	标准分值	考评办法	自评/评审描述	空项	实际得分
2. 消防法律法规与规章制度	2.1 法律法规、部门规章、标准规范	各职能部门应定期、及时识别和获取本部门适用的消防安全法律法规、标准规范与其他要求，向归口部门汇总，并发布清单。	5	未定期识别和获取的，不得分；不及时的，每次扣1分；每少一个职能部门定期识别和获取的，扣1分；未及时汇总的，扣1分；无清单的，不得分；每缺一个消防安全法律法规、标准规范与其他要求文本或电子版的，扣1分。			
		及时将识别和获取的消防安全法律法规、标准规范与其他要求融入学校消防安全管理制度中。	5	未及时融入的，每项扣2分；制度与消防安全法律法规与其他要求不符的，每项扣2分。			
		及时将适用的消防安全法律法规、标准规范与其他要求传达给从业人员，并进行相关培训和考核。	5	未传达的，不得分；未培训考核的，不得分；无培训考核记录的，不得分；缺少培训和考核的，每人次扣1分。			
	2.2 单位消防安全管理制度	按照相关规定建立和发布健全的消防安全管理规章制度，至少包含下列内容：消防安全责任制；消防安全教育、培训；防火检查、巡查；安全疏散设施管理；消防控制室值班制度；消防设施、器材维护管理；火灾隐患整改；用火、用电安全管理；易燃易爆危险物品和场所防火防爆；专职（志愿）消防队的组织管理；灭火和应急疏散预案演练；燃气和电气设备的检查和管理；消防安全工作考评和奖惩；其他必要的消防安全内容。	15	未以文件形式发布的，不得分；每缺一项制度，扣2分（其他考评内容中已有的不重复扣分）；制度内容不符合规定或与实际不符的，每项制度扣1分。			
		将消防管理规章制度发放到相关工作岗位，员工应掌握相关内容。	5	未发放的，扣2分；发放不到位的，每处扣1分；员工未掌握相关内容的，每人次扣1分。			

（续表）

考评类目	考评项目	考评内容	标准分值	考评办法	自评/评审描述	空项	实际得分
2. 消防法律法规与规章制度	2.3 操作规程	基于岗位风险辨识，编制完善、适用的岗位安全操作规程。	10	无岗位消防安全操作规程的，不得分；岗位操作规程不完善、不适用的，每缺一个扣2分；内容没有风险分析、评估和控制的，每个扣1分。			
		向员工下发岗位安全操作规程，员工应掌握相关内容。	5	未发放至岗位的，不得分；发放不到位的，每处扣1分；员工未掌握相关内容的，每人次扣1分。			
		员工操作要严格按照操作规程执行。	5	现场发现违反操作规程的，每人次扣1分。			
	2.4 消防档案管理	建立消防档案的管理制度，明确职责、流程、形式、权限及各类消防档案及保存要求等事项。	5	无该项制度的，不得分；未以文件形式发布的，不得分；未明确消防安全管理制度和操作规程编制、使用、评审、修订等责任部门/人员、流程、形式、权限等的，每处扣1分；未明确具体档案资料、保存周期、保存形式等的，每处扣1分。			
		对下列主要消防安全资料实行档案管理： 1. 消防安全基本情况： （1）单位基本概况和消防安全重点部位情况； （2）建筑物或者场所施工、使用或者开业前的消防设计审核、消防验收以及消防安全检查的文件、资料； （3）消防管理组织机构和各级消防安全责任人； （4）消防安全制度； （5）消防设施、灭火器材情况；					

（续表）

考评类目	考评项目	考评内容	标准分值	考评办法	自评/评审描述	空项	实际得分
2. 消防法律法规与规章制度	2.4 消防档案管理	(6) 专职消防队、义务消防队人员及其消防装备配备情况； (7) 与消防安全有关的重点工种人员情况； (8) 新增消防产品、防火材料的合格证明材料； (9) 灭火和应急疏散预案。 2. 消防安全管理情况应当包括以下内容： (1) 公安消防机构填发的各种法律文书； (2) 消防设施定期检查记录、自动消防设施全面检查测试的报告以及维修保养的记录； (3) 火灾隐患及其整改情况记录； (4) 防火检查、巡查记录； (5) 有关燃气、电气设备检测（包括防雷、防静电）等记录资料； (6) 消防安全培训记录； (7) 灭火和应急疏散预案的演练记录； (8) 火灾情况记录； (9) 消防奖惩情况记录。	15	未实行档案管理的，不得分；档案管理不规范的，扣2分；每缺少一类档案，扣1分。			
		每年至少一次对消防安全管理法律法规、标准规范、规章制度、操作规程的执行情况和适用情况进行检查、评估。	5	未进行检查、评估的，不得分；无评估报告的，不得分；评估报告每缺少一个方面内容的，扣1分；评估结果与实际不符的，扣2分。			
		根据评估情况、安全检查反馈的问题、生产安全事故案例、绩效评定结果等，对安全生产管理规章制度和操作规程进行修订，确保其有效和适用。	5	应组织修订而未组织进行的，不得分；该修订而未修订的，每项扣1分；无记录资料的，扣5分。			
小计			90	得分小计			

（续表）

考评类目	考评项目	考评内容	标准分值	考评办法	自评/评审描述	空项	实际得分
3. 消防安全教育培训	3.1 教育培训管理	建立消防安全教育培训的管理制度。	5	无制度的，不得分；未以文件形式发布的，不得分；制度中每缺少一类培训规定的，扣1分；培训要求不符合《机关、团体、企业、事业单位消防安全管理规定》《高等学校消防安全管理规定》《社会消防安全教育培训规定》《北京市微型消防站标准化建设细则（试行）》等有关规定的，每处扣1分。			
		确定消防安全教育培训主管部门，定期识别消防安全教育培训需求，制定各类人员的培训计划。	10	未明确主管部门的，不得分；未定期识别需求的，扣1分；识别不充分的，扣1分；无培训计划的，不得分；培训计划中每缺一类培训的，扣1分。			
		按计划进行消防安全教育培训，对安全培训效果进行评估和改进。做好培训记录，并建立档案。	10	未按计划进行培训的，每次扣2分；记录不完整的，每缺一项扣1分；未进行效果评估的，每次扣1分；未根据评估作出改进的，每次扣1分；未实行档案管理的，扣10分；档案资料不完整的，每个扣1分。			
	3.2 消防安全管理人员教育培训	消防安全管理人员，必须具备相应的消防安全知识和管理能力，并应按规定进行再培训。每学年不少于一次。	20	消防安全管理人员未按有关规定进行再培训的，扣2分；安全管理人员未经培训考核合格或未按有关规定进行再培训的，每人次扣2分。			
	3.3 消防控制室值班人员	消防控制室值班人员，必须具备相应的消防安全知识和管理能力，持证上岗，并应按规定进行再培训。每学年不少于一次	15	消防控制室值班人员未按有关规定进行再培训的，扣2分；值班人员未经培训考核合格或未持证上岗，每人次扣2分。			

（续表）

考评类目	考评项目	考评内容	标准分值	考评办法	自评/评审描述	空项	实际得分
3. 消防安全教育培训	3.4 微型消防站队员	微型消防站队员，必须具备相应的消防安全知识和消防技能，并应按规定进行再培训。微型消防站应制定业务训练计划，组织人员开展体能、消防技能等日常业务训练，并每年至少参加一次由属地消防中队组织的消防专业培训，不断提高消防业务水平和能力。	15	微型消防站人员未按有关规定进行再培训的，扣2分；未经培训考核合格，每人次扣2分未参加；消防中队组织的消防专业培训，扣10分。			
	3.5 新上岗人员	对新入职、转岗、离岗的人员进行岗位消防安全教育和消防技能培训，考核不合格的人员，不得上岗。	15	未经培训考核合格就上岗的，每人次扣2分；未按规定对转岗、离岗者进行培训考核合格就上岗的，每人次扣2分。			
	3.6 师生	学校应当采取下列措施对师生进行消防安全教育，使其了解防火、灭火知识，掌握报警、扑救初起火灾和自救、逃生方法。每学年不少于1次。	30	未按计划进行培训的，不得分；记录不完整的，每缺一项扣1分；未进行效果评估的，每次扣1分。			
小计			120	得分小计			
4. 现场管理	4.1 消防安全重点部位管理	学校应当明确学校消防安全重点部位，并设置防火标志。	30	未确定消防安全重点部位，不得分；未设置防火标志，每处扣1分。			
	4.2 内部改造流程	应按照相关标准规定进行施工图检查申报、建设工程消防验收、竣工验收消防备案及抽查工作。	40	查阅资料，未按照相关标准进行内部改造，每处扣5分。			

（续表）

考评类目	考评项目	考评内容	标准分值	考评办法	自评/评审描述	空项	实际得分
4. 现场管理	4.3 建筑防火	建筑防火应符合以下要求： （1）消防车通道保持畅通； （2）防火分区设置符合规范要求并保持完整； （3）防烟分区设置符合规范要求并保持完整； （4）竖向管井、管线穿越楼板及隔墙处应进行防火封堵； （5）建筑外保温材料使用可燃、易燃材料； （6）安全出口、疏散走道、前室、疏散楼梯等疏散通道保持畅通； （7）存放和使用甲、乙类火灾危险性物品的储藏间严禁附设在民用建筑内。	50	查阅资料和现场检查相结合，现场不符合要求的，每一处扣5分。			
	4.4 消防设施器材配置	是否按照国家标准规范设置火灾自动报 （1）下列建筑或场所应设置火灾自动报警系统： 1）任一层建筑面积大于1500m^{2}或总建筑面积大于3000m^{2}的商店、展览等类似用途的建筑，总建筑面积大于500m^{2}的地下或半地下商店； 2）图书或文物的珍藏库，每座藏书超过50万册的图书馆，重要的档案馆； 3）特等、甲等剧场，座位数超过1500个的其他等级的剧场，座位数超过2000个的会堂或礼堂，座位数超过3000个的体育馆；	80	查阅资料和现场检查相结合，现场不符合要求的，每一处扣5分。			

（续表）

考评类目	考评项目	考评内容	标准分值	考评办法	自评/评审描述	空项	实际得分
4. 现场管理	4.4 消防设施器材配置	4）任一层建筑面积大于 $1500m^2$ 或总建筑面积大于 $3000m^2$ 的旅馆建筑，不少于200床位的医院门诊楼、病房楼和手术部等； 5）净高大于2.6m且可燃物较多的技术夹层，净高大于0.8m且有可燃物的闷顶或吊顶内； 6）电子信息系统的主机房及其控制室、记录介质库，特殊贵重或火灾危险性大的机器、仪表、仪器设备室、贵重物品库房； 7）二类高层公共建筑内建筑面积大于 $50m^2$ 的可燃物品库房和建筑面积大于 $500m^2$ 的营业厅； 8）其他一类高层公共建筑； 9）设置机械排烟、防烟系统、雨淋或预作用自动喷水灭火系统、固定消防水炮灭火系统、气体灭火系统等需与火灾自动报警系统连锁动作的场所或部位； 10）建筑内可能散发可燃气体、可燃蒸气的场所应设置可燃气体报警装置。 （2）下列建筑或场所应设置室内消火栓系统： 1）高层公共建筑； 2）体积大于 $5000m^3$ 的展览建筑、商店建筑、旅馆建筑、医疗建筑和图书馆建筑等单、多层建筑；	80	查阅资料和现场检查相结合，现场不符合要求的，每一处扣5分。			

（续表）

考评类目	考评项目	考评内容	标准分值	考评办法	自评/评审描述	空项	实际得分
4. 现场管理	4.4 消防设施器材配置	3）特等、甲等剧场，超过800个座位的其他等级的剧场等以及超过1200个座位的礼堂、体育馆等单、多层建筑； 4）建筑高度大于15m或体积大于10000m^3的办公建筑、教学建筑和其他单、多层民用建筑。 （3）下列场所应设置自动灭火系统，并宜采用自动喷水灭火系统： 1）一类高层公共建筑（除游泳池、溜冰场外）及其地下、半地下室； 2）二类高层公共建筑及其地下、半地下室的公共活动用房、走道、办公室和旅馆的客房、可燃物品库房、自动扶梯底部； 3）特等、甲等剧场，超过1500个座位的其他等级的剧场，超过2000个座位的会堂或礼堂，超过3000个座位的体育馆，超过5000人的体育场的室内人员休息室与器材间等； 4）任一层建筑面积大于1500m^2或总建筑面积大于3000m^2的展览、商店、餐饮和旅馆建筑以及医院中同样建筑规模的病房楼、门诊楼和手术部； 5）设置送回风道（管）的集中空气调节系统且总建筑面积大于3000m^2的办公建筑等； 6）藏书量超过50万册的图书馆；	80	查阅资料和现场检查相结合，现场不符合要求的，每一处扣5分。			

（续表）

考评类目	考评项目	考评内容	标准分值	考评办法	自评/评审描述	空项	实际得分
4. 现场管理	4.4 消防设施器材配置	7）总建筑面积大于 $500m^2$ 的地下或半地下商店； （4）建筑的下列场所或部位应设置防烟设施： 1）防烟楼梯间及其前室； 2）消防电梯间前室或合用前室； 3）避难走道的前室、避难层（间）。 备注：建筑高度不大于50m的公共建筑当其防烟楼梯间的前室或合用前室符合下列条件之一时，楼梯间可不设置防烟系统： 1）前室或合用前室采用敞开的阳台、凹廊； 2）前室或合用前室具有不同朝向的可开启外窗，且可开启外窗的面积满足自然排烟口的面积要求。 （5）下列场所或部位应设置排烟设施： 1）中庭； 2）公共建筑内建筑面积大于 $100m^2$ 且经常有人停留的地上房间； 3）公共建筑内建筑面积大于 $300m^2$ 且可燃物较多的地上房间； 4）建筑内长度大于20m的疏散走道； 5）地下或半地下建筑（室）、地上建筑内的无窗房间，当总建筑面积大于 $200m^2$ 或一个房间建筑面积大于 $50m^2$，且经常有人停留或可燃物较多时，应设置排烟设施。	80	查阅资料和现场检查相结合，现场不符合要求的，每一处扣5分。			

（续表）

考评类目	考评项目	考评内容	标准分值	考评办法	自评/评审描述	空项	实际得分
4. 现场管理	4.4 消防设施器材配置	(6) 民用建筑下列部位应设置疏散照明： 1) 封闭楼梯间、防烟楼梯间及其前室、消防电梯间的前室或合用前室、避难走道、避难层（间）； 2) 观众厅、展览厅、多功能厅和建筑面积大于200m^2 的营业厅、餐厅等人员密集的场所； 3) 建筑面积大于100m^2 的地下或半地下公共活动场所； 4) 公共建筑内的疏散走道； (7) 灭火器设置要求如下： 1) A类火灾场所应选择水型灭火器、磷酸铵盐干粉灭火器、泡沫灭火器或卤代烷灭火器； 2) B类火灾场所应选择泡沫灭火器、碳酸氢钠干粉灭火器、磷酸铵盐干粉灭火器、二氧化碳灭火器、灭B类火灾的水型灭火器或卤代烷灭火器； 极性溶剂的B类火灾场所应选择灭B类火灾的抗溶性灭火器； 3) C类火灾场所应选择磷酸铵盐干粉灭火器、碳酸氢钠干粉灭火器、二氧化碳灭火器或卤代烷灭火器； 4) D类火灾场所应选择扑灭金属火灾的专用灭火器； 5) E类火灾场所应选择磷酸铵盐干粉灭火器、碳酸氢钠干粉灭火器、卤代烷灭火器或二氧化碳灭火器，但不得选用装有金属喇叭喷筒的二氧化碳灭火器。 (8) 微型消防站应按照相关要求配置器材	80	查阅资料和现场检查相结合，现场不符合要求的，每一处扣5分。			

（续表）

考评类目	考评项目	考评内容	标准分值	考评办法	自评/评审描述	空项	实际得分
4. 现场管理	4.5 消防设施维护管理	建立消防设施值班、巡查、检测、维保、报废等管理制度。	10	无该项制度的，不得分；缺少内容或操作性差的，扣1分。			
		建立消防设备设施维护管理台账，制定维护管理计划。	10	无台账或维护管理计划的，不得分；资料不齐全的，每次（项）扣1分。			
		1. 实行每日24h值班制度，值班人员应通过消防行业特有工种职业技能鉴定，持有初级技能以上等级的职业资格证书。 2. 每班工作时间应不大于8h，每班人员应不少于2人，值班人员对火灾报警控制器进行日检查、接班、交班时、应填写《消防控制室值班记录表》的相关内容。值班期间每2h记录一次消防控制室内消防设备的运行情况，及时记录消防控制室内消防设备的火警或故障情况。 3. 正常工作状态下，不应将自动喷水灭火系统、防烟排烟系统和联动控制的防火卷帘等防火分隔设施设置在手动控制状态，其他消防设施及相关设备如设置在手动状态时，应有在火灾情况下迅速将手动控制转换为自动控制的可靠措施。	40	查阅资料和现场检查相结合，现场不符合要求的，每一处扣5分。			
		1. 从事建筑消防设施巡查的人员，应通过消防行业特有工种职业技能鉴定，持有初级技能以上等级的职业资格证书。 2. 建筑消防设施巡查应明确各类建筑消防设施的巡查部位、频次和内容。巡查时应填写《建筑消防设施巡查记录表》。巡查时发现故障，应按维修要求处理。 3. 消防安全重点单位，每日巡查一次。	40	查阅资料和现场检查相结合，现场不符合要求的，每一处扣5分。			

（续表）

考评类目	考评项目	考评内容	标准分值	考评办法	自评/评审描述	空项	实际得分
4. 现场管理	4.5 消防设施维护管理	1. 应对建筑消防设施每年至少进行1次全面检测，确保完好有效；不具备检测条件的应委托具备相应资质的检测机构进行检测，并保存检测记录。 2. 从事建筑消防设施检测的人员，应当通过消防行业特有工种职业技能鉴定，持有高级技能以上等级职业资格证书。 3. 建筑消防设施检测应按GA 503的要求进行，并如实填写《建筑消防设施检测记录表》的相关内容。	30	查阅资料和现场检查相结合，现场不符合要求的，每一处扣5分。			
		1. 从事建筑消防设施维修的人员，应当通过消防行业特有工种职业技能鉴定，持有技师以上等级职业资格证书。 2. 值班、巡查、检测、灭火演练中发现建筑消防设施存在问题和故障的，相关人员应填写《建筑消防设施故障维修记录表》，并向单位消防安全管理人报告。 3. 单位消防安全管理人对建筑消防设施存在的问题和故障，应立即通知维修人员进行维修，维修期间，应采取确保消防安全的有效措施。故障排除后应进行相应功能试验并经单位消防安全管理人检查确认。维修情况应记入《建筑消防设施故障维修记录表》。 4. 建筑消防设施维护保养应制定计划、列明消防设施的名称、维护保养的内容和周期。	40	查阅资料和现场检查相结合，现场不符合要求的，每一处扣5分。			

（续表）

考评类目	考评项目	考评内容	标准分值	考评办法	自评/评审描述	空项	实际得分
4. 现场管理	4.5 消防设施维护管理	5. 从事建筑消防设施保养的人员，应通过消防行业特有工种职业技能鉴定，持有高级技能以上等 级职业资格证书。 6. 凡依法需要计量检定的建筑消防设施所用称重、测压、测流量等计量仪器仪表以及泄压阀、安全 阀等，应按有关规定进行定期校验并提供有效证明文件。单位应储备一定数量的建筑消防设施易损件或与有关产品厂家、供应商签订相关合同，以保证供应。 7. 实施建筑消防设施的维护保养时，应填写《建筑消防设施维护保养记录表》并进行相应功能试验。	40	查阅资料和现场检查相结合，现场不符合要求的，每一处扣5分。			
		产品使用或管理单位应建立并保持产品报废处理程序，做好报废处理记录。	10	未按规定进行报废或拆除的，不得分；资料保存不完整的，每项扣1分。			
	4.6 作业安全	作业环境和作业条件应符合下列要求： （1）落实可燃物及易燃易爆危险品管理制度； （2）落实动火作业的防火措施； （3）用火、用电、用气不存在违章操作，电、气焊及保温防水施工严格按照操作规程执行； （4）临时消防设施完好有效； （5）临时消防车道及临时疏散设施畅通； （6）施工现场严禁吸烟。	10	查阅资料和现场检查相结合，现场不符合要求的，每一处扣2分。			

（续表）

考评类目	考评项目	考评内容	标准分值	考评办法	自评/评审描述	空项	实际得分
4. 现场管理	4.6 作业安全	对动火作业进行专项管理。	10	没有专人进行现场安全管理或现场管理不到位每次扣2分；不遵守安全规程和安全措施每次扣2分；未持证上岗作业，全扣。			
		对临时用电作业进行专项管理。	10	没有专人进行现场安全管理或现场管理不到位每次扣2分；不遵守安全规程和安全措施每次扣2分；未持证上岗作业，全扣。			
		对用气作业进行专项管理。	10	没有专人进行现场安全管理或现场管理不到位每次扣2分；不遵守安全规程和安全措施每次扣2分；未持证上岗作业，全扣。			
		对防水作业进行专项管理。	10	没有专人进行现场安全管理或现场管理不到位每次扣2分；不遵守安全规程和安全措施每次扣2分；未持证上岗作业，全扣。			
		学校应当与各相对方签订专门的消防安全管理协议，约定各自的消防安全管理职责。	10	查阅资料，双方没有签订专门的消防安全管理协议，或者在承包合同、租赁合同中没有约定各自的消防安全管理职责的，每缺一份扣2分。			
		学校应定期或不定期对承包单位、承租单位进行安全检查，发现隐患督促整改。	10	查阅学校检查记录或隐患建档，没有开展工作和没有任何记录的扣5分；只开展了部分工作的，扣2分。			

（续表）

考评类目	考评项目	考评内容	标准分值	考评办法	自评/评审描述	空项	实际得分
4. 现场管理	4.7 消防标志	建立消防警示标志管理制度。	5	无该项制度的，不得分。			
		学校应当根据自身生产、经营性质、规模，分别设置消防安全布局、消防设施器材、消防安全疏散、消防安全警示提示、危险场所、消防安全重点部位等标识。消防标识应当醒目、美观，内容简练、准确。	25	不符合规定的，每处扣1分。			
小计			400	得分小计			
5. 火灾隐患识别及整改	5.1 隐患排查	建立消防安全隐患排查治理的管理制度，明确部门、人员的责任。	5	无该项制度的，不得分；制度与有关规定不符的，扣1分。			
		制定消防安全隐患排查工作方案，明确排查的目的、范围、方法和要求等。	5	无该方案的，不得分；方案不正确的，每项扣1分；方案内容缺项的，每项扣1分。			
		按照方案进行隐患排查工作。	10	未按方案排查的，不得分；有未排查出来的隐患的，每处扣1分；排查人员不能胜任的，每人次扣2分；未进行汇总总结的，扣2分。			
		对消防安全隐患进行分析评估，确定隐患等级，登记建档。	10	无隐患汇总登记台账的，不得分；无隐患评估分级的，不得分；隐患登记档案资料不全的，每处扣1分。			

（续表）

考评类目	考评项目	考评内容	标准分值	考评办法	自评/评审描述	空项	实际得分
5. 火灾隐患识别及整改	5.2 重大火灾隐患辨识	建立重大危险源的管理制度，明确辨识与评估的职责、方法、范围、流程、控制原则、回顾、持续改进等。	5	无该项制度的，不得分；制度中每缺少一项内容要求的，扣1分。			
		按规定对学校进行重大危险源辨识、评估，确定重大危险源。	20	未进行辨识和评估的，不得分；未按规定进行的，不得分；未明确重大危险源的，不得分。			
		对确认的重大危险源及时登记建档。	5	无档案资料的，不得分；档案资料不全的，每处扣1分。			
		对重大危险源采取措施进行监控，包括技术措施（设计、建设、运行、维护、检查、检验等）和组织措施（职责明确、人员培训、防护器具配置、作业要求等）。	10	未监控的，不得分；有重大隐患或带病运行，严重危及安全生产的，除本分值扣完后外，追加扣除15分；监控技术措施和组织措施不全的，每项扣1分。			
		在重大危险源现场设置明显的消防安全警示标志和危险源点警示牌（内容包含名称、地点、责任人员、事故模式、控制措施等）。	5	无消防安全警示标志的，每处扣1分；内容不全的，每处扣1分；警示标志污损或不明显的，每处扣1分。			
		相关人员应按规定对重大危险源进行检查，并做好记录。	5	未按规定进行检查的，不得分；检查未签字的，每次扣1分；检查结果与实际状态不符的，每处扣1分。			
	5.3 消防安全隐患检查	学校每季度至少进行一次消防安全检查；学校消防安全检查应当填写检查记录，检查人员、被检查单位负责人或者相关人员应当在检查记录上签名，发现火灾隐患应当及时填发《火灾隐患整改通知书》。	20	未按照规定进行检查，不得分，检查缺少一次，扣5分；未制定检查表的，扣5分；检查表制定和使用不全的，每个扣2分；检查表针对性不强的，每一个扣2分；检查表无人签字或签字不全的，每次扣2分。			

（续表）

考评类目	考评项目	考评内容	标准分值	考评办法	自评/评审描述	空项	实际得分
5. 火灾隐患识别及整改	5.3 消防安全隐患检查	校内各单位每月至少进行一次防火检查。校内各单位防火检查应当填写检查记录。检查人员和被检查部门负责人应当在检查记录上签名。	20	未按照规定进行检查，不得分，检查缺少一次，扣5分；未制定检查表的，扣5分；检查表制定和使用不全的，每个扣2分；检查表针对性不强的，每一个扣2分；检查表无人签字或签字不全的，每次扣2分。			
		校内消防安全重点单位（部位）应当进行每日防火巡查，并确定巡查的人员、内容、部位和频次。其他单位可以根据需要组织防火巡查。校医院、学生宿舍、公共教室、实验室、文物古建筑等应当加强夜间防火巡查； 校内消防安全重点单位（部位）防火巡查应当填写巡查记录，巡查人员及其主管人员应当在巡查记录上签名。	20	未按照规定进行检查，不得分；未制定检查表的，扣5分；检查表制定和使用不全的，每个扣2分；检查表针对性不强的，每一个扣2分；检查表无人签字或签字不全的，每次扣2分。			
		学校消防机构应对在学校内举办文艺、体育、集会、招生和就业咨询等大型活动和展览进行检查； 校内各单位防火检查应当填写检查记录。检查人员和被检查部门负责人应当在检查记录上签名。	15	未按照规定进行检查，不得分；未制定检查表的，扣5分；检查表制定和使用不全的，每个扣2分；检查表针对性不强的，每一个扣2分；检查表无人签字或签字不全的，每次扣2分。			

（续表）

考评类目	考评项目	考评内容	标准分值	考评办法	自评/评审描述	空项	实际得分
5. 火灾隐患识别及整改	5.4 消防安全隐患整改	学校对各类火灾隐患，应当及时予以核查、消除。对消防机构责令限期改正的火灾隐患，学校应当在规定的期限内整改。 对不能及时消除的火灾隐患，隐患单位应当及时向学校及相关单位的消防安全责任人或者消防安全工作主管领导报告，提出整改方案，确定整改措施、期限以及负责整改的部门、人员，并落实整改资金。 火灾隐患尚未消除的，隐患单位应当落实防范措施，保障消防安全。 对于随时可能引发火灾或者一旦发生火灾将严重危及人身安全的，应当将危险部位停止使用或停业整改。	30	整改不及时的，每处扣2分；需制定方案而未制定的，扣10分；方案内容不全的，每缺一项扣1分；每项隐患整改措施针对性不强的，扣1分；重大事故隐患未采取临时措施和制定应急预案的，扣10分。			
		在隐患治理完成后对治理情况进行验证和效果评估。	10	未进行验证或效果评估的，每项扣1分。			
		按规定对隐患排查和治理情况进行统计分析，形成历史台账，并向学校报送。	5	无统计分析表的，不得分；未及时报送的，不得分。			
小计			200	得分小计			
6. 应急管理	6.1 应急预案	应急预案的编制内容应包括单位的基本情况、应急组织机构、火情预想、报警和接警处置程序、初起火灾处置程序和措施、应急疏散的组织程序和措施、安全防护救护和通信联络的程序及措施、绘制灭火和应急疏散计划图、注意事项等。	10	无应急预案的，不得分；应急预案的格式和内容不符合有关规定的，不得分；应急预案内容缺失，每处扣1分；有关人员不熟悉应急预案和应急处置方案或措施的，每人次扣1分。			

（续表）

考评类目	考评项目	考评内容	标准分值	考评办法	自评/评审描述	空项	实际得分
6. 应急管理	6.1 应急预案	定期评审应急预案，并进行修订和完善。	5	未定期评审或无相关记录的，不得分；未及时修订的，不得分；未根据评审结果或实际情况的变化修订的，每缺一项，扣1分；修订后未正式发布或培训的，扣1分。			
	6.2 应急演练	按规定组织火灾事故应急演练。校内消防安全重点单位应当按照灭火和应急疏散预案每半年至少组织一次消防演练。	30	未进行演练的，不得分；无应急演练方案和记录的，不得分；演练方案简单或缺乏执行性的，扣1分；高层管理人员未参加演练的，每次扣1分。			
	6.3 应急演练总结	对应急演练的效果进行总结、评估，并完善预案。	5	无总结、评估报告的，不得分；总结、评估报告未认真总结问题或未提出改进措施的，扣1分；未根据评估的意见修订预案或应急处置措施的，扣1分。			
小计			50	得分小计			
7. 事故管理	7.1 事故报告	学校应当在火灾事故发生后两个小时内向所在地教育行政主管部门报告。较大以上火灾同时报教育部。 报告事故应当包括事故发生单位的概况、事故发生的时间、地点以及事故现场情况、事故的简要经过、事故已经造成或者可能造成的伤亡人数和初步估计的直接经济损失、已经采取的措施和其他应当报告的情况。事故报告应当遵照完整性的原则，尽量能够全面地反映事故情况。	15	未及时报告的，不得分；报告内容不全，每处扣1分。			

（续表）

考评类目	考评项目	考评内容	标准分值	考评办法	自评/评审描述	空项	实际得分
7. 事故管理	7.2 事故调查和处理	火灾扑灭后，事故单位应当保护现场并接受事故调查，协助公安机关消防机构调查火灾原因、统计火灾损失。未经公安机关消防机构同意，任何人不得擅自清理火灾现场。	15	未有效保护现场及有关证据的，不得分；有瞒报、谎报、破坏现场的任何行为，不得分，并追加扣除20分。			
		要切实做到“四不放过”，即事故原因未查清不放过、责任人员未处理不放过、整改措施未落实不放过、有关人员未受到教育不放过。	5	未严格落实“四不放过”，不得分。			
	7.3 事故管理	学校应建立事故档案和管理台账。	5	未建立事故档案和管理台账，不得分；台账不完整的，每缺一项扣1分。			
小计			40	得分小计			
8. 持续改进	8.1 绩效评定	学校应每年至少一次对学校消防安全管理标准化的实施情况进行评定，验证各项消防安全管理制度措施的适宜性、充分性和有效性，检查消防安全管理工作目标、指标的完成情况。	10	未进行评定的，不得分；少于每年一次的，扣5分；评定中缺少类目、项目和内容或其支撑性材料不全的，每个扣2分；未对前次评定中提出的纠正措施的落实效果进行评价的，扣2分。			
		主要负责人应对绩效评定工作全面负责。评定工作应形成正式文件，并将结果向所有部门、所属单位和从业人员通报，作为年度考评的重要依据。	10	主要负责人未组织和参与的，不得分；评定未形成正式文件的，扣5分；结果未通报的，扣5分；未纳入年度考评的，不得分。			
		发生火灾事故后应重新进行评定。	10	未重新评定的，不得分。			

（续表）

考评类目	考评项目	考评内容	标准分值	考评办法	自评/评审描述	空项	实际得分
8. 持续改进	8.2 持续改进	学校应根据消防安全管理标准化的评定结果和消防安全管理现状，对消防安全管理目标、指标、规章制度、操作规程等进行修改完善，持续改进，不断提高消防安全绩效。	10	未进行消防安全管理标准化系统持续改进的，不得分；未制定完善消防安全管理标准化工作计划和措施的，扣5分；修订完善的记录与消防安全管理标准化系统评定结果不一致的，每处扣1分。			
小计			40	得分小计			
总计			1000	得分总计			

二级单位平安建设工作指南

北京航空航天大学《二级单位平安建设工作指南》课题组

1 高校基层单位平安建设的背景及意义

1.1 基层单位平安建设的时代背景

1.1.1 高校安全问题的时代背景

高校作为教育科研的重要区域和安全稳定的敏感地带，既是党的工作的重点，也深刻影响着国家社会的安全稳定，当今国际国内环境和高校内部都发生着重大的变革，对新时期的高校安全稳定工作也提出了新的要求。习近平总书记就高校党建工作曾做出过重要指示，“要以更加扎实有力的措施维护高校和谐稳定”。面向“十三五”时期，随着我国经济体制深刻变革、社会结构深刻变动、利益格局深刻调整，影响安全稳定的问题因素日趋复杂。习近平总书记在2016年全国高校思想政治工作会议中强调：要坚持不懈地促进高校稳定，要从国家政治安全和意识形态安全的高度，认清维护高校和谐稳定的重大意义，把高校建设成为安定团结的模范之地。面对新形势、新要求，北京高校作为维护首都社会稳定大局的重要阵地，所处的安全稳定工作环境更加复杂严峻，自身工作依然存在问题和短板。继续深化校园平安建设，特别是基层各学院、教学科研单位和直附属单位等学校二级单位，在当前和今后一个时期具有重要的现实和历史意义。

党的十八大提出构建社会主义的宏伟蓝图，赋予了高校校园安全管理工作在新的历史条件下，坚持以师生为本的理念，从维护安全稳定的大局出发，承担构建社会主义和谐社会，构建安全和谐校园的新的历史使命。高校在构建社会主义和谐社会实现中华民族伟大复兴的历史进程中扮演了重要的角色，具有不可推卸的责任，而安全作为和谐的内容和真谛，成为实际工作中必须坚持的原则。高校作为校园安全工作的重中之重，投入了大量的人力物力财力，使得校园安全问题得到了一定程度的遏制。然而，当前我国正处于社会转型期，各类矛盾比较突出，严重冲击着校园安全，受此影响，高校的学习和生活秩序遭到严重破坏，亟待加强高校校园安全管理。因此，为了增加校园安全管理的有效性，需要构建一套全面、协调、高效的校园安全管理体系。

“十二五”期间，按照北京市委教育工委、市公安局的整体部署，首都各高校以“平安校园”创建为抓手，大力开展“平安校园”建设工作。通过创建，首都各高校不断建立健全安全稳定工作领导体系，校内各部门齐抓共管的工作合力得到加强，职责任务进一步明晰，责任意识进一步增强，体制机制进一步健全，“大安全，大稳定”的工作局面初步建成，安全稳定工作取得了丰硕成果，整体水平取得较大提升。“十二五”期间按照市委的整体部署，我校完成了“平安校园”创建工作，获得了“平安校园”示范校荣誉称号。学校安全稳定工作整体水平上了一个大台阶。但是校园安全稳定工作与中央和市委的新精神、新要求仍有差距。“平安校园”创建只是起点不是终点，学校安全稳定工作的基础还是在二级各学院、各单位，抓安全稳定，首先要有一个稳妥可靠的工作系统，全校上下形成一个科学合理、基础扎实、运行高效的安全稳定的体制机制，关键在落实上要从严、从实、从细。因此我校面向各学院、教学科研单位和直附属单位开展了“平安学院（单位）”创建工作，并将其写入学校十六次党代会工作报告，列入学校总体发展规划，作为今后一个时期深化“平安校园”建设的重要抓手。

1.1.2 深入开展高校基层单位平安建设的重要意义

1. 高校基层单位平安建设是“平安中国”和“平安校园”建设的“落地开花”

党的十八大以来，我国进入了改革攻坚和社会矛盾凸显，双期叠加的阶段。中央和市委把全面推进平安中国、平安北京建设作为创新社会治理体制的重要内容，置于中国特色社会主义事业发展全局中来谋划部署。习近平总书记就平安中国建设做出重要批示指出，平安是人民幸福安康的基本要求，是改革发展的基本前提，要把平安中国建设置于中国特色社会主义事业发展全局中来谋划，努力解决深层次问题，着力建设平安中国，确保人民安居乐业、社会安定有序、国家长治久安。首都高校的“平安校园”创建是在“平安中国”建设大背景下应运而生，是“平安中国”“平安北京”建设的具体举措和基层深化。当前，首都高校正迎来“双一流”建设战略机遇期，需要更加和谐稳定的整体局面为快速发展保驾护航。“基础不牢，地动山摇”，深化平安建设，重点在基层，难点在基层，突破也在基层。开展高校基层单位平安建设是对以往平安建设工作的巩固和延续，只有将平安建设的理念、机制、标准和措施牢牢扎根到基层，才能结出安定团结的和谐之花。

2. 高校基层单位平安建设是保障师生安全的迫切需求

安全感是师生获得感的重要组成。高校安全稳定既是教育事业发展的重要保证，同时也是社会稳定的重要环节。近年来，校园安全事件相比以往有明显的"抬头之势"，敏感及突发事件偶有出现，高校安全稳定工作正面临前所未有的新挑战、新考验，稍有不慎就会威胁到广大师生的人身财产安全，更可能会造成十分恶劣的社会影响。广大师生来源于基层，生活在基层，学习工作在基层，只有基层稳，才能人心稳。做好高校基层平安建设工作，切实维护好广大师生的生命财产安全和合法权利，是维护师生利益的一项重大举措，是广大师生所愿，是学生亲属所盼，也是社会所求。

3. 高校基层单位平安建设是高校治理体系和治理能力现代化的必由之路

党的十八届三中全会提出，全面深化改革的总目标是"完善和发展中国特色社会主义制度，推进国家治理体系和治理能力现代化"。高等教育治理体系，是国家治理体系和治理能力的重要组成部分，实现高校治理体系的现代化，需要依法依规治校，需要自下而上建成规范的治理体系。高校基层平安建设是对高校治理理念和治理手段的改革，将对未来高校发展建设打下良好基层。高校基层平安建设具体要做到"四个标准"，即建设的规范化、法制化、效率化和协调性。规范化，是指高校治理需要完善的制度安排和规范的校园秩序；法制化，即主体的治理行为必须尊重法律的权威；效率化，即高校治理体系应当有效保证校园稳定和秩序，保证学校的科研行政等各种工作效率；协调性，即从校园管理者到广大师生，各种规章制度的安排要作为一个整体密不可分，相互协调。

通过高校的基层平安建设，健全完善机构人员齐备、责任措施落实、管理流程规范、应急处置科学、组织保障有力的安全稳定工作体系，就是完善依法依规治校，依法依规管理，建立更细致的体制机制的过程，因此高校基层平安建设是高校治理体系和治理能力现代化的必由之路。

1.2 高校安全面临的新形势和新问题

习近平总书记在国安委会议上指出，"当前我国国家安全内涵和外延比历史上任何时候都要丰富，时空领域比历史上任何时候都要宽广，内外因素比历史上任何时候都要复杂"。习总书记的指示道出了国内外大环境重大而深刻的变化，维护高校稳定，促进学校发展，既是高等教育事业发展的需要，也是整个社会、经济发展的需要，高校思想文化活跃，组成元素多元，人员群体集中，影响安全稳定的因素十分复杂，在当下世界多极化、社会信息化、自身开放化等多重变革中，高校面临的挑战与日俱增，安全稳定工作形势也日趋严峻，面对新时期，高校安全稳定工作面临以下新形势：

1. 多极化趋势导致高校面临多元斗争

冷战结束后，以美国为首的西方阵营在政治、经济、科技等方面一直占据主导地位，但“一超多强”已成为世界政治格局演变的总趋势，以“金砖五国”为代表的新兴大国也在不断崛起，全球范围内的单极化与多极化矛盾十分激烈。为维护自身地位和利益，一些西方国家在政治、文化等多个领域对中国等新兴大国进行渗透与颠覆，致使中国面临着巨大的政治安全威胁。此外，随着全球化进程加快，世界经济融合度越来越高，中国在价值观念和意识形态领域面临的斗争也越来越复杂。在这样的大背景下，高校作为国家政治经济文化建设的重要载体，不可避免地成为世界变革的矛盾集中地，面临着多元复杂的斗争。

2. 多股势力和非法组织迫使高校面临多重威胁

西方敌对势力利用西藏、新疆、台湾、领土争端等问题干涉中国内政，在政治、经济、文化等方面进行思想渗透和组织延伸，企图用西方的价值观、意识形态、生活方式影响和改造以高校学生为代表的中国青年一代。而近些年，暴力恐怖势力、民族分裂势力和宗教极端势力又与西方敌对势力相勾结，进行颠覆破坏活动，特别是在高校建立非法组织，开展非法宗教活动，宣传宗教极端思想；煽动民族对立和民族仇视，鼓吹民族分裂；借助社会热点蓄意炒作，制造不良舆论。此外，一些邪教残余势力还冒用名称、歪曲教义，潜入高校，以创建学生心灵港湾、批判现实社会等虚假方式引诱学生参与邪教活动。可见，西方敌对势力、“三股势力”、邪教非法组织等构成了高校安全稳定的多重现实威胁。虽然学校在稳定工作上做了大量的工作，确保教学、科研和师生工作、学习、生活秩序的正常，但也要看到仍有影响高校稳定的各种因素，特别是国外敌对势力的渗透颠覆破坏活动以及社会上各种违法犯罪活动。西方敌对势力同国内非法宗教势力、民族分裂势力相互呼应，进行文化渗透和反动宣传，严重影响了我国社会主义政治稳定，也严重干扰了学校师生正常教学科研和工作生活秩序。

3. 开放化模式赋予高校巨大管理压力

多数高校均采取半开放或全开放的建校、办学模式，加之高校师生主体意识较强、政治热情较高、信息渠道更多，使得高校对敌对势力的煽动和社会环境的转变反应更加敏感。同时，部分学生安全意识淡薄，应对突发事件的能力较差，若对有些危险处置不当，还会衍生其他影响安全稳定的问题。学校的周边治安环境比较复杂，在一定程度上会影响学校正常的教学、生活秩序。虽然公安、工商等执法部门对学校周边治安秩序进行综合治理工作，对净化学校周边秩序起到了很好的效果，然而在市场经济利益驱动的冲击下，屡禁不止，一些不法分子也乘机进入校园滋事和入室进行盗窃等犯罪活动，严重影响学校治安秩序和稳定。因此，加强对周边治安环境的治理整顿就成为新形势下维护高校治安和稳定的重要方面。另外，近年高校学生数量及外来务工、经商人员急剧增加，学校与社会交融密切，复杂的校园及周边环境隐藏了大量安全隐患，各类消防、治安、交通问题逐渐凸显且频繁发生。上述开放化建校办学模式所带来的问题往往难以彻底解决，有些问题甚至有增无减，给高校安全管理工作增加了巨大压力。

4. 信息化进程要求高校面对新的问题

信息化时代已得到迅猛发展，但我国信息化基础薄弱，信息安全管理体制不够健全，信息安全技术和人才不够完备，西方敌对势力纷纷抓住薄弱环节对我国，尤其是我国高校，展开窃密或攻击等。互联网是信息时代的标志，对师生扩大交流，开阔眼界，活跃思想，提高教学、科研和管理水平发挥着重要作用。但是我们也必须看到其负面影响：国际互联网上的敌对势力利用网络进行政治渗透，大肆传播西方意识形态和腐朽思想，散布黄色污染，一些不法分子则利用这一高科技成果，进行传播黄、赌、毒的犯罪活动，危害社会，扰乱社会治安，特别是危害青少年学生的健康成长。由于部分学生的思辨判断能力不够成熟，对网络触手可及的不良诱惑和蓄意煽动缺乏足够的防范，容易迷失方向、走上歧途，也容易参加非法集群活动，或成为不法舆论参与者。另外，随着网络信息技术的广泛运用，计算机犯罪、网络犯罪等新型犯罪不断增多，这对信息化程度较高的高校而言又是一大威胁。因此，外部矛盾和内部隐患伴随着信息化进程一同到来，且技术防范与攻坚难度更大，这是新时期高校必须面对的新问题。

1.3 基层单位平安建设的目标与原则

1.3.1 基层单位平安建设的目标

基层单位平安建设，要着力实现以下目标，巩固各二级单位党政齐抓共管、党政联席会组织协调、内设机构分工负责、师生员工共同参与的安全稳定工作格局；创建工作突出问题导向，重点解决责任落实、人员落实、制度落实、操作规程落实等基层单位安全稳定工作中存在的问题和短板；健全完善机构人员齐备、责任措施落实、预先防范有效、管理流程规范、应急处置科学、组织保障有力的安全稳定工作体系，建立解决基层安全稳定工作问题和隐患的长效机制，促进校园整体平安和谐。

1. 大事不出

坚决防止发生校园暴力恐怖事件，坚决防止发生危害国家安全和社会稳定的重大政治事件，坚决防止发生大规模群体性事件，坚决防止发生重大治安刑事案件，坚决防止发生重特大安全事故，坚决防止重大失泄密案件。

2. 小事减少

努力防止各类敌对势力针对本单位的渗透破坏活动，减少影响师生人身财产安全的各类治安刑事案件，减少师生违法犯罪活动，减少各类涉校矛盾纠纷及由其引发的不安定事端，减少一般安全事故。

3. 管理有效

安全稳定责任制落实到位，单位综合防控体系科学严密，管理服务体制机制健全完善，教学、科研、生活等各项工作运行有序，学院思想文化阵地、班团组织和各项活动管理有效，师生安全防范和维护稳定意识不断增强。

4. 秩序良好

经常排查和消除各种安全隐患，及时发现和化解各种矛盾纠纷，努力防止、妥善处置各类突发事件和突出问题，校园治安、交通和环境秩序良好，广大师生员工思想情绪平稳，安全感普遍增强。

1.3.2 基层单位平安建设的工作原则

基层单位平安建设，要努力把握以下几点工作原则：

1. 抓好统筹

把基层单位平安创建工作摆在本单位全局工作中统筹推进，与原有已开展工作做好衔接，整合各方面的资源、力量和手段，搭建统一的创建平台，形成共创平安、共促和谐的整体合力。

2. 夯实基础

加大政策措施、力量配置、经费保障、技术装备等向安全稳定工作的倾斜与投入，扎实推进安全稳定工作体系、机构、队伍、条件和基础设施建设，筑牢维护安全稳定的根基。

3. 注重长效

把基层单位平安建设作为一项基础工程、基本建设和经常性工作常抓不懈，注意把握工作规律和特点，总结推广工作中的好经验好做法，着力加强改革创新和制度建设，建立健全安全稳定长效工作机制，实现校园长治久安。

4. 服务大局

紧紧围绕学校科学发展的中心任务，深入推进基层单位平安建设工作，服务学校改革发展，服务学生成长成才，服务学校和首都和谐稳定大局。

2 高校基层单位平安建设的标准体系

2.1 基层单位平安建设标准体系的理念与内容

2.1.1 基层单位平安建设标准体系的设计理念

基层单位平安建设标准体系的设计理念如下：

1. 做好顶层设计

开展基层平安建设，需要重点突出“四个坚持”。一是坚持抓好统筹，把基层单位平安建设工作摆在本单位全局工作中统筹推进，与原有已开展工作做好衔接，整合各方面的资源、力量和手段，搭建统一的创建平台，形成共创平安、共促和谐的整体合力。二是坚持夯实基础，加大政策措施、力量配置、经费保障、技术装备等向安全稳定工作的倾斜与投入，扎实推进安全稳定工作体系、机构、队伍、条件和基础设施建设，筑牢维护安全稳定的根基。三是坚持注重长效，把基层单位平安建设作为一项基础工程、基本建设和经常性工作常抓不懈，注意把握工作规律和特点，总结推广工作中的好经验好做法，着力加强改革创新和制度建设，建立健全安全稳定长效工作机制，实现校园长治久安。四是坚持服务大局。紧紧围绕学校科学发展的中心任务，深入推进基层单位平安建设工作，服务学校改革发展，服务学生成长成才，服务学校和首都和谐稳定大局。

2. 突出问题导向

高校基层单位平安建设工作是一项系统工程，需要统筹各方面的资源力量，共同保障建设工作的顺利实施。要对照中央和市委要求，对照面临的形势任务，深入分析当前工作中仍然存在的不足与薄弱环节，有针对性地加大工作力度，采取有效措施，推动安全稳定工作取得更好成效。重点解决责任落实、人员落实、制度落实、操作规程落实等基层单位安全稳定工作中存在的问题。健全完善机构人员齐备、责任措施落实、预先防范有效、管理流程规范、应急处置科学、组织保障有力的安全稳定工作体系，建立解决基层安全稳定工作问题和隐患的长效机制。

2.1.2 基层单位平安建设标准体系的研究重点

本课题研究的难点在于如何提出一套具有科学性、系统性和操作性的指标体系，可以在实际工作中得到推广和有效应用。结合上述情况，在研究中重点做好以下几方面工作：

1. 调查研究方面

一是广泛收集国内各省市已开展平安建设的指导研究和创建体系，系统梳理安全稳定各项任务的工作要求和操作规范；二是认真调研首都各类型高校（重点高校、普通高校和民办高校）基层安全稳定工作中的薄弱环节，为精准提出创建工作重点打下良好基础。

2. 指标体系构建方面

指标体系的构建要做到“全、精、准”。“全”是指要对基层安全稳定工作涉及的各个方面覆盖要全，做到纵向到底、横向到边；“精”是指提出的创建工作内容要精确，要针对存在的薄弱环节提，突出问题导向；“准”是指评估的测评要素要准，既要做到符合相关法规制度要求，又要有良好的操作性，便于创建工作开展。

3. 调整完善方面

作为指导基层工作的创建指标体系，需要在实际工作中检验其实效性，因此在拟提出的指标体系初步完成后，计划在校内各个基层单位开展创建试点，通过实际使用对指标体系进行修正和完善。在重点综合型大学的基础上，进一步制定普通高校和民办高校适用标准体系。

2.1.3 基层单位平安建设标准的研究方法

基础工作既是托底性工作，也是根本性工作。基础工作开展的是否扎实到位，直接影响学校安全稳定工作全局。维护学校安全稳定要打好地基、练好内功，扎实做好各项日常性、基础性、保障性工作。在前期进行的55所高校的检查验收工作反馈意见中，“进一步夯实基层基础工作”多次被专家组提到，可以说是当前高校平安建设工作的难点和普遍性问题。同时，学校层面的大的平安建设标准在基层实施中存在一定的不适应性，不能简单地套用学校的建设标准开展基层平安建设，因此本课题的研究重点就是要查找出基层平安建设的问题和难点，提出有效的解决措施，最终编制出适合指导基层二级单位开展平安建设工作的意见和标准。

1. 通过座谈、走访的方式，对京内“985”“211”重点高校、普通高校和民办高校等各级各类学校的基层单位开展调研，运用统计分析的方法得出不同类型高校基层单位平安建设工作存在的共性问题。

2. 计划从组织机构、工作队伍、责任体系、制度体系、预防体系、日常管理、应急管理、条件保障等八个方面梳理上级单位指导意见和各学校有关工作制度和方法，结合前期调研的共性问题，研究提出基层单位平安创建的指导标准。

3. 召开专家座谈，对创建标准进行补充完善，并计划在校内选取5个不同类型的基层二级单位开展试点创建。(5个基层单位包括：机关部处、工科学院、文科学院、后勤集团、校医院)

4. 通过试点创建工作进一步结合基层工作实际特点完善创建标准体系，形成适合综合型重点大学的基层单位创建指导意见和标准。

5. 在重点大学的创建标准基层上，针对普通高校和民办高校基层二级单位的自身特点，制定出相应创建标准体系。

2.2 基层单位平安建设体系

为保证标准体系更加完备和科学，在紧密切合学校安全稳定的实际和存在的主要问题基础上，广泛调研全国高校的先进做法，对标上级和专业部门的相关规范性标准，梳理本校安稳文件，并邀请行业专家、上级单位领导和兄弟高校同仁开展专题研讨论证，从而形成本次研究中基层单位平安建设工作实施方案、创建基本标准和评分标准等系列指导文件，创建体系具体包括八大板块内容，涵盖了维稳、反恐、反奸防谍、保密、治安、交通、消防、安全生产等基层单位安全稳定工作的方方面面，下面分别就八大体系进行具体介绍：

2.2.1 夯实基层组织建设，强化安全稳定工作统筹能力

基层单位必须高度重视维护安全稳定工作，将安全稳定工作纳入本单位总体规划，认真贯彻落实相关指示和精神，定期听取安全稳定工作汇报并进行专题研究。重要工作单位主要领导要做到亲自部署、亲自指挥、亲自协调。完善二级单位安全稳定工作小组，党组织主要负责人和行政主要负责人双双担任组长，各业务分管领导任组员，健全分党委统一领导、党政齐抓共管的组织机构和工作体系，坚持执行“一岗双责”。加强导师和辅导员的管理工作，将安全稳定工作纳入辅导员职责中，并作为本单位考核的重要参考。各单位系、所、中心、教研室、实验室等内设机构每月应在例会中总结一次安全稳定工作，对安全稳定工作中发现的问题，及时研究、部署、解决。多个单位共用楼宇的应成立楼宇管理委员会，负责监管楼宇公共区域和公共设施设备的安全管理，明确责任区分、管理制度，坚持月检查制度，对地、物、事等安全对象摸清

底数，掌握动态，建立预案。

2.2.2 配齐基层工作队伍，提高安全稳定工作执行能力

有效整合安全管理和维护稳定等各方面工作力量，为维护学校安全稳定提供有力的人员保障。学校二级单位均应明确专人具体负责安全稳定工作，设立安全员和反奸防谍联络员（可合并或分设），履行好安全稳定工作职责。各单位内设的系、所、中心、教研室、实验室等机构设立安全员，履行好内设机构的安全稳定工作职责。切实加强班级学生干部队伍建设，各班级配备一名学生安全委员作为安全工作负责人，具体落实班集体学生组织的安全工作。各单位每学期至少组织一次安全稳定的工作培训，不断提升领导干部、安全员和学生安全委员等一线队伍的业务能力与水平。

2.2.3 完善基层责任体系，确保安全稳定责任层层落实

学校各二级单位应按照“谁主管，谁负责”的原则，健全完善横向到边、纵向到底的责任体系，每年按组织机构和工作队伍对《安全稳定任务书》进行逐级分解责任，层层签订安全稳定责任书，做到职责明确，责任到岗，责任到人，落实安全稳定目标责任制，严格责任追究制。

2.2.4 明确安全管理制度，提高安全稳定工作规范化水平

学校各二级单位要按照学校统一要求，围绕安全稳定工作任务，认真梳理本单位存在的各类安全稳定风险点，结合本单位的实际情况制定包括消防、安全生产、治安、反恐怖、反奸防谍、保密、反邪教、维护稳定、大型活动、交通等管理制度，并及时公开、广泛宣传，开展教育培训。内设机构要根据消防重点部位、治安要害部位、反恐重点部位、危险化学品重大危险源实际情况制定安全管理规定和流程规范，制定具有本学科和专业背景的实验室安全管理制度、实验安全操作规程、仪器安全操作规程。各房间制定消防、安全生产与环保等安全管理规定。管理制度要切合实际，具有可操作性，流程规范要科学合理，要求明确。管理规定和流程规范及时上墙公示，确保相关人员应知应会。各单位要认真总结工作中遇到的新形势、新情况和新问题，对不匹配的相关制度要及时修订。

2.2.5 完善预防体系建设，不断提高安全稳定防范水平

按照国家普法教育的要求，有针对性地开展法制宣传教育，引导师生牢固树立社会主义法治理念和法治意识。学校各二级单位每年要针对新入学学生、新上岗教师配合学校组织师生参加包括消防、安全生产、治安、反恐怖、反奸防谍、保密、反邪教、

维护稳定、大型活动、交通等主题的系统性安全教育。配合学校开展各项安全教育活动，根据学校年度安全文化月等活动做好本单位的安全教育工作。每逢节假日、重大活动前要面向师生进行安全教育提醒。确保每名师生每学期接受各种形式的安全教育不低于1小时。

各单位要建立渠道畅通、反应灵敏的安全稳定情况信息动态搜集网络，及时掌握和分析师生员工的思想动态和校园舆情动向，有针对性地做好师生的思想政治教育和引导工作。各单位要完善由各工作系统和内设机构参加的形势会商机制，加强对安全稳定形势的综合研判。要建立安全稳定信息管理台账，做到对本单位人、地、物、事、组织等管理和防控对象底数清、情况明，并及时在学校相关安全稳定信息系统中更新数据信息。

建立重大事项校园稳定风险评估机制，对涉及本单位师生切身利益的重大项目和重大决策实行风险评估，从源头上预防和减少各类矛盾。建立健全矛盾纠纷定期摸排、动态更新机制，每学期开展一次矛盾纠纷排查工作，对排查出来的矛盾纠纷分类建立工作台账，逐一落实责任人、化解稳控措施和解决问题时限。重点矛盾实行领导包案负责制。重大矛盾问题，单位主要领导亲自协调，亲自督办。

2.2.6 全面强化日常管理，提高安全稳定综合防控水平

全面强化校园日常安全管理。按有关标准和规范建设维护消防、交通、安全生产、饮食卫生、危险物品管理等基础条件设施。规范相关的消防设施设备、安全环保危险设备的管理，加强各类安全重点部位管理。消防控制室值班人员、特种设备作业人员和特种作业人员须经培训持证上岗，按章操作。单位自建场所要履行消防许可手续，建设项目落实安全环保“三同时”制度。学校各二级单位加强楼门防控，假期要根据情况封门，加强巡视。每月进行一次全面安全检查，各重点部位每周须进行一次巡查。各部位（房间）的安全管理员每天班前、班后对本部位（房间）开展检查。对于安全隐患，检查巡查人员应立即督促整改，当场整改不了的，要逐级报告，制定整改计划，限期消除，并采取防范措施确保整改期间安全。

学校各二级单位要认真落实学校反奸防谍制度，做好本单位反奸防谍工作。配合学校相关部门做好本单位师生出国出境行前教育工作。做好本单位相关群体的归国回访工作。协助相关部门做好引进人员的背景审查工作。对归国三年内拟进入涉密岗位的人员进行上报审查。积极做好情报信息的收集上报和分析研判，配合相关部门核查各类线索情况，严厉打击渗透和破坏活动。

强化维护稳定工作。学校各二级单位重视心理健康教育和排查，了解掌握在学习、经济、心理等各方面存在困难的学生和家庭经济和职业发展困难的教师员工，有针对

性地做好帮扶工作，消除各类安全稳定隐患。按要求加强对现实危害突出的重点人员的稳控。加强对少数民族学生关心和关注，规范对课堂、论坛、讲座、研讨会、对外交流合作项目的审批管理，加强重大外事活动全过程管理，做好新媒体、网站等网络信息安全，制订单位自管网站发布信息的审查机制，采取有效措施避免网站被攻击挂马，发布涉密、敏感、反动信息。

学校各二级单位要积极配合学校贯彻落实整治校园交通环境的各项措施，及时向本单位人员传达贯彻学校有关交通安全工作的各项规定。做好师生员工集体外出活动的安全管理，履行备案手续。配备公车的单位，应规范对公车和公车驾驶员的管理。校内流动人口和出租房屋应履行登记、备案、核销程序，落实监管责任。

各单位举办大型活动应制订安全预案，履行审批程序。举办场所、设施符合国家安全标准和消防安全规范，配备足够的工作人员维持现场秩序，确保各项安全措施落实。举办各类大型活动时，应充分考虑校内交通资源状况，尽量减少机动车进校数量，共同维护校内交通秩序。

2.2.7 健全应急管理体系，提高校园突发事件处置能力

学校各二级单位应针对影响学校安全稳定的突出问题，根据自身应急管理需要，健全完善应急预案。开展应急宣传教育和专项培训，督促相关岗位人员学习掌握突发事件应急处置流程，每学期至少开展一次应急演练，不断提高突发事件现场处置能力和水平。严格落实领导带班，确保相关人员 24 小时通讯畅通。一旦发生突发事件，迅速启动应急预案，按规定程序做好信息报送和事件处置工作。在事件处置过程中配合有关部门进行调查和处置，负责做好师生员工及家属的思想及安抚工作，确保学校正常教学、科研、生活秩序。

2.2.8 改善组织实施条件，提高安全稳定工作保障能力

学校各二级单位应将安全稳定工作实际成效列入对内设机构和个人的年度考核。对有突出工作表现的人员进行奖励；对因工作不力、履责不到位引发重大问题、造成严重影响的人员，按有关规定进行责任查究。各单位年终绩效考核应体现参与安全稳定工作的工作量和工作实效。建立与学院同步增长的安全稳定经费投入机制，保障安全稳定工作日常开支、基础设施建设维护。

3 层次分析法在高校基层单位平安建设中的运用

做好二级院系平安建设，指标体系是关键。只有依据科学性和完备性的指标体系开展平安建设才能形成整治、评价、反馈、再提高的良性循环。现有的研究工作，多针对高校安全工作的部分内容，如消防安全评估、安全文化建设、交通安全等，大多缺乏整体的评价思路和体系，也有小部分研究成果面向整体的校园安全评判，但是评价体系过于粗略，无法做到顶层设计与基础工作的有效结合，缺乏实际的可操作性。面对上述现状，本文提出了基于层次分析法的高校二级院系平安建设指标体系与评估方法，内容涉及标准涵盖组织机构、工作队伍、责任体系、制度体系、预防体系、日常管理、应急管理、条件保障等八个方面。突出问题导向，重点解决责任落实、人员落实、制度落实、操作规程落实等基层单位安全稳定工作中存在的问题和短板。

3.1 利用层次分析法构建指标体系及分配各级权重

3.1.1 层次分析法概述

在高校二级院系平安建设指标体系设计中，我们希望能够减少主观性，力求指标体系和评估方法简单适用，可操作性强。基于上述观点，本研究选择层次分析法（AHP）作为评估体系的构建和量化方法。

层次分析法是将与决策相关的元素分解成目标、准则、方案等层次，在此基础之上进行定性和定量分析的决策方法，适用于在系统体系中对非定量事件进行定量分析，多用于分析和评价多准则、多目标的复杂问题，是对人们主观判断做客观描述的一种有效方法。层次分析法以原始数据为基础，能够克服单一专家的主观评价，得到的评价结果能够客观反映指标因素的权重情况。层次分析法的主要过程包括以下几个方面，分别是：建立层次结构模型；专家评分，构造判断矩阵；层次单排序及一致性检验；层次总排序及一致性检验；得到总排序权值。

3.1.2 二级院系平安建设指标体系构建

一套科学合理的评估指标体系是开展二级院系平安建设工作的前提。安全稳定问题涉及方方面面，引发主体和诱发因素多元多样，为了保证指标体系科学合理，建立指标体系过程中需要遵循一致性、系统性、独立性、完备性和可操作性等指标体系构建的一般原则。基于上述原则和目标，本次研究参考了北京市委教工委的指导文件以及北京、天津等重点高校的安全管理思路，结合高校基层单位的特点，梳理了二级院系平安建设指标体系的整体脉络。本研究采用德尔菲法，向上级教育主管部门、高校保卫部处、安全机构的九位相关专家征询了意见，通过五轮征询将众多因素按不同层次聚集组合，在综合分析影响基层单位平安状况的诸多因素后，考虑到安全因素可以逐层细化这一特性，构建了有利于进行层次分析的二级院系平安建设评估指标体系。

表 1 为本次研究构建的指标评价体系，该指标体系由目标层、准则层和指标层构成，包括 9 个二级指标和 23 个三级指标，为简便起见，体系中的二级指标分别用 B_1 ~ B_9来代替，三级指标分别用 B_{ij}（$i=1\sim9$，$j=1\sim n$，n 是第 i 个二级指标下三级指标的个数）。

表 1　二级院系平安建设指标体系

目标层	准则层	指标层
高校二级院系平安建设指标体系	组织机构建设 B_1	领导机构设置 B_{11}
		领导机构职责 B_{12}
	工作队伍建设 B_2	安全管理队伍 B_{21}
	责任体系建设 B_3	责任体系建设 B_{31}
	制度体系建设 B_4	学院总体制度 B_{41}
		内设机构具体制度 B_{42}
	防范体系建设 B_5	师生安全教育 B_{51}
		信息收集情报预警 B_{52}
		重大决策风险评估 B_{53}
		矛盾纠纷排查化解 B_{54}
	日常管理体系建设 B_6	消防安全管理 B_{61}
		安全生产管理 B_{62}
		校园治安管理 B_{63}
		国家安全人民防线与保密管理 B_{64}
		维稳管理 B_{65}
		交通安全管理 B_{66}
		安全检查整改 B_{67}
	突发事件应急体系建设 B_7	应急准备与值守 B_{71}
		应急处置与评估 B_{72}
	组织实施条件保障 B_8	领导重视 B_{81}
		动员部署 B_{82}
		检查落实 B_{83}
	特色工作 B_9	特色工作 B_{91}

二级院系平安建设涉及面广，影响因素众多，该指标体系具有以下特点：（1）覆盖面广，结构清晰，基本上包括了影响基层单位安全稳定的所有安全因素；（2）着眼基层，本体系着眼于夯实基层组织建设，配齐基层工作队伍，完善基层责任体系；（3）完善制度，各基层单位围绕指标体系，明确安全管理制度，提高安全稳定工作规范化水平；（4）重视防范，安全稳定建设胜在防患于未然，基层单位要完善预防体系建设，提高安全稳定防范水平、综合防控能力和突发事件处置能力。

3.1.3 利用层次分析法构造判断矩阵

建立层次分析结构即确定了上下层次之间元素的隶属关系，之后便采用两两比较的方法构造判断矩阵。判断矩阵是层次分析法重要的信息载体，是层次分析法的信息基础。通过比率标度法，用具体打分值定量表示下级指标相对上级指标的重要性程度。本研究中的比率分值同样采用德尔菲法确定。依据递阶层次结构模型，首先构建准则层相对目标层的判断矩阵（$A-B_i$）如表3所示，同理可得指标层相对准则层的判断矩阵 B_5-B_{5j}，B_6-B_{6j}，B_8-B_{8j} 的判断矩阵如表4。

表3　准则层相对目标层的判断矩阵（$A-B_i$）

A	B_1	B_2	B_3	B_4	B_5	B_6	B_7	B_8	B_9
B_1	1	1/2	1/2	1	1/3	1/13	1	1/2	1
B_2	2	1	1	1	1/2	1/9	1	1	1
B_3	2	1	1	1	1/2	1/9	1	1	1
B_4	1	1	1	1	1/2	1/10	1	1	1
B_5	3	2	2	2	1	1/5	2	2	2
B_6	13	9	9	10	5	1	10	7	10
B_7	1	1	1	1	1/2	1/10	1	1	1
B_8	2	1	1	1	1/2	1/7	1	1	1
B_9	1	1	1	1	1/2	1/10	1	1	1

表4　目标层相对准则层的判断矩阵

（a）B_5-B_{5j}安全稳定与防范体系建设，

B_5	B_{51}	B_{52}	B_{53}	B_{54}
B_{51}	1	1	2	2
B_{52}	1	1	2	2
B_{53}	1/2	1/2	1	1
B_{54}	1/2	1/2	1	1

(b) B_6-B_{6j}安全稳定日常管理体系建设

B_6	B_{61}	B_{62}	B_{63}	B_{64}	B_{65}	B_{66}	B_{67}
B_{61}	1	1	2	2	2	4	1
B_{62}	1	1	2	2	2	4	2
B_{63}	1/2	1/2	1	1	1	3	1
B_{64}	1/2	1/2	1	1	1	3	1
B_{65}	1/2	1/2	1	1	1	3	1
B_{66}	1/4	1/4	1/3	1/3	1/3	1	1/3
B_{67}	1	1/2	1	1	3	1	1

(c) B_8-B_{8j}组织实施条件保障

B_8	B_{81}	B_{82}	B_{83}
B_{81}	1	1/2	1/4
B_{82}	2	1	1/2
B_{83}	4	2	1

3.1.4 层次单排序及其一致性检验

已知判断矩阵A，可以通过式（1）解出判断矩阵A的特征根和特征向量W，经归一化后即为同一层次相应各因素对于上一层次某因素的重要性的排序权值（即权重向量），这一过程称为层次单排序。

$$AW=\lambda_{max}W \tag{1}$$

使用AHP，判断矩阵A的一致性很重要，但要求所有判断都有完全的一致性不大可能。因此，一般只要求A具有满意的一致性，此时λ_{max}稍大于矩阵阶数n，其余特征根接近零。这时，基于AHP得出的结论才基本合理。为使所有判断保持一定程度上的一致，AHP步骤中需要进行一致性检验。

为了检验判断矩阵的一致性，需要通过式（2）计算它的一致性指标CI来进行判断矩阵的一致性检验。为了度量不同判读矩阵是否具有满意的一致性，引入判断矩阵的随即一致性指标RI值如表5。只有当随机一致性比例CR＝CI/RI≤0.10时，判断矩阵才具有满意的一致性，否则就需要对判断矩阵进行调整。

$$CI=\frac{\lambda_{max}-n}{n-1} \tag{2}$$

表 5 随机一致性指标

阶数	1	2	3	4	5
RI	0.00	0.00	0.58	0.90	1.12
阶数	6	7	8	9	
RI	1.24	1.32	1.41	1.45	

针对上文提出的判断矩阵，获得如下层次单排序结果：

对于判断矩阵 $A-B_i$，$\lambda_{max}=9.0780$，λ_{max}对应的特征向量为（0.0738，0.1072，0.1072，0.0979，0.2039，0.9429，0.0979，0.1104，0.0979），$CI=(\lambda_{max}-n)/(n-1)=0.00975$，$CR=CI/RI=0.00672\ll 0.10$，符合一致性要求。将特征矩阵归一化后即得到基层单位平安建设指标体系中一级指标的权重排序（b_1，b_2，…，b_9）=（0.0401，0.0582，0.0582，0.0532，0.1108，0.5127，0.0532，0.0600，0.0532）

同理，对于判断矩阵 B_5-B_{5j}，可得“安全稳定与防范体系建设”的四个指标的归一化权重（b_{51}，b_{52}，b_{53}，b_{54}）=（0.3334，0.3334，0.1666，0.1666），$CR=CI/RI=0\ll 0.10$，符合一致性要求。

对于判断矩阵 B_6-B_{6j}，可得“安全稳定日常管理体系建设”的七个指标的归一化权重（b_{61}，b_{62}，…，b_{67}）=（0.2074，0.2290，0.1208，0.1208，0.1208，0.0453，0.1560），$CR=CI/RI=0.0282\ll 0.10$，符合一致性要求。

对于判断矩阵 B_8-B_{8j}，可得“组织实施条件保障”的三个指标的归一化权重（b_{81}，b_{82}，b_{83}）=（0.1428，0.2857，0.5715），$CR=CI/RI=0\ll 0.10$，符合一致性要求。

至于准则层的其他要素，包括组织机构建设、工作队伍建设、责任体系建设、制度体系建设、突发事件应急体系建设和特色工作，由于其包含指标仅为一或两项，因此可直接判断并获得相对权重。

3.1.5 层次总排序

计算同一层次所有因素对于最高层（总目标）相对重要性的排序权值，称为层次总排序。这一过程是最高层次到最底层次逐层进行的，本次研究中目标层 A 包含 9 个准则层因素：B_1，B_2，…，B_9，其层次总排序权值分别为 b_1，b_2，…，b_9，准则层 Bi 下包含 j 个因素 B_{i1}，B_{i2}，…，B_{ij}，他们对于因素 Bi 的层次单排序权值分别为 b_{1j}，b_{2j}，…，b_{nj}。由式（3）可知 B 层次总排序权值。

$$B_i=\sum_{j=1}^{m}a_j b_{ij}o \tag{3}$$

层次总排序结果如表 6 所示。

表 6　二级院系平安建设指标体系层次总排序

B_{ij} \ B_i	B_1	B_2	B_3	B_4	B_5	B_6	B_7	B_8	B_9	层次总排序
	0.0401	0.0582	0.0582	0.0532	0.1108	0.5127	0.0532	0.06	0.0532	
B_{11}	0.5									0.0201
B_{12}	0.5									0.0201
B_{21}		1								0.0582
B_{31}			1							0.0582
B_{41}				0.4						0.0213
B_{42}				0.6						0.0319
B_{51}					0.3334					0.0369
B_{52}					0.3334					0.0369
B_{53}					0.1666					0.0185
B_{54}					0.1666					0.0185
B_{61}						0.2074				0.1063
B_{62}						0.229				0.1174
B_{63}						0.1208				0.0619
B_{64}						0.1208				0.0619
B_{65}						0.1208				0.0619
B_{66}						0.0453				0.0232
B_{67}						0.156				0.08
B_{71}							0.68			0.0362
B_{72}							0.32			0.017
B_{81}								0.1428		0.0086
B_{82}								0.2857		0.0171
B_{83}								0.5715		0.0342
B_{91}									1	0.0532

3.2　末级指标量化方法及指标体系运用

末级指标量化对于指标体系建立的科学性、计算精确性、评价可靠性来说是至关重要的。安全稳定工作基础在基层单位，关键在落实，良好的顶层设计需要基础工作的扎实配合。影响基层单位平安建设的因素众多，各个因素之间往往存在交叉影响，这对于基层单位平安建设科学有效的评估带来很大难度，为了使创建和评价工作能够全面细致的展开，我们在末级指标量化中提出了测评要素的评价思路。

表7　二级院系平安建设中部分评分标准

准则层	指标层	评分标准
安全稳定日常管理体系建设	消防安全管理	1. 消防重点部位管理：根据学校确定的消防重点部位，进行严格管理，坚持定期巡查。 2. 操作规程管理：落实学校消防相关规定，并能根据本单位实际情况制定相应的消防安全操作规程。 3. 消防设施管理：除由物业负责的公共楼宇和区域的消防设施以外，按照本单位实验室或重点部位的特殊需求配备的消防设施、器材，应按照要求定期进行维护、保养、更换，确保这些设施完好有效。 4. 消防许可管理：按照国家和学校相关规定和要求，新建或改建工程应严格履行消防审核或备案、验收等手续。 5. 动火动焊施工安全管理：需进行动火动焊施工的工程，要严格履行审批手续，采取必要安全措施。 6. 室内环境：房间物品摆放符合安全距离要求。

以安全稳定日常管理体系建设中的消防安全管理为例，我们提出了表7所示的测评要素，它包含了重点部位管理、操作规程管理、消防许可管理、室内环境等多种评分标准，各个评分依据完全符合所列条件的定义为A等，具备执行条件但略有疏漏的定义为B等，基本符合评分标准的定义为C等，完全不符合标准的为D等。例如，在检查消防设施管理情况时，确保消防设施器材维护的责任部门和责任人明确，消防器材有明显位置标示，无埋压、损毁、挪用情况，维护管理档案明晰，消防通道、安全出口、疏散楼梯通畅并有明显的疏散指示等，确保这些能符合，则可给予A等评分。

在评估过程中，各个指标层要素均取满分为100分，其中A等对应100分，B等对应85分，C等对应70分，D等对应55分，实际的评估过程在下一节评估检查办法中有详细介绍。

4　高校基层单位平安建设的创建工作及评估检查

4.1　基层单位平安建设创建工作方案

4.1.1　基层单位平安建设的创建原则

基层单位平安建设创建过程中应遵循以下原则：

1. 围绕创建标准系统推进

基层单位平安建设是在过去已有工作基础上，结合新形势新要求新任务提出来的，是“平安校园”创建工作的延续和在基层实际工作中的深化，而非另起炉灶、另搭平台。基层单位要突出问题导向，重点解决责任落实、人员落实、制度落实、操作规程落实等基层单位安全稳定工作中存在的问题和短板。健全完善机构人员齐备、责任措施落实、预先防范有效、管理流程规范、应急处置科学、组织保障有力的安全稳定工作体系，建立解决基层安全稳定工作问题和隐患的长效机制，促进校园整体平安和谐，为学校改革发展建设各项工作奠定坚实基础。

2. 要形成整体合力推进

基层单位平安建设工作是一项系统工程，需要统筹各方面的资源力量，共同保障建设工作的顺利实施。安全稳定工作各相关单位要切实做好组织协调，加强对学院工作监督指导，统筹推进整体工作，及时总结交流工作经验。各学院、各部门要认真学习研究，并提出本单位的创建工作方案，明确总体目标和阶段性任务，做好任务分解，列出时间计划，推动创建工作扎实有序开展。学校安全稳定工作领导小组要加强组织领导，强化工作保障，加强对基层单位平安建设的检查考核力度，真正把各项任务落实到基层单位，形成学校党委统一领导、基层单位负责、师生广泛参与的工作合力。

在创建原则指导下，应注重以下细节方面的落实：

1. 做好校园安全管理工作

学校人员密集、教学生活服务功能齐全，各类大型活动多，各类安全事故的社会关注度高、敏感性强，如果应对不当，容易转化为群体性事件甚至政治事件。各学院、各部门要按照“谁主管、谁负责”，“谁使用、谁负责”的原则抓好反奸防谍、保密、消防、交通、治安、危化品、水电气热、出租房屋、校门楼门、网络平台等安全管理工作，严格执行相关法律法规和规章制度，明确相关岗位的工作职责和工作标准，强化重点部位、重点领域的监督检查，预防各类安全事故。

2. 加强师生安全教育

随着安全稳定工作形势任务的发展变化，师生面临的安全风险更加复杂，新隐患增多，潜在危险源大量存在，自我保护的难度比以往更大。安全教育要紧跟形势变化，丰富内容和手段，提高安全教育的深度和广度。要抓好国家安全教育工作，引导师生牢固树立总体国家安全观，自觉维护国家安全和社会稳定，要抓好马克思主义宗教观教育，引导师生正确认识和处理宗教问题，自觉抵御校园传教现象。要做好反邪教宣传教育工作，提高师生发现邪教、抵御邪教的能力。要加强心理健康教育和心理疏导，引导师生树立积极向上的心态，培养健康自信的品格，创新工作模式，利用大数据分析等技术手段，有效防止学生自杀等极端现象的发生。要加强禁毒宣传教育，引导师生远离毒品，珍爱生命。要普及金融、电信防诈骗和反恐防暴知识，提升师生辨别发现异常情况和自救自护的能力。

3. 应对处置好各类突发事件

基层单位要进一步健全完善应急预案，细化处置措施，加强实战演练，确保对突发事件能够及时稳妥处置。要加强各类问题隐患的源头治理和动态排查，最大限度将突发事件稳控消灭在萌芽状态。要坚持边处置、边报告，及时准确报告突发事件的有关信息，争取相关单位和部门的工作支持，确保信息畅通，处置有力。

4.1.2 创建工作的组织领导

基层单位平安建设应由学校安全稳定工作领导小组负责领导，保卫工作部门负责日常指导工作。各学校二级单位安全稳定工作小组负责统一领导本单位基层单位平安建设工作，各单位党政办公室承担日常工作。学校领导小组研究负责制订创建工作标准。创建工作标准将作为各学院、教学科研单位和直附属单位等学校二级单位的创建依据。

4.1.3 创建工作的部署和推进

各基层单位组织要召开专题会议对基层单位平安建设进行研究，学习领会创建工作标准内容，在充分研究单位实际情况的基础上制定本单位创建工作实施方案。实施方案要明确本单位创建工作总体目标、工作计划和达标申请时间，要将重点工作任务进行细化分解，制定推进时间表，研究提出本单位创建工作的具体措施，明确各系、所、中心、教研室、实验室等内设机构的职责和任务。

各基层单位要按照创建标准要求，系统梳理总结本单位在安全稳定组织机构建设、安全稳定工作队伍建设、安全稳定责任体系建设、安全稳定制度体系建设、安全稳定预防体系建设、日常安全管理体系建设、突发事件应急体系建设、组织实施条件保障等八大体系建设的工作思路、具体措施、工作成效与基本经验，认真查找工作中的问题、不足与薄弱环节，认真研究并严格落实改进措施。通过创建活动全面提升工作的规范化、科学化水平，筑牢维护安全稳定的根基，加强改革创新，力争使本单位的安全稳定工作取得突破性进展，实现校园长治久安。

4.2 基层单位平安建设创建工作的评估程序

为了确保对基层单位平安创建成果评价的系统全面性和独立客观性，建设成果的验收要做好体系性检查、过程性检查和结果性检查三个方面的工作。

体系性检查，主要是评估各二级单位的平安建设体系是否完整，即是否规划并建立了目标明确，责任落实，管理规范，统筹推进的工作方案和创建体系。检查方式主要包括审阅二级单位提交的综合报告，查阅包括八大体系创建工作的相关支撑材料和二级单位特色创新工作材料；听取二级单位的综合汇报，内容应包含本单位基本情况、近一年安全稳定工作开展情况、基层平安建设工作组织实施情况、八大体系建设情况和特色工作等。

过程性检查，即“看操作，看现场，看过程”，评审专家将深入现场，实地走访安全重点部位，与二级单位下设各系、所、中心、实验室等内设机构安全稳定工作责任人、其他业务负责人和安全员开展座谈，进行实操演练和突发事件的桌面推演，检查相关人员的操作流程操作方法是否规范，随机抽点师生考察安全技能，发放安全知识调查问卷。

结果性检查，既要考察平安建设的创建结果，又要评估对以往出现的安全事件的处置结果。可以向师生发放调查问卷，通过科学规范的量表评价其安全感和幸福感程度，可以针对受调查对象的不同领域和学科，测试其安全操作技能是否已经具备，可以检查基层单位近期有没有发生安全稳定事件，事件发生后是否及时进行了缜密科学的弥补，是否做到了及时上报。检查过程中，检查组在全面检查学校安全常规工作的基础上，重点从安全教育、交通安全、设施设备等方面，“听”基层单位领导抓安全工作的整体部署、思路和方法，“访”师生、教工对安全管理的意见建议，“看”机房设施、消防设施、实验室、公共活动区域等重点部位的现场状况，“查”安全管理制度和各类管理记录。

在结果检查时，可以采用常规检查、安全检查表检查和仪器检查。常规检查即是由检查小组作为检查工作的主体，到基层现场，通过感观或辅助一定的简单工具、仪表等，对作业人员的行为、作业场所的环境条件、生产设备设施等进行的定性检查；安全检查表（SCL）是事先把系统加以剖析，列出各层次的不安全因素，确定检查项目，并把检查项目按系统的组成顺序编制成表，以便进行检查或评审；仪器检查法即采用专业的仪器设备进行定量化的检验与测量，发现安全隐患，从而为后续整改提供信息。

对通过达标验收的二级单位，授予“平安基层单位”称号，对验收不通过的单位，当年年终 KPI 考核“一票否决”。在此基础上学校每年评选出若干“平安基层单位”示范单位，进行表彰奖励，开展经验交流，发挥典型带动作用，营造创先争优氛围。同时，为了固化平安建设成果，保持常态化机制，还要做到“回头看”，通过循环检查随机抽查的方式，督促基层单位居安思危，警钟长鸣。

安全检查信息反馈是安全检查工作的重要组成部分，也是安全检查工作时效性的重要保障与体现之一，基层单位平安建设安全检查信息反馈主要包括以下两方面：一是专家领导小组的检查和抽查，安全检查人员在每次检查工作完成后将检查结果汇总形成工作报告和报表，及时汇报领导，对于一般问题，在基层单位的工作会议上进行通报；对于有安全隐患和其他需要及时解决的问题，第一时间汇报学校，并联系或协调相关负责人及时处理。二是各系、部、中心、实验室、研究所的安全自查，各单位的安全检查人员，在检查工作完成后，将安全检查表格签字统一保存，对于检查中发现的问题，视情况严重性及时采取措施解决或汇报相关领导解决。

北京高校安全技术防范系统建设标准研究

北京林业大学《北京高校安全技术防范系统建设标准研究》课题组

1 研究背景

近年来，安全技术防范和消防系统建设日新月异，各种新技术、新手段层出不穷，北京高校基本上都配备了安全技术防范手段，建成了各类消防系统，各个高校都有各自的问题与特点。

在技防建设上，有些高校资金投入重点在科研和基建项目，技防系统建设相对较晚且分散，缺乏统一规划。有些高校每建设一部分校园楼宇，就在该区域设立一个监控室，造成人力、物力和财力的浪费，有的新建建筑和场所未增加相应的配套技防设施，设计还存在盲点、死角，难以对校园治安动态进行全面的掌控。由于建成年代不同，技防设备采用的摄像机厂家各不相同，厂家所使用的编解码方法和协议也不相同，一部分摄像机还是模拟信号，一部分摄像机虽然属于数字信号，但是配置极低，传输线路基本上是同轴电缆或双绞线，达不到性能要求。技防建设设计涉及学校多个部门，有些学校校内部门缺乏配合，对技防系统的设计方案、工程标准、技术选型等理解不一致，对建设中的权、责、利分配不明确，导致技防建设仓促上马，边招标、边设计、边施工、边修改；工程建设过程中没有有效监督监管，不能及时发现建设问题，导致高校内部失去了对工程设计的了解，也失去了对工程建设质量的把控，由此失去了对工程技术的主导权，变得完全依赖于建设方，从而导致安全隐患重重。在技防系统建成后，部分高校无专业技术人员来管理和维修、无后续经费投入，缺乏一支高素质、专业的技防队伍使用、控制与维护技防系统，不能很好地发挥技防系统的各项功能。

在消防系统建设上，由于国家有明确的法律规定，除了 1998 年 9 月 1 日以前的校园建筑没有配备外，新建楼宇都配备了必要的消防设施设备。随着新问题的不断出现，校园消防系统建设标准也在不断更新，原有校园消防系统都要进行改造以符合新的消防法规建设要求。

2 研究目标

本研究旨在通过调研各校安全技术防范和消防系统建设现状，结合新技术发展情况，根据国家和北京市安全技术防范系统、消防系统相关标准，提出一个适用于大部分北京高校，有参考价值的高校安全技术防范和消防系统建设、使用、维护规范，使高校技防和消防建设有据可依，全面提高高校安全技术防范和消防系统建设、使用、维护水平，进一步推进首都高校“平安校园”建设。

学校安全技术防范和消防系统建设应纳入学校总体建设规划，综合设计、同步实施、独立验收。学校安全技术防范设计应遵循技防、物防、人防相结合的原则，根据学校自身特点和防护对象的重要程度，采取相应的防护措施，构建技术先进、实用可靠的安全防范系统。学校安全技术防范系统的设计和建设应符合 GB 50348、GB/T 31068 的国家标准，设计方案应经过专家论证，工程建设应引入监理机制，保证工程设计与建设质量。学校安全技术防范系统的设计和建设应遵循先进性、兼容性和扩展性原则，功能和技术应适度超前，各子系统应相互兼容、集成设计，系统应留有增容和改造空间，构建全方位、高水平、可持续的校园安全技术防范系统。学校安全技术防范系统联网应采用专用网络，特殊需要通过校园网络传输数据时，应确保信息传输的安全。学校应有针对安全技术防范系统信息保密和保护人员隐私的措施，有效保障信息安全和师生员工隐私。学校安全技术防范系统中使用的产品和设备应符合国家现行相关标准要求，并经法定机构检验或认证合格。校园内其他行业营业机构或场所的安全技术防范和消防系统建设应符合国家和北京市现行相关标准规定。

本研究根据校园内不同区域的情况，区分防范级别和防护要求，将校园内分为重点要害部位、重点公共区域和一般区域，配置不同级别的安全防范设施。防范设施包括视频监控系统、入侵报警系统、出入口控制系统、紧急报警求助系统、电子巡查系统、智能交通管理系统、消防安全系统、校园安全信息化综合管理平台、监控中心等系统，各个系统的建设都有相应的系统功能和技术要求规范。对于建成的系统，学校应指派经过培训的、具有对应操作资质的人员运行、维护、管理系统，根据需要对系统进行升级改造，建立运行维护保障的长效机制，并设立专项维保经费。

3 研究成果

课题组经过调研、走访，面向北京 100 多所各级各类高校、职业院校发放 100 多份调查问卷，查阅技防及消防建设的相关国家标准和行业标准，提出了首都高校安全技术防范系统的建设、运行、维护标准，以期为首都高校安全技术防范系统建设提供一个可供参考的最低要求，更好的发挥技防和消防系统在维护校园安全稳定中的作用。

附件：

1. 首都高校安全技术防范系统的建设、运行、维护标准
2.《北京高校安全技术防范系统建设标准研究课题》调查问卷

附件 1

首都高校安全技术防范系统的建设、运行、维护标准

为进一步深化“平安校园”建设，推动首都高校校园安全管理技术防范系统建设水平，全力维护校园安全稳定，根据国家和北京市安全技术防范系统相关标准要求，结合首都高校安全技术防范系统建设、运行、维护的整体情况，制定本标准。

一、适用范围

本标准适用于北京市所有全日制普通高等学校（含民办）新建、改建、扩建的安全技术防范系统建设、运行、维护。其他高等教育机构可参照执行。

二、基本原则

（1）高校安全技术防范系统建设应纳入学校总体建设规划，应综合设计、同步实施、独立验收。

（2）高校安全技术防范系统的设计应符合国家现行相关标准，遵循技防、物防、人防相结合的原则，充分考虑学校自身特点和防护对象的重要程度，采取相应的防护措施，构建技术先进、经济合理、实用可靠的安全防范系统。

（3）高校安全技术防范系统联网应采用专用网络，利用校园网络传输数据时，应确保信息传输的安全。

（4）学校安全技术防范视频监控系统联网应符合 GB/T 28181 的相关要求。

（5）高校安全技术防范系统中使用的产品和设备应符合国家现行相关标准的要求，并经法定机构检验或认证合格。

（6）学校应有针对安全技术防范系统信息保密和保护人员隐私的措施。

（7）校园内其他行业的营业机构或场所的安全技术防范系统建设应符合国家现行相关标准的规定。

（8）高校安全技术防范系统建设设计应遵循先进性、兼容性和扩展性原则，应结合学校实际情况，充分整合各项安全技术防范子系统，构建全方位、高水平、可持续的校园安全技术防范系统。

三、防范部位与防护要求

（一）重点要害部位

下列部位确定为学校安全技术防范系统的重点要害部位：

1. 涉及国家秘密项目（课题）的研究场所；

2. 机要室（储存机密材料、国家级考试试卷）、档案馆等场所；

3. 国家实验室、国家重点实验室等场所；

4. 高价值教学与科研设备存放场所；

5. 核、生、化、爆等实验室及危险品生产、使用、储存场所；

6. 管制物品、贵重物品集中存放或生产、制作及销毁场所；

7. 财务中心、资金结算等现金流量较大的场所；

8. 信息中心、监控中心、有线广播（电视）中心机房及校园网络中心机房等重要数据交换、存储的场所；

9. 燃气站、水泵房、变电站、加油站、加气站、锅炉房等重要基础设施设备；

10. 米、面、粮、油等食品加工、储存场所；

11. 校医院药房；

12. 存放文物的场所及古建；

13. 其他自行确定的重点要害部位。

上述重点要害部位的出入口应全部安装视频监控系统，并实现全覆盖，摄像机应为数字高清，红外摄像，清晰度不低于1080P，存储时间为45天以上；出入口应全部安装出入口控制系统，使用指纹识别或人脸识别，数据存储为45天以上；第1、2条的重点要害部位内部安装视频监控要符合相关保密规定，其他部位内部应全部安装视频监控系统，并实现全覆盖，摄像机应为数字高清，红外摄像，清晰度不低于720P，存储时间为45天以上；内部应全部安装入侵报警系统；周边应全部安装电子巡查系统；第1、2、5、6、7、9、12条的部位应全部安装紧急报警求助系统。

（二）重点公共区域

下列区域确定为学校安全技术防范系统的重点公共区域：

1. 校园出入口、校园主干道路及交叉口；

2. 图书馆、办公、教学、科研场所；

3. 校园制高点、中心广场等场所;

4. 体育场馆、会议中心、学生活动中心等大型活动场所;

5. 学校医院、食堂、宿舍、宾馆、招待所等场所;

6. 机动车停车场(库)、非机动车集中存放场所;

7. 其他自行确定的重要公共区域。

上述区域应全部安装视频监控系统;应全部安装电子巡查系统;校园出入口、校园主干道路及交叉口应安装智能交通管理系统;校园出入口、宿舍、宾馆、招待所、机动车停车场(库)、非机动车集中存放场所等区域应安装紧急报警求助系统。

(3)一般区域

池塘、湖泊、河流、假山、绿地等场所。

该区域应安装视频监控系统,并实现上述区域面积的50%以上覆盖;应安装紧急报警求助系统,应安装电子巡查系统。

四、安防系统建设要求

(一)视频监控系统

1. 规范性和实用性

视频监控系统的设计和建设应首先符合GB 50348、GB 50395的相关要求,设计要基于对现场的实际勘察,根据环境条件、监视对象、维护保养以及监控方式等因素统筹考虑。系统的设计应符合有关风险等级和防护级别的要求,符合有关设计规范、设计任务及建设方的管理和使用要求。

2. 先进性和兼容性

视频安防监控系统的设计在技术上要具有适度超前性和设备的兼容性,为系统的增容和改造留有余地,当与其他系统联合设计时,应进行系统集成设计,各系统之间既能相互兼容又能独立工作,并要提供相应的通信接口,以便与管理计算机或网络连接,形成综合性的多媒体监控网络。

3. 准确性和完整性

1)视频安防监控系统要确保能在现场环境条件和所选设备条件下,对防护目标进行准确、实时的监控,能清晰显示和准确记录防护目标的可用图像。

2)系统要保持图像信息和声音信息的原始完整性和实时性,即无论中间过程如何处理,应使最后显示/记录/回放的图像和声音与原始场景保持一致,即在色彩还原性、图像轮廓的还原性(灰度级)、事件后继性、声音特征等方面均与现场场景保持最大相似性(主观评价),并且后端图像和声音的实时显示与现场事件发生之间的延迟时间应在合理范围之内。

3)除第2条外,还应对现场视频探测范围有一个合理的分配,以便获得现场的完整的图像信息，减少目标区域的盲区。

4）当需要复核监视现场声音时，系统要配置声音复核系统（音频探测）。

图像采集系统建设标准

1. 校园出入口、停车场出入口及所有建筑物的出入口应实现视频监控的全部覆盖，摄像机应当实现数字高清。有条件的可以增加人脸识别技术；

2. 视频监控摄像视场角应覆盖该校园面积80%以上，校园内重要路口、重要区域也应实现视频监控的全部覆盖。有条件的可以增加人员聚集自动报警功能；

3. 所有建筑物内的楼道、楼梯口、电梯等公共区域应安装视频监控系统；

4. 校园重点要害部位内部应安装视频监控系统，但要符合相关保密规定；

5. 录像的清晰度不低于702 x 576彩色像素点阵，记录保存时间应不少于30天，观看所摄录的图像应能辨识被摄录人员、车辆和其他主要物品标识性特征；

6. 被摄像目标的照度应符合摄像机正常摄取图像的照度要求，在照度达不到要求时应增加辅助照明设施，保证被摄像目标清晰可见。

图像管理系统建设标准

1. 中央监控室应设置电视墙，直接或轮循显示监控图像；

2. 可实现多媒体图像的自动切换和手动切换，自动切换的路数、间隔时间可调、任意摄像机的编号的修改；

3. 系统具有完善的控制与管理功能，均可利用鼠标通过汉字菜单界面进行操作，菜单与视频图像同屏显示，操作简单、直观、方便；

4. 系统定义多种使用级别：只有管理员才能进行高级别的操作；

5. 在控制中心为所有重要设备配置的UPS电源，可以保证断电后的正常工作。

（二）入侵报警系统

1. 入侵报警系统的设计与建设应首先符合GB 50348、GB 50394的相关要求；

2. 封闭式校园周界应设置入侵报警系统；

3. 校园重点要害部位应设置入侵报警系统，其中被防护目标为工作场区或独立建筑物的应设置电子周界防护设施；无人值守或分时有人值守的被防护场所及部位应安装防盗、防入侵报警器，在无人值守期间报警器应进入设防状态。对有人值守场所宜安装主动报警设施；

4. 电子周界防护设施、防盗和防入侵报警器、电子出入口控制设施应与被防护目标的摄像机复核使用，当使用辅助灯光时，应实现报警、摄像与灯光联动。

（三）出入口控制系统

1. 出入口控制系统的建设应符合GB 50396的相关要求；

2. 校园重点要害部位应设置出入口控制系统；

3. 系统应实现独立运行，并应能与视频监控、火灾自动报警、入侵报警、电子巡查等系统联动，宜于监控中心联网；

4. 系统应具有对时间、地点、人员信息的显示、记录、查询、打印等功能，记录存储时间应大于 30 天；

5. 系统应具有防篡改、防销毁的功能。

（四）电子巡查系统

1. 电子巡查系统的建设应符合 GA/T 644 的相关要求；

2. 有条件的可以采用 GPS 全球卫星定位技术、GIS 地理信息处理系统，实现实时、智能巡检管理。巡逻人员可与管理服务中心实时交互，提高工作效率，管理服务中心通过 GPS 定位和 3G 数据传输，实时掌握巡逻人员的巡逻路线；

3. 配备智能手持终端的应具备实时录像录音，并同步传输功能；

4. 在没有定位信号和需要精确巡检的关键点布设二维码巡检点，实现科学管理和考核；

5. 系统应具有查阅、打印个巡查人员的到位时间，对巡查时间、地点、人员、顺序等数据的显示、归档、查询和打印等功能；

6. 采集系统在更换电池或断电时，应确保存储的巡查信息不丢失；

7. 巡查信息在管理中心的存储时间应不少于 30 天。

（五）智能交通管理系统

1. 校园出入口应具有对进出校园车辆车牌识别功能，进行自动拍照，并对车牌号和时间进行存储；

2. 校园主要道路应设置自动检测车辆的超速行驶、违规停车等违规行为的系统；

3. 系统应具有记录、查阅、打印车辆及相关人员信息等功能；

4. 车辆数据及图片存储时间应不少于 30 天。

（六）紧急报警求助系统

1. 紧急报警求助系统的建设应首先符合 GB 50348、GB 50394 的相关要求；

2. 校园重点要害部位内部及其他治安案件易发区域均应安装紧急报警求助系统；

3. 紧急报警求助按钮的周围及主要通道适当位置应设置电子巡查信息点或采取专人值班登记制度，安全保卫人员应定期巡查；

4. 紧急报警求助按钮必要时可录音和摄像，要求录音信号与相应摄像信号保持同步；

5. 紧急报警求助按钮应结合学校的三维地图，准确定位；

6. 紧急报警求助按钮按下时，应在中控室的电子屏上自动弹出，并显示准确地点及实时的声音和图像；巡逻人员配备手持智能终端的，紧急求助按钮按下时，手持终端也能同时就收到报警信号；

7. 紧急报警求助系统应具有自动记录、查询、打印功能；

8. 相关数据存储时间应不少于 30 天。

（七）消防子系统

1. 总则

1）消防子系统的建设标准须符合国家的相关规范的要求，在此基础上，可参照本标准建设消防子系统。

2）本标准拟按照下列原则来划分消防子系统的建设标准：

①待建建筑和已按照《建筑设计防火规范》（GB 50016－2014）【以下简称新《建规》】设计并通过消防验收的永久建筑

②新《建规》施行前已经验收或无强制消防验收（1998 年 9 月 1 日前）的建筑

3）高校的建筑内人员聚集，基本上都属于消防安全重点防火单位。这些建筑的消防安全是消防管理的重中之重。为便于描述，对相应建筑进行分类，如下（仅包括永久建筑，不包括临时建筑）：

①学生宿舍、食堂（餐厅）、教学楼、校医院、体育场（馆）、会堂（会议中心）、超市（市场）、宾馆（招待所）、托儿所、幼儿园、小学以及其他文体活动、公共娱乐等人员密集场所；（简称“第 1 类单位”，以下所列单位按序号简称为“第 2 类单位”，以此类推）；

②高层建筑及地下室、半地下室、地下车库；

③学校网络、广播电台、电视台等传媒部门和驻校内邮政、通信、金融等单位；

④图书馆、展览馆、档案馆、博物馆、文物古建筑；

⑤供水、供电、供气、供热等系统；

⑥易燃易爆、有毒有害等危险化学物品的生产、充装、储存、供应、使用部门；

⑦实验室、计算机房、电化教学中心和承担国家重点科研项目或配备有先进精密仪器设备的部位，监控中心、消防控制中心；

⑧学校保密要害部门及部位。

2. 待建建筑和已按照新《建规》设计并通过消防验收的永久建筑的消防子系统建设标准

1）待建建筑的消防系统建设标准应符合新《建规》及其他现行规范的要求；

2）建筑内应预留多个网络端口（独立光纤或可独立划分给消防端口的网络），以满足消防系统日趋网络化、物联网化、集成化的需求；

3）如建设有火灾自动报警系统，可对其进行消防联网，实现多级管理、集中监管；

4）可设置消防水压远程监测系统、应急 IP 对讲及 IP 广播系统。

3．新《建规》施行前已经验收或无强制消防验收（1998 年 9 月 1 日前）的建筑的消防子系统建设标准

此类建筑因建设年代的不同和国家标准的更替，会存在不能实质性满足现行规范要求的，可酌情设置消防系统，以满足“预防为主”的基本目标。

1）火灾自动报警系统建设标准

①本标准总则第 3 条中所列第 1－8 类单位应按照设计规范的要求设置火灾自动报警系统，达不到规范要求的设置标准的建筑，可视实际情况设置；

②可能散发可燃气体、可燃蒸汽的场所，应设置可燃气体探测器及报警控制器；学生宿舍的房间内宜设置火灾探测器；需要极早期报警的，如档案馆、古建筑等建筑，可设置空气采样早期烟雾探测系统；具有有毒有害等危险化学物品的建筑，可设置相应的有毒有害气体探测器。

2）消防灭火系统建设标准

①建筑的周围应设有室外消火栓；

②应设置室内消火栓系统；

③按照新《建规》的要求设置自动喷水灭火系统；

④档案馆、博物馆、重要的配电室、本标准总则第 3 条中所列第 7－8 类建筑等可依据新《建规》设置自动气体灭火系统。

3）灭火器配备标准

①建筑内应按照规范要求设置相应品类的灭火器；

②灭火器的数量应符合相关规范的要求。

4）防烟、排烟、通风、供暖设施建设标准

①建筑内空气中含有容易起火或爆炸危险物质的房间，应设置自然通风或独立的机械通风设施，且其空气不应循环使用；

②人防层、地下车库等按照新《建规》的要求设置防烟和排烟设施；

③设置在可能发生冰冻现象的部位的消火栓管道、喷淋管道等消防设施，应设置保温设施或供暖设施。

5）消防应急照明和疏散指示标志建设标准

①建筑的公共区域和重点部位应设置消防应急照明和疏散指示标志；

②有条件的可设置智能型消防应急照明和疏散指示标志。

6）防火门监控系统建设标准

建筑内设置有需要经常通行的常闭防火门或常开防火门宜设置防火门监控系统。

7）消防联网系统及其他消防设施建设标准

①如建设有火灾自动报警系统，可对其进行消防联网，实现多级、集中监管；

②可设置消防水压远程监测系统、应急 IP 对讲及 IP 广播系统。

4．消防子系统的设计、施工、验收、交付使用的全过程，应当有学校保卫部门参与。

（八）监控中心

1．监控中心的建设应符合 GB 2887、GB 50348 的相关规定；

2．学校应建立集中管理的监控中心，可根据实际需要设立分控中心。监控中心和分控中心应有保证自身安全的防护措施和进行内外联络的通信手段；

3．有多个校区的学校，各校区应分别建立监控中心，宜通过管理平台与集中管理的监控中心联网；

4．监控中心应具有向上级主管部门（含公安机关）联网的接口；

5．监控中心内，应进行功能区划分，应设置设备间、值守操作区、接警室、指挥中心、备勤室等功能区；

6．总监控中心面积应不低于 150 平方米。

（九）校园安全信息化综合管理平台

1．安防综合管理平台功能要求：

1）应具备各子系统整合功能，并满足以下要求：

①应具备集综合值班、师生求助、消防报警、视频监控、视频会议、应急指挥“六位一体”的功能；

②应将学校的视频监控、消防报警、智能交通、入侵报警、门禁/出入口、电子巡查和紧急求助等安防及消防子系统的资源进行整合，实现有效联动；

③应将所有系统内产生的视频信息、报警告警信息、电子地图、设备信息、网格信息、人员信息、事件信息、流程信息等全部整合，实现数字化管理。

2）应具备图形展示功能，并满足以下要求：

①应能显示学校地理信息底图、周边环境图、建筑平面图、设备和设施平面图、专业系统图等各类图形；

②应能显示区域网格信息，按网格区域查看功能区、楼宇、房间及相关人事物等信息，应以图形化的形式展示部件维护信息，包含部件类型、厂家、维护单位、维护时间等；

③应实现各子系统状态的综合监测，能展示系统正常、故障及报警状态。报警须用中文标注图中的报警区域、报警部件及物理位置；

④地图应采用二维地理信息数据（GIS），宜根据学校实际情况采用三维地图进行图形展示；

⑤统计分析数据宜采用柱状图、饼状图等统计图形展示形式。

3）应具备联动控制功能，并满足以下要求：

①应能接收所有技防及消防子系统的报警及告警消息，并能实现联动控制功能；

②应内建联动控制逻辑程序，根据报警流程、报警优先级高低和报警时间先后，执行报警联动控制程序；

③当发生火灾等报警时应能联动地图位置、视频信息、应急预案、应急资源、应急力量等，地图、预案、资源信息宜三屏同时显示，应能联动声光报警及短信通知，宜通过广播、显示屏、手机 APP 等发布应急、疏散指令；

④告警时应能联动设备部件管理，根据告警处理流程，准确显示故障设备具体信息，并对设备状态进行标记，应能联动声光报警及短信通知，宜通过手机 APP 等发布故障信息。

4）应具备视频管理功能，并满足以下要求：

①应能对整合的多个厂家的摄像机、编码器、解码器、硬盘录像机、网络存储等设备进行集中管理；

②应具备实时视频监控功能，应能在电子地图上调用和播放摄像点实时监控画面，按权限进行云台和镜头的控制，并能够与大屏及电视墙联动；

③应具备录像回放功能，应能支持按时间、事件和地点来搜索录像；应支持快进回放和单帧快进回放；可按时间精确定位；应允许单点多时段回放以及多点同步回放；可回放抓图、回放下载；可以对录像进行剪辑存储；

④宜实现但不限于：人脸识别，人流量统计，校园暴力及行为分析，物品遗留、拿取等视频智能分析功能。

5）应具备应急处置功能，并满足以下要求：

①应能建立应急响应预案，应能在事件发生时，结合具体事件自动或采用手工方式调用相关行动预案，应能根据实际使用反馈进行应急响应预案的维护和更新；

②应能接收各联动子系统发布的自动报警和/或人工报警受理突发事件的相关信息，其中应包含事件发生的地点、时间、级别、类型等内容，应能联动显示事件地图定位，及摄像机实时视频；

③应具备应急资源及应急力量的管理功能，能够对用于应急响应的资源的状态、位置、通讯方式等进行更新和管理；

④事后宜对事件处置过程进行总结和评估，主要包括分析评估、评估项维护、案例回放等功能。

6）应具备网格化管理功能，并满足以下要求：

①应通过网格管理实现人地事物组织的管理精细化，应可对校园网格进行动态划分，对网格结构图、网格区域、楼宇、楼层、房间等信息进行管理与维护；

②网格信息内容应包括但不限于网格划分、责任人、联系方式、工作重点、工作内容、楼层信息等；

③应能支持多次网格划分，并在 GIS 地图上动态展示校园网格信息；

④应提供多种网格查找方式，如 GIS 地图、层级、名称、编码等方式查找。

7）应具备智能巡查管理功能，并满足以下要求：

①结合物联网技术，采用 GPS 定位与巡查点定位相结合的方式实现巡查人员的实时定位，巡查点应布设二维码或 RFID 标签，管理服务中心应能通过 GPS 或者巡查点信息获取巡查人员位置坐标；

②巡查人员可与管理服务中心实时交互，通过手持设备，实现基于文字、图片、视音频等多种方式的交流互动；

③应能按照管理需要发布巡查任务至巡查人员终端，巡查人员按照任务行进路线进行巡查，并生成数据统计分析报告。巡查人员位置及路线都应在 GIS 地图上按需进行呈现。

8）应具备智能交通管理功能，并满足以下要求：

①应能整合车辆出入口管理系统、车辆卡口测速系统、违章停车系统、停车场管理系统等智能交通相关子系统；

②应具有对车辆进出校园数据的统计分析功能；

③应能够记录、查阅、打印车辆及相关人员信息，对进出校园时间、出入口等数据进行显示、归档、查询、打印等操作；

④应能够与视频监控联动，实现对车辆在校园道路行驶和停放的管理；对违章车辆自动抓拍并存档记入黑名单，违章信息以短信通知车主；或推送至校园出口，车辆出校门时提示违章信息。

9）应具备数据统计分析功能，并满足以下要求：

①应对平台数据进行自动记录与统计分析，定期生成统计报表。统计内容包括但不限于：事件统计、故障统计、误报统计、交通数据统计等；

②宜提供校园安全报告模板，根据校园各类安全事件统计分析数据，自动和人工结合编制出学期、年度的校园安全报告；

③宜基于平台数据统计分析结果扩展实现预测预警和管理决策功能。

10）应具备操作功能，并满足以下要求：

①应具备不同的操作级别，登录不同的操作级别可获取不同操作授权；

②应具备对摄像机进行手动和自动操作功能以及点播图像至指定的终端监视器的功能；

③应具备列表、台账、记录等的分类检索、调阅、打印、生成报表、下载等功能。

在事件查询的同时，应能回放与该事件相关联的语音和视频记录文件；

④在操作级别允许的条件下应能对下列内容进行修改，并应记录修改时间及操作人员等信息：各类图形的增加与删除，平面图、系统图上技防、消防设施设备的增加与删除，平面图、系统图上技防、消防设施设备的位置、类型及标注。

11）应具备系统管理功能，并满足以下要求：

①应能够对用户进行角色分配及权限配置；

②应能够实现功能、设备部件的权限配置；

③应能够实现日志、事件等的记录功能。

2. 其他安全信息化管理平台功能要求，应具备但不限于如下功能：

1）宜具备安全培训系统，并满足以下要求：

实现对全校安全保卫工作人员以及师生的安全教育培训，包括安全知识学习、考试等功能。

2）宜具备隐患排查系统，并满足以下要求：

①实现学校风险台账管理，包括隐患维护、隐患排查、隐患统计等功能；

②宜根据历史数据统计分析结果实现风险预估，用不同颜色标注不同级别预警。

3）宜具备户籍管理系统，并满足以下要求：

实现学生户籍信息管理，包括户籍办理预约、户籍的迁入迁出、户籍注销等功能。

4）宜具备舆情监测系统，并满足以下要求：

实现校园舆情信息监测，包括舆情信息的抓取、过滤以及分析等功能。

5）还宜包含值排班管理、车证管理、重大活动管理、风险评估等信息化系统。

3. 信息化平台应符合如下要求：

1）平台应满足可靠性、可扩展性、通用性、平台无关性、兼容性、设计原则。平台关键设备应进行冗余设计；

2）宜采用 CS 与 BS 相结合的架构，终端支持 PC 端、安卓及 IOS 移动端；

3）响应时间：事件触发报警时间不应大于 1 秒；联动控制及操作响应时间不应大于 3 秒；平面图游览响应时间不宜超过 2 秒；现场数据查询响应时间不宜超过 2 秒；历史数据查询响应时间不宜超过 3 秒；各级间网络传输延时时间不宜超过 5 秒；

4）定位：图形上设备定位不应超过 ±1 米，设施定位不应超过 ±3 米；

5）平台数据库设计应遵循先进性与实用性相结合的原则、标准化原则、集成化原则、安全性与可靠性原则；

6）平台数据库中应包括：地理信息底图、周边环境图、建筑总平面图、设备和设施平面图、专业系统图、技术防范设施设备数据表、信息记录表等。各类图形宜采用矢量图方式，可局部放大和缩小；

7）能生成管理、维护、技防、消防事件分析所需的报告并打印和输出；

8）应能进行实时信息和历史信息的打印和输出。

（十）系统供电

学校安全技术防范系统供电要求应符合 BG/T 15408 相关规定。

学校安全技术防范系统供电应根据实际情况配备备用电源，备用电源应保证入侵报警系统正常工作时间大于或等于 8 小时，保证视频监控系统的摄像机、录像设备和主要控制显示设备正常工作时间大于或等于 1 小时，保证出入口控制系统正常工作时间大于或等于 8 小时。

五、安防系统使用和维护要求

（一）安全技术防范系统竣工后，应按 GB 50348 的有关规定进行系统检验和验收；

（二）学校应建立安全技术防范系统运行维护保障的长效机制，制定突发事件应急处置预案；

（三）学校应对安全技术防范系统进行实时维护、保养，保持系统良好的运行状态；

（四）学校应根据安全技术防范系统运行情况和安全防范工作需要，对系统进行必要的升级改造，使系统持续发挥应有的安全防范效能；

（五）学校应设专人负责安全技术防范系统日常管理工作。监控中心应保证有人值班，值班人员应培训上岗，掌握系统运行、维护的基本技能；

（六）高校专、兼职安全技术防范工作人员应持证上岗；

（七）学校应配置专业人员定期对安全技术防范系统进行巡检、运行维护；

（八）安全技术防范系统出现故障后，应在 48 小时内修复，在系统恢复前应采取有效的应急防范措施；

（九）学校应设置安全技术防范系统维保经费，在系统质保期满后，第一年的维保经费按照系统建设成本 5% 的比例计算，之后每年在上年基础上增加 3—5%。

表 1　学校重点要害部位安全技术防范设施配置表

序号	重点要害部位		技防设施	配置要求
1	涉及国家秘密项目（课题）的研究场所	出入口	视频监控系统	摄像机为数字高清，不低于 1080P，红外摄像，数据存储 45 天以上
			出入口控制系统	指纹识别或者人脸识别，数据存储 45 天以上
		内部	视频监控系统	应符合相关保密规定
			入侵报警系统	应
			紧急报警求助系统	应
		周边	电子巡查系统	应

（续表）

<table>
<tr><th>序号</th><th colspan="2">重点要害部位</th><th>技防设施</th><th>配置要求</th></tr>
<tr><td rowspan="6">2</td><td rowspan="6">机要室（储存机密材料、国家级考试试卷）、档案馆等场所</td><td rowspan="2">出入口</td><td>视频监控系统</td><td>摄像机为数字高清，不低于 1080P，红外摄像，数据存储 45 天以上</td></tr>
<tr><td>出入口控制系统</td><td>指纹识别或者人脸识别，数据存储 45 天以上</td></tr>
<tr><td rowspan="3">内部</td><td>视频监控系统</td><td>应符合相关保密规定</td></tr>
<tr><td>入侵报警系统</td><td>应</td></tr>
<tr><td>紧急报警求助系统</td><td>应</td></tr>
<tr><td>周边</td><td>电子巡查系统</td><td>应</td></tr>
<tr><td rowspan="5">3</td><td rowspan="5">国家实验室、国家重点实验室等场所</td><td rowspan="2">出入口</td><td>视频监控系统</td><td>摄像机为数字高清，不低于 1080P，红外摄像，数据存储 45 天以上</td></tr>
<tr><td>出入口控制系统</td><td>应</td></tr>
<tr><td rowspan="2">内部</td><td>视频监控系统</td><td>摄像机为数字高清，不低于 720P，红外摄像，数据存储 45 天以上</td></tr>
<tr><td>入侵报警系统</td><td>应</td></tr>
<tr><td>周边</td><td>电子巡查系统</td><td>应</td></tr>
<tr><td rowspan="5">4</td><td rowspan="5">高价值教学与科研设备存放场所</td><td rowspan="2">出入口</td><td>视频监控系统</td><td>摄像机为数字高清，不低于 1080P，红外摄像，数据存储 45 天以上</td></tr>
<tr><td>出入口控制系统</td><td>应</td></tr>
<tr><td rowspan="2">内部</td><td>视频监控系统</td><td>摄像机为数字高清，不低于 720P，红外摄像，数据存储 45 天以上</td></tr>
<tr><td>入侵报警系统</td><td>应</td></tr>
<tr><td>周边</td><td>电子巡查系统</td><td>应</td></tr>
<tr><td rowspan="6">5</td><td rowspan="6">核、生、化、爆等实验室及危险品生产、使用、储存场所</td><td rowspan="2">出入口</td><td>视频监控系统</td><td>摄像机为数字高清，不低于 1080P，红外摄像，数据存储 45 天以上</td></tr>
<tr><td>出入口控制系统</td><td>指纹识别或者人脸识别</td></tr>
<tr><td rowspan="3">内部</td><td>视频监控系统</td><td>摄像机为数字高清，不低于 720P，红外摄像，数据存储 45 天以上</td></tr>
<tr><td>入侵报警系统</td><td>应</td></tr>
<tr><td>紧急报警求助系统</td><td>应</td></tr>
<tr><td>周边</td><td>电子巡查系统</td><td>应</td></tr>
</table>

（续表）

序号	重点要害部位		技防设施	配置要求
6	管制物品、贵重物品集中存放或生产、制作及销毁场所	出入口	视频监控系统	摄像机为数字高清，不低于 1080P，红外摄像，数据存储 45 天以上
			出入口控制系统	应
		内部	视频监控系统	摄像机为数字高清，不低于 720P，红外摄像，数据存储 45 天以上
			入侵报警系统	指纹识别或者人脸识别，数据存储 45 天以上
			紧急报警求助系统	应
		周边	电子巡查系统	应
7	财务中心、资金结算等现金流量较大的场所	出入口	视频监控系统	摄像机为数字高清，不低于 1080P，红外摄像，数据存储 45 天以上
			出入口控制系统	刷卡
		内部	视频监控系统	摄像机为数字高清，不低于 720P，红外摄像，数据存储 45 天以上
			入侵报警系统	应
		现金柜台	紧急报警求助系统	触发式
		周边	电子巡查系统	应
8	信息中心、监控中心、有线广播（电视）中心机房及校园网络中心机房等重要数据交换、存储的场所	出入口	视频监控系统	摄像机为数字高清，不低于 1080P，红外摄像，数据存储 45 天以上
			出入口控制系统	刷卡
		内部	视频监控系统	摄像机为数字高清，不低于 720P，红外摄像，数据存储 45 天以上
		周边	电子巡查系统	应
9	燃气站、水泵房、变电站、加油站、加气站、锅炉房等重要基础设施设备	出入口	视频监控系统	摄像机为数字高清，不低于 1080P，红外摄像，数据存储 45 天以上
			出入口控制系统	刷卡
		内部	视频监控系统	摄像机为数字高清，不低于 720P，红外摄像，数据存储 45 天以上
			紧急报警求助系统	应
			入侵报警系统	应
		周边	电子巡查系统	应

（续表）

序号	重点要害部位		技防设施	配置要求
10	米、面、粮、油等食品加工、储存场所	出入口	视频监控系统	摄像机为数字高清，不低于 1080P，红外摄像，数据存储 45 天以上
			出入口控制系统	刷卡
		内部	视频监控系统	摄像机为数字高清，不低于 720P，红外摄像，数据存储 45 天以上
			入侵报警系统	应
		周边	电子巡查系统	应
11	校医院药房	出入口	视频监控系统	摄像机为数字高清，不低于 1080P，红外摄像，数据存储 45 天以上
			出入口控制系统	刷卡
		内部	视频监控系统	摄像机为数字高清，不低于 720P，红外摄像，数据存储 45 天以上
			入侵报警系统	应
		周边	电子巡查系统	应
12	存放文物的场所及古建	出入口	视频监控系统	摄像机为数字高清，不低于 1080P，红外摄像，数据存储 45 天以上
			出入口控制系统	刷卡
		内部	视频监控系统	摄像机为数字高清，不低于 720P，红外摄像，数据存储 45 天以上
			入侵报警系统	应
			紧急报警求助系统	应
		周边	电子巡查系统	应

表 2　学校重点公共区域安全技术防范设施配置表

序号	重点公共区域		技防措施	配置要求
1	校园出入口	出入口	视频监控系统	视频监控全部覆盖，摄像机为数字高清，不低于 1080P，红外摄像，数据存储 45 天以上，宜安装人脸识别系统
			智能交通系统	对进出车辆进行车号登记和拍照
			紧急报警求助系统	应
			电子巡查系统	应

（续表）

序号	重点公共区域		技防措施	配置要求
2	校园主干道路及交叉口	主干道路及交叉口	视频监控系统	视频监控全部覆盖，摄像机为数字高清，不低于 1080P，红外摄像
			智能交通系统	对车辆进行超速、逆行、违停监测
3	图书馆、办公、教学、科研场所	出入口	视频监控系统	视频监控全部覆盖，摄像机为数字高清，不低于 1080P，红外摄像
			出入口控制系统	刷卡
		楼道、楼梯口和电梯轿厢	视频监控系统	视频监控全部覆盖，摄像机为数字高清，不低于 720P，红外摄像
		图书馆内部	视频监控系统	视频监控全部覆盖，摄像机为数字高清，不低于 720P
		周边	电子巡查系统	应
4	校园制高点、中心广场		视频监控系统	视频监控全部覆盖，摄像机为数字高清，不低于 1080P，红外摄像
		周边	电子巡查系统	应
5	体育馆、会议中心、学生活动中心等大型活动场所	出入口	视频监控系统	视频监控全部覆盖，摄像机为数字高清，不低于 1080P
		内部	视频监控系统	视频监控全部覆盖，不低于 720P
6	宿舍、宾馆、招待所等场所	出入口	视频监控系统	视频监控全部覆盖，摄像机为数字高清，不低于 1080P，红外摄像
			出入口控制系统	刷卡
		楼道、楼梯口和电梯轿厢	视频监控系统	视频监控全部覆盖，摄像机为数字高清，不低于 720P，红外摄像
		门卫室	紧急报警求助系统	应
		周边	电子巡查系统	应
7	食堂	出入口	视频监控系统	视频监控全部覆盖，摄像机为数字高清，不低于 1080P
		内部	视频监控系统	视频监控全部覆盖，摄像机为数字高清，不低于 720P
		周边	电子巡查系统	应

（续表）

<table>
<tr><th>序号</th><th colspan="2">重点公共区域</th><th>技防措施</th><th>配置要求</th></tr>
<tr><td rowspan="3">8</td><td rowspan="3">学校医院</td><td>出入口</td><td>视频监控系统</td><td>视频监控全部覆盖，摄像机为数字高清，不低于1080P，红外摄像</td></tr>
<tr><td>主通道、楼梯口和电梯轿厢</td><td>视频监控系统</td><td>视频监控全部覆盖，摄像机为数字高清，不低于720P，红外摄像</td></tr>
<tr><td>周边</td><td>电子巡查系统</td><td>应</td></tr>
<tr><td rowspan="4">9</td><td rowspan="4">机动车停车场（库）、非机动车集中存放场所</td><td>出入口</td><td>视频监控系统</td><td>视频监控全部覆盖，摄像机为数字高清，不低于1080P，红外摄像</td></tr>
<tr><td rowspan="2">内部</td><td>视频监控系统</td><td>摄像机为数字高清，不低于720P，红外摄像</td></tr>
<tr><td>紧急报警求助系统</td><td>应</td></tr>
<tr><td>周边</td><td>电子巡查系统</td><td>应</td></tr>
</table>

附件 2

《北京高校安全技术防范系统建设标准研究课题》调查问卷

为全面准确了解当前首都高校安全技术防范系统建设的现状，分析高校技防系统建设存在问题及解决办法，为决策机构提供政策建议，我们特组织本次调查。本次调查收集的资料仅供研究之用，绝不用于典例，也不会泄露学校的任何信息。恳请您根据贵校技防建设实际情况如实填写。

请您于 2015 年 3 月 15 日前邮寄到：北京林业大学 174 信箱，邮编：100083，联系人：郑文波，联系电话：62338765　13810029169，电子邮箱：62336095@163. com

衷心感谢您的支持和合作！

《北京高校安全技术防范系统建设标准研究课题》课题组

2014 年 12 月

1 安全技术防范系统建设概况

1.1 是否已建成平安校园管理服务平台。 是□ 否□

1.2 学校已建成较为完善的子系统主要包括（多选）：

□消防子系统 □视频监控子系统

□智能交通子系统 □出入口控制子系统

□入侵报警子系统 □校园巡更和紧急求助子系统

1.3 各子系统是否已实现联网 是□ 否□

1.4 学校重点要害部位是否实现安全技术防范措施100%覆盖。

是□ 否□

1.5 自2010年以来累计投入经费________万元。

2 安全技术防范各子系统建设基本情况

2.1 消防子系统

2.1.1 全校消防报警系统是否已实现全校联网。 是□ 否□

2.1.2 学校在《消防法》颁布实施之前（1998年9月1日）所拥有的楼宇是否已全部安装消防自动报警系统。 是□ 否□

2.1.3 学生公寓是否均安装消防自动报警系统。 是□ 否□

2.1.4 学生公寓是否均安装额定功率自动断电系统。 是□ 否□

2.1.5 学生公寓是否均安装应急疏散指示系统。 是□ 否□

2.1.6 学校实验室是否均安装消防自动报警系统。 是□ 否□

2.1.7 学校图书馆是否均安装消防自动报警系统。 是□ 否□

2.1.8 消防报警系统是否与其他子系统实现联动。 是□ 否□

2.2 视频监控子系统

2.2.1 探头总数量______个。其中模拟探头：______个，数字探头______个。

2.2.2 图像传输方式：□校园网 □安防专用网

2.2.3 图像存储方式：□硬盘录像机 □网络存储

2.2.4 控制设备类型：□硬盘录像机 □控制软件

2.2.5 视频显示方式：□液晶拼接屏 □DLP拼接屏

2.2.6 学校重要出入口是否实现视频监控出入双向100%全覆盖。

是□ 否□

2.2.7 校内各楼宇常开出入口是否实现视频监控出入双向100%全覆盖。

是□ 否□

2.2.8 学生公寓公共区域是否均安装视频监控系统。 是□ 否□

2.2.9 视频监控智能分析应用的主要功能有（多选）：

□视频图像质量分析　□越界　□区域入侵
□人员聚集　□物品拿取　□徘徊检测
□人数统计　□人脸识别

2.2.10　视频监控子系统是否具有产品巡查功能。　是□　否□

2.2.11　视频监控子系统与下列哪个子系统实现了有效联动（多选）。

□消防子系统　□智能交通子系统
□出入口控制子系统　□入侵报警子系统
□校园巡更和紧急求助子系统

2.3　智能交通子系统

2.3.1　学校是否建立智能交通管理系统　是□　否□

2.3.2　车辆出入识别方式：　□车牌识别　□识别卡

2.3.3　是否建立车位引导系统　是□　否□

2.3.4　是否具有违章停车报警和提醒功能。　是□　否□

2.3.5　是否具有违章行驶报警和提醒功能。　是□　否□

2.3.6　智能交通子系统是否与其他子系统联动。　是□　否□

2.4　出入口控制子系统

2.4.1　学校是否建立出入口控制系统　是□　否□

2.4.2　身份识别方式：　□指纹识别　□一卡通　□人脸识别

2.4.3　出入控制方式：　□无障碍　□道闸　□其他

2.4.4　学生公寓是否安装出入口控制系统　是□　否□

2.4.5　图书馆是否安装出入口控制系统　是□　否□

2.4.6　实验楼是否安装出入口控制系统　是□　否□

2.4.7　财务室是否安装出入口控制系统　是□　否□

2.4.8　办公楼是否安装出入口控制系统　是□　否□

2.4.9　危险化学品库是否安装出入口控制系统　是□　否□

2.4.10　出入口控制子系统是否与其他子系统联动。　是□　否□

2.5　入侵报警子系统

2.5.1　学校是否建立入侵报警子系统　是□　否□

2.5.2　入侵探测方式：　□红外探测　□视频监控　□电子围栏

2.5.3　学校围墙是否安装入侵报警系统　是□　否□

2.5.4　财务室是否安装入侵报警系统　是□　否□

2.5.5　危险化学药品库、弹药库等是否安装入侵报警系统　是□　否□

2.5.6　保密室是否安装入侵报警系统　是□　否□

2.5.7 网络机房是否安装入侵报警系统 是□ 否□

2.5.8 安防中心是否安装入侵报警系统 是□ 否□

2.5.9 档案馆、博物馆等是否安装入侵报警系统 是□ 否□

2.5.10 学生公寓首层是否安装入侵报警系统 是□ 否□

2.5.11 入侵报警子系统是否与其他子系统联动。 是□ 否□

2.6 校园巡更和紧急求助子系统

2.6.1 学校是否建立校园巡更系统 是□ 否□

2.6.2 学校是否建立紧急求助系统 是□ 否□

2.6.3 巡更系统类型： □在线式 □离线式

2.6.4 紧急求助的方式：□报警电话 □呼叫中心 □报警按钮

2.6.4 智能交通子系统是否与其他子系统联动。 是□ 否□

3 安全技术防范系统的主要问题

3.1 安全技术防范系统设计不足主要指：

□实用性 □经济性 □前瞻性 □可扩展性

□其他____________________

3.2 安全技术防范系统作用的发挥

□很好 □好 □一般 □差

3.3 视频监控子系统夜间补光效果

□很好 □好 □一般 □差

3.4 视频监控录像回放清晰度

□很好 □好 □一般 □差

3.5 安全技术防范系统的维护保养情况

□很好 □好 □一般 □差

3.6 安全技术防范工程的售后服务期为几年

□1 年 □2 年 □3 年 □4 年及以上

3.7 每年是否与相关企业签订系统维护协议。 是□ 否□

3.8 安全技术防范系统每年维护保养经费占工程总投入的比例为

□3% □5% □6% □7%及以上

4 安全技术防范系统建设和运行管理的建议

4.1 平安校园管理服务平台应包含哪些功能模块。

□综合检测 □视频监控 □呼叫中心

□微信平台 □校园巡更 □信息管理

□应用中心 □户籍管理 □统计查询

□智能交通　　　　□事后评估　　　　□应急处置

□隐患分析　　　　□其他____________________

4.2　各系统联动最为迫切的项目是

□消防系统与视频监控联动

□视频监控与智能交通系统联动

□视频监控与入侵报警系统联动

□视频监控与出入口控制系统联动

□视频监控与校园巡更和紧急求助系统联动

□消防报警系统与出入口控制系统联动

4.3　其他建议____

____

____

____

高校大型活动安全管理工作指南研究

北京大学安全保卫部课题组

1 绪论

1.1 研究背景与意义

1.1.1 大型活动安全管理需求的日益增加

我国社会整体上已进入高速发展的黄金期，社会经济和文化事业快速发展，大型群众性活动越来越多，尤其是2008年北京奥运会、2010年上海世博会、2010年广州亚运会、2011年深圳大运会、2011年西安园博会及2014年南京青奥会等大型活动的成功举办，带来巨大的社会效益和经济效益，也吸引了更多的大型群众性活动在我国举办，呈现出活动数量多、规模大、周期长、形式多样的特点。然而，人财物高度集中、场所公开、不确定性突出、社会关注度高、影响深远等特点，也使得大型群众性活动面临更加复杂、多元的风险和威胁。如何全面提升大型活动安全管理水平，确保活动顺利有序开展，维护社会和谐稳定，已成为社会关注的重要问题，引起国家及政府部门的高度重视，也推动了学术界的思考与理论概括。

以大型活动安全管理的需求为导向，公安机关等一线工作部门积极研究对策，逐渐摸索出一套有效管理大型活动的工作制度和方法，不少地方专门制定了符合自身实际情况的法规规范，如《太原市大型群众活动安全保卫管理规定》(1995)、《青岛市大型活动安全管理规定》(1998)、《江苏省大型活动安全保卫工作规范（试行)》(2002)、《辽宁省大型社会活动安全保卫办法》(2005)、《北京市大型社会活动安全管理条例》(2005)、《杭州市大型活动安全管理条例》(2007)、《广东省大型群众性活动安全管理办法》(2015)、《浙江省大型群众性活动安全管理办法》(2015)和《福建省大型群众性活动安全管理办法》(2015)等。在2008年北京奥运会的推动下，国家层面也先后颁布《中华人民共和国突发事件应对法》(2007)和《大型群众性活动安全管理条例》(2007)两部法规，并于2016年发布国家标准《大型活动安全要求》，不断完善大型群众性活动安全管理法律法规体系。这些实际上也是大型活动安全管理的实证研究。在此基础上，将风险管理理论与制度规范、管理实践相结合，进一步探索研究大型活动安全管理的规律，并根据活动逐步制定相关配套的工作实施细则，有利于更好地满足大型活动安全管理的实际需求，推动大型活动安全管理真正走向法制化、规范化、科学化。

1.1.2 高校“双一流”建设与平安校园提升工程实施的共同要求

平安校园提升工程是贯彻落实十九大精神、创建和谐稳定校园的重要举措，是维护师生根本利益、保障正常教学秩序的基本要求，也是加快世界一流大学和一流学科建设的基础和保障。

近年来，随着我国高等教育事业的快速发展，高校办学规模不断扩大，校园文化日益丰富，高校举办和承办校内外大型活动的数量也越来越多，呈现出规模大、影响深、形式多样的特点，随之而来的潜在风险和突发事件也日益增加。然而，目前高校对大型活动的安全管理基本上以经验式管理为主，责任不清，任务不明，尚未形成科学、完善的长效管理机制，存在制度管理的滞后甚至缺失。同时，高校大型活动与社会大型活动在内容、形式、特点、影响等方面均不尽相同，无法直接套用社会大型活动的管理办法、管理标准和管理经验。如何针对高校的实际情况，科学、规范、妥善地处置大型活动的安全管理工作，确保活动安全、有序进行，成为高校“双一流”建设与平安校园提升工程实施中亟待解决的问题。

因此，本研究立足新时期对高校大型活动安全管理的要求，结合相关理论研究、工作实践、法律法规与制度标准，对当前高校大型活动安全管理的现状和存在问题进行分析，探索高校大型活动安全管理的措施和办法。一方面，在理论层面弥补现有研究对管理标准和操作流程关注不足的缺失；另一方面，通过系统性管理机制的研究确立，增强实践中高校大型活动安全管理的实效性，形成防范风险和事故的办法及发生突然事件的应对和处置措施，确保高校各类大型活动的顺利开展和校园的安全稳定，从而更好地保障教学科研工作，丰富校园文化生活，为推动“双一流”建设创造持续平安、和谐、稳定的校园环境。

1.2 文献综述

2000年以来，伴随大型活动的日益增多，“大型活动安全管理”议题正式进入研究视野。从最早对大型活动安全管理原则的探讨，到近年来对大型活动管理制度化、法治化、信息化、社会化的关注，相关研究日渐丰富、成熟。概括而言，研究主题主要包括：(1) 大型活动安全管理的总体研究，如责任、要求、标准、制度、存在的问题和对策等；(2) 大型活动安全管理环节的具体分析，如风险评估、安全事故成因、事故预防与控制、应急管理、重大安全事故罪认定等；(3) 大型活动安全管理特定工作的深入对焦，如大型活动中的卫生问题、食品安全问题、消防问题、交通问题、人群聚集问题等。作为研究与管理的基础，大型活动的概念、特点与分类也被广泛探讨与研究。

大型活动安全管理的内涵，可以从三个方面来理解：第一，大型活动安全管理的主体是承办责任主体；第二，大型活动安全管理的客体是活动安全；第三，大型活动安全管理的过程必须是依法有效进行的安全管理过程（张胜前, 2015）。这是一个循环的、螺旋式改进的过程（丁辉, 2007），通过风险评估和安全宣教等日常安全管理与预测预警和应急处置体系的配合，持续反馈和更新信息，迅速反应和处理，大大提高风险防控和应对的能力。

风险管理就是要逐渐控制风险源的潜伏、激活和相互诱发，并能够在激活时，迅速处置阻止其进一步演化成危机，保障风险的良好管控与逐步消退。根据风险演变逻辑的特征以及风险的具体指向，可以将大型活动中的风险分为人身风险、健康风险、财产风险和情绪风险四类（容志, 2012），由活动特性、人群类别、环境因素、场地设施和组织管理（佟瑞鹏, 2015）等风险构成要素诱发，带来自然因素导致的安全问题、人为因素导致的安全问题、场地与设施因素导致的安全问题、管控因素导致的安全问题等四类安全隐患（肖艳霞, 周维, 2009）和敏感时期的政治隐患（杨文静, 2015）。

卜全民和童星从社会管理创新角度审视大型活动安保存在的问题，认为我国目前的大型活动存在以下问题：(1) 安保理念陈旧，惠民意识薄弱；(2) 一些主办单位重经济效益，轻安全管理；(3) 公安机关内部资源配置不够集中，警力资源匮乏；(4) 安保力量单一，专业素质薄弱；(5) 安保设施数量少，安检效率低（卜全民, 童星, 2014）。肖艳霞和周维立足相关制度，指出大型活动范围界定不科学、活动人数标准界定缺乏操作性、监管者有行使许可的职权却无相应责任以及行政资源滥用等不足（肖艳霞, 周维, 2009）。郑向敏则从法律规范与规章制度矛盾的角度出发，指出因《群众性文化体育活动治安管理办法》与《行政许可法》的冲突，公安机关制定的部门规章无权设定行政许可项目，因此不能依据《群众性文化体育活动治安管理办法》对不按规定申报和不落实安全措施的活动主办单位进行处罚，这严重威胁了人民群众的生命财产安全（郑向敏，2014）。

因此，在社会大型活动安全管理中，应弥补立法不足，加强安全管理法制化；严格审批程序，提早制订预案；加强监督检查，建立责任追究制度；加强公安机关内部组织领导，逐步推进大型活动安全管理社会化；增加安全监管辅助手段，引入专业风险评估制度；加大科技投入，探索新型安保设施（卜全民，童星，2014；李波，刘金龙，2011；肖艳霞，周维，2009；杨霞，2005）。

目前，对于社会大型活动安全管理的研究成果较为丰富，在研究论文的基础上，已形成《大型活动安全管理》（张胜前，2015）、《大型群众性活动安全风险管理》（丁辉 等，2011）等系统性专著。而对高校大型活动管理的研究仍存在空白，研究焦点主要集中在高校大型活动安全管理的必要性与重要性、特点与原则、问题与建议等，按照“原因和意义—问题和不足—对策和建议”的论述逻辑展开，综合性探究与思考较多，理论与实际相结合的系统性分析较少。研究认为高校大型活动有利于丰富校园文化生活和促进校园精神文明建设，提升学生综合素质和培养学生组织、实践能力（朱亚成，2016；董新伟 等，2015），其种类繁多、规模扩大的趋势与自身的作用、特点和性质，决定了加强活动安全管理工作的必要性（朱亚成，2016）。因此，应该从机制、体制、流程上完善管理，实现“设防可控、管理科学、方便有效、服务师生”的管理目标（于越 等，2009），满足新时代高校大型活动安全管理的需求。

1.3 研究创新点

本文创新点主要体现在研究的切入点、系统性与落脚点方面。

首先，本文以高校大型活动安全管理工作为研究对象，从法律法规与制度标准入手，通过厘清高校大型活动的概念和分类，明确高校大型活动安全管理的依据、管理原则和管理思路，使研究更加开阔、严谨。

其次，目前研究以概述性为主，虽然部分文献尝试结合某一类型活动、某一类别安全问题或某一所高校经验进行深入分析，但总体而言全面性和普适性不足。本文立足风险管理相关理论，运用文献法、问卷调查法、访谈法等多种研究方法，系统分析高校大型活动风险评估与控制管理的各个环节，并结合高校实际分析问题与难点，提出对策与建议，在一定程度上可以填补、丰富此研究领域的内容。

最后，本文在分析研究法律法规、相关理论和实践经验的基础上，探索高校大型活动安全管理的办法和流程，有助于形成具有可操作性的安全管理指南，为高校制定规范制度提供借鉴，实现高校大型活动的有效管理、规范管理、科学管理。

1.4 研究方法

本文主要基于大型活动相关法律法规与高校管理实践，运用文献法、问卷法、访谈法、案例分析法等方法探讨高校大型活动安全管理工作。通过问卷调研、召开研讨会、调研走访相关高校、经验总结、案例分析等一系列方式，着力研究当前高校大型活动管理的标准化、统一化的工作流程和实施对策，理论与实践相结合，形成具有研究价值的课题报告和具有工作纲要性质的管理手册。

本文问卷涉及基本信息、对高校大型活动的理解、高校大型活动举办情况、高校大型活动安全管理工作的现状与难点四个部分（附录1.1），共回收90份有效问卷，覆盖64所院校，由包括保卫部门、院系研究所及其他相关职能部门的负责人和一线工作人员填写，具有一定的代表性。

表1.4.1 问卷样本覆盖情况

学校	北京大学、清华大学、中国人民大学、北京航空航天大学、北京外国语大学、北京第二外国语学院、对外经济贸易大学、中央财经大学、北京邮电大学、北京林业大学、北京交通大学、北京语言大学、中国农业大学、北京工商大学、北京工业大学、北京化工大学、北京建筑大学、北京联合大学、北京中医药大学、电子科技大学、首都医科大学、中国地质大学、中国海洋大学、中国劳动关系学院、中国石油大学、北京电影学院、北京戏曲艺术职业学院、中国音乐学院、中央音乐学院、北京青年政治学院、北京农学院、北京财贸职业学院、北京经济管理职业学院、北京电子科技职业学院、北京社会管理职业学院、北京石油化工学院、北京服装学院、北京工业职业技术学院、北京市属高校、北京印刷学院、北邮世纪学院； 重庆大学、东南大学、华东政法大学、吉林大学、暨南大学、上海科技大学、山东理工大学、山东农业大学、宁夏大学、青海大学、曲阜师范大学、山西财经大学、四川大学、西北农林科技大学、西南交通大学、新疆师范大学、贵州理工学院、湖南城市学院、湖南国防职院、湖南女子学院、上海杉达学院、岳阳职业技术学院
部门	保卫部门（保卫处、安稳处、安全保卫处、公安处、安全管理处）；院系研究所；其他相关职能部门（党办校办、公共服务部、学生工作处、团委、人事部、会议中心、纪念讲堂）
职位	书记、处长、副处长、科长（主任）、副科长（副主任）、科员、其他

2 高校大型活动的概念与特点

2.1 高校大型活动的定义

理解“大型活动”，首先要认识“大型”的含义，它既包括涉及人数之众、调动耗费资源之多等数字的量化，也包括它的内容之丰富、涉及面之广等情形的定性，又包括它所蕴含的策略性思维和纷繁复杂的管理工作。因此，全面又恰当地给出一个具有可操作性的“大型活动”的工作性定义，是十分困难和具有挑战性的，需要在人数规模的基础上综合考虑活动的各方面因素。

社会对于“大型活动”的界定是比较成熟和清晰的，其中，2005 年北京市出台《北京市大型社会活动安全管理条例》，将大型活动界定为“大型社会活动”，并定义为“主办者租用、借用或者以其他形式临时占用场所、场地，面向社会公众举办的文艺演出、体育比赛、展览展销、招聘会、庙会、灯会、游园会等群体性活动”；2007 年国务院签署《大型群众性活动安全管理条例》，开始将大型活动界定为“大型群众性活动”，定义为“主办者租用、借用或者以其他形式临时占用场所、场地，面向社会公众举办的文艺演出、体育比赛、展览展销、招聘会、庙会、灯会、游园会等群体性活动”；2010 年北京市对《北京市大型社会活动安全管理条例》进行修订，将“大型社会活动”改为“大型群众性活动”，并去掉概念中对“主办者”的强调，将定义改为“租用、借用或者以其他形式临时占用场所、场地，面向社会公众举办的文艺演出、体育比赛、展览展销、招聘会、庙会、灯会、游园会等群体性活动”；2016 年，国家标准 GB/T 33170－2016《大型活动安全要求》正式出台，定义“大型活动”为“法人或者其他社会组织面向社会公众举办的非日常性的文艺演出、体育比赛、展览展销、招聘会、庙会、灯会、游园会等群体性活动，以及政府组织举办的有规定需求的重要群体性活动”，并以此为基础对大型活动安全评估、人员管控、场地布局和安全导向标识、临建设施指南、安保资源配置等五个方面提出要求。

然而，“高校大型活动”并不简单等同于在高校举行的“大型活动”，高校大型活动与社会大型活动在内容、形式、特点、影响、风险因素等方面都不尽相同，因而其界定不能直接套用社会大型活动的定义。

部分高校已将与大型活动管理相关的内容和条款以学校规范制度的方式明确，依据学校管理实践的经验和需求，对“高校大型活动”的概念加以界定，主要定义包括：

学校	定义
北京大学	本规定适用于我校区域内举办的大型活动。大型活动是指占用校内场所，室内参加人员可能大于500人，室外可能大于100人的群体性活动。学校常规课程不在此范围内。 有党和国家领导人、外国首脑等警卫对象或其他热点人物出席的活动均按照大型活动进行安全管理。
中国人民大学	本办法所指大型活动是指以学校或学校各部门和单位为主体举办的全校性的、有重大社会影响的教学、科研、文体或其他性质的活动和会议，其应至少符合下列一项条件： （一）活动规格： 现职副部级（或离退正部级）及以上领导出席；有较强社会影响力的知名学者或其他社会知名人士参加；按学校惯例有正校级领导或有若干位副校级领导同时出席的活动。外国国家元首、政府首脑、港澳地区特首来访或出席；外国政府部级官员、驻华使节、国际著名人士、外国著名大学校长来访或出席的活动。 （二）活动规模： 参加活动的人数达到室内400人以上；校外来宾或代表人数达到100人以上；参加活动的校外单位达到10家以上。
复旦大学	本规定所称“大型”，是指参加人数在二百人以上。 本规定所称“群众性文化体育活动”，是指在复旦大学区域内举办的下列活动： （一）演唱会、音乐会、大型文艺演出等文艺活动； （二）体育比赛、民间竞技等群众性体育活动； （三）影、视、歌明星或著名人士的演出、观众见面会、演讲、签名等社会活动； （四）各类人才招聘、庆祝、庆典等活动； （五）其他大型群众性活动。 校外单位或团体租用、借用或以其他形式临时占用本校场馆、场地，举办大型群众性文化体育活动的，按照本规定执行。
浙江大学	本办法所称大型活动，是指在学校校园内举办的每场次预计参加人数达到500人以上的活动，或有校外人员参加的每场次预计参加人数达到100人以上的活动。
南京大学	本规定所称大型活动，是指主办者租用、借用或者以其他形式临时占用场所、场地，面向公众举办的学术讲座、文艺演出、体育比赛、展览展销、报告会、招聘会、各类大型会议、考试以及有关单位组织的校外人员来我校参观、访问等群体性活动。 本规定适用于在我校内举办的及我校在校外举办的大型活动的安全管理。
厦门大学	本办法所称大型活动，是指： （一）校外单位使用校内场所举办的每场次预计参加人数一百人以上的活动； （二）校内单位使用校内场所举办的每场次预计参加人数二百人以上的活动； （三）根据实际情况，需要适用本办法的其他校内活动。 学校常规课程和学校召开的日常工作会议不在本办法适用范围之内。

（续表）

学校	定义
中山大学	本办法所指大型群众性活动，是指在中山大学校内广场、礼堂、体育场（馆）等公共场所举办的集会、庆典、会议、演出、考试、体育比赛、人才招聘会等活动（不含正常的教学活动，正常的教学活动是指经学校教务部认可并列入课表的活动），活动规模满足下列任一条件的： （一）单场活动校外人员参加人数在 100 人以上； （二）单场活动参加人数在 500 人以上。
北京航空航天大学	本规定所称的大型活动，指校内单位在学校场所举办的，预计参加人数 1000 人以上（含 1000 人）的活动，主要包括： （一）联欢会、音乐会、舞蹈等文艺演出； （二）运动会、竞技比赛、表演赛等体育活动； （三）各类庆祝、庆典、纪念大会等集会； （四）专家、学者或其他人士的专题报告会、学术交流会、演讲、见面会、签名等活动； （五）各类科技、学术、艺术等能力竞赛； （六）人才交流宣讲会、招聘会； （七）其他大型活动。 学校自身正常的教学、实验和考试等活动除外。 无法预测参加人数或不能证明参加人数在 1000 人以下的活动，参照本规定执行。
北京外国语大学	本规定适用于学校及校内各单位自主举办的大型活动及校外单位租用、借用或采取校内单位协办等方式使用本校场地、场所举行的，面向校内师生员工和社会人员的文艺演出、体育比赛、学术交流、报告会、展览、庆典、招生宣传会、各类考试、各种外事活动等大型活动的安全管理。国家重要领导人、外国元首和政府首脑等警卫对象参加的校内活动参照此规定做好安全管理工作。
北京语言大学	本规定所称大型活动，是指发生在校园内，预计参加人数在 500 人以上的室内或室外大型演出、晚会、报告会，以及国家部级以上领导来访或出席的重大活动，外国领导人及驻华大使来访的外事活动等。
中国传媒大学	凡在校园、礼堂、饭厅、教室、体育场、体育馆等场所举办文艺演出、放映电影录像、进行体育表演或比赛等文体活动，均应依照本规定做好安全保卫工作，维护好场内外秩序，保障活动的正常进行。
中国地质大学（北京）	本规定所称大型活动，是指学校各学院（部）、各党政部门、各科研部门、各教辅部门及与校外单位联合组织、承办的，在本校操场、夏日广场、道路、体育场（馆）、国际会议中心、教学楼、科研楼、餐饮中心等公共场所举办的，人数较多（室内人数 500 人以上、室外人数 300 人以上）、规模较大的群体性活动。

（续表）

学校	定义
中央财经大学	本规定所指的大型活动，是指在校园举办单场次参加人数在500人以上或有重要首长、外宾等校外人员参加的庆祝庆典、公益讲座、报告会、展览会、招聘会、文艺演出、体育比赛、招生培训和各类考试等群体性活动。 有党和国家领导人、外国首脑等警卫对象或其他重要人物出席的活动均按照大型活动进行安全管理。
苏州大学	由学校和学校内部单位或部门组织、承办的人数较多（500人以上）、规模较大的清点、学术会议、文艺演出、考试、比赛、外事活动等大型活动。

在相关研究中，除了引用高校管理文件中的定义外，对于“高校大型活动”的界定，有学者认为，高校大型活动是由高校作为活动主办主体，具有明确的活动目标，发生在高校空间范围内由高校群体作为主要活动参与者，且参与人数众多、持续时间长的群体性活动（陈钢，2016）。也有学者主张，高校大型活动是指包含任何单位在校内或学生在校外组织的，以学校、校内单位或部门为主体举办或承办的，以师生为主体人员参与的，有重要社会影响的教学、科研、问题或其他性质的大规模活动（董新伟 等，2015）。相对而言，学术研究中定义更全面，但概念操作性较弱，管理文件则更多从人数角度予以界定，对活动类型、参加人员规定得更细致。对于学校实际管理而言，考虑各种情况的明确界定将更有利于工作的实施开展。因此，课题组结合各学校管理规定和相关研究，给出如下定义：

高校大型活动，是指高校及校内各单位在学校场所自主举办的，及校外单位租用、借用或采取校内单位协办等方式使用高校场地、场所举行的，预计参加人数达到室内500人以上、室外100人以上或预计校外参加人数达到100人以上的群众性活动，主要包括：

（一）联欢会、音乐会、舞蹈等文艺演出；

（二）运动会、竞技体育、表演赛等体育活动；

（三）庆祝、表彰、纪念大会等集会；

（四）学术会议、专题报告、演讲、见面会等交流活动；

（五）各类科技、学术、艺术等能力竞赛；

（六）招生宣传、人才交流宣讲会、招聘会；

（七）展览、展销；

（八）其他大型活动。

学校常规教育教学活动、日常文化演出与电影放映活动、高校系统常规性体育赛事不在此范围内。

高校大型活动主办者，是指主持办理大型活动的单位。承办者，是指承担办理大型活动的单位。高校各院、系、所（中心）、职能部门、直属附属单位可主办、承办大型活动，并对其下属社团或机构承办的大型活动负有管理责任。

有党和国家领导人、外国政要等警卫对象或其他公众人物、热点人物等出席，人数虽不达上述标准但可能引起聚集或造成影响的活动均按照大型活动进行管理。

2.2 高校大型活动的分类

依据不同的维度和划分标准，高校大型活动有不同的分类。

根据活动的开展缘由或规律，可将高校大型活动分为上级交办的大型活动、常规性大型活动和非常规性大型活动。

根据活动的组织者或主办单位，可将高校大型活动分为校内单位举办的大型活动和校外单位租借校内场地、与校内单位联合举办的大型活动。

根据活动的开放程度和参与人员构成，可将高校大型活动分为仅对校内开放的大型活动和有校外人员参加的大型活动。

根据活动的举办场地可将高校大型活动分为室内大型活动和室外大型活动。

根据活动的内容和形式，可将高校大型活动分为文艺演出类、体育活动类、集会庆典类、学术会议类、沟通交流类、比赛竞赛类、招生招聘类、展览展销类和其他大型活动。

根据活动的性质，可将高校大型活动分为一般性活动、涉外活动、涉稳风险活动和商业性活动。

不同类型的高校大型活动，有不同的特点和风险，也有不同的安全管理要求和程序。如果简单地以人数为标准界定、管理大型活动，而不考虑活动实际情形，无疑会导致管理与实际的错位。因此，高校大型活动安全管理需在人数界定的基础上，结合活动类型与活动特性，综合评估活动的规模和影响，甚至调整对“高校大型活动”的界定，分类审批、针对性管理，以更灵活、更充分地进行风险防控，保障高校大型活动的顺利、圆满举行。

2.3 高校大型活动的特点

首先，高校大型活动具有一些大型活动普遍存在的共性特点：

(1) 规模较大，参与人数众多

大型活动普遍具有一定的规模，参与人数众多，人员构成复杂，情绪波动大，并且在一定时间内高度集中，往往形成活动场地的饱和状态，甚至超出场地及周边的环境承载力。一旦发生意外情况，极易衍生其他秩序问题和群体事故，造成混乱和恐慌。

（2）影响深远，不确定性突出

大型活动普遍具有较高的规格和层次，经过较长时间的筹备和宣传，往往受到社会的广泛关注，吸引多方参与和媒体报道，社会影响重大。加之人员、财务聚集，人的警惕心降低，不乏有心人士试图借机制造话题、挑起事端，利用大型活动的影响力实现其他利益诉求，甚至煽动闹事、实施破坏活动，严重危害公共安全，也对活动本身产生负面影响。

（3）形式多样，管理难度增大

随着大型活动的增多，活动的形式和内容越来越丰富，涉及和可能引发的问题也越来越复杂，随之而来的潜在风险和突发事件也日益增加，需要对不同情况进行针对性的判断和管理。因此，往往会出现非程序化决策，这无疑加剧了科学、高效管理的难度。

此外，高校大型活动又具有不同于社会大型活动的特殊属性：

（1）场所设施的相对固定性

社会大型活动的场地大多是为了满足活动需求被临时占用或新建的，而高校大型活动场所却是相对固定的，主要集中在学校的体育馆、礼堂、报告厅、操场等地。虽然高校大型活动也会存在一些临时搭建物或新增的设备设施，有时还可能会改变固有场地的使用性质，但总体来说其场地的空间、容量、设施和环境变动较小，在安全管理方面具有一定稳定性和延续性，在一定时间内、相同场地举办的同类型活动可以相互参考和借鉴。

（2）管理对象的相对集中性

社会大型活动在场所、售票方面公开度较高，参与人员构成相对复杂，参与者通常包括青年、中年、老年、儿童等各个年龄段的群体，参与者的职业、地域、性格、文化习惯、身体心理状况等差异较大。高校大型活动则立足于高校，以服务师生、服务高校核心使命为原则，因此，活动参与者以校内师生为主体，相对集中且固定，将大型活动区分为仅对校内开放和有校外人员参加两类，有利于实施有效的差异化管理。

（3）管理权力结构的弱相关性

高校不同于公安机关具有行政执法权，也不同于其他企事业单位或商业组织拥有强力的权力控制、命令关联度。高校管理权限的局限性使得在实际运行中，管理部门还是以管理服务、监督检查为主，维持秩序、规范管理难度较大，章程及其他管理规则落实不充分，管理效力相对较弱，也增加了管理的难度。

总体而言，高校大型活动虽然与社会大型活动相比周期较短、规模较小、公开程度较低，但场地较小、管理力量较弱、受关注程度较高、思想内容比较前沿等因素，也决定了其管理难度并未减少，安全形势依然严峻。

3 高校大型活动安全管理的依据与原则

高校大型活动安全管理是指高校在举办大型活动时，以安全为主要目的进行计划、组织、指挥、协调、控制，加强安全教育和安全防范，防止发生危害和事故，保障活动正常进行的过程。

3.1 高校大型活动安全管理的主要依据

法律法规是做好大型活动安全管理的根本依据，高校大型活动管理首先要依据国家法律法规。1999 年，公安部制定部门规章《群众性文化体育活动治安管理办法》，这是我国依法对大型群众性活动进行安全管理的一个开创性的举措，也为制定具有更高法律效力的行政法规提供了丰富的实践经验。2007 年，国务院签署行政法规《大型群众性活动安全管理条例》，于 2007 年 8 月 29 日国务院第 190 次常务会议通过，并于 2007 年 10 月 1 日正式施行。《大型群众性活动安全管理条例》包含总则、安全责任、安全管理、法律责任、附则五章、26 条，明确界定了大型群众性活动的范围，重点对承办者、场所管理者、公安机关的安全责任做了规定，并明确规定大型群众性活动安全许可制度、举办过程中的安全保障措施、参加大型群众性活动人员的行为规范以及违反本条例所需承担的法律责任，为保障大型群众性活动安全举办提供法律支持。在此基础上，各省市结合自身情况也制定了地方性法规和管理办法，如《北京市大型群众性活动安全管理条例》《厦门经济特区大型群众性活动安全管理条例》《山西省大型群众性活动安全管理办法》《河北省大型群中心搞活动安全管理办法》《广东省大型群众性活动安全管理办法》等，进一步结合地区实际，细化对大型群众性活动的安全管理。这些法律法规都为高校大型活动管理提供了法律依据和借鉴。

此外，国家质量监督检验检疫总局、国家标准化管理委员会于 2016 年 10 月 13 日发布了国家标准 GB/T 33170－2016《大型活动安全要求》，于 2017 年 4 月 1 日正式实施，在安全评估、人员管控、场地布局和安全导向标识、临建设施指南、安保资源配置五个方面提出了要求，也为高校大型活动安全管理提供了标准借鉴。

同时，高校实际情况也是高校大型活动安全管理的重要依据。按照法律法规和国家标准，很多高校大型活动的规模并不足以达到大型活动的标准，但从学校承载力出发这些高校大型活动同样具有很大的影响力和风险性，并且具有自身的特殊性，这就要求高校结合高校的性质特点、自身环境和举办活动情况，来决定大型活动安全管理的策略。

因此，应在国家法律法规、所在省市地方法律法规、国家标准的指导下，结合教育部等上级要求和高校实际情况，制定本学校的管理规定，形成系统、规范的管理制度和程序。

3.2 高校大型活动安全管理的总体要求

安全是成功举办一切活动的前提条件和首要保障，在高校大型活动安全管理的工作中，一切工作应以安全为出发点，落实“预防为主”的方针，坚持原则性与灵活性相结合，最大限度地降低活动参与者人身和财产的安全风险，消除危害活动安全因素及其产生的原因和条件。

在活动开展前，承办者应按要求向相关部门提出安全许可申请和备案，高校保卫部门及其他相关部门按照“分类把控、提前审批”的要求，对大型活动的合法性、合理性、可行性、安全性等方面先期做出评估，根据安全评估情况决定是否给予许可。经批准和备案的活动，承办者应遵循全面性、可操作性和专人负责的原则，做好车辆疏导、安全保卫、秩序维护、设施维护、消防应急等工作预案，防范安全责任事故，明确主办单位、协办单位、协调单位的权责关系。

在活动现场，活动负责人及安保工作管理人员应按照“快速反应、有序灵活”的要求，落实安全、保障措施，及时协调、解决突发问题，做好安全检查、现场监督、突发事件预警与应急处置等工作，确保大型活动安全、有序举办，避免对校园秩序和学校声誉造成不良影响。

活动结束后，承办者（主办者）应做好活动相关后续工作，包括撰写工作总结、上报活动信息、抓好宣传报道、整理活动档案、清理场地及宣传品等，关注活动后续影响，将安全稳定贯穿工作的始终。

3.3 高校大型活动安全管理的基本原则

3.3.1 预防为主原则

高校大型活动管理应坚持“预防为主，安全第一”原则，把安全举办、安全监督和预防突发事故的发生放在第一位，在活动举办前将安全防范工作做好、做实、做细，制定切实可行、具有操作性的安保工作方案和应急预案，通过严格的安全检查和票证检验排查并消除隐患，做到将预防工作贯穿大型活动安全管理的始终，考虑到可能出现的各种情况，防患于未然。

3.3.2 承办者负责原则

大型活动主办者是指主持发起大型活动的法人或其他组织，承办者是指直接组织、协调承办大型活动的法人或其他组织。主办者委托、委派法人或其他组织承办大型活动的，受委托、委派方为承办者。

大型活动安全管理的主体是承办责任主体。根据国务院《大型群众性活动安全管理条例》中“坚持承办者负责，政府监管的原则”的规定，承办者应当履行承办大型活动的安全职责。主办者没有委派承办者，直接承办、负责活动组织实施的，由主办者履行承办者安全职责。

高校大型活动应遵循“谁申请、谁负责”“谁承办、谁负责”的原则，没有承办者的由主办者负责。有两个以上承办者的，应当明确主要承办者的第一责任及其他承办者的安全责任。承办者应履行风险评估、制定安保工作方案和应急预案、建立并落实安全责任制度、落实各项安全措施并配备相应人员与物资、开展安全检查、进行安全宣传教育、接受管理部门监督检查、组织实施现场安全工作等一系列安全职责。

高校大型活动承办者必须是高校各院、系、所（中心）、职能部门、直属附属单位，对其承办的活动安全负责，并对其下属社团或机构承办的大型活动负有管理责任。校外单位租借校内场地举行大型活动的，必须有校内单位作为对接单位联合举办。

3.3.3 动态监督原则

从活动开始前的申报审批到活动结束后的总结分析，高校大型活动安全管理应从始至终坚持“动态监督”的原则并落实到行动，制定大型活动安全监督方案，明确各部门任务和分工，实时检查、指导、督促、协调解决问题，高度关注人员、场地、设施与活动本身等各方面情况及其变化。通过动态监督和快速反应、统一指挥，形成活动前后整个过程的有效控制和管理，将不安全因素消除在摇篮里。一旦出现问题，要及时向有关部门报告，从容、严谨、灵敏地应对和处置，控制或减少造成的损失。

3.3.4 服务高校核心使命原则

高校，无论是国内还是国外，都应当以教书育人、传播知识、教学科研为其核心使命，高校的各项管理工作都应围绕这一核心使命展开，甚至高校的外延任务也应以支撑核心使命的行使为根本出发点。鱼龙混杂的各类商演、明星大腕云集的各种演出，未必真的与学校的核心使命相关，更有一些公司在资本和效益的驱使下，借用高校进行宣传，一旦发生安全问题、存在诈骗行为，或者其隐含的意识形态与主流意识形态存在背离，都将发生无法挽回的恶果。同时，即便这些极端问题没有发生，过多类似的活动，也会大量耗费高校安全管理人员的人力资源和时间成本，使管理人员在为这些大型活动踩点检查、参会协调、保障现场等工作中投入大量精力，而无法集中到与高校核心使命相关的更重要的工作之中。因此，高校大型活动管理应坚持“服务高校核心使命”的原则，以学校中心任务为出发点审批活动和组织活动。活动举办应有利于学校精神文明建设，有利于教学、科研活动开展，有利于师生身心健康维护。学校场地场馆设施不应用于校外单位或个人单独举办大型活动。

4　高校大型活动的风险评估与控制管理

4.1　高校大型活动安全的风险因素

大型活动安全风险是指大型活动中某种特定的危害安全的危险事件、事故发生的可能性与其产生的后果的组合。其承受者是个体和人群，其核心和主要矛盾在于人数众多和人员聚集。这个主要矛盾使得个体在大型活动中的受伤害可能性较普通状态下显著提高，由此会衍生出各种问题，在潜在风险受到人为或组织系统环境催化和激活时，转化为现实的危机。安全与风险是对立统一的，要保障安全，就要预防风险。

大型活动安全的风险因素，就是指促使或引起大型活动各类安全事件、事故发生，以及事发时导致其结果变化的各种主客观因素。影响高校大型活动安全的风险要素主要包括人群类别、活动场所、环境及组织管理，以及活动自身的类型、内容和内在特性，如图 4. 1. 1 所示，是主要的风险控制点。这些因素中有些是独立的，有些是相互制约或相互关联的，对活动的影响程度也不尽相同。

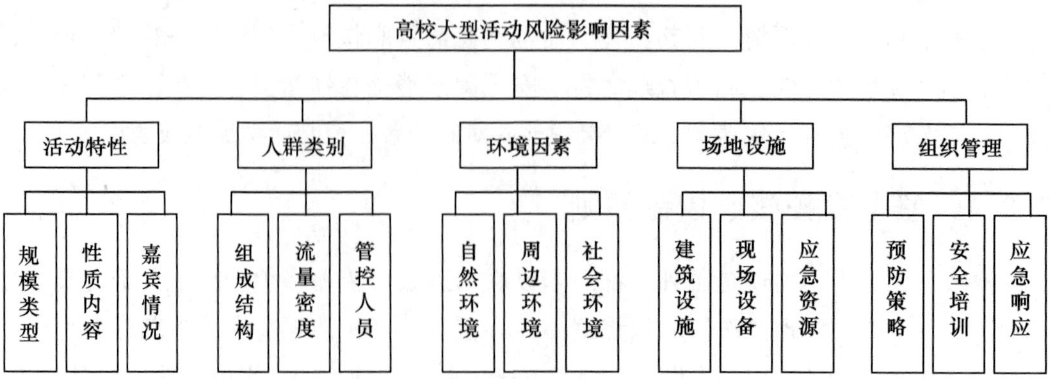

图 4. 1. 1　高校大型活动安全风险要素

4.1.1 活动特性因素

活动特性是大型活动的一个重要风险因素，直接影响观众的参与积极性、流量密度和现场情绪，也影响着组织管理的重视程度和侧重点。

高校大型活动自身特性主要包括活动的类型、规模、性质、内容以及参加的嘉宾与主持人情况等。活动类型不同，需要防范的风险具有较大差异。如，文艺演出涉及室内舞台搭建，需格外重视消防安全；体育活动观众积极性与现场情绪更高涨，活动激烈程度和对抗性、互动性更强，需警惕踩踏事件、群体事件的发生；而学术会议、演讲、见面会等交流活动中内容与嘉宾是核心和影响力的来源，需关注其是否内容和人员是否涉及敏感、负面信息，是否符合国家意识形态工作方面的要求，是否存在炒作或其他潜在的衍生问题。同时，无论何种类型的活动，其预计规模与活动内容、活动主体知名度等带来的潜在规模，都会影响风险发生的可能性和产生后果的严重性。规模越大，不确定的风险因素越多，承受的风险越高。

4.1.2 人员因素

大型活动安全管理工作的重要目标是保障人的安全。活动的参与人员、活动的组织人员、负责场地和秩序维护的安保人员和指挥整个活动的决策人员的安全意识、心理素质、情绪以及决策判断能力等都是保障大型社会活动安全运行的重要因素。复杂的人员组成结构和过大的人员流量密度往往会带来更多的隐患和危险性，甚至诱发事故。具体而言，人员密度过大表现在两个方面：一是活动场所里的总人数超过安全容量；二是活动中局部密度过大，可能对原有场所、秩序、设备造成破坏。

对于高校大型活动而言，参与人员构成主要可以分为校内人员和校外人员两大群体，由此产生人群年龄、特点、心理状态、情绪反应、对学校熟识程度等方面的差异。相对而言，预计有校外人员参加尤其是有大量校外人员参加的活动情况更复杂。

4.1.3 环境因素

大型活动的举办势必会受到环境的影响和周边环境相互作用，包括自然环境、社会环境和周边环境三个维度。复杂的环境情况会增加大型活动的风险或带来新的风险，大型活动的举办也会对环境有所影响。此外，活动场所周边交通环境对于人群流动、疏散起到重要作用，在保障大型活动秩序和及时处置突发事件等方面都有重大影响。

高校的位置及大型活动的举办场所是相对固定的，因此，影响高校大型活动安全的环境风险要素主要包括：一是活动举办期间的自然气象条件；二是学校及活动场所周边的交通环境；三是社会整体的政治、经济、文化环境，尤其是特殊时期与敏感节点引发的额外关注与连锁效应。

4.1.4 场地因素

活动举办场地和设施的安全水平直接影响到活动的安全、顺利举行。国家标准GB/T 33170－2016《大型活动安全要求》通过场地布局和安全导向标识、临建设施指南两部分对大型活动的场地安全提出了详细的要求。

高校大型活动场地设施主要包括活动场馆的建筑设施和现场临建的设备设施，场地规划布局的安全水平和应急资源配备的有效性是大型活动事故预防与控制的基本要求，对减缓事故的影响程度发挥极大的作用。活动举办场馆布局是否合理，出入口及紧急出口是否通畅，疏散能力是否充足，疏散标志是否清晰，水、电、气、热系统运转是否正常，舞台、站台、看台及宣传物等临时设施搭建是否安全，应急救援物资是否有效等，这都是场馆能否满足活动安全举办要求的关键影响因素。一旦因场馆设施故障问题发生舞台倒塌、悬挂物坠地、电气泄露、重大火灾等灾害事故，或在发生突发事件时、人群恐慌时应急物资缺失、疏散出口堵塞，很容易造成不可挽回的损失，引发人身伤害事故。

4.1.5 管理因素

除了对人群、场地和环境中重要的安全风险因素进行控制，大型活动的组织管理还应包括制度管理、监控管理和应急管理。需要识别管理组织机构是否健全、制度是否完善、人员分工是否清晰、安保方案及应急预案是否有效、安全教育与应急演练管理是否有效开展、现场监控与应急响应是否得力……相对而言，管理中的危险、有害因素一般较难发现，也较难及时规避。管理制度不健全、执行力度不够，管理责任主体混乱、职责不清这些管理和控制的失调，是导致事故发生的主要原因之一。

在此基础上，安全管理和场所环境要素的作用方式与作用过程以及它们之间的关系，常常决定了大型活动安全事故的发生时间、强度及破坏程度，如图 4.1.5 所示。因此，管理风险因素的识别和控制是不容忽视的。

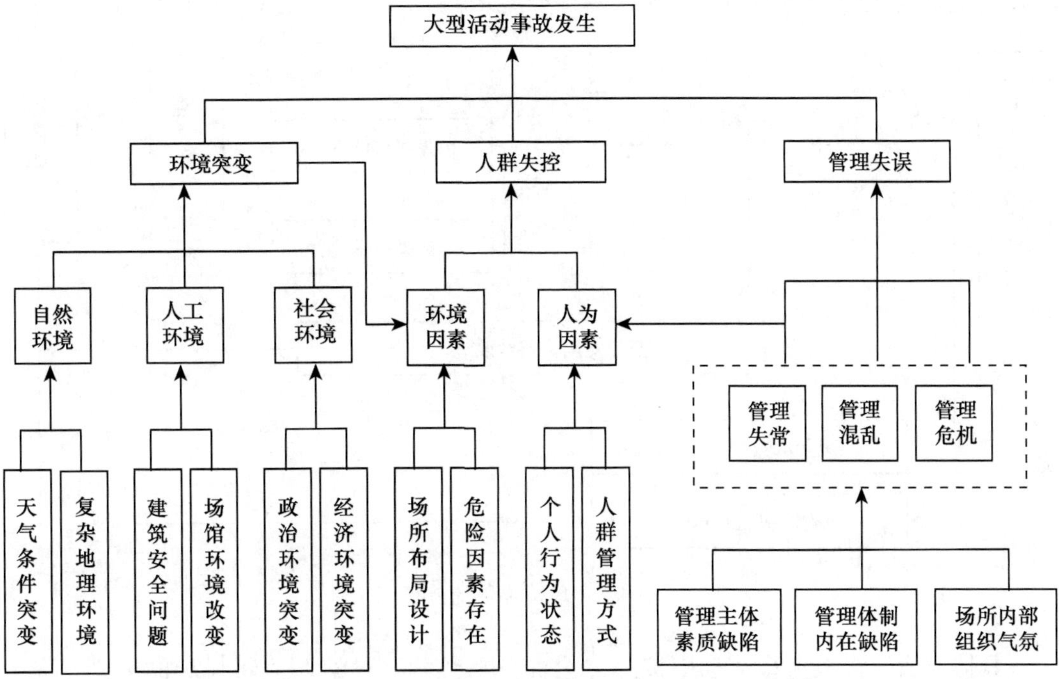

图 4.1.5　大型活动事故各要素影响

4.2　高校大型活动的风险评估与防控

一个大型活动的安全管理是由许许多多的安全要素组成的，在这个管理系统中，大型活动安全风险评估是大型活动安全管理过程中的核心环节和阶段，是一个前置环节和不可或缺的必经阶段，是防控管理与应急管理的基础工作。

风险评估是一个动态变化的过程，包括风险识别、风险分析和风险评价等三个步骤，旨在通过信息收集，评估风险发生的概率与风险危害的严重程度，并分析风险的可接受性与可控性，在研判当下的基础上预测未来，进行决策方案制定与资源分配，以采取科学、恰当的方式，规避或降低活动风险。

根据澳大利亚/新西兰风险管理标准（Risk Management，AS/NZS 4360：2004）等文件和标准，风险评估的流程包括计划和准备、风险识别、风险承受能力与控制能力分析、风险可能性评估、风险后果评估、风险等级确定、对策建议、反馈与更新八个环节。风险评估为活动的组织方案、安保方案、应急预案的制定与开展提供了依据，也为安保资源的配备与现场的应急处置提供了参考。通过分析风险因素的激活条件与内在联系，不断查找风险和隐患，探寻其原因与影响，可以更好地制定可行的风险降低、转移、分散、规避策略。其中，风险评估的方法主要可以分为定量评估、定性评估以及定量与定性相结合的综合评估三种类型。

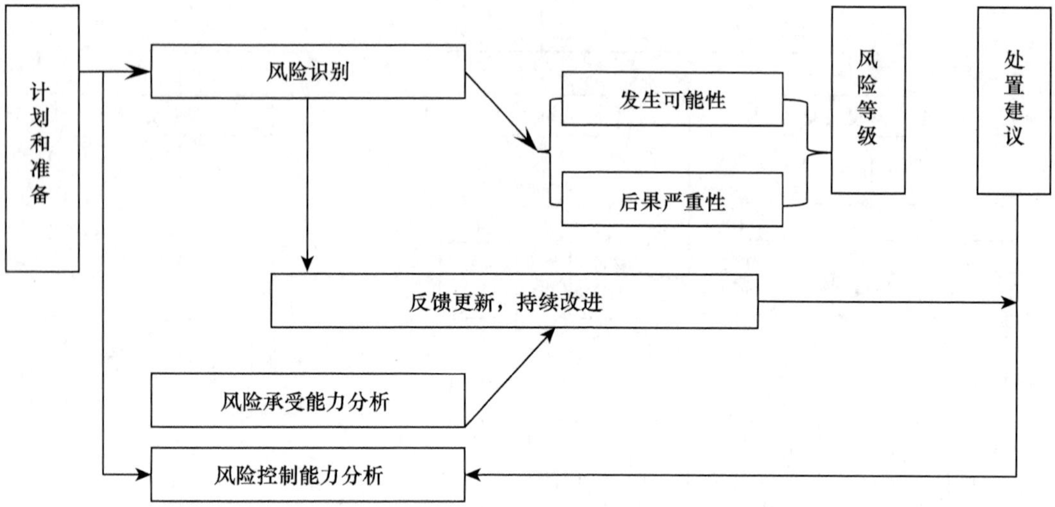

图 4.2　风险评估的流程

具体而言，高校大型活动应按照“全面分析预测，科学评估研判”的原则，充分调查、论证，在对活动内容、参加人员、环境承载力等信息进行研判的同时，充分利用以往经验，回溯同类活动，找寻内在规律，并形成可推广的评估标准。因为相对而言，高校大型活动的规模较为统一，类别较为固定，可能存在的隐患与防控的措施都具有一定普遍性。

同时，不同规模、类型的大型活动，所具备和需要的风险评估的投入、规格和侧重点是有所差异的。高校大型活动规模相对较小、开放程度相对较低、场所设施相对固定、管理对象相对集中、管理权力结构弱相关等特殊属性，决定了其风险评估的主体、内容、方法、流程及评价反馈均不同于社会大型活动风险评估。

在评估主体方面，一般情况下，高校大型活动风险自查报告的适用性更高，而不要求必须提供由专业机构出具的风险评估报告。学校应成立以保卫部门为核心的大型活动安全风险评估小组，在接受申请方提交的大型活动安全许可申报书、风险自查报告及相关材料后，对申请材料和活动现场进行综合核查，并对非主管业务向校内相关单位征询意见，在此基础上，编制安全风险评估意见，以书面的形式反馈给申请方，供校领导在审批时决策参考。

在分析方法上，高校大型活动的风险评估主要以定性方法为主，在结合学校的风险承受度及其对前提和假设的敏感性的基础上，全面识别可能发生的风险事件、其可能的原因和可能导致的后果，了解风险等级，揭示主要风险，提出风险管控的基本要求，判断活动是否给予安全许可，并对给予安全许可但仍存在隐患的活动提出方案修改意见和安全对策，从而进一步完善风险应对策略。

在分析内容上，高校大型活动风险评估应以活动特性、人群类别、环境因素、场地设施、组织管理五大安全风险因素为抓手，重点关注活动及其潜在风险对教学科研及校园稳定、治安、消防、交通、秩序等工作的影响，并对可能危害国家安全、社会公共利益，影响学校名誉、侵占无形资产、违背文化氛围、破坏校园环境等其他风险进行预判。

当然，如果只是进行风险评估，而不采取积极有效的措施对风险进行控制，风险评估是无法发挥其作用和价值的。因此，在活动申请方（承办方）收到风险评估意见后，应立即落实相关防范措施，修改方案和预案，做好风险沟通、风险监控、风险排除的系列工作，认真做好人身安全检查、现场监督与预警等重点工作。同时，活动申请方（承办方）及保卫部门等管理部门也应及时总结分析每一次风险控制实践中的经验和问题，逐步完善工作，建立具有实效性的安全管理工作方法。

4.3 高校大型活动的突发事件应急处置

高校大型活动突发事件，是指高校大型活动举办期间，在大型活动场馆、指定区域突然发生的或与高校大型活动相关联，造成或者可能造成严重危害，危及学校师生员工及活动参与人员生命财产安全或者影响学校乃至社会稳定，导致重大社会影响、涉及公共安全的紧急事件。主要包括暴力恐怖事件、群体性事件、人群踩踏事件、事故灾难事件、公共卫生事件及公共舆论危机事件等几大类型。具有发生突然、扩大迅速、控制困难、原因复杂、后果严重等特点。因此，必须制定完备的应急预案，做好充分的应急准备，建立统一领导的指挥体系和快速反应的工作小组。

首先，高校应结合自身实际与大型活动的特点，制定科学完备、切实可行的大型活动突发事件应急预案，包括总体预案、专项预案、现场预案等层次体系，以指导处置工作、规范处置方法、辅助现场决策。在这个过程中，要尽量明确应急行动和任务，做好对每个环节、每个因素、每个可能情况的具体预测、设想，并以此为依据想好应对处置的规程和计划，对应急工作组的职责、人员、技术、装备、设施（备）、物资、救援与处置行动及其指挥与协调等方面预先做出具体安排。

其次，高校应围绕大型活动突发事件应急预案，开展经常性应急培训和演练活动，提高实际的应急管理能力，确保在出现情况时，做到临危不乱、处变不惊、科学决策、高效执行。

在此基础上，一旦发生情况，高校应妥善做好突发事件的应急处置工作。以“发现得早、控制得住、处置得好”为总目标，坚持以人为本、确保安全、快速反应、因情施策的原则，做到防控结合、统一领导、具体负责、协同配合的要求，借助“事前、事中、事后”三分的闭合管理，及时控制形势，尽量降低危害。

在突发事件前期处置阶段，高校大型活动承办者应立即启动突发事件应急预案，组织人员进行先期处置，立即报告保卫部门、学校及公安机关。保卫部门及有关部门应当立即组织、指导应急处置，迅速开展紧急疏散、抢险自救等工作，保护参加活动人员的生命和财产安全，最大程度减少事件的危害和不利影响，控制事态的进一步扩大。如果发生重特大突发事件，应逐级上报，并及时续报事态进展情况。

在突发事件中期处置阶段，保卫部门及有关部门应根据事故和现场情况，进一步采取设置警戒范围、疏散人员、抢险救灾（如关闭或抢修水电气）、医疗救护、封闭现场、侦查调查等一系列工作。同时，要对事件现场采取严格的保护措施，防止与事件相关的残骸、物品等被随意挪动或丢失。因抢救受伤人员、防止事件扩大以及疏通交通等需要移动现场物件的，应当作出标记或绘制现场简明示图并做好书面记录。

在突发事件后期处置阶段，大型活动承办者应做好善后工作，撤销现场处置的各项紧急措施，转入正常工作状态；组织调查机构开展调查处理工作，认真配合调查组做好调查取证工作；妥善保存证据，及时移交相关部门；撰写处置情况专题报告，提交学校、公安机关及有关部门；认真总结教训，检查工作中存在的问题和薄弱环节，改进工作，防止类似事件再次发生。同时，密切注意社会反应，防止事态反复。

5　高校大型活动安全管理的现状与问题

5.1　高校大型活动举办的基本情况

在本次调查的90个样本中，学校年平均举办大型活动次数在1—30次的有42个，占总样本的46.67%；31—60次的有23个，占比25.56%；61—90次的有11个，占比12.22%；91—120次的有5个，占比5.56%；121次—150次的有1个，占比1.11%；151次及以上的有6个，占比6.67%；另有2个样本显示学校不举办大型活动（具体情况如图5.1所示）。

虽然由于90份样本对应64所高校，且受制于学校规模、地区分布等代表性的影响，此数据无法通过加权等方式准确反映高校平均举办活动的次数情况。但是，从中我们还是可以窥探出，相对而言，高校举办大型活动的频次主要分布在年均1—90次的范围内，其中1—30次的更为集中。即在比较多的高校，平均每月举办的大型活动不超过2.5个。在某种程度上，也反映出大型活动对学校的空间、人力、管理资源的

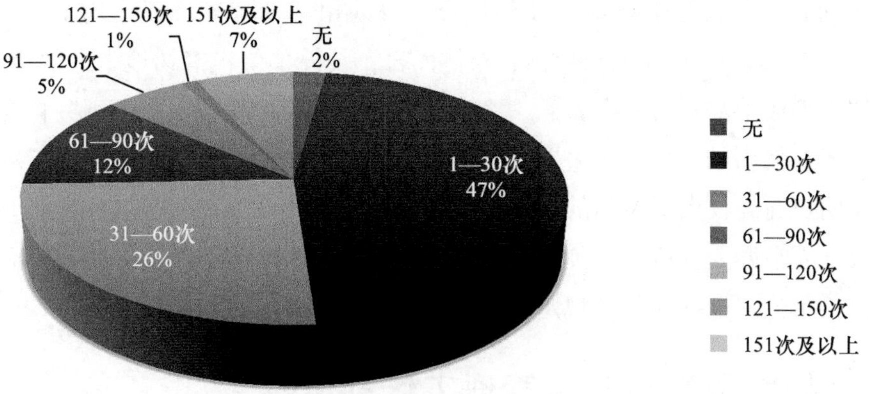

图 5.1　高校年均举办大型活动次数情况

考验。由于大型活动的规模和影响，其筹备和承接对于学校而言是一项比较重大、复杂的阶段性工作。一方面高校大型活动本身举办所需的资源较多，举办大型活动的总量不会过多；另一方面高校对大型活动的承载力有限，举办大型活动的总量也不宜过多。

此外，研究还调查了校外租借学校场地举办演出活动的年平均次数。在 90 个样本中，有 13 个样本（14.44%）显示学校不对外租借场地举办大型活动；有 45 个（50%）年均举办校外单位租借场地的演出活动 1—15 次；有 18 个（20%）举办 16—30 次；有 5 个（5.56%）举办 31—45 次；有 3 个（3.33%）举办 46—60 次；有 1 个（1.11%）举办 61—75 次；有 5 个（5.56%）举办 75 次以上（具体情况如图 5.2 所示）。

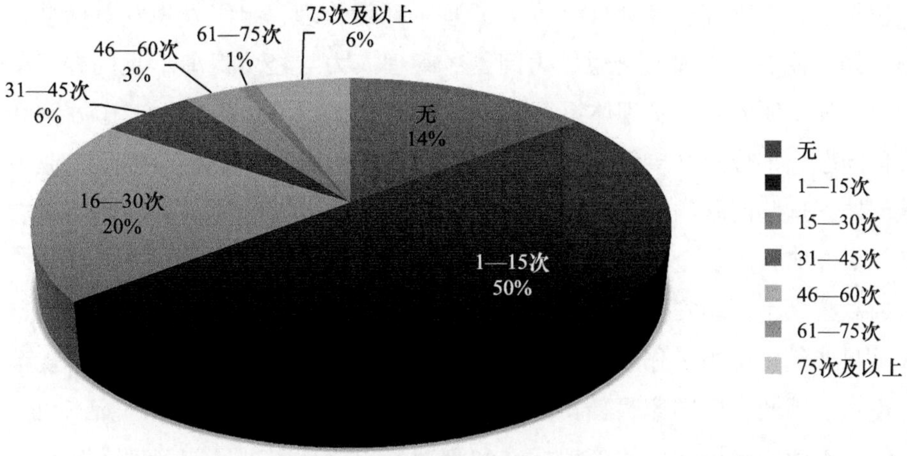

图 5.2　高校年均举办校外单位租借场地的演出活动的次数情况

相对而言，高校租借场地给校外单位举办演出活动的频率以年均 1—15 次为主，月均不超过 1.25 个。对比两组数据，整体而言，校外单位租借场地举办的活动数量占学校总体大型活动数量的一半以下。然而，从“服务高校核心使命原则”的角度出发，这个比例还是偏高的。由于问卷调查中的理解偏差及各高校实际情况和诉求的差异，这并不说明目前高校大型活动的管理存在偏差，但“学校场地场馆设施不用于校外单位或个人独立举办大型活动。校外单位租借校内场地举办大型活动的，必须有校内单位作为对接单位联合举办”的规定和要求，是非常必要且必需的。

5.2 高校大型活动安全管理工作概述

在本次调研中，77.78%（70 人）的调查对象表示知道 2016 年出台了国家标准《大型活动安全要求》，22.22%（20 人）的调查对象对此并不了解。81.11%（73 人）的调查对象所在学校有专门的大型活动管理文件，其中 71.23%（52 人）的调查对象所在学校在制定或修订本学校大型活动管理文件时，有参考、借鉴《大型活动安全要求》，28.77%（21 人）的调查对象所在学校没有参考。另有 18.88%（17 人）的调查对象所在学校尚未制定专门的大型活动管理文件。此外，各学校对“大型活动”的概念、界定方式、分类等理解与存在差异。由此可见，目前高校大型活动安全管理已形成一定管理制度和体系，但尚未形成统一的共识，不少学校仍沿用学校较早的模式进行经验管理，规范化、科学化、标准化的程度还可以进一步提高。

5.3 高校大型活动安全管理的问题与难点

通过问卷开放式问答与访谈的结合，我们发现目前高校大型活动安全管理的问题与难点包括了人员管理、场地（空间）管理、环境管理、组织管理及对活动把控的方方面面，如车辆进出管理与交通压力问题，管理人力与经费保障不足问题，多部门交叉管理、责任不明问题，管理体系不健全、操作流程不清晰问题，工作方案和应急预案形式化问题，部分承办单位重视不够、责任不强问题，安全教育不足、业务指导很难覆盖问题，这些问题的解决，归根结底，需要意识与制度的双重保障。只有高度重视、又找对方向，才能全面提升高校大型活动安全管理的水平和效率。

目前高校大型活动安全监管缺乏与之配套的安全技术标准和实施工作指南，安全管理人员只能凭自身的工作经验核定、评估各种风险，不能实现精细化、规范化和科学化的审核。因此，以国家最新出台的国标 GB/T 33170 - 2016《大型活动安全要求》为依据，探索适应高校环境的管理标准和管理流程，是解决目前管理实际困惑最有效的途径。

6 高校大型活动安全管理的对策与建议

6.1 积极主动管理

高校大型活动安全管理不应当是被动的管理，更多的意义在于审批、识别和判断。只有掌握了主动权，才能真正提升管理的效能，实现管理的目标。倘若高校的安全管理部门，将主题多样、形式复杂的大型活动，尤其是社会上的商业类的大型活动通通纳入学校，并认为只要符合流程一律可以审批并为其提供安保服务，那么这种方式可能存在与学校的核心使命相背离的问题，很难保证高校大型活动为学校教学科研发展与精神文明建设及师生文化需求服务。

因此，高校及上级有关部门应高度关注目前高校大型活动纷繁复杂的现实，以发展的眼光看待高校大型活动的发展和大型活动安全管理的发展，尽可能地确立明确的准入标准，或者为高校提供借鉴和参考的依据，使高校构建积极主动的大型活动审核机制，创建有利于服务高校核心使命、增强师生认同感的文化环境。

6.2 明确责任主体

高校大型活动涉及活动的承办方（主办方、承办方、协办方）、场地管理方、临时建筑/设备设施搭建方、校内安全管理方（保卫部门及相关部门）、其他资源保障方、参与师生和组织等多个部门和团体，关系和情况比较复杂且相互关联、影响，需要明确责任主体和各方职责分工，建立统一领导、协同配合的安全管理体系，保障大型活动举办过程中各环节工作任务的分解和落实。

一方面，要通过规章制度明确承办方（主办方）、场所管理者、保卫部门及其他主体的安全职责；另一方面，各主体可以借助责任矩阵的方式，将工作任务分解、落实到个人，并明确表示出他们在组织中的关系、责任和地位，使每个成员明确了解自己的任务与他人的职责，提高沟通和协调的效率。

6.3 风险评估前置

风险管理过程由明确环境信息、风险评估、风险应对、监督和检查等活动组成，风险评估是其中最重要的一环，是风险应对、监督和检查的基础。

在高校大型活动管理中，应该将风险评估前置，作为审批大型活动的一项重要参考依据。通过现场调查和安全风险评估，对活动中现实存在的安全薄弱点、威胁和隐患等因素进行识别与分析，确定风险因素和环节，测评可造成的危害和损失及其可能程度，结合学校的风险承受性给出是否建议举办的结论，并对可以举办的活动提出合理、可行的风险防范建议。

6.4 规范标准流程

管理工作是立足于不断变化的实际情况而开展的实践，相关文件最重要的还是可执行性。因此，管理规定应总结经验、发现规律、抓住本质、删繁就简，探索出具有实用性、推广性、可操作性的规范性流程和方法，这也是本研究的初衷和落脚点。因此，立足相关理论研究、工作实践、法律法规与制度标准，结合问卷、访谈、调研走访中获取的经验、了解的需求与发现的问题，本研究对大型活动安全管理工作的流程梳理如下（图6.4.1），通过纵向流程与横向执行主体两个维度的综合，让对照参考更加明晰。

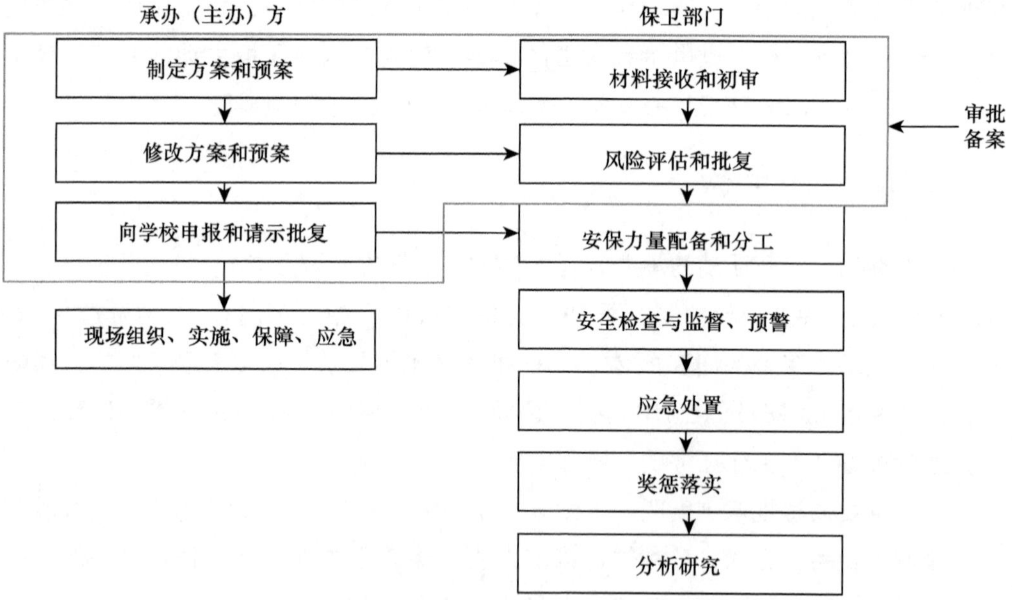

图6.4.1 高校大型活动安全管理基本工作程序

参考文献

专著、论文

陈钢．如何有效构建高校大型活动管理协同模式［J］．北京教育（高教），2016（09）：30－32．

丁锋，王新建．《大型群众性活动安全管理条例》释义［M］．北京：中国人民公安大学出版社，2007.

丁辉，朱伟，王瑜，马英楠．大型群众性活动安全风险管理［M］．北京：化学工业出版社，2011.

公安部治安管理局，国务院法制办．大型群众性活动安全管理条例释义及使用指南［M］．2008.

容志，蔡辉明．基于风险的大型公共活动安全管理——分析框架与对策研究［J］．中共中央党校学报，2012，16（1）：98－101.

佟瑞鹏．风险管理理论与实践［M］．北京：中国劳动社会保障出版社，2015.

王精忠，张胜前，陈康．治安秩序管理［M］．北京：中国人民公安大学出版社，2007.

杨瑞清，王占军，赵光伟．治安管理概论［M］．北京：中国人民公安大学出版社，2013.

张胜前．大型活动安全管理［M］．武汉：湖北人民出版社，2015.

郑向敏．会展安全与危机管理［M］．重庆：重庆大学出版社，2014：79.

钟开斌．公共场所人群聚集安全管理：外滩拥挤踩踏事件案例研究［M］．北京：社会科学文献出版社，2016.

朱亚成．关于高校大型活动安全管理的若干思考［J］．湖北三峡职业技术学院学报，2016（1）：63－65.

法规、文件

GB/T 33170－2016 大型活动安全要求.

GB/T 24353－2009 风险管理 原则与实施指南.

大型群众性活动安全管理条例，2007，国务院.

教育系统突发公共事件应急预案，2005，教育部.

北京市大型群众性活动安全管理条例，2010，北京市.

北京大学大型活动安全风险评估办法（试行），2017，北京大学.

北京大学大型活动安全管理规定（试行），2013，北京大学.

北京大学大型活动审批管理办法（征求意见稿），2018，北京大学.

北京大学人员密集场所人身安全检查办法（试行），2017，北京大学.

北京航空航天大学大型活动安全管理规定，2014，北京航空航天大学.

北京外国语大学大型活动管理规定，2006，北京外国语大学.

北京语言大学大型活动管理办法，北京语言大学.

复旦大学大型群众性文化体育活动规定，2006，复旦大学.

南京大学大型活动安全管理办法，2010，南京大学.

苏州大学大型活动安全保卫工作暂行规定.

厦门大学校内大型活动安全管理办法，2006，复旦大学.

浙江大学大型活动安全管理办法，2015，浙江大学.

中国传媒大学大型文体活动安全管理规定.

中国地质大学（北京）校园大型活动安全管理规定，2017，中国地质大学（北京）.

中国人民大学大型活动管理办法，2006，中国人民大学.

中国人民大学大型活动实施细则，2006，中国人民大学.

中山大学大型群众性活动安全管理办法，2016，中山大学.

中央财经大学大型活动安全管理规定，2017，中央财经大学.

其他

北京市公安局．关于印发《北京市大型群众性活动安全风险评估工作规范（试行）》的通知（京公治字〔2010〕1463 号）[Z]．来源：北京市人民政府公报，2011，(02).

青岛市人民政府办公厅．关于印发青岛市处置大型群众性活动突发事件应急预案等七个预案的通知（青政办字〔2010〕174 号）[Z]．来源：青岛政府网，http：//www. qingdao. gov. cn/，2010.

附录　调查问卷与访谈提纲

附录 1.1　调查问卷

高校大型活动安全管理工作情况调查

您好，我们是北京高教保卫学会第二学术组的成员，正在进行课题“高校大型活动安全管理工作指南”的调查研究。本问卷希望了解高校大型活动的举办情况、安全管理工作现状及难点痛点，以期探索高校大型活动安全管理的针对性办法，形成一套行之有效、操作性强的大型活动安全管理措施，努力提升平安校园建设成果，确保高校各类大型活动的顺利实施和校园的安全稳定。

本问卷采用匿名形式，所获得的信息只用于研究分析，希望您能拨冗配合我们此次调查。题目选项均无对错之分，请您按照实际工作情况填写，在括号内填入选项或在横线上填写答案，感谢您的帮助！

一、基本信息

1. 您的学校______________________________

2. 您的部门______________________________

3. 您的职位______________________________

二、对高校大型活动的理解

4. 您是否知道 2016 年出台了国家标准文件《大型活动安全要求》？(　　)

A. 是　　B. 否

5. 您所在学校是否有专门的大型活动管理文件？(　　)

A. 是　　B. 否（跳转至第10题）

6. 您所在学校在制定/修订本学校的大型活动管理文件时，是否有参考、借鉴2016年国家标准文件《大型活动安全要求》？(　　)

A. 是　　B. 否

7. 您所在学校在制定/修订本学校的大型活动管理文件时，主要的参考依据有哪些？

____

____

8. 您所在学校的大型活动管理文件在界定高校“大型活动”的时候，是否区分了室内与室外两种情况？(　　)

A. 是　　B. 否

9. 在您所在学校的大型活动管理文件中（或您认为），室内“大型活动”的人数应为多少人以上？(　　)

A. 200人以上　　B. 500人以上　　C. 1000人以上　　D. 其他________

10. 在您所在学校的大型活动管理文件中（或您认为），室外“大型活动”的人数应为多少人以上？(　　)

A. 100人以上　　B. 200人以上　　C. 500人以上　　D. 其他________

11. 除了以下活动类型外，还有哪些您认为重要的大型活动？

____

____

文艺演出、体育活动、集会（庆典）、展览

学术交流会（专题报告会）、能力竞赛、招聘会、招生宣传会、考试

外事活动、领导人等警卫对象来访或参加活动

名人明星参加的社会活动

敏感人物参加的活动、敏感活动

12. 除了以下分类标准，还有哪些您认为重要的大型活动分类标准？

____

____

开放程度：校内 / 校外（不开放 / 对外开放）

活动场地：室内 / 室外

活动性质（如第12题）

三、高校大型活动举办情况

13. 您所在学校一年平均举办多少次大型活动？(　　)

A. 无　B. 1—30 次　C. 31—60 次　D. 61—90 次　E. 91—120 次

F. 121 次—150 次　G. 151 次及以上

14. 您所在学校一年平均举办多少次校外单位租借场地的演出活动？(　　)

A. 无　B. 1—15 次　C. 16—30 次　D. 31—45 次　E. 46—60 次

F. 61—75 次　G. 75 次及以上

四、高校大型活动安全管理工作的现状与难点

15. 您所在学校一般的大型活动管理流程是怎样的？

____

____

____

16. 您认为目前高校大型活动安全管理工作的问题与难点是什么？

____

____

____

附录 1.2　访谈提纲

对于“高校大型活动”概念的界定与理解；

除了以下活动类型外，还有哪些您认为重要的大型活动？

文艺演出、体育活动、集会（庆典）、展览

学术交流会（专题报告会）、能力竞赛、招聘会、招生宣传会、考试

外事活动、领导人等警卫对象来访或参加活动

名人明星参加的社会活动

敏感人物参加的活动、敏感活动

您认为高校大型活动安全管理的有哪些要求与基本原则？

您认为人员、管理、环境等因素对于高校大型活动安全管理有哪些具体影响？

您所在学校一年举办大约多少次大型活动？是否对大型活动进行风险评估，是如何进行评估的？是否有制度化的管理？(如果有的话，在制定高校大型活动管理要求的文件时，主要的参考、依据和考量是什么？是否参考 2016 年国家标准文件《大型活动安全要求》?)

您所在学校在大型活动安全管理的实际操作中，部门内是如何分工的？与其他部门又是如何联动配合、划分责任的？

您认为目前高校大型活动安全管理有哪些问题与难点?

您所在学校在解决高校大型活动安全管理的问题与难点时，有哪些对策与建议?

您认为高校大型活动与高校核心使命的关系是怎样的?

您所在的学校是否有承办校外单位在校内举行的大型活动的情况?（如果有，频率是怎样的?）您对于承办校外大型活动，有哪些看法和思考?

对于以下流程，有哪些修改和补充?

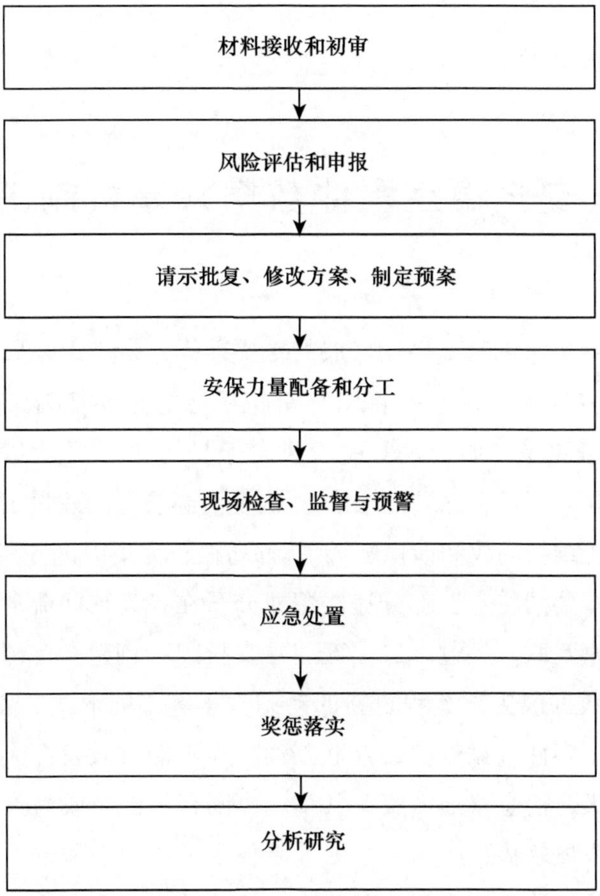

首都高校安全稳定事件数据共享机制研究

北京航空航天大学《首都各高校安全稳定事件数据共享机制研究》课题组

1 首都高校安全稳定事件数据共享机制研究的背景和意义

社会的持续稳定是保障改革事业发展的重要前提，是广大人民群众的根本利益所在，是实现“中国梦”和“两个一百年”奋斗目标的必要基础。高校是社会稳定的“晴雨表”，首都高校更是“晴雨表”的“风向标”。党的十八大以来，中央高度关注高校的安全稳定工作，习近平总书记在第20次全国高校党的建设工作会上指出“要以更加扎实有力的措施维护高校和谐稳定”。首都高校较为集中，各高校所面临的安全稳定工作形势具有很多共同特点，部分违法犯罪分子在各高校间流动作案，校园内发生的安全稳定事件紧密互联。经过十二·五“平安校园”创建，首都高校陆续建立了或为后期录入的静态数据或为随流程更新的动态数据等不同形式的安全稳定事件信息。但各高校间安全稳定事件数据未实现互联互通，尚不能有效发挥大数据优势。在信息技术高度发达的今天，信息互通、资源共享、协同合作已经成为首都高校共同维护校园和谐稳定的必然发展趋势，运用大数据等新技术手段加强和改进校园安全稳定工作已经成为推进首都高校治理体系和治理能力现代化的必然要求。有效建立安全稳定事件数据共享机制是应用大数据模式开展工作的重要前提和基础。本课题旨在研究首都高校安全稳定事件数据共享机制的构建方法，通过信息技术手段将高校间安全稳定事件数据互联互通，基于共享数据进一步创新高校安全稳定工作模式，更好的发挥实效。

1.1 国内外数据共享工作发展现状

新一轮信息技术革命与人类经济社会活动交汇融合，引发了数据的爆炸式增长和大数据浪潮。大数据已经开始对全球范围内的生产生活和消费模式产生重要影响，正在改变人们认识世界的思维方式，也为推进首都高校安全稳定工作建设提供了新途径新手段。大数据代表的是过去，但呈现的是未来，揭示出传统技术方法难以展现的关联关系，使得人们能够更清晰地理解事务本质、把握未来发展走向，从而发现新规律、提升新能力。梳理总结国内外实施大数据战略的历程对我们清醒认识发展形势，准确把握发展方向大有帮助。

1.1.1 主要发达国家开展大数据战略的发展过程

当前国外大数据应用的成功案例主要集中在欧美发达国家，除技术突破和应用创新之外，大数据正逐渐引起公众意识形态的变革甚至社会结构的深层调整，受到世界各主要国家和地区的广泛关注。各国纷纷从国家层面提出具体的大数据发展战略。由于大数据自身内涵发展迅速，随着存储设备、记录工具和分析技术的不断发展，其应用的深度与影响力也日新月异，各国的大数据战略也是基于国家整体发展趋势进行布局的。本文选取了美国、英国、日本和欧盟作为研究对象，梳理总结了其国家层面大数据战略的发展过程。

1. 美国大数据战略规划

2011 年美国总统科技顾问委员会提出建议，认为大数据具有重要战略意义，但联邦政府在大数据相关技术方面的投入不足。作为回应，美国白宫科学和技术政策办公室（OSTP）建立了大数据高级监督组以协调和扩大政府对该领域的投资，并牵头编制了《大数据研究与发展计划》（以下简称《计划》）。2012 年 3 月，《计划》正式对外发布，标志着美国率先将大数据上升为国家战略。

《计划》旨在大力提升美国从海量复杂的数据集合中获取知识和洞见的能力。具体实现三个目标：（1）开发能对大量数据进行收集、存储、维护、管理、分析和共享的最先进的核心技术；（2）利用这些技术加快科学和工程学领域探索发现的步伐，加强国家安全，转变现有的教学方式；（3）扩大从事大数据技术开发和应用的人员数量。

第一批纳入《计划》的联邦政府部门主要有：国家科学基金会、国家卫生研究院、能源部、国防部、国防部高级研究计划局、地质勘探局等。计划投资两亿多美元，推动大数据技术研发。大数据发展不能仅靠政府，因此《计划》还鼓励产业、大学和研究机构、非营利机构与政府一起努力，共享大数据提供的机遇。

2. 澳大利亚大数据战略规划

2012 年 10 月，澳大利亚政府发布《澳大利亚公共服务信息与通信技术战略 2012—2015》，强调应增强政府机构的数据分析能力，从而实现更好的服务传递和更科学的决策，并将制定一份大数据战略作为战略执行计划之一。2013 年 2 月，澳大利亚政府信息管理办公室（AGIMO）成立了跨部门工作组——“大数据工作组”，启动了《公共服务大数据战略》（以下简称《战略》）制定工作，并于 2013 年 8 月正式对外发布。

《战略》以六条“大数据原则”为指导，旨在推动公共部门利用大数据分析进行服务改革，制定更好的公共政策，保护公民隐私。这六条大数据原则分别为：数据是一种国家资产，应被用于人民福祉；数据共享和大数据项目开发过程中严保用户隐私；数据完整和过程透明；政府部门间以及政府与产业间应共享技术、资源和能力；与产业和学术界广泛合作；加强政府数据开放。《战略》还决定成立数据分析卓越中心（DACOE），该中心将通过构建一个通用的能力框架帮助政府部门获得数据分析能力，并促成政府与第三方机构合作以培养分析技术专家。《战略》列举了 2014 年 7 月前需完成的六项大数据行动计划，分别为：制定信息资产登记簿；跟踪大数据分析的技术发展；制定大数据最佳实践指南；总结明确大数据分析面临的各种障碍；强化大数据分析的相关技术和经验；制定数据分析指南。具体工作由大数据工作组与数据分析卓越中心协作完成。

3. 英国大数据战略

2013 年 10 月 31 日，英国发布《把握数据带来的机遇：英国数据能力战略》。该战略由英国商业、创新与技术部牵头编制。战略旨在促进英国在数据挖掘和价值萃取中的世界领先地位，为英国公民、企业、学术机构和公共部门在信息经济条件下创造更多收益。为实现上述目标，该战略从提升数据分析技术、加强国家基础设施建设、推动研究与产业合作、确保数据被安全存取和共享等几个方面做出了部署，并作出十一项行动承诺，确保战略目标得以落地。

4. 法国大数据战略

为抓住大数据发展机遇，促进本国大数据领域的发展，以便在经济社会发展中占据主动权，2013 年 2 月，法国政府发布了《数字化路线图》，宣布将投入 1.5 亿欧元大力支持 5 项战略性高新技术，而“大数据”就是其中一项。2013 年 7 月，法国中小企业、创新和数字经济部发布了《法国政府大数据五项支持计划》，包括引进数据科学家教育项目；设立一个技术中心给予新兴企业各类数据库和网络文档存取权；通过为大数据设立原始扶持资金，促进创新；在交通、医疗卫生等纵向行业领域设立大数据旗舰项目；为大数据应用建立良好的生态环境，如在法国和欧盟层面建立用于交流的各类社会网络等。

5. 日本大数据战略

2010 年 5 月，日本发达信息通信网络社会推进战略本部发布了以实现国民本位的电子政府、加强地区间的互助关系等为目标的《信息通信技术新战略》，在其基础上，总务省于 2012 年 7 月发布“活跃 ICT 日本”新综合战略，侧重于以技术革新发展大数据战略，进而实现国民本位的电子政府、加强地区间的互助关系。在应用当中，日本的大数据战略已经发挥了重要作用，ICT 技术与大数据信息能力的结合为协助解决抗灾救灾和核电事故等公共问题贡献明显，实现社会公共价值促生。

6. 韩国大数据战略

在朴槿惠政府倡导的“创意经济”国家发展方针指导下，韩国多个部门提出了具体的大数据发展计划，包括 2011 年韩国科学技术政策研究院以“构建英特尔综合数据库”为基础的“大数据中心战略”，以及 2012 年韩国国家科学技术委员会制定的大数据未来发展环境战略计划。其中 2012 年由未来创造科学部牵头的“培养大数据、云计算系统相关企业 1000 个”的国家级大数据发展计划，通过《第五次国家信息化基本计划（2013—2017）》等多项具体发展战略落实到生产层面。

1.1.2 我国启动实施国家大数据战略，持续推动数据资源开放共享

比较于欧美等发达国家，我国国家大数据发展战略还处于探索起步阶段，但在对大数据的社会认知、优化政策环境、扩大市场规模、强化产业支撑能力等方面也取得了积极进展，为大数据产业的可持续发展创造了良好条件。

2011 年国家工业和信息化部发布的《通信业“十二五”发展规划》是中国较早推动云计划和大数据技术发展的政策，该规划把云计算定位为构建国家级信息基础设施、实现融合创新的关键技术和重点发展方向。为推动中国数据中心合理布局和健康发展，工业和信息化部、发展改革委、国土资源部、电监会、能源局等五部委于 2013 年 1 月联合发布了《关于数据中心建设布局的指导意见》。2013 年 8 月，国务院先后印发了《关于“宽带中国”战略及实施方案的通知》和《国务院关于促进信息消费扩大内需的若干意见》，通过实施“宽带中国”战略和扩大“信息消费”的方式，推动数据中心和数据中心市场发展。继而，为拓宽数据收集范围、普及云计算服务和大数据运用，我国在 2014 年“宽带中国”专项行动中将云计算列为战略性新兴产业发展重点领域。

地方政府层面，在国家政策的推动下，广东、上海、重庆、贵州等地方政府和北京中关村、天津滨海新区等相继制定和出台了大数据相关计划或规划纲要。走在较前列的广东省于 2012 年 12 月就宣布在全国率先启动大数据战略并起草《广东省实施大数据战略工作方案》提交省政府批准。随之，2014 年 2 月 20 日，中关村出台了《加快

培育大数据产业集群推动产业转型升级的意见》和《中关村数海大数据交易平台规则》(征集意见稿)。2014 年，贵州省相继出台了《关于加快大数据产业发展应用若干政策的意见》《贵州省大数据产业发展应用规划纲要（2014—2020 年)》和《贵州省信息基础设施条例》，明确贵州大数据产业发展目标、任务和配套政策。上述政策的出台和实施，表明大数据产业在中国已经得到自上而下的高度关注，逐渐完善的政策体系为大数据产业的发展创造了良好条件。

2015 年 9 月 5 日，国务院印发《关于促进大数据发展行动纲要的通知》正式发布，在全社会引起广泛影响。《行动纲要》是目前为止我国促进大数据发展的第一份权威性、系统性文件，其从国家大数据发展战略全局的高度，提出了我国大数据发展的顶层设计，是指导我国未来大数据发展的第一部纲领性文件。《行动纲要》中明确提出在未来的 5—10 年逐步实现“将大数据作为提升政府治理能力的重要手段，通过高效采集、有效整合、深化应用政府数据和社会数据，提升政府决策和风险防范水平，提高社会治理的精准性和有效性，增强乡村社会治理能力；助力简政放权，支持从事前审批向事中事后监管转变，推动商事制度改革；促进政府监管和社会监督有机结合，有效调动社会力量参与社会治理的积极性。2017 年底前形成跨部门数据资源共享共用格局”。我国计划未来实施大数据发展的“十项工程”，即政府数据资源共享开放工程、国家大数据资源统筹发展工程、政府治理大数据工程、公共服务大数据工程、工业和新兴产业大数据工程、现代农业大数据工程、万众创新大数据工程、大数据关键技术及产品研发与产业化工程、大数据产业支撑能力提升工程和网络和大数据安全保障工程。围绕工程的推进，建成政府数据统一共享交换平台、国家政府数据统一开放平台、国家大数据平台、数据中心等一系列国家和地方大数据平台，并在各个领域推进大数据应用示范和试点。

首都高校、研究院所众多，人才智力优势明显，特别是在京津冀协同发展的新形势下，明确将首都定位为科技创新中心。在国家大数据发展战略带动下，近年来首都北京在大数据领域也实现了诸多突破。首都综治委在 2016 年首都社会治安综合治理工作要点中提出，要在信息技术的综合应用上下功夫，重点围绕首都综治信息系统建设及应用，基层综治信息化建设、信息数据资源整合及共享交换机制建设、“大数据平台”建设及视频联通应用等方面开展工作。计划到 2016 年底，建立完善首都综治信息数据资源的整合共享交换机制，基本建成首都综治“大数据”平台并实现有效运转；综治业务的信息化应用范围进一步拓展，综治业务流程得到进一步优化；16 个区县级综治信息平台基本建成并与市级平台实现有效对接，全市 50% 以上的街道（乡镇）级、社区（村）级综治信息平台基本建成并实现规范化运行，基础较好。到 2020 年，首都综治信息化体系建设完成并与全国综治信息化综合平台实现全面对接，与“智慧北京”、“三网融合”等全市信息化建设同步推进、深度融合，成为全市信息化建设的重要组成部分；首都综治“大数据”平台实现协调运转，为综治工作开展提供实时、高效、便捷的数据支撑，有效保障综治业务应用实现数字化、可视化、扁平化，综治信息化体系在提升综治工作科学化和平安建设现代化水平方面发挥更加重要的作用。

1.2 开展安全稳定事件数据共享的重要性和必要性

1.2.1 数据共享是依托大数据开展安全管理工作的重要前提

大数据现已成为第四次科技革命的重要标志。在我国应用大数据技术促进各领域发展的观念已逐步深入人心。与传统的分散数据存储模式不同，大数据面向的是全体数据，数据涵盖面越广泛其分析结论的准确性越高，越能够挖掘出问题的本质和发展趋势。因此建立可靠稳定的数据共享机制，尽可能覆盖多的数据资源就成为应用大数据开展创新的重要前提和保障。

与科研领域相比，将大数据技术应用于高校安全管理工作的创新尚处于起步阶段，从技术条件和工作理念上都存在较大差距，相关研究较少。在科研领域，数据共享对科学研究的重要作用已显现无疑。例如，针对 2014 年埃博拉疫情中数据共享的现状，顶级科学杂志《自然》于 2015 年 2 月刊文《数据共享：推动疫情研究开放存取》，充分肯定了数据共享在疫情研究中的重要作用。国际上诸多知名科研资助机构、学术出版机构，也相继对科学数据共享进行了大力地资助和支持，可以说科学数据共享已经成为科学研究范式转化的必要环节和重要动力。科研领域的发展趋势往往引领其他行业的前进方向。因此，开展高校安全稳定信息的数据共享工作也势在必行。

1.2.2 高校安全稳定事件具有强关联性

课题组先后走访了京内十余所高校，从调查研究的结果可以发现高校发生的安全稳定事件之间相互具有很强的关联关系，主要体现在如下四个方面。

一是高校的安全稳定事件具有时间上的关联性。时间上的关联性在政治类事件上体现得尤为突出。在每年的各类涉稳敏感期，各高校按照统一部署都将启动相应应急预案，加强校内安全稳定工作力量，提升防控等级。根据调研的结果显示，在安全类事件方面，中午和傍晚的用餐时间是高校盗窃类案件的集中案发时间段。

二是高校的安全稳定事件具有地点上的关联性。从所走访的各京内高校的情况看，各学校安全稳定事件的案发地点主要集中在宿舍、教室、食堂和运动场，占到总案件数量的 80% 以上。这些高案发地点往往是人流量大，难以有效识别校内校外人员的公共场所，犯罪嫌疑人多扮成学生模样混入其中实施违法活动。

三是高校的安全稳定事件具有案件类型上的关联性。从调查结果看，近三年来高校发生的安全稳定事件主要集中在侵财和涉稳两大类型。高校侵财案件主要包括非机动车失窃，电信及网络诈骗，笔记本、手机等贵重电子产品失窃等；高校涉稳类案件主要集中在学生非正常死亡、退休教职工因待遇问题引发集体访、意识形态领域渗透等问题。上述类型的事件还具有同类事件会在一个时间段内在不同高校集中发生的情况，例如每年的4—6月是高校学生非正常死亡的高发期。

四是高校的安全稳定事件具有嫌疑人上的关联性。从公安机关近年来通报的高校警情看，因涉及高校案件被抓获的犯罪嫌疑人往往在多个高校开展过违法犯罪活动。以青岛市公安机关2015年通报的案件为例，犯罪嫌疑人吴某自2012年10月份开始，先后流窜至安徽、浙江、湖南、湖北、山西、山东、河南、江西、广东、河北、吉林、辽宁12个省份的40余个地市，潜入高校学生宿舍作案50余起，盗窃笔记本电脑200多台，非法获利10余万元。首都警方近年来也抓获多名高校流窜作案惯犯。可以看出，当前社会上已经出现一批专门针对高校开展违法犯罪活动的团伙和个人。

综上所述，高校的安全稳定事件具有明显的自身特点，有很强的相互关联性。实现各高校间安全稳定事件数据的共享，将进一步提高首都高校校园防控工作的科学性和针对性，有效提升各高校安全稳定工作的整体水平。

1.2.3 平安校园创建工程建立了良好的数据共享基础

“十二五”期间市委教育工委、市教委、首都综治办、市公安局经过论证研究，决定深入推进高校“平安校园”创建工作，2011年5月，市级层面成立了首都高校深入推进“平安校园”创建工作领导小组，制定印发了《关于深入推进高校“平安校园”创建工作的意见》和《首都高校“平安校园”创建基本标准（试行）》，创建标准中明确要求首都各高校要设立专门工作经费，用于健全完善校园技防系统，并建立校园安全稳定工作管理信息系统。

各高校普遍按照要求，建立与学校发展同步增长的安全稳定经费投入机制，设立了安全稳定机动经费。据不完全统计，2011年至入校检查验收前，55所高校累计投入资金约10亿元，重点用于加强基础设施、物防技防、人员队伍、规章制度等方面的建设。有的学校一次性投入上千万元，全面升级改造学校技防系统，有效提升了校园安全防范水平。有的学校整合安全管理、应急指挥以及服务师生的工作资源，投入资金开发相关信息化管理系统，建设完成了“平安校园”安全管理服务中心，为进一步收集、盘活、共享和应用数据资源建立了良好的工作基础。

2 课题相关技术

2.1 元数据

元数据，是描述数据的数据，目的是用最少的要素还原事件本身。元数据是描述其他数据的数据，或者说是用于提供某种资源的有关信息的结构数据。元数据是描述信息资源或数据等对象的数据，其使用目的在于：识别资源；评价资源；追踪资源在使用过程中的变化；实现简单高效地管理大量网络化数据；实现信息资源的有效发现、查找、一体化组织和对资源使用的有效管理。

元数据的基本特点主要有：

（1）元数据是关于数据的结构化的数据，它不一定是数字形式的，可来自不同的资源。

（2）元数据是与对象相关的数据，此数据使其潜在的用户不必先具备对这些对象的存在和特征的完整认识。

（3）元数据是对信息包裹（Information Package）的编码的描述。

（4）元数据包含用于描述信息对象的内容和位置的数据元素集，促进了网络环境中信息对象的发现和检索。

元数据体系构建了数据共享平台的逻辑框架和基本模型，从而决定了数据共享平台的功能特征、运行模式和系统运行的总体性能。数据共享平台的运作都基于元数据来实现。其主要作用有：描述功能、整合功能、控制功能和代理功能。

由于元数据也是数据，因此可以用类似数据的方法在数据库中进行存储和获取。如果提供数据元的组织同时提供描述数据元的元数据，将会使数据元的使用变得准确而高效。用户在使用数据时可以首先查看其元数据以便能够获取自己所需的信息。

2.2 大数据

大数据（Big data），指无法在可承受的时间范围内用常规软件工具进行捕捉、管理和处理的数据集合，是需要新处理模式才能具有更强的决策力、洞察发现力和流程优化能力的海量、高增长率和多样化的信息资产。

在维克托·迈尔–舍恩伯格及肯尼斯·库克耶编写的《大数据时代》中，大数据指不用随机分析法（抽样调查）这样的捷径，而采用所有数据进行分析处理。大数据的

5V 特点（IBM 提出）：Volume（大量）、Velocity（高速）、Variety（多样）、Value（价值）和 Veracity（真实性）。

麦肯锡全球研究所给出的定义是：一种规模大到在获取、存储、管理、分析方面大大超出了传统数据库软件工具能力范围的数据集合，具有海量的数据规模、快速的数据流转、多样的数据类型和价值密度低四大特征。

大数据技术的战略意义不在于掌握庞大的数据信息，而在于对这些含有意义的数据进行专业化处理。换而言之，如果把大数据比作一种产业，那么这种产业实现盈利的关键，在于提高对数据的“加工能力”，通过“加工”实现数据的“增值”。

从技术上看，大数据与云计算的关系就像一枚硬币的正反面一样密不可分。大数据必然无法用单台的计算机进行处理，必须采用分布式架构。它的特色在于对海量数据进行分布式数据挖掘。但它必须依托云计算的分布式处理、分布式数据库和云存储、虚拟化技术。

随着云时代的来临，大数据也吸引了越来越多的关注。《著云台》的分析师团队认为，大数据通常用来形容一个公司创造的大量非结构化数据和半结构化数据，这些数据在下载到关系型数据库用于分析时会花费过多时间和金钱。大数据分析常和云计算联系到一起，因为实时的大型数据集分析需要像 MapReduce 一样的框架来向数十、数百或甚至数千的电脑分配工作。

大数据需要特殊的技术，以有效地处理大量的容忍经过时间内的数据。适用于大数据的技术，包括大规模并行处理（MPP）数据库、数据挖掘电网、分布式文件系统、分布式数据库、云计算平台、互联网和可扩展的存储系统。

数据最小的基本单位是 Bit，按顺序给出所有单位：Bit、Byte、KB、MB、GB、TB、PB、EB、ZB、YB、BB、NB、DB，它们按照进率 1024（2 的十次方）来计算。

大数据的特征包括：

容量（Volume）：数据的大小决定所考虑的数据的价值和潜在的信息；

种类（Variety）：数据类型的多样性；

速度（Velocity）：指获得数据的速度；

可变性（Variability）：妨碍了处理和有效地管理数据的过程。

真实性（Veracity）：数据的质量真实可查；

复杂性（Complexity）：数据量巨大，来源多渠道

现在的社会是一个高速发展的社会，科技发达，信息流通，人们之间的交流越来越密切，生活也越来越方便，大数据就是这个高科技时代的产物。阿里巴巴创办人马云赴台演讲中就提到，未来的时代将不是 IT 时代，而是 DT 的时代，DT 就是 Data

Technology 数据科技，显示大数据对于阿里巴巴集团来说举足轻重。

有人把数据比喻为蕴藏能量的煤矿。煤炭按照性质有焦煤、无烟煤、肥煤、贫煤等分类，而露天煤矿、深山煤矿的挖掘成本又不一样。与此类似，大数据并不在“大”，而在于“有用”。价值含量、挖掘成本比数量更为重要。对于很多行业而言，如何利用这些大规模数据是赢得竞争的关键。

大数据的价值体现在以下几个方面：为大量消费者提供产品或服务的企业可以利用大数据进行精准营销；做小而美模式的中长尾企业可以利用大数据做服务转型；面临互联网压力之下必须转型的传统企业需要与时俱进充分利用大数据的价值。

不过，“大数据”在经济发展中的巨大意义并不代表其能取代一切对于社会问题的理性思考，科学发展的逻辑不能被湮没在海量数据中。著名经济学家路德维希·冯·米塞斯曾提醒过：“就今日言，有很多人忙碌于资料之无益累积，以致对问题之说明与解决，丧失了其对特殊的经济意义的了解。”这确实是需要警惕的。

在这个快速发展的智能硬件时代，困扰应用开发者的一个重要问题就是如何在功率、覆盖范围、传输速率和成本之间找到微妙的平衡点。企业组织利用相关数据和分析可以帮助降低成本、提高效率、开发新产品、做出更明智的业务决策等等。例如，通过结合大数据和高性能的分析，以下这些对企业有益的情况都可能会发生：

（1）及时解析故障、问题和缺陷的根源，每年可能为企业节省数十亿美元。

（2）为成千上万的快递车辆规划实时交通路线，躲避拥堵。

（3）分析所有 SKU，以利润最大化为目标来定价和清理库存。

（4）根据客户的购买习惯，为其推送可能感兴趣的优惠信息。

（5）从大量客户中快速识别出金牌客户。

（6）使用点击流分析和数据挖掘来规避欺诈行为。

2.3 非结构化数据

非结构化数据（Non-structured Data）正随着信息技术快速发展而急剧增加。主流的非结构化数据类型包括文本、图形、图像、语音（音频）、视频等。据统计，非结构化数据已经占现有数据总量的 80%，安全稳定事件共享数据中存在大量的非结构化数据。之所以称为非结构化数据，是因为这些数据与传统数据库使用的常规数据结构不同，缺少甚至没有计算机软件解析数据所需的形式语义。这类数据的理解目前需要基于人工或机器的解释。传统的关系数据库只能管理结构化数据，处理不了复杂类型的非结构化数据。因此，研究针对海量非结构化数据的数据管理系统 UDBMS（Unstructured

Data Base Management System）是非常必要的。

对非结构化数据的管理与操作，是目前数据管理领域的研究热点。以 Google、Yahoo、百度为代表的搜索引擎提供了基于关键字的信息快速搜索，基于内容的信息检索技术提供了基于底层特征匹配的检索，内容管理系统提供了对某些类型的非结构化数据的深度搜索。人们还提出了基于本体（Ontology）的数据检索技术。而传统的关系数据库系统，如 Oracle，DB2 等，也进行了扩展，支持非结构化数据的存储和操作。现有的这些技术大都针对某一类或几类非结构化数据，对数据的描述采取文字或底层特征等某一种方式，不能对数据进行多方位的整体描述，而且对不同类型的数据采用不同的描述结构，使得信息检索方式具有面向单一类型数据的局限性，难以提供关联检索、数据分析与数据挖掘等智能服务。

针对安全稳定事件中非结构化数据的特点，本文采用了由北航软件开发国家重点实验室自主研发的 AUDR 非结构化数据库软件，该软件通过分析海量非结构化数据的特点，提出了四面体数据模型，统一描述多种非结构化数据类型，合理表达了非结构化数据的组成部分以及各组成部分之间的内在联系。四面体数据模型能够集成各种数据类型的成熟技术，有效地支持非结构化数据间的特征关联，并具有可扩展性。目前已经采用四面体模型对图像、音频、视频、文本等四种非结构化数据进行了统一描述及管理，并且实现了不同数据间关联检索。

非结构化数据例如文本、图形、图像、音频和视频等，从内容上没有统一的结构，数据是以原生态形式（Raw Data）保存的，因此计算机无法直接理解和处理。为了对不同类型的非结构化数据进行处理，所采用的基本思路是对这些非结构化数据进行描述，基于描述性信息实现对非结构化数据内容的管理和操作。对于非结构化数据的描述，目前有 3 类：基于关键字的语义描述、基于底层特征的描述、基于概念的语义描述。一个非结构化数据可以由基本属性、语义特征、底层特征以及原始数据 4 个部分构成，而且 4 个部分的数据之间存在各种联系。其中：

基本属性：所有非结构化数据都具有的一般属性，这些属性不涉及数据的语义，包括名称、类型、创建者、创建时间等。

语义特征：以文字表达的非结构化数据特有的语义属性，包括作者创作意图、数据主题说明、底层特征含义等语义要素。

底层特征：通过各种专用处理技术（如图像、语音、视频等处理技术）获得的非结构化数据特性，例如对图像数据而言，有颜色、纹理、形状等。

原始数据：非结构化数据的原生态文件。

AUDR 所提出的四面体模型，就是从上述 4 个方面对非结构化数据进行全面刻画。

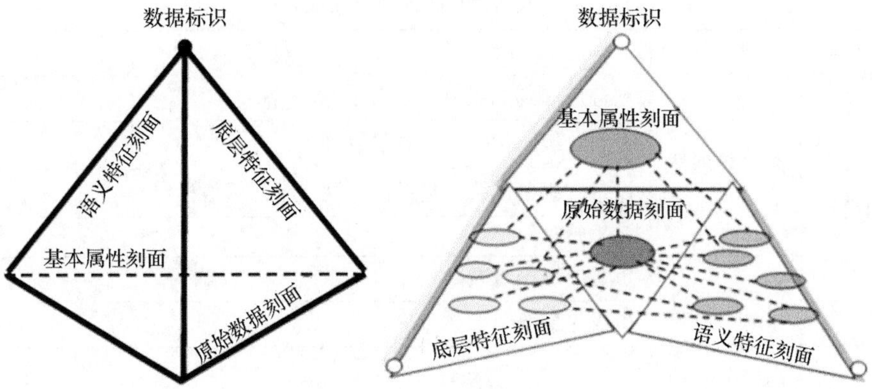

图1　四面体数据模型

3　首都各高校安全稳定事件数据共享内容研究

3.1　首都各高校安全稳定事件分类

采用走访、座谈等方式，赴京内十余所高校保卫部门开展调查研究工作首都各高校安全稳定相关信息系统调研及分析，运用统计分析法得出首都各高校安全稳定事件来源，主要包括：校园报警、安保队伍巡逻巡视、校园隐患排查、上级机关情况通报和网络舆情信息等。

首都各高校安全稳定事件共分为6大类，32子类。包括治安，消防，交通，政保，环技，求助。治安包括盗窃、遗失、纠纷、滋扰、扰民、抢劫、非正常死亡、失踪及妨碍公共秩序等；消防包括火险、火灾、违章动火等；交通包括交通事故、违章停车、道路拥堵以及停车费纠纷等；政保包括群体性事件、邪教、煽动性行为、国家安全事件等；环技包括安全生产、职业卫生、道路拥堵以及环境保护等；求助包括伤病、醉酒、公共设施损坏以及寻物招领等。

3.2　安全稳定事件共享业务角色分析

通过对高校安全稳定事件实际业务需求以及关系人等业务角色的分析，总结出系统管理员、高校值班管理员、高校分管值班工作的副处长、高校各科室干部（科员）、高校保卫处各科室负责人（科长）、高校各科室副处长、高校保卫处处长、其他用户等8种角色岗位。

在首都各高校安全稳定事件数据共享平台中，所涉及的业务角色具体情况如表1所示：

表 1　业务角色分析表

所属机构	角色	权限
管理员	系统管理员	划分房间到二级单位
		设定二级单位安全分管的管理人、责任人
		设定二级单位第一责任人和网格事件阈值设定
		日志管理
	值班管理员	负责值班排班表导入
		生成报酬单
保卫处	高校分管值班工作的副处长	调班审批
	高校各科室干部（科员）	新建工作计划、工作请示
		任务阅办
		报警求助
		安全检查、安全审批 （其中治安科长及科员和安全生产科长和科员负责安全生产审批交通科长及科员负责车辆审批）
		调班申请
		查看本系统所有功能模块事件等
	高校各科室负责人（科长）	新建工作计划、新建任务布置、新建工作请示
		任务阅办、任务会办、请示阅办
		报警求助
		安全检查、安全审批 （其中治安科长及科员和安全生产科长和科员负责安全生产审批，交通科长及科员负责车辆审批）
		查看本系统所有功能模块事件等
	高校各科室副处长	新建工作计划、新建任务布置、新建工作请示
		任务阅办、任务会办、请示阅办
		报警求助、安全检查
		相应分管工作的评价
		查看本系统所有功能模块事件等
	高校保卫处处长	新建工作计划、新建任务布置
		任务阅办、请示阅办、报警求助评价
		安全检查
		查看本系统所有功能模块事件等

3.3 业务流程梳理

以某自行车盗窃犯在某校盗车事件信息共享过程为例，简要梳理数据共享平台的业务流程。

3.3.1 信息上传流程

当某高校抓获自行车盗窃犯后，将其身份信息存档，并录入人脸信息，随后将相关信息上传至数据共享平台，具体流程如图 2：

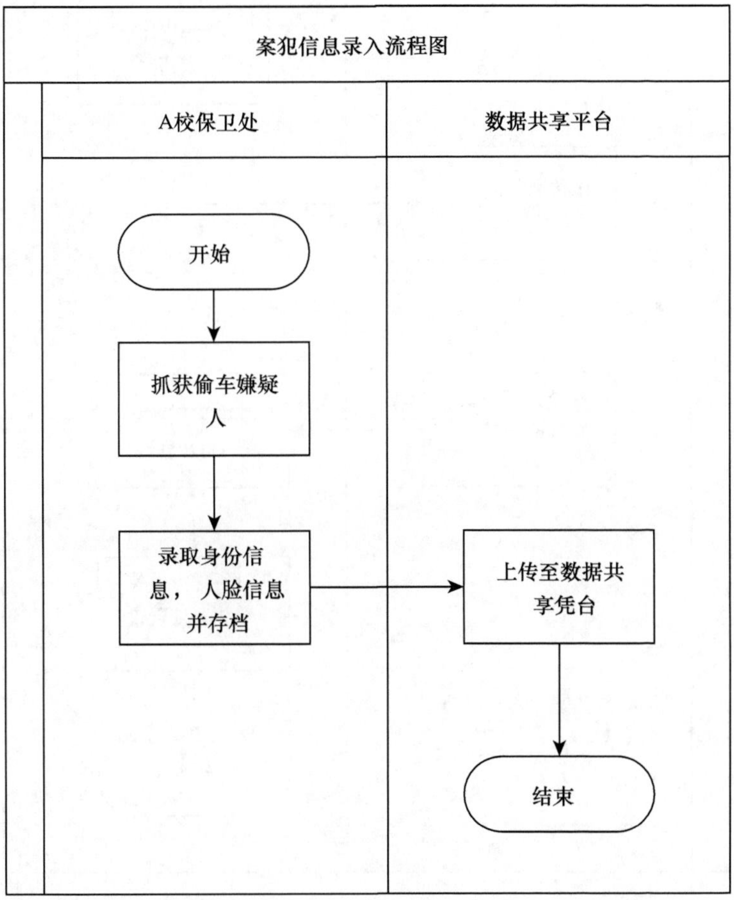

图 2 案犯信息录入流程图

3.3.2 信息比对流程

高校人脸识别探头对每日进入校园的所有人员进行识别，随后与数据共享平台中的数据进行匹配。当该案犯再次出现在其他高校，经人脸识别后在数据共享平台中成功匹配，随后向相关安保部门发出提醒，具体流程如图 3：

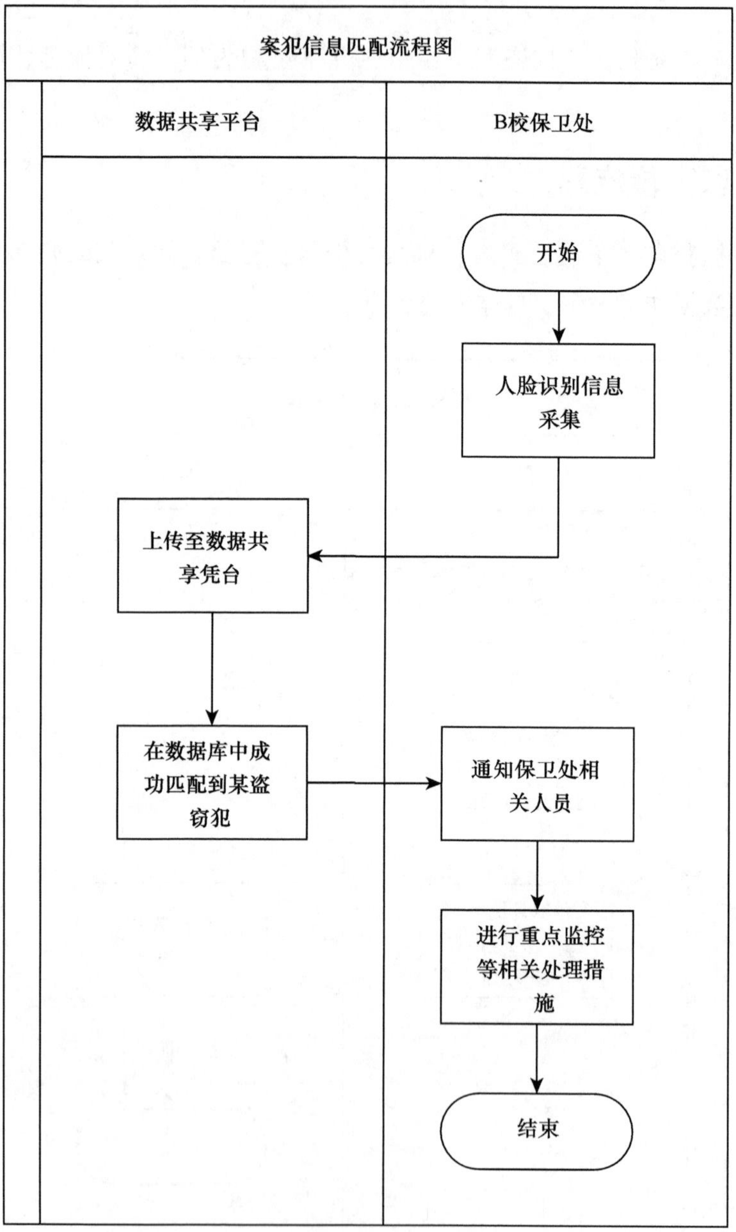

图 3　案犯信息匹配流程图

3.4　总体需求

建设一个数据共享平台，以满足各高校之间信息共享的工作需要，并达到如下目标：

1. 在各大高校之间普遍推广，各大高校联网使用同一数据共享平台，做到各高校统一的全过程管理。

2. 通过该平台充分利用首都各高校平安校园的历史数据统计，充分挖掘数据价值。

3. 建立一套便捷的首都各高校平安校园安全事件事后的备案和分析工作体系，以便全面掌握各项保卫工作信息的动态变化。

4. 增强信息共享性，提高信息统计、信息分析环节的质量。

4 首都各高校安全稳定事件数据共享平台设计方案

4.1 设计思想

首都各高校安全稳定事件数据共享系统在满足业务需求的情况下，设计方案研究综合考虑数据存储、数据安全、业务流程、系统展示等方面因素。其设计思想主要有如下几个层面：

1. 先进性与适用性原则

系统建设，需采用先进而成熟的技术来实现全部业务功能和技术指标，符合国际标准的技术规范。系统架构的设计应成熟稳定，充分考虑技术的适用性以及实现功能需求的准确性。

2. 聚焦性、落地性原则

数据共享平台将建设重点聚焦在领导、管理、学校保卫处最关注、最核心的业务管理点上，而不是定位成包含所有业务人员查询分析需求的庞大、繁杂的数据堆放和业务查询系统。同时，充分考虑选入数据共享平台的指标的可获取性和成熟度。一方面要避免指标难以获取而勉强拼凑，导致数据缺失；另一方面要避免数据质量不高，影响指标分析的科学性。

3. 开放性、规范性原则

系统的建设需要与各高校现有平安校园业务系统对接，也需要兼顾与未来建设业务系统之间的接口，需要遵循国际和行业通行的信息技术标准，保证各类平台和应用系统之间能够方便地互通互联。

同时，需要构建较为完善、适用于安全稳定业务管理的信息化标准体系，在数据、安全、身份管理、接口等方面实现统一规范化管理。支持业务流程化处理，支持后台作业标准化，建立统一的数据标准，流程标准和跨部门之间的业务整合，统一接口数据格式和传输方式。

4. 可扩展性原则

采用行业标准技术、可扩展的系统架构和开放式语言，保证系统可以随未来业务量增长而水平扩展，构建具有灵活性和高可扩展性的集中处理系统应用架构。同时，系统要支持横向扩展，使其满足业务种类和业务流程的扩展变化。

5. 稳定性与安全性原则

系统具有高可靠、高稳定、多并发的强大能力，遵循安全性第一的设计原则，运用保护系统最薄弱环节原则、多重防御原则、故障保护原则、安全性设计最小特权原则、系统耦合度设计适度原则等设计思路，保障系统稳定性与安全性。

4.2 系统应用架构设计

数据共享平台包括数据获取、数据存储、数据服务、数据访问及维护四个部分。本期的建设重点是数据的获取、存储、服务以及数据的访问授权。

1. 数据获取

数据获取涵盖数据共享平台从各业务源系统中将相关业务数据进行抽取、清洗、加工、整理并加载到货车公司共享数据库的全过程。

2. 数据存储

数据存储实现数据共享平台相关数据的集中存储与管理，是货车公司标准化明细业务运营数据的集中存储中心。将数据进行分层存储，包括：缓存层、明细层、维表区、轻度汇总层和共享层。

3. 数据服务

外部系统不能直接访问共享数据库内数据，只能以数据接口、导出数据文件等方式获取数据。共享平台内容的数据服务结合数据访问策略和访问申请流程，综合保障数据的安全性。

4. 数据访问

数据访问管理是保证数据共享平台安全、稳定运营的有效保障，贯穿数据共享平台数据获取、存储、服务各过程。

系统应用架构图如图 4 所示：

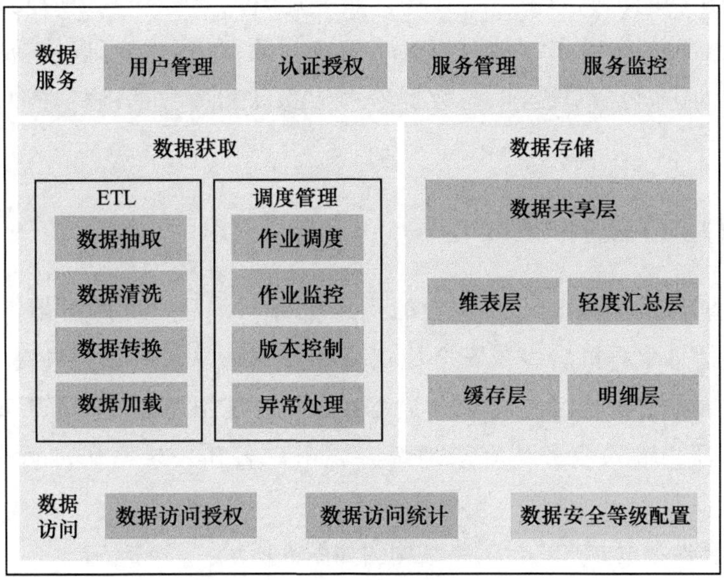

图 4　应用架构图

4.3　系统逻辑架构设计

系统采用 B/S 结构，整体逻辑架构采用 J2EE 架构、面向对象的设计思路及面向服务的开发模式，让系统具备较好的可扩展性。

系统逻辑架构图如图 5 所示，系统分为展示层、业务逻辑层及数据层，其中展示层为用户交互层，通过用户展现层浏览器，能看到高校安全稳定事件数据共享平

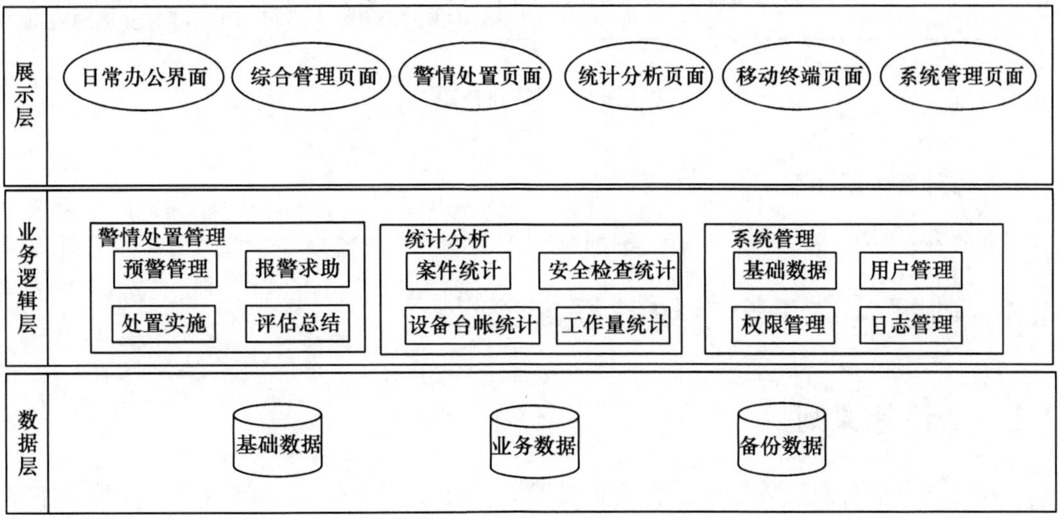

图 5　逻辑架构图

台的服务和操作功能，例如警情处置等；业务逻辑层具有一些逻辑功能，这些逻辑功能能够满足高校安全稳定事件数据共享服务；数据访问层可以接受安全业务管理的业务逻辑层的访问，并且可以对数据库中信息和相关数据进行查询操作、编辑操作等。

4.4 系统网络拓扑设计

安全稳定事件数据共享平台包含的应用服务器、数据库服务器、备份服务器，均部署在校园信息中心机房中。安全稳定事件数据共享平台通过各高校的内部网络向保卫处提供服务，各校区通过 VPN 进行互联。系统用户客户端不用安装任何软件，客户使用浏览器，输入服务器登录地址，凭用户名和登录密码即可登录系统进行操作。

安全稳定事件数据共享平台网络结构图如图 6 所示：

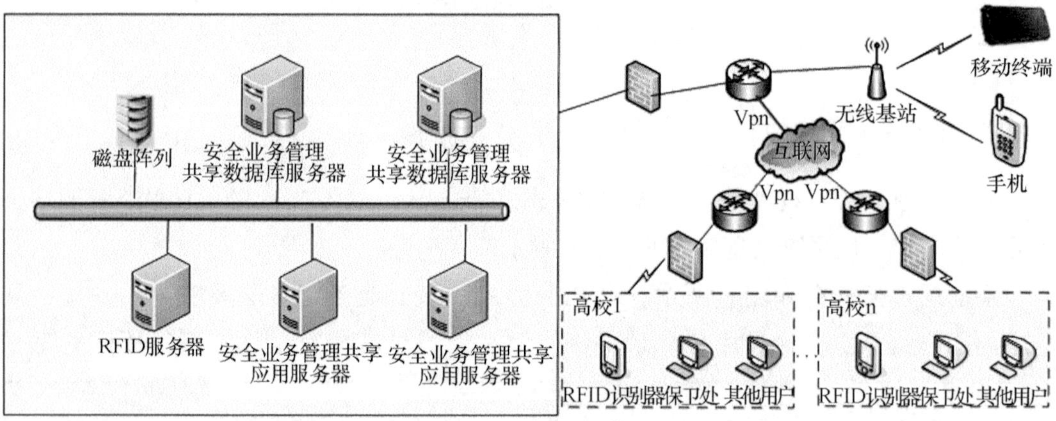

图 6　网络拓扑图

具体部署说明如下：

各服务器型号均为 HP580G7，磁盘阵列型号为 EMC AX4。

4.5 数据共享平台系统数据库设计

4.5.1 设计原则

数据共享平台系统数据库是整个首都高校安全稳定事件共享数据的存放地。本平台由于面向整个首都各高校安全事件业务，数据量较大，且需要存储海量历史数据以进行统计分析。

数据库中建立如下三个表空间：

1. 数据表空间/data_tbs

用于存放数据表的数据，数据页长度 8K，容器名：data。

2. 索引表空间/index_tbs

用于存放数据表的索引数据，数据页长度 8K，容器名：index。

3. LOB 表空间/lob_tbs

用于存放数据表中 LOB、CLOB、XML 字段的数据，数据页长度 32K，容器名：LOB。

实体属性、数据项、数据库字段的命名约定：由这些对象的中文名各个汉字汉语拼音的首字母组成。

实体的命名约定：同上。

数据表的命名约定：表名由“t_”前缀和中文表名各个汉字汉语拼音的首字母组成。

数据字典表的命名约定：数据字典表名由“d_”前缀和数据字典中文表名各个汉字汉语拼音的首字母组成。

视图名的命名约定：视图名由“v_”前缀和视图名各个汉字汉语拼音的首字母组成。

如果上述各数据库对象按照命名规则命名时，出现与已有数据库对象命名重复的情况，可在新对象名中适当增加中文名汉字汉语拼音的韵母，避免重复。

4.5.2 共享数据的基本结构

安全稳定事件数据包括文本类数据和多媒体类数据，其中文本类数据可以细化为人、地、事、物、手段、原因和结果六个数据维度，多媒体类数据可以细化为图片、音频和视频三个数据维度。有了元数据，我们就可以进一步提炼首都高校安全稳定事件基本数据元素，形成基本数据结构。参考有关业务国家标准、信息分类标准及数据库编制规范，形成数据项表 30 个，数据分类标准 48 个。

4.5.3 关键数据库表结构设计

根据共享数据库模型我们可以设计出共享数据的基本结构，比如：用户管理表，事件管理表，图片存储表，视频存储表，音频存储表等，共享数据的基本内容涵盖共享数据的基本属性，比如：事件概述（何时、何地、何人、何事、何办法或手段、何因、何果等)，处置经过，犯罪嫌疑人图片，违法行为视频或音频等。

如下是关键数据库表结构设计：

1．安全稳定共享平台人员表，包括用户的登录名、密码、真实姓名、身份证号、联系方式等相关信息。表结构如表2所示。

表2 高校安全稳定共享平台人员表设计

字段名称	字段代码	数据类型	主键	描述
用户ID	ID	Varchar2（32）	是	
用户名	USER_NAME	Varchar2（32）		登录名/证件号
用户密码	PASSWORD	Varchar2（32）		
真实姓名	REAL_NAME	Varchar2（30）		
身份证号	CARD_ID	Varchar2（18）		
手机号	PHONE	Number（20）		
办公电话	TELEPHONE	Varchar2（20）		
创建时间	CREATE_TIME	Timestamp		
办公地点	OFFICE_LOCATION	Varchar2（70）		
更新时间	UPDATE_TIME	Timestamp		

2．案件信息表

案件表包括简要案情、案件性质、处理结果、处理状态、案由、案件编号、受案单位ID、案件名称、受案时间、记录ID、更新时间、创建者ID、创建者所属部门ID、更新者ID、更新者所属部门ID、创建时间等字段。表结构如表3所示。

表3 案件信息表（T_AJXX）

字段名称	字段代码	数据类型	主键	描述
案件ID	ID	Varchar2（32）		
简要案情	JYAQ	Varchar2（200）	是	
案件性质	AJXZ	Varchar2（4）		
处理结果	CLJG	datetime		
处理状态	CLZD	Varchar2（4）		
案由	AY	Varchar2（4）		
案件编号	AJBH	Varchar2（32）		
受案单位ID	SSDWID	Varchar2（32）		
案件名称	AJMC	Varchar2（32）		
受案时间	SASJ	Varchar2（32）		
记录ID	JLID	Varchar2（32）		

（续表）

字段名称	字段代码	数据类型	主键	描述
更新时间	GXSJ	TIMESTMP		
创建者 ID	CJZID	Varchar2（32）		
创建者所属部门 ID	CJZSSBMID	Varchar2（32）		
更新者 ID	GXZID	Varchar2（32）		
更新者所属部门 ID	GXZSSBMID	Varchar2（32）		
创建时间	CJSJ	TIMESTMP		

3．案例信息表

案例信息表包括案例名称、案例处理人、案例编号、案例内容和案例概要等五个字段，主要用于存放案例基本信息。表结构如表 4 所示。

表 4　案例表（T_ALXX）

字段名称	字段代码	数据类型	主键	描述
案例 ID	ID	Varchar2（32）	是	
案例名称	title	Varchar2（10）		
案例编号	casenumber	Varchar2（10）		
处理人	dealer	Varchar2（10）		
案例内容	contents	Varchar2（5000）		
案例概要	summary	Varchar2（500）		

4.5.3　非结构化数据存储方案设计

基于安全稳定事件中非结构化数据资源的特点，应用四面体数据模型。建立统一、集成的数据模型，能够对图像、音频、视频、文本等非结构化数据进行统一表达；能够对非结构化数据的基本属性、语义特征、底层特征、原始数据等进行整体描述；能够支持特征间的关联检索并具有可扩展性。

四面体模型数据结构：四面体模型由 1 个顶点、4 个面（也称刻面）和面之间的连线构成。顶点代表一个数据文件的唯一性标识；底面表达原始数据，3 个侧面分别表示数据的基本属性、语义特征以及底层特征；面之间的连线表示面上数据元素之间的关联。

四面体数据结构由顶点、刻面和刻面之间的连线构成，由一个 6 元组描述：*Tetrahedron* =（*V*，*BA_FACET*，*SF_FACET*，*LF_FACET*，*RD_FACET*，*CONJS*），其中：

- *V* 代表四面体的顶点，用于唯一标识一个四面体。

- *BA_FACET*（Basic Attribute Facet）是非结构化数据的基本属性刻面，刻面上的点表示数据基本信息（Basic Attribute）的集合，包括类型、创建时间、创建者等。
- *SF_FACET*（Semantic Feature Facet）是非结构化数据的语义特征刻面。刻面上的点表示一项以文字形式描述的数据语义信息（Semantic Feature），如主题、作者创作意图、数据对象和底层特征的含义等。
- *LF_FACET*（Low Level Feature Facet）表示非结构化数据的底层特征刻面。刻面上的点表示利用多媒体特征抽取技术得到的一种底层特征（Low level Feature），例如音频数据的音调、音高、音色，视频数据的关键帧，图像数据的颜色、纹理、形状等。
- *RD_FACET*（Raw Data Facet）表示原始数据刻面，刻面上的点表示一个原始数据文件。
- *CONJS*（Conjunctions）是各个刻面上数据对象之间连线的集合，每条连线表示两个数据对象之间的关联性，例如语义特征中的颜色描述和底层特征中的颜色直方图之间的联系。

（1）原始数据刻面

原始数据刻面上的点代表非结构化数据的数据文件 DATA。一个视频、音频、图像等非结构化数据可能由若干个数据文件组成，原始数据刻面上的一个点就表示一个数据文件，由一个 4 元组表示：*DATA*（*V*，*DATA_id*，*DATA_File_id*，*DATA_File_Name*），其中：

- *V* 标识该数据文件所属的四面体。
- *DATA_id* 标识该数据文件所属的原始数据集合。
- *DATA_File_id* 标识该数据文件。
- *DATA_File_Name* 标识该数据文件的文件名。

（2）底层特征刻面

底层特征也称为感知特征或特征，是从文本、图像、视频、音频、图形等非结构化数据的原生态文件中，采用特征抽取技术得到的。底层特征刻面上的一个点就表示一个特征。一个底层特征可以用一个 6 元组进行描述：LOW_LEVEL_FEATURE（V，LF_id，LF_class，LF_name，LF_rep_type，LF_id_content），其中：

- V 标识底层特征所属的四面体；
- LF_id 是底层特征的唯一标识符；
- LF_class 是底层特征所描述的非结构化数据类型，即文本、图形、图像、音频和视频的其中之一；
- LF_name 是底层特征的名称，如颜色、纹理、形状、关键词、音频、音高、关键帧等；

• LF_rep_type 是底层特征的数据结构，例如表达颜色特征的颜色直方图、表达纹理特征的共生矩阵、表达形状的 Fourier 描述符等；

• LF_id_content 是底层特征的内容。很多底层特征是以特征向量的形式表达和存储的。

（3）语义特征刻面

语义特征是对非结构化数据内容以及所包含对象含义的描述，一般采用文本形式。语义特征刻面上的点表示一个具体的语义特征。常见的语义特征包括以关键字的形式或自由文本形式描述的注释，以本体（Ontology）描述的数据对象概念等。一个语义特征可通过一个 6 元组进行描述：*SEMANTIC_FEATURE*（*V*，*SF_id*，*SF_class*，*SF_name*，*SF_keyword*，*SF_content*），其中：

• *V* 标识语义特征所属的四面体；

• *SF_id* 是语义特征的标识符；

• *SF_class* 是语义特征类型，包括基本信息、视频特征含义等；

• *SF_name* 是语义特征的名称，如主题、创作意图、情节、关键帧的文字描述等；

• *SF_keyword* 表示语义特征的一个或多个关键词；

• *SF_content* 是语义特征的具体内容，如一段描述性或说明性文字等。

（4）基本属性刻面

基本属性刻面描述了非结构化数据的一般性信息，这些信息不涉及数据的内容。数据的基本属性集合可以用刻面上的一个点表示，通过一个 3 元组描述：*BASIC_ATTRIBUTE*（*V*，*BA_id*，*BA_set*，*BA_content*），其中：

• *V* 标识基本属性刻面所属的四面体；

• *BA_id* 是数据基本属性集合的标识；

• *BA_set* 是数据基本属性项集合，包括类型、作者名称、创建日期等；

• *BA_content* 是数据基本属性的具体内容。

（5）数据关联的表达

同一个四面体中不同刻面上数据对象之间的关联，可以用一个三元组描述：*ASSOCIATION*（*V*，*Object1_id*，*Object2_id*），其中：

• *V* 标识关联所属的四面体；

• *Object1_id*，*Object2_id* 分别代表两个相关联对象的标识符，且 *Object1* 和 *Object2* 属于不同的刻面。

AUDR 系统中四面体模型的实现结构如图 7 所示。四面体的顶点由系统生成。模型的基本属性刻面与语义特征刻面上的对象都是文字型，采用 XML 语言对这两个刻面进行描述和存储。对于四面体模型中的底层特征刻面与原始数据刻面，引入三维宽表实现原始数据以及各种底层特征的存储，如图 7 所示。三维宽表的 3 个维度分别表示数据对象、属性项、时间。其中每一行表示一个数据对象，每个数据对象可以有多个属性项。每个对象的属性项集合可以不同。属性项的值既可以是数值、字符串这样的简单原子属性，又可以是 Web 页面、XML 文件、视频原始数据，以及音频、视频等的底层特征向量。同一数据对象的同一属性项在不同时刻的值记录在第 3 维，即时间维上。时间维记录了同一数据的不同版本。四面体中不同刻面上对象之间的关联关系，用邻接矩阵进行存储，如图 7 所示。

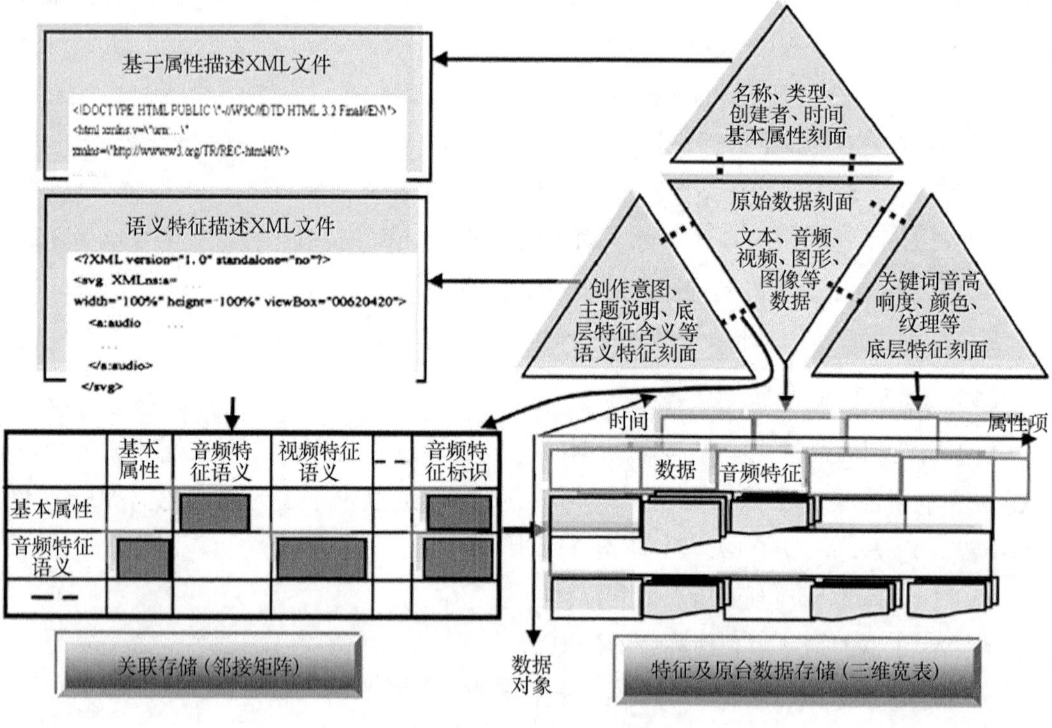

图 7　四面体模型的实现结构

4.6　设计采用的关键技术

4.6.1　规范数据格式，提高“元数据”质量

4.6.1.1　身份认证安全

OSD－2 是关于对象存储设备的一个设计标准，其中的安全协议是在假定所有用

户都是合法用户的基础上提出来的，只规定了对象存储设备和客户端、对象存储设备和安全管理器（主要是密钥刷新）之间安全通信流程，而客户端和安全管理器之间的通信则是标准考虑之外的事。但是用户身份的认证部分是一个安全的存储系统必须处理的一个流程，是存储安全技术的一个重要方面，身份认证机制限制非法用户访问资源，是其他安全机制的基础。身份认证部分就像一个存储系统的第一道大门，良好的身份认证机制可以初步地保证数据的机密性，防止对数据的越权访问。在 Oakley 密钥确定协议的基础上，实现了一个认证协议，根据这个认证协议，客户端和安全管理器无需交换共享密钥就可以对彼此的身份进行相互认证，并且可以协商出来一个会话密钥。在完成了身份认证之后，客户端和安全管理器之间会话的所有敏感信息（甚至是所有信息）都可以用这个会话密钥来加密，以保证会话的安全。

Oakley 密钥确定协议的主要机制是 Diffie-Hellman 密钥交换算法。Diffie-Hellman 算法使通信的双方不用对交互的信息加密即可以商议出一个临时的共享密钥。

D－H 交换技术给予公开的信息计算私有信息，其算法的有效性依赖于计算离散对数的难度，数学上已经证明对于大的素数，破解 D－H 交换的计算复杂度非常高而且是不可实现的。但是该算法却存在着一些缺陷，例如：没有提供有关通信双方身份的任何信息，容易遭受中间人攻击（Man-In-The-Middle Attack）；由于算法的复杂性容易遭受洪泛攻击（Flooding Attack，DoS）。Oakley 密钥决定协议在克服了 D－H 算法缺陷的同时保持了它的优点。Oakley 通过 Cookie 交换机制阻止洪泛攻击，通过对 D－H 算法通信信息认证来防止中间人攻击。Oakley 密钥决定协议包括三个步骤：

（1）Cookie 交换；（2）Diffie-Hellman 半密钥交换；（3）认证。由于 Oakley 协议没有定义 Cookies 产生的具体方法，仅仅建议要包括 IP 和通信的端口号，这样网络中的攻击方完全可以通过伪造自己的 IP 和通信端口号的方法来产正相同的 Cookie。当攻击方捕获了通信发起端的第一个 Cookie 时，攻击方可以容易得伪造出响应 Cookie。当发起端接收到伪造的响应 Cookie 时必然会丢弃稍后到达的合法响应的 Cookie。这样，发起端和响应端并不能建立起安全的连接。加强的 Cookie 算法如下：

（1）会话发起端首先获得本地的 IP 和共享密钥；

（2）会话发起端使用共享密钥对本地 IP 进行摘要，然后将摘要的前 64bit 作为发起端的 Cookie；

（3）会话发起端将用户 ID 和第二步产生的 Cookie 发送到会话响应端；

（4）会话响应端根据发起端的信息查找共享密钥；

（5）会话响应端重构发起端的 Cookie：根据共享密钥对发起端的 IP 做摘要，取前

64bit。将重构的 Cookie 和发起端的 Cookie 对比，如果相同执行下一步否则，丢弃该会话请求；

（6）会话响应端使用共享的密钥对本地的 IP 做摘要，取前 64bit 作为响应端的 Cookie，发送给发起端；

（7）会话的发起端重构响应端的 Cookie：根据共享密钥对响应端的 IP 做摘要，取前 64bit。将重构的 Cookie 和响应端的 Cookie 对比，如果相同进入下一步；否则，忽略该响应；

（8）进入 Diffie-hellman 密钥协商阶段。

4.6.1.2 系统级访问安全

访问机制控制使用一个基于证书进行访问控制的三方协议，这个协议的大体流程如图。

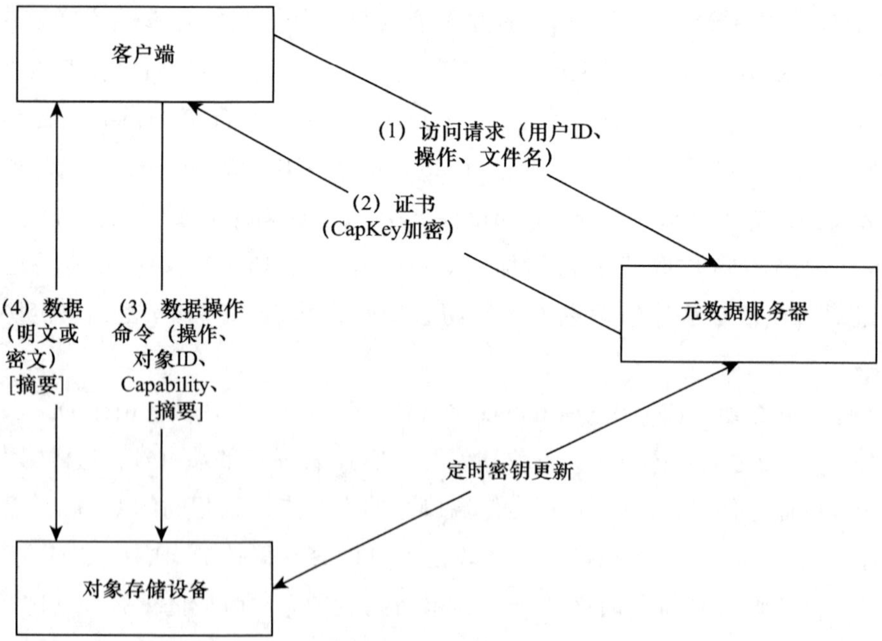

图 8　基于证书进行访问控制的三方协议认证流程图

（1）客户端向元数据服务器请求证书客户端将用户的操作请求、用户 ID、要访问的文件名用会话密钥加密后发送给元数据服务器。

（2）元数据服务器生成证书并发放给客户端元数据服务器接收到客户端的请求之后，首先使用会话密钥对第一步接收到的信息解密，然后根据接收的信息验证用户是否具请求的访问权限；接着将文件映射成对象，并为每一个对象都生成证书，证书中的 Capkey 是使用元数据服务器和对象存储设备之间共享密钥生成的，这些密钥对第三方是保密的；然后使用用户认证阶段协商的会话密钥对证书加密；最后元数据服务器将加密的证书发送到客户端。

（3）客户端向对象存储设备发送数据访问请求，客户端在第二步中接收到证书后，首先使用会话密钥对证书解密；然后将证书中的 Capability 和数据操作请求的相关信息封装成数据请求命令；接着根据所使用的安全方法对相关的信息计算摘要（NOSEC 不对任何信息做摘要，CAPKEY 对 iSCSI 连接的会话信息做摘要，CMDRSP 对整个请求命令做摘要，ALLDATA 不仅要对请求命令做摘要，而且要在接下来的数据传输中对数据做摘要和加解密操作）；最后将命令和摘要信息发送到对象存储设备。

（4）客户端和对象存储设备之间进行数据交互，对象存储设备在第三步中接收到命令后，首先利用命令中的 Capability 重构出证书；如果安全方法不是 NOSEC，对象存储设备根据证书中的 Cap Key 计算相应的摘要信息和命令中的摘要对比，如果一致则进行随后的数据交互，否则发送错误信息；最后客户端和存储设备之间进行数据交互，如果安全方法是 ALLDATA，还要进行数据完整性校验和加解密。

（5）元数据服务器和对象存储设备之间进行定时的密钥刷新使用上述三方协议可以有效地保证用户的权限不会得到任何的更改，可以实现一个可靠的访问控制机制。

4.6.1.3 数据安全

元数据在数据仓库中，位于实际数据内容的顶层，是介于数据和应用及开发人员的中间层。利用元数据来保证数据仓库中数据的安全，可以采取以下两点：

（1）建立元数据登记库

建立元数据登记库是数据仓库运行和维护的中心。元数据等级库为用户访问数据仓库提供了一个信息目录。对于数据的安全，利用元数据等级库的有效管理，对数据的密级要求、访问权限等进行标注，在存储和更新数据时，从源头保障数据的安全，确保该数据在传输、加工、使用过程中的安全。

（2）在数据仓库中设计安全主题元数据库

外部数据源的数据，要进入数据仓库，需要经过数据的抽取，转换、并归等处理。元数据记录着这一过程。在安全主题元数据库中，保存着这一过程的详细信息，可以提供查询与联机分析，实时监控数据的安全。

4.6.2 数据共享平台安全及性能

在安全稳定事件数据共享平台中，安全是第一要求。数据包括元数据可能会遭遇伪造、篡改、增删、冒名等攻击。在本课题中，安全稳定事件数据共享平台安全设计主要包括身份认证安全、系统级访问安全和数据安全。

1. 访问安全

采用 CA 认证登录保证安全，未授权人员无法登录系统或进行相应操作。

2. 操作安全

具备日志审计功能，记录用户的各种重要操作和系统的异常信息。

3. 数据安全

具有数据的实时或者定时的统一备份与良好的恢复能力；系统在数据交换和数据访问过程发生故障时能够自动回滚到故障发生前的最近时刻。

4. 数据共享平台的权限控制策略

为了保证信息的合法访问，建立统一的认证网关和授权管理系统。在本系统中，主要有两类操作涉及身份认证和授权访问控制：

一种是对接入的业务系统（即接入用户）的身份认证和授权访问控制，当一个业务系统，通过应用适配器或者调用交换系统的 JAVA API，向信息交换平台发送数据或者从交换平台读取数据时，必须要提供身份信息（用户名/口令、CA 证书），交换平台进行身份认证和权限检查，被授权的合法用户才能将操作完成。

另一类是对系统管理人员的身份认证和访问控制，用户登录到管理平台，进行系统管理，必须经过系统的身份认证和授权访问控制。

这两类身份认证和授权管理都可以通过 eStar ESS 提供的安全管理模块来实现。

eStar ESS 支持两种身份凭证：用户名/口令和数字证书两类技术体系的电子身份凭证。

用户名/口令认证的实现方式是：

系统管理员通过系统超级用户登录到系统管理平台，建立多个用户，并授予不同的权限，密码加密后保存在用户数据库中；

（2）将这些用户分别赋给不同的业务系统，业务系统连接信息交换平台时，提供预先配置的用户名和密码；

（3）对业务系统提供的用户名/口令进行认证和权限检验。

系统管理员登陆系统的过程类似，只是管理员每次登陆时都要输入用户名和口令，而不是向业务系统那样，用户名和口令预先被配置。

4.6.3 可靠性设计

系统的可靠性设计主要包括稳定运行时间与故障恢复速度两个方面，具体设计如下：

1. 在系统发生异常的情况下，提供有效的异常处理机制，对系统异常的准确定位、精确告警。

2. 系统采用双机热备，支持 7×24 小时运行模式；

3. 系统通过异常处理框架对规范要求以外的输入能够作出判断或者捕获住异常，并提供合理的处理方式或提示信息，避免因为异常而造成整个系统的崩溃；

4. 系统采用基于组件的设计方法，使异常的影响在组件内，而不至于影响到整个系统；

5. 系统对于关键节点采用冗余设计，避免单点故障。

4.6.4 可扩展性设计

扩展性设计指的是数据存储容量扩展，功能扩展，功能和系统参数可配置化等。

1. 数据存储容量扩展设计采用 RAID 存储，数据库和文件挂载在存储上。

2. 功能扩展设计采用面向服务（SOA）的体系结构，服务之间通过简单、精确定义的接口进行通讯。

3. 功能和系统参数可配置化设计，采用 XML 文件存储系统配置参数，在代码开发上采用多级权限控制机制，可配置各级用户的模块功能。

SOA 体系结构能够较好地解决当前的相关问题，在 SOA 体系结构搭建的软件平台具有很好的灵活性和可扩展性，不仅如此，还可以对体系结构中的组件进行维护和升级，组件可以独立升级而不会相互影响，简化了软件平台的开发，系统维护便捷、迅速。其业务基础平台模型图如图 9：

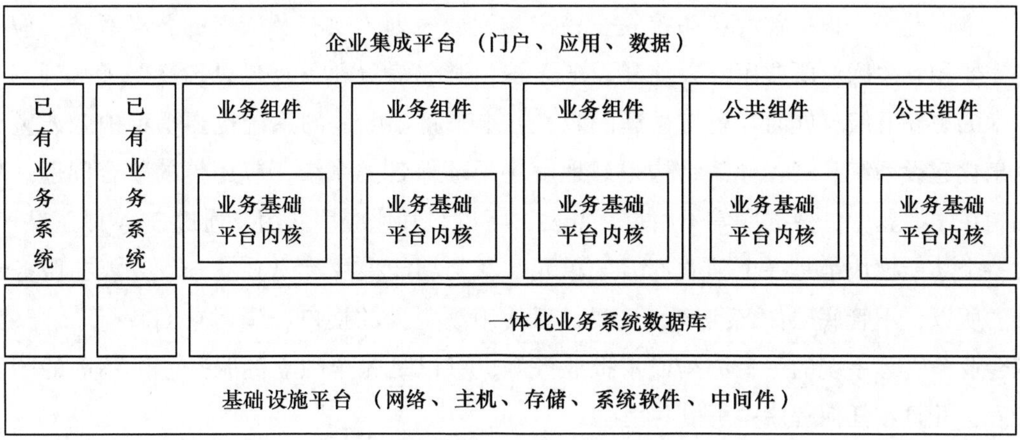

图 9　组件化业务基础平台模型图

SOA体系结构其良好的扩展性具体表现在版本的兼容，即实现不同层次的接口调用向下兼容，包含服务接口、API接口、数据接口等，也就是说，系统在升级后可以与老版本兼容并同时使用。重点需要说明的是数据接口，必须实现向下兼容，否则会造成系统升级困难甚至无法使用。而对于软件系统内部结构来说，不同的模块之间版本需要保持一致，如业务基础平台的内核，需要跟业务组件的版本保持一致。

在SOA下搭建的组件化业务基础平台具有更加广泛的应用，不仅能实现本系统内部数据库的管理，还能实现跨数据库的管理，这项业务主要用于解决大中型应用对性能的要求，所以，一般将业务数据分别放在多台机器中，而数据库可以有多个实例，这样是分散数据库的压力。SOA体系结构还能支持其他不同厂商的业务组件，能够实现多个厂商基于一个基础业务平台的开发，这样就很好地解决了不同厂商、不同平台应用系统的集成、整合事宜。如图10：

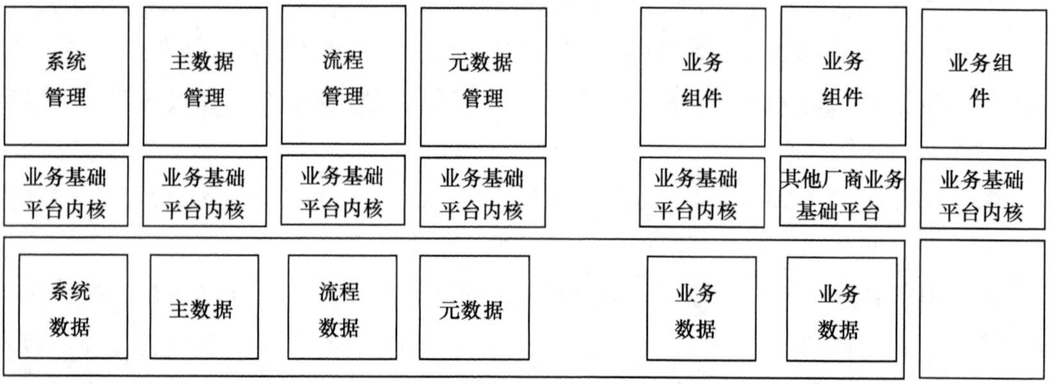

图10　不同厂商的组件通过集成平台整合图

本课题中，根据首都各高校安全稳定的发展规划，现有及未来的各类系统、应用等需要相互关联，既要用好以前建设的系统，避免浪费和重复建设，又要了解到现有技术的更新升级，同时，要有长远的眼光，未来将要上线的系统也要平稳地融入整个信息化建设系统。SOA体系结构很好地解决了环保各类系统、应用等的整合问题。特别是在本课题中，数据库等不用重复开发，可以与其他应用共用，通过SOA体系结构，每一个功能模块都是一个独立部署的单元，每个功能模块都是独立开发，放在服务器上，所以，不管底层如何实现，只要最后使用预定义的接口，调用它们就行了。又如综合业务管理系统的一个流程或审批业务等，可以是完全独立的服务。由不同的团队开发，并且在任何程序中可以共用。

4.7 接口设计

接口主要用于数据及信息共享，主要涉及师生信息及校园安保设施日志信息，部分接口如下：

1. 自然信息接口

主要用于各高校间师生信息的数据交互，各大高校间可通过此接口来调取其他高校的师生基础信息。

2. 校园卡日志接口

可通过该接口读取某高校某特定编号的校园卡在校内的刷卡记录

3. 门禁记录接口

可以读取某高校某门禁设施在某个时间段内的刷卡记录。

5 基于大数据的平安校园管理模式浅析

5.1 从事后处理向事前防范的重要转变

对大数据的应用是未来平安校园管理的重要手段，基于神经网络、人工智能和利用大数据“深度学习”等技术，本研究将初步研究展望如何建立首都各高校平安校园大数据以及如何基于大数据进行管理。针对海量数据平台，对平安校园管理数据进数据融合，构建关注对象画像，并做自动过滤、分类聚焦、趋势报告、热点分析等方面的分析应用。

基于数据共享平台，可以深入研究典型校园违法犯罪行为统计规律，从数据的角度提供历史经验。建立校园违法犯罪行为预警发现系统，包括重点人员人脸识别预警，校园盗窃嫌疑人，校园非法传教人员，法轮功人员。暴恐嫌疑人以及重点车辆车牌识别预警。运用统计学的方法，从时间和空间的角度研究校园违法犯罪行为的规律，从而为维护校园安全提供经验性的指导。

5.2 大数据应用前景

研究建立师生典型负性行为的预警模型，进而建立典型校园违法犯罪预警发布系统。例如建立师生典型负性行为的轨迹追踪与预警系统，通过校园相关部门信息系统的互联互通开展师生校园行为轨迹追踪，整合师生自然信息、上网日志、校园卡消费日志、学生门禁记录、学生成绩记录、学生综合表现（社会活动、社会工作）等为下一步基于行为轨迹的数据挖掘奠定基础。再如、某高校通过现有安防系统或学生举证获取的犯罪嫌疑人图片或视频数据与其他高校共享，将会在首都各高校布下天罗地网，极大地提高犯罪嫌疑人被发现、违法犯罪活动被制止、空间挤压或打击的效果。

研究典型校园违规违法犯罪行为识别技术，包括车辆超速、车辆逆行、人员聚集等。

5.3 总结与展望

课题组就首都各高校安全稳定事件数据共享机制和共享平台的设计与实施过程进行了广泛的调查研究和需求分析紧密结合工作，理论联系实际，根据调研数据和结果，反复研讨，为建立首都高校安全稳定事件数据共享机制提供了政策建议。大部分课题组人员为在职人员，日常工作繁忙，他们利用平时晚上和周末的时间到图书馆学习、研究资料，分析数据，潜心钻研，经常为了一个问题讨论到凌晨深夜，课题组成员不辞辛苦，克服困难，字斟句酌，充分投入终于完成了 2 万余字的研究报告。在此过程中，我们经过充分的交流研讨，取长补短，完善自我，共同进步，整体研究能力和团队凝聚力得到提升。

本课题主要完成了以下工作：

一、通过调研走访、数据统计的方法梳理了首都高校安全稳定事件的主要来源，并进行了整理分类

二、提出安全稳定事件“元数据”模型，实现了安全稳定事件的标准化、最小化描述。

三、针对安全稳定事件存在大量非结构数据的情况，提出使用四面体数据结构，实现共享数据的统一存储和检索等应用功能。

四、设计并实现了首都高校安全稳定事件数据共享平台原型系统。

下一步课题组将主要聚焦以下工作开展研究工作：

一是研究数据规范格式，提高“元数据”质量；

二是研究数据共享平台的权限控制策略；

三是研究数据共享平台的信息安全策略；

四是研究数据共享平台的分析、统计功能需求；

五是研究数据共享平台与现有主流安防设施的联动。

首都高校大学生安全教育模式创新研究与实践

北京农学院　张国柱

随着网络技术的迅猛发展，网络和新媒体已成为富饶的资源地，日益成为当代大学生随时随地获取知识和各种信息的重要渠道。“互联网+”时代下做好大学生安全教育既是机遇又是挑战，首都高校在此方面进行了不懈的努力，并进行大胆的创新尝试，取得了良好的效果。

1　当前首都高校大学生安全教育通用做法

首都高校大学生安全教育模式调查研究是在党组织关系归口市委教育工委管理的普通高校中进行，共计调研33所高校，占总数的60%。其中选取了教育部直属高校13所、其他部委属高校4所、北京市属高校16所。首都高校大学生安全教育采取的模式情况如下图所示。

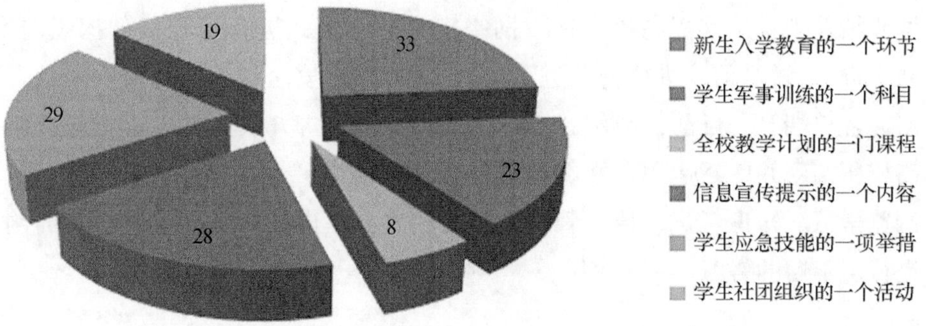

大学生安全教育采取的模式

从调研结果来看，首都大学生安全教育的模式可总结为六个方面：作为新生入学教育的一个环节，学生军事训练的一个科目，全校教学计划的一门课程，信息宣传提示的一个内容，学生应急技能的一项举措，学生社团组织的一个活动等。而各高校采用的程度不同，首都大学生安全教育作为新生入学教育的一个环节被北京高校普遍适用。适用率高达100%，而作为一门课程纳入全校教学计划程度还远未达标。综合上述情况，当前首都高校大学生安全教育主要采取的还是以传统安全教育模式为主，此模式比较单一，是单向的知识传播，教师占主导地位，对学生的吸引力不强，效果也不理想；同时，教育以理论知识为主，教育内容缺少对现实案例的关联，学生感觉与自身无关，缺少自觉学习的意识，很难产生共鸣。另外，作为新生入学教育的一个环节，虽然对学生大学起步阶段的安全起到了积极的作用，但随着大学生活的不断深入，潜在的安全问题时刻伴随着左右，不能保证大学期间全程的安全问题；作为信息宣传提示的一个内容，此种方式传递的安全知识不全面、系统、深入，对教育的组织者而言是一种被动的实施，主动性完全掌握在学生自身，熟视无睹是对此种方式最致命的打击。

2　首都高校大学生安全教育模式探索实践

首都高校认真研究互联网对大学生带来的影响，高度重视网络给安全教育带来的新挑战和新机遇，积极探索“互联网 +”时代下，大学生安全教育的新模式。首都高校利用网络平台开展大学生安全教育方式如表1所示。

表1

项目	微信平台	校园内网	微博平台	专设平台
数量	24	31	3	11
比例	73%	94%	9%	34%

从调研结果来看，首都高校在探索网络安全教育模式进行了积极的探索与实践，实施了新三进，“进微信、进微博、进飞信”；开展网络安全课程；打造安全教育网络平台、APP客户端等。目前，利用新媒体如网络、微信等开展大学生安全教育模式已被首都高校所接受并广泛运用，并在打造安全教育网络平台、丰富平台功能，集课程设置、浏览学习、知识考试、档案管理、记录轨迹、提供证明等功能于一体的网络平台建设进行了不懈的努力。

2.1　搭建网络安全教育平台，提供便捷学习新载体

首都高校从贴近学生需求出发，依据现代大学生接受知识的媒介选择规律，变革传统安全教育模式，搭建网络安全教育工作新平台，创建学生安全教育新模式。相较

于传统的安全稳定教育，网络上教育资源丰富，强调教学的互动性、信息交流的双向性，能激发学生的学习兴趣，提高学习效果，高校校园网络的全覆盖也使学生随时、随地获取安全教育知识成为现实。

安全教育网络平台集学习、考核、管理功能为一体，可实现学生安全教育的全过程管理，三大核心功能为：安全知识学习、安全知识考核、学习档案管理。组织者通过定期的资源上传、知识更新、网上巡视等方式实现对平台的管理。学生通过安全教育网络平台学习校园安全稳定知识，形成对现场授课和宣传教育方式的有效补充，提高安全稳定知识的覆盖率和有效利用。平台对学生的学习设置了要求，全体学生必须学满 8 个模块、每个模块至少 2 个学时，共计至少 16 个学时。学时学满 16 学时并通过自测合格后，学生持自动打印的学习证明到所在学院登记备案留存（学习证明相当于试卷），未能通过的学生需要继续学习，直至合格为止。学校将学生的网络安全知识学习同学生的综合测评挂钩，作为学生综合测评门槛式要求，即学生必须完成网络安全知识的学习方能取得综合测评的资格。

2.2　打造安全教育“课程超市”，提供优质学习资源

安全教育网络平台整合优势资源，集合多方优势力量，打造符合学生需求的安全教育“课程超市”，提供优质、丰富的安全知识学习资源，同时，将“慕课”形式引入到平台。教育资源设置 8 大模块，每个模块设置至少 10 学时教育内容，即治安安全教育模块、消防安全教育模块、交通安全教育模块、防范渗透教育模块、网络安全教育模块、法制安全教育模块、心理素质教育模块、形势政策教育模块。每个模块都内容丰富、贴近学生需求。如针对大学生普遍上网、网络安全事件高发的现状，网络安全教育模块主要为学生提供国家在网络安全管理、信息安全、校园网络安全管理规定等内容的知识常识、案例分析等，如防范网络诈骗等；心理素质教育主要为学生提供心理问题预防与干预等方面内容的知识常识、案例分析等，如沟通的技巧、心理危机预防与干预等。

安全教育网络平台上的学习资源，全部采用国家、北京市及行业、学校编辑、发行的安全知识教育材料，教育内容做到了全面系统、权威前沿、动态更新。“课程超市”不仅知识丰富，还形式多样，网络教育平台运用文字、图形、图像、动画、音频、视频等多媒体手段，改变了原有安全教育单一、古板的教学模式，内容生动、完整、规范，各模块之间知识点相互交错和融合，提高了学生学习的积极性和安全教育培训工作的质量。

安全教育网络平台重视案例教学，“课程超市”向学生提供大量案例，案例教学大

大激发了学生的学习兴趣，促使学生由“与我无关”向“如果是我”的主体意识转变。同时，案例教学将理论条文变为“如果是我”的行为事实教育。例如，来自学生群体内部的盗窃、抢劫、伤人等事件，通过影像真实、生动地展现在学生面前，让学生产生“如果是我”的身临其境的感觉，因而更具教育力和感染力。

2.3 强化知识考核与反馈，激发自我教育新潜能

安全教育网络平台提供在线考核功能和纠错功能，可对学生学习状况进行督促和考核。平台建设了试题库，针对每一学习内容，设置了100～200道试题，通过点击考核模块，系统就自动形成一个100分的考试试卷，学生答案提交后，系统自动打分，同时，学生可查询试卷的答题情况，每题的对错系统将其明确的显示，便于学生纠正错误的知识信息，以便更好地掌握安全知识。考核功能的设置，保证了学生能够全面系统掌握各个方面的安全知识，通过让学生自我检验学习的效果，自我提高学习效率，不断提高学生的安全防范知识技能。

学生在网络平台上通过文字、视频、语音、PPT等方式进行安全知识学习，学习后学生通过自行课程考核，学生利用网络平台学习安全知识，不仅使学生对安全知识掌握情况更加了解，同时由于学习模式的变化，增加了学生学习的兴趣性、主动性。

学习档案管理功能便于组织部门跟踪学生的学习动态，学生在学习过程中出现的问题能够及时获得帮助和提示，保证了组织部门及时了解学生的整体学习情况和学生学习过程的顺利进行，同时起到了监督管理的作用，确保安全学习不走过场、取得实效。

2.4 实现组织管理多方联动，保障教育全面到位

学校成立了学生安全知识教育工作组，办公室设在安全稳定工作部，分别由教务处、学生处、网络与信息中心、宣传部、统战部、文法学院、思政部等部门组成。工作组进行了明确的分工。例如，教务处完成并保障安全知识教育网络平台与教务系统对接；学生处组织学生网上学习，过程的监督管理；网络与信息中心完成并保障安全知识教育网络平台与数字北农平台对接，配套硬件设备、提供网络资源及平台登录口，网络的时时维护；安全稳定工作部安排系统管理员组织项目实施及维护管理、录入学生成绩等，以及相关单位及时提供负责模块的教育资源并定期更新。

多方联动的工作模式将各相关部门纳入大学生安全教育工作组，充分地整合资源，发挥最大效益。在保证正确、系统、前沿、权威、动态的教育资源基础上，进一步提醒各部门肩负起大学生安全教育的责任、使命。

3 首都高校大学生安全教育新模式取得实效

安全教育网络平台在实施学生安全知识教育学习中取得了良好的效果，主要体现在教育网络化、内容多样化、参与全员化三个方面，创建了安全稳定教育新模式，探索了一条适合新时期高校校园环境、学生特点的安全知识教育途径。

3.1 教育网络化，激发学生主动参与

安全教育网络平台为学生提供一个安全知识学习的网络环境，学生可以随时随地登录该平台进行学习，没有时间和地点的限制，学生能够轻松学习，灵活安排自己的安全知识学习培训的时间，能够充分激发学生学习安全知识的主动性与参与度，达到“学以致用、用以致学”“入心入脑”的学习效果。与传统的以教师为中心、教材为中心、课堂为中心的模式相比，该种方式以学生为中心，遵从以“学生受益”为目标的教育理念。通过对学生的调查，90%以上的学生认为此种安全教育模式贴近生活、方便实用，均表示能够主动登录平台进行学习。

3.2 内容多样化，积极调动学习兴趣

安全教育网络平台提供多种形式的安全教育素材，比如新闻、热点事件的视频、PPT课件、典型案例等，并且将学生需要及时了解和掌握的安全知识、国际形势动态、国内环境变化等内容，进行阶段性的调整、补充，增加了学习及时性和趣味性，从而调动学生学习的积极性。“慕课”形式的引入，增强了学习的互动性与交互性，使平台更具吸引力。目前，平台上已推出了近百份课件供学生学习使用。

3.3 参与全员化，实现教育落实到位

安全教育网络平台充分发挥教育的主渠道作用，将安全知识学习覆盖到每一名研究生、本科生和专科生，对来校的长短期留学、培训的学生都有一定的学习要求，真正将安全教育培训落实到位，做到安全教育的全覆盖。另外，学校将由退伍大学生成立的战友俱乐部树立为安全知识学习的榜样，依托战友俱乐部开展安全知识竞赛，安全技能演练等，最广泛地动员广大学生参与其中，达到全员受教育的目的。

据不完全统计，学生在平台上学习人数最高峰值达500人，平均每天点击率达50人次以上，累计已有8000余名学生进行了网上学习，成绩优秀率达到了96%以上。运用安全教育网络平台以来，学生拓宽了安全知识面，安全意识有了大幅度提升，校园

安全事故发案率降低。

“学生利益无小事，安全意识靠教育”，校园安全教育网络平台的构建，为首都高校大学生自主学习安全稳定知识、提升广大学生的安全意识和自我防范意识、保障学生的健康成长，起到了显著的作用，是首都高校大学生安全教育探索与实践的一次大胆的尝试。

参考文献

[1] 张国柱，李俊升. 首都高校大学生安全教育探索与实践 [J]. 赤子. 2014 年 04 月 (中).

[2] 李俊升. 以学生收获为目标 打造“北农”网络平台 实现安全稳定教育入心入脑全员覆盖 [J]. 高等农业院校维护校园安全稳定工作探索与实践. 2015.

浅谈高校安全稳定工作中的法治与德治建设

北京建筑大学　牛　磊

摘　要：党的十八大以来，以习近平总书记为核心的党中央将依法治国与以德治国推向了一个新的高度。高等学校章程建设，推动了依法治校进一步发展。党中央国务院也多次提出要完善安全稳定体制机制，层层落实安全责任。在全面从严治党大背景下，本人提出了加强高校安全稳定工作法治与德治建设的重要意义、指出了安全稳定工作中的法治与德治的对立统一特点，同时归纳了高校安全稳定工作法治与德治建设存在的问题，并提出了加强高校安全稳定工作法治与德治建设的对策建议。

关键词：法治　德治　安全稳定

课题支撑：北京高教保卫学会研究课题“全面从严治党视域下落实高校重点部位安全主体责任研究”

党的十八大以来，以习近平总书记为核心的党中央高度重视法治国家建设，并坚持依法治国和以德治国相结合。法治建设与德治建设的协同推进，是开展一切工作的着力点。高校安全稳定工作是社会稳定的重中之重，在加强依法治校大背景下，如何在安全稳定工作中坚持法治与德治的有机统一，既是当前面临的重要课题，也是提升安全稳定工作的关键。

1　加强高校安全稳定工作法治与德治建设的重要意义

党的十九大报告指出：“全面依法治国是中国特色社会主义的本质要求和重要保障。坚持依法治国、依法执政、依法行政共同推进，坚持法治国家、法治政府、法治社会一体建设，坚持依法治国和以德治国相结合，依法治国和依规治党有机统一，深化司法体制改革，提高全民族法治素养和道德素质”[1]。党中央为加强对法治中国建设的集中统一领导，健全党领导全面依法治国的制度和工作机制，更好落实全面依法治国基本方略，于2018年3月组建中央全面依法治国委员会[2]。

关于法治与德治建设的立论，习近平总书记曾指出："必须坚持依法治国和以德治国相结合。法律是成文的道德，道德是内心的法律，法律和道德都具有规范社会行为、维护社会秩序的作用。治理国家、治理社会必须一手抓法治、一手抓德治，既重视发挥法律的模范作用，又重视发挥道德的教化作用，实现法律和道德相辅相成、法治和德治相得益彰"，并指出："法律是准绳，任何时候都必须遵循；道德是基石，任何时候都不可忽视"[3]。对于公共安全工作，习近平总书记曾指出："维护公共安全，必须从建立健全长效机制入手，推进思路理念、方法手段、体制机制创新，加快健全公共安全体系"[4]116。这里面主要体现了严格落实责任制重要意义，也是对加强安全稳定法治建设的工作要求。习近平总书记同时指出："要把公共安全教育纳入国民教育和精神文明建设体系，加强安全公益宣传，健全公共安全社会心理干预体系，积极引导社会舆论和公众情绪，动员全社会的力量来维护公共安全"[4]133，这实际是要求提高全体国民的安全意识，也体现了安全稳定工作中的德治建设。

傅斯年曾讲："学校只有法治，不能成其教育；学校没有法治，不能上轨道"，这里面实则体现了学校管理中法治与德治的辩证关系。高校知识分子云集，理应深入贯彻依法治校，并成为推动法治建设的典范，近年来高等学校章程建设工作的全面深入推进，本身即体现了依法治校的重要性。以德治校，则是培养师生员工的道德素养，对教职员工来说是师德建设，对学生来说是德育教育，以德治校在一定程度上体现着一所学校的精神和文化。

2 安全稳定工作中的法治与德治的对立统一特点

2.1 安全稳定工作中的法治与德治是相对矛盾的

安全管理工作中的法治与德治的关系，在某种程度上体现着管理与服务的关系。安全稳定工作一定要做到严格管理，"你好我好大家好"氛围下的不严格管理就容易出问题，这是普遍能够认识到的客观规律。严格管理，就是全体师生员工都要遵循依法治校的思想和理念。然而谈及"管理"一词，多数人最先想到的会是"我是老大，你听我的"。尤其在当今强调要不断提升为师生服务的能力水平这一大背景下，安全稳定工作中的严格管理，往往很容易被师生冠以服务意识不强的帽子，甚至有时会影响个人和部门的工作考核及评优评先。

2.2 安全稳定工作中的法治与德治是辩证统一的

安全稳定工作的法治与德治，在某种程度上虽然是矛盾的，但又是辩证统一的。严格管理，看似与服务是矛盾的，但严格管理的目的是为着中心工作的长远发展。“发展是硬道理，稳定是硬任务，没有稳定，什么事情也办不成，已经取得的成果也会失去”[5]，这一论断明确指出了发展与稳定的关系。因此，在安全稳定工作中做到严格管理，对生命的健康平安、对事业的长足发展来说，是最大的服务。老子曾说：“三十辐，共一毂，当其无，有车之用。埏埴以为器，当其无，有器之用。凿户牖以为室，当其无，有室之用。故有之以为利，无之以为用”，用这段话来解读建筑，是说建筑中空的地方，即所谓的“无”越多，越方便对其中“无”的使用，对人的价值也就越大。安全稳定工作，正像老子所谈的“无”，“无用”即“大用”。

3 安全稳定工作法治与德治建设存在的问题

3.1 法治建设有待进一步提升

近年来，随着“平安校园”建设的不断深入，各高校的安全稳定工作制度越来越健全，师生员工对安全稳定工作重要性的认识也不断提升。但问题依然存在，一方面是部分师生员工在安全稳定工作方面的法治意识淡薄，制度文件执行不彻底，甚至个别师生违背安全制度的情形时有发生。部分部门和单位对于工作的落实只是停留在纸面上和会议中，甚至个别领导认为安全工作抓紧了，对中心工作是一种影响。在一些人眼中，安全稳定工作是“不出事就不是事儿”的工作。殊不知发生不稳定事件，才是对中心工作最大的影响。另一方面是安全稳定制度建设不完备、主体责任不明晰的现象依然存在。一些制度领域还存在主体责任不明的情况，如各高校对于实验室的安全管理形式不一，部分高校牵头部门为实验室与设备管理处；有的高校牵头部门为国有资产管理处，其下设有设备科；有的高校牵头部门为教务处，其下设有实验实习科；有的高校牵头部门为保卫处；有的高校为教务处、科技处、资产与后勤管理处、保卫处共同管理。第三方面，由于安全稳定工作事件一般为突发事件，或是个案，在责任追究及一般事故处理过程中，追责及处理的依据不便于明确列出，致使后期的处理情况模糊，不便把握和参考。

3.2 德治建设有待进一步加强

一方面，安全管理的矛盾时有发生。安全稳定工作永远体现着“内紧外松”的特点，对于形势的了解和把握，和学校的安全稳定管理者不在一个尺度，这就造成部分师生对有关校园安全管理规定不理解，在特殊时期校园管控情况下，安全管理不和谐的现象时有发生。另一方面，安保队员得不到应有尊重的情况普遍存在。高校知识分子云集，是日常所谓的高素质群体，但在“精英主义”影响下，个别人认为自己是精英，对学校的后勤管理人员、安保队员等知识水平较低的群体，通常冠以“文化水平较低、没知识没文化”，但在某种程度上说，知识不等于文化、知识不等于道德，有知识不等于有文化、有知识不等于有道德。有些人说话神态在领导面前一个样、在同事面前一个样、在下属面前一个样、在后勤管理人员及安保队员面前又一个样，对于那些认为没学历就低人一等、对身边不同的人以不同的态度相处，心中媚权贵、眼中皆下人且自称有知识有文化的高知群体，实则是一种无文化、无道德的一种表现。笔者始终认为，在高校当中，判断一个人有德无德，不能看其能否在课堂上侃侃而谈，也不能看其可否在工作会议上大谈理想信念，而是看其与大门口、楼宇中、马路边经常接触的安保队员、保洁员等群体的说话神态及尊敬与否的态度。

4　加强高校安全稳定工作法治与德治建设的对策建议

4.1　要严格遵循“有法可依，有法必依”的规律

在安全稳定工作中严格贯彻依法治校理念，既是依法治国的要求，又是从严治党的要求，同时也是层层落实安全稳定主体责任的要求。做到这一点，首先就是安全稳定工作要有法可依，就是不断完善提升安全稳定工作体制机制，做到落实责任无盲点、追究责任有依据。其次要有法必依，我们很多的工作之所以不好落实，就是工作不到位时责任追究不够，充当“差不多”先生，而安全工作最不应该“差不多”，虽然有制度，但监督执行不严、责任追究不严，都是我们的隐患点，因为“隐患就是事故”。

4.2　要深入贯彻“育人为本，以德为先”的理念

高校是育人的地方，要在校门及校园管理、敏感期校园管控、隐患排查整治提升、矛盾纠纷排查化解、重点人员教育管理等工作中，引导教育师生员工在遵规守纪基础上，将德育教育贯穿其中，让师生在课堂之外认识到自己言行举止的重要性，更要引导师生员工尊重、包容校园里安保队员、物业人员等员工群体。要营造人无贵贱、人人平等的校园氛围，切实让高校当中文化水平较低的工作人员拥有存在感、提高参与感、增进获得感、提升幸福感。切实打造平安校园人人有责、人人尽责，和谐校园人

人参与、人人奉献的校园文化。

4.3 要全面把握“依法治校，以德治校”的核心

安全稳定工作，用一个不恰当的比喻，好似每个人的身体，往往只有得了重病之人，才会最重视身体，也才会对人生进行深层次地思考，好在近年来越来越多的人开始注重强身健体、调养生息，安全稳定工作亦是如此。一般认为，安全稳定工作在不出事时是最不重要的事，在出事时是最重要的事。从高校的安全保卫工作到安全稳定工作职能的转变，也说明了目前高校安全工作的重点在于治未病，在于预防。从原有职能部门保卫部（处）设置，到如今安全稳定工作部（处）名称的调整，即可看出这一改名背后的深刻内涵。因此，高校以依法治校和以德治校相结合推动安全稳定工作的核心和重点，都是希望通过法治建设和德育教育，来治“未病”，而非治“病”。

4.4 要深刻认识“相辅相成，辩证统一”的规律

高校的安全稳定工作与教学科研等事关事业发展的中心工作是相辅相成、辩证统一的，而非对立和矛盾的。从矛盾论角度出发，毛泽东同志在《矛盾论》中提出：“矛盾存在于一切事物发展的过程中，矛盾贯穿于每一个事物发展过程的始终，这是矛盾的普遍性和绝对性”[6]27。既然万事万物都处于矛盾之中，就需要通过提高认识、加强实践来解决矛盾，旧的矛盾解决了，事业就发展了、工作就推动了。而推动工作后的新局面又带来了新的矛盾，通过继续解决新矛盾而推动发展，以此循环往复。对于如何实践，毛泽东同志在《实践论》中提出：“认识的过程，第一步，是开始接触外界世界，属于感觉的阶段。第二步，是综合感觉的材料加以整理和改造，属于概念、判断和推理的阶段”[6]7。笔者认为，在认识过程中，即使依据问题导向提出来正确理论和原则，也只能算作第一步，且是基础的一步。关键的一步，是能够引起解决问题的实践活动，且是能解决问题的实践。一言以蔽之，就是要认识到高校安全稳定工作的复杂性，解决复杂问题的关键是要敢于尝试、敢于实践，并通过实践总结规律。

4.5 要注重营造“平视关系，平视管理”的环境

谈及“管理”一词，很多情况下管理者带着一种俯视思维，管理者在上、被管理者在下，是一种纵向关系。阿德勒心理学则反对一切“纵向关系”，提倡把所有的人际关系都看作“横向关系”[7]。用这一观点来看管理，笔者认为应是一种平视关系，或是平视管理，而非纵向的俯视管理。所谓平视，就是在依法依规、依法管理方面人人平等，没有特权、没有特例。就高校交通管理来说，人人都希望校园机动车保有量少一

些、校园环境好一些，但真正在办理车证时，不够资格者又都希望能够给予办理，平时备受尊敬的专家教授出言不逊者有之、党员领导干部求情者有之，这种现象，在一定程度上显露的是心理学中的“纵向关系”，都希望有规则，又都希望规则在自己这里得到变通或者打破规则。具体到安全管理方方面面工作中，应努力营造领导干部无特权、教职员工无特例。唯其如此，依法治校与以德治校才能真正实现。

参考文献

［1］新华社．习近平：决胜全面建成小康社会 夺取新时代中国特色社会主义伟大胜利——在中国共产党第十九次全国代表大会上的报告［DB/OL］．http：//www. gov. cn/zhuanti/2017 - 10/27/content_5234876. htm，2017 - 10 - 27/2018 - 06 - 17.

［2］新华社．中共中央印发《深化党和国家机构改革方案》［DB/OL］．http：//www. xinhuanet. com/2018 - 03/21/c_1122570517. htm，2018 - 03 - 21/2018 - 06 - 17.

［3］新华网．习近平主持中共中央政治局第二十三次集体学习［DB/OL］．http：//www. xinhuanet. com/2015 - 05/30/c_1115459659. htm，2015 - 05 - 30/2018 - 06 - 17.

［4］习近平谈治国理政第二卷［M］．北京：外文出版社，2017：116，133.

［5］新华社．胡锦涛在庆祝中国共产党成立 90 周年大会上的讲话［DB/OL］．http：//www. gov. cn/ldhd/2011 - 07/01/content_1897720_3. htm，2017 - 07 - 01/2018 - 06 - 17.

［6］杨信礼．重读《实践论》《矛盾论》［M］．北京：人民出版社，2014：27，3.

［7］岸见一郎，古贺史健著，渠海霞译．被讨厌的勇气［M］．北京：机械工业出版社，2017：126.

当前高校安全教育存在的问题及对策研究

首都师范大学　高　斌

当前，高等教育改革不断深化，高校办学规模不断扩大，校园社会服务不断发展，高校整体安全形势比较严峻，治安、消防、交通、保密等安全问题时有发生。要解决校园安全问题，避免安全事故和安全责任，安全教育是最有效也是最直接的方式。通过安全教育，可以增强安全意识和安全观念，可以系统了解安全知识，可以掌握相关安全技能，从而实现安全教育的目标。

1　安全教育的概念和内容

何为安全教育？安全教育就是管理者和教育者以党和国家法律、法规、方针、政策为依据，通过课程教育、日常教育、演习训练等多种途径，使高校全体成员安全责任得到增强、安全意识得到提高、安全知识得到完善、安全技能得以掌握而开展的教育。

安全教育的内容丰富多样，主要内容是“安全责任、安全意识和安全知识”。具体包括：法律法规教育、安全防范教育、消防安全教育、交通安全教育、国家安全教育、信息安全教育、心理健康教育和网络安全教育等。

2　安全教育存在的问题

安全教育是维护国家安全社会稳定的需要，是保证校园安全和稳定的需要，是提高师生安全防范意识、掌握安全知识的需要，也是全面提高学生综合素质的需要，因此，在高校进行安全教育是非常必要的。当前，各高校均实行安全知识教育，但在安全教育的制度、内容、形式、师资队伍和实际效果等方便存在着不同层次的问题。

2.1 高校安全教育机构不明确

高校安全教育机构设置不明确，责任也无法落实到位。目前大多数高校安全教育工作由保卫处、学生处等部门联合开展，但并没有安全知识教材，没有纳入教学计划，安全教育的课程设置缺失，更没有安全教育效果的评价指标，没有向其他专业学科一样做到责任到部门，统一设置教学内容，统一纳入教学计划，统一测评教学效果，安全教育的质量和效果从机制上得不到保障。

2.2 高校安全教育内容不全面

高校安全教育内容不全，涉及面狭窄，局限于消防安全、交通安全和防盗防骗等基础的安全教育，而对国家安全教育、信息安全教育、网络安全教育、心理健康安全教育等方面的内容涉及较少，甚至没有。但这些安全教育在当前的形势下，确是安全教育的重要内容，不可或缺。从实际情况来看，这些方面的安全问题也屡屡出现，为有效杜绝此类安全问题，开展相关的安全教育不容忽视。

2.3 高校安全教育方式不系统

高校安全教育方式延续传统讲座形式，缺乏针对性，多事泛泛而谈，多是从理论上宣讲，忽视了实践技能的培养，缺乏创新性。安全知识教育形式单一，导致安全教育效果不好。安全教育应该区别于其他课程的教育方式，把理论教育和实践技能培训结合起来，有安全知识学习的过程，更突出安全技能学习过程和训练环节，使安全教育形式多样。

此外，安全教育要根据学生特点，分阶段、分重点，有针对性地开展，才能取得好的效果。

2.4 高校安全教育师资力量薄弱

安全技能需要教师或专业人员现场指导、演习等，安全教育过程中教师的主导作用至关重要。高校一般没有专职的安全教育老师，高校安全教育人员主要由保卫处和学生辅导员组成，安全教育师资力量薄弱。保卫处作为职能部门，不直接分管学生工作，由于人员有限、知识结构有限等问题，不可能承担安全教育工作。学生辅导员并非安全专业人员，主要进行学生管理工作，自身安全意识缺乏，安全知识薄弱，安全技能缺失，也不可能承担安全教育工作的重任。

3 加强高校安全教育的对策

3.1 规范安全教育机构，制定安全教育计划

规范安全教育机构是做好安全教育工作的前提，建立健全安全教育机构，明确机构责任和目标，确定安全教育机构责任部门，严格按照规定落实安全教育责任，对安全教育工作全程指导、协调和监督管理。学校相关职能部门要根据要求，密切协调配合、齐抓共管形成教育合力。同时要制定安全教育计划，才能保证安全教育工作规范化、常态化方向发展，达到安全教育的实际效果。

3.2 编制安全教育教材，全面覆盖安全教育内容

编制安全教育教材是做好高校安全教育工作的前提和基础，没有教材内容就没法开展安全教育。统一明确安全教育教材非常重要，根据教材内容，制定教学计划，系统、有针对性地开展教育教学工作；还要根据不同年级阶段开展不同的安全教育内容，不能是片面、零星地开展教育。同时在安全教育工作过程中，也不能仅仅注重治安、消防、交通等方面的安全教育，还要涵盖到国家安全保密、网络信息安全、心理健康等内容，要结合实际热点，把安全教育的相关内容纳入进去。

3.3 结合实际，采取丰富多样的安全教育方式

安全教育想要达到好的效果，方式方法非常重要。实践表明：安全教育要贴近师生，以师生喜闻乐见和易于接受的方式开展，效果更好。安全教育要站在师生立场，贴近实际，选用经典案例，利用现代网络媒体、视频等方式，采取课堂教学、专题讲座、座谈会、网络宣传等方式，使理论和案例结合起来，使理论讲解和实际操作结合起来，使理论学习和实践技能结合起来，注重实战演练培训：灭火演练、救生训练、逃生演练、安全疏散演习等，采取多样的安全教育方式，让师生感觉到安全教育容易接受，印象深刻，不枯燥。同时安全教育也应该针对不同的学生特点，对安全知识分类、有侧重点的讲解。

3.4 增强安全教育的师资力量

高校安全教育的内容庞杂，受教育学生人数也比较多，安全教育的师资力量不够，很难达到安全教育的效果。首先：要确保安全教育队伍，明确安全教育老师的教学任

务和目标；其次：细化安全教育内容，指定专业老师做专门研究，并做好相关知识的培训，使每一位安全教育的老师都成为某一方面安全知识的专家，掌握安全教育规律；最后：利用合作教育模式，与消防器材部门、公安消防部门、文化部门等建立合作关系，提高安全教育的趣味性和实践性。

4 结束语

安全教育是高校安全工作的立本之举，是高校安全教育的基础性工作，是一项长期而艰巨的工作，必须常抓不懈。通过安全教育，引导学生自觉学习安全知识，践行安全观念，形成安全行为习惯，实现从“要我安全”向“我要安全”“我会安全”转变，为全面实现平安校园创造打下良好的校园安全文化环境。

参考文献

[1] 上海高等教育学会保卫工作研究委员会. 大学安全体系的探索和实践 [M]. 上海：上海大学出版社. 2012 年 4 月第 1 版.

[2] 汤继承. 当前大学生安全教育的问题成因及对策研究 [D]. 武汉：华中师范大学. 2005.

[3] 贾明远. 大学安全教育 [M]. 北京：人民邮电出版社. 2014.

[4] 胡乐. 新形势下大学生安全意识教育研究 [D]. 晋中：山西农业大学. 2014.

[5] 张峰. 大学生安全教育针对性和有效性的探讨 [J]. 科技论坛. 下半月. 2010 年 12 月.

高校大学生非正常死亡事件应急处置研究*

中国石油大学（北京）保卫处　刘洪洋　闫亮亮　王英国

摘　要：当前我国高等教育进入快速发展的历史时期，在校学生人数逐年增多，高校大学生非正常死亡事件时有发生。在处置大学生非正常死亡事件时，应遵循应急处置的四级操作规范：应急响应、现场处置、善后处理、事件总结。在处置过程中要把握好四个关键环节，即正确对外发布信息、周到接待学生家属、充分做好沟通协商、积极争取多方配合。

关键词：大学生　非正常死亡　应急处置

大学生的学习生活不可避免地受到家庭、学校、社会、等诸多因素的影响和冲击，再加上大学生社会阅历不足、心理调节能力较差、安全防范意识薄弱等原因，当遇到一些安全突发事件和个人问题时，他们往往不能够正确认识和科学处理，在一些极端情况下，极易诱发非正常死亡事件。大学生非正常死亡事件具有意外性、突发性、危害性、处置复杂化的特征。有研究表明，大学生自杀死亡后有6.5%的事件会进而发展成危机事端[1]。事件的发生不仅是社会的损失、家庭的悲剧，处理不当还可能引发其他社会问题，使危机升级。因此，认真分析和研判大学生非正常死亡事件应急处置中常见的危机情况，并制订科学有效的应急处置工作预案和协调高效的工作机制，正确地处理危机，对于学校妥善处置大学生非正常死亡事件，避免事件发酵失控，有效化解可能出现的矛盾，维护高校及社会的和谐稳定，都具有十分重要的意义。

* 本文系2015年中国石油大学（北京）党建和思想政治教育一般课题成果，发表在《高校辅导员》2017－1总第42期，刊号：ISSN 1674－9618，CN 37－1471/C。

1 大学生非正常死亡的主要类型

导致大学生非正常死亡的原因主要包括自我伤害、刑事犯罪、意外事故、突发疾病[2]。

1.1 自我伤害（自杀）

自杀已成为大学生非正常死亡最常见的类型。自杀的手段通常有服毒、跳楼、割腕、卧轨等。引发大学生自杀的直接原因主要有学业问题、就业压力、情感受挫、人际关系危机、心理障碍、精神疾病等。

1.2 刑事犯罪

大学校园本身就是一个小社会。大学生社交范围不仅仅限于校园内、同学间，也经常会走出校园参加各类社交活动。因此，在社会上发生的刑事犯罪活动，同样会发生在大学生身上。男同学酒后斗气，与社会青年发生冲突被杀害有之；男女学生之间谈恋爱，因感情纠葛引发的情杀有之；女生独自外出被抢劫或性侵后杀人灭口之事有之。这类事件大多是由于大学生缺乏社会经验和必要的自我保护意识引发的。

1.3 意外事故

大学生在日常学习生活中由自然灾害（如地震、火灾）、交通事故、溺水高坠以及做实验过程中因违规操作或设备带病运行造成安全事故引发的非正常死亡均属于意外事故。这类事故主要是由于大学生安全意识薄弱，防范意识不强，缺乏紧急情况下的自救自护能力造成的。

1.4 突发疾病

近年来，因各种原因引发的大学生猝死事件时有发生。有的学生患有学校难以察觉的先天性疾病，加之学业压力过大或者长期不良生活习惯或者从事剧烈体育运动，从而诱发原有疾病发作造成非正常死亡事件。

2 大学生非正常死亡事件应急处置中的常见危机情况

大学生非正常死亡事件给高校带来的危机是多方面的，如果事件处置不当，还可能使危机升级，甚至造成次生事故。在众多的危机当中，以下几类情况需要高校高度重视、妥善应对。

2.1 死亡学生家属采取非理性手段表达诉求，严重干扰学校正常秩序

事件发生后，死亡学生家长及其亲属由于情绪波动较大，往往不是依法维护自己的合法权益，而是采取过激方式非理性表达诉求。如采取在校园内举遗像、摆祭台、烧纸钱、聚众拉横幅、围堵学校办公场所等严重影响学校正常教学科研活动秩序的行为，这些行为非但不利于事件的解决，反而容易被社会上少数别有用心的人利用，激化矛盾甚至演变成为社会事件。

2.2 一些网络媒体借机炒作引发舆论危机导致事件升级恶化

由于高校社会角色的特殊性，大学校园里发生的一些事件很容易引起社会各界的高度关注。因此，在发生大学生非正常死亡事件后，会迅速在网络上传播开。如果高校在信息发布方面不及时、不准确、语焉不详，容易导致部分社会媒体以偏概全，发布不实信息，再加上少数媒体单纯为追求发行量或点击率，发布诱导蛊惑信息，极易引发不明真相的网民受到煽动，发布过激言论，做出不理智甚至违法行为。

2.3 相关人员受到事件影响产生不良情绪，容易引发心理危机

大学生非正常死亡事件属突发事件，涉及面较广，相关人员在面临或处理事件中极易受到负面影响和冲击。出现在第一现场的保卫干部或者围观的师生由于目睹了现场触目惊心的场景，会导致恶心厌食，因恐惧而失眠等；死者生前的同学伙伴会因突然失去亲密的人而过度悲伤，同宿舍的舍友对死者遗物和生前活动空间容易产生深度的恐惧和心理规避[3]；班主任和辅导员会因学生的非正常死亡而产生自责心理和挫败感，认为是自己的工作没做好，从而不断否定自己，变得意志消沉。

2.4 大多数高校危机管理经验相对不足，在应对危机过程中疲于应付，处处被动

虽然整体上看近几年大学生非正常死亡事件呈多发态势，但对于高校个体而言这类事件仍属偶发事件，再加上高校学生工作部门人员流动较快，很多人缺乏处理相关事件的经验，等到事件发生以后，才匆忙临时组建应急处置工作组，工作组之间沟通

协调机制以及成员在危机处置方面的经验和相关法律的熟知程度等，都差强人意，这直接影响到危机处置的效果。例如在与家属的沟通过程中，校方人员一句不严谨的话就可能被媒体或涉事人员利用，导致事件处理陷入僵局。

3 大学生非正常死亡事件处置的四级操作规范

大学生非正常死亡事件发生后，高校应立即启动应急预案，遵循快速反应、稳妥慎重、坚决果断、合理适当的原则进行应急处置，力争快速妥善处理，避免危机的进一步升级而引发严重后果。应急处置工作在程序上应遵循应急响应、现场处置、善后处理、事后总结四级操作规范。

3.1 应急响应

事件发生后，一般是学校保卫部门第一时间接报警情。接到报案后，工作人员应在第一时间内打三个电话。一是打给急救中心，通知其到事发现场对当事人进行抢救。二是打 110 电话报警。三是打电话向保卫部门负责人和主管校领导报告情况，请示下一步工作部署。

待学校方面对事件情况有了初步的了解，还应及时向上级教育主管部门和公安文保部门报告。报告时间一般不能超过事发后 2 个小时，报告的形式可以是先口头后书面。后期随着事件处理的进展情况还要及时跟报。

3.2 现场处置

学校主管领导在接到报告后，应当迅速启动应急处置工作预案并在第一时间赶到事发现场指挥处置。保卫部门要立即安排人员赶赴事发现场，拉上警戒线，隔离围观人员，保护现场，维持秩序，待公安人员到达后，还要协助勘查现场、确认死者身份、调查死因。协助急救中心对当事人进行抢救。

3.3 善后处理

现场处置完毕后，学校主管领导应立即召集学校相关部门负责人召开会议，通报相关情况，组建突发事件应急处置领导小组，明确分工职责，商定善后处理事宜。领导小组组长一般由分管安全稳定工作的校领导担任，下设综合协调组、安全保卫组、信息发布组、学生工作组、家属接待组、沟通协商组、事故调查组、法律顾问组等，各组组长任领导小组成员。

综合协调组：由党政办公室人员组成，主要负责向学校上级主管部门报告情况，争取属地有关部门的支持，对内统筹协调各小组之间的工作，适时组织召开碰头会，推进处置工作。

安全保卫组：由保卫处人员组成，主要负责协助警方现场勘查、走访调查。当好警方与死者家属之间沟通的桥梁，协助家属办理死亡证明书、销户手续以及处理殡葬事宜。事件处置期间，维护好校园的安全和正常秩序。

信息发布组：由宣传部人员组成，主要负责对外信息发布，接待来访的新闻媒体，随时关注舆论导向，一旦出现网络谣言，组织人员进行澄清和引导。

学生工作组：由学生工作处、心理咨询部门以及二级院系的学工干部组成，主要负责摸排事件发生后学生的思想动态，及时准确向学生通报相关情况，引导学生理性客观看待事件本身，做到不恐慌、不传谣，同时积极做好相关人员的心理疏导工作。

家属接待组：由死者所在院系的学工干部和校医组成，主要负责向死者家属通报学生死亡信息，安排家属在校期间的生活起居，做好学校与家属之间信息沟通。接待组还应配备医务人员，以防死者家属悲痛过度，出现意外情况。

事故调查组：由学校根据事件发生的实际情况指定专人组成，主要负责对事件发生的原因进行内部调查和责任认定，向领导小组提出处理建议。

法律顾问组：由学校的法律顾问组成，主要负责对事件的处置提供法律方面的建议和咨询。

沟通协商组：一般由死者所在院系、学生工作处和保卫处的负责人组成，必要时法律顾问组的人员也可以参与沟通协商。主要负责与家属就事故责任认定、人道主义帮扶等沟通协商。

在事件的善后处理过程中，各小组既要按照分工各司其职，又要及时沟通情况，步调一致推进事件的处置工作。

3.4 事后总结

事件处理结束后，各组要分别总结梳理工作开展情况，连同相关档案资料一起报送给综合协调组，由综合协调组汇总各组情况，完成事件调查处置报告。报告内容一般应包括学生死因、责任认定、处置过程、处理结果、存在问题、注意事项等，以便及时总结经验，评估处置工作，修正完善应急处置预案和工作机制，不断提升学校对应急事件的处置水平。

4 大学生非正常死亡事件处置的四个关键环节

一般情况下，大学生非正常死亡事件的处置按照以上工作机制和程序做下来，基本能够得到妥善解决。但是，一旦遇到学生家长非理性表达诉求或者社会舆论严重偏离事实的情况，这种来自外部的不确定性和压力就会使学校的处置工作变得非常棘手和被动。其中有几个关键环节需要学校格外注意。

4.1 正确对外发布信息

对外信息发布要把握好三个原则。一是及时性原则。高校要在查明事件成因、死者身份和事件性质等情况后，第一时间主动对外发布情况通报，以掌握主动权。因为按照信息传播“先入为主”的规律，公众往往对自己第一次获得的信息印象深刻。有的高校怕事件会影响学校声誉，进行消息封锁，一旦他人率先把不实信息发布到网上，学校再被动应对，可能为时已晚。二是客观性原则。学校在对外发布事件情况的时候，一定要确保信息的客观和准确。不一定非要一次性把所有因素交代清楚，随着处置工作的不断进展，根据需要可以随时对先前发布的情况通报进行必要的补充和说明。在对事件未做详尽调查之前，切忌匆忙下结论或者猜测事件缘由。否则一旦事后发现不对，再进行更正，就只能是“越描越黑”，陷入更加被动的局面了。三是统一性原则。高校对外发布信息一定要归口管理，避免各部门发布碎片化信息，导致信息内容不实[4]。

4.2 周到接待学生家属

处置工作能够顺利进行，学生家属的态度至关重要。在第一次向家属通报学生死亡信息的时候，一定要注意语言技巧，以免家属承受不了突然打击出现意外。家属初次到校后，校领导最好能出面对家属进行看望和慰问。家属在校期间的饮食起居等安排，既要周到细致，有利于事件的处置，又要有礼有节。家属在校期间，学校要安排人员全程陪同，死者学生的辅导员是第一人选。对家属的不理智行为，陪同人员应保持自身情绪的冷静，防范因自身情绪而引发家属更大的不满，要向学生家属及时通报具体案情，使其明晰事件的整个过程，及时了解学生家属心理动态，做好家属和学校双方的信息沟通，避免因信息不对称引发互相猜忌，产生不必要的纠纷。

4.3 充分做好沟通协商

事件处置过程中，校方与家属之间的沟通协商非常关键，沟通协商的效率和效果直接影响整个事件处置的进程。协商小组可以由学生所在院系以及保卫处、学生工作处的负责人组成，如有必要，法律顾问可以直接参与沟通协商。学生家属方面参与协商人数不宜过多，3 至 4 人为宜，其他亲属最好劝离学校。在沟通协商过程中，要掌握几个原则：一要以法为据，充分利用国家相关的法律法规，维护好学校的正当权益。二要厘清责任，双方认可的责任认定是沟通协商的前提。三要积极主动，引导事件向正确妥善解决的方向发展。四要掌握分寸，沟通协商中既要有理有据，有礼有节，又要充分换位思考，考虑学生家长的合理诉求。五要把握节奏，对家属要有足够的尊重和耐心，不能急于求成，避免激化矛盾和引发次生事件。

4.4 积极争取多方配合

高校在处置大学生非正常死亡事件过程中，应当尽量争取教育主管部门、属地公安政法等部门以及学生原户籍所在地（父母所在单位）有关部门和基层组织的支援，这往往会对事件的处置起到积极的推动作用。例如，一开始学生家属容易将学校放置到对立面考虑问题，不利于沟通解决问题。这时候，如果学生家属属地有关部门负责人能来校配合做好学生家属的安抚工作，稳定家属情绪，引导其依法理性表达诉求，会起到良好的效果。

参考文献

[1] 杨振斌，李焰．大学生非正常死亡现象的分析 [J]．心理与行为研究，2015，(5)：698 - 701.

[2] 易良春．高校学生非正常死亡的预防和处置 [J]．科教纵横，2010，(6)：180.

[3] 赵文永．大学生非正常死亡善后处理工作研究 [J]．煤炭高等教育，2013，(3)：102 - 104.

[4] 朱胜利．客观及时掌握信息 有效避免危机扩大——如何预防和处理高校大学生非正常死亡事件 [J]．中国成人教育，2013，(11)：78 - 80.

涉学生电信网络诈骗防范路径探析

北京大学　程启帆　宋　颖　郭京京　冯支越

摘　要：近年来，互联网技术和数字经济不断发展，电信网络诈骗作为其“副产品”，呈现出愈演愈烈之势，给国家和社会带来巨大危害，多次在政府工作报告中被提及。高校学生因其防范意识相对薄弱、互联网参与度高、个人隐私泄露严重等特点，成为犯罪分子常常选择的“合适标的”。本文通过对部分高校2015—2017年间涉学生电信网络诈骗案数据进行分析，探究高校电信网络诈骗的主要类型和突出隐患，试图提出可能的防治路径，进一步优化学生校园安全体验，增强其在校内的获得感、幸福感和安全感。

关键词：高校　电信网络诈骗　防范路径

电信网络诈骗，是指利用电话、互联网、电信数据网等途径，以非法占有为目的，用虚构事实或者隐瞒真相的方法，骗取公共或私人财物的行为。数字经济高速发展、互联网+日益深入的同时，网络社会治理面临着更加严峻的挑战，各种传统犯罪不断向互联网渗透，电信网络诈骗已逐步成为当前最常见的诈骗形式，对社会和高校治安产生严重不良影响。

1　防范电信网络诈骗的背景与现实困境

1.1　电信网络诈骗案发数量、涉案金额逐年递增，危害巨大

近年来，我国电信网络诈骗案件增长速度较快，案发数量、涉案金额呈逐年递增态势。2012至2016年，仅4年间，全国电信网络诈骗案发数量增长了4倍多。其中，诈骗金额超千万元的多达94件，超百万元的有2085件，给群众造成了巨大的损失。

2016 年，全国各地爆出了山东女大学生徐玉玉、甘肃省秦安县西川中学教师范银贵、广东揭阳市惠来县蔡淑妍等被骗后自杀案，电信网络诈骗案一跃成为当年社会最为关注的犯罪类型之一，严重影响社会稳定与人民群众的安全感。

表 1　2012—2016 年我国电信网络诈骗案发数量、涉案金额

时间	2012 年	2013 年	2014 年	2015 年	2016 年
案发数量（万起）	17	30	50	59	88
同比增长率		76.5%	66.6%	32.5%	49.6%
涉案金额（亿元）	100	103	107	222	

1.2　严厉打击电信网络诈骗是国家层面的总体要求

针对电信网络诈骗案发数量不断扩大、涉案金额逐年增多的现实情况，政府部门集中力量重拳出击。2016 年 9 月，最高人民法院、最高人民检察院、公安部、工业和信息化部、中国人民银行、中国银行业监督管理委员会联合发布了《关于防范和打击电信网络诈骗犯罪的通告》。2017 年 3 月 5 日，李克强总理首次在政府工作报告中指出，要依法惩治电信网络诈骗等多发性犯罪。2018 年两会，总理再次提出，要整治电信网络诈骗、侵犯公民个人信息、网络传销等突出问题。打击电信网络诈骗已经上升为国家共识。

2017 年 6 月 1 日，《中华人民共和国网络安全法》的正式施行，从立法的角度对实施网络诈骗的个人和组织进行约束，意义重大。《网络安全法》明确规定，任何个人和组织不得设立用于实施诈骗等违法犯罪活动的网站、通讯群组，不得利用网络发布涉及实施诈骗及其他违法犯罪活动的信息。

在政府工作报告的建议下，在《网络安全法》的保障下，高校作为电信网络诈骗的常发区之一，不遗余力打击诈骗、堵塞漏洞。北京市教工委、市教委对此高度重视，明确指出要着重加大防范电信诈骗和不良网络借贷宣传教育，增强宣传教育实效，切实提升学生防范意识和辨识能力。

1.3　打击电信网络诈骗的主要难点

1. 个人信息泄露严重为电信网络诈骗的实施提供便利

电信网络诈骗案发数据的不断攀升，一定程度上可以视为互联网技术发展的“副产品”。中国互联网络信息中心（CNNIC）发布的第 41 次《中国互联网络发展状况统计报告》数据显示，截止到 2017 年 12 月，我国网民规模 7.72 亿，其中手机网民 7.53

亿，占比达97.5%。智能手机上网在给人们带来便利的同时，也伴随着数据隐私泄露越来越严重的安全隐患。艾媒咨询2016年的调查数据指出，近七成受访用户表示被窃取过银行账户、密码和手机号等隐私信息；22%的用户表示收到过仿冒银行的短信；非法链接恶意广告推广、盗偷流量占比约16.7%。个人数据和隐私存在的巨大安全风险，给不法分子创造了可乘之机。他们利用窃取到的隐私数据，通过电话、微信、QQ等方式实施诈骗。

2. 低成本、难侦查的诈骗方式得以快速传播、长期存在

电信网络诈骗案发量保持增长态势的另一重要原因，在于其迥异于传统诈骗、高度适应互联网+时代信息传播特点的内在特征，给治理工作带来了更大的困难。

数字技术和网络技术的发展，使得互联网+时代的信息及其传播具有开放性与虚拟性并存的特点。在新媒体、自媒体盛行的今天，任何个人或者组织都可以成为信息传播的主体，在时间、内容及形式上具有很强的开放性。另一方面，人与人的交流不再必须面对面，很多信息通过数字信号的形式在虚拟世界中进行传播。信息的开放性与虚拟性，使得信息的真伪更难辨别，为不法分子通过虚假信息传播实施诈骗提供了“肥沃的土壤”。

一是信息在虚拟空间的随时随地传播带来的跨地域性，极大地降低了电信网络诈骗的实施成本。犯罪分子只要拥有联网的电脑或手机设备，就可以通过电信网络，对任何城市的居民开展诈骗活动，并通过网上银行转账、第三方支付等形式，在短时间内完成诈骗行为。所有使用互联网或移动通信设备的人，都有可能成为受害者。这是传统诈骗犯罪所不能比拟的：一方面，低成本使得实施诈骗的“准入门槛”降低；另一方面，也为作案人提供了利用虚假信息“广撒网”的便利。不法分子和受害人双方数量的同时增多，加剧了电信网络诈骗的快速传播。

二是信息传播的虚拟性使得犯罪分子可以隐藏在网络中实施诈骗，这增大了案件的侦查难度，导致很多重大诈骗案件长时间未破获。公安部公布的多起案例显示，不少大型诈骗团伙将基地设在海外，对国内居民实施诈骗。作案人一般通过电话、微信、QQ等途径联系被害人，获取信任后通过网上转账或消费的方式转移钱款，在不暴露自己真实身份的情况下，任意进行诈骗活动。被害人对作案人的真实信息缺乏了解，作案人在取款时也多通过伪装或雇用专人对赃款进行转移，办案部门即使找到相关取款记录，也常常因诈骗分子与取款人的非直接接触而失去侦查线索，很难准确追查到诈骗的真正实施者。

2　涉学生电信网络诈骗的主要类型与突出隐患

随着高校开放水平的提高，学校与社会的融合不断深化，社会面安全事件对高校产生深刻影响。加上高校学生社会经验相对欠缺、防范意识相对薄弱，校园成为不法分子频繁作案的重点区域，严重损害了学生利益和学校教学秩序。本文结合部分高校2015—2017年间接报案的涉学生电信网络诈骗案例进行研究，通过编码、归纳等质性分析方法，试图探寻面向高校学生群体的典型网络诈骗内在规律。

2.1　涉学生电信网络诈骗的主要类型

1. 社会面电信网络诈骗主要类型

中国互联网络信息中心（CNNIC）发布的第41次《中国互联网络发展状况统计报告》数据显示，2017年，我国网民遭遇的电信网络诈骗主要包括虚拟中奖信息诈骗、冒充好友诈骗、网络兼职诈骗、利用虚拟招工信息诈骗、钓鱼网站诈骗。虚拟中奖信息诈骗依然是受众最为广泛的诈骗类型，在遭遇诈骗的用户中占比达到70.5%；其次为利用社交软件冒充好友进行诈骗，在遭遇网络诈骗用户中的占比为48.8%。

2017年8月，公安部也公布了十类高发电信网络骗术，具体包括假冒公检法诈骗、冒充熟人诈骗、利用伪基站发送木马链接诈骗、兼职诈骗、考试诈骗、校园贷诈骗、民族资产解冻骗局、投资返利诈骗、保健品购物诈骗、引诱裸聊敲诈勒索等。其中，除了以中老年群体为主要受骗对象的民族资产解冻骗局和保健品购物诈骗外，其他电信网络诈骗类型在高校内均不鲜见。

2. 涉学生电信网络诈骗主要类型——以部分高校为例

发生在高校、以大学生为受害者的电信网络诈骗案，在与社会面诈骗案件具有共性的同时，也显现出紧密结合学生群体的特殊之处。电信网络诈骗分子利用大学生的心理弱点和现实需求，不断更新诈骗内容和作案手法，诈骗形式呈多样化发展趋势。

从图表1可以看出，近年来，非正规渠道交易诈骗、冒充熟人诈骗、冒充购物平台客服人员诈骗、冒充银行、通信、快递、腾讯等客服人员诈骗等，始终是困扰高校学生的主要诈骗类型。同时，2016、2017年，求职、兼职类诈骗案发占比较2015年有了较大提升，成为涉学生诈骗的重要类型之一；而冒充公检法机关实施诈骗的方式，是三年里唯一呈明显下降趋势的类型。

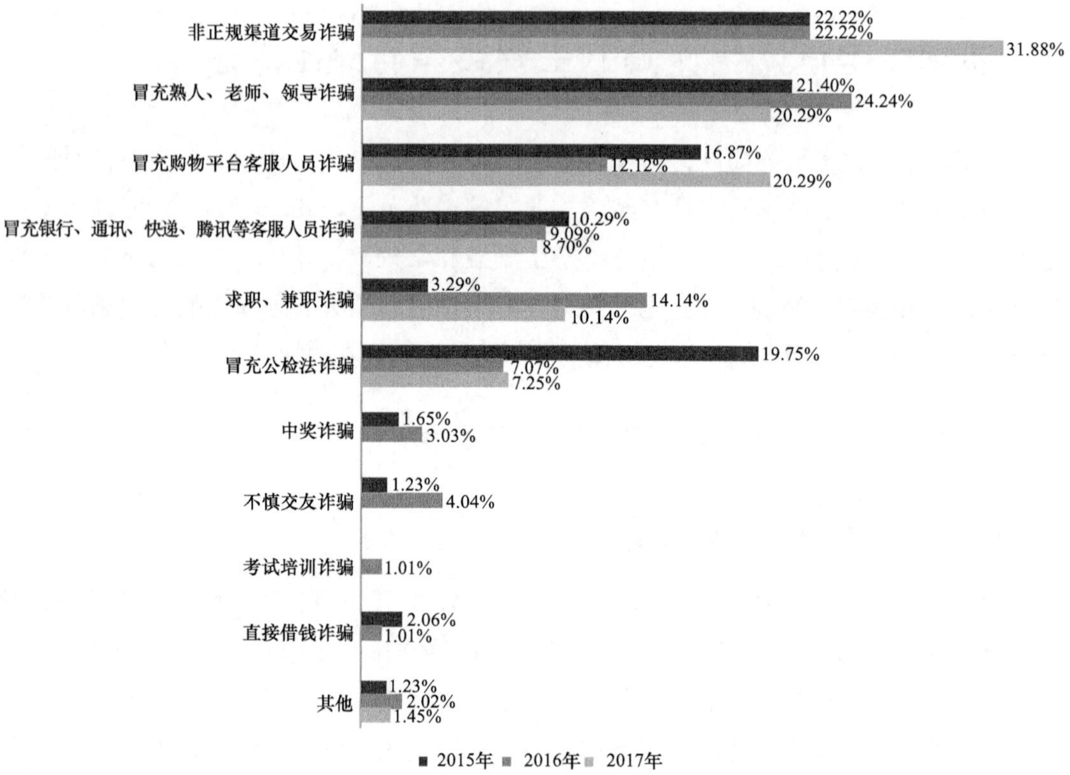

图表 1　部分高校 2015—2017 年间涉学生电信网络诈骗案分类统计

3. 高校涉学生电信网络诈骗主要类型与社会面的比较分析

对以上提及的诈骗类型进行深入分析，并与社会面主要被骗类型进行比较，可以看出，面对利益诱惑，学生具有一定的警惕心理和判断能力，体现在社会上受众最为广泛的虚拟中奖信息诈骗，在该高校涉学生诈骗案中占比较低。但对于非正规渠道交易诈骗或在获取个人数据信息基础上个性化的诈骗方式，学生防范意识相对较弱。

2.2　学生对非正规渠道交易诈骗和“个性化定制”诈骗防范不足

1. 学生因互联网参与度高、消费理念开放，更易遭遇“网购诈骗”

在所研究高校，非正规渠道交易诈骗的案发数，在所有诈骗案件中占比始终稳居高位，到 2017 年更是增长到 31. 88% 。

涉学生电信网络诈骗案件中，91. 75% 的交易诈骗借助网络实施，其中有 86. 52% 的受骗者是因主动在网上搜索到作案人发布的虚假信息被骗。QQ、支付宝、微信、微博等线上社交平台，在给人们提供沟通便利的同时，也因平台上身份的隐蔽性，成为不法分子作案的有效工具。

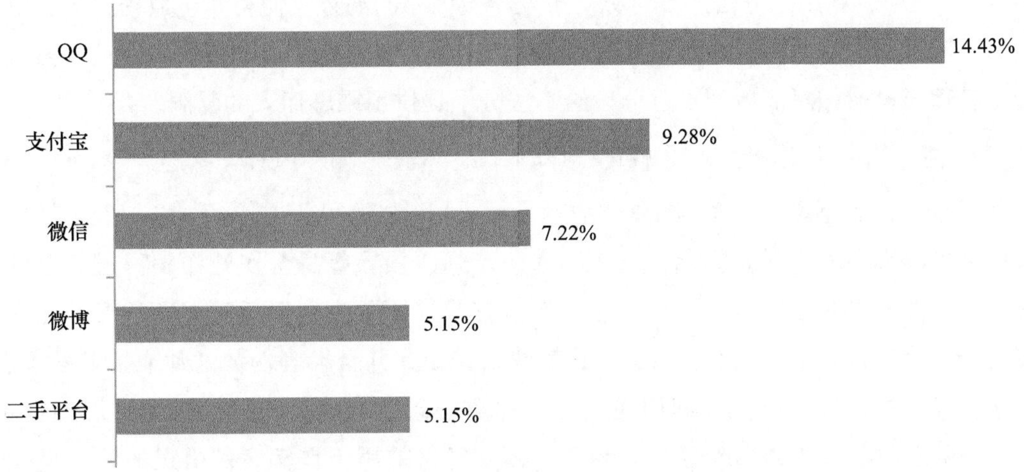

图表 2　部分高校 2015—2017 年学生交易商品或服务遭诈骗途径统计

国内一些二手平台因申请人员众多、审核机制不尽完善，也存在着不小的安全隐患。高校学生消费理念相对开放，对线上社交平台、二手平台交易的包容性更高，习惯于通过主动搜索的方式，获取所需的商品或服务。若不着重加强对信息真伪的甄别能力，更易于陷入不法分子的圈套，蒙受损失。

从交易内容来看，学生通过非正规渠道交易的物品或服务种类繁杂，其中相对集中的有游戏及周边产品、演唱会门票、机票火车票、网上租房服务等，如图表 3 所示。随着近几年共享单车、海外代购等服务的兴起与发展，与之相关的诈骗也偶有发生。此外，值得注意的是，“代发论文”这项具有典型高校特色的服务，也带来了 3.09% 的案发占比。

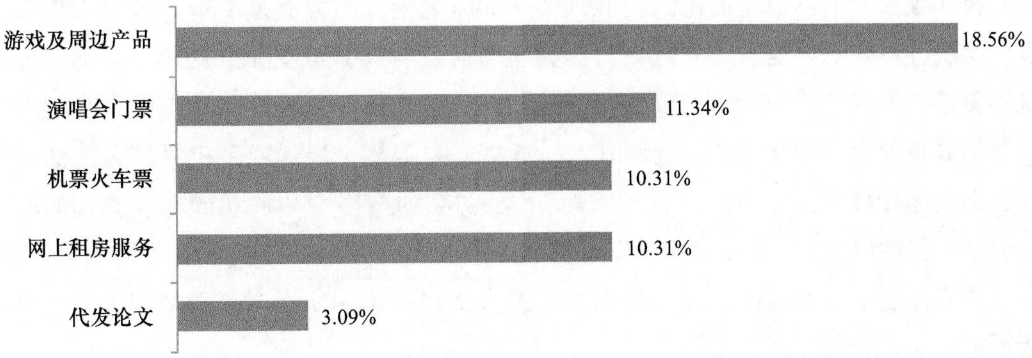

图表 3　部分高校 2015—2017 年学生交易商品或服务遭诈骗案情统计

分析以上交易产品和具体案例，不难看出，不法分子善于将商品或服务的紧缺性与受骗者的迫切需求心理相结合，在学生难以通过正规渠道购得的情况下，假借有“货源”之名，利用双方信息不对称，激发学生内心的渴望，使得学生放松警惕，从而更易于实施诈骗。同时，18.56%的涉案学生因购买游戏及周边产品被骗，这与游戏产业的管理与整治相对滞后密不可分，给不法分子提供了乘虚而入的漏洞。

2. 利用个人数据实施的“个性化”诈骗“稳中有变”，防不胜防

三年来，冒充熟人、客服的“个性化定制”诈骗可谓层出不穷。所研究高校2015—2017年的相关数据显示，冒充熟人、老师、领导等身份实施诈骗得逞的案件占比超过了五分之一。虽然人们对于此类诈骗方式并不陌生，但行骗人通常根据提前获取的个人信息，叫出受骗者的名字，让其放松警惕，并且准确伪装老师或领导的语态，不给受骗者留下思考时间，利用受骗者的敬重心理，快速行骗，依然能够屡屡得手。不过，随着防范宣传的不断普及，老师、领导身份被用于诈骗案例得逞的比例呈现出逐年下降的趋势。2015年，该高校假冒老师、领导身份的不法分子占该类诈骗的51.92%，但2016、2017年，该比例均有较大幅度下降，分别降至29.17%、14.29%。

与之相对应的是诈骗途径的变化。假冒老师、领导身份的行骗人，多通过电话实施诈骗，常以“来我办公室”为由，在所约时间临近时，要求“学生”或“下属”为其提供“救急”资金；而假冒同学、朋友、亲戚等熟人身份的行骗人，则多以盗用他人社交软件账号的方式开展诈骗活动。随着行骗人所用身份的变化，案例所选途径占比也发生了改变。2015年，63.46%的假冒熟人身份诈骗案例通过电话、短信等通信方式行骗得逞；2016年，该项比例降为41.67%；到2017年，仅剩14.29%的案件单纯依靠电话、短信，更多不法分子借助网络平台开展诈骗活动。

冒充客服人员也是不法分子利用所获取个人数据和隐私实施诈骗的重要方式，其中以假借购物平台客服之名为主。此类诈骗方式得以长期存在，2015—2017年在所研究高校诈骗报案案例中所占比例居于20%—30%之间，一方面是由于“客服人员”的点对点服务与受骗人信息及其近期行为完全符合，容易获取受骗人的信任；另一方面则不得不“归功于”诈骗分子的“不懈努力”。近年来，冒充客服诈骗的常见理由主要包括订单异常、扣款失败、航班取消、货物需要退换、快递或手机号涉嫌违法犯罪等，但具体转移资金的方式“常换常新”，从初期的网银、ATM机转账，到询问验证码、获取付款码进行划款，再到最近出现的按行骗人员指引在借贷平台“借款”。操作方式越来越复杂，隐蔽性也随之增强。受骗人往往在不明所以时就已被骗，等到发现为时已晚。

3 涉学生高校网络诈骗防范路径探析

近年来，在政府部门的高度重视下，我国严厉打击电信网络诈骗犯罪活动，已经从“被动防御”转向“主动对抗”，从“单兵作战”走向“联合共治”。高校防诈骗工作始终常抓不懈，但学生被骗案件依旧屡有发生。构建共建共治共享的校园治理格局，提升防诈骗工作的主动性、联动性，才能进一步优化学生在校内学习、生活的安全体验，增强学生的获得感、幸福感和安全感。

日常行为理论指出，犯罪的发生必须同时满足三个要素：有预谋的犯罪分子、有合适的标的、缺乏有效的监控。高校防诈骗工作可结合上述要素，特别是从改变“标的”属性、加强有效监控两方面，有针对性地展开。

3.1 优化安全宣传教育，强化学生防骗意识与识骗能力

从对涉学生诈骗案例的分析中可以看出，防范意识薄弱、互联网参与度高、信息甄别能力欠缺、个人隐私数据泄露严重，使得高校学生群体成为诈骗分子常常选择的“合适的标的”。切实有效的安全宣传教育工作的介入将对该“标的”产生有效影响。

要提升安全教育的实效，首先就要牢固树立问题意识，正视现阶段客观存在的不足，从学生群体的易被骗属性出发，加强“两个意识、一个能力”建设，即防骗意识、隐私保护意识和信息甄别能力，以更加贴近学生的方式，积极寻求解决方法，推动防诈骗教育入脑入心。

其次，前面的研究发现，冒充客服类诈骗长期得手的原因之一在于诈骗方式的不断变化。随着时代的进步，诈骗手段与时俱进，愈发向高智商、高科技方向发展。防范教育要紧跟变化趋势，及时更新骗术，防患于未然。

最后，从3年的案例数据中还可以发现，在同一时期内，同类诈骗案件高发，具有较强的时间关联性。因此，校际联动、联防协作、信息畅通显得尤为重要。不同学校、不同院系之间的互通有无，有利于更好地增强高发案件防范教育的针对性、实效性与可操作性。

3.2 提高警惕、重视端倪，提升诈骗案件监控与防范水平

有效的监控对打击电信网络诈骗活动至关重要。早在2008年，北京市公安局局长马振川同志就结合奥运安保筹备工作，介绍了社会治安沙堆效应。沙堆效应是指，从沙堆底部铲走沙子，上面的沙会往下流。只有沙基小了，沙堆才会真正降低。要

想维护正常的社会治安秩序，就必须着眼于清理沙堆底层，立足于社会治安基础工作，打击轻微违法犯罪活动，进而控制违法犯罪总量，遏制和减少重大恶性案件的发生。

延伸到高校诈骗防范工作，就是要从细微处抓起，仔细梳理可能存在的风险隐患。对于诈骗未遂的案例，也应给予高度重视，及时针对校园内发现的端倪和苗头，加强校警联动，多部门协同合作、群防群治，才能有效降低校园诈骗案发率。

3.3 营造校园法制氛围，做好被骗学生事后帮扶工作

不容忽视的是，除了本文研究的已报案案例外，很多高校都存在学生被骗后持“认栽”态度的情况。这些学生或因被骗金额较少，或因对追回损失不存希望而选择不报案，从一定程度上反映出个人法制观念和学校诈骗防范工作均有待加强。在全面推进依法治校的今天，为了帮助学生更好地应对“哑巴亏”，增强学生被骗后的维权意识与维权信心，效仿国外高校建立健全法律顾问制度、营造校园法制氛围、建设学生反诈骗自组织等，都是今后可以探索的方向。

此外，高校各部门应加强对被骗学生的关注、关怀。保卫部门第一时间为学生提供咨询，提醒上报公安机关，并叮嘱做好证据收集准备工作。若学生遭遇较大诈骗案件、蒙受较严重损失，学校心理中心、资助中心及学生所在院系应根据实际情况，在必要时及时做好心理疏导、帮扶工作，防止学生被骗后过激行为的发生。

参考文献

[1] 陈昌红. 高校保卫工作信息化建设分析 [J]. 科技风，2016 (6)：85－85.

[2] 陈雄. 校园消防安全管理与教育 [J]. 现代职业安全，2014 (11)：34－37.

[3] 马丽云，何兰英. 基于网络的高校消防设施信息管理系统的设计与应用 [J]. 实验技术.

[4] 万川. 社会治安沙堆效应原理述评 [J]. 中国人民公安大学学报 (社会科学版)，2012，28 (5)：87－91.

基于层次分析法的高校二级院系平安建设指标体系与评估方法

北京航空航天大学安全保卫部（处）　孙　毅

摘　要：深入推进高校二级院系等基层单位平安建设，是保证高校教学、科研有序开展的重要基础和有力保障。本文基于层次分析法构建了全面清晰的高校二级院系平安建设指标体系，通过构造判断矩阵，确定建设成果各因素的指标权重，同时提出了切实可行的末级指标量化方法和评估考核思路。本研究为高校二级院系平安建设的体系化、标准化、理论化研究提供了指导。

关键词：层次分析法　高校基层单位　指标体系　评估方法

面向“十三五”时期，随着我国经济体制深刻变革、社会结构深刻变动、利益格局深刻调整，影响安全稳定的问题因素日趋复杂。习近平总书记在全国高校思想政治工作会议上强调：要坚持不懈地促进高校稳定，要从国家政治安全和意识形态安全的高度，认清维护高校和谐稳定的重大意义，把高校建设成为安定团结的模范之地。安全稳定工作基础在基层单位，关键在落实。基层单位是高校科研教学的直接参与者和保障者，学校要保证教学任务和科研工作持续高效地运转，必须从抓好基层单位的安全稳定入手，夯实安全管理基础[1]。面对新形势、新要求，持续深化校园平安建设，特别是高校二级院系的平安建设工作，在当前和今后一个时期具有重要的现实意义。

做好二级院系平安建设，指标体系是关键。只有依据科学性和完备性的指标体系开展平安建设才能形成整治、评价、反馈、再提高的良性循环。现有的研究工作，多针对高校安全工作的部分内容，如消防安全评估、安全文化建设、交通安全等，大多缺乏整体的评价思路和体系，也有小部分研究成果面向整体的校园安全评判，但是评价体系过于粗略，无法做到顶层设计与基础工作的有效结合，缺乏实际的可操作性。面对上述现状，本文提出了基于层次分析法的高校二级院系平安建设指标体系与评估方法，内容涉及标准涵盖组织机构、工作队伍、责任体系、制度体系、预防体系、日常管理、应急管理、条件保障等八个方面。突出问题导向，重点解决责任落实、人员落实、制度落实、操作规程落实等基层单位安全稳定工作中存在的问题和短板。

1　通过层次分析法确定指标体系及各级权重

1.1　层次分析法概述

在高校二级院系平安建设指标体系设计中，我们希望能够减少主观性，力求指标体系和评估方法简单适用，可操作性强。基于上述观点，本研究选择层次分析法（AHP）作为评估体系的构建和量化方法。

层次分析法是将与决策相关的元素分解成目标、准则、方案等层次，在此基础之上进行定性和定量分析的决策方法，适用于在系统体系中对非定量事件进行定量分析[2]，多用于分析和评价多准则、多目标的复杂问题，是对人们主观判断做客观描述的一种有效方法[3]。层次分析法以原始数据为基础，能够克服单一专家的主观评价，得到的评价结果能够客观反映指标因素的权重情况。层次分析法的主要过程包括以下几个方面，分别是：建立层次结构模型；专家评分，构造判断矩阵；层次单排序及一致性检验；层次总排序及一致性检验；得到总排序权值[4]。

1.2　二级院系平安建设指标体系构建

一套科学合理的评估指标体系是开展二级院系平安建设工作的前提。安全稳定问题涉及方方面面，引发主体和诱发因素多元多样，为了保证指标体系科学合理，建立指标体系过程中需要遵循一致性、系统性、独立性、完备性和可操作性等指标体系构建的一般原则。基于上述原则和目标，本次研究参考了北京市教工委的指导文件以及北京、天津等重点高校的安全管理思路，结合高校基层单位的特点，梳理了二级院系平安建设指标体系的整体脉络。本研究采用德尔菲法，向上级教育主管部门、高校保卫部处、安全机构的九位相关专家征询了意见，通过5轮征询将众多因素按不同层次聚集组合，在综合分析影响基层单位平安状况的诸多因素后，考虑到安全因素可以逐层细化这一特性，构建了有利于进行层次分析的二级院系平安建设评估指标体系[5]。

表1为本次研究构建的指标评价体系，该指标体系由目标层、准则层和指标层构成，包括9个二级指标和23个三级指标，为简便起见，体系中的二级指标分别用 B_1 ~ B_9来代替，三级指标分别用 B_{ij}（$i = 1 \sim 9$，$j = 1 \sim n$，n 是第 i 个二级指标下三级指标的个数）。

表1　二级院系平安建设指标体系

<table>
<tr><th>目标层</th><th>准则层</th><th>指标层</th></tr>
<tr><td rowspan="24">高校二级院系平安建设指标体系</td><td rowspan="2">组织机构建设 B_1</td><td>领导机构设置 B_{11}</td></tr>
<tr><td>领导机构职责 B_{12}</td></tr>
<tr><td>工作队伍建设 B_2</td><td>安全管理队伍 B_{21}</td></tr>
<tr><td>责任体系建设 B_3</td><td>责任体系建设 B_{31}</td></tr>
<tr><td rowspan="2">制度体系建设 B_4</td><td>学院总体制度 B_{41}</td></tr>
<tr><td>内设机构具体制度 B_{42}</td></tr>
<tr><td rowspan="4">防范体系建设 B_5</td><td>师生安全教育 B_{51}</td></tr>
<tr><td>信息收集情报预警 B_{52}</td></tr>
<tr><td>重大决策风险评估 B_{53}</td></tr>
<tr><td>矛盾纠纷排查化解 B_{54}</td></tr>
<tr><td rowspan="7">日常管理体系建设 B_6</td><td>消防安全管理 B_{61}</td></tr>
<tr><td>安全生产管理 B_{62}</td></tr>
<tr><td>校园治安管理 B_{63}</td></tr>
<tr><td>国家安全人民防线
与保密管理 B_{64}</td></tr>
<tr><td>维稳管理 B_{65}</td></tr>
<tr><td>交通安全管理 B_{66}</td></tr>
<tr><td>安全检查整改 B_{67}</td></tr>
<tr><td rowspan="2">突发事件应急体系建设 B_7</td><td>应急准备与值守 B_{71}</td></tr>
<tr><td>应急处置与评估 B_{72}</td></tr>
<tr><td rowspan="3">组织实施条件保障 B_8</td><td>领导重视 B_{81}</td></tr>
<tr><td>动员部署 B_{82}</td></tr>
<tr><td>检查落实 B_{83}</td></tr>
<tr><td>特色工作 B_9</td><td>特色工作 B_{91}</td></tr>
</table>

二级院系平安建设涉及面广，影响因素众多，该指标体系具有以下特点：(1) 覆盖面广，结构清晰，基本上包括了影响基层单位安全稳定的所有安全因素；(2) 着眼基层，本体系着眼于夯实基层组织建设，配齐基层工作队伍，完善基层责任体系；(3) 完善制度，各基层单位围绕指标体系，明确安全管理制度，提高安全稳定工作规范化水平；(4) 重视防范，安全稳定建设胜在防患于未然，基层单位要完善预防体系建设，提高安全稳定防范水平、综合防控能力和突发事件处置能力。

1.3 构造判断矩阵

建立层次分析结构即确定了上下层次之间元素的隶属关系，之后便采用两两比较的方法构造判断矩阵。判断矩阵是层次分析法重要的信息载体，是层次分析法的信息基础。通过比率标度法，用具体打分值定量表示下级指标相对上级指标的重要性程度。本研究中的比率分值同样采用德尔菲法确定。依据递阶层次结构模型，首先构建准则层相对目标层的判断矩阵（$A-B_i$）如表3所示，同理可得指标层相对准则层的判断矩阵 B_5-B_{5j}，B_6-B_{6j}，B_8-B_{8j}的判断矩阵如表4。

表3 准则层相对目标层的判断矩阵（$A-B_i$）

A	B_1	B_2	B_3	B_4	B_5	B_6	B_7	B_8	B_9
B_1	1	1/2	1/2	1	1/3	1/13	1	1/2	1
B_2	2	1	1	1	1/2	1/9	1	1	1
B_3	2	1	1	1	1/2	1/9	1	1	1
B_4	1	1	1	1	1/2	1/10	1	1	1
B_5	3	2	2	2	1	1/5	2	2	2
B_6	13	9	9	10	5	1	10	7	10
B_7	1	1	1	1	1/2	1/10	1	1	1
B_8	2	1	1	1	1/2	1/7	1	1	1
B_9	1	1	1	1	1/2	1/10	1	1	1

表4 目标层相对准则层的判断矩阵

（a）B_5-B_{5j}安全稳定与防范体系建设，

B_5	B_{51}	B_{52}	B_{53}	B_{54}
B_{51}	1	1	2	2
B_{52}	1	1	2	2
B_{53}	1/2	1/2	1	1
B_{54}	1/2	1/2	1	1

（b）B_6-B_{6j}安全稳定日常管理体系建设

B_6	B_{61}	B_{62}	B_{63}	B_{64}	B_{65}	B_{66}	B_{67}
B_{61}	1	1	2	2	2	4	1
B_{62}	1	1	2	2	2	4	2
B_{63}	1/2	1/2	1	1	1	3	1
B_{64}	1/2	1/2	1	1	1	3	1
B_{65}	1/2	1/2	1	1	1	3	1
B_{66}	1/4	1/4	1/3	1/3	1/3	1	1/3
B_{67}	1	1/2	1	1	3	1	1

（c）B_8-B_{8j}组织实施条件保障

B_8	B_{81}	B_{82}	B_{83}
B_{81}	1	1/2	1/4
B_{82}	2	1	1/2
B_{83}	4	2	1

1.4 层次单排序及其一致性检验

已知判断矩阵A，可以通过式（1）解出判断矩阵A的特征根和特征向量W，经归一化后即为同一层次相应各因素对于上一层次某因素的重要性的排序权值（即权重向量），这一过程称为层次单排序。

$$AW=\lambda_{max}W \tag{1}$$

使用AHP，判断矩阵A的一致性很重要，但要求所有判断都有完全的一致性不大可能。因此，一般只要求A具有满意的一致性，此时λ_{max}稍大于矩阵阶数n，其余特征根接近零。这时，基于AHP得出的结论才基本合理。为使所有判断保持一定程度上的一致，AHP步骤中需要进行一致性检验。

为了检验判断矩阵的一致性，需要通过式（2）计算它的一致性指标CI来进行判断矩阵的一致性检验。为了度量不同判读矩阵是否具有满意的一致性，引入判断矩阵的随即一致性指标RI值如表5。只有当随机一致性比例$CR=CI/RI\leqslant 0.10$时，判断矩阵才具有满意的一致性，否则就需要对判断矩阵进行调整。

$$CI=\frac{\lambda_{max}-n}{n-1} \tag{2}$$

表5　随机一致性指标

阶数	1	2	3	4	5
RI	0.00	0.00	0.58	0.90	1.12
阶数	6	7	8	9	
RI	1.24	1.32	1.41	1.45	

针对上文提出的判断矩阵，获得如下层次单排序结果：

对于判断矩阵$A-B_i$，$\lambda_{max}=9.0780$，λ_{max}对应的特征向量为（0.0738，0.1072，0.1072，0.0979，0.2039，0.9429，0.0979，0.1104，0.0979），$CI=(\lambda_{max}-n)/(n-1)=0.00975$，$CR=CI/RI=0.00672\ll 0.10$，符合一致性要求。将特征矩阵归一化后即得到基层单位平安建设指标体系中一级指标的权重排序$(b_1, b_2, \ldots, b_9)$ =（0.0401，0.0582，0.0582，0.0532，0.1108，0.5127，0.0532，0.0600，0.0532）

同理，对于判断矩阵 B_5-B_{5j}，可得“安全稳定与防范体系建设”的四个指标的归一化权重（b_{51}，b_{52}，b_{53}，b_{54}）=（0.3334，0.3334，0.1666，0.1666），CR = CI/RI = 0≪0.10，符合一致性要求。

对于判断矩阵 B_6-B_{6j}，可得“安全稳定日常管理体系建设”的七个指标的归一化权重（b_{61}，b_{62}，…，b_{67}）=（0.2074，0.2290，0.1208，0.1208，0.1208，0.0453，0.1560），CR = CI/RI = 0.0282≪0.10，符合一致性要求。

对于判断矩阵 B_8-B_{8j}，可得“组织实施条件保障”的三个指标的归一化权重（b_{81}，b_{82}，b_{83}）=（0.1428，0.2857，0.5715），CR = CI/RI = 0≪0.10，符合一致性要求。

至于准则层的其他要素，包括组织机构建设、工作队伍建设、责任体系建设、制度体系建设、突发事件应急体系建设和特色工作，由于其包含指标仅为一或两项，因此可直接判断并获得相对权重。

1.5 层次总排序

计算同一层次所有因素对于最高层（总目标）相对重要性的排序权值，称为层次总排序。这一过程是最高层次到最底层次逐层进行的，本次研究中目标层 A 包含 9 个准则层因素：B_1，B_2，…，B_9，其层次总排序权值分别为 b_1，b_2，…，b_9，准则层 Bi 下包含 j 个因素 B_{i1}，B_{i2}，…，B_{ij}，他们对于因素 Bi 的层次单排序权值分别为 b_{1j}，b_{2j}，…，b_{nj}。由式（3）可知 B 层次总排序权值。

$$B_i = \sum_{j=1}^{m} a_j b_{ij} \tag{3}$$

层次总排序结果如表 6 所示。

表 6　二级院系平安建设指标体系层次总排序

B_{ij} \ B_i	B_1	B_2	B_3	B_4	B_5	B_6	B_7	B_8	B_9	层次总排序
	0.0401	0.0582	0.0582	0.0532	0.1108	0.5127	0.0532	0.06	0.0532	
B_{11}	0.5									0.0201
B_{12}	0.5									0.0201
B_{21}		1								0.0582
B_{31}			1							0.0582
B_{41}				0.4						0.0213
B_{42}				0.6						0.0319
B_{51}					0.3334					0.0369
B_{52}					0.3334					0.0369

（续表）

B_{ij} \ B_i	B_1	B_2	B_3	B_4	B_5	B_6	B_7	B_8	B_9	层次总排序
	0.0401	0.0582	0.0582	0.0532	0.1108	0.5127	0.0532	0.06	0.0532	
B_{53}					0.1666					0.0185
B_{54}					0.1666					0.0185
B_{61}						0.2074				0.1063
B_{62}						0.229				0.1174
B_{63}						0.1208				0.0619
B_{64}						0.1208				0.0619
B_{65}						0.1208				0.0619
B_{66}						0.0453				0.0232
B_{67}						0.156				0.08
B_{71}							0.68			0.0362
B_{72}							0.32			0.017
B_{81}								0.1428		0.0086
B_{82}								0.2857		0.0171
B_{83}								0.5715		0.0342
B_{91}									1	0.0532

2 指标体系运用及考核方式

2.1 层次总排序分析

表6层次总排序结果显示，准则层指标中，权重排名第一位的是日常管理体系建设（B_6），权重值为0.5127，排名第二的是防范体系建设（B_5），权重值为0.1108，其余指标如组织机构、工作队伍、责任体系、制度体系、应急体系等，平均各占权重值0.05左右。指标排序结果符合当前面临的形势和任务，符合校园安全实践，反映了当前工作中存在的不足与薄弱环节。

2.2 末级指标量化方法

末级指标量化对于指标体系建立的科学性、计算精确性、评价可靠性来说是至关重要的[6]。安全稳定工作基础在基层单位，关键在落实，良好的顶层设计需要基础工作的扎实配合。影响基层单位平安建设的因素众多，各个因素之间往往存在交叉影响，这对于基层单位平安建设科学有效的评估带来很大难度，为了使创建和评价工作能够全面细致的展开，我们在末级指标量化中提出了测评要素的评价思路。

表 7　二级院系平安建设中部分评分标准

准则层	指标层	评分标准
安全稳定日常管理体系建设	消防安全管理	1. 消防重点部位管理：根据学校确定的消防重点部位，进行严格管理，坚持定期巡查。 2. 操作规程管理：落实学校消防相关规定，并能根据本单位实际情况制定相应的消防安全操作规程。 3. 消防设施管理：除由物业负责的公共楼宇和区域的消防设施以外，按照本单位实验室或重点部位的特殊需求配备的消防设施、器材，应按照要求定期进行维护、保养、更换，确保这些设施完好有效。 4. 消防许可管理：按照国家和学校相关规定和要求，新建或改建工程应严格履行消防审核或备案、验收等手续。 5. 动火动焊施工安全管理：需进行动火动焊施工的工程，要严格履行审批手续，采取必要安全措施。 6. 室内环境：房间物品摆放符合安全距离要求。

以安全稳定日常管理体系建设中的消防安全管理为例，我们提出了表 7 所示的测评要素，它包含了重点部位管理、操作规程管理、消防许可管理、室内环境等多种评分标准，各个评分依据完全符合所列条件的定义为 A 等，具备执行条件但略有疏漏的定义为 B 等，基本符合评分标准的定义为 C 等，完全不符合标准的为 D 等。例如，在检查消防设施管理情况时，确保消防设施器材维护的责任部门和责任人明确，消防器材有明显位置标示，无埋压、损毁、挪用情况，维护管理档案明晰，消防通道、安全出口、疏散楼梯通畅并有明显的疏散指示等，确保这些能符合，则可给予 A 等评分。

在评估过程中，各个指标层要素均取满分为 100 分，其中 A 等对应 100 分，B 等对应 85 分，C 等对应 70 分，D 等对应 55 分，实际的评估过程在 2. 3 指标体系运用中有详细介绍。

2. 3　指标体系的运用

为了确保对基层单位平安创建成果评价的系统全面性和独立客观性，建设成果的验收要做好体系性检查、过程性检查和结果性检查三个方面的工作[7]。

体系性检查，主要是评估各二级院系的平安体系建设是否完整，即是否规划并建立了目标明确，责任落实，管理规范，统筹推进的工作方案和创建体系。检查方式主要包括审阅二级院系提交的综合报告，查阅包括八大体系创建工作的相关支撑材料和二级院系特色创新工作材料；听取二级院系的综合汇报，内容应包含本单位基本情况、近一年安全稳定工作开展情况、二级院系平安创建工作组织实施情况、八大体系建设情况和特色工作等。

过程性检查，即“看操作，看现场，看过程”，评审专家将深入现场，实地走访安全重点部位，与二级院系下设各所、中心、实验室、教研室等内设机构安全稳定工作责任人、其他业务负责人和安全员开展座谈，进行实操演练和突发事件的桌面推演，检查相关人员的操作流程操作方法是否规范，随机抽点师生考察安全技能，发放安全知识调查问卷。

结果性检查，既要考察平安建设的创建结果，又要评估对以往出现的安全事件的处置结果。可以向师生发放调查问卷，通过科学规范的量表评价其安全感程度，可以针对受调查对象的不同领域和学科，测试其安全操作技能是否已经具备，可以检查二级院系近期有没有发生安全稳定事件，事件发生后是否及时进行了缜密科学的弥补，是否做到了及时上报。

3　结论

本文采用层次分析法对高校二级院系平安建设工作进行评估，确立了全面清晰的高校二级院系平安建设指标体系，通过构造判断矩阵，得到各因素的指标权重，本文同时提出了切实可行的末级指标量化方法和评估考核思路。本研究为高校二级院系等基层单位平安建设的体系化、标准化、理论化研究提供了指导。

参考文献

[1] 吴宗兵，茆超美，董如春．浅谈对基层单位安全管理的体会［J］．科技与创新，2015（23）：18.

[2] 李荣辉．基于 AHP 法的水库除险加固生态安全评价研究［J］．中国水利学会第四届青年科技论坛，2010.

[3] 许熙巍．生态安全目标导向下天津市中心城区用地优化研究［D］．天津大学，2010.

[4] 罗玲，杨晓林，陈国毅．基于 AHP 的企业客户知识管理能力测评［J］．武汉冶金管理干部学院学报，2007，17（4）：11－13.

[5] 寿志勤，陶建平，周健，等．基于可拓层次分析法的校园网络安全评估指标体系研究［J］．合肥工业大学学报（自然科学版），2010，33（11）：1643－1647.

[6] 张一文, 齐佳音, 方滨兴, 等. 非常规突发事件网络舆情热度评价体系研究 [J]. 情报科学, 2011 (9): 1418 - 1424.

[7] 周芳检. 突发性公共安全危机治理中社会参与失效及矫正 [J]. 吉首大学学报 (社会科学版), 2017, 38 (1): 124 - 130.

“平安校园”建设提升工程背景下完善创安长效机制的思考

北京石油化工学院 张泉利 徐凤信 徐洪远

摘 要：本文以“平安校园”建设提升工程为背景，切入高校创安长效机制微观课题，从搭建创安督导平台、打造创安网络平台、构筑创安考核平台等三个维度，为“平安校园”建设提升工作的稳步推行提供制度要素，旨在进一步健全机构人员齐备、责任措施落实、管理服务到位、组织保障有力的安全稳定工作体系，促进校园平安和谐，力求达到大事不出，小事减少，管理有效，秩序良好。

关键词：平安校园 提升工程 创安机制

北京市教工委《关于“十三五”时期实施高校“平安校园”建设提升工程的意见》（京教工〔2017〕15 号），提出了以“平安校园”创建《基本标准》“六大体系”为基本内容，持续巩固学校“平安校园”创建成效的目标，明确了提升安全稳定组织领导水平、维护意识形态安全、校园反恐、矛盾纠纷预防化解、校园安全教育与管理、基础条件与队伍建设工作水平等六项任务。客观上讲，“平安校园”建设提升工程，涉及内容多，涵盖范围广，需要结合新形势下高校安全稳定工作中出现的新情况、新问题，用创新的思维和发展的眼光对待和解决，不断提升安全稳定工作的层次、效率和水平。然而，在推进落实过程中，最根本的就是要将创安长效机制作为一项基础性、长期性、系统性工作，抓紧抓实抓出成效，为“平安校园”建设提升工程的稳步实施，提供有力的制度保障和机制支撑。

1 健全机制，搭建创安督导平台

1.1 立足长远，构建督导机制

学校要把“平安校园”建设提升工作纳入“十三五”事业发展规划，制定《安全稳定“十三五”规划》，将安全稳定工作与学校改革发展同规划、同部署、同落实。专门成立由书记、校长任组长、主管安全稳定工作的副书记任副组长及学校相关部门负责人为成员的“平安校园”建设提升工作领导小组，全面负责“平安校园”建设提升工作的检查与指导。坚持以机制规范检查督导，以制度推进基层落实，着力构建学校层面宏观组织、各职能部门中观督导、二级单位微观落实的长效检查督导体系，建立日常和特殊时期检查机制，完善实地检查、会议讲评、例会通报制度，确保全时督导不断线，全程督导不失控，全面落实不空缺。根据实际情况，定期召开全校安全稳定工作会议，认真研究实施“平安校园”建设提升工程的工作方案和具体措施，形成全校一盘棋、上下一条心、扭成一股绳的工作局面，以更大的决心和力度推动“平安校园”建设提升工程深入开展。

1.2 结合实际，丰富督导内容

校党委将安全稳定工作纳入学校总体规划，将“平安校园”建设提升工作列入全年党政工作要点，细化实施步骤，按时间分步骤重点推进。在组织机构上，学校与各二级单位均成立安全稳定工作小组，逐步完善党委统一领导，党政齐抓共管、职能部门组织协调、基层单位分工负责、师生员工共同参与的安全稳定工作体系，理顺体制机制，夯实基层基础，形成整体合力，积极构建上下联动、左右配合、管理有效、保障有力的安全稳定工作格局。在实验室管理上，保卫处每月覆盖检查，安全工作例会讲评，所属单位每周检查，促进末端工作落实；在物防技防设施管理上，建立保安队伍日常巡查制度，遇有故障及时处置。针对彩钢板房管理问题，可制定彩钢板房拆除规划，出台管理办法，逐级签订责任书。在学校日常和特殊检查基础上，所属单位坚持定期与不定期相结合的方法，加强检查督导。

1.3 突出重点，提升督导实效

认真贯彻安全稳定工作“一把手工程”要求，在学校安全稳定工作领导小组体系下，成立信访工作领导小组、治安综合治理委员会、防火委员会、交通安全委员会等专项工作小组或委员会，形成健全完备的安全稳定工作体系。各小组分工负责，相互配合，及时沟通检查信息，增强督导的实效性，形成有问题大家帮，有难题共同解的浓厚氛围。检查中，党政一把手和主管领导及时研究、靠前指挥、迅速处置。比如，发现个别实验室使用热得快的问题，校领导紧盯问题不放松，现场督导，责令迅即整改，并在安全工作例会上通报。为防止问题重新复燃，校领导坚持反复查，查反复，坚决把问题苗头控制在“萌芽”状态，通过积小安为大安，为学校教育教学提供强力安全支撑。

2 精织三网，打造创安网络平台

2.1 科技筑网，发挥前端防范效能

“十二五”期间，各高校均加大了经费投入，用于视频监控、消防报警系统、门禁、车辆识别等技防安防系统建设，为学校安全稳定工作打下坚实的科技防范基础。为此，在原有基础上，要严格落实高校接入互联网统一出口、统一管理的要求，校园网采用分区分级管理策略，即将校园网分为内网、外网和隔离区，采取用户准入机制，对隔离区实施重点防护。加强校园网域名资源登记、备案管理，完善 IP 地址使用信息数据库，定期全面清查校内 IP 地址，及时消除安全隐患。采取校内用户接入、外网访问校内资源身份验证制度，提高校园网的准入级别，加大攻击网络的难度。按照《信息系统安全等级保护》的要求对重要信息系统的管理和技术层面不断完善，组织系统漏洞扫描，最大程度避免网络攻击的可能。加强数据恢复手段和系统灾难备份措施，做好校内各类网络资源管理和重要信息系统的数据保护工作。

2.2 实时判网，引领舆论正确导向

中央《关于加强和改进新形势下高校思想政治工作的意见》(中发〔2016〕31 号)的下发，为我们做好意识形态的安全工作明确了方向。在“平安校园”提升工作中，要进一步健全意识形态重要问题专题研究机制，针对意识形态领域出现的重要问题及时进行专题研究，明确应对策略、方法与措施。健全情况报告与协调处置机制，出现重大负面舆情或意识形态事件，坚持“边处置，边报告”，避免延误发酵。比如，通过《安全稳定工作简报》形式，为“平安校园”建设提升工作搭建一个交流平台。在全面搜集信息的基础上，学校建立由分管校领导主持，相关职能部门负责人参加的安全稳定形势定期研判机制，以定期例会和动态会商的方式，对学校安全稳定形势做出及时研判，掌握工作主动性。同时，还通过各基层单位信息员，收集、上报本单位信息。学校及时编发《情况专报》《舆情简报》等相关资料，努力掌握工作主动权。

2.3 安全促网，畅通矛盾纠纷反馈渠道

按照《北京市重大决策社会稳定风险评估实施细则》(京办发〔2012〕12 号)要求，把稳定风险评估作为重大决策的前置和必经程序，从源头上预防和减少矛盾问题

的发生。按照“应评尽评”原则，将同师生员工切身利益密切相关，易发生不稳定问题的重大决策和生点项目全部纳入评估范围，凡是未按照要求进行稳定风险评估的重大决策，一律不上会研究、不出台实施。严格落实评估程序，确保评估质量，充分运用好评估成果，严谨科学审慎决策。对确定实施的重大决策，全程跟进做好风险因素化解稳控工作，确保不发生影响稳定的突出问题。学校可制定《重大事项社会稳定风险评估机制实施方案》，完善“三重一大”集体决策制度，按照“谁决策、谁评估、谁负责”的原则，把安全风险评估纳入学校重大决策程序。长期坚持“校长接待日”和校务公开制度，发挥教代会、工会、学生会等师生团体优势，畅通诉求表达协调机制，解决涉及师生利益的问题，确保矛盾不升级、不转移、不演变成为影响稳定的现实危害。

3 规范运行，构筑创安考核平台

3.1 健全考核机制，确保规范运行

北京市教工委《关于“十三五”时期实施高校“平安校园”建设提升工程的意见》(京教工〔2017〕15 号)，是各校“平安校园”建设提升工程的指导性文件。在推进落实工作中，需要将其纳入整体工作布局，认真组织、扎实推进，并与原有已开展工作做好融合，做到合理衔接，确保各项工作落到实处。为自我检验“平安校园”提升工作的进程与成效，学校可拿出一定经费，对圆满完成年度提升工作的先进的单位和个人实施奖励，同时召开大会进行表彰，让先进单位介绍经验，进一步增强各单位做好“平安校园”建设提升工作的责任感和荣誉感。经过几年的实际探索和不断改进，形成较为成熟的“平安校园”建设提升工作达标验收考核标准和工作流程。考核工作由学校考核工作领导小组统一组织，保卫处具体牵头实施，相关部门协同配合，采取各单位先期对照学校考核体系标准认真总结和自评打分，再由考核领导小组通过查阅资料、现场走访、责任制落实情况及单位发生不安全事件情况进行考评，在评优工作中还可增加单位推荐比例，形成一套完整的考核组织体系，确保考核工作顺利开展。

3.2 量化考核标准，实施精准测评

“十三五”时期，随着“四个全面”战略布局的协调推进，社会稳定各项基础更加巩固，但是，由于国际国内形势发生深刻变化，我国已进入社会稳定风险期，影响

社会稳定的风险不断扩大，各方面风险不断积累甚至可能集中显露。北京作为首都，影响安全稳定各类不确定因素比以往更趋多元化，相对于其他地区来说面临的风险更大。学校作为维护首都社会稳定大局的重要阵地，也面临着矛盾叠加、风险增多的严峻挑战。学校可在继承和发扬安全工作优势的基础上，适应形势发展新变化，通过量化考核标准，实施精准测评。比如，制定严格的“平安校园”提升工作考核体系，包括各院系、机关教辅、后勤等，细化考核指标，明确扣分要素，重点考核安全责任制的分解落实、完成年度重点工作情况和安全稳定工作“一票否决制”原则，体系完备、条块清晰，要求明确，同时，考核中还可将单位“一把手”是否能按时参加安全稳定工作会议情况作为一项重要考核因素。学校各单位、部门根据体系标准和全年工作进行自评、总结，学校考核领导小组全体成员采取集中审阅材料，结合各单位全年工作成效，实地走访，最后通过票决制评出年度考核优秀单位和部门，报学校党委审批。考核内容分单位总结、自评结果、单位年度案件统计、单位被推荐情况以及单位日常安全管理工作情况。通过以上措施的落实，增强考核的针对性和实效性。

3.3 严格责任追究，实施“一票否决”

“平安校园”建设提升工程能否推进到位，关键在责任制是否落实。为此，学校要明确党委书记、校长及二级单位负责人为安全稳定工作第一责任人。考核中，成立考核领导小组，严格按照考评内容，实施打分测评，实施一票否决。考核中得分低于60分的为不合格单位，以及所属人员有受刑事处理的、发生火灾的、被盗或责任事故的、有越级集体上访或非法聚集事件的、隐患不按时整改又拒不采取措施的、拒接公安、保卫部门隐患通知书的。给予通报批评和一票否决，该单位及其党政负责人不得参加本年度评优和晋级。安全稳定考核工作的有效实施，为基层各院系、单位开展安全工作提供明确的工作规范和依据，能够调动各单位提升“平安校园”建设成效的积极性和荣誉感，大幅度提升安全稳定工作的制度化、规范化、科学化水平。

创安长效机制不是一劳永逸、一成不变的，它必须随着时间、条件的变化而不断丰富、发展和完善。为此，在落实和推进“平安校园”建设提升工作中，需要我们牢固树立政治意识、大局意识、核心意识、看齐意识，以高度的政治使命感和责任感，在巩固深化“平安校园”建设成效中逐步完善，为推动学校安全稳定工作整体水平再上新台阶提供机制支撑，确保“十三五”时期学校保持持续安全稳定，有效满足广大师生对平安和谐校园的新期待。

参考文献

[1] 黄龙. 新时期高校平安校园建设创新发展研究 [J]. 法制与社会, 2018, 12 (1).
[2] 曹先华. 预防校园侵害, 共筑平安校园 [J]. 平安校园, 2018, 12 (1).
[3] 俞刚旭. 构筑“平安校园”防护网 [J]. 湖北教育 (政务宣传), 2018, 12 (3).

规范高校安全管理，建立健全消防安全检查机制*

北京科技大学　刘兴德　田　斌　王　晨

摘　要：消防安全是高校安全工作重要组成部分，消防安全检查是做好消防工作重要手段之一，消防安全检查是否到位，关系到隐患能否及时清除，能否保护好师生生命财产安全，关系着学校整体的安全稳定。当前高校消防安全检查工作中仍然面临检查制度不完善、组织体系不健全、查找隐患不规范、隐患整改不及时，特别是监督检查人员对校园空间检查内容不了解、指标不明确、专业知识匮乏、检查技能不强等诸多问题。针对高等学校特点，建立健全高校消防安全检查运行体制机制，研究制定适合高校的消防安全检查指标体系，进一步规范消防安全检查工作，对做好高校消防安全工作具有重要意义。

关键词：高等学校　消防检查　运行机制　指标体系

消防安全是高校安全稳定重要组成部分，校园安全稳定既是高校正常教学、科研秩序顺利进行的保证，又是社会和谐稳定的镇流器。在维护校园的安全稳定中，作为消防安全工作重要手段之一的消防安全检查日益显现出其重要地位和作用。

1　高校消防安全检查工作重要意义

高校是社会的一个重要组成部分，只有营造良好安全的校园环境，才能有力维护学校正常教学科研和生活秩序，确保学校集体和师生人身、财产安全，维护社会的和谐稳定。高校消防安全是校园安全的重中之重，一旦发生火灾事故很容易造成重大人员伤亡和财产损失，酿成群死群伤事故，成为校园安全稳定不利因素，也给社会整体稳定带来影响。高校消防安全检查是学校消防安全管理工作部门的重要工作职责，是

* 本文已于2017年被《安全》杂志出版：安全，2017，38（1）：52－55。

发现和消除火灾隐患，杜绝高校群死群伤等重大安全事故，维护高校安全稳定的重要工作手段，也是做好高校校园消防工作的核心和基础。因此，进一步规范高校消防安全管理，建立健全高校消防安全检查工作机制，对推动高校安全文化、安全法制、安全责任、安全科技、安全投入、安全检查“六要素”落实到位，进一步提升师生消除火灾隐患、组织扑救初起火灾、组织人员疏散逃生、消防宣传教育培训“四个能力”建设，推动高校消防安全工作体系化、规范化、科学化具有重要的现实指导意义。

2　高校消防安全工作的特点

随着社会经济快速发展，高等教育事业突飞猛进，高校消防安全工作面临许多新问题，存在自身特点：

（一）高等学校校园具有人员密集场所多、人员相对集中，人为因素导致火灾概率增大；

（二）高校的建筑物都是民用建筑，有教学楼、办公楼、学生宿舍、实验室、学生食堂、后勤服务场所及商业网点等，各类建筑物相对集中、建筑内部功能复杂，导致人员疏散的困难增加；

（三）高校建筑绝大多数都是一类一级防火建筑。有高层、单多层建筑，还有地下人防工程，各类建筑内消防设施设备及器材配置多样，致使各类建筑的防火要求有其差异性；

（四）高校的科研、教学和实验中会用到大量的易燃易爆气体和各种危化品等，师生在日常科研、实验中用电、用火、用气次数频繁，用电、用火、用气场所多等，易造成校园内重大火灾事故发生；

（五）高校内因教学、科研、办公需要，有些建筑改变了其原有建筑用途，原有消防设施不能满足现有功能需求，存在着消防设施不健全，设施性能检测不及时、运行状态存在隐患等问题；

（六）新的《建筑设计防火规范》（2015 年 5 月 1 日）出台，对老旧楼宇等部分校园建筑消防设施提出了新要求，高校部分建筑消防设施已不能适应新《建筑设计防火规范》，须及时进行更新改造。

3　高校消防安全检查中存在的问题

高校消防安全检查工作是落实高校消防安全工作措施的关键，也是发现火灾隐患、预防火灾事故发生的重要抓手。消防安全检查工作是否到位，与能否有效阻止或减少火灾事故发生有直接关系。但在实际工作中，还存在的一些高校对消防工作重视不够，消防经费投入不足，安全宣传教育走形式、安全检查不到位等问题。特别是在消防安全检查中，检查工作没有做到系统化、规范化、科学化，存在的火灾隐患得不到及时发现和消除，极易引发火情火险，甚至酿成火灾事故，给师生生命及财产造成巨大损失，影响到学校的安全稳定。

3.1 消防安全检查组织体系不健全

部分高校对消防安全工作重视程度不够，消防安全组织领导体系和工作机制还需要进一步完善，消防安全责任主体未落实，特别是部分高校消防安全检查工作流于形式，安全隐患及问题不能及时发现和整改，消防安全检查的实效性不强。

3.2 消防安全检查制度体系不完善

缺少完善的消防安全检查制度体系，消防安全检查责任不明确、职责不清晰，工作流程和要求不清楚，无隐患整改与考核评估机制等。

3.3 消防安全检查指标体系不科学、不规范，针对性不强

高校消防安全管理人员进行检查时没有适合高校的具体检查指标，尽管检查内容覆盖了高校消防各个方面，但缺乏统一、规范的指标项目，造成了检查过程中消防安全管理人员凭借自己的经验和主观认识做出判断，难免在检查工作中产生片面性，隐患得不到准确、及时发现；再者，高校内建筑物类型多、功能复杂，消防设施配置不同，检查内容和指标应各有侧重，具体指标更应具有针对性，但缺少针对性强的消防安全检查指标相适应。

3.4 消防安全监督检查意识薄弱

高校内部分二级单位消防监督检查意识不强，不能履行消防安全主体责任，缺乏责任心，认为检查工作是单位主管部门的责任，对消防监督检查工作存在误区，不能有效开展单位内部消防安全自查，对身边的安全隐患不能及时消除。

3.5 安全管理工作人员专业技能有待提高

消防检查是项实践性很强的工作，对安全管理工作人员知识和技能有较高的要求。特别是在高校高科技设施设备环境中，消防检查人员对新科技、新技术的火灾危险性

认识能力不够。消防安全从业人员培训滞后，缺乏应有的工作技能，造成了检查工作中不能发现火灾隐患。

3.6 消防监督检查工作宣传力度有待进一步加强

高校消防检查工作是消除单位安全隐患的重要措施，是落实消防安全措施的监督手段，但实际工作中得不到部分师生的理解和支持，工作中存在不配合现象。只有提高师生对消防安全检查工作的认识，才能做好消防安全检查工作，及时发现火灾隐患和问题，降低火灾发生概率，保障师生生命财产安全。

4 加强高校消防安全检查工作的对策

多年来，首都高校不断加大消防工作投入，完善消防工作体制机制，加强监督检查队伍建设，推动了高校消防安全检查工作开展。但是，消防安全检查存在指标体系不健全、检查运行管理机制不顺畅等问题。为使消防安全检查工作取得实效，需要进一步制定科学规范的消防安全检查指标体系，建立消防安全检查运行管理机制。

4.1 建立高校消防安全检查工作运行机制

建立完善的高校消防安全检查工作运行机制，进一步加强对消防安全检查工作领导，完善消防检查工作制度，明确安全检查工作职责分工，保证消防安全检查工作得到有效落实。

1. 明确消防安全检查主体，逐级落实职责

学校及各单位应明确消防安全检查主体责任，消防安全责任人督促开展消防安全检查工作。消防安全检查人员主要由单位消防安全管理人和专兼职消防安全工作人员组成，明确职责分工，有组织开展消防安全检查工作[1]。

（1）高校消防安全检查人员一般由学校消防安全管理人及消防安全管理部门人员组成，对学校各单位消防安全工作责任制、消防安全工作措施落实情况及隐患整改情况进行检查。

（2）各单位消防安全检查人员由各单位消防安全责任人及兼职消防安全工作人员组成，对单位内部消防安全责任制和工作措施落实情况进行检查。监督检查所属区域消防设施、器材、标志、应急照明等设施设备的完好情况。

（3）部门消防检查人员由各部门消防安全负责人及相关人员组成，检查本部门消防安全工作措施落实情况。

（4）岗位消防检查人员即每位在岗师生员工，对各自工作岗位相关的防火措施进行自查。

（5）设施设备消防检查人员由学校消防安全管理部门及学校聘请的有资质的消防维保人员组成，对学校消防安全基础设施设备、器材进行检修、维护、保养。

2. 建立消防安全检查制度，制定工作规程

（1）高校根据国家现行消防法律法规，制定学校消防安全检查制度，明确消防安全检查职责、工作规程、具体要求。

（2）各单位根据学校关于消防安全检查制度，制定本单位消防安全检查实施细则，有效开展本单位消防安全检查工作。

3. 开展消防安全检查宣传，定期组织培训

（1）学校利用各种宣传手段对师生进行消防安全检查工作宣传，使师生充分认识消防安全检查的重要性，积极配合、自觉开展和接受消防安全检查工作。

（2）学校畅通消防法律法规获取、更新渠道，及时传达消防安全管理规定及相关规范标准，并对消防检查人员进行规定和标准的解读及技能培训。

（3）各单位及时完善、落实单位内部消防安全检查制度及相关要求。

4. 建立安全隐患风险评估机制，落实整改措施

（1）对检查情况及时汇总，科学论证

一般火灾隐患应由高校消防安全管理部门依据国家消防法律法规及标准中的规定进行认定。重大火灾隐患由高校防火安全委员会和相关专业技术专家组对火灾隐患的等级、类别及整改要求进行“会诊”论证，提出相应意见和整改方案，最终确定整改目标和要求。并应以书面形式正式下发《火灾隐患限期整改通知书》。

（2）明确隐患整改责任，落实整改措施

火灾隐患整改应由高校消防安全管理人负责协调，消防安全管理部门负责组织，隐患单位具体负责实施，高校防火安全委员会负责监督。各单位通过有效途径，协调好火灾隐患整改过程中各方面的关系，解决矛盾，消除障碍，组织力量，统筹计划，落实整改；隐患单位要认真贯彻“谁主管、谁负责”原则，扎实制订具体整改措施和隐患未改前的安全管控措施，确保安全。

（3）火灾隐患整改坚持“安全第一”的原则

高校各级领导、各单位、各部门，尤其是存在重大火灾隐患单位，必须站在对广大师生员工的利益负责的高度，切实做好重大火灾隐患的整改工作。在效益与安全发生矛盾或冲突的时候，要坚决贯彻“安全优先”的原则。

5. 加强消防安全检查考核，落实奖惩措施

（1）明确各单位、各岗位消防检查工作职责，通过考核，督促各单位及相关人员认真履行职责，使消防安全检查工作能够有计划、有层次顺利完成。

（2）通过总结考核，可以使领导了解各单位消防检查工作情况及消防检查各岗位人员的工作情况，依据考核结果进行管理决策，为推动消防检查工作开展，科学合理的配置各岗位和人员提供客观的依据，促进高校消防安全检查工作开展。

4.2 建立高校消防安全检查指标体系

依据国家全面深化改革依法治国的战略部署精神，根据国家法律法规和规章，依法治校，提升消防安全检查的能力。重点根据当前高校消防安全检查工作现状和问题，本着为教学、科研服务的宗旨和坚持“预防为主、防消结合”的方针，依据高校自身特点，对高校消防安全检查的内容和指标等进行研究，探讨建立高校消防安全检查指标体系。通过消防安全检查指标体系的建立，为实现高校消防检查工作法制化、制度化、规范化和科学化提供支持，有助于把创建校园消防安全与高校的改革发展有机结合起来，确保高等学校校园的安全稳定。

高校消防安全检查指标体系应分为消防组织领导体系、消防安全责任体系、消防安全管理制度体系、日常管理体系、条件保障等5大项，每项中按照检查内容不同类别分为若干具体小项（检查指标体系总体架构如附图），每小项根据实际情况制定有更明确的指标。

1. 消防安全组织领导体系

消防安全组织机构是开展学校消防安全工作的基本保障。学校应设立防火安全委员会（或领导小组），由主管校领导及有关部门负责人组成，是学校消防安全工作的领导机构，下设办公室，负责委员会日常工作。同时还应当设立或者明确负责日常消防安全管理工作机构，配备专兼职消防安全管理人员[1,2]。

2. 消防安全责任体系

消防安全责任是落实消防安全工作的关键。主要包括法定代表人、分管消防安全工作负责人、其他学校领导、二级单位负责人、三级单位负责人、师生岗位等责任。学校党委和行政实行一岗双责，逐级明确工作职责，落实消防安全工作责任制，把消防安全责任分解落实到各单位、各岗位，“横向到边、纵向到底”，形成一级抓一级，层层抓落实的责任体系[1]。

3. 消防安全管理制度体系

消防安全管理制度是做好消防安全管理工作的基础，是依据国家相关法律、法规、

国家标准及行业标准，结合学校具体情况制定的。消防安全管理制度包括基本制度、专项制度、操作规程、各单位二级制度、各岗（部）位管理细则及相关操作规程等[1,2]。

4. 消防安全日常管理体系

消防安全日常管理是落实消防安全管理制度的主要手段。日常管理主要包括建筑消防管理、消防设施设备及器材管理、用火用电管理、重点部位管理、专项工作管理、

一级（5项） 二级（28项） 三级（若干）

高校消防安全检查指标体系

- 1. 消防安全责任
  - 1.1消防安全责任人责任(法定代表人)
  - 1.2消防安全管理人责任(分管消防安全工作领导)
  - 1.3各单位消防安全责任人责任(二级单位主要负责人)
  - 1.4各单位消防安全责任人责任(二级单位分管领导)
  - 1.5科室、系所、实验室、中心等消防安全责任人责任(三级单位负责人)
  - 1.6师生岗位责任
- 2. 组织机构
  - 2.1防火安全委员会或领导小组
  - 2.2消防安全管理工作机构
  - 2.3二级单位
  - 2.4消防安全专职、兼职工作人员
- 3. 管理制度
  - 3.1基本制度
  - 3.2专项制度
  - 3.3二级制度
  - 3.4安全操作规程
  - 3.5各重点单位（部位）管理细则和操作规程
- 4. 日常管理
  - 4.1消防设施、器材管理
  - 4.2用火用电管理
  - 4.3建筑物消防检查
  - 4.4重点单位（部位）管理
  - 4.5专项工作
  - 4.6防火检查
  - 4.7教育培训
  - 4.8应急处理
  - 4.9考核与奖惩
  - 4.10工作档案
- 5. 条件保障
  - 5.1日常经费
  - 5.2专项经费
  - 5.3其他保障

具体指标（略）

检查指标体系总体架构

监督检查、应急处理、工作档案、教育培训、考核奖惩等内容[1]。各项管理须遵守《消防法》及相关国家法律法规、技术规范标准[3,4,5]。

5. 消防安全条件保障

消防安全条件保障是学校开展消防安全工作的必要条件，主要包括消防经费和其他保障。消防经费分为消防安全管理工作日常经费和专项经费，纳入学校年度经费预算，保证消防经费投入，保障消防工作的需要。任何单位和个人不得挤占、挪用消防经费。其他保障是满足消防工作需要的设施设备器材等。

参考文献

[1] 机关、团体、企业、事业单位消防安全管理规定，公安部第61号令，2001-10-19.
[2] 高等学校消防安全管理规定，教育部、公安部第28号令，2009-10-19.
[3] 北京市质量技术监督局，电气防火检测技术规范，DB11/065-2010，2010-04-28.
[4] 中华人民共和国公安部，建筑消防设施检测技术规程，GA 503-2004，2004-06-09.
[5] 中华人民共和国住房和城乡建设部，建筑设计防火规范，GB 50016-2014，2014-8-27.

关于高校消防安全隐患排查的思考与研究

清华大学　管志远　王亚平

摘　要：高校消防隐患排查意义重大，文章分析了消防安全隐患排查过程中存在现实问题，如动机不强、专业权威性不够、缺少制度约束、不能持续推进等。在此基础上，总结了高校推动安全隐患整改的六条经验体会：教训中找到抓手、安全中思考威胁、较真中发现问题、对比中看到差距、坚持中提高水平、机制中拦截隐患，以期对做好高校消防安全工作有所启发。

关键词：高校消防　隐患排查

高校是人才培养的摇篮，是高精尖科学研究的主阵地，其消防安全异常重要。隐患之与灾难的关系，早有学者进行过研究。著名的事故因果连锁理论就指出，“伤亡事故的发生不是一个独立的事件，尽管伤害可能在某瞬间突然发生，却是一系列原因事件相继发生的结果”。这一系列原因事件当中，相当大的部分应该属于隐患的范畴。海因里希法则告诉我们一次死亡或重伤事故背后一般有 29 次轻伤事故，还隐藏着 330 余次意外事件。这些意外事件的发生潜藏着一大批安全隐患，高校消防安全隐患排查意义重大。

1　隐患的定义及其分类

《安全生产事故隐患排查治理暂行规定》（国家安全生产监督管理总局令第 16 号）第三条规定：“本规定所称安全生产事故隐患（以下简称事故隐患），是指生产经营单位违反安全生产法律、法规、规章、标准、规程和安全生产管理制度的规定，或者因其他因素在生产经营活动中存在可能导致事故发生的物的危险状态、人的不安全行为和管理上的缺陷。”“事故隐患分为一般事故隐患和重大事故隐患。

一般事故隐患，是指危害和整改难度较小，发现后能够立即整改排除的隐患。重大事故隐患，是指危害和整改难度较大，应当全部或者局部停产停业，并经过一定时间整改治理方能排除的隐患，或者因外部因素影响致使生产经营单位自身难以排除的隐患。”

事故隐患具体到高校消防领域即消防安全隐患或消防隐患、火灾隐患。在具体工作中，从不同的角度，有不同的分类方法。如可以分为消防安全管理类隐患、硬件设施类隐患；也会再具体称为电气、消防不符合项等。

2　高校消防安全隐患排查存在的现实问题

消防隐患排查能够最大限度地发现问题，推动隐患整改，降低火灾事故发生的可能，确保生命财产安全。多么好的事情，大家都应该积极、认真、及时地完成。但现实往往不是这样，高校的隐患排查整改往往缺少应有的重视，隐患一拖再拖。为什么会这样？我们重点从以下几个方面进行分析。

2.1　动机不强

人们在行动之前，往往有动机。动机是什么？“动机所涉及的是行为的能量和方向（Lewin，1935；Deci & Ryan，1988）是激发、维持、调节人们从事活动，并引导活动指向某一目标的内部心理过程或内部动力。”当一个人心里没想、内心没有关于这件事情的心理过程，没有内部动力的时候，很难有相对应的行动。需要是动机的基础。面对火灾事故时，人们有安全的需要，会立即选择逃跑获得安全。消防安全隐患距离火灾事故也许还有一段“比较远的距离”，似乎积累不到一定的程度，无法激发人们的需求，人们也就没有动机去查找和关注隐患；查找消防隐患，推动整改工作既不能提高个人的能力，也不能在与别人的竞争中获得成就感，因而没有动机或动机不强；消防安全隐患排查整改往往费时费力，需要长期不断地投入，短时间内甚至长期“几乎没有什么价值”显现出来，因而没有动机。

如果动机水平低下，存在的隐患整改难度大，那么必然影响隐患排查整治的效率。如图 1 耶克斯-多德森定律示意图所示，效率水平的高低与动机的高低称正相关。但是，事故的发生是多方面的因素综合作用的结果，隐患存在的状态不能代表“安全”。

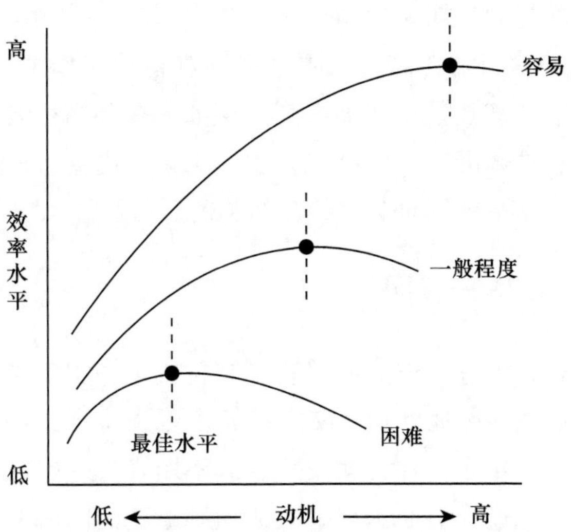

图1 动机强度、活动难度和工作效率的

2.2 不够专业权威

消防安全相比其他安全而言，具有一定的专业性。专业型人才在消防隐患排查工作中发挥着重要的作用，但高校这方面的专业人才还处于普遍缺乏的状态。从消防专业人才的培养来看，我国设置消防专业的高校不过十几所，屈指可数，培养的人才一般在公安武警等领域工作。

另外，在部分规模较大的高校中，消防安全管理、隐患排查有专门的部门和人员负责，但大部分高校，消防安全一般与治安等安全工作同属一个部门或岗位负责，甚至某些规模较小的学校，设置保卫科统管学校所有安全，工作中的专业权威性就大大降低。

在高校院系二级单位，安全管理的专业化程度更低。据了解，除了少数化工、材料、化学等特殊院系的安全工作由专人负责外，其他绝大多数单位是兼职承担安全工作，甚至身兼数职。在隐患排查中也没有专业权威可言。

消防隐患排查工作，应该更多地从事故发生的必然性角度进行沟通解释，更多地展现隐患排查的专业性、权威性。而不是只讲“万一出现火灾情况，怎么办?”的情况，从而导致人们依赖着万分之九千九百九十九的平安无事，以至于对存在的隐患视而不见，听而不闻。

2.3 缺少有效的制度约束

制度是需要人们共同遵守的行为准则，具有约束性，用来规范和影响人们的行为。

当人们没有做到规范的行为、规定的动作时，会受到制度的约束，甚至惩罚。安全领域是最需要制度建设的。当前在高校消防隐患排查整治工作中，制度建设情况较好，但制度有效执行的情况，却往往不尽如人意。例如，有些高校制定了相关隐患排查的制度办法，但由于没有具体可执行的措施，往往也束之高阁，成为一纸空文。完善的制度约束重点体现在“事后的问责和奖惩”措施的严格执行。

2.4 不能持续，“一阵风”

缺乏有效的制度约束就有可能造成消防隐患排查工作得不到持续。不能持续的另外一个原因，即高校没能很好地处理落实上级安全隐患排查文件精神与坚持高校实际隐患排查工作的关系。近年来，社会面安全事故不断发生，国家及各部门对高校安全工作的重视程度很高。每逢社会面出现事故或遇到重要的时间节点，相关部门会制定方案，要求高校做好各项安全工作。“春夏季安全检查”“电动车专项检查”“高层建筑专项检查”“大排查大整治”“文物建筑消防检查”“安全大检查”“回头看”“安全生产月”“安全万里行”等安全通知下发至各高校。高校为了更好地完成任务，忙于应对上级的要求，往往会出现“本末倒置”“舍本逐末”的现象。按时制定方案，开会部署，落实工作，检查汇总，撰写总结，上报情况等等。一路走来，忘记了高校一直存在隐患，持续得不到整改的隐患到底得到了多大程度的推进。

3 高校消防安全隐患排查的方法体会

3.1 教训中找到抓手

消防隐患排查整治，我们要学会在教训中找到突破口，向事故学习，找到引发事故的原因，举一反三，避免类似的原因第二次引发同类型的事故。例如，2015 年，某高校在火灾原因统计过程中发现，三分之二以上的火灾都是由实验设备老化、线路短路引发的。在下一年度工作中，学校安保部门用倒推的方式来思考问题，重点推动实验室老旧实验设备的报废与更新，彻底解决由于设备老化带来的火灾事故。安全学科中有这样的研究定论，即，在事故发生后，抓住关键时期，及时推动类似隐患的排查与整治。针对火灾原因，高校引进专业第三方检测公司，着力推进建筑消防和电气检测，排查隐患，也起到了很好的效果。

3.2 安全中思考威胁

高校消防工作者，一般会有这样的感受，这段时间没有发生火灾，校园出奇的平静，就感觉似乎有什么不对劲，似乎酝酿着大的事故。有这种感受并不奇怪，原因就是，在安全的环境中，人们往往忽视隐患的存在，变得麻痹大意。丢失警惕性，对隐患麻木往往是最大的隐患，从而出现更多的人的不安全行为，加大事故发生的可能性。居安思危应该成为安全管理工作的常态。在安全工程学科当中，也有这样的研究定论，“由于节假日（特别是重大节日，如元旦、春节、劳动节、国庆节）前后容易发生事故，因而应在节假日前后进行有针对性的安全检查”。

3.3 较真中发现问题

在日常工作中，要把工作做细、做扎实，往往不那么容易。消防隐患排查整治工作更是这样，只有在较真中才能发现问题。例如，建筑施地往往会有较多的建筑垃圾，这很正常。但建筑施工地一般要求：建筑垃圾每日清理。在现实工作中，人们往往做不到，似乎也没什么关系。于是养成垃圾不及时清理的习惯。习惯成自然，垃圾越堆越多。施工地由建筑垃圾自燃或被人扔烟头引燃的事件不在少数。这样的例子不胜枚举。高校实验室做实验时，要求正在运行的实验设备须有人看守。但很多同学们为了节省时间，在实验同时，到别处干其他事项，如写论文等等。由此而引发的事故也比较多见。我们要敢于较真，敢于坚持原则和规矩。这样才能发现隐患，避免事故灾难。

3.4 对比中看到差距

工作中，当我们检查发现问题时，当事人会提出各种自身的特殊性，其目的就是阐明：我们这里不一样，不能这样要求我们。例如，在实验室较多的单位检查时，发现有些实验室的设备摆放到了楼道里，还在楼道内做实验。但我们问及当事人时，他们会说：我们实验室设备多，实验用料大，复杂。对于实施隐患排查的工作人员而言，当我们和其他实验室对比一下，往往会发现问题，明白其中的问题所在。自身的特殊性，并不能成为可以不遵守安全一般要求的理由。自身的特殊性，更不得逾越安全的红线。

3.5 坚持中提高水平

高校的消防隐患的排查和整治面临各种问题，我们要以定期安全检查、经常性安全检查、季节性及节假日前后安全检查、专业专项安全检查、综合性安全检查、不定期安全巡视等多种形式；运用常规检查、检查表检查、仪器检查，数据分析等多种方法展开消防安全隐患排查整治工作。高校的消防安全工作者，要坚持推动隐患整改，不能松懈，在不断地坚持中，提升校园建筑消防环境，提高建筑消防管理水平。

3.6 机制中拦截隐患

高校在建章立制的过程中，要着力考虑可能出现的安全隐患。在工作各个环节，建立完备的工作机制，从源头拦截隐患。例如，理工科院校在购买实验设备的时候，就要规范购买渠道，注重设备安全性能，同时还要有放置实验设备的空间、有规范的取电途径，完备的设备操作规程，还要落实好设备安全责任人等完备的工作机制。

党的十八大以来，国家和各级政府部门日益重视消防安全工作，《消防安全责任制实施办法》等制度和文件陆续出台，不断强化消防安全隐患排查和整改工作，强化问责机制。然而社会上火灾形势依然严峻，特重大消防事故依旧频发，电动车停放及充电引发的火灾事故成为新的起火原因，约占总量的1/3以上，引起社会的强烈关注，积极应对。高校消防火灾事故也时有发生，广大师生对实验室安全的需求也日益强烈，高校消防安全隐患清理整治工作愈发重要。研究高校安全隐患排查的整治的新问题，创新隐患整改的新的工作机制，完善安全管理工作责任体系，将安全隐患排查和整改工作真正落到实处，保障学校教学科研工作的顺利进行，保障学校师生生命财产的安全。

参考文献

[1] 中国安全生产协会注册安全工程师工作委员会，中国安全生产科学研究院. 安全生产管理知识 [M]. 中国大百科全书出版社，2011：10，91.

[2] 刘惠军. 动机心理学 [M]. 开明出版社，2012：1，13.

新形势下高校校园消防管理信息化研究

北京化工大学　王小健　杨　明

摘　要：高校校园的消防安全是我国高校发展的一个重要前提，同时也是大学生成长成才的重要保障，当今社会各领域都趋向于信息化的发展，各大高校在科研、教学等方面都取得了很大的发展，实现高校消防安全管理的信息化已是必然趋势。本文从高校消防管理的信息化研究出发，结合传统的高校消防管理的相关经验，借助计算机信息管理手段建立基于网络的数据平台，从而构建现代化的高校校园消防安全信息管理系统，以加强和提高高校消防管理的工作效率，为高校的安全稳定提供坚实的护盾。

关键词：高校校园　消防管理　信息化

前　言

新形势下影响高校校园安全稳定因素不断增加，高校消防安全工作显得至关重要，同时目前高校消防安全管理对象众多，范围非常广，消防工作负荷较大，同时随着高校招生规模的扩大，高校实验室面积不断增加，消防设施在数量上和种类配置上都需要扩增，但高校实验室经常出现消防设施配置数量常常不足、分布比较凌乱，日常监管不到位，没有存档备案的资料等现象，给学校消防管理带来了困难。信息化系统平台可以实现高校校园消防相关工作的规范化、科学化、系统化的统一管理，其不仅高效省时，也使得保卫部门能方便快捷并更严格地进行业务监管，同时将传统纸质文档的进行电子备案，避免了数据的丢失和缺损，方便了数据的统计与分析。高校校园消防的信息化管理，将减轻工作人员的劳动强度，节约学校的管理运行成本，进一步优化和提高高校校园消防管理水平。

1　高校校园消防管理现状

通过对国内部分高校实验室（211重点高校、普通高校、地方院校共九所）调研中发现，各级安全负责人对于消防设施基本信息收集和管理还处于手工操作或者文档管理的阶段，检查记录简单，过程复杂，工作烦琐，对消防设施存档备案不完整，在管理上容易出现纰漏。虽然各高校实验室在安全管理上都做了大量的工作，但对消防设施的管理还存在许多不足，使消防设施不能发挥最大功效。目前高校安保管理对象众多，范围非常广，消防管理工作负荷较大，所以提高消防管理工作的效率及水平就显得尤其重要，虽然信息化在高校各方面应用甚广，这也提高了高校的管理效率，但作为高校管理基础的安保工作，信息化进程缓慢。许多高校的安保部门依然在用人力来管理，影响了高校安保工作信息化发展。

就北京化工大学而言，很多实验室存放有危险化学药剂，这些可燃物、氧化剂、热源等在保管、使用过程中很容易混合到一起，引发燃烧和爆炸，造成人员伤亡和财产损失。在科研过程中部分实验室需要动火，传统申请动火证的办法是动火单位自行下载相关表格，与施工单位签订协议，携带相关表单和证件到保卫处提出申请，这使得整个过程复杂烦琐，效率很低，不利于申请表的统一管理与文档电子化。与此同时，新形势下高等院校管理改革，校园安保系统也面临改革，由封闭型转向开放型、内部管理转向社会化管理、校园内人的活动单纯转向复杂。因此，如何对学校的消防器材进行有效合理的管理，是促进学校平安校园建设的重要环节。

2　新形势下高校校园消防管理信息化实践与探索

2.1　消防安全信息管理信息化系统开发

1. 系统开发模式和工具

基于大量数据的交互和存储以及教职工能够随时使用系统的需求，高校校园消防管理信息化系统需要建立一个灵活的、界面友好的、操作方便的统一计算机软件工作环境，使得任何一个具有一定计算机操作和上网基础的教职工都能熟练地应用该系统。基于这些要求，高校校园消防信息管理标准化系统拟采用B/S结构开发，脚本语言拟采用目前较为流行的JavaScript/PHP脚本语言，数据库拟采用MySQL来存储所有数据，以使得该系统的实际推广和使用没有任何技术上的障碍。

本系统拟采用三层结构。通过采用三层结构的设计达到高内聚、低耦合的原则，实现扩展、维护和重用的要求，可以大大提高开发效率。通用的三层结构软件模型如图 1 所示：

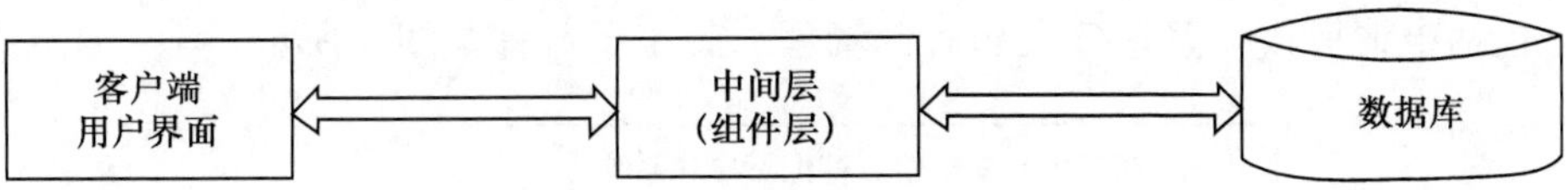

图 1　三层结构软件模型

2. 系统主要功能模块

根据传统高校校园消防安全工作经验，校园消防安全信息管理标准化系统可分为常规安全检查、消防器材管理、动火证办理三大功能板块，如图 2 所示：

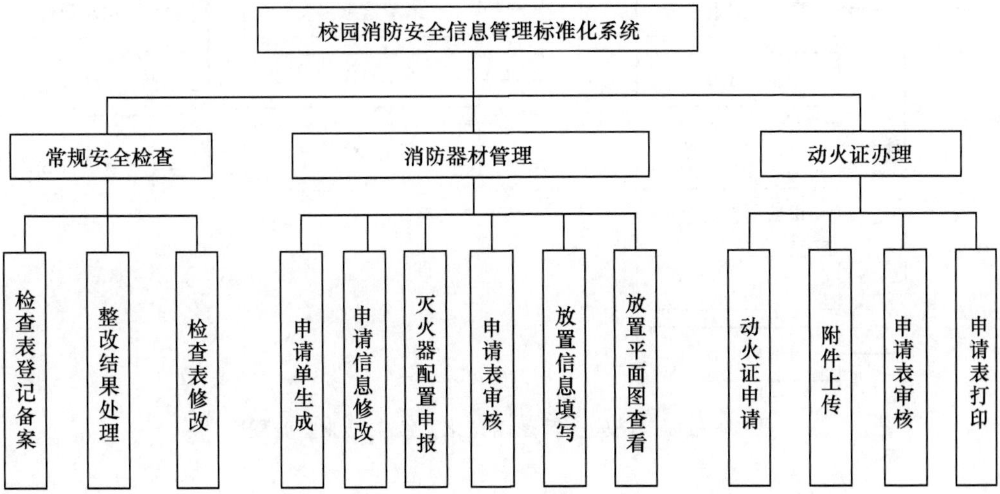

图 2　校园消防安全管理信息化系统功能构架

上述系统的三个功能模块的目标各有所不同：常规安全检查模块主要实现了检查表登记备案和各实验室及办公室整改结果的处理；消防器材管理模块主要实现了院级部门在线消防器材配置申报、申报内容修改、申报表审核、各房间放置信息登记和放置平面图展示；在动火证申请模块主要实现了动火证申请信息的填写、申请信息审核、相关附件上传和申请表打印。

2.2 校园消防安全管理信息化系统应用

1. 系统应用主干业务流程

本校园消防安全管理信息化系统所实现的功能较多，按业务类型可分为三个分支流程，包括申请审核、登记备案和后台管理，其主干流程如图 3 所示：

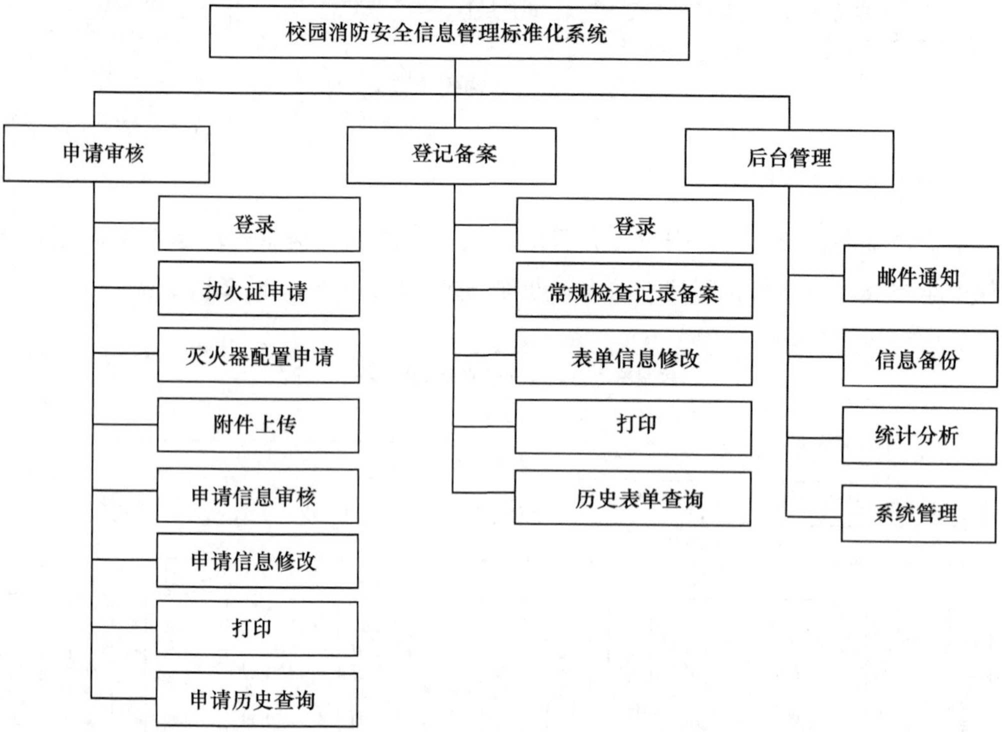

图 3　校园消防安全管理信息化系统主干业务流程图

申请审核分支主要给用户提供登录功能，申请信息填写功能，相关附件的上传，通过邮件通知可获知申请信息是否通过审核，以及申请信息修改功能。此外对相关申请表可进行打印。用户也可在自己权限范围内查看相应的申请历史。

登记备案分支主要为保卫处操作人员提供信息的登记备案功能，以及相应的信息修改功能。

后台管理分支主要进行信息传递、通知及管理功能。申请人完成申请后，可通过邮件通知保卫处相关人员进行审核，保卫处相关人员也可将处理结果用邮件通知申请人。在处理数据、统计分析的过程中，对重要信息或可复用的信息进行备份。最后利用本模块，也可对本校园安防管理系统进行系统层面的管理及维护。

2. 系统功能模块实现流程

根据校园消防安全信息管理标准化系统的功能设定，其主要包括三个自模块，分别为消防器材管理、安全常规检查和动火证申请，各功能实现的流程分别为：

（1）消防器材管理

消防器材管理主要是学院相关负责人在线提交所在院系灭火器配置申报表，经过保卫处审核通过后，领取相应器材，下发至各房间安全负责人，最后由房间负责人填写相应房间放置信息，具体流程如图 4：

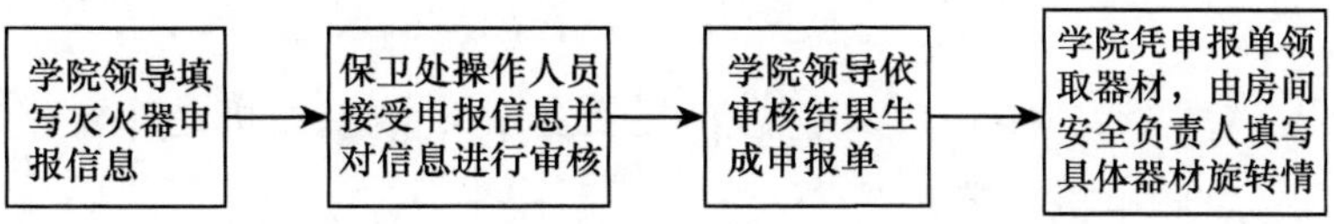

图 4　校园消防器材使用申请流程

（2）常规安全检查

安全常规检查主要是由保卫处检查人员现场填写检查单后，通知房间安全负责人进行整改，整改结果在系统上反馈给保卫处，保卫处检察人员再次检查，具体流程如下：

第一步，保卫处操作员填写检查表，邮件通知安全负责人；

第二步，安全负责人收到邮件通知填写整改结果，邮件反馈至保卫处操作员；

第三步，保卫处操作员接收整改结果，再次进行现场检查，审核整改结果是否通过，若未通过，则通知安全负责人继续整改，直至整改完成；

第四步，学院领导可查看检查表、整改结果等信息。

（3）动火证申请

动火证申请主要是在线申请动火证，经保卫处审查通过后领取动火证，具体流程如下：

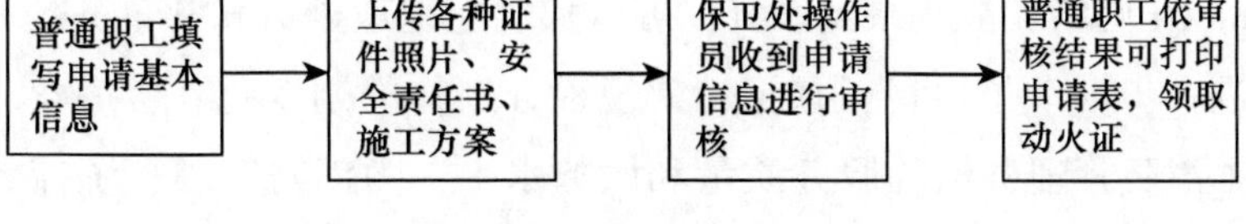

图 5　校园动火证申请流程

3. 系统用户角色设定

校园安全消防管理系统的用户角色主要有系统管理员、院级领导、保卫处领导、保卫处操作人员、普通教职工5个角色，各角色主要功能如下：

系统管理员：负责平台基本配置信息、数据字典的维护等工作。

保卫处领导：审核录像查看申请表、查看灭火器配置申报表、查看各数据统计分析结果等。

院级领导：提交所属院系灭火器配置申报单、查看所属院系常规检查结果、查看所属院系各数据统计分析结果等。

保卫处操作人员：审核普通教职工提交的各类申请，如机动车证的申请、动火证的申请、各院灭火器配置申请等、将报案信息和常规检查结果登记备案、统计分析数据等。

普通教职工：注册、维护个人信息，提交各类申请，如机动车证、动火证申请、修改申请信息、打印申报单等。

3 结语

学校消防信息管理系统借助于计算机网络进行信息的传递，改变了传统手工管理消防信息数据的模式，有效地解决了新形势下凸显出的各类问题，实现了学校消防信息管理的系统性、规范性及有效性。其主要实现于以下几个方面：首先，申请人可以随时随地填写申请信息，灵活性强，申请流程清晰，操作简便，处理结果邮件通知，大大缩短了申请时间，减轻了申请人和消防管理机构的负担；其次，申请人本人在计算机上填写个人申请信息，提高了数据的准确性，同时，申请人对提交的个人信息负责，减少了因信息填报或者录入错误引起的纠纷；再次，整个申请，登记，常规检查工作，安保处管理机构只需安排很少的管理人员，减少了人员的组织和花费，减轻了工作人员的负荷，且申请、登记信息传递快捷，申请数据处理及时；最后，实现了对数据的统一归口管理，只有系统管理员才能直接进入系统对数据进行管理，提高了敏感数据的安全性和保密性。

学校消防信息管理系统是一个开放式的系统，利用Web等网络技术，保卫处管理人员通过Internet网络就能登录到系统，可以随时随地地进行日常事务的办理，实现移动化办公，进一步推动了申请，登记，常规检查工作的制度化、程序化、规范化、信息化，提高了消防管理机构的服务质量和服务水平，为消防管理、统计数据结果分析提供了科学依据和可靠的数据支持。

参考文献

[1] 陈昌红. 高校保卫工作信息化建设分析 [J]. 科技风, 2016 (6): 85-85.

[2] 陈雄. 校园消防安全管理与教育 [J]. 现代职业安全, 2014 (11): 34-37.

[3] 马丽云, 何兰英. 基于网络的高校消防设施信息管理系统的设计与应用 [J]. 实验技术与管理, 2010, 27 (5): 193-196.

[4] 余宏明. 试论高校消防控制室信息管理系统的构建 [J]. 中国公共安全 (学术版), 2009 (4): 89-92.

高校安全管理模式浅析
——以中国农业大学为例

中国农业大学　袁　强

摘　要： 安全稳定是高校发展的前提和基础。高校安全管理水平高低直接影响校园安全稳定的状况，而基层单位的安全管理工作，又直接关系到各项安全管理措施的实际效果。笔者通过调研分析高校安全管理中存在的问题，总结部分高校的成功经验，提出新形势下高校安全管理模式的几点建议。

关键词： 高校　基层单位　管理模式

1　高校安全管理的含义及意义

安全管理（Safety Management）是管理科学的一个重要分支，它是为实现安全目标而进行的有关决策、计划、组织和控制等方面的活动；主要运用现代安全管理原理、方法和手段，分析和研究各种不安全因素，从技术上、组织上和管理上采取有力的措施，解决和消除各种不安全因素，防止事故的发生。

高校安全管理是指高等院校为了保证学校的安全运行和健康发展所采取的安全管理活动高校承担着国家人才的培养工作，高知人员相对集中，历来是国内外敌对势力渗透破坏的重要对象；高校大多承担着各级各类科研课题，高精尖设备众多，部分科研项目甚至涉及国家机密；高校建筑物和人员密度大，周边社会环境复杂，消防、治安和交通的压力都非常大。因此，高校的安全管理面临严峻的形势，高校安全管理工作不仅对于高校自身的运行和发展至关重要，而且对于国家安全和社会稳定都有着非常重要的意义。

2 高校安全管理现状及存在的问题

2.1 高校安全管理工作面临的形势严峻

1. 意识形态领域

高校承担着培养国家建设人才的重任，历来是国内外敌对势力与我们争夺的重要阵地。近年来，国内一些非主流意识形态，也把高校师生作为争取的主要对象，通过网络、课堂、讲座等，获取高校师生认同，冲击高校的主流意识形态。

2. 治安防范工作

高校校园、教室资源、体育设施等资源不断面向社会开放，游客、旁听生、周边居民大量涌入校园；随着高校扩招，办学规模扩大，校园周边商户也在不断增加，大量外来人口在高校周边聚居。校园及周边环境日趋复杂，给高校治安工作带来很大压力。盗窃、人身侵害等案件时有发生。随着网购、智能手机 APP 的兴起，大学生成为网购的生力军，加之大学生社会经验少，也给诈骗分子以可乘之机，电信、网络诈骗案件在高校呈逐年上升趋势。

3. 消防安全工作

高校建筑物密度大，人员密集，重要的文献资料、历史档案多，国家级、省市级重点实验室较多，不少实验室涉及危险化学品实验，消防安全工作异常重要。近年来，高校不断扩大招生规模、大量引进人才，与之同时，基础建设相对滞后，私搭乱建、占用消防通道现象严重，给高校消防安全造成极大的隐患。

4. 交通管理工作

随着经济社会的发展，机动车保有数量激增，高校校园内师生自有车辆，社会来访车辆大大增加，而校园道路尚未完全纳入公安交警部门管理当中，红绿灯、违章抓照摄像头等交通设施建设不足，违章行为处罚力度不够，机动车超速行驶、违章停放，人流车流混杂，人车争道等现象严重，给高校交通安全工作带来极大压力。

5. 新情况新问题不断涌现

当今国内外形势日益严峻，国内外敌对势力对高校的更是加紧了渗透力度。当前，我国正进入改革开放的深水区和社会矛盾的凸显期，各类矛盾和问题交织叠加，对高校也造成较大的影响；三股势力对高校也加紧了渗透影响，高校涉恐事件也不断涌现；大学生涉毒事件近年来也在高校校园出现。不断涌现的新情况、新问题给高校的安全管理带来更多新的挑战。

2.2 高校安全管理工作存在的问题

1. 规章制度不完善

高校面临的形势和问题不断变化，对高校的安全管理工作提出了更多更高的要求，要及时对原有的规章制度进行更新、完善，来适应工作变化的需要；国家层面，对高校安全工作提出了更多新的要求。然而，部分高校还在沿用多年前的安全管理规章制度，对应新情况、新要求的规章制度尚未建立，无法很好解决当前面临的新形势下的新问题。

2. 管理机构不健全

高校安全管理工作的范畴日益扩大，需要对相应的管理机构进行必要的补充、调整；高校安全管理工作的内容日益复杂，一个安全事件，往往牵涉多个部门，需要对相关部门的职能进行整合。然而，不少高校还保持着多年前的机构设置，在处理有些问题时，存在职责不清，相互推诿的情况。此外，基层工作的落实情况，直接影响安全管理工作的效果，但是，基层安全管理机构还普遍存在缺位现象。

3. 工作机制不完备

当前高校的安全工作，往往需要多部门协同作战，相互配合来完成。原有的“单兵作战”的模式已经无法解决当前错综复杂的问题，需要建立相应的工作机制，如定期会商研判机制、信息通报共享机制等。部分高校存在工作机制不健全，机制空转或运转不畅的情况，无法形成有效的工作合力。

4. 工作队伍建设滞后

安全管理工作范畴扩大，内容增加，相应地要对安全管理工作人员进行必要地补充，管理人员的综合素质也需要有所提升。当前，高校安全管理人员普遍存在严重缺编、学历偏低、年龄老化、待遇低和发展空间小等问题，整体的队伍活力不足，针对安全工作人员的培训力度不够，无法满足实际工作的需要。

5. 师生安全意识差

高校环境比社会环境相对简单，高校师生也相较于社会人员更为单纯，一定程度上造成高校师生的安全防范意识较差，轻信他人、无视危险在高校师生当中部分存在。也有部分师生，对于校园的管理制度和工作要求认识不足，重视程度不够，忽视一些安全规范和要求，也给高校安全工作带来很大影响。

6. 应急处置能力不足

高校安全形势复杂，各类突发事件层出不穷，直接影响校园安全。高校虽然基本建立了应急预案，也组织了相应的演练活动，但应急预案形式化，应急演练剧本化，应急培训过场化的现象仍非常严重，应急预案的针对性、可操作性不强，应急演练的设计、实施过于简单和程式化，对应急队伍的培训不足。此外，应急人员和应急物资的配备上也存在不足。

7. 经费保障不足

高校安全稳定工作需要强有力的经费保障，如人员经费、技防建设等方面需要大量的经费投入。然而，部分高校在安全管理方面上的经费投入不够，甚至一些原本应该主要用于安全工作方面的经费，更多地用于房屋等基础设施的修购项目。部分基层单位的日常运转经费，较大投入到水电暖等保障和基础设施修建上，在安全方面的投入较少。

3　高校安全管理模式的几点建议

3.1　构建校院两级管理模式

高校安全稳定工作基层落实非常关键。目前，高校安全管理工作一竿子插到底，保卫部门既要抓顶层设计，又要抓基层工作的具体落实。在保卫部门本就力量不足的情况下很难兼顾，因此效果并不理想。在高校安全管理工作中，应逐步探索建立“二级单位自管，职能部门监管”的校院两级管理模式。保卫部门将主要精力放在顶层设计上，结合当前工作形势、上级工作要求和学校实际情况，提出适合本校的工作方案和要求。二级单位建立专门的机构，抽调专人负责安全管理工作。在当前编制普遍紧张的情况下，可以通过编外人员来进行补充。二级单位全面负责承担本单位的安全稳定工作，保卫部门则负责对落实情况进行监督、检查和指导以及协助完成应急处置工作。在这方面，中国农业大学在生命科学中心的管理上已经进行了探索。生命科学中心设置管理办公室，设专职副主任 1 名，选聘人员 3 名，负责中心的安全保卫、安全教育、保洁维修和后勤保障等管理工作，具体工作由物业公司执行，保卫部门则定期进行检查和指导。2008 年中心成立至今，各项工作落实到位，安全状况非常好，极少发生安全事故和治安案件。

3.2 建立安全管理工作标准

保卫工作是一项专业性较强的工作，包含政保、治安、消防、交通、技防等诸多方面，涉及非常多的法律法规、条文条款和其他具体的工作要求，若安全管理工作的主体责任转移到二级单位，势必会让二级单位无从下手。这就需要保卫部门，根据有关的法律法规和上级工作的要求，结合高校工作实际，建立安全管理工作指标体系，将相关工作的目标、执行标准等细化到每一项具体工作当中，编写标准化的工作指导手册。二级单位在落实过程当中，仅需要按照工作手册上的要求，逐条落实即可。保卫部门则根据手册上的要求，逐条对落实情况进行检查，并根据法律法规、文件要求的变化，及时对手册进行修改、补充和完善。

3.3 完善校院沟通协作机制

建立校院两级的管理模式，强化了保卫部门的顶层设计和基层单位的责任落实，各司其职，有助于提升工作的效果。但同时，如果沟通联系不紧密，监督指导不及时，也容易造成上下工作两张皮的情况。需要建立有效地沟通协作机制，来避免此类问题的出现。建立保卫干部联系二级单位制度，每个保卫干部联系几个基层单位，定期到联系单位传达学校近期的工作要求，检查工作落实情况，了解工作中存在的不足以及需要学校协调解决的问题，并通过保卫部门工作会及时进行反馈，将具体问题落实到归口科室或责任人，尽快地予以解决。同时，问题的解决情况，及时通过联系干部传达到二级单位，促进信息的沟通。

3.4 引入社会专业服务资源

高校安全管理工作涉及的内容繁杂。安全保卫部门既要负责顶层设计，又要抓工作落实，除了每日各种事务性工作，还要负责安保设施安装维护、值机人员培训，组织安全教育培训等工作。在完成这些工作时，还要组织招投标、要了解掌握相关的工作要求、要制作安全教育的内容，耗费大量的精力。目前，社会机构针对高校的安全管理工作，开发设计了多项服务。如针对高校安全教育的网络教育课程，高校仅需要选取适合的教育内容、设定考核评价的标准，并对学生提出相关的要求，教育机构则会完成课程的制作、学生学习情况评价与考核等相关工作，还可以根据大数据，对学生的安全知识掌握程度、某一方面知识的关注程度等进行统计分析，为高校的安全管理工作提供参考。北京部分高校目前已经采用这种模式。再如消防工作，已有公司向高校提供消防保障服务，公司负责消防报警系统的建设与日常维护，安排值守人员持证上岗，学校仅需缴纳一定的租用费用。据了解，华南理工大学等部分广州高校已采用这种模式。通过这种“购买服务”的方式，能更大限度地解放高校的安保工作力量，使之将更多精力放在工作的研究提升当中。

3.5 构建“校地警”联动机制

高校因其特殊性，涉及国家和社会的安全稳定。高校安全管理工作，也不仅仅是高校自身的工作。高校做好安全管理工作，还需要属地政府部门、公安部门给予更多的支持。建立“校地警”协作机制，加强高校与属地政府、派出所等部门的沟通联系，定期对高校面临的、同时需要属地政府和公安机关支持的突出问题进行会商，制定解决方案，多方联动，采取有效措施予以解决。中国农业大学已经率先探索“校地警”联动机制，与相邻5所高校和街道、派出所，共同建立了“学院路高校‘平安校园’建设协作组”，采取联防联控措施，加强高校及周边的社会治安综合治理，取得了一定的成效。

坚持多法并举　注重固本强基
全面提升“平安校园”建设质量水平

北京大学医学部　沈　鹏　潘建超　糜琳娜

安全是生命之本，是幸福之源。近年来，交通事故、暴力伤人、消防安全、电信网络诈骗等校园安全事件频发，影响教学科研，危及师生安全，损害家庭幸福，吸引舆论眼球，已经成为影响社会治安的重要因素，迫切呼唤加强综合治理，建设“平安校园”。

“平安校园”建设是新时代高校加强校园治安综合治理的重要举措，是加强高校管理与建设的基础工程。高校保卫部门作为建设“平安校园”的职能部门，应注重发挥好安全稳定工作的教育、管理、服务、防范、问责的融合作用，“五位一体”推进“平安校园”建设。

1　建设“平安校园”，重在教育

坚持“教育为主，预防为先”，充分发挥好“管理育人”的催化作用，在教育实践中，应坚持做到“四个融入”，形成全员、全过程、全方位的安全教育体系，创建浓厚的校园安全和法制文化，使师生员工增强“首都无小事，高校无小事，事事连政治”的紧迫感。要融入思政教育，利用高校思想政治工作体系和优势，根据国内外形势和经济社会发展实际，因人因时因事，有针对性地进行思想引导和政治纪律教育。要将其融入课堂教育，在思想品德、法律等课程和教学环节中，增加安全教育和法制教育内容，通过开展“保卫干部上讲台、警务讲座进校园”活动，进一步强化师生的安全意识和法制观念。要将其融入网络平台，通过校园网、微信公共平台等载体发布安全教育的信息提示，分析典型案例，宣传安全法规，普及预防常识。要融入心理教育，广泛开展心理健康普查，了解学生心理状况，将安全教育与心理咨询结合起来，共同促进大学生身心健康。

2 建设“平安校园”，精在管理

“没有规矩，不成方圆”，没有人管，再好的规矩也是一张白纸。因此，一方面，要建立一套便于管理的制度机制。应区分不同情况，建立完善规章制度，有效规范不同人群的行为准则、各类场所的管理规定和各个时段的管理要求。在做好建章立制的同时，大力加强管理手段创新，致力推行网格化管理，建立和完善领导责任挂钩机制，逐级签订安全工作责任状，做到横向到边，纵向到底，职责明确，责任到人。另一方面，要建设有一支精于管理、敢于担当的保卫队伍。在保卫干部队伍建设上，要注重优化岗位设置，选配素质高、业务精、身体好的保卫干部，要加大教育培训力度，改善高校保卫干部的学历、知识、年龄结构，培养一批年富力强、具备一定专业知识技能的人才队伍；在保安队伍建设上，要加强勤务训练、礼仪培训和日常管理，让保安队员热爱集体、融入单位、关怀师生，提高热爱高校、服务高校、奉献高校的自觉性，提高执勤能力、处突能力和服务师生的能力。

3 建设“平安校园”，责在服务

服务是高层次的管理，服务师生、服务校园、服务安全，是高校保卫部门的职责所在。要强化服务理念。服务是一种理念上的创新，因此，要强化保卫人员的服务意识，变“管理者”为“服务员”，激发保卫人员为师生提供优质服务的精神动力，要牢固树立以人为本的理念，满足师生不同层次的安全需求，实施人性化管理和服务，提高保卫工作的针对性和实效性，有助于发挥自我教育、自我管理、自我服务的作用，形成学校教育与自我教育的合力。要建立服务平台。组建校园巡警分队，形成随叫随到、有求必应、有难必帮、有险必救的24小时服务机制，方便师生员工，打击违法犯罪，维护校园秩序。要升级服务手段，充分利用现代技术加强技术防范，建立和完善校园监控系统，提高校园监控覆盖率和系统智能化管理水平，统筹资产设备管理、地理信息管理，整合例行巡逻、应急处突力量，筑牢人防、物防、技防三条防线；发挥网格化管理效能，形成快速有效的应急机制，努力建设“无声无息、无处不在”的校园“免疫系统”。

4 建设“平安校园”，常在防范

安全预防是一项经常性工作，是推进“平安校园”建设的奠基石。实践中，应注重“三管齐下”，在坚持抓经常、打基础、促长效上下功夫。要加强隐患排查治理。围绕消防安全、食品卫生、各类场所、周边环境等高校治安管理的重点和难点问题，按职能、分系统定期组织隐患排查，对排查出的隐患，下发整改通知书，明确问题、明确时限，督促整改。要组织应对突发情况的演练。保卫部门要结合实际，制定突发情况应急处置预案，组织安保队伍定期进行处突演练，有条件的还可以邀请特警、消防等专业力量组织培训，增强演练的针对性和实战性。要建立校园周边联动机制。高校管理不是孤立封闭的，平安校园建设少不了社会合力，保卫部门要与校园周边公安、交通、网监、食药、城管等相关部门建立协作机制，定期召开联席会议，定期互通治安情况，定期组织清查整治，切实为高校营造良好的社会环境。

5　建设“平安校园”，难在问责

牢固树立安全发展的理念，在单位层面要牢固树立“安全就是政治、安全就是政绩、安全就是效益、安全就是发展”的理念，个人层面要强化“安全就是能力、安全就是素质、安全就是幸福、安全就是生命”的意识。一是要严抓领导责任制。严格落实“党政同责、一岗双责、失职追责”的要求，强化“主要领导‘第一责任人’、分管领导‘直接责任人’、领导班子其他成员根据工作分工对职责范围内的安全稳定工作负相应领导责任”的责任担当，进一步形成职责明确、责任明晰的安全稳定领导责任制。二是强化组织作用。要充分发挥本单位各部门、各系统、各层次的管理的作用，本着“谁主管谁负责、谁主办谁负责”的原则，认真落实责任制，防止只管业务不管安全。要把维护安全稳定工作作为首要政治任务，列入单位重要议事日程，做到有计划、有部署、有检查、有落实，定期分析安全形势、定期组织隐患排查治理、定期讲评安排工作，要在单位内层层签订维护安全稳定任务书，按照网格化管理要求，层层明确责任人、职责和任务，并加强督促落实。三是树立奖惩标准。坚持把安全工作与个人利益挂起钩来，制订安全工作奖惩细则，对安全工作重视程度高、落实安全规定好、防范措施严、有效避免生命财产损失的单位和个人予以奖励，对发生的问题的个人在职务晋升、职称评定、绩效工资、评优评奖上和发生问题的单位在评选先进上实行“一票否决制”，切实把板子打到具体单位和人身上，防止失之于宽、失之于软，努力营造齐抓共管的生动局面，推动“平安校园”建设可持续发展。

总之，高校是人才培养的摇篮，建设“平安校园”关乎个人成长、校园安全、社会稳定。必须结合时代发展要求，不断加强探索实践，不断更新观念，注重打牢安全基础，大力加强管法创新，扎实开展综合治理，切实将“平安校园”建设落到实处。

首都高校保卫干部职业发展策略建议

北京交通大学　丁鹏玉　邓小凤

摘　要："职业发展理论研究"源于西方发达国家，兴起于20世纪60年代。进入80年代，"管理"进入职业发展研究范畴，员工职业发展与规划管理成为管理者提高组织运行的有效方法。首都高校保卫干部作为维护校园安全稳定的主力军，承担着保障校园政治稳定，维护校园教学、科研、生活秩序的重要任务。当前，首都高校正处于转型的关键时期，社会政治、经济、文化领域的深刻变革，多样化的思想观念、多元化的价值取向对高校保卫干部产生了深刻影响，部分保卫干部在职业成长和追求职业成功的道路上体验不到快乐和幸福，反而感受到越来越大的职业压力，对于自己的职业选择和未来职业发展感到迷茫。因此，加强高校保卫队伍建设，关注高校保卫干部职业发展显得十分迫切和需要。

《首都高校保卫干部职业发展现状与策略研究》课题组从组织支持（环境支持、工作支持等）、组织氛围（情感关系、社群关系、上级关系等）、职业认同（组织承诺、工作满意度、离职倾向、压力释放等）、职业素质（政治素质、业务素质、能力素质等）四个维度，通过对首都28所高校的保卫干部进行问卷调查和访谈，对当前首都高校保卫干部职业发展现状进行了深入剖析。基于这一研究结果，本文从工作实际出发，对促进保卫干部职业发展进行了有益探索，并提出了方案建议。

关键词：首都高校　保卫干部　职业发展　策略建议

基于课题《首都高校保卫干部职业发展现状与策略研究》对首都高校保卫干部职业发展现状的调查研究成果，为解决保卫干部职业发展中存在的队伍职业素质有待提高，职业认同度和忠诚度有待加强，职业资源有待增多等问题，本文从首都高校保卫干部职业发展的实际情况出发，从队伍建设、职业培训、考核激励、职业认同等四个方面提出了有利于进一步促进保卫干部职业发展的初步方案和建议，既满足保卫干部的归属感和被支持感，又提升其自身的综合素质和职业胜任能力，从而实现首都高校保卫干部职业发展的正向循环。

1 构建高素质、多元化保卫干部队伍

1.1 目标导向机制

目标导向机制是指在保卫干部队伍建设过程中，坚持以建成优质团队为目标导向，并在招聘、培训等方面提供资源及制度的保障。

一般来说，高校大多数在编中青年骨干教师愿意从事社会回报较高的教学、科研等工作来凸显自我价值。高校保卫部门俗称“清水衙门”，且工作任务重、责任大，职业发展亦不尽人意，严重影响了保卫干部的选拔和队伍整体素质。因此，高校需要制定较为全面和完善的入职选拔机制，以保证新入职保卫干部的专业能力、职业素质以及职业责任感，有利于提高其在职业发展初期的信心和期待，从而形成自发性的职业发展欲望，改善保卫干部队伍整体的职业发展前景。

1.2 人员互动机制

不同高校的保卫干部间、同校的青年干部间、校内保卫干部的不同岗位间可以进行资源共享和人员互动以达到资源的充分利用。

1. 经验互动

保卫干部队伍可以形成定期经验互动机制，包括线上分享与线下分享。经验共享是指保卫干部之间分享工作中遇到的困难、问题以及解决复杂事件的经历等，形成不同资历保卫干部研讨、分享工作经验的经验互动圈。高校要充分提供职工与上级反馈和沟通的机会和渠道，并定期或不定期指派专家给予专业引导和指导，使得保卫干部的困难能够获得更具实际的条件保障。线上分享可以借助微信、QQ等新媒体渠道，以扩大经验共享的受益群体范围。线下分享则可以定期组织保卫干部交流会或座谈会，对每一次分享进行记录和周期性总结，将所有的经验案例进行汇总形成案例库，使保卫干部从中获得有效的职业成长体验，进一步促进其职业发展。

2. 培训互动

收集与保卫干部相关的业务培训资源，积极参加各级组织的保卫干部业务培训，形成保卫干部定期培训、轮训、集训等培训机制，并将培训成果与培训经验通过一定渠道进行分享。

培训资源共享可以采取培训方向“分散化”带动受训人员“专业化”的培训方式，就是将所有的培训资源进行不同专业方向的分类，指派相关人员进行学习并逐渐提高培训层次，加深学习难度，从而提升保卫干部的专业化发展水平。同时，保卫干部队伍内部成长起来的专业化人群，又可以在资源和时间有限的条件下，带动队伍内部的培训学习和知识更新，如此循环往复。这种培训模式，既节约了经费与时间，又能加速保卫干部获得职业成长和职业发展，从而实现资源互置与效益的最大化。

3. 沟通互动

在队伍内部建立沟通分享机制的同时，也要与高校内其他部门建立有效沟通互动机制。比如与辅导员群体就处置突发事件进行经验沟通，与后勤部门进行消防安全管理经验交流，与学生工作部门进行学生安全管理沟通等。不同部门交流沟通的过程，可以帮助保卫干部队伍进一步提升存在感、成就感，从而激发队伍的工作积极性和主动性，提升其职业成长欲望。

2 搭建知识、技能与职业认同相结合的保卫干部培训体系

2.1 分层次规划培训对象

首先要对保卫干部做好两个维度的层次划分。一是工作资历。将保卫干部群体分为新入职保卫干部、普通保卫干部和骨干保卫干部。与之相对应的培训分为岗前培训、业务培训和提升性培训。其中岗前培训以适职适岗、职业角色转化为重点，主要聚焦操作层面的政策解读、业务讲解等内容。业务培训以学校安全工作重点要点为导向，提升整体业务能力，为队伍发展提供支持。提升性培训主要以选树拔尖型、旗帜型保卫干部为重点，提升保卫干部骨干的核心竞争力。二是兴趣专长。根据保卫干部在日常安全维护、突发事件处置、信息收集处理、综合管理沟通等方面表现出来的兴趣与专长进行划分，尊重各专项工作的培养规律，规划不同形式、不同主题、不同频次的培训重点，并有计划地进行重点扶持和培养。

2.2 分模块设计培训课程

根据安全保卫工作的不同需求和保卫干部的不同特点，可分为必修课和选修课两

个模块课程。

必修课面向全体保卫干部，重点针对新入职保卫干部进行。主要包括思想政治教育、政策法规、管理制度、工作流程、危机事件预警及处理、公文写作、职业礼仪、职业素养等。通过加强基础知识学习，提高理论水平，让保卫干部充分感受到职业魅力和组织支持，培养专业兴趣，提高职业认同度。

选修课以必修课为基础，进一步凝练专项职业技能，提升保卫干部的职业专长。选修课更注重研究与实践，强化保卫干部某一方面能力的提升。

2.3 分梯度建设培训团队

一是聘任相关领域专家、保卫干部骨干等定期进行讲座和经验交流，同时建立网课平台，保证保卫干部随时可以咨询相关专业问题，保障队伍的完善和整体专业能力的进一步提升。

二是借鉴不同高校较为成熟的保卫干部队伍管理经验，组织开展高校间工作交流会，避免在建设过程中因缺乏经验而浪费时间和人力财力。同时在队伍建设达到下一阶段时，要能够保障资源的供给跟上，保障队伍继续发展。

三是建立个性化、全方位的保卫干部培训体系，进一步提升保卫干部队伍的能动性与整体素质，对骨干人员脱颖而出或积极表率有着非常重要的促进作用。在此基础上，保卫干部会更容易实现职业的成长与成功，并对安全保卫工作有更高的认可度、依赖度和忠诚度，为优化队伍奠定了基础。

3 建立科学公正的保卫干部考核激励体系

首都各高校在教职工的管理中已经形成一套较为完整的考核激励体系，并日臻完善。但考虑到保卫部门的特殊性，科学化的保卫干部考核评价体系还应该体现以下三个方面。

3.1 坚持服务群体作为评价主体

作为保卫干部工作开展对象和服务群体，师生的评价是保卫干部工作实效性的重要因素。保卫干部的工作是否达到了保障师生进行正常教学、科研、学习和生活的目的？保卫干部面对危机事件的处置是否及时有效？保卫干部是否解决问题过程中与学生进行有效交流？针对上述问题，需要最大限度参考高校师生的建议与意见。

3.2 坚持客观事实与工作实效相结合

对于保卫干部工作实效的评价，还应该综合考虑两方面的因素，一是保卫工作的投入程度，二是保卫工作的社会效益。具体实施过程中，可以将两种类型的评价方式量化于评价体系中。在评价工作投入程度时，以客观事实为主，如值班时长、解决问题数量等；在评价工作实效时，以主观评价为主，参考多方面群体的考核建议，如效果是否显著、学校校内安全情况是否发生改善等。

3.3 坚持以考核促进能力提升

考核的目的不是对保卫干部进行监督，而是通过考核促进保卫干部提升工作水平和业务能力。因此，考核评价体系中应增加理论政策水平考核、实际解决问题的能力考核、工作思路公开答辩等综合性考核等，充分发挥考核的导向作用。

建立较为科学公正的保卫干部考核激励体系，一方面可以在保卫干部队伍中建立规则，实现队伍管理的制度化和规则化，提高保卫干部的工作效率与工作责任感；另一方面可以进一步促进保卫干部工作的积极主动性，从而实现保卫干部队伍的职业成长。

4 提升保卫干部职业幸福感与职业认同感

调研结果显示，首都高校保卫干部对于职业幸福感和认同感的期待很高，但部分人员对自身职业重要意义和价值的理解意识欠缺。因此，需要从以下方面进行培养和提高：

4.1 加强保卫干部职业价值认识

安全保卫工作是高校各项工作的重要组成部分，保卫干部为维护首都高校安全稳定、促进高校各项事业顺利发展发挥了重要作用。但在实际工作中，少数服务对象的误解导致部分保卫干部对自身职业价值产生怀疑和严重低估，对其职业发展产生消极情绪。因此，促进保卫干部正确认识自身职业价值，构建和现代发展相一致的职业观念，进而形成积极的工作动机，养成优秀的道德品质，得到更多师生的认可和尊重，推动保卫干部的职业成长与发展。

4.2 重视保卫干部能力素质培养

调查显示，部分保卫干部普遍缺少对自身工作的思考，工作创新力欠缺等，这在很大程度上阻碍了高校保卫干部队伍的发展。基于这一因素，首都高校应充分利用自身的优越条件，有计划、分步骤地安排保卫干部进修学习，选派业务骨干到相关院校深造，给予多方支持鼓励保卫干部自学成才等，使保卫干部各项能力在实际工作中得到提高。同时，各高校应当积极解决安全保卫工作中遇到的困难和问题，为保卫干部提供较好的工作、学习环境，提升其职业认同感和幸福感，促进保卫干部个人成长。

4.3 提升保卫干部理论知识水平

"管理育人"是高校"三育人"的重要组成部分，保卫干部作为"管理育人"的重要力量之一，兼顾教师、管理者和思想政治教育者等多个角色，保卫干部自身的理论水平必须与之相匹配。另一方面，随着信息科技的高速发展，安全管理工作与高科技防范手段日益结合紧密，对保卫干部的理论知识和实践经验要求越来越高，提升保卫干部的理论知识水平已势在必行。因此，积极改善知识结构，增加知识积累，拓宽视野，成为新形势下构建保卫干部职业素质的主要内容。

4.4 培养保卫干部职业情感

人在受到外界刺激后会产生情感上的反应，保卫干部也是这样，一旦自己的工作得到认可，就会产生对自身职业的认同感和自豪感，进而对职业产生浓厚的情感，对团队保持强烈的归属感和荣誉感，工作中更有动力和责任感。因此，要重视对高校保卫干部职业情感的培养。如：组织保卫干部与师生共同素质拓展活动，在轻松愉悦的氛围中增进师生对安全保卫工作和保卫干部的了解，赢得他们的支持和理解；举行知识竞赛、文体比赛等，缓解保卫干部工作压力的同时让保卫干部在娱乐的竞争中提高集体的荣誉感与责任感；加强线上对安全保卫工作的宣传，拉近师生与保卫干部之间的距离；搭建交流沟通平台，促进师生与保卫干部之间相互信任、相互接纳、共同成长。

本文提出的促进首都高校保卫干部职业发展的策略建议方案，是对首都高校保卫干部队伍职业成长与成功的有益探索，意在推动保卫干部个人的职业发展，提升首都高校安全稳定工作整体水平，从而实现本课题研究的实践意义。但该建议方案还需要实践与时间的检验，来保证其可操作性与可持续性；另一方面，该方案还需根据不同高校的特殊情况进行个性化完善，来保证策略建议的针对性与有效性。

参考文献

[1] 胡晓军．教师资源合理配置需要科学设置岗位［J］．科技信息（学术版），2007，(14).

[2] 张红霞，郭爱英，宋长生．基于组织社会化的新员工三层级培训模型［J］．合作经济与科技，2008，(17)．

[3] 杨兴东．企业员工职业素养提升的研究与实践［J］．理论月刊，2012 (5)．

[4] 王鑫．高校人力资源管理中激励问题研究—基于激励模型的视角［D］．西北大学，2008.

[5] 江涛．川渝地区高校安全保卫人员工作压力现状及其与职业倦怠的关系［D］．西南大学，2009.

关于强化学校门卫安全管理工作的思考*

——以北京第二外国语学院门卫安全管理为例

北京第二外国语学院　孙庆章　王京军　张　鹏等

“党的十九大作出新时代我国社会主要矛盾的论断，明确将安全作为人民美好生活需要的重要内容。”作为高校而言，学校门卫管理严格而有效，增强学校安全管理的前提下，有效解决管理中的矛盾和问题，增强师生员工对于查证核实方式的认同感和满意度，提高门卫管理制度的效率，提高学校安全管理和治理能力现代化，切实让师生员工有了安全感，获得感才有保障，幸福感才会持久。因为学校师生的安全红利及福利是通过安全感、获得感和幸福感来体现和衡量的，不断提高满足师生员工追求美好生活的保障力。

学校地处京通快速与朝阳路之间，毗邻八通线传媒大学站和六号线褡裢坡地铁站，学校南、西、北三个大门，在学校 320 多亩的狭小空间内，学生近万人，教职工 1200 多人，家属 3000 多人。车位资源近 600 个，办理车证 1200 多个。来往穿越人流、车流相对较多，地理位置的特点和学校、家属区合一的现实，造成门卫安全、校内治安安全的管理难度相对较大。加强门卫管理确实很有必要，这是保证师生享有安全福利的根本和基础。

门卫《汉语大词典》的解释：“守门的警卫”。《汉书 · 王莽传上》云：“虎贲为门卫，当出入者傅籍。”招募勇士担任门卫工作，门卫人员面对着出入的人，使用簿籍登记门卫人员的姓名。言简意赅，形象、深刻和生动地勾勒出传统时代门卫人员具备的条件资格，承担的岗位职责。机关行政、企事业和社会组织，组织雇佣人力做好门卫安全管理工作，原本理所当然、天经地义。但是，改革开放发展和社会发展至今，历

---

* 本文在学校党委领导和张严副校长的支持下，在安稳处张鹏的问卷设计、保安队长李志华等统计、离退休工作处张艳婷统计问卷制作、勤工助学学生李冰倩录入意见汇总等的共同努力下，由安稳处团队王京军、张鹏、季雷、徐长江、张迪、张建华、范树江等成员的帮助下，孙庆章执笔完成。

经40年，师生员工党内民主和人民民主意识不断增强，高校门卫管理工作作为媒体和舆论关注的重点，也曾引发了高等学校要不要看门、需不需要门卫管理的讨论。并且，前两年曾经引起热议的事业单位无墙化、开放化管理的讨论，机关事业单位餐饮、文体设施社区社会共享的舆论，对高校门卫安全管理讲究有效性、人性化优先，还是讲究安全有序性优先，无形对高校单一封闭的门卫管理提出了挑战。

具体来说，我们可以把高校门卫管理方式，简单分为三类，一种是封闭式管理，一种开放式管理，一种是又封又开的相对查验式管理。实际而言，封闭管理高校的数量不多，开放管理的高校与改革开放的大形势、高校相对民主的行政管理特色有关。根据网上公布的门卫管理制度，可以推测相对数量较多。但是随着国内外安全环境的不断复杂化，“社会利益关系日趋复杂，社会矛盾和问题交织叠加，社会阶层结构分化，社会治理面临的形势环境更为复杂。”高校安全管理以及门卫管理从以往相对开放管理向又开有关的方向转变，也是依法依规依制管理的形势要求和环境变动所迫，适应师生员工参与社会事务的意愿更加强烈的愿望，打造共建共享的高校治理格局，这样有开有管高校门卫安全格局占据主导局面，也是大势所趋及形势所迫。

1　加强学校门卫管理的重要地位和作用

门卫安全管理是学校安全管理和秩序稳定工作的关键防线，在影响学校总体安全中发挥着举足轻重的作用，在学校安全管理、治安管理和交通安全灌流工作中发挥事半功倍的作用。门卫安全管理是高校内部治安防范管理的起点，学校内外安全防范的交织点和枢纽。在高校社会治安综合治理工作中，“管好自己的人，做好自己的事，看好自己的门”作为重要原则，而“看好自己的门”是保证高校社会治安综合治理三原则的出发点和主要屏障。实践证明，最近学校的犯罪活动减少，校内同期和近期比较，治安率、偷盗率、骚扰率及交通事故率下降明显。究其原因，这与校门、楼门和学生公寓的门卫的严格管理密切相关。学校2015年治安盗窃类案件64起，2016年治安盗窃类案件24起，较2015年下降62.5%；2017年治安盗窃类案件22起，较2016年下降1.3%，较2015年下降65.62%；特别2018年上半年启动严格查验证件以来，治安盗窃类案件3起，下降幅度较之同期更大。学校门卫安全检查管理工作，对全校范围内的安全至关重要，我们必须把好校门这第一关口。

学校日趋多元管理服务主体的结构化，决定相对单一的门卫管理方式，需要适应改革与时代发展的变化。学生、教师、家长以及与学校管理服务有关的人员，是门卫管理的主要对象，随着社会的进步与发展，这些主要对象正在考验着高校门卫管理，在全面深化改革、“放管服”改革、的大背景下，不断推动了学校门卫管理变革。师生员工类型多元化和变动化的形势下，推动学校门卫管理制度的精细化和人性化。本科生、留学生、研究生、“贯培小大学生”、HND项目学生、以国外留学目的的各种国际学生等，种类层次参差不齐，无疑加大了门卫管理的难度。极少数教师和离退休职工的“主人公”意识太强，例如作为学校主体之一的教师，在学校里扮演着重要的角色，教师职业素质决定学校的未来，是学校当仁不让的“主人公”。但有的教师抗拒和抵触学校门卫相对查验证的管理。这些教职工的类似行为，不仅自己在抗拒门卫管理，甚至有可能让学生模仿“榜样”行为，对学校门卫安全管理造成巨大的损害。

门卫安全管理是学校的形象“名片”，学校门卫管理工作作为学校行政管理和治理工作的组成部分，门卫管理场所和区域位置的特殊性，理所当然是学校外部联系的和“门面”和“窗口”。门卫安全管理工作的制度的有效，保安队员在坚持学校制度的前提下，给予师生员工提供严管和便捷的一体化服务，展示学校文明管理、依法管理和依法治校的第一印象，“门卫”无形成为学校的形象大使。一些学校在门卫管理工作中，只看到起在学校安全管理和防范中的作用，忽视了它在对外联系中的形象作用，是十分可惜的。

2 坚持问题导向，开展调查摸清学校门卫安全管理工作底数

为完善和加强学校门卫安全管理服务工作，进一步营造和谐稳定安全的氛围和环境，不断提高学校门卫安全管理工作水平。根据《普通高等学校安全管理规定》和《北京第二外国语学院门卫、会客留宿制度》，针对学校门卫管理工作的问题，我们制作发放了400多份学校门卫安全管理工作调查问卷，组织召开了教职工门卫管理座谈会。参与填写问卷的男性占54%；在职教职工占65%、离退休职工及家属占33%，学生和没有标明身份的占2%。在二外学习工作生活3年以上的占90%，1年至3年的占8%，半年到1年的占2%。

关于学校在车辆、人员出入门卫进行查证的问题，认为有必要的占85%，认为没有必要的占9%，说不清的占6%。共计提出了16条意见，10条同意查验，1人认为查验无效，4人对查证的方式有分歧，1人对于车辆收费价格有异议。

关于保安队对物品进出检查登记是否严格的问题，认为非常严格的占9%，严格的占29%，基本严格的占48%，不严格的占14%。关于保安队对外来人员进出管理是否严格的问题，认为非常严格的占11%，严格的占28%，基本严格的占48%，不严格的占13%。提出了9条具体意见，对于制度执行、设备查验、区分人员类别及外来入校人员及保安的态度提出了意见。

关于对保安的服务态度、仪容、仪表是否满意方面，认为非常满意的占13%，满意的占48%，基本满意的占37%，不满意的占2%。具体提出了11条意见，4人认为北门管理不严格，1人建议严格管理，1人建议杜绝黑车进入，1人对严管送餐不满，2人对外来人员多，并且提出认证管理的建议。

对保安员安全防范意识是否满意的问题，认为非常满意的占8%，满意的占52%，基本满意的占38%，不满意的占2%。具体提出应军事化，制服不好看，职业性不强，实现四季分明，态度仪容仪表都好等4条意见。

对保安工作整体评价方面，无星的占1%，一星占1%，两星占9%，三星占21%，四星占52%；五星占16%。具体提出，工作一般，监控全校的范围，要及时发现安全隐患等意见。

关于门卫管理的问题及不足方面，认为查证管理严格的占21%，认为交通收费效率不高的占17%，认为闸机等查证设备缺乏的占21%，认为保安队伍不稳定的占17%，认为保安工作流程不规范占17%，个别人员素质及培训有待加强占18%。具体提出13条意见。

关于门卫安全管理的建议的方面，同意和支持严格门卫管理，进一步增强保安队伍执勤工作人员的工作素质，占38%；支持学校安装闸机等设备，便于提高查证等安全管理的效率，消除少数人的抵触情绪，占39%；不管理、让所有人员自由流动仅占调研人员的1%；聘任学生或教师安全员代表，适当方式参与门卫管理工作，占14%；保安队伍不稳定，存在招工难的问题，希望大家理解与支持工作，占38%。在问卷调查和座谈会中，根据大家提出的意见，具体汇总为223条。

3 加强研判，正确查找和认识影响学校门卫安全制度管理效率的因素

总体来说，大多数对于门卫安全管理还是理解的，在车辆、人员出入门卫进行查证的认为有必要的占85%。即使少数反对严格管理查验证件，也是反对门卫不管理、人员自由流动的模式和状态的。

学校门卫管理和服务对象，大体分为三种类型，学校人（师生员工及家属，购买校内住房的外人），这是主体与主流；与学校无关的人群，周围社区居民和穿行的人流及车流；与学校有关的人群，涉及来校办理公务、服务学校建设的各类工程人员、走亲访友，服务学校教职工的快递员、送餐员等。这些人员对于严格查证管理持有瑕疵或者意见的原因有以下：

（一）大家主要集中在学校门卫查验证件没有差异化，人员区分不清晰，尤其穿行

的外来人员、车辆；从心理层面上看，极个别的管理干部和教师认为查验证件本身，影响其尊严及脸面；有的无端认为对其人身权利带来不便，而现在从严管理的形势下，工作任务精细程度和质量要求越来越高，不配合查验证件的情形很多。门卫要求出示证件，受检者从表面和心理上都有无形的抵触，若就此放松，随便进入，严格管理查验证件的规定就形同虚设了；

（二）全体师生员工对于周边居民出入学校，素质较低的市民的不当言行，与高等学校和谐文明、规则有序的文化格格不入，自然受到学校成员的全部抵制与反感；学校的地理位置，对于无车教职工及部分学生，对于共享单车不能出入校园的管理规定，由于个人时间计划不周的情况下，影响学习、工作和生活时，对于严格管理不允许车辆进入，持反对建议也是理所当然的。

（三）校、家合一的实际状况，对于居住校内近400多人的离退休职工及家属，个人看病、生活所需的出租车、快递和少数的送餐服务受到门卫出入查验和禁止的规定，也是心理上不会积极配合管理的，但是他们绝大多数，绝对支持校门严格管理的。这几类反对严格查验的情况，处于一种矛盾的心理状态，渴望享受安全红利支撑自己工作、学习和生活，个别人却表示一种抵触与不太情愿的配合的情况，甚至在心情不好的情况下，与严格管理、不太会变通、培训工作不到位的保安人员发生冲突，或者抱怨保安不认识经常出入的“自己”。

（四）社会职业偏见和行业工资标准的状况，学校出资外包安全服务，保安公司直接招聘保安人员的管理体制，制约和限制了优秀人员进入保安行业，或者即使进入也能不长时间在一个公司安心工作的局面。保安行业人员具有、逐步形成了劳动强度较大，较高流动率和收入相对较低，容易受到服务对象的歧视，少数社会无赖欺辱的行业特点。并且，目前高校保安员的整体工资水平仍处于低位，有的保安公司直接参照地区最低工资标准发放劳动工资，有的公司不按照法律落实相关待遇，存在个别克扣的现象，客观造成了“招人难、养人难、留人难”的状况。

4 加强学校门卫安全管理工作的思路、对策和建议

习近平总书记指出：“要处理好维稳和维权的关系，要把群众合理合法的利益诉求解决好，完善对维护群众切身利益具有重大作用的制度，使群众由衷感到权益受到了公平对待，利益得到了有效维护。要处理好活力和秩序的关系，维持系统治理、依法治理、综合治理、源头治理，发动全社会一起来做好社会稳定工作”。“要把人民群众的事当作自己的事，把人民群众的小事当作自己的大事，从让人民群众满意的事情做起，从人民群众不满意的问题改起，为人民群众安居乐业提供有力法律保障”。加强学

校门卫安全管理，充分考虑校园稳定与员工权益的有机统一，考虑学校生机活力和井然有序的统一，努力把保障师生员工权益和满意度，作为衡量门卫管理工作成效的出发点和落脚点。

（一）推进学校门卫管理方式的多元化和差异化，提高不同人员对保证从严管理安全福利的感知度和认同度。在学校人方面主要提供便捷文明、热情有素的管理服务，在查验证件方面，需要简化有效；尽快安装速通门的闸机，努力做到凭证件、人脸识别技术快速通行。对于学校无关的人员，需要严格查证登记管理的基础上，尽量杜绝无关人员，随意出入校园，尤其是遛狗及黑车等人流和车流零容忍。对于服务学校人员，需要办理出入证件，或者采用物联网技术等对其定位管理。学校人尤其是家属在出租车、外买等服务采取登记备案制度等。

（二）进一步加强调研，了解北京高校，如北大等高校查证严管的数量和管理效率，搜集和学习严管的高校经验和政策依据。通过安全信息沟通与教育，提高学校师生对门卫严管的认同感与满意度，争取抵触师生理解和支持门卫安全管理工作。建设和用好“一刊两微多群”的安全信息教育平台，办好《长安二外工作动态》信息刊物，用好“长安二外”“二外长安”两个微信公众号，用好“梧桐卫士”“二级党组织负责人”等学校微信群，加强信息宣传教育，引导师生员工支持学校门卫安全严格管理工作制度、方式和做法，针对师生对于严管问题的合理化建议，在力所能及的范围内改进。严格管理大家不便，师生潜在安全感提升，放任管理方便师生家属，潜在安全隐患存生。积极调动和宣传大多数人赞同严格管理的事实，影响和教育少数抵触严格查证管理的人员，有可能的话，进一步建立老同志校内安全志愿者队伍，帮助做好家属和老同志的宣传教育工作。

（三）加大校门安全防范管理的资金投入，利用技防管理手段解决人为管理中的矛盾冲突难题。进一步推进学校安防体系建设，在学校门卫安全管理工作中，引进现代信息技术，解决制度上的无效、人员查验证件冲突的难题。加强安防技术服务门卫安全管理，北门、南门、人文楼等安装闸机，进行刷卡验证等提高效率的基础上，先进技术提供刷卡、人脸识别等技术选择，降低少数人对门卫严管的抵触心理，消解其抵触情绪，进一步利用技防替代解决人员简单查验单一管理中的矛盾冲突难题。

（四）加强安保人员队伍教育培训，提高人员素质，推进门卫安全管理的制度化、标准化和流程化。无论何种情况和条件下，尽管急需建立“人防、物防、消防、技防、制防”等五位一体的安全管理体系，但是“人防”因素永远是不可替代的主体，高科技管理载体固然可以替代保安及提高门卫管理效率，但只有切实提高保安人员的业务能力，才是长久之策，才能真正达到门卫管理的长治久安。尽力按照行业薪酬标准落实保安人员的待遇，招聘素质较高的人员充实队伍，保证队伍的相对稳定性，才是加强和解决门卫安全管理的根本之道。加强保安队伍工作的岗位培训和流程管理，我们进一步明确学校北门、西门和南门查证工作流程，明确南、北门车辆出入收费流程，工作职责流程化，进一步将保安岗位职责、流程汇编成册，便于保安岗位变动及时培训，形成保安队伍门卫管理岗位职责化、标准化和制度化规范的模式。汇总门卫管理的问题及解决对策，让保安值班上岗胸有成竹，降低摩擦。

总之，学校门卫管理工作，要紧紧围绕北京高校“十三五”平安校园提升工程提出的安全稳定目标和学校第八次党代会目标，加强安全管理工作的精细化、精准化和精确化建设，学校安全稳定工作团队积极团结整合保安队伍、安防维保队伍、消防维保队伍、平安校园中控室队伍、校园安全志愿员等（一主五辅）人力资源队伍的合力，推进1236深化平安二外工程（一安双向三服六求，一安即实现平安基本目标的基础上，努力实现校园长治久安的根本目标；双向即目标导向，问题导向；三服即服务立德树人，服务教学科研，服务学校国际化特色；六求即预防求先，管理求精，任务求细，人员求责，经费求足，目标求稳），有力推行学校安全管理制度化、规范化建设，为建设具有鲜明首都特色、国内一流、在世界上有重要影响的新型外国语大学不断提供保障。

参考文献

[1] 习近平. 谈治国理政第一卷 [M]. 外文出版社，2014.

[2] 中共中央宣传部. 习近平新时代中国特色社会主义思想三十讲 [M]. 学习出版社，2018.

[3] 张湖北. 新时期高校门卫管理面临的挑战与对策 [J]，淮海工学院学报（人文社会科学版），2013（10）.

[4] 白世荣. 关于新时期强化校门安全管理的阻力与对策 [A]；北京高教保卫学会第九届学术年会论文集 [C]. 2005年.

[5] 唐锋. 浅谈职业院校门卫管理的现状和应对措施 [J]. 才智，2016.

[6] 范祥中. 高校保安现状及对策 [M]. 中国保安，2010（10）.

[7] 宋亚军，等. 浅谈保安员队伍在高校安保工作中作用的发挥 [J]. 科教导刊，2010（16）.

以宣传为助力推动高校安全稳定工作提质升级

北京建筑大学　胡　锐

摘　要：安全稳定工作能否顺利开展并取得实效，取决于很多因素，如安全意识强不强、安全责任清不清、安全措施细不细等等，而安全意识强不强在很大程度上取决于宣传工作到位不到位。本文总结了安全稳定宣传工作的重要性，概括了安全稳定宣传工作的现状，归纳了高校安全稳定宣传工作困局的原因分析，提出了提升高校安全稳定宣传工作的具体措施。

关键词：高校　安全稳定　宣传

近年来，安全稳定工作的受重视程度与日俱增，尤其自首都高校开展“平安校园”建设以及“平安校园”建设提升工程以来，伴随着大量卓有成效工作的开展以及针对性的宣传教育的开展，师生员工对安全稳定工作的认识逐步加强。相较于安全稳定工作面临的形势以及新时代信息传播的发展而言，当前高校在安全稳定宣传工作上仍然存在着一定的滞后性和不足。如何通过宣传工作，让安全意识入脑入心，进而稳步提升安全稳定工作提质升级，是一个需要持续研究与实践的重要课题。

1　安全稳定宣传工作的重要性

党的十八大以来，安全生产被提到了前所未有的高度，习近平总书记反复强调红线意识：“人命关天，发展决不能以牺牲人的生命为代价，这必须作为一条不可逾越的红线”[1]，这既是总书记当选之初许诺的“人民群众对美好生活的向往，就是我们的奋斗目标”的鲜明写照，也是党的十九大作出中国特色社会主义进入新时代之后我国社会主要矛盾已经转化为人民日益增长的美好生活需要和不平衡不充分的发展之间的矛盾这一重大论断的真实映照，更是将统筹推进“五位一体”总体布局、建设富强民主文明和谐美丽的社会主义现代化强国奋斗目标写进宪法修正案中的生动实践。

高校安全稳定工作，作为安全生产的一分子，自然而然地受到了党和国家的高度重视，教育主管部门更是积极响应党和国家号召，大力落实有关路线方针政策，不遗余力地将“维护校园稳定，建设平安校园”写进了首要工作日程，2018 年全国“两会”前夕，教育部长陈宝生再三强调，“必须认真学习贯彻习近平总书记关于安全工作的重要思想，把安全工作摆在教育强国建设更突出位置，时刻把广大师生生命安全放在第一位”[2]，校园安全稳定对于国家和社会的重要性不言而喻。

回归到现实生活，很长一段时间以来，大众对高校安全稳定的认识仍旧有着一定程度的不足和滞后。普遍来讲，大众对高校安全稳定的认识依旧是停留在技防、消防、治安、交通、户籍等粗浅层面，更有甚者，对于技防、消防这些看似熟悉的认识，也仅仅能说出查查监控、用用灭火器之类的入门话语，对于其更深层次的内容则语焉不详。随着党和国家对高校安全稳定工作的日渐重视和强调，随着教育主管部门对提升高校安全稳定所采取举措的日渐增多和加强，高校的安全稳定工作取得了实质性的进展和突破，但是，涉及高校安全稳定的宣传工作却没有很好地契合当前社会形势的极速变化，尤其是随着互联网信息技术日新月异的发展，传统媒体发展日渐式微，新媒体发展如日中天，融媒体发展如火如荼，如何将宣传的作用更好地在高效安全稳定工作中发挥出来，切实将高校安全稳定的事前防范、事中运转、事后总结宣传到位，对于提升高校安全稳定工作意识、提高高校安全稳定工作水平无疑有着重要意义。

2　高校安全稳定宣传工作的现状

随着网络信息技术的飞速发展，高校在安全稳定工作的宣传方面，普遍进行了跟进，传统的纸质、橱窗、广播、电视等渠道的宣传日益改为新闻主页、微博、微信、短视频等新旧媒体结合的融媒体所丰富，高校师生员工接受安全稳定知识的渠道不断被拓宽、方式不断被创新、内容不断被丰富。然而，不管是传统媒体时代，还是新媒体时代，一些宣传相关的问题始终时隐时现，制约着高校安全稳定工作水平的进一步提升。

2.1　安全稳定工作的形式宣传重于内容宣传

1. 涉及安全稳定相关的整体宣传力度过小

聚焦高校的宣传网站，虽然安全稳定工作被提到了重要高度，但是与之匹配的宣传所占比例还是很小，宣传渠道中呈现更多的往往是教学、科研、文化活动等等。教学、科研、文化活动无疑是高校的核心任务，但是作为开展教学、科研与文化活动的大环境，安全稳定的重要性一样不言而喻，没有良好的安全稳定局面，师生员工的人身财产安全得不到有效保障，良好的教学成果、出色的科研成绩以及丰富的文化活动就会归于无形。安全稳定是高校一切工作的前提，加大对安全稳定工作的宣传力度势在必行。

2. 涉及安全稳定相关的基层宣传力度薄弱

在涉及安全稳定工作相关的具体宣传报道中，对有领导出席的活动往往着墨较多，位置往往也居于宣传渠道的核心位置，对基层开展的具体工作往往一笔带过、简单报道，位置往往也只是出现在基层单位的宣传渠道中，因而不能被更多人看到和学习到，形成了比较狭小的宣传闭路，达不到最佳的宣传效果，也极大地弱化了安全稳定工作的成效。

3. 涉及安全稳定相关的人物宣传力度单薄

安全稳定工作的开展主体是人，高校的安全稳定工作成效如何，取决于开展具体工作的人，包括高屋建瓴的决策者，坚定果断的操作者，任劳任怨的执行者，热心奉献的志愿者，悉心维护的守护者。安全稳定工作的宣传应该突破大而化之的形式，弱化流水账似的例行报道，聚焦真实可感的人和事，从笼统概括的抽象宣传回归到“发掘每一个人的平安故事”上的具体报道中，让宣传更有温度、力度、深度。

2.2 安全稳定工作的说教宣传重于引导宣传

高校安全稳定工作的宣传，其最终目的在于提升全体师生员工的安全意识，群策群力共建平安校园。因此，在开展安全稳定相关的宣传中，“是什么”“为什么”和“怎么做”三者同等重要，不可偏废。现实工作中，涉及安全稳定相关的宣传更多的是停留在“怎么做”层面，而且，这种“怎么做”更多的还是停留在命令式的“应该怎么做”“务必怎么做”上。从宣传效果来看，“知其然更知其所以然”在成效上无疑是最佳的，这种宣传方式能让受众了解前因后果，达成心理层面的认同和接受，仅仅是说教和命令式的宣传，缺乏对安全稳定工作开展背景、执行层面的细致呈现，往往会大大削弱宣传的效果，这也是当前涉及安全稳定工作宣传的一大痛点。

2.3 安全稳定工作的事后宣传重于事前宣传

以消防工作为例，“隐患险于明火，防范胜于救灾”是公认的工作准则，推广到高校安全稳定工作的其他方面也是如此。古语云“凡事预则立，不预则废”，安全稳定工作的重中之重在于牢固树立“隐患即事故”的危机意识，采取积极有效的措施主动预防事故的发生，这也是高校在开展安全稳定工作中不断完善制度、制定预案、积极演练的目的所在。然而，具体到宣传工作中，一个不容忽视的事实就是，大量涉及安全稳定的宣传工作往往是将重点放在所做工作的笼统报道上，偶尔也能见到对如何有条不紊细致入微开展安全稳定工作的呈现，最为缺乏的就是对如何步步为营逐步夯实安全稳定工作基础的展现，简而言之，就是事后宣传远远大于事前宣传。从宣传效果上来看，往往会对直接的受众也即高校师生员工带来一种错觉，认为高校安全稳定工作只要抓一抓重点环节、抓一抓重要事项、抓一抓重要人员就可以了，实际情况恰如《道德经》所言“合抱之木，生于毫末；九层之台，起于累土；千里之行，始于足下”，高校安全稳定工作的良好局面绝非朝夕之功，更无法毕其功于一役，只能是靠“居安思危”的意识和点滴积累、不断完善的经验，才能从容应对日渐复杂的形势，才能真正做到“守土有责，守土负责，守土尽责”。

3 高校安全稳定宣传工作困局的原因分析

当前，对于高校的安全稳定工作，无论是人力、物力，还是财力的投入，都达到了一个前所未有的高度，从中能清晰地看出全社会对高校安全稳定工作的重视。高校的技防、消防、治安、交通等工作在此支撑下，也取得了实质性进步和提升。但是作为能够有力促进安全稳定工作水平提升的宣传工作，却似乎始终没有发挥出更好的作用。习近平总书记在全国宣传思想工作会议上强调，“宣传思想工作一定要把围绕中心、服务大局作为基本职责，胸怀大局、把握大势、着眼大事，找准工作切入点和着力点，做到因势而谋、应势而动、顺势而为”[3]。高校安全稳定工作宣传困局的出现，说明在切入点和着力点的把握上依然存在着不足，如何做到因势而谋、应势而动、顺势而为，依然大有文章可做。

3.1 缺乏对高校安全稳定宣传工作中心和重心的认识和把控

什么是高校安全稳定工作的中心和重心？笔者认为，全力保障师生员工的人身财产安全就是高校安全稳定工作的中心，想方设法消除一切安全隐患就是高校安全稳定工作的重心。以此为前提，不难得出，第一，宣传不应该游离于安全稳定工作之外，而是要积极在安全稳定工作中发挥作用，成为提升高校师生员工安全保障的有力凭借，第二，在开展安全稳定相关的宣传工作中，只要围绕着上述中心和重心开展的工作都应该成为宣传的素材和内容，归根结底，要以能否为师生员工带来安全感为宣传的第一要义，而非其他。

3.2 缺乏一支勇于创新、素质过硬的安全稳定工作宣传队伍

高校安全稳定工作普遍面临的一大难题是人员不足，一是受限于各种政策原因导致安全稳定工作部门招聘难度大，新人的补充力度不足，二是即便能够顺利招聘，一般选人的标准也是以传统意义上的消防、技防等专业考量，很难也很少会以有利于开展宣传工作的角度进行，三是由于对安全稳定工作部门的认识偏差导致的歧视，使得高校安全稳定工作部门成为一个“吃力不讨好”的部门，相较其他部门而言，往往成为校内外人员流动时的“非考虑”选项。现实的情况是，随着高校师生员工对宣传内容越来越高的需求，涉及安全稳定相关的宣传如果想要取得预期效果，也需要因时而变，在形式、内容等方面产生一定的创新，创新的源泉在人，没有一支勇于创新且素质过硬的安全稳定工作宣传队伍，相关的宣传工作想要取得实质进展无疑是缘木求鱼。

3.3 缺乏高校内外、高校之间、部门之间的宣传互助互动

宣传的效果如何能够达到最大化，互动传播是一个有效的途径。反观当前高校安全稳定的宣传工作，更多的是停留在学校内部甚至部门院系内部的一种情况通报，如此就大大损失了宣传的力度。高校安全稳定工作的宣传不能仅仅停留在“自娱自乐”的初级阶段，而是要迈开步子大胆地“改革开放”，对内改革，对外开放，从内容上推陈出新，从形式上丰富完善，从渠道上互通有无，通过校内校外的良性互动互助，将安全稳定工作的宣传效果最大化，力争以点带面，从高校安全稳定意识的提升推广到全社会安全稳定意识的提升。

4 提升高校安全稳定宣传工作的具体措施

4.1 聚焦发力，着力提升安全稳定宣传工作的高度和认识，拓展形式夯实内容

马克思主义哲学告诉我们，开展具体工作的基本出发点是“抓住主要矛盾，解决主要问题”，更通俗地讲是要“围绕中心，服务大局”，高校安全稳定工作的中心是明确的，大局也是清晰的，做好安全稳定宣传工作非但不与这个中心和大局相冲突，反而是对中心和大局的积极凝聚和推动。鉴于此，在开展高校安全稳定工作的过程中，一要高度认识到加强宣传的重要性，二要牢牢把握中心，开展主题明确、形式多样的

宣传，依托4·15全民国家安全教育日、5·12防灾减灾日、6·26国际禁毒日、11·9消防宣传日、12·2交通安全日、12·4全国法制宣传日、安全教育月以及重大节假日等重要节点，充分借助新旧媒体特别是融媒体的力量，注重挖掘素材，深耕人与事，变被动宣传为主动宣传，统筹事前、事中、事后全过程宣传，讲好平安故事，讲透平安知识，摒弃华而不实的说教，突出生动活泼的引导。

4.2 优化人力，全力建设专兼职队伍，铸造安全稳定宣传工作常备军和生力军

高校安全稳定宣传工作队伍的缺乏是当前形势下的一个不争事实，但也并非无解难题。一方面，高校要因势而动因时而动，根据新情况新问题调整安全稳定工作部门及岗位设置，打破既定不变的分工模式，根据有限人员合理调配资源，达到既定人财物的充分利用，另一方面，高校要在专职队伍之外，积极主动筹建兼职队伍，特别是有效调动青年学生的力量，采取有效措施充实到安全稳定宣传队伍之中，让青年学生充分发挥学习能力强、勇于创新、熟悉自我等多方面的优点，不断营造积极性强、互动性强、创新性强的安全稳定宣传队伍，创造出更多喜闻乐见的宣传内容，更好地吸引师生员工关注安全稳定工作，在有效的宣传中提升广大师生员工的安全稳定意识。

4.3 形成合力，大力加强内外联动，形成理论实践双互动的安全稳定宣传局面

高校不是孤立的存在，高校安全稳定也不是方圆之地的独立事件，因此，高校安全稳定宣传工作也不应该自顾自地开展，大的层面，要放眼国家与社会，联系国内与国外，小的层面，要沟通高校与高校，串联部门与部门。一方面，要积极借助于内部和外部力量不断丰富高校安全稳定宣传的内容，另一方面也要将自己的探索与经验不断汇总，及时传导到部门和高校之外，形成社会综合治理的有益补充，多方互动，互通有无，打造信息沟通的无障碍通道。与此同时，要在理论交流之外，不断加强面对面的交流，不论是以社会组织名义，还是以政府部门名义，抑或是其他形式，要充分组织主题明确、形式多样、内容丰富的宣传交流活动，通过大量面对面的信息交流和头脑风暴，不断汲取充沛的力量。

高校安全稳定既直接关系到数以千万计的师生员工的幸福，更间接关联着整个社会的安定和谐有序，宣传工作作为高校安全稳定的有力推手，既要被重新审视和发现，也要被认真对待和重视，由不得任何人不去审慎和思考。高校安全稳定宣传工作的现状及其成因一直在提醒我们，切实有效发挥宣传在高校安全稳定工作中的作用依然任

重道远。然而，只要我们撸起袖子加油干，总结经验努力干，一年接着一年干，宣传这把利剑会在提升高校安全稳定工作水平的过程中熠熠闪光。

参考文献

[1] 叶昊鸣，齐中熙. 严守安全底线，奏响生命至上——党的十八大以来我国安全生产事业改革发展综述 [DB/OL]. http://www.gov.cn/xinwen/2017-10/16/content_5232170.htm, 2017-10-16/2018-03-27.

[2] 余闯. 陈宝生：把安全工作摆在教育强国建设更突出位置 [DB/OL]. http://www.jyb.cn/zgjyb/201803/t20180302_1005498.html, 2018-03-02/2018-03-27.

[3] 倪光辉. 习近平：胸怀大局把握大势着眼大事 努力把宣传思想工作做得更好 [DB/OL]. http://cpc.people.com.cn/n/2013/0821/c64094-22636876.html, 2013-108-21/2018-3-27.

用“精治、共治、法治”理念推进高校安全稳定工作*

——以北京建筑大学为例

摘　要：党的十八大以来，以习近平总书记为核心的党中央高度重视安全稳定工作，多次研究部署，尤其提出要建立健全安全稳定工作机制、全面落实安全稳定主体责任。在此背景下，本文提出了以“精治、共治、法治”理念推进高校安全稳定工作，并以“全面从严治党视域下落实安全稳定主体责任制研究”为统领，畅谈了学校安全稳定工作在精治、共治、法治上的有益探索。

关键词：精治　共治　法治　高校　安全稳定

课题支撑：北京高教保卫学会研究课题“全面从严治党视域下落实高校重点部位安全主体责任研究”

1　以“精治、共治、法治”理念推进高校安全稳定工作的历史背景

党的十八大以来，以习近平总书记为核心的党中央高度重视安全稳定工作，“安全生产”“人命关天”“红线意识”等事关社会稳定的词语频频出现在党和国家领导人的讲话之中。2015 年 5 月 29 日，中央政治局就健全公共安全体系进行第二十三次集体学习，习近平总书记强调，维护公共安全必须从建立健全长效机制入手，推进思路理念、方法手段、体制机制创新，加快健全公共安全体系。并强调要提高公共安全体系精细化水平，每一个环节都要深入考虑和谋划。同时指出，要坚持群众观点和群众路线，拓展人民群众参与公共安全治理的有效途径，动员全社会的力量来维护公共安全。这

* 文章已发表于《高校安全管理》（ISBN978－7－5352－8894－3）2018 年第 2 辑 1—3 页。

充分体现了习近平总书记在安全稳定工作方面“精治、共治、法治”的指导思想。2015年9月24日，习近平总书记在全国社会治安防控体系建设工作会议上，就公共安全工作再次作出重要指示，强调“当前公共安全事件易发多发，维护公共安全任务繁重。政法综治战线要主动适应新形势，增强风险意识，坚持多方参与、合作共享、风险共担”，并指出要“推进公共安全工作精细化、信息化、法制化，不断提高维护公共安全能力水平，有效防范、化解、管控各类风险，努力建设平安中国”[1]。习近平总书记在指示中所谈推进公共安全工作精细化、法制化，再次体现了“精治、共治、法治”的指导思想。自治、精治、共治、法治是近年来社会治理和城市治理的根本方法和实施路径，是应遵循的指导思想和基本经验。

2017年8月7日，北京市委书记蔡奇就“建设一个什么样的首都，怎样建设首都?”在人民日报发文具体阐释。文中在谈“构建超大城市有效治理体系”时指出，“越是超大城市，管理越要精细，越要在精治、共治、法治上下功夫”[2]早在2014年12月，深圳市龙岗区就曾提出“构建‘法治、自治、共治’社会治理新模式”，该区书记在一次沙龙中提出“龙岗经济发展迅速，与此同时，城区安全、社会维稳等各类社会问题时有发生，粗放的、传统的管理方式明显跟不上快速发展的步履，如何打造出与发展阶段相匹配社会治理模式已成为龙岗的当务之急”[3]。北京、深圳两市在城市治理方面所体现出来的精治、共治、法治，在很大程度上与社会维稳有着密不可分的联系。或者说，在很大程度上，其所遵循的精治、共治、法治理念，在很大程度上是基于社会稳定基础上所作出的决定。无论出于城市治理的需要还是社会治理的需要，作为其中的一分子，高校的安全稳定工作都应顺势而为，借鉴城市抑或社会治理的经验，以精治、共治、法治理念开展安全管理与服务工作，有序应对高校安全稳定中面临的问题，有力维护校园的和谐稳定，扎实推进“平安校园”建设。

2 高校安全稳定工作面临的问题

2.1 安全稳定主体责任机制建设细化不够，精治意识欠缺

普遍而言，高校对安全稳定工作的体制机制建设比较重视，但与社会转型期安全稳定工作面临的形势相比，有时候重视程度又略显不足。安全稳定的规章制度比较健全，但是可操作性与实效性如何则不可深究。十八大以来，全面深化改革正进一步向纵深发展，全面从严治党正进一步向各领域覆盖，触及的利益会越来越多，产生的不适应感会越来越强。总体来看，当前形势下加强安全稳定工作的规范管理、落实安全

稳定主体责任应成为题中之义，与之相比，安全稳定工作的精治意识尤显不足。

2.2 对高校安全稳定工作的认识存在差距，共治意识不强

近年来，安全稳定工作意识较以往已有较大改观，广大师生员工对安全稳定的认识也确有提升，但“我们是开放办学，校园管控这么严没有必要”“高校的主要任务是推动教学科研等中心工作，稳定工作差不多就行了”“安全工作是主要职能部门的事，教学科研才是我们的本职工作”等意识仍然存在，与“谁主管、谁负责，谁使用、谁负责”及“管业务必须管安全”的目标要求还有很大差距，安全稳定工作的共治意识尤为欠缺。

2.3 安全稳定工作责任追究可操作性欠缺，法治意识不够

安全工作涉及方方面面，有时一个安全事故连责任人都很难明确，更遑论“打板子打到谁的头上合适”的问责了。比如某实验室操作台失火，是线路老化，还是仪器设备老化？是实验室管理不到位，还是安全教育没到位？凡此种种，不胜枚举。上述问题为后续追责带来了很大的麻烦。一些人对遮挡消防设施、阻碍消防通道、擅自动用消防用水等不以为意、不置可否，自以为无关紧要可以不了了之，殊不知事关重大可能违法犯罪。在全面依法治国的背景下，安全稳定工作的法治意识尤待加强。

3 基于“精治、共治、法治”的安全稳定工作理论架构

隐患就是事故，安全工作无小事。十九大报告对牢牢掌握意识形态工作领导权、健全公共安全体系、完善安全生产责任制等提出了明确要求，这些为今后高校的安全稳定工作指明了方向。面对新形势、学习新内容、谋划新思路，我认为，全校上下应进一步提高思想认识，高度重视安全工作，在全面从严治党总要求下推动安全稳定主体责任的落实，根据“谁使用、谁负责，谁主管、谁负责”工作要求，加强精细化管理，在精治、共治、法治上下功夫。精治，就是事事有人管。确保与安全稳定有关的人、事、地、物都能精细化管理，确保每一间功能用房都有责任主体、每一个关注对象都能一事一案、每一处安全隐患都能及时消除。共治，就是人人齐参与。幸福你我他，安全靠大家，每一名师生都拥有安全意识、每一个部门都尽到安全责任，我们的安全工作才能提质，也只有大家齐参与，才能实现安全工作的精治。法治，就是时时守规矩。建立和完善安全稳定工作体制机制，是着眼长远且需常抓不懈的工作，安全稳定工作不是紧一时松一时的工作，只有时时重视、事事规范、人人尽责，我们才能

降低安全隐患、避免安全事故。

4 基于“精治、共治、法治”的实践探索

北京建筑大学深入贯彻“‘党政同责，一岗双责，齐抓共管，失职追责’和‘管行业必须管安全，管业务必须管安全’要求”[4]，以“精治、共治、法治”为指导，以“全面从严治党视域下落实安全稳定主体责任”为统领，针对高校重点部位的安全管理进行一定的实践探索，取得了初步成效。

4.1 用精治思想分类指导，高度重视

北京建筑大学一直将安全稳定工作作为“一把手”工程，校领导以身作则、率先垂范，做到重要工作亲自部署、重大问题亲自过问、重点环节亲自协调、重要事项亲自督办，在工作实践中形成了开学初、重要敏感期、重大活动期间分别到所联系指导的二级单位检查指导安全稳定工作，极大地推动了隐患排查整治工作的快速解决。如在2017党的十九大和安全隐患大排查大清理大整治专项工作中，党委常委会、校长办公会多次专题研究工作部署、校领导工作分工、隐患台账解决进度等，校领导分别到所联系分管部门，多次通过听取汇报、现场督导等形式推动安全稳定工作。学校书记专题会专题研究安全稳定工作的人、财、物的支持力度，确保政策落实到位、条件保障到位。

学生的安全工作，是高校安全稳定工作的重点。根据近年来大学生网络受骗事件频发的工作实际，北京建筑大学精细化推动新生安全稳定工作，尤其精心准备，帮助大学新生平稳度过入校三个月的案件高发期。通过新生入学向每位新生下发安全提示、每个新生宿舍张贴安全提示、每个学院新生大会和新生家长会专题宣讲安全、微信平台专题推送安全提示、严格执行大门口闸机刷卡制度等，使得学校新生案事件（电话卡、上网卡受骗为主）由2015年的25起降至2016年的4起，2017年，更是降至1起，精细化管理取得了显著成效。

4.2 用共治思想齐抓共管，联防联治

安全稳定工作业务涉及多个主要职能部门，涉及工作的方方面面，齐抓共管、联防联治显得尤为重要。一直以来，北京建筑大学非常注重发挥党政办、保卫处、宣传部、学工部、研工部、资产处、基建处、网信中心等多部门作用，协同推进安全稳定工作、协同处置各类重大事件和突发事端。为进一步推动社会治安综合治理工作，深

入开展“平安校园”建设提升工程，学校还制定了“社会治安综合治理（‘平安校园’建设）实施细则”，由各部门的自动自发，规范为每个部门的应尽职责。

安全稳定工作离不开属地公安消防等政府部门的支持，学校非常注重发挥北京市内保局文保支队的总体协调作用，在处理学生不稳定因素和学生个案上，文保支队都给予了极大的支持，同时在处理学校周边疏解工作、新校区建设等工作中，得到了属地公安、消防极大的支持，通过现场指导工作、专题讲座、工作恳谈等形式加强警民联系，推动学校安全稳定工作。

4.3 用法治思想层层分解，责任到人

高校安全稳定工作的两个重点环节，一是师生的安全意识强不强，二是安全责任清晰不清晰。因此，北京建筑大学以课题“全面从严治党视域下落实高校重点部位安全主体责任研究”为统领，全面推动安全稳定责任制落实工作。为推动实验室安全工作，2016 年全校 400 余个实验室全部实现安全责任人挂牌管理，每个实验室均明确了“二级单位分管领导—实验室负责人—房间负责人”三级管理责任人。同时，还制定了实验室安全管理责任书，明确规定每级每岗的安全责任内容，并明确了教学或科研业务主管部门，一式四份共签署安全责任书 2000 余份。在 2017 年安全隐患大排查大清理大整治专项工作中，全面梳理了所有功能用房的安全责任人，实现了安全责任全覆盖。

为强化责任意识，进一步加强安全工作，学校还制定并签署有二级单位安全稳定任务书、学生安全责任书、无人机设备管理及使用安全责任书、校园施工安全责任书、机动车驾驶员安全责任书等。这些工作的开展，既是全面从严治党视域下落实高校重点部位安全主体责任的有益尝试，又极大地提升了师生员工的安全意识。

新时代、新思想、新目标、新征程，安全稳定工作是事关事业发展全局的基础性和关键性工作。咬定青山不放松，事业立根稳定中；时时紧绷安全弦，提质转型方完成。我们应在学习宣传贯彻十九大精神中，在推动落实学校总体工作部署中，全面看待安全稳定，提高思想认识，强化责任落实，确保高校绝对稳定。

参考文献

[1] 习近平：不断提高维护公共安全能力水平 努力建设平安中国 [EB/OL]. http：//china.cnr.cn/gdgg/20150923/t20150923_519950594.shtml，2015-09-23/2018-03-18.

[2] 蔡奇．奋力开创首都发展更加美好的明天 [N]．人民日报，2017-08-07（09）.

[3] 深圳探索构建“法治、自治、共治”社会治理新模式 [EB/OL]. http：//china.cnr.cn/gdgg/20150923/t20150923_519950594.shtml，2014-12-11/2018-03-18.

[4] 教育部办公厅关于加强高校教学实验室安全工作的通知（教高厅〔2017〕2号）[EB/OL]. http://www.moe.edu.cn/srcsite/A08/moe_736/moe_735/s5661/201703/t20170309_298727.html, 2017-02-20/2018-03-18.

将国家安全教育纳入高校通识教育的认识与思考*

北京建筑大学　吕　哲　李　昱

摘　要：本文根据习近平总书记在国家安全工作座谈会的指示精神及当前大学生群体存在国家安全观念淡薄，敌情观念淡化，对总体国家安全观认识模糊，甚至一定程度存在“和平年代无间谍”“国家安全与己无关”“高校内无密可保”的错误思想，这种思想上的麻痹，极易被境内外敌对势力利用，出卖国家利益，严重危害国家安全。在国家安全机关的指导下，北京建筑大学不断地创新、探索、实践，以防范抵御“颜色革命”为切入点，将国家安全教育纳入高校通识教育体系，整合国家安全教育资源，建立教育联动的新机制和新平台，筑牢维护国家安全的钢铁长城。

关键词：国家安全　国安教育　通识教育　核心价值观

国家安全是国家的根本利益所在，是维护国家安全的意识取向，是世界观、政治观、社会观、道德观在国家安全问题的反映。加强对大学生国家安全意识的教育，是完善大学生人才培养以及维护社会稳定的重要途径，国家安全问题关乎国家的安危和民族的存亡，是各项事务顺利开展的基本保障，是培养中国特色社会主义事业建设者和接班人的内在需要和重要保障，进一步提高学生辨别是非、坚定立场、落实行动的能力，进而保障我国社会的长治久安。习近平总书记强调，要准确把握国家安全形势变化的新特点、新趋势，坚持总体国家安全观，走出一条中国特色国家安全道路。当代大学生作为社会主义现代化建设的主力军、保卫国家安全的后备军，也是敌对势力进行思想文化渗透的重点目标。在全球化、网络化和信息化的时代背景下，要端正对国家安全教育的认识，改革高校通识教育的教学内容，加强课程时间、课堂教学、授课人员等方面的力量，提升大学生国家安全教育的实效性，进一步增强大学生的国家安全意识。

---

* 文章已发表于《高校安全管理》（ISBN978－7－5352－8894－3）2018年第3辑1—4页。

1　当前高校国家安全教育情况

1.1　问题的提出

1. 加强大学生国家安全教育的紧迫性

据《南方日报》报道，广东省航海学校学生徐某，将有我军舰船方位的电子地图制作成文件档案提供给境外间谍，被国家安全机关依法审查。另据报道，哈尔滨硕士研究生常某为境外人员搜集情报及内部资料 50 余次被逮捕。这仅仅是泄露国家安全信息的冰山一角，现阶段，各种非传统安全威胁和挑战依然严峻，没有硝烟的战争、不流血的战争暗流涌动。习近平总书记深刻指出："中国国家安全内涵和外延比历史上任何时候都要丰富，时空领域比历史上任何时候都要宽广，内外因素比历史上任何时候都要复杂。"

大学生涉世较浅，面对诱惑和蒙蔽缺乏足够的判断，很容易上当或被利用，加强对大学生的国家安全教育迫在眉睫。

2. 加强大学生国家安全教育工作的重要性

大学生在我国学历教育体系中处于最高层次，但大学生的个体综合素质差异较大。近年来暴露的问题充分说明这一群体的思想教育存在缺陷，而在思想政治教育中，国家安全教育极其缺乏。大学生教育肩负着为中华民族伟大复兴、培养和输送拔尖人才、创新人才的重任，同时，大学信息资源富集，中外交流频繁，一些间谍情报人员以合法身份掩护非法目的，对我国高校进行煽动、窃密、策反等危害国家安全的活动。国家安全教育是"塌陷"的"短板"，缺乏细致的安排和可操作性的教育方案，造成大学生国家安全意识淡漠，经不住诱惑，唯利是图，不仅危害国家安全，最终走上不归路。大学生的国家安全教育是补好"精神之钙"的客观要求，是教书育人的重要环节和神圣使命，是维护国家安全，实现"中国梦"和中华民族伟大复兴的战略需要。构筑大学生的思想防线，加强国家安全教育，树立社会主义核心价值观意义深远。

1.2　当前大学生国家安全观教育存在的问题

1. 大学生国家安全意识相对淡薄

当前，大学生国家安全观念相对淡薄，敌情观念淡化，对国家安全的认识还停留在军事、政治、外交等传统安全领域，对经济、科技、金融、信息等新领域的安全问题缺乏认知，不自觉地对西方敌对势力的渗透和破坏活动失去了警惕，乃至产生了“和平年代无间谍”“改革开放无密可保”等错误思想。这种思想上的麻痹，容易造成一些国家机密无意中被泄露，或者是出于某种利益的驱使被人利用，出卖国家情报，给国家带来严重的危害和损失。

据媒体报道，近年来有境外情报机构对大陆学生实施了数十次网络策反活动，境外间谍通过网聊或招聘寻找目标，以物质手段利诱涉世未深的大中学生进行机密情报的搜集和传递。有些学生一开始为其搜集情报时可能是无意的，但在觉察对方身份后仍因贪利而继续为其工作，直到被有关部门带走调查。这类现象充分暴露了大学生国家安全意识的淡薄，没有意识到自己对国家应当承担的责任。

2. 高校里开展的国家安全观教育缺乏实效性

在近年来境外对我国意识形态渗透的方式更加隐蔽，手段也越来越多样化。大学校园是一个思想活跃的地方，大学生处在这种思想活跃的环境中，如果缺乏正确的教育和引导，容易被西方错误的思想所误导。高校目前在大学生国家安全观教育方面存在缺失。

一方面，国家安全观教育在高校并未作为独立的课程体系开设。虽然在形势与政策、军事理论和思想道德修养与法律基础课中都有国家安全方面的相关内容，但是没有专门的师资队伍和系统的教材，教育内容并不具有系统性和针对性；另一方面，开展的国家安全观教育实践活动比较少。这就很难引起大学生们的关注和共鸣，无法达到预期效果。

2　将国家安全教育纳入通识教育体系的意义

近年来，随着大学人才培养模式变革，通识教育成为热点问题。2015 年 11 月，北京大学、清华大学、复旦大学和中山大学成立“大学通识教育联盟”，推动我国通识教育迈向新阶段。在政策层面，不久前公布的国家“十三五”规划纲要，强调提升大学创新人才培养能力：“实行学术人才和应用人才分类、通识教育和专业教育相结合的培养制度，强化实践教学，着力培养学生创意创新创业能力”；“加快学习型社会建设”。这些体现“国家战略意图”的重要目标和发展理念，对于推进我国大学通识教育发展具有普遍的指导意义。通识教育涵盖教育理念、课程体系及教育教学实践三层面，以课堂教学为主要途径，辅以校园文化熏陶等隐性课程。好的通识教育，在课程实施上，大多通过经典和核心课程教学，培养全面发展和完整的人。

而国家安全教育就是对公民进行国家安全意识、国家安全观念、国家安全知识和自觉维护国家安全的教育。大学生作为祖国未来社会主义接班人，应将国家安全教育纳入通识教育体系中。

2.1 国家安全教育在通识教育中的重要作用

随着我国对外开放的不断深化，不仅会引起人们经济生活的巨变，而且会带来意识形态领域呈现出多种思想意识、多种文化，多种观念的相互碰撞和各种社会思潮纷繁杂陈的局面。在这种社会大环境中正在成长的青年学生，不能不受各种思想、文化的冲击和影响，表现出对时代精神追求的特殊心态和多元的价值取向。

国家安全教育需注重理论与实践的结合，可以使学生通过国家安全理论的学习和国家安全案例的教育，了解更多的关于国家利益及相关方面的知识；能够有效弥补目前我国中学阶段过分偏重智育教育的不足，使德育、智育、体育等在教育教学过程中得以充分体现，并成为大学生通识教育的重要组成部分。

2.2 通识教育体系使国家安全教育更加规范和科学

通识教育是现代教育理念中国化的实践过程。无论是国外与通识教育相关的博雅教育、全人教育、自由教育、能力拓展训练等教育方式；还是中国贯彻多年的素质教育和“德、智、体、美、劳”全面发展教育；以及爱国主义、集体主义、社会主义教育；还有培养一专多能、德才兼备的人才教育；或者弘扬传统文化教育等等，都能涵盖在通识教育的范畴之中。这种包容体现了中国通识教育即有中国特色，又全面改革开放面向世界。用通识教育的理念可在相当程度上，整合多样性的现代教育理念和模式，赋予通识教育以中国传统文化内涵，既体现时代性，又保持民族性，把现代科学技术与中国传统的文化典籍结合起来，把现代信息文明与中华优秀文化历史统一起来。

经过多年的发展，我国高校通识教育日趋规范和成熟并形成有效的体系。通识教育体系必将促进国家安全教育的科学化和规范化。

2.3 国家安全教育将进一步丰富高校通识教育体系

通识教育是素质教育最有效的实现方式。在通识教育中，贯彻“博学与精专相统一的个性化素质教育”，把通识教育分解成哲学社会科学素养、人文素养、自然科学与技术素养、美学艺术素养、实践能力素养等五大模块。鼓励学生结合自身实际跨学科、跨专业自由选课，充分发展个性，博学多识；鼓励学生从难、从严、从自己实际出发自主选课，从而增强学生学习主动性全面提高素质。

而作为国家公民必备的素质之一，国家安全知识将贯穿于大学生的终身。因此，国家安全教育将进一步丰富和完善高校通识教育体系。

3 以通识教育加强国家安全教育的几点举措

多年来，虽然我国高校国家安全教育的开展差强人意，更不能很好地实现通识教育的目标，因此提高认识，完善课程设置，丰富教学手段，提高教学质量，是当前开展和加强国家安全教育的当务之急。

3.1 优化国家安全教育课程设置

要实现国家安全教育通识的目标，教育课程设置要优选优化，重在“通”和“识”上下功夫：一是要具备“通”，即教学内容要融会贯通；不同学科的知识、学习方法能够相互融通；遇到问题时能够从比较开阔的、跨学科的视角进行思考，使不同文化和不同专业之间能获得经常沟通，以培养学生的辩证思维能力、沟通表达能力。高校国家安全教育是培养学生提高国家安全的意识和技能，着眼于一般性和教育性，达到“通”的目标。二是要具备“识”，以“通”求“识”，这里的“识”是“识见”，即识科学、识社会、识人类，此外还要识文化、识历史。帮助学生历史的、辩证的、客观的认识人的全面发展的意义，因此为了达到“通”和“识”，国家教育教学内容设置中要突出国家安全观、利益观、主权观、领土观等“大安全观”和“全局观”。从而让学生认识民主政治，能够作出道德判断，寻求全民共同的利益和价值，寻求社会命运之根本。总之，国家安全教育目的是以宏观、远大、有器识的基本认识为基础，这些都为学生今后的专业学习及个人的发展打下广泛的知识基础和能力基础。

3.2 完善国家安全教育教学手段

首先，选用多种国家安全教育方式。坚持传统讲授和针对不同教学内容采取不同教学相结合方式。教师在课堂教学这一主阵地中要充分发挥主导作用，充分利用现代多媒体技术，将幻灯片、音像、图形及课件运用到理论讲解中，使国家安全教育形象客观、深入人心。针对学生中存在的有争议的问题，采取问题研讨、辩论式教学法；针对学生中存在的难点问题，采取启发式教学法、战例教学法，对典型的国家安全案例加以剖析，从而加深对该理论的认识及理解。引导学生通过对国家安全案例展开研讨，提出自己的见解，从而调动学生的积极性，增强他们独立理性思考的能力。教师还要发挥学生的能动作用，推荐阅读一些优秀的国家安全著作、读物，开设国家安全教育讲座和选修课、通过专题征文和演讲，组织学生参观国家安全教育基地等学生喜闻乐见的活动。对学生进行多渠道的爱国主义教育，使学生增强当代青年应具有的责任感和使命感。

其次，加强高校与国家安全工作机关之间的合作与交流。在教学过程中，可视教学需要派遣承担国家安全教育的教师以培训、进修等方式到国家安全工作机关学习，以掌握国家安全理论的前沿知识，了解国家安全的最新动态，提高教师的国家安全教育素质和水平。同时，还可不定期邀请国家安全知名专家来校讲学，开辟国家安全理论教育的新途径。

再次，开展形式多样的国家安全教育活动。国家安全教育在课堂教学基础上要积极探索新的活动载体、挖掘新的教育资源。2015 年 7 月 1 日，全国人大常委会通过的国家安全法规定，国家加强国家安全新闻宣传和舆论引导。通过多种形式开展国家安全宣传教育活动。将国家安全教育纳入国民教育体系和公务员教育培训体系，增强全民国家安全意识。每年 4 月 15 日为全民国家安全教育日，这是我国第一个以法律形式明确规定国家安全教育的主题日，是开展国家安全教育的重要时机。高校应切实搞好全民国家安全教育日的活动，宣传贯彻《国家安全法》，使广大学生身处其中耳濡目染、在校园内形成一股热爱祖国、为维护国家利益而献身的浓厚氛围。

3.3 开展高校国家安全教育的超前教育

“超前教育是现代教育的基本属性之一，其基本内涵是指教育目标应根据社会发展的要求而制定，教育事业的发展必须先于经济的发展”。自古以来，有国家就有国家安全。国家安全是指国家政权、主权、统一和领土完整、人民福祉、经济社会可持续发展和国家其他重大利益相对处于没有危险和不受内外威胁的状态，以及保障持续安全状态的能力。国家安全是一个国家生存和发展的安全保障，国家安全人民防线的建立，决定了国家安全与否。因此，高校国家安全教育的理论教学不能拘泥于书本上已有的知识，必须时时更新，紧随当代世界形势的总体发展趋势，确保教学内容的超前性，以体现时代要求。

4 结论

通识教育与国家安全教育的概念是相互独立的，但彼此又是相通相融的，两者之间的联系明显，并且结合点也很多。高校国家安全教育与通识教育相结合是新时期国家安全教育工作的有效形式。我们只有通过对高校国家安全教育理论的不断探索，尤其是对传统观念的更新，使之适应时代、国家和社会发展的需要，在实践中开展不同的国家安全教育模式的比较，不断完善，不断创新，通过二者的相互影响、相互渗透、彼此互补、相互促进，真正推动高校国家安全教育学科的良性循环，达到共同发展，才能使国家安全教育在时代需要的高素质人才培养中发挥更大的作用。

参考文献

[1] 新华社. 习近平主持召开国家安全工作座谈会强调 牢固树立认真贯彻总体国家安全观 开创新形势下国家安全工作新局面 [DB/OL]. http://www.xinhuanet.com/politics/2017-02/17/c_1120486809.htm, 2017-02-17/2018-06-11.

[2] 中华人民共和国国家安全法 [DB/OL]. https://baike.baidu.com/item/%E4%B8%AD%E5%8D%8E%E4%BA%BA%E6%B0%91%E5%85%B1%E5%92%8C%E5%9B%BD%E5%9B%BD%E5%AE%B6%E5%AE%89%E5%85%A8%E6%B3%95/525260?fr=aladdin, 2015-07-02/2018-06-07.

[3] 南方日报. 广东：网络泄密案多发 间谍盯上大学生 [DB/OL]. http://gd.people.com.cn/n/2015/0420/c123932-24560007.html, 2015-04-20/2018-06-07.

当前高校安全稳定的风险因素及应对措施

首都师范大学　车五丰*

摘　要：随着我国社会和经济的发展，以及国家全球化战略的实施，高等院校的内外部环境都发生了很大的改变，影响高校校园安全稳定的风险因素也有了新发展和变化。本文从探究风险因素新的发展变化为出发点，分析了各个因素对高校安全稳定工作的影响，并就如何采取应对措施提出思考和建议。

关键词：安全稳定　风险因素　防范措施

高校安全工作历来受到国家和教育部的重视。随着社会经济和科技的发展，高校安全工作也出现很多新的问题，一些影响高校校园安全稳定的风险因素也有了新发展和变化，高校的安全工作面临着新的挑战。研究和探索高校安全稳定风险因素新的发展变化并采取有效的应对措施，是每一位高校安全管理工作者需要认真思考的问题。

1　高校安全稳定风险因素

1.1　外部环境存在的安全威胁

高校与周围环境存在着密不可分的联系。从关联环境的看，世界政治多极化、经济全球化和社会信息化，使得传统安全威胁和非传统安全威胁相互交织，形成了对高校安全稳定的潜在威胁。如国家周边安全隐患以及西方长期的和平演变的战略，暴力恐怖势力、民族分裂势力、宗教极端势力以及邪教非法组织、间谍组织等各种敌对势力对高校的渗透都是威胁高校安全稳定的重要因素。

---

* 《学园》ISSN 1674－4810，2017 年 3 月发表。

同时，随着国际信息交流的日益紧密，经济、文化全球化带来的多元政治文化思潮给高校大学生的思想稳定带来冲击，各种社会矛盾波及高校校园，社会不良文化对高校不断侵蚀；特别是针对民族高校而言，国内尤其是民族地区经济社会发展状况，由三股势力非法组织与鼓动造成的民族冲突与矛盾，并由此引发的民族紧张关系也直接威胁着高校的安全稳定。

1.2 安全管理机制不健全带来的问题

安全管理机制是高校按照安全管理的基本原则与目标出发，制定的一系列组织管理体制与安全事务处置机制。为应对社会与高校内部的各类安全事务，除了学校内部负责安全工作的保卫处外，多数高校都成立了“安全稳定工作领导小组”“社会治安综合治理委员会”等多个安全稳定领导机构，这些领导机构没有实体的组织与办事人员。可以说，一些专题性的安全管理机构虚设，应付成分多，实质内容少。

得益于国家对社会危机干预与处置的高度重视，高校在探索中也有真针对性的逐步建立了危机处置机制、安全预警机制、心理问题干预机制以及针对“平安校园”建设的工作考评机制等。但是这些机制多停留在纸面，其科学性、实效性等仍需商榷。

特别是，随着高校与社会交流日益紧密，学生社团呈现出活动空间不断向校外延伸、活动经费趋于多样化、活动成分构成复杂化、组织形态多样化等特点。另外，因高校在学生学业管理、生活管理等方面的不当行为引发安全稳定问题仍然层出不穷。这些问题与现象的存在凸显出当前安全管理工作主观意识强而现实抓手弱、被动应急多而主动建设少、整体压力大而基层动力小的现实问题。因此，很多高校处置事情缺乏机动性，灵活性，要么没人管，要么纸上谈兵不能有效及时处置这些问题。这是当前安全管理体制机制不健全，不完善，实际作用有效的直接表现，使得体制与机制本身亦成为影响安全稳定工作的风险因素。

1.3 网络信息科技发展的负面影响

网络信息的创新发展一方面为社会公众传播有益信息，提供便利的交流平台；另一方面，网络信息的发展与网络信息的多元化带来了安全挑战。网络信息技术带来的安全挑战主要在四个方面。

一是网络平台不良信息泛滥，挑战大学生思想政治底线。网络空间中充斥着大量反动性、煽动性或低级庸俗的信息内容，作为心智尚未成熟的大学生，极易受诱惑欺骗，成为反党、反国家、反社会的投敌卖国分子。近期，广州、东北地区曝光的境外间课通过网络策反境内大学生窃取军事秘密便是现实写照。还有一些无底线的博出位炒作，极大的损毁了社会道德，对大学生人生观、价值观、世界观的形成造成了极坏影响。

二是为社会犯罪分子侵害校园学生提供了便利。大学生在网络与信息新技术的使用过程中，安全意识薄弱，防备心理较差，甚至有时自恃聪明，放松了安全警惕性。犯罪分子常利用交友、兼职工作、或冒充客服等与大学生接触，伺机进行强奸、抢劫、诈骗、传销等违法犯罪活动。每年新学期开学，高居不下的网络诈骗案件一直是各高校关注的重点问题。

三是造成了大学生网络迷恋，影响心理健康成长，引发不良行为的产生。由于网络存在信息多、内容丰富、吸引力强，并能让部分在现实环境中失意的人在虚拟空间释放自我等作用，很多大学生不能把持自我，造成网络成瘾。网络成瘾学生由于无法抵抗上网的冲动而放弃正常的学习、交友活动，由此造成学业荒废，人际关系恶劣、并形成焦虑、苦闷、压抑、烦躁等不良情绪，严重危害自身的身心健康。

四是易引发网络舆论暴力，影响现实中高校的和谐稳定。网络空间具有虚拟性、开放性等特点，为人们思想的表达提供了空间，也为不良情绪的发泄提供了渠道。但是一些以“有图有真相”方式，部分大学生或师生员工以自身私利得不到满足便在网络上发帖发泄，甚至不惜歪曲事实，已达到吸引网络围观，造成极大负面影响的网络舆情，甚至引发现实中的群体性事件。高校安全稳定部门必须对此加以高度重视，做好现实处置策略。

1.4 师生生理、心理与意识形态问题带来的不稳定

近年来，高校教师与大学生因心理问题导致的伤害、自杀事件屡见报端。可以说，因社会环境因素、家庭因素、学校因素以及网络因素导致的心理问题引发的安全事件已成为影响当前高校安全稳定的重要问题与难点问题。

在高校中，大学生心理问题较为突出。有学者将高校中存在经济困难、心理困难、学业困难、行为困难、信息困难、就业困难等方面困难的学生称之为特殊群体。高校特殊群体学生普遍压力过大、自我戒备心较强、具有较强的隐秘性和较大的变动性。他们很容易因为短期内一些事情和困难无法解决而引发不良行为的产生，直接影响校园的安全稳定。

高校关注学生的同时，教师意识形态问题不可忽视。学术无止境，讲课有纪律，这是学校对老师授课的基本纪律要求。但是一些教师仍然传播不良信息。还有一些国

内高级科研人员与教师为满足私利，依靠参与研究涉密技术、涉密文件的便利条件，充当外国间谍，泄露国家机密。这些安全事件的出现不但影响了学校自身的安全稳定，更是对国家的安全稳定构成了威胁。

2 高校安全稳定风险因素的应对措施

高校安全稳定工作中的一般性安全风险因素与新挑战并存。在应对一般性安全风险因素方面，已经有诸多专家进行了探讨与实践。

2.1 体制机制建设方面

制度建设是推进高校安全稳定工作制度化、规范化发展的基础性工程。高校安全管理部门要积极构建校园应急预警体系，推进应急处置体系建设，做好安全稳定风险评估，强化风险管理意识，进而不断完善高校安全管理系统，促进安全稳定工作的协同管理。制度化的措施探讨是当前高校安全稳定工作体系完善的基本途径。

2.2 在队伍建设方面

高校保卫干部、保安员、辅导员、心理咨询老师、学生党员干部及学校各单位专兼职安全干部等构成了高校安全稳定队伍的主体。为提高队伍的工作积极性，加强队伍责任心，落实队伍执行力，高校安全管理部门要明确岗位职责、做好安全稳定工作考核评估，以切实有效的奖惩手段激发安全稳定队伍工作积极性与主动性，充分发挥各领域安全队伍的功能与作用。同时，为应对安全问题的复杂化、多样化与不可控性，高校要不断推动安全队伍的专业化、协同化发展，以此满足高校安全稳定工作人才队伍适应时代发展的要求。

2.3 应对网络发展方面

为积极应对网络带来的新问题，高校要主动做好网络舆情监测，正确引导舆情方向，建设好网络安全管理队伍，同时在线下做好当事者的思想教育工作，做好现实问题的解释与舆情疏导工作。另外，高校有关部门在关注网络负面影响的同时，要认识、掌握和推动网络在安全管理过程中的优势，发挥网络的积极功能与作用才能真正妥善解决网络引发的问题。

2.4 师生心理与意识形态方面

教师、学生群体中的精神问题、心理问题逐年呈多发趋势。因此，做好心理辅导与思想引导、改进学生管理工作、有针对性地做好少数民族学生、特殊群体学生服务与管理工作是高校有关部门必须采取的措施。另外，政治意识形态引导方面，学校要强化对教师、学生思想意识形态的正确引导，做好重点人群的敏感时期的管控，只有这样才能有效减少师生政治安全事件发生，保持高校政治的和谐稳定。

3 结束语

随着社会政治经济的发展，新的国家安全观、新的社会治理理念、新的外部环境威胁、新的技术发展已经为当前高校安全稳定工作带来的无法回避的挑战。这四个领域带来的挑战将从根本上改变高校安全管理工作的现有格局。

现实具体问题的解决措施为高校安全稳定工作的开展提供了实际经验，但是新的挑战已经带来新的压力与问题。推动安全稳定工作现代化，依法治思维与方式化解矛盾，坚持问题的综合治理，从根本上进行预防与治理将是高校未来应对新时期安全威胁的优先选择。

参考文献

[1] 吕晨飞．当前高校安全稳定工作的难点与对策［J］．学校党建与思想教育，2008，12.

[2] 章志图．高校特殊群体学生维稳工作探析［J］．中国青年研究，2011，1.

[3] 万川．从关联环境的角度看中国高校面临的安全稳定形势［J］．中国人民公安大学学报（社会科学版）：2011，5.

[4] 吴少伟．对新形势下高校安全稳定工作的思考［J］．教育与职业，2012，4.

[5] 胡海情．影响民族高校安全稳定的因素分析［J］．前沿，2012，19.

[6] 陈天利，杨伟宾，李静波．高校学生管理工作中的安全稳定预警机制研究［J］．学术界，2013 年增刊.

[7] 潘秀山，李朝晖，穆娜．维稳视角下的高校学生社团活动社会化研究［J］．思想教育研究，2013，5.

[8] 周群英．少数民族学生融入综合性高校的思政教育策略［J］．鄂州大学学报，2014，8.

跨国恐怖分子国籍褫夺的域外考察及中国借鉴

首都师范大学保卫处　马宇飞*

摘　要：因中东战乱影响，伊斯兰极端宗教恐怖组织不断发展壮大，恐怖主义已经成为威胁世界和平与安全的重要因素。近年来，在反恐力量积极的军事打击下，跨国恐怖分子活动地理区域与活动方法产生变化，返回原籍国的风险不断上升。频繁的跨国恐怖主义活动更是为原籍国和其他国家带来巨大的安全威胁。依法褫夺跨国恐怖分子的国籍，制止其入境成为众多国家的反恐选择。本文认为，为衔接全球反恐战略，防范中国籍恐怖分子回流，降低他们带来的暴恐威胁，我国应尽快建立健全丧失、褫夺、注销、恢复中国国籍的法律法规，依法授权有关部门褫夺离境涉恐人员的国籍。

关键词：国籍　恐怖分子　褫夺

恐怖主义已经成为世界和平与安全的重要威胁。特别是基地组织以及从基地组织中分裂出的伊斯兰国（英文 Islamic State of Iraq and the Levant 缩写为 ISIL 或 IS）和胜利阵线组织已然对中东地区和其他国家地区造成了长期和持久的安全威胁。在多国军事打击下，伊斯兰国和胜利阵线组织遭到重创，集中的恐怖活动转向跨国分散作战。近期，美国、英国、法国、德国等西方发达国家多次遭受恐怖主义袭击，事态大有愈演愈烈之趋势。中国边疆地区的三股势力也在国外恐怖主义势力与国际敌对国家的支持下分外活跃，不断对中国大陆地区进行渗透、滋扰与破坏。

为应对国际恐怖分子的全球流动和预防恐怖分子从战乱地区回流母国，降低国内遭受暴恐袭击风险，褫夺恐怖分子的本国国籍成为西方各国的重要反恐措施。对中国而言，“东伊运”早在15年前就被联合国安理会列为恐怖组织，其极力策划实施针对无辜平民的袭击，还与国际恐怖势力勾连，仍然是全球共同面临的恐怖威胁。为强化

* 《首都师范大学学报》（核心期刊），刊号：ISSN 10049142/CN11－3188/C（国内统一刊号），2018年4月。

国内与国际反恐合作，推进中国与全球国际反恐战略的立法衔接，降低中国籍恐怖分子的回流风险，本文拟就国外政府褫夺恐怖分子国籍的国际背景及立法措施进行简要考察，并探讨在中国法律框架下健全中国籍恐怖分子国籍褫夺的法律措施。

1　褫夺国际恐怖分子国籍立法的国际背景

1.1　恐怖分子返回原籍国实施暴恐的风险剧增

在伊斯兰国、胜利阵线等恐怖组织面临多国联合打击，逐步走向崩溃之际，外国恐怖主义战斗人员从伊拉克和叙利亚共和国以及其他冲突区的战场返回原籍国开展暴恐活动的风险不断增加。据联合国报告指出，越来越多的外国恐怖主义战斗人员也正在返回其本国。一些回返者仍然激进，并继续保有在其原籍国或居住国实施恐怖袭击的意图和能力。自 2014 年 8 月以来，对西方四名人质的处决和发动的袭击，例如行动和意识形态都与伊斯兰国和胜利阵线有关的行凶者在比利时发动的袭击等都显示了回流恐怖分子的危险性。一些外国恐怖主义战斗人员在原住国发动的袭击计划，也证明了外国恐怖主义战斗人员返回原籍国参与激进行动、招募和发动恐怖主义袭击的可能。欧洲刑警组织在《2015 年欧洲联盟的恐怖主义局势和趋势报告》指出，回返外国恐怖主义战斗人员可能不仅仅规划并实施恐怖活动，而且还支持其他人的恐怖活动（方法诸如招募人员参加恐怖组织，煽动他人实施恐怖行为等）。他们还可能建立新的恐怖小组，提供指导或行动技巧，或募集资金用于恐怖行为或旅行。返回原籍国的恐怖分子将伊斯兰国和胜利阵线的存在扩大到原住地国，利用技能和作战经验招募和培训更多的同情者，建立恐怖主义网络，实施对原籍国的暴恐袭击。反恐专家指出，一些中国籍“圣战”分子从土耳其进入了伊斯兰国，另有一些人辗转到了南亚，加入境外“东伊运”等恐怖组织的训练营，他们的最终目的是回到中国发展组织，进行恐怖袭击活动。2017 年 3 月 2 日，中国外交部称，极端组织伊斯兰国本周发布视频，一名疑似来自中国新疆的男子宣称将回国发动恐怖袭击，直到“血流成河”。可以说，恐怖分子将外在危险转自内在爆发的风险让任何国家都不能掉以轻心。

1.2　跨国恐怖分子策划实施暴恐袭击的能力强大

伊斯兰国还对在其控制领土以外发动攻击表现出越来越大的兴趣，并有这方面的能力。这些攻击不仅由土生土长的恐怖分子实施，而且还由在国外，包括在伊斯兰国控制下领土上受过培训的人实施。近期在英国伦敦、法国巴黎等地区发动的暴恐袭击表明，恐怖分子存在强大而专业的暴恐袭击能力：寻找大型目标（包括餐馆、体育场馆、旅游基础设施和音乐厅）；就躲闪式旅行办法提供咨询；组织后勤支援；提供通信、武器和爆炸物使用培训；远程管理潜在攻击者名册；调动全球同情者网络，为这类行动提供协助。尽管在欧洲国家采取的袭击活动未采用尖端武器（基本上靠自动步枪和炸弹背心），但其带来的负面效果十分明显，袭击造成的死亡人数以及给平民带来的不稳定和不安全感成为萦绕在众多国家头顶的梦魇。另外，寻求使用包括化学武器和生物武器在内的更先进武器的长期能力和在外国恐怖主义战斗人员名册上招募更有经验和专业的袭击者导致未来恐怖集团的暴力袭击能力不断得到增强。针对外国恐怖主义战斗人员和依附的恐怖组织不断增强和专业化的暴恐袭击能力，每一个国家都必须拿出可以降低本土暴恐袭击的防范措施，并对这些人员和组织给予极度的重视和打击。

1.3　恐怖分子跨国流动参与恐怖组织活动有增多趋势

控制身份证件和旅游证件的发放，才能有效发现外国恐怖分子的旅行和跨国行动。不充分的移民和签证管制也是造成无法遏制外国恐怖分子流动的障碍。联合国安理会报告指出：根据分析支助和制裁监测组及其他来源提供的情况，伊黎伊斯兰国对潜在应征者的吸引力已达空前的程度。据估计，约有来自100多个会员国的3万名左右外国恐怖主义战斗人员积极参与了基地组织和伊黎伊斯兰国及相关团体的活动。根据实地的战斗局势，联合国也无法预测参加伊斯兰国的人员是在伊拉克和叙利亚战区长期待下去，还是接受命令前往中东以外的国家实施暴恐袭击活动。由于伊斯兰国有规避联合国及会员国检测潜在恐怖分子旅行轨迹的能力。许多外籍恐怖分子会使用伪造的证件或他人遗失的证件借道第三国前往目的地，同时，他们也存在会采取通过邻国返回原籍国实施恐怖活动的可能。欧洲布鲁塞尔和巴黎遭受的暴恐袭击表明，返回原籍国的恐怖分子扮演了袭击活动的协调工作。这意味着迫切需要各国不仅确保外国恐怖主义战斗人员不从其原籍国前往伊斯兰国和胜利阵线的战区，而且还要遏制这些人员从恐怖组织控制的领土流向他们可以协助实施恐怖袭击的原籍国或第三国。加强边境管理措施，褫夺恐怖分子国籍，预防其借用原籍国公民的身份掩盖其旅行路线成为一些国家守护本土安全，强化反恐措施的重要手段。

欧洲刑警组织报告指出，在2015年法国等欧盟会员国遭受的绝大多数暴恐袭击案行凶者都是从冲突地区回流的恐怖分子。300多名中国人以马来西亚作为中转站，前往第三国，再进入叙利亚或者伊拉克参加伊斯兰国组织。2017年，中国与泰国、马来西亚等国合作遣返131名重要“蛇头”和涉恐人员。联合国反恐委员会指出，希望会员国依据反恐国际义务，强化遏制外国恐怖主义战斗人员流动的国际合作。针对外国恐怖主义战斗人员的流动和返回问题，多国通过修订《公民法》或《国籍法》褫夺涉恐人员国籍，注销护照，以达到强化边界管理，御敌于外，确保国土安全的目的。

2　褫夺恐怖分子国籍立法的域外考察

在惩处恐怖分子方面，欧洲会员国采取非监禁性、罚金、精神治疗和社区服务等就通过教育感化，引导他们重新回归社会。在一些情况下，法庭会依据法律对恐怖分子采取限制公民权、在服刑期禁止进入国土，或者褫夺那些被证实参与恐怖主义犯罪人员的国籍等惩罚措施。针对外国恐怖分子国籍的褫夺立法措施与国内法律对恐怖分子的惩处措施形成了重要补充。

2.1　国外褫夺国籍的立法措施

1. 英国褫夺恐怖分子国籍的立法措施

2000 年，英国颁布《2000 年恐怖主义法令》，从法律的角度来规范恐怖分子和恐怖主义的定义。根据法令定义为：使用或威胁的目的是影响政府或国际政府组织或恐吓公众或社会某一领域，是为了推进政治、宗教、种族或意识形态的原因。其行为包括针对个人的严重的暴力威胁，针对财产的严重破坏行为，威胁到一个人的生命，对社会公众或某一领域的安全和健康形成极端的安全风险，入侵和破坏网络系统，另外，无论行为的对象是否是政府、国际组织、公众或社会某一领域，只要涉及使用了枪支和爆炸物的行为均认定为恐怖主义。这些行为的发生包括英国以外的国家和地区。可以说，任何恐怖势力、任何以英国政府、组织或人为袭击目标，任何在英国国内或国外策划“严厉暴行者”，都被划为了“恐怖分子”。

依照《2006 年英国移民、庇护和国籍法案》第 56 节规定，针对涉及恐怖主义行为的英籍人士，首相依据公众利益的需要有权剥夺一个人的公民权。这一规定取代《1981 年英国国籍法案》中“凡是侵害大英帝国利益者都将被剥夺公民资格”。该规定实施的限制是：如果褫夺国籍者将处于无国籍状态，则该条法令无效。第 57 节规定：在依据《1971 年移民法案》的规定基础上，首相有权依据命令剥夺一个人的居留权，特别是这种剥夺是基于将该人士排除或驱离英联邦是出于对公众利益的考虑。如果庇护与移民法庭查证，以伪造证件材料取得英国国籍者或危害社会公众利益者，也将面临被褫夺国籍和居留权的风险，但前提是他拥有另一个国家的国籍。同时，英国法律保留了被褫夺国籍者对剥夺国籍命令的申诉权利。

截至目前，英国至少剥夺了150多人的英国国籍或护照，被剥夺国籍最多的是那些前往冲突区在“伊斯兰国”一方作战的人，还有“圣战者新娘”。英国以此防止他们从战乱地区返回英国本土。2011年至2016年，因涉恐怖主义活动被注销护照者107人，2017年7月30日前，英国已经剥夺了包括“圣战新娘”在内的涉恐人员的护照40余个。另据英国内政部的报告显示，截止2016年12月31日，被逮捕的恐怖分子中高达74%的人员是英国国籍或拥有英国的双重国籍。2017年3月，被逮捕的涉嫌恐怖主义活动人员中72%拥有英国国籍或有双重国籍。

2. 加拿大褫夺恐怖分子国籍的立法措施

加拿大联邦政府2014年2月提出修订加拿大《公民法》并在其后向国会提交审议获得通过，在2015年5月29日生效。根据修订后的《加强版公民法案》，如果入籍申请人伪造资料，以欺骗方式或故意隐瞒事实等方式获取入籍资格，一经发现，将剥夺其已经获得的永久居留权或者国籍。这一规定延续了《公民法案》与《移民与难民保护法案》中的有关撤销弄虚作假申请人公民资格的规定。

依据新的法案，如果公民被证实参与恐怖活动、叛国和间谍活动，或者加入与加拿大处于武装冲突国家的军队或军事组织。加拿大政府有权依法褫夺他们的国籍。在此情形下，公民国籍一旦被褫夺则永远不可重新获得。这意味着，加拿大公民如果参与恐怖组织武装对抗加拿大，无论其是加入外国军队还是参加了诸如“伊斯兰国”这样的国际恐怖组织，都将面临永久被褫夺加拿大国籍的风险。鉴于加拿大受到联合国《减少无国籍状态公约》的国际义务约束，上述公民被褫夺国籍的情形只适用于拥有双重国籍的人。

此《加强版公民法案》是加拿大《公民法》自1977年公布以来的第一次全面修订。相比过去而言，修订后的法律赋予联邦移民部更大的权力。依据旧法，移民部要想剥夺某个公民的国籍，必须寻求联邦法院的支持，由法官裁决。而修订后的法律赋予了移民部可以专权决定一个公民国籍去留的权力。在大多数情况下，移民部可以依法直接褫夺一个公民的国籍，只有在比较复杂的情况下，褫夺令将由联邦法院做出。该修订生效后，加拿大移民部称，已经列在加拿大罪犯名单中的人，会被优先采用。新的公民法使政府依法剥夺涉恐公民国籍的过程更加迅速果断，为政府对抗恐怖组织，防止恐怖分子利用加拿大公民身份从事恐怖活动提供了明确的法律依据。

3. 澳大利亚褫夺恐怖分子的立法措施

根据《2007年澳大利亚公民法案》，澳大利亚归化的公民有两种情况将会被剥夺公民资格，一是违背《1948年澳大利亚公民法》和《1958年移民法案》的相关规定，在申请公民资格或移民入籍过程中出现造假行为；二是在正式获得公民资格前被判刑

12个月或以上，都将被剥夺公民资格，当然，前提是他们不会因公民资格的丧失成为无国籍人。2015年12月，澳大利亚对《2007年澳大利亚公民法案》进行了修订。新颁布的《2015年公民法修正案（澳大利亚忠诚法案）》规定了三类被失去国籍的情形，一是自我放弃公民资格；二是在被宣布为恐怖组织工作；三是个人涉嫌恐怖主义活动或叛国行为。在这三种情形下，内政部长可以基于公众利益的需要褫夺他的国籍。新法案认为，公民涉及“恐怖主义行为”是违背了对澳大利亚的一贯忠诚。2017年2月，加入伊斯兰国的Khaled Sharrouf被依法褫夺了澳大利亚国籍，只保留了黎巴嫩国籍，成为首个因涉恐被褫夺国籍的澳大利亚公民。

根据BBC报道，2015年2月23日阿博特在首都堪培拉的联邦警察总部说，对于在澳洲出生的嫌疑人，当局可能对他们采取停权措施，例如限制其出入境权利、暂停其海外领事服务使用权，以至停发福利金。这些处罚与褫夺国籍的法令形成反恐的重要新措施。

2.2 褫夺恐怖分子国籍立法的主要特点

1. 褫夺法令以守护本土安全为政府立法或修法的前提

进入21世纪，以基地组织、伊斯兰国、胜利阵线等恐怖组织为代表的极端分子更是通过各种手段在各个国家招聘和培养恐怖分子参加“圣战”，在世界各地制造暴恐袭击事件，已经成为各国社会安全的严重威胁。当前，欧洲地区已经成为恐怖分子实施暴恐行动的重点区域。从叙利亚、伊拉克和其他冲突地区的战场回返的外国恐怖主义战斗人员的行动情况，是许多原籍国（国籍国或惯常居住国）的重大关切问题。

根据联合国报告，一些国家报告接收了数百名回返者。尽管来自离境后回返并策划针对祖国或本来所属区域袭击的战斗人员比率很低，看起来很少有外国恐怖主义战斗人员在回返后从事恐怖活动，但训练有素的外国恐怖主义战斗人员实施的袭击更有可能取得成功，并且更致命。随着回返的外国恐怖主义战斗人员人数的增加，所属国遭受暴恐风险将逐步增大。制止高风险暴恐事件发生成为恐怖分子原籍国实施立法褫夺国籍的重要风险防范措施。

2. 褫夺法令主要针对离开本国领土尚未返境，被证实参与恐怖组织活动的公民

2014年联合国相关报告指出，参与中东战乱地区的外国恐怖分子人数来自80多个国家，共有2万多人，甚至数量更多。到2016年，外国恐怖分子人数增至3万多人，来源国则达到100多个。一部分人员参加伊斯兰国和胜利战线的战斗，一部分人则在战区接受培训后返回原籍国或是到第三国。这些外国恐怖分子大多是年轻人，大量属于持有欧洲护照的双重国籍的人。2015年联合国数据显示，最受影响会员国的外国恐

怖主义战斗人员人数，来自英国的数量高达700—1000人，澳大利亚120人，加拿大130人以上。法国、德国、俄罗斯参与外国恐怖主义战斗人员的数量均在500人以上，特别是俄罗斯籍的人数高达2700人。近几年来，伦敦、巴黎、柏林等地相继出现暴恐袭击事件，这些事件的制造者多数拥有欧洲国家护照或拥有属地国籍。为防止和制止离境的恐怖分子回流原籍国和在相关国家之间流窜，英国、加拿大、澳大利亚等国便将褫夺拥有双重国籍的恐怖分子国籍纳入公民丧失国籍的法律修订之中。

3. 褫夺对象一般拥有双重国籍，不会因褫夺法令成为无国籍人

联合国《减少无国籍状态公约》第8条第一款规定，缔约国不应剥夺个人的国籍，如果这种剥夺使他成为无国籍状态。作为联合国会员国，英国、澳大利亚、加拿大在立法或对本国《公民法》做出褫夺国籍的授权修订时，以被褫夺国籍对象不能处于无国籍状态为前提。英国的《2006年入境、庇护及国籍法案》，澳大利亚新修订的《2007年澳大利亚公民法案》以及加拿大的《加强版公民法案》立法授权针对恐怖分子做出的国籍褫夺令都仅适用于拥有双重国籍的人，只是在被褫夺对象的国籍权利保留上有所差异。

4. 依据法律授权，国籍褫夺令一般由行政部门决定

为加强反恐力度，对恐怖分子实施褫夺令的国家不断通过立法授权，提升内政部、移民局、警察部门等行政部门的执法权力。英国的《2006年移民、庇护和国籍法案》第56条授权首相可以为了维护社会公共利益褫夺公民的国籍以取代《1981年国籍法案》中规定因侵害英联邦利益方可褫夺国籍的法令。可以说，随着反恐形势的严峻，首相得到更大的授权，然而褫夺国籍权力的扩大并未改变褫夺权力主体本身。加拿大《加强版公民法案》减少了州长委员会的褫夺权力，褫夺程序中只保留了移民部与联邦法院的褫夺国籍权力。该法案还明确规定，移民部可以依法直接褫夺一个公民的国籍，只有在比较复杂的案件中，褫夺令才由联邦法院做出。澳大利亚《2015年公民法修正案（澳大利亚忠诚法案）》中也明确授权移民和边防部门行使褫夺国籍的权力。

2.3 域外褫夺跨国恐怖分子国籍的立法反思

针对恐怖分子国籍的褫夺法律在一定程度上提升了原籍国遏制恐怖分子在国际间借助公民身份旅行的能力，加强了出入境边防的管制作用，对跨国恐怖分子的流动造成了障碍。然而，这些法律措施在得到不断完善的同时，也存在一些限制。

一是褫夺令只针对归化且拥有双重国籍的公民。对离开本土参与恐怖组织，但只有本国国籍的跨国恐怖分子而言，褫夺国籍的法律不能产生效力。这对于隐蔽行踪参

与伊斯兰国和胜利阵线领地战斗，接受指令返回原籍国参与激进行动、谋划、协调和实施暴恐行动的涉恐分子而言，褫夺令并不能对他们产生任何影响。布鲁塞尔、巴黎、伦敦等地发生的暴恐袭击表明，原籍国土生土长的恐怖分子从战区返回本土后参与到对国家的暴恐活动，并且扮演了重要角色。

二是边境管制的有效性直接影响褫夺令的实施效果。由于伊斯兰国等恐怖组织已经有能力采取措施帮助企图前往战区或返回原籍国的恐怖分子避开联合国的监测路线或通过跨国有组织犯罪规避联合国的反恐制度，比如跨国恐怖分子采取分段旅行的方式躲避监测，隐秘自己的目的地和行踪。这导致一些潜在的恐怖分子难以被原籍国发现并有足够的证据起诉或采取褫夺令。另外，在欧洲地区，语言的相似性和国家间人员流动的护照免签政策，可以使得拥有一国国籍的恐怖分子自由流动，这成为恐怖组织可以利用的漏洞。

三是区域间信息共享与机构间的合作与协调不足制约褫夺令的效果。第一，许多执法机构缺乏落实联合国联合反恐战略的能力。跨国恐怖分子利用一些遗失或盗窃的护照进行全球流动，这对于边境机构能力有限、难以在边境或内部核查信息，特别是在陆地边界难以核查非本国国民的嫌疑人的国家而言，褫夺法令难以产生全球性的效果。第二，恐怖分子识别技术的限制。由于一些国家出生证等“原生证”发放的不严格，造成跨国恐怖分子容易利用伪造的证件获取另一个国家的国籍或护照。如在边界检查中，区域间缺乏恐怖分子信息的共享，缺乏如指纹、DNA 等生物技术的辨识，跨国恐怖分子利用假身份返回原籍国的风险将急剧增加。

3　中国褫夺跨国恐怖分子国籍的法律缺陷与修改建议

在国际恐怖主义蔓延的今天，中国也未能幸免遭受暴恐袭击的危险。为落实全球反恐战略，加强国家安全保护，中国相继出台《国家安全法》《反恐怖主义法》等法律，逐步完善打击恐怖分子的立法措施。2015 年 9 月，全国人大常委会通过《中华人民共和国刑法修正案（九）》，进一步完善关于对任何组织、策划、准备实施、实施恐怖活动，宣扬恐怖主义，煽动实施恐怖活动，组织、领导、参加恐怖活动组织，为恐怖活动提供帮助的，依法追究法律责任的刑事惩治措施。针对出国参与恐怖主义行动的人员返回问题，中国尚未有明确法律规定予以约束与惩治。鉴于国际恐怖分子回流原籍国风险高增的情况，中国亦应建立针对拥有中国国籍恐怖分子的国籍褫夺的法律措施，加强边防管理，防范恐怖分子的旅行和流动，实现反恐立法与国际反恐合作的对接。

3.1 当前中国褫夺恐怖分子国籍的法律缺陷

针对涉恐公民国籍的褫夺问题，在中国推进类似立法或法律修订工作时，还面临着法律困境。一是法律缺乏对有关部门褫夺公民国籍的法律授权规定。《国籍法》制定时只规定国籍自动丧失和公民主动申请国籍丧失的两种情形。法律并未赋予主管部门或法院可以依据法律主动褫夺公民国籍的权力。《中华人民共和国国籍法》第三条规定："中华人民共和国不承认中国公民具有双重国籍"。《中华人民共和国护照法》第十三条规定"不具有中华人民共和国国籍的"，护照签发机关不予签发护照。

这两条规定只是在实践层面赋予有关部门在发现公民存在双重国籍的情况下，可以注销中国国籍，取消中国护照的注签。这在实际中造成了执法权的滞后作为。作为国家打击恐怖主义的重要法律武器，《反恐怖主义法》只是规定了"出入境证件签发机关、出入境边防检查机关对恐怖活动人员和恐怖活动嫌疑人员，有权决定不准其出境入境、不予签发出境入境证件或者宣布其出境入境证件作废。"，未授权有关部门可以褫夺境外中国籍恐怖活动人员的国籍，或限制参加恐怖活动嫌疑人员部分公民权。

二是法律规定使得中国政府缺乏对公民国籍变更信息的主动掌握。《中华人民共和国国籍法》第十四条规定，"中国国籍的取得、丧失和恢复，除第九条规定的以外，必须办理申请手续。未满十八周岁的人，可由其父母或其他法定代理人代为办理申请。"即有关国籍的申请，是在个人主动申请的情况下，才发挥监管作用。如符合第九条，政府就会失去对公民国籍变更的主动权力。《国籍法》第九条规定，"定居外国的中国公民，自愿加入或取得外国国籍的，即自动丧失中国国籍。"即中国公民可在不用告知母国的情况下，定居国外取得外国国籍之后即自动成为他国国民。在这种情况下，由于中国政府丧失了对其国籍变更信息的及时掌握，一些人在取得外国国籍时，很有可能还持有中国护照。这已经成为涉恐分子可以往返中国边境的重大法律漏洞。

3.2 中国褫夺恐怖分子国籍法律的修改建议

为适应新时期反恐怖主义国际合作的需要，可依据《中华人民共和国宪法》《国家安全法》《反恐怖主义法》等法律规定，适时对《国籍法》进行修订与完善，强化国家对国籍国内管理与国际间合作的法定权力。

第一，依据《宪法》中公民权利与义务相一致原则，修订的《国籍法》可以增设国家褫夺公民国籍的权力。《减少无国籍状态公约》第八条第三款规定，纵有第一款缔约国不应剥夺个人的国籍，有两种情况缔约国仍保留剥夺个人国籍的权力。第一种情况是关系人违背其对缔约国尽忠的义务：（1）不管缔约国的禁令，对另一国家提供或继续提供服务，或接受或继续接受另一国家发给的薪俸，或曾经以严重损害该国重大利益的方式行事；第二种情况是关系人曾宣誓或发表正式声明效忠另一国家，或明确地表明他决心不对缔约国效忠。这种剥夺个人国籍的权力由缔约国国内的法律规定。《公约》中这一规定成为我国依据基本权利与义务相一致原则制定褫夺恐怖分子公民国籍或限制其基本权利措施的国际法依据。《国籍法》可以授权国务院依法制定丧失、褫夺、注销、恢复中国国籍的行政细则。其对象应涵盖居留海外的中国籍公民、具有永久居留资格的外国人，港澳台地区居民等。凡是一切有违背国家忠诚，损害国家重大公共利益的人员都将面临被褫夺国籍或限制部分公民权的类似惩罚。

第二，《国籍法》应修改第九条“自动丧失”这一情形，不再保留“自动丧失”的权利，确立加入他国国籍者依需申请方可丧失中国国籍的法律授权。① 如加入他国国籍的公民不向公安部门申请，被发现依然持有双重国籍或护照者，公安部门可依法限制其入境权利或在境内工作、生活等活动领域，处以罚金，约束其公民基本权利等措施。通过丧失国籍权利的法律限制，确立公安部门对国籍管理的主动权，第一时间掌握和更新公民国籍变更信息，实现国籍变更与出入境边防管控的动态对接。

第三，强化国籍管理的国际合作，加强国家和国际执法信息共享和机构间的合作与协调。建议针对参与恐怖组织与活动，涉及叛国、间谍的刑事犯罪，处于境外的违法犯罪人员，全国人大可授权国务院公安部依法褫夺其中国国籍，注销其中国护照。与此同时，中国应与有关国家加紧和加速交流关于恐怖分子或恐怖网络的信息，包括关于外国恐怖主义战斗人员的行动或流动的情报，尤其是与他们的居住国交流情报，遏制中国国籍恐怖分子利用中国公民身份在国际间流动，预防他们在其他国家实施破坏国际和平与安全的暴恐行为。

结　语

当恐怖主义成为世界和平与安全的重大威胁时，为了维护世界秩序的安全稳定，每一个国家都责无旁贷。作为世界上最安全的国家之一，中国同样面临着国内恐怖分子离境参与叙利亚、伊拉克等战乱区战斗后再次返回国内实施暴恐的潜在威胁。西方各国通过褫夺恐怖分子本国国籍的法律措施为维护本土安全起到了积极作用，也有效

---

① 加入他国国籍者依申请方可丧失中国国籍的法律授权，本文认为可由全国人大授权国务院进行有关国籍管理细节规定，具体执行部门可由公安部门承担。公安部一直承担国家公民户籍和外国人永久居留权等方面的管理职责，《国籍法》修订后新增的褫夺等职责也可由公安部具体承担。对于国籍褫夺引发的申诉、诉讼等问题，可专章规定由法院通过司法审判程序给予救济。

地制止和延缓跨国恐怖分子的国际间流动。为此，我国也应及时修订国内相关法律，以适应新时期国家发展和国家安全的需要，为联合打击跨国恐怖分子，维护世界和平与安全发挥应有的国际责任。

高校消防安全管理人员专业化建设的途径

首都师范大学保卫处　温海涛

摘　要：从加强高校消防安全管理的目的出发，认为高校消防工作实际对消防安全管理人员提出了专业化的更高要求，分析了当前高校消防安全管理人员在专业化方面存在的问题，并提出了加强高校消防安全管理人员专业化建设的途径。

关键词：高校　消防安全　专业化建设　途径

高校的安全稳定是学校完成人才培养、科学研究、社会服务任务，实现持续发展的根本保证。随着对安全稳定工作认识的不断深入，高校安全管理工作被提到了前所未有的高度，建设“平安校园”成为共识。高校安全管理包括治安、交通、安全生产等诸多方面，而消防安全管理工作在其中处于极端重要的地位。消防安全管理涉及高校教学、科研、后勤服务、师生生活等各个方面，实验室、图书馆、学生公寓、食堂、水电气暖服务设施等重点部位火灾风险较大。人员密集场所一旦发生火灾，轻则损失财物，引发恐慌，重则导致群死群伤的恶性事故，给学校、师生家庭和社会造成无法挽回的重大损失和恶劣影响。

高校消防安全管理以建筑物消防管理为基础，以人的安全管理为核心。所有隐患和火灾都是因为人的生产生活而发生，也要由人来发现、来处置以保证安全。完善的制度和管理规范都需要由人来执行。从这个意义上说，人的因素是消防安全管理中的核心因素。从广义上说，高校中的每一个人都是消防安全管理工作的参与者，包括各级工作人员、所有老师和学生，以及在校内的社会人员。我们这里讨论的主要是直接从事消防安全管理的工作人员，他们主要包括各单位的消防主管人员和消防重点岗位的管理员、值班员；专职志愿消防员队伍；保卫处专职干部等。

1 高校消防工作的发展对消防管理工作人员提出了专业化的更高要求

1.1 消防管理工作涵盖的内容越来越多

高校普遍占地面积大、楼宇多、人员密集程度高。消防安全教育，技能培训和疏散演练，消防器材、设施维护管理，安全检查，施工现场安全管理等都成为消防管理工作的重要内容。其中消防器材、设施的数量庞大。以北京某高校为例，全校包括灭火器10500台具、墙壁消火栓2000余个、地下消火栓150余个、水泵房16个、消防报警系统27套、感温感烟探测器12500余个、防排烟系统10套、常闭式防火门1100余个、应急照明及疏散指示标识4600余个等。

1.2 消防管理工作标准越来越高

近年来国家和地方政府部门制订、修订了一系列的消防法律法规、规范标准，使消防管理工作标准更高、管理过程更加规范。如《高等学校消防安全管理规定》、《建筑消防设施的维护管理》（GB 25201 - 2010）、《北京市有限空间作业安全生产规范》、《北京市餐饮经营单位安全生产规定》、《北京市建设工程施工现场消防安全管理规定》等。消防管理工作不能再凭感觉，再靠主观判断，要符合法律规定、符合规范要求。

1.3 消防工作技术含量越来越大

与前些年消防管理只包括灭火器、消火栓、水泵等有限的器材和设备相比，现在消防报警系统、水喷淋系统、防排烟系统、应急疏散照明及电磁疏散门等系统已经成为新建楼宇的标准配置。还有一些特殊实验室或场所安装有气体灭火等专用消防系统。一些老旧建筑也在逐步通过改造加装上述全部或部分系统。这些消防系统的专业设备多，结构复杂，不论是校内单位直接管理还是外包专业公司进行维护管理，消防管理工作的技术含量都是越来越大。传统的单纯用眼看、凭经验的管理方式已经不适应今天的消防管理工作。虽然消防设施一般由维保单位负责技术保障，但是对维保单位维保和维修工作的监督检查也需要工作人员具备相应的专业知识。贾水库、刘兴德、蔡嗣经就认为“在消防安全管理工作中，技术现代化的趋势日趋凸现”[1]。

2 目前高校消防安全管理工作人员在专业化方面存在的问题

2.1 消防管理责任不清，工作流程规范不明

一些本应属于消防重点岗位存在岗位职责偏重具体业务，消防安全职责一带而过，过于笼统，缺乏明确清晰的细则。存在不清楚应该干什么，怎么干，干到什么程度就算尽职尽责了。长时间如此，逐渐出现了两种错误的倾向，一种是存在侥幸心理，工作掉以轻心，不重视。另一种是反正不知道怎么干才行，索性撞大运，赶上出事认倒霉。导致实际消防管理工作中不想干的乐得清闲，想干的无从下手，消防管理工作无法真正落实。

2.2 消防专业素质不高，业务培训不系统

高校的消防管理干部存在学历偏低，年龄偏大的情况，专业背景为消防或相关专业的极少。最近几年已有高校通过接受应届硕士毕业生等措施使得人员学历年龄结构有所提升，但毕业于消防或相关专业的仍很少。消防管理的专业性质没有得到应有的体现。另外，高校中保卫处专职干部没有对口的专业技术职称系列，一般有部分人员可以走政工师系列，部分可以走教育管理系列，甚至有个别高校规定保卫处干部不可走专业职称系列晋升职务。影响了高校消防管理干部队伍的稳定性，也制约了消防管理水平的提升。各类消防重点岗位的值班员等人员，主要以后勤系统的聘任制人员为主，这方面的情况更加突出。岗前和工作中的消防培训往往停留在一般法律常识、案例分析和简单灭火器材的使用技能上，缺乏基础理论、新设备及专业标准规范的系统专业培训。孙奉良、李震认为“很多高校消防管理人员对这些新的消防设施操作不熟练，知识不全面，管理起来比较困难，导致整个消防安全管理工作面临着巨大的挑战。”[2]张立豪认为“要抓好学校及各二级单位消防安全责任人、消防安全管理人、专职消防管理人员和消防控制室值班、操作人员的教育培训。”[3]

2.3 消防管理人员队伍稳定性差

主要体现在一些聘用制岗位和保安员队伍上。聘用制岗位待遇低，导致人员流动频繁，在职责、规范、技能等方面培训地刚有些效果人却离职。张庆国、徐学杰认为“学生公寓管理人员大多是临时工，有的甚至是一些年老体弱的退休、下岗人员，……

管理人员流动较大，加大了管理和培训的难度，更难形成一支凝聚力强、管理到位、具有核心团队文化的管理队伍”。[4]保安员是高校志愿消防队的核心组成人员，待遇低、住宿饮食娱乐等生活条件差，导致保安员流动率过高，影响了志愿消防队的战斗力。

3 高校消防管理工作人员专业化建设的途径

3.1 各级负责人和重点岗位人员“专门化”

人员主要包括高校所属院系、机关部处、后勤部门分管安全工作的负责人、专职安全干部；各实验室管理员、学生公寓值班员、教学楼和办公楼值班员、图书馆管理员、食堂后厨操作员、水电气暖设施值班员等。这些岗位承担更重的消防责任或是工作在火灾风险更高的岗位，分布在全校的重要“神经末梢”，是消防管理的关键。

1. 制订专门的岗位职责

要在重点岗位人员的聘书、岗位职责中明确专门的消防安全管理职责，并明确责任追究制度，把消防责任落到实处。要使其明确应该做什么，不按规定做要承担什么后果。消防安全“四个能力”建设实施细则中，要求建筑楼宇的值班员要每日对楼内消防设施进行检查，及时发现隐患和问题，并及时解决。

2. 制订专门的工作流程与规范

要给重点岗位人员的消防安全职责制订专门的管理工作流程和规范，将管理工作细化分解。使其明确怎么做，怎么维护、怎么检查、怎么记录、怎么处理、怎么报告。做到什么程度就是履行了职责，出问题就不会被追究责任。

3. 进行专门的培训

要对重点岗位人员进行专门的有针对性地系统培训。既要有整体的通用的法律法规、灭火疏散等知识技能的统一培训，又要有针对不同岗位的专门培训。部分特殊岗位如消防控制室值班还应按要求经过专门培训，持证上岗。

3.2 志愿消防队员“专才化”

志愿消防队一般包括保安员消防队和师生消防队，这里主要指保安员消防队。使队员在全面掌握安全防范知识和技能的基础上，通过培训、考核、考证等措施实现志愿消防队员一专多能，成为消防安全管理工作的“专才”。

1. 志愿消防队员进行全员培训考核

主要内容包括消防建筑布局、消防设施器材配置、使用各型灭火器、消火栓灭火、准确全面报火警、及时正确引导人员疏散，以及简单的人员救护和火灾现场保护等。培训之后，要对全员进行考核，通过图纸标示、实际操作等方式进行考核，对找到消火栓位置、连接消防水带出水等重要项目可进行计时考核。考核不合格者要进行补考，补考仍不合格者，要予以解聘。所有考核计入管理档案。

2. 消防控制室队员及消防骨干队员持证上岗

消防控制室是建筑物消防安全的“大脑”。按照消防法规的要求，消防控制室值班人员要24小时双人值班。值班人员要参加建（构）筑物消防员职业资格培训考核，取得初级以上资格证书。在消防控制室值班员岗位的志愿消防队员和消防骨干队员，要实现100%持证上岗，要能够熟练操作建筑消防设施，准确判断火灾形势，正确组织灭火和人员疏散。

3.3 专职保卫干部“专业化”

专职保卫干部是高校消防安全管理人员中最重要的力量，保卫干部的专业化是高校消防管理人员专业化建设的核心。

1. 引进专业的消防专业学习背景的工作人员

目前国内多所大学开设“消防工程”本科专业，属于工科公安技术类。同时已有大学设置“消防工程”硕士和博士专业，可以培养高端专业人才。高校可以通过直接引进毕业生或接收有专业背景的军转干部，从而优化保卫干部专业结构，培养消防管理骨干力量。

2. 消防检查人员参加专业培训考核

所有参与消防安全检查的保卫干部参加建（构）筑物消防员职业资格培训考核，取得初级以上资格证书。这个证书主要针对消防控制室值班人员，基本涵盖了消防检查、消防设施管理与维护、报警灭火等主要管理内容。高校保卫处专门负责消防的保卫干部一般只有几个人，每月的安全检查一般需要动员全处工作人员参与，需要分几个组分别进行检查。消防安全的内容是例行安全检查的主要内容，要求所有检查人员都要有消防安全专业知识，对消防隐患和问题有高度的敏感性，要知标准、懂规范、能发现问题，能提出解决建议。所以，所有安全检查人员通过系统培训考核，取得资格证书，同时加强系统化的专业训培，可以整体提高保卫处全员消防工作管理水平。

3. 消防管理专职干部报考注册消防工程师

2012年，人力资源和社会保障部与公安部联合下发《关于印发注册消防工程师制度暂行规定和注册消防工程师资格考试实施办法及注册消防工程师资格考核认定办法的通知》，在全国范围内正式推行注册消防工程师制度，对报考条件、执业范围、考核办法、注册管理等做出了规定。在规定中特别提出消防重点单位可以作为注册消防工程师的注册单位，高校作为消防重点单位完全符合规定。这给高校消防管理干部提供了专业技术职务发展路径。注册消防工程师的执业范围主要包括：消防技术咨询与消防安全评估；消防安全管理与技术培训；消防设施检测与维护；消防安全检测与检测；火灾事故技术分析等。执业范围涵盖了高校消防管理工作的几乎全部内容，有很强的针对性。消防管理干部取得注册消防工程师资格，可以极大地提升高校消防管理工作专业化水平。

参考文献

[1] 贾水库，刘兴德，蔡嗣经．高校消防安全管理体系建设研究［J］．中国安全生产科学技术．2008（08）．

[2] 孙奉良，李震．高校消防安全管理研究［J］．教育管理．2013（30）．

[3] 张立豪．校园消防安全教育培训对策研究［J］．产业与科技论坛．2017（23）．

[4] 张庆国，徐学杰．运用安全学理论分析高校学生公寓消防安全问题．高校后勤研究［J］．2009（4）．

FMECA方法在建筑消防设施可靠性分析

——以北京地区B高校为例*

中国石油大学（北京）保卫处　李吉川

摘　要：针对北京地区B高校建筑消防设施的现状，从建筑防火消防设施、建筑灭火消防设施和建筑电气消防设施三个方面，使用可靠性分析方法FMECA对建筑消防设施的安全性进行评定，分析确定设施所有可能的故障模式及其影响，并按照故障模式的严酷度及其发生概率，确定其危害性，为安排改进措施的先后顺序提供依据。

关键词：建筑消防设施　故障模式　危害性　严酷度　FMECA

随着社会的进步和经济的发展，建筑消防设施在建筑管理中发挥的作用日益突出，消防建设能够有效地预防火灾隐患，保障人身财产安全不受损害。国家消防技术规范对建筑消防设施的要求不断提高，但近年来，火灾事故反映出相当一部分消防设施在实际火灾中效果不显著甚至失效，这表明消防设施的可靠性已成为一个重要的问题。笔者从建筑防火消防设施、建筑灭火消防设施和建筑电气消防设施三方面，以北京地区B高校常用建筑为例，对学校消防设施故障模式影响及危害性进行分析（FMECA）。

1　FMECA的提出

故障模式影响及危害性分析（Failure Mode Effect and Critically Analysis，FMECA）是一种可靠性分析方法，通过分析产品所有可能的故障模式及其影响，按故障模式的严酷度及其发生概率，确定其危害度，从而为安排改进措施的先后顺序提供依据。FMECA有3种基本方法：硬件分析法、功能分析法和综合法[1]。

硬件法是根据产品/系统的功能对每个故障模式进行评价，并对潜在的故障模式及

* 本论文发表在《高校安全管理》2017年，第二辑，刊号：ISBN978-7-5352-9289-6。

其影响进行分析。当产品可按设计图纸及其他工程资料确定时，一般采用硬件法。硬件法适用于从零件级开始分析再扩展到系统级，即自下而上进行分析。

当系统构成不能明确确定时（如在产品研制初期，各个部件的设计尚未完成，得不到详细的部件清单、产品原理图及产品装配图），或当产品的复杂程度要求从初始约定层次开始向下分析，即自上而下进行分析时，一般采用功能分析法。功能分析法比硬件分析法简单，故可能忽略某些故障模式。

综合法是指 FMECA 可以首先对系统或设备采用功能分析法，然后对那些直接导致功能失效的部件进行重点的故障分析。也就是说，首先进行系统的功能故障分析，然后对那些功能分析失败的，且可能产生危险后果的，而且又没有满足要求的备用系统的，再进行部件级别的故障模式和影响分析。

2 建筑消防设施评价体系和火灾严酷度的建立

本文对北京地区 B 高校的建筑消防设施的 FMECA 采用硬件法进行。列出组成系统的每个成品，分析所有可能的故障模式及其影响，确定严酷度等级，然后根据故障模式发生的概率值，确定危害度类别，以全面评价产品所有可能出现的故障模式的影响，从而确定采取纠正措施的先后顺序。

初始约定层次为建筑消防设施安全评价，第二约定层次为建筑防火消防设施、建筑灭火消防设施和建筑电气消防设施，最低约定层次为组成三种消防设施的成品，如表 1 所示。第三指标中各成品的故障模式来自成品研制单位的分析报告及对同类型故障信息的整理归纳。根据建筑消防系统的每个故障模式对建筑火灾的最终影响程度，确定其严酷度。严酷度类别的定义见表 2。

表 1 建筑消防设施安全性评价层次结构模型

初始约定层次	第二约定层次	最低约定层次
建筑消防设施安全评价	建筑防火消防设施	防火卷帘
		防火门
		防排烟系统
	建筑灭火消防设施	自动喷淋灭火系统
		气体灭火系统
		消火栓
		消防水箱
		消防水泵
		灭火器

（续表）

初始约定层次	第二约定层次	最低约定层次
建筑消防设施安全评价	建筑电气消防设施	火灾自动报警系统
		应急疏散指示
		应急照明
		应急广播
		消防电话

表 2　B 校建筑消防火灾严酷度类别的定义

Ⅰ类（灾难的）	人员死伤严重或者经济损失巨大
Ⅱ类（致命的）	有人员死亡或者引起较大的经济损失
Ⅲ类（中等的）	有人员受伤或者引起一定的经济损失
Ⅳ类（轻度的）	无影响或影响很小，增加非计划性维护和修理

3　危害度计算

FMECA 包括故障模式及影响分析（FMEA）和危害性分析（CA）。FMEA 的重要结果之一是故障模式和影响的危害性评估。危害性分析（CA）确定了单个故障模式的意义，并有助于区分纠正措施的优先次序。本文对建筑消防系统故障模式的危害度进行定量分析，计算每个故障模式危害度 Cm 和产品危害度 Cr，并对求得的不同 Cr 值进行排序，从而为确定建筑消防系统各产品改进措施的先后顺序提供依据[2]。计算方法

$$Cm = \lambda p \cdot \alpha \cdot \beta \cdot t \tag{1}$$

式中：λp 是被分析产品在其任务阶段内的故障率，也可用频数代替；α 为故障模式频数比，是在某个故障模式发生次数与产品所有可能的故障模式数的比率；β 为故障模式影响概率，是在某种故障发生的条件下，其最终影响导致初始约定层次出现某严酷度等级的条件概率；t 为产品任务阶段的工作时间，用 y 表示。

$$Cr = \sum Cm \tag{2}$$

建筑消防系统 FMECA 分析结果见表 3。

表3　B校建筑消防设施故障危害度分析

编号	产品/功能	故障模式	所属系统影响	最终影响	严酷度	故障率 λ_p（频数）	频数比 α	故障影响概率 β	工作时间 t/y	故障模式危害度 cm（$\times10^{-6}$）	产品危害度 Cr（$\times10^{-6}$）
S1	防火卷帘	电源提供出问题	卷帘门无法降下	造成经济损失或人员伤亡	Ⅱ	630	0.2	1	2	252	1260
		电机故障					0.5	1		630	
		联动模块故障					0.3	1		378	
S2	防火门	闭门器故障	不能正常关闭	增加维修量	Ⅳ	845	1	1	2	1690	1690
S3	防排烟系统	联动模块故障	排烟失效	增加维修量	Ⅱ	250	0.9	1	2	450	500
		风机故障		造成经济损失或人员伤亡			0.1	1		50	
S4	自动喷淋系统	喷淋头故障	个别区域无水	增加维修量	Ⅰ	312	0.8	1	2	499.2	624
		喷淋无水	大面积无水	造成经济损失或人员伤亡			0.1	1		62.4	
		压力不足					0.1	1		62.4	
S5	气体灭火系统	喷头故障	个别区域受影响	增加维修量	Ⅰ	287	0.8	1	2	459.2	574
		钢瓶无气	大面积受影响	造成经济损失或人员伤亡			0.1	1		57.4	
		压力不足					0.1	1		57.4	
S6	消火栓	部件缺失	消火栓失效	增加维修量	Ⅳ	169	0.8	1	2	101.4	338
		无水					0.1	1		33.8	
		压力不足					0.1	1		33.8	
S7	消防水箱	无水或缺水	灭火水系统失效	造成经济损失或人员伤亡	Ⅰ	34	1	1	2	68	68

（续表）

编号	产品/功能	故障模式	所属系统影响	最终影响	严酷度	故障率 λ_p（频数）	频数比 α	故障影响概率 β	工作时间 t/y	故障模式危害度 cm（$\times10^{-6}$）	产品危害度 Cr（$\times10^{-6}$）
S8	消防水泵	水泵故障	水压力缺失	造成经济损失或人员伤亡	1	55	0.1	1	2	11	110
		控制柜故障					0.5	1		55	
		电源故障					0.4	1		44	
S9	灭火器	未年检过期	初期灭火受影响	增加维修量	Ⅳ	403	1	1	2	806	806
		缺失						1			
S10	火灾自动报警系统	主机故障	火灾报警失效	造成经济损失或人员伤亡	Ⅰ	568	0.6	1	2	681.6	1136
		电源故障					0.4	1		454.4	
S11	应急疏散指示	主机故障	大面积受影响	造成经济损失或人员伤亡	Ⅲ	120	0.2	1	2	48	240
		指示灯故障	个别区域受影响	增加维修量			0.8	1		192	
S12	应急照明	主机故障	大面积受影响	造成经济损失或人员伤亡	Ⅲ	106	0.2	1	2	42.4	212
		应急灯故障	个别区域受影响	增加维修量			0.8	1		169.6	
S13	应急广播	主机故障	大面积受影响	造成经济损失或人员伤亡	Ⅲ	88	0.2	1	2	35.2	176
		楼层广播故障	个别区域受影响	增加维修量			0.8	1		140.8	
S14	消防电话	主机故障	大面积受影响	造成经济损失或人员伤亡	Ⅲ	176	0.2	1	2	70.4	352
		电话故障	个别区域受影响	增加维修量			0.8	1		281.6	

故障率数据来自建筑消防设施可靠性预计报告，下表中以频数代表；故障模式频数比根据故障率原始数据分析、试验，以及火灾原因数据统计得到。故障影响概率根据产品功能、特定的工作方式、外部因素等确定。根据建筑消防设施特点，故障模式一旦发生，就会导致相应的严酷度发生（参见最低一级），所以取 $\beta=1$。工作时间根据系统内产品属性确定，以 2 年（2y）为基准，按产品每次任务的实际工作时间给出。

表 4　不同严酷度下危害度排序表

编号	故障模式	严酷度	危害度排序
S10	自动报警系统	Ⅰ	1136
S4	自动喷淋	Ⅰ	624
S5	气体灭火	Ⅰ	574
S8	消防水泵	Ⅰ	110
S7	消防水箱	Ⅰ	68
S1	防火卷帘	Ⅱ	1260
S3	防排烟	Ⅱ	500
S11	应急疏散指示	Ⅲ	240
S12	应急照明	Ⅲ	212
S13	应急广播	Ⅲ	176
S14	消防电话	Ⅲ	352
S2	防火门	Ⅳ	1690
S9	灭火器	Ⅳ	806
S6	消火栓	Ⅳ	338

从表 4 可以看出，在严酷度Ⅰ中，危害度最高的是故障模式 S10（火灾自动报警系统），其次分别为 S1（自动喷淋）和 S2（气体灭火）；在严酷度Ⅱ中，故障模式 S1（防火卷帘）和 S3（防排烟）的危害度都比较高；在严酷度Ⅲ中，故障模式 S11、S12、S13、S14 等应急设施的危害度大体相当；在严酷度Ⅳ中，S2（防火门）的危害度比较大，S9（灭火器）次之。

4　危害性矩阵图的绘制

绘制危害性矩阵图是为了比较不同危害度下，每种故障模式的危害程度，进而为确定改进措施的先后顺序提供依据。危害性矩阵图中，横坐标一般按等距离表示严酷度类别（Ⅰ，Ⅱ，Ⅲ，Ⅳ），纵坐标可以为故障模式的危害度 Cr。

根据表 4 的数据，以严酷度为横坐标，以故障模式危害度 Cr 为纵坐标，绘制危害性矩阵，如图 1 所示。在绘制时，选取的故障模式危害度大于 500×10^{-6}才在图上标绘。由危害性矩阵图看出，综合考虑故障模式的危害度和严酷度，故障风险优先的顺序依次是 S10 > S1 > S4 > S5 > S2 > S3 > S9。

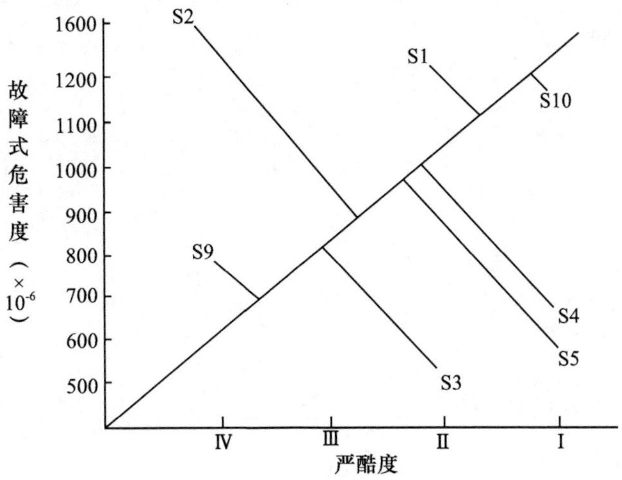

图 1　故障危害性矩阵

5　结论

为有效地提高建筑设施设备的使用效率，在发生火灾时充分发挥其作用，必须采取相应的措施对故障风险高的故障模式进行改进或加大检查力度。

从本文结论看，火灾自动报警系统是所有设备中故障风险最大的，该系统组成复杂，各消防专业均由它指挥联动，一旦发生故障，监控人员如同失去了耳目，失去了对火灾的掌控，且严酷度最高，所以以高校为例的各行业部门必须加强对各楼宇火灾自动报警系统的维护；同理还有自动喷淋系统和气体灭火系统，一旦出故障甚至失效，后果不堪设想；作为最普通的防火、灭火设备，防火门、灭火器能进入危害性矩阵图颇让笔者吃惊，究其原因，是防火门的故障率过高和灭火器不按时年检导致失效造成。笔者认为，越是最简单最基层的防火设备，在危险来临时，越能发挥出意想不到的作用，建议相关管理人员切勿因小失大。

参考文献

[1] 马存宝，李雯，孙焱，冯婷婷．基于模糊理论的 FMEA 方法研究［J］．测控技术．2013（08）．

[2] 赵东元. 可靠性工程与应用 [M]. 北京：国防工业出版社，2009：141—143.

[3] 侯遵泽，杨瑞. 基于层次分析方法的城市火灾风险评估研究 [J]. 火灾科学，2004，13(4)：203-209.

[4] 杜玉龙，赵富森，王以革. 建筑消防设施运行可靠性的结构分析 [J]. 消防管理研究，2008，27 (9)：692-693.

校园人车平面分流模式研究*

中国石油大学（北京）保卫处　李　坤

摘　要：随着私家车拥有量的不断增加，高校校园人车混行情况普遍存在，特别是在校园中心区尤为突出。现在的道路系统在规划设计时越来越重视人车分流，但是早期的校园规划对于车行交通的考虑不够完善。针对这一问题，引入人车分流系统模式帮助解决问题。本文以中国石油大学（北京）昌平校区为例，结合校园基本情况重点分析了人车平面分流系统在校园中心区的实施方法，通过实践发现，这一模式有效地解决了校园交通拥堵的问题，在保障人安全行走的同时，车也能够顺畅的通行。

关键字：人车分流系统　安全　交通

随着人们生活水平的提高，机动车持有量不断增加。同时，随着高校从1999年开始扩招，校园内人数骤增。但是大部分高校的占地面积没有变化，这使得校园内人和车的密度都在不断增大，特别是在人车流动高峰时期经常出现严重拥堵的情况，这为校园交通埋下了严重的安全隐患。本文以中国石油大学（北京）昌平校区为例，结合校园基本情况建立人车分流系统，为提高校园交通安全指数提供新思路。

1　人车分流模式简介

人车分流的指导思想是在道路上将"人"与"车"完全分隔开，互不干扰，各行其道。人车分流模式在20世纪20年代由佩里首先提出，佩里认为城市交通不应穿越邻里内部，并提出交通街与生活街应当分离开来[1]。率先体现"人车分流"原则的是由美国建筑师D斯泰恩和规划师T莱特规划于1933年的美国新泽西州纽约郊区的雷德朋居民住宅区[2]36。在规划中，尽端路成为人车分流的重要手段。尽端路和尽端环路要求

* 本论文发表在《赤峰学院学报》自然科学版2016.11（下），刊号：ISSN 1673－260X，CN 15－1343/N。

中心区不设车行道，而在外围设立车行道，在中心区与外围车行道间通过尽端路及尽端环路衔接。尽端路要求车辆驶入此路段后折返驶出；尽端环路要求车辆驶入后依规定道路环行驶出。前者步行到达目的地用时较短，但是要求组团规模小或停车位充足，当不能满足时，建议设置后者，且尽端环路的宽度应控制在 4 至 6 米为宜。

2　校园基本情况以及存在问题

2.1　校园基本情况

大学校园规划既不同于普通的建筑群体设计，也不同于一般的城市规划。作为孕育人才的摇篮，大学校园特别是校园中心区具有体现校园氛围、塑造校园特色景观的重要作用[2]36。中国石油大学（北京）昌平校区总面积 496.5 亩。学校于八十年代开始校园规划建设，随着三十年间的发展，在校人数成指数倍增长，但是校园面积却未发生变化。同时，随着人民生活水平显著提高，校园内的机动车持有量持续增加。一般情况下，校园内机动车的交通流量要比城市道路低，而校园内步行人数却远超一般的城市道路。人车如何和谐共处，对人行和车行的交通问题的思考，成为校园交通安全管理部门亟待解决的问题。

中国石油大学（北京）昌平校区分为南、北两个校区，两校区被中石路隔开。北校区为主校区，学生宿舍、食堂、运动区等主要集中在这一校区，此外这一校区也承担了一定的教学办公作用。南校区虽然面积不大，但是拥有 4 栋高层教学、办公楼，作为学校教学办公中心区，承担了最重要的教学科研作用。

经测量统计，南、北校区共计 51 条道路，其中宽度 6 米以上有 29 条（其中南校区 9 条），4 ~ 6 米有 19 条（其中南校区 6 条），4 米以下的北校区有 3 条。

2.2　存在问题

1. 上下课、就餐时间等高峰期人车混行

上下课期间，尤其是中午、晚上师生就餐时间，人车混行，拥堵严重。据之前统计，每天中午、晚上两个下课、就餐高峰期，南校区北门口、北校区餐厅周边严重拥堵长达 30—35 分钟，如表 1 所示。尤其南校区北门口拥堵最为严重，因为南校区行人与机动车共用仅有的一个大门，此时混杂在人流中的机动车几乎无法通行，行人也有被剐蹭的风险。同时，由于大量人流涌出，中石路通行的大量社会车辆被迫停滞。特别是晚上师生就餐时间，此时间段与下班晚高峰重叠，行人、车辆的司机行进更加困难。每年发生行人、骑车与机动车发生剐蹭等交通事故5~8起。

表1　南、北校区人流高峰期交通情况

中午或晚上	交通拥堵时间	机动车流量
南校区北门	30分钟	80-100辆
北校区食堂周边	35分钟	120-150辆

2. 外卖送餐盛行，车速过快

随着手机、网络的普及，外卖行业得到迅速的发展，越来越多的师生选择订外卖送餐上门服务，送餐人员都是骑车送至楼门口。外卖的确方便了师生，但也带来了极大的安全隐患。外卖行业竞争激烈，为了吸引更多的顾客，送餐人员骑车的速度极快。由于送餐时间集中在中午、晚上就餐时间，送餐车流加剧了人流高峰期的交通拥堵情况。校园内机动车车辆比社会道路少，加上校园内没有安装交通信号灯，因此送餐人员更加肆无忌惮，导致人与车、车与车的剐蹭事件时有发生，2015年校园内共计发生相关事故5起。

3. 快递流行，乱设摊点

随着网络时代的到来，电商平台迅速发展，快递公司作为衍生产业也得到大力地发展，高校师生更是快递行业客户中的主力军。中石路南、北校区间的大门两侧人行道上，几乎全被快递公司瓜分占有，几十米长的道路两侧摆满了快件。师生取件的时间主要集中在中午、晚上就餐时间，这使得原本就拥挤不堪的道路，变得更加水泄不通。

4. 社会道路分割校园

南、北校区被中石路相隔，南校区北门和北校区南门相对，师生上下课、就餐等高峰期时，这样就不得不经过社会道路，大量人流在南北校区之间穿行。尤其中午或者晚上上下班时间，校内人流、车流与社会人流、车流相遇，车辆司机焦急难耐，极易发生剐蹭事故。

3　解决办法

3.1　通过建立人车平面分流交通模式解决

人车分流系统包括三种基本模式：平面分流、内外分流、立体分流。结合中国石油大学（北京）校园实际情况，采用人车平面分流模式改善人车混行交通状况。

车流流线的合理设置至关重要，这就要求因地制宜，根据实际情况设计一个科学合理的车流流线，以满足机动车能够顺畅地进出校园。大学校园中心区应避免无关车流的穿越及无序的停车，车流流线应布置在中心区外围，即沿周边布置为宜[2]。南校区呈长方形，中心区包括两个花坛在内也呈近似长方形展开。如图 1 所示，车行道（车流流线）围绕主要教学办公楼群等公共建筑布置，沿着南校区外围墙呈逆时针方向。

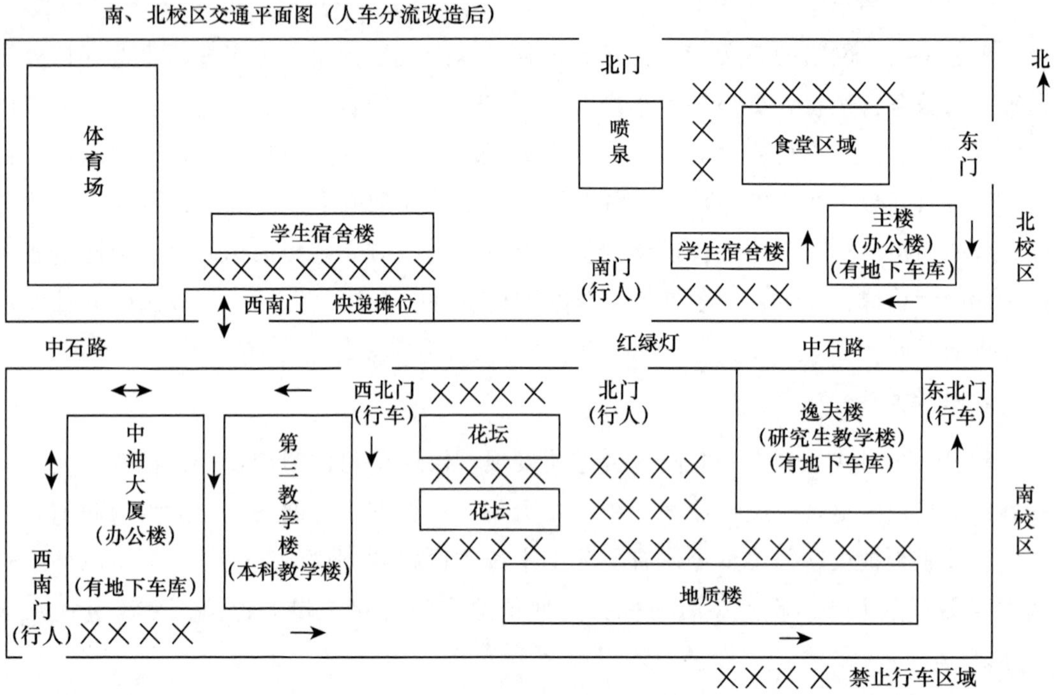

图 1　南、北校区交通平面图

步行的安全与舒适是人车分流交通组织的目的，校园中心区内应以步行者为主，中心区的步行流线成为各教学组团的重要纽带。传统的规划方式不注意避免教学区内部的车行交通和人行交通的矛盾，过于注重实质的空间架构[3]。南校区原北门改为行人门，校园主要步行轴自北门至教学楼、办公楼组团围合的广场空间，并且包括两个花坛在内。各组团间步行联系方便，步行空间与花坛、绿地等完美结合，使师生们在步行去上课工作的路途中心情瞬间变得更加美好（如图 1 所示）。此外，根据校园其他非校园中心区特殊情况实行局部人车分流，比如南校区中油大厦南侧、北校区食堂周边和快递专用摊位门前等道路，设置为步行区。

增设大门：南校区北门东、西两侧增设两个行车专用门，西北门入口，东北门出口，原有大门设为行人专用门，南校区西南角增设一个行人专用门；北校区西南角增设快递专用区，并设置一个快递单独专用门。如图 1 所示，机动车从西北门进入南校区，沿着靠墙道路逆时针行驶一周通过东北门离开南校区。同时，设置机动车禁行区(步行区)，该区域包含了改造前极易发生严重拥堵的大部分区域。这样就极大解决了上下课期间，特别是中午、晚上就餐时段人车混行的局面。南校区西南角增设一个行人门，校外润杰公寓本科生从此门通过，减轻了北门行人门的压力。根据特殊情况实行局部人车分流的几处道路，也同样缓解了交通压力，从师生半年来的反馈来看该措施科学合理、作用明显。

3.2 禁止外卖进入校园

自从外卖送餐盛行以后，师生普遍反映送餐人员骑车过快，在校园里无论是行走还是开车都提心吊胆。考虑到安全，严令禁止外卖人员骑车进入校园，要求师生到校门口取餐。通过该措施，有效制止了送餐车流加剧人流高峰期交通拥堵的情况。

3.3 把快递引入校园

针对快递问题，把快递引入校园，在北校区南门西侧靠围墙处开辟一块区域增设为快递专用区，并开通一个快递单独专用门，安排人员严格管理开、关门时间。在快递专用区建造快递门房，施行承包制，并对承保人员进行相关培训。要求各快递公司延长师生取件时间，分散取件人流。

3.4 设置交通信号灯，分散人流

保卫处、学校交通安全委员会与上级部门协调，在中石路两个大门之间加装了交通信号灯。交通信号灯的投入使用，有效分散了高峰期时的人流，使得两个校区之间人流穿行井然有序。

4 结语

中国石油大学（北京）校园人车分流已经运行半年多，规范了校园交通秩序，显著地改善了中国石油大学的交通状况。通过本文把中国石油大学（北京）的经验做法分享给大家，希望能给其他高校的校园交通规划有所帮助。人车分流道路系统较好地解决了高校人车混行的问题。我们要做的应该是从人与车的矛盾中找到平衡，规划校园的道路交通系统要根据校园实际情况具体分析研究，使我们的校园规划更加科学合理，这样才能为师生创造一个美好的学习和生活环境。

参考文献

[1] 周俭，沈恬．城市住宅区规划原理 [M]．上海：同济大学出版社，1999.

[2] 林燕．人车分流系统在大学校园中心区规划中的应用 [J]．华南理工大学学报（自然科学版），2007，35 (11)．

[3] 华华．试论生态型、人性化的校园设计 [J]．泰州职业技术学院学报，2006，6 (3)：2.

高校暑期校园秩序管理的实践探索
——以北京大学 2017 年暑期校园秩序管理为例

北京大学保卫部　曹　璐　邢劲松　石　慧*

摘　要：近年来，参观著名学府成为当下中小学研学旅行的重要日程，为高校暑期校园秩序管理带来了极大的挑战。笔者以北京大学 2017 年暑期校园秩序管理为例，重点阐述了暑期校园秩序管理的重要性、主要问题和长效机制，以促进暑期高校校园秩序的科学化管理。

关键词：校园参观　校园秩序　管理模式

北京大学（以下简称“北大”）作为拥有 120 年办学历史的高等学府，拥有中国古典风格的建筑和深厚的历史文化底蕴，已经成为全国中小学研学旅行活动的重镇，为广大中小学生体验大学文化精神、品读教育文化遗产做出了积极贡献。然而，随着校园参观洪流涌入，对校园秩序管理的影响显而易见，安静的校园和干净的卫生遭到严重破坏，校园内垃圾增多、小孩子随处大小便、吵闹声喧哗声等问题，随处可见。暑期校园参观高峰期，欲参观人员较多，校园秩序管理遇到众多难题，特别是黑车黑导游的出现，借助高校知名度违法违规挣钱的人数逐年增加，对高校暑期校园秩序管理提出了新挑战。

为积极应对挑战，我们在改进管理模式中始终思考以下几个问题：

第一，面对参观人员集中入校，如何保证有序不危险？

第二，面对参观人员进入陌生环境，如何引导其文明、安全、有序参观？

第三，校内参观人员较为集中的地方，如何维护本校师生权益？

---

* 曹璐，北京大学保卫部校园秩序管理中心办公室副主任、助理研究员、硕士。主要研究方向：高校安全管理研究、校园秩序管理。邢劲松，北京大学保卫部副部长。主要研究方向：高校安全管理研究、校园秩序管理。石慧，北京大学保卫部校园秩序管理中心办公室干部、助理研究员、硕士。主要研究方向：高校安全管理研究、校园秩序管理。

第四，如何保障校园周边秩序不影响校园整体形象？

基于上述四个问题，北京大学在管理思路上不断创新，运用科技智能的手段积极探索新方法和新模式，应对暑期校园秩序管理。

1 暑期校园秩序管理的重要性

1.1 高校暑期校园参观受众情况

高校校园参观，是指参观者对名牌大学因精神和知识层面上的满足，而进行的游览、观摩和学习的行为，校园参观的兴起和发展对于旅游业而言是产业的发展，而对于高校管理人员则是新的考验和挑战。目前，校园参观主要集中在北京大学、清华大学、复旦大学、厦门大学、湖南大学、武汉大学等历史悠久、风景优美、文化底蕴较深的名牌大学。寒暑假、国庆节、劳动节等节假日是校园参观的高峰期，主要以外地学生家长带孩子参观居多，以感受高校文化，激励孩子发奋学习为目的。

以北京大学为例，暑假游客人流量以万为单位计算，数据显示（团队入校人数），2012 年 67295 人，2013 年 121399 人，2014 年 99312 人，2015 年 60985 人，2016 年 89729 人，2017 年 95267 人。如此多和密集的游客涌入，给高校校园秩序管理带来了许多问题，安静祥和的学术氛围被破坏，有限的公共资源被挤占，并且带来了一系列的秩序、交通、环境、安全等方面的隐患。

1.2 校园秩序管理制度建设

校园秩序管理是高校以保卫部门为核心，以打造更安全、更便捷的学习、科研环境为目的，针对校园内治安、交通、环境、大型活动等校园秩序进行统一化、规范化管理。参观人员到高校参观，体验大学的人文环境，其内涵与意义是正面的，同时也是大学服务社会的一种体现。根据数据显示，暑期校园秩序管理中最大的压力是门卫管理。

根据《高等学校校园秩序管理若干规定》（国家教育委员会令第 13 号）第五条和《保安服务管理条例》第二十九条之规定：进入高等学校的人员，必须持有本校的学生证、工作证、听课证或者学校颁发的其他进入学校的证章、证件。未持有前款规定的证章、证件的国内人员进入学校，应当向门卫登记后进入学校。2008 年北京奥运会期间，北大使用人员验证登记管理制度，本校师生入 校需出示本校学生证，外校人员入校需出示本人身份证进行登记方可入校，使师生逐渐养成配合安保工作的习惯，奠定了校门分级管理基础，延续至今，树立了学校管理前置的形象。

当下，应需要进一步加强校园秩序制度建设，完善校园管理秩序运行机制，加快校园秩序管理体系建设，构建一套系统化、网络化、规范化工作体制，依据规范的管理制度，提升广大师生安全感和满意度，改善校园治理现状，依法推进高校校园秩序管理工作，营造清净、和谐、文明、平安的校园环境，以保证校园自治和学术自由的目标。

2　暑期校园秩序管理存在的问题

高校不同于旅游景点，其重要功能在于传承和发展人类文明和培养优秀人才。高校校园承载能力有限，对外开放参观，对有限的公共资源带来极大的压力，尤其是暑假时期，游客的大量涌入，导致了一系列校园秩序问题的涌现。

（一）校园内参观人员众多，人员密集，并缺乏组织，对校园内正常的教学、科研秩序造成不小的冲击。不少游客不按参观线路前行，四处游走，在校园内喧哗、打闹，致使教学、办公以及学生生活区内也聚集不少参观人员，严重影响了校园秩序。大量游客入校参观，增加了学校的管理成本。参观人员的层次良莠不齐，乱扔垃圾，践踏草坪，攀折花木，损坏公物，更有甚者对未名湖周边文物造成一定的损坏，为环卫、保卫等部门的管理和服务带来了不小的压力。

（二）大量参观人员的到来，对校园内外的交通秩序造成了极大的影响。校园内人满为患；校园外，尤其是东侧门排队人员众多、阻碍交通，西门外众多游客合影留念，使西门外主干道交通拥堵。由于参观人员众多、需求旺盛，导致黑车、黑导、游商等违法违规现象滋生，并且屡禁不止，对学校的形象也造成了负面影响。大量参观人员的进入，以及黑车、黑导游等的扰秩行为，给校园安全带来不小的隐患。

（三）有个别学生、职工私心作祟，违规现象屡见不鲜。针对这一现象，需做好宣传教育工作，完善宣传教育机制。提高师生员工法制观念和防范意识，发挥学校保卫工作的育人作用，加强学生思想政治工作。坚持“教育为主，处理为辅”的原则，进行正确引导。通过短信、主页、微信等平台，对师生员工进行宣传、教育和引导，营造和谐、有序、安全的校园秩序。

3　北京大学暑期校园秩序管理实践探索

3.1　暑期校园秩序管理的新思路

近年来，北京大学保卫部在不断尝试和创新，采取一系列措施和新的管理模式，目前所做的一系列探索，是为了满足广大参观人员需求的同时，让师生拥有有序、和谐、平安的校园环境，为创建双一流大学提供保障。探究从根本上解决校园秩序问题的方法，以实现“校园安全稳定，师生员工满意”的工作目标。

第一，校园承载能力有限，那么限度在哪里，应该充分调研，根据校园的实际情况，在保证正常的校园秩序的前提下，尽可能地开放，以满足广大群众的需求。

第二，要采取切实可行的引流办法，使校园内的参观人员有序参观。目前，针对团体参观，采取了志愿者引导参观的方法，取得了很好的效果。针对零散游客，可以发放或通过智能通信设备下载的方式，提供最佳的参观游览路线以及景点等介绍，让参观人员感受北大校园文化的同时避免盲目的四处游走。

第三，全面采取预约入校的办法。北大保卫部对团体参观及社会车辆（仅限活动和会议用车）已采取了预约入校的办法。对于零散参观人员，仍采用排队登记身份证入校的方式。目前，北大保卫部已经在设计相关的软件，成熟的情况下，将对零散参观人员采取预约入校的方式。面对年纪过大且不会使用互联网预约的群体，可以采取部分预约的方式，对部分不知道如何预约和没有预约设备的人，仍采取排队验证放行，为参观人员提供便利。预约入校可以保证足够的公平性，有意愿参观的游客机会均等，且避免了入校排队带来的问题，并为参观人员提供更好的智能游览体验。在预约入校的基础上，可以采取分时段放行的方式，也会避免校园内人流过大带来的压力。此外，预约入校还能在一定程度上避免鱼龙混杂，消除安全隐患，即使发生问题也能够有效追溯。

3.2　暑期校园秩序管理具体做法

一是严控暑期门卫管理。每天严格控制参观人员流量、参观时间并设立专属通道。每日参观时间为7时30分至11时30分、14时至17时。东门为获准参观团体入校通道；东侧门为零散参观人员专用登记通道（有序排队并持身份证登记入校）。其他校门禁止校外参观人员登记入校。校内师生员工可持本人有效证件入校，各门门卫将逐人验证并核对照片。因疏导游客压力较大，请师生员工主动出示校园卡、学生证、校友卡、临时出入证、家属证和已在保卫部备案的其他有效证件，以确认本人身份。这种零散游客登记入校、团队预约入校的方式，一定程度上可有效控制入校参观人数，减轻校园压力，并在一定程度上保证公平性。但容易造成排队等候时间过长，排队人数过多的情况。并由此带来校门压力，交通隐患，以及黑车、黑导等不法情况的滋生，对校园秩序造成隐患。

二是各机动车门严格检查入校车辆。各机动车门将对车证真伪及载有多人的入校车辆严格检查；对乘坐出租车入校的人员严格查证；对搭载与驾驶员无关的参观人员禁止入校。一经发现从事非法运营活动立即移送公安、城管部门处理，没收其车证并永久取消办证资格。保卫部要求各单位禁止因私预约车辆入校。凡预约入校车辆被查实为载客黑车的，将暂停相关单位预约资格。同时，要求各单位应加强对职工的规则教育，不得出现违规行为和违法行为。

除了对人员和机动车入校进行规范管理外，为维护正常的校门秩序，防止电动车、摩托车载客闯门，北京大学保卫部的管理模式要求师生入校需下车推行并出示本人有效证件。为防止共享单车在校内集中停放，禁止校外人员骑共享单车入校（包含参加夏令营、培训班及校内活动人员等）。

三是北大保卫部与公安机关、城管、街道等单位密切协作，加大对黑车、黑导的打击力度，创造逼迫自首模式，提高处理力度。此外，北大保卫部加强后台审核与前台核对，每日了解预约团队违规行为，一经发现违规，所有预约全部取消。根据管理人员的建议增设制高点远距离高清摄像机，切实起到延伸管控视野的作用。对各门岗采取针对性的专项管理措施，与相关单位密切合作，对黑车黑导采取轰赶抓捕。

经过共同努力，2017 年暑期校园秩序管理运行成效显著。2017 年与上一年度相比，加大了对入校参观团体的人数控制，入校人数较去年同期相比减少近 15%，同时坚持以往的瓮城模式（车行门加设两道岗）、巡逻监督检查模式，进一步推动了学生引导员的监督作用，未发生旅行团占据排队通道、入校后不服从管理、进入教室食堂宿舍等扰乱校园秩序的行为。安检放行零散参观人员也实施了流量总体控制。全面保障了校园内的整体秩序。

总之，高校校园对普通民众开放是传播校园文化的途径，是高校服务社会的一项责任，校园开放和维护校园秩序是一对矛盾问题，寻找其平衡点至关重要。在管理中，需坚持高校文化对外传播，也需注意校园的发展和安全，以增强校园环境的有序化，做到居安思危，才是校园秩序管理的根本。

大学生安全意识教育探析*

北京大学　王颖杰**

摘　要：当前，中国处于重要的社会转型期，面临着经济、政治、社会、生态等一系列风险和挑战，也不可避免会出现很多安全问题，学生溺水事件、境外受侵害事件、坠楼事件等问题频发，带来了社会对安全问题的深入关注和持续反思。安全意识教育，作为安全教育的起点，是安全行为的内心支持。本文从意识的内涵入手，对安全意识、大学生安全意识的内涵进行了明确的界定，分析了社会转型期大学生安全意识薄弱的根源，对大学生安全意识教育的内容和培养大学生安全意识的路径进行了深入的分析和思考。

关键词：安全意识　大学生　教育　路径

随着当代中国社会进入重要的转型期，社会发展伴随着一系列发展机遇的同时，也呈现出矛盾风险叠加的态势，安全问题频发，大学生安全教育逐渐受到广泛关注和重视。但是在各种形式的安全教育铺天盖地的展开的同时我们仍会遭遇许多猝不及防的风险和安全事件。因此，不能不看到，在安全知识和安全技能传授的同时，安全意识的持续养成才应当是安全教育需要关注的重要问题。近日，备受关注的中国赴美交流学生章颖莹被熟人绑架后遇害，带来了人们对安全意识的持续反思。可以说，安全意识教育是安全教育的前提和起点，是安全行为的内心支撑，缺乏安全意识，安全知识和安全技能就成了无源之水、无本之木，成了无法入脑入心的空洞说教。因此，合理审视和分析安全意识的内涵以及当下社会转型期所面临的社会风险，对于探索大学生安全意识教育的内容和路径具有重要意义。

---

* 该文为第十四届华北学术年会参会论文。

** 王颖杰，保卫部信息调研办副主任，哲学博士，助理研究员。

1　意识与安全意识

1.1　什么是意识

马克思认为，思想、意识的生产最初直接与物质生活的生产方式相连，随着物质生产方式的发展，精神劳动从物质劳动中分离，意识逐渐具有相对独立性，开始能够独立地去构造“理论、神学、哲学、道德”等等。因此，所谓意识，是人脑对客观世界的主观反映，是人的思维活动及其结果。意识具有主动性、自觉性和创造性。主动性是指意识并非被动的反射，而是对外界刺激的主动反映。自觉是指，人的意识并非像动物的意识是人脑神经的自发反映，而是能够根据客观存在的条件能动地认识和指导人类的自我自由的实现。创造性则是指，人对外部世界的主动和自觉的反映并非单纯的白板式的反射，而是外部世界的各种存在和关系的具有能动性和创造性的反映。也就是说，意识中包含着人们的分析、判断等内容。在马克思主义经典著作中，意识既是一种思维活动，也是一种思维活动的结果，即思想、观念、知识、道德等等内容。

1.2　安全意识的内涵及意义

安全意识是人们对社会中客观存在的各类安全问题的总的认识、根本观点和看法。具体包括对安全的判断、内心体验和防范风险的心理倾向及行为表现。安全意识是安全行为、安全习惯、安全结果的前提。大学生安全意识则是指，大学生对生命安全、财产安全、环境安全的认知程度和认知水平，以及在社会生活和交往中所体现出的安全行为的自觉性。包括对安全的认知意识、防范意识以及面对安全问题的应变意识大学生安全意识的持续养成既是自我完善、自我发展和客观需要，也是安全教育和安全文化建设的起点。大学生安全意识的养成具有导向性、规范性以及行为整合性等深层作用。对大学生安全意识的教育，就是要提高当代大学生的安全风险认知、强化防范意识、增进安全问题的处理能力。

安全意识的培养是一种价值精神理念的养成，大学生安全意识的持续养成既是提高大学生安全素质的根本途径，也是一种影响深刻的教育方法。培养安全意识能够产生积极的扩散性效应，能够在大学生之间进行横向的影响、辐射和传播。行为是观念的外显和表达，一个人安全观念的形成，必将对其行为产生有效影响，大学生通过安全教育，使之明确安全的内涵，确立安全意识，形成安全观念，为维护高校和社会安全稳定做出贡献。

2 转型期的社会风险与安全意识缺失

2.1 转型期的社会风险

随着全球化的发展，中国的现代化的发展进程出现了明显的“时空压缩”，多重时空撕裂着传统的社会结构，可能会形成巨大的社会经济压力以致政治上的波动。社会发展呈现出新的发展图景，各种因素得以重新组合，使我们面临着各种风险和挑战。

就当前中国而言，社会转型期经历着急剧的社会变迁，行之有效的新秩序尚未建立，旧秩序仍然存在，新旧秩序的共存、交叉、碰撞，给社会风险提供了易于激化的可能。近年来，我国经济、政治、生态、社会方面风险高发、交织、叠加，产生的影响也更加复杂，难以预测和应对。有学者指出，风险还具有不公平性。尽管从总体而言，社会中每个个体面临的风险是相同的，但风险的承受具有不均等性，往往是应对风险能力强的群体或个人，承担的风险较小，而承担风险能力较弱的群体或个人反而不得不承受更多的风险。由于风险承担机制的这种不公平性，使得增强风险承受能力对于规避或减轻风险影响至关重要。安全意识的持续养成有助于提前识别风险，进而提升规避风险的自觉意识，因此，安全意识的养成是风险叠加的社会阶段必须具备的基本素质，这也是人们生存、发展所必须具备的内在要求。

大学生是一个特殊的社会群体，知识层次较高但社会经验不足，随着大学生活动空间的不断扩展、交流领域的不断拓宽，大学生与国内外社会各个层面的交流日益广泛，安全意识淡薄将为其发展造成严重的阻碍。

2.2 安全意识缺失的原因

大学生安全意识薄弱，原因纷繁复杂，有人曾就近期发生的北大女访问学者在美国遭侵害死亡案件将中国大学生安全意识缺失问题归因于中美教育方式的差别，认为家庭教育缺乏对安全问题的重视以及安全意识的养成。大学生安全意识缺乏的确与教育有着直接的关系，正是因为一贯以来的缺乏，才开始不断去强调，具体来说，安全意识薄弱的原因可以归结为：缺乏科学认知、教育合力不足、知行难以统一。

就认识而言，中国的教育模式关注成败、知识、文化的教育，但对安全问题认识不足。而学生的安全教育也更多集中于人身安全、财产安全、出行安全等层面，综合安全理念引导不够。

教育合力不足，教育合力是指家庭、社会、学校、个体要从不同角度发挥作用。当前，家庭教育普遍重视道德教育而忽视安全教育，而高校也普遍存在着一种认识误区，认为高校安全意识教育应该是安全管理部门的事情，与其他部门的教师无关。在这种思想认识的误导下，高校安全意识教育存在着教育主体各自为政，各行其是，难以合成教育合力。学生的感受效果也无从评估。

知行难以统一，部分大学生对安全意识教育只注重概念知识的机械记忆，忽视真正的理解。流于形式和表象，缺乏价值认同。同时，在防范和应对方面引导不足，以至于安全知识和常识无法自觉转化成主体自身认知，即便主体具备一定程度的辨识能力和警惕性，也因缺乏应对方法而无法实现教育目标。

3 安全意识教育的路径选择

3.1 安全意识教育的内容

1. 以生命意识教育为核心

安全意识，似乎只能靠悲剧才能唤醒，隐患似乎总要靠生命才能检验。安全意识的核心是生命意识，一种生命意识的缺失导致对于隐患的麻痹大意，以及对于严重后果的侥幸心理。在中国传统教育中，更关注道德教育而忽视生命教育，然而生命是个体生存价值的起点，缺乏对生命的正确认识价值的实现就无从谈起。美国学者 1968 年第一次提出生命教育的命题，倡导关注人的生长发育与生命健康的教育真谛。生命教育教会大学生珍惜、关注生命，做好生命健康管理，同时也倡导尊重、关注、热爱他人生命，因此，做好生命教育是健康的身心素质以及未来发展的牢固基础，也是社会和谐发展，降低风险、矛盾、隐患的有力保障。

2. 以主体精神培育为重点

安全意识的培养也就是个体主体精神和主体意识的培养。需看到，安全意识应当是主体自身的意识。安全本身是人的最基本的需求之一，著名社会心理学家马斯洛曾经提出一个耳熟能详的需求层次论，其中生理需求和安全需求是需求金字塔的最底层，也就是一个人的最本能的需求。安全意识的培养，并非将主体置于一种没有矛盾、没有冲突、没有危险、没有隐患的理想状态，事实上在当前高风险的社会中，这种状态也是无法达到的，而是让主体充分提前意识到环境所具有的不安全的隐患以及保护自身规避风险的方式，进而使主体可能承受的风险降低到最小。充分发挥大学生的主体精神，使之对其所处的社会发展现实，以及个体自身发展具有深刻的自觉的认识，增强安全意识，要强化大学生安全意识的自我责任意识和社会责任意识，把维护安全内化于当代大学生的内心世界形成稳定的心理状态，让他们深刻认识到安全意识的自我责任和社会责任，在责任意识的驱动下形成安全问题的预警意识，理性判断安全问题并做出正确的取舍，并对自己的行为有意识地进行控制。

3. 以综合安全教育为重点

当下，对安全的界定已不再仅仅限于人身、财产、交通、消防等方面的狭隘的安全，习总书记提出了“总体的国家安全观”，也就是说安全观念已不仅仅限于日常的生产、生活领域，更涉及政治、经济、文化、社会、生态、科技、能源等多个领域，这里所说的综合安全观就是一种总体的安全观。综合安全观除了包含着广泛的内容之外，还提供了一种视角和思维方法，就是说，对安全问题的评判、思考、分析，要善于利用系统的、综合的、普遍联系的、全面的视角来看待问题。综合安全教育，就是提升大学生整体的安全思维和思考能力，用这种能力来理解社会各个领域的一系列安全问题。确立了综合安全观，既可以从思想意识、思维方式上造就具有安全人格的大学生，又能够有效地规范其安全行为，指导其树立正确的安全价值观。

3.2 安全意识教育的方法路径

安全意识是根植于内心的意愿和意志，因此，安全意识教育与一般的安全知识、常识、应急避难技巧的教育也不尽相同，安全意识的培养和生成是一个持续性、渐进性的过程，因此，安全意识教育也应当是一种全环境、多角度的教育模式。

全环境的教育，是指安全意识的培养是从家庭到社会、学校、网络平台以及个体自身，充分发挥各个场域的合力形成的教育机制。从学生成长和对学会可能产生影响的各个空间和平台构建全方位的教育模式，让安全意识教育渗透到各个场域，全面发挥对学生的影响。多角度的教育，是指安全意识的培养要充分利用各种载体，包括校园文化建设、思想政治教育、社会实践、网络教育等，建立起完整而全面的教育培养模式。具体而言，可以包括以下几个方面。

1. 发挥教育合力

安全意识教育并非高校一已之力所能完成，更不可能单纯由高校安全管理部门即可承担。因此，要充分发挥家庭教育、学校教育、社会教育、个体教育的综合力量。家庭是个体生命的起点和接受教育的最初场所，安全意识教育的最初，就是在家庭这个场所萌发和养成的。因此，政府和社会要加强家庭教育的指导，尤其是加强对幼儿时期家庭教育的引导，充分利用互联网和最新研究成果论证安全意识教育在人的幼年成长中的重要意义。同时，在学校教育中，安全教育的成败关键取决于教师队伍的建设情况。高校思想政治教师队伍与安全管理人员要密切合作，构建全方位、全环境，多层次，多角度的安全意识教育平台和机制。切实提高其政治、思想、道德、知识、能力、身心素质，优化年龄结构，学历结构和职称结构，在职称评定、工作量计算、科研立项、社会实践、出国考察等方面予以倾斜。构建乐教机制，让安全管理工作和思想政治工作有机结合，保证教学质量和效果的不断提升。在社会层面，安全意识问题获得了普遍关注，要善于利用各种事件发生的契机，引导媒体舆论导向借此传递正面的安全教育，充分利用互联网、微博、微信以及各类大众传播媒介，制作具有引导意义的短片、视频，或者在文化产品中加入关于生命教育和安全教育的内容，使之充分融合，引人入胜。

2. 强化科学认知

这种科学认识，首先是政府和社会要强化对安全意识的科学认知，充分而深入认识到安全意识养成对大学生成长和发展以及社会稳定发展的重要意义，进而促使其能从顶层设计层面更多关注和投入；其次是指在安全意识教育过程中，要引导大学生树立正确的知识理念，特别是综合安全理念，加强对安全问题的科学认知，实现安全知识和理念的有效掌握。

3. 引导防范应对

安全防范和安全应对是安全意识的外显层面，形成了较强的安全意识后，主体会自觉寻求维护自身安全和应对可能侵害的方式，因此，需要引导主题进行有效的防范和应对，方才构成安全意识教育的完整内容。而进行安全防范和应对教育，同时也是提高安全问题的认知和判断能力，强化安全意识的必要手段。只有将安全防范和应对与安全意识的确立和强化互为补充，才能真正实现教育效果。增强安全意识，不仅仅是安全观念的建构和形成，而要在意识的驱动下形成正确的实践行为，尤其要善于应对和处理安全问题。

大学生安全意识教育要与时俱进，只有充分认识大学生安全意识的深刻内涵，理解大学生安全意识教育的重要意义，进而探寻大学生安全意识教育的方法路径，才能引导和帮助大学生认清复杂的社会环境，正确认识和看待当今社会的风险和挑战，强化居安思危的忧患意识，增强对安全问题的识别、判断和处理能力，才能使得安全教育深入人心，才能使个体更好地接受并践行安全教育的丰富内容，促进个体的全面发展和社会的稳定发展。

参考文献

[1] 张果. 当代大学生意识形态安全教育研究 [M]. 北京：人民出版社，2015.

[2] 唐士其. 全球化与地域性，经济全球化进程中国家与社会的关系 [M]. 北京：北京大学出版社，2008.

[3] 杨能山. 高校安全教育：大学生思想政治教育的必修课 [J]. 湖南社会科学，2007 (5).

[4] 刘文娟. 拓展思想政治教育主题，强化大学生文化安全意识 [J]. 理论界，2008 (6)：260 - 262.

[5] 朱兴华. 论大学生安全意识的教育和培养 [J]. 宁波广播电视大学学报，2013 (3)：118 - 121.

高校安全管理服务工作信息平台建设研究

北京航空航天大学安全保卫部（处）　孙铭涛*

摘　要： 随着新时代下高校安全管理工作的职责愈发多样化，高校安全服务管理工作亟需完成由管理模式到服务模式的转变。本文在对高校安全管理工作及当前技术发展现状调研的基础上，重点围绕如何利用先进信息技术手段和思想理念优化高校安全管理服务工作的相关问题开展理论探索和研究，探析新时期高校安全管理服务信息平台建设的主要内容、建设模式和发展方向。

关键词： 高校　安全管理服务　信息平台　流程再造

作为社会系统的有机组成部分，高校校园早已告别了“关起门来读书，围起墙来办学”的阶段。参与校园生活主体多样是高校成为开放校园后安全管理面临的最大问题。高校人员密集、学历层次较高、社会影响广泛、关注普遍。针对高校校园新的特点以及高校缺乏安全管理执法权的客观现实，贯彻“管辖”“治理”“打防结合”为主传统理念已经落后[1]。新形势下要适应形势和科技发展，响应中央号召，以人为本，服务为先，加快建成高校安全管理服务信息平台，完善安全管理服务工作体系。

1　高校安全管理服务工作概况

高校校园安全是指高校全体师生和工作人员的人身、财产、心理安全以及高校依法进行教学、科研、管理、对外交流等活动所必需的良好外部环境。高等教育具有四大社会功能，即人才培养、科学研究、社会服务、文化传承创新。高校的一切活动都围绕着教学、科研、学术交流而开展，高校校园安全维护亦要以高校全体师生的安全需要为本，服务于高校的社会功能，促进高等教育事业更好更快地发展。

---

* 孙铭涛，北京航空航天大学安全保卫部（处），综合办公室主任。

从广义上讲，高校安全管理服务是指对维护校园安全负有法律或道义上责任的相关主体为保障校园安全而提供必要的支持活动。具体来说校园安全管理服务包括与警察队伍配合提供的治安类服务；与消防、交通、安全生产和质量监督检查等政府机构相配合提供专业领域安全保障服务，以及根据高校建设需要所衍生出的窗口类服务和教育防范类服务[3]。表1归纳了当前高校内常见的公共安全管理服务的业务类型。

表1　高校校园公共安全服务业务分类

分类	业务
综合防控类	治安管理、报警求助
专业服务类	消防、交通、安全生产、国家安全
窗口服务类	户籍、政审、出入证件办理
教育防范类	安全教育、危机预警

2　高校安全管理服务工作信息化建设现状

近年来高校安全管理服务工作的信息化水平整体提升较快，但仍旧处在较低水平，很多信息系统只是完成简单的案事件记录的功能，没有充分发挥信息系统所理应带来的流程优化、手续化繁为简的功效。新时期，高校要想应对不断复杂的校园稳定形势，进一步提高信息化安全管理服务工作的科学化水平，就需要先了解当前工作中存在的问题。本文通过编写问卷并分发给在京的12所高校对当前高校安全管理服务工作信息化的现状进行调查，得出以下三个信息化建设现状中存在的主要问题。

2.1　专门系统建设为主，缺乏顶层设计

高校安全管理信息系统是一项涉及面广，技术性较强的复杂系统工程，又因系统关系到校园安全的底线问题，系统的稳定性、可靠性、易用性都有更高的要求。理想的安全管理服务系统应当通过顶层设计，为系统构建具有“统一理念，统一规划，统一设计”内质的总体架构，使其指导、控制和协调整个信息化工作的开展。然而在调查中，12家接受调查的高校中还有4所尚未建成统一平台对不同系统进行管理，12所学校中只有4所在系统建设之初开展了顶层设计工作。这显示出当前高校的安全管理服务信息化平台建设还存在专门系统专门建设，不注重顶层设计的问题。

顶层设计作为系统工程学的重要方法，要求从全局的角度，对某项任务或某个项目的各方面、各层次、各要素统筹规划，以集中有效资源，高效快捷地实现目标。人们大多把它和总体规划联系到一起。如果把总体规划比作城市建设中的“规划图”，那

么顶层设计就相当于建筑施工所依据的“设计图”。在信息化建设规划与信息化工程建设之间，如果缺少顶层设计这个环节. 就会出现规划和建设“两张皮”的现象。形成各自为政、分散开发的局面，进而造成资源难以共享、信息难以互通的严重后果，最终导致系统建设的效率大大降低，甚至影响平台的整体体验[2]。

2.2 数据不流通，信息孤岛普遍存在

高校安全管理服务工作信息平台建设的一大目的就在于通过现代通讯和网络技术把现实中分割的业务通过平台实现资源整合和数据共享。然而在调查中，课题组发现12 所高校中有 10 所已建成的信息平台不支持业务间的数据共享，也只有一半的高校为日后调用数据预留了安全可用的接口。各个业务系统的存在就类似一个个“孤岛”，相互封闭，无法进行高效地信息交流。“信息孤岛”问题的存在不但不能使信息平台全面的发挥功能，反而增加各业务部门的运营成本，甚至由于沉没成本的存在妨碍信息化改革的进一步深入开展[3]。

2.3 缺乏互联网思维，系统建设迁就现有业务流程

当前高校安全管理服务信息平台除了存在缺乏顶层设计和“信息孤岛”两个显性问题外，还出现了系统建设缺乏互联网思维、简单照搬原有业务流程的问题。出现了用户为办理业务在线上填写了大量表格，录入所需信息后依旧需要像以往一样到各个部门处办理。以各个高校保卫部门都需要开展的公车出京手续为例，受调查的学校中依然有学校需要申请者三次以上到相关部门实地办理业务，也同样有学校在业务办理过程中出现了同一部门重复审批的问题。互联网思维当中用户体验思维的缺失导致系统变成了单纯用于信息录入的工具，单方面服务了管理者，使他们能够在线收集用户信息，便于统计管理，而用户并没有能够从信息化的建设中切实受益。

3 高校安全管理服务工作信息平台的建设方案

3.1 高校安全管理服务工作信息平台顶层设计

信息平台顶层设计应紧贴着信息化发展规划和安全工作战略，从信息化建设项目具体展开，对接安全管理服务的顶层设计，支持安全管理服务机制和业务流程。信息平台顶层设计需要服从三个规划[4]。

第一是战略规划，即坚持业务战略和信息化战略的高度契合，在信息时代，不仅

要规范本高校安全管理服务工作的制度，使之契合本高校安全管理信息化发展，也要把业务战略上升到高校整体发展甚至是高校间协同发展的进程当中，制定高校安全稳定事件数据共享安全管理信息平台的数据传输及使用规范，参考国家有关业务标准、信息分类标准数据库编制规范，形成规范化文件和实施指导意见。

第二是架构规划，即针对业务架构制定相应的信息化架构。首先需要对业务架构进行细分，确定每个具体角色的功能流程，哪些功能流程需要信息化，哪些不需要或者待定，以及对应每个功能流程所能获取到的信息。这里的信息包含在这个功能流程中所需涉及的角色特点，例如保卫工作存在从业人员、一线人员文化素质层次不高的客观现实问题，信息化的概念并不是建立复杂应用系统，而是要进一步提高共享平台的易用性，降低操作难度，保障一线工作者“能上手、愿上手、快上手”。获取到的信息同时也包含对于这个业务的应用需求，对每个业务需求的差异性存在。其次便是根据细分的业务架构制定相应的信息化架构，从信息化层面去思考问题，根据业务量来推算出需要的硬件支持，例如需要的数据存储量，不同的业务响应的传输能力等等，紧接着硬件支持从开发和维护升级两方面考虑需要在硬件上搭建什么样的操作系统。在操作系统上搭建的软件需要首先设计模型，模型包括软件的核心算法，数据格式标准、存储方法、网络的IO、软件的生命周期、异常控制等等。建设软件的过程同时考虑维护成本和维护难度，以及最重要的实际操作难度。

第三是实施规划，即从项目计划，项目需求，项目设计，项目开发以及项目推广的角度考虑其应用项目管理的流程。拿到项目计划之后需要针对计划提出业务上的不同需求，再根据需求设计不同的产品。当产品设计完后还需要考虑开发难度和开发周期，再回到项目计划中比对开发周期的需要不断调整，形成定稿。针对不同业务的技术实现难度以及业务需求制定不同的实施规划，达到相辅相成，有效结合的目的。

3.2 信息平台建设重点

1. 提高数据存储和使用效率

（1）优化数据结构设计

安全管理服务信息平台数据库是高校安全稳定事件共享数据的存放地。由该平台于面向整个高校的安全事件业务，数据量较大，且需要存储海量历史数据以进行统计分析。

主题数据库根据主题划分可分为网格管理信息、视频监控信息、应急预案信息、安全隐患台账、安全预警信息等等。基础数据库根据基础类别划分为校园地理数据库、师生基础数据库、视频设备数据库、消防设备数据库、门禁设备数据库、出入口系统数据库以及后勤基础数据库。同时需要对其中不同数据库的权限级别进行划分。应急预案信息、法律法规信息以及安全预警信息可以全面通过信息平台线上共享。其余的库分别对应相应的共享业务，仅仅面向业务共享部分。

基于安全稳定事件中非结构化数据资源的特点，应用四面体数据模型。建立统一、集成的数据模型，能够对图像、音频、视频、文本等非结构化数据进行统一表达；能够对非结构化数据的基本属性、语义特征、底层特征、原始数据等进行整体描述；能够支持特征间的关联检索并具有可扩展性。

四面体模型数据结构如图1所示：四面体模型由1个顶点、4个面（也称刻面）和面之间的连线构成。顶点代表一个数据文件的唯一性标识；底面表达原始数据，3个侧面分别表示数据的基本属性、语义特征以及底层特征；面之间的连线表示面上数据元素之间的关联[5]。

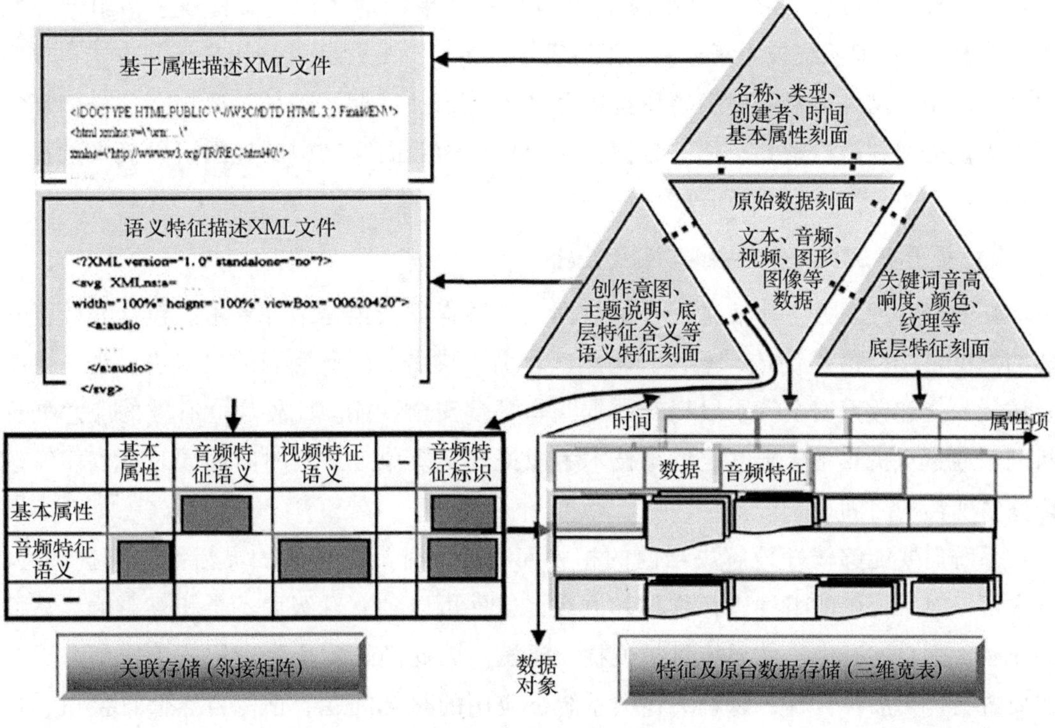

图1　四面体模型的实现结构

（2）完善数据共享机制

高校安全管理服务信息平台数据共享系统在满足业务需求的情况下，设计方案研究应综合考虑数据存储、数据安全、业务流程、系统展示等方面因素。在确保平台符合先进性与适用性原则、聚焦性与落地性原则、开放性与规范性原则、可扩展性原则以及稳定性与安全性原则这五项构建思想的基础上，信息平台的建设还应当积极更新数据共享技术，完善数据共享机制。

1）规范数据格式，提高“元数据”质量

数据格式规范化是数据共享效率的先决条件。如果没有一套规范的数据格式，容易造成数据对象多份存储或存储结构各异，从而影响数据共享。各个部门间的数据格式不一样也会直接影响到业务开展过程中的沟通效率，容易产生歧义，甚至直接导致数据无法使用。因此建立一套规范化的数据格式以供高校安全管理服务信息化平台中所有参与者使用是有必要的。

在安全管理服务工作信息平台中储存的海量数据中，又以“元数据”的质量最为关键。“元数据”作为描述数据的数据，主要描述数据属性的信息，用来支持如指示存储位置、历史数据、资源查找、文件记录等功能。以一件普通的校园安全事件为例，“人”、“地”、“事”、“物”、“手段”、“因”和“果”这7个要素构成了一组“元数据”。对安全管理系统较为复杂，上下游系统较多而且变化频繁，用户访问方式也较为多样，由于使用人员专业性问题使得整个系统的维护周期比较长，要想在这样的环境下更为快捷便利地检索共享相关数据，元数据作为数据库当中的地图可以极大地提高效率。

2）提升数据共享平台可靠性及性能

在安全管理服务工作信息平台的数据共享过程中安全是第一要求。包括元数据在内的数据可能会遭遇伪造、篡改、增删、冒名等攻击。因此应当通过身份认证、系统及访问安全和数据安全等手段提升数据共享平台安全性能。此外建立有效的应急处理机制，通过双机热备，异常定位等技术手段提升系统稳定运营时间的同时可以缩短故障恢复所需的时间。

系统需要能够较好地解决当前的相关问题，同时具有很好的灵活性和可扩展性，要求可以对系统中的组件进行维护和升级，组件可以独立升级而不会相互影响，从而简化软件平台的开发，使系统维护便捷、迅速。因此高校安全管理服务工作信息平台需要进行可扩展性设计，以解决各类系统、应用的整合问题。预留自然信息接口、校园卡日志接口、门禁记录接口等接口用于包括师生信息、校园安保设施日志信息在内的数据及信息共享。

2. 使用流程驱动的高校安全管理服务信息系统

信息化的基础是流程分析、流程规范和流程优化，脱离了这几点而单纯地讲信息化会造成事倍功半的后果[6]。高校安全管理服务流程是指高校安全管理服务的提供部门为在校师生提供的安全管理服务工作的一组相关的 、结构化的、有起点有终点的连续的时间链。安全管理服务流程以在校师生的相关安全需求为输入，以提供安全管理服务为输出。由于现有的分工管理和服务模式并不能开展信息化的需求，而优秀的流程能够提升组织的核心竞争力。因此转变工作方式，提高安全管理工作效能，结合信息化的优势对传统工作流程进行完善甚至是再造势在必行[7]。

以调查问卷中出现的高校安全管理服务业务之一办理公车出境审批为例，由于同时涉及多个部门的职能，开展这项业务的时候不可避免地存在跨系统、跨业务的情况，这种情况下使用 BPMN 建模并对流程进行优化通常可以得到理想的结果。

如图 2 所示，通过将公车出京业务办理的所有参与者分为用户和审批者两类，再按照审批者在整个业务中的职能将包括安全管理服务工作系统在内的部门安置在不同的泳道内。将业务办理流程的每一个步骤以流程图的形式表现在 BPMN 图当中，通过调整审批的具体要求以及各部门的泳道的顺序，使整个业务流程成为一个单向的自上而下的过程，确保不会有部门重复对一个审批申请进行审核，最终审批的结果直观地由系统呈现给用户。整个流程清晰直观，结合信息化在线平台的优势，使用电子签名等手段，既不需要审批部门重复审核，也不需要申请者到各个部门现场办理，能够极大地提升业务办理的效率和用户满意度。

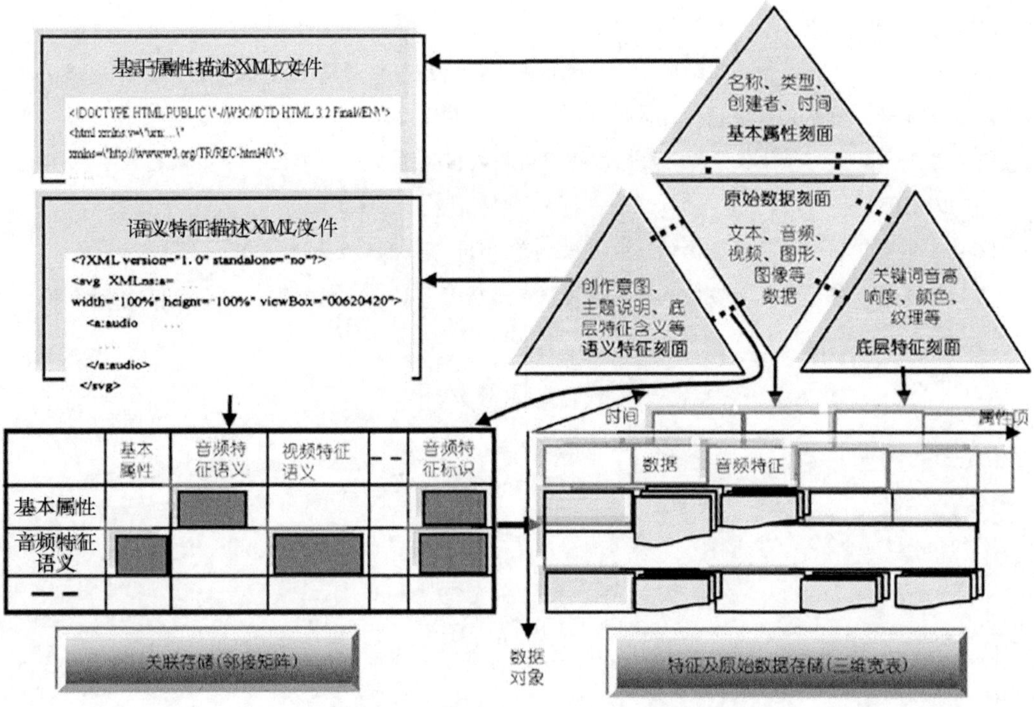

图 2　公车出京手续办理 BPMN 流程优化示意图

4 高校安全管理服务工作信息化工作未来发展趋势

未来的高校安全管理服务模式，将会是以用户为中心，以互联网和大数据为平台，以云计算和人工智能为处理枢纽，以物联网为交互终端的全新模式。

这种全新模式将全面采集学校人、事、地、物、组织台账，根据组织层级和人员权限，实时更新，确保各级岗位人员对管理对象“底清数明”。围绕安稳的各项业务工作开展流程分析、流程优化和流程再造，运用地理信息系统、移动互联等技术将教育、培训、审批、检查、排查、评估、整改、应急、记录、考核等环节全面纳入智慧安全管理综合平台，规范管理、便捷沟通、协作联动。综合运用安稳大数据，为人员培训、风险评估、指挥决策、管理优化提供支撑。

参考文献

[1] 查国清．高校校园安全服务问题与对策研究［J］．管理观察，2016（10）：76－78.

[2] 张锐麟，王娜，黄磊，等．构建协同公共服务：政府信息化顶层设计方法研究［J］．管理世界，2013（8）：91－100.

[3] 杨明波，王谦，褚江川．电子政务与信息孤岛［J］．电子政务，2005（11）：35－38.

[4] 蒋东兴．信息化顶层设计［M］．清华大学出版社，2015.

[5] 李未，郎波．一种非结构化数据库的四面体数据模型［J］．中国科学：信息科学，2010，40（8）：1039－1053.

[6] 栾吉华．利用电子政务优化政务流程研究［D］．长春工业大学，2011.

[7] 曾星媛．基于电子政务的政府业务流程再造研究［J］．情报探索，2007（07）：78－80.

平安校园建设中研究生校外专业实践安全保障机制构建研究

北京石油化工学院　王永哲　常俊英

摘　要：我国的专业学位研究生教育已经具备了相当规模，其安全管理已成为高校平安校园建设重点内容。专业学位研究生教育培养目标的特殊性决定了培养过程更加注重对研究生专业实践能力的培养，其专业实践教学和学习多是分散在校外不同的企业或事业单位联合培养基地进行。研究生校外实习期间脱离了校园内安全保障机制的相应保护，因此需要专门建立一套安全保障机制来对研究生专业实践过程的安全稳定工作予以保障。本文结合专业学位研究生教育中专业实践教学这一培养过程的特殊性来研究其安全保障机制的构建。

关键词：平安校园　专业学位研究生　校外专业实践　安全保障机制

党的十九大将“坚持总体国家安全观”确立为新时代中国特色社会主义思想和基本方略的重要内容之一，凸显出总体国家安全观在中国特色社会主义建设新时期的重要作用和重大意义。高校安全是新时代国家安全任务 11 个领域之一的社会安全工作任务的重要组成部分，因此高校平安校园建设仍是新时期国家社会安全工作的重要任务之一。作为具有研究生学位授权点高校教育与安全管理工作重要组成部分的研究生教育与安全管理自然也就成为新时期社会安全工作和高校平安校园建设的重点内容之一。

我国 2009 年对学位研究生教育制度进行了重大改革，增加招收以应届本科毕业生为主的全日制硕士专业学位研究生，使得全日制研究生教育按照培养模式主要分为两种：学术型教育和专业学位教育。根据教育部的教育统计数据，专业学位硕士研究生招生人数在全体硕士研究生招生总数中所占比重在 2009 年开始全日制专业学位硕士招生时仅为 15.9%，到 2015 年已经增加到 43.9%，可见专业学位研究生教育已经具备了相当规模，其安全管理亦已成为高校平安校园建设的重点内容。专业学位研究生教育是以研究生职业技能的培养和解决具体实际问题能力的提高为主要目标，从而可以有针对性地为社会各行业领域培养职业能力突出的高层次应用型人才，培养目标的特殊性决定了专业学位研究生教育的培养过程更加注重对研究生专业实践能力的培养。在工程、教育、会计、金融、法律、税务、应用统计、工程管理等所有类别的硕士专业学位教育中，绝大多数类别的硕士专业学位要求专业实践教学时间不少于半年。2018年国务院学位办发布的《关于转发〈关于制定工程类专业学位研究生培养方案的指导意见〉及说明的通知》（学位办〔2018〕14号）中更是具体明确地规定，“具有2年及以上企业工作经历的工程类硕士专业学位研究生专业实践时间应不少于6个月，不具有2年企业工作经历的工程类硕士专业学位研究生专业实践时间应不少于1年。”说明全日制专业学位研究生教育中的一个重要培养环节和培养过程是通过研究生的亲身专业实践来完成的，而由于其培养目标的特殊性，专业实践教学和学习多是分散在校外许多不同的企业或事业单位联合培养基地进行的，因此从事专业实践学习的研究生的日常活动和行为范围已经脱离于校园管理范畴，甚至有些校园内的管理办法和行为准则已经不适用于对研究生校外实习期间的管理，增加了管理难度。另一方面，研究生校外实习期间脱离了学校安全保障机制的相应保护，需要专门建立一套安全保障机制来对研究生专业实践过程的安全稳定工作予以保障。

1　构建校外专业实践安全保障机制的必要性

1. 赋予平安校园建设新内涵与新内容

平安校园建设关系到学校的持续稳定发展与全体师生的广大利益，是一项融基础性、长期性和系统性于一体的复杂工程，是社会安全稳定的重要内容与表现之一。在开展专业学位研究生教育的高校中，对校外专业实践学习期间研究生的安全保障与管理也同样构成了学校安全稳定工作的重要组成部分，研究生在校外专业实践学习期间良好与恶劣事件的发生也同样会引起校内和社会对其产生的一系列舆论与讨论，影响校内师生和社会各界对学校的评价，影响到学校的荣辱与声誉，进而影响到学校的稳定与发展。研究生校外专业实践安全保障机制的有效构建会涉及平安校园建设中的高素质管理队伍建设，组织领导、管理制度、应急预案、供给政策等机制创新，法制、食品安全、医疗、防火、防骗等安全意识和安全防范教育，心理健康与诚信品质教育等诸多方面一系列重要内容改革，将平安校园建设范围和安全稳定工作范畴由传统的“校内”延伸和拓展到“校外”，赋予平安校园建设以新的内涵与发展意义，同时也给校园安全稳定工作带来了新的挑战。

2. 有利于研究生实践创新与创业能力的提高和培养目标的顺利实现

专业学位研究生教育培养过程一般分为基础知识学习、专业实践和学位论文完成三个阶段或环节，其中专业实践培养阶段一般是指研究生在校内导师和校外导师的联合指导下，在具体的企业、事业单位等实践基地进行专门的专业实践学习与训练，并从实践学习中寻找和发现存在的问题，从而根据具体需求完成学位论文选题和开题工作。专业实践阶段是专业学位研究生培养过程三阶段中的承上启下环节，其既是基础知识学习阶段的延伸与应用阶段，又是学位论文完成阶段的前期准备与累积阶段。研究生在专业实践过程中，以行业企业亟待解决的研发、生产、管理等方面的实际问题和需要为切入点，展开创新研究，所得研究成果可以为企业创造一定产值收益或节约一定产值的成本，或是为行业或地区带来一定社会实际价值。完善的校外专业实践安全保障机制可以为实践过程提供健康必要的制度、心理和物质环境条件，以保障该培养过程的安全稳定。同时促使研究生在双导师联合指导监督、跟踪督导制度的动态监控和奖惩制度的引导下，通过持续地实践研究与探索，不断努力锻炼和提高自己的实践创新能力，并取得被企业或相关部门所肯定和认可的研究成果，从而在一定程度和范围内提高自己在行业或企业的认可度，为自己的自主就业或创业能力奠定良好基础。实现培养职业能力突出的高层次应用型人才的专业学位研究生教育目标。

3. 有利于实现专业实践过程管理与目标管理的统一

在目前的大众化高等教育实践中，如何有效实现教学的过程管理与目标管理的统一一直是高等教育改革中的重点和难点，研究生校外专业实践教学过程更是脱离其第一责任人——校内导师和学校的直接监控，甚至许多校内导师与校外导师之间缺乏沟通，使分散到各校外实践基地进行专业实践的研究生基本处于无管理和失控状态。这一期间研究生是否以提高自己实践创新能力为目标而努力从事实践学习、学习的进展和状态如何、学生的心理状态，甚至其是否按时按规定到岗学习或工作等，校内导师和学校都不能直接掌控，更加无从谈起专业实践过程的安全管理与稳定工作。构建科学合理的制度和机制，加强校外专业实践过程管理，既有利于实践过程和研究生的安全与稳定，又有利于研究生实践创新能力的提高和既定培养目标的实现。校企合作对接、周志和月报、跟踪督导、企业实践奖学金等系列制度的建立与完善既是专业学位研究生专业实践教学质量保障体系的必要手段和主要内容，又是校外专业实践安全保障机制构建的重要组成部分，有利于实现过程管理和目标管理的统一。

4. 有利于校外联合培养基地的持续稳定建设与发展以及校企双赢的有效实现

研究生在校外实习单位专业实践学习期间的安全保障不仅已经成为学校平安校园建设和安全稳定工作的重要组成部分之一，而且也是实习单位安全生产和安全管理的重要内容之一。研究生实习期间安全事故的发生在影响到学校的声誉和稳定发展的同时，也会给实习单位带来种种不利的直接和间接影响，更有严重者甚至会给实习单位造成巨大经济损失，影响到其既定正常利润的实现，从而触及本单位员工的根本利益和直接经济利益。如果安全事故的发生是由研究生违反实习单位安全管理制度而导致的，不但会引发单位员工的不满情绪并影响到以后本单位员工安全事故的责任追究与相应处理，而且会引起员工对单位管理层决策的讨论与质疑，甚至会引发员工对允许研究生在本单位实习这一管理决策的强烈反对，从而影响到高校校外联合培养基地的后期稳定建设与发展。安全保障机制的构建客观上可以规范研究生实习期间的各种行为，主观上可以引导其以学习和提高自身实践创新能力为中心开展实践研究，从而在安全稳定的基础上既可以促进专业学位培养目标的实现，又可以通过所取得的科研成果为实习单位增加经济利润，实现校企双赢。

2 校外专业实践安全保障机制现状分析

全国各高校经过多年的平安校园建设，其校园内安全管理和各类保障机制已经发展地比较完善和健全。然而，专业学位研究生教育的持续推进所带来的校外专业实践，尤其是分散实践为平安校园建设赋予了新内涵并增添了新内容，研究生日常生活和学习行为监控的非直接性及其校外专业实践过程的分散性为学生安全管理增加了新的难度。目前具有研究生教育专业学位授权的高校在研究生校外专业实践的安全管理与保障机制构建方面尚还普遍存在着诸多问题与不足，需要在后期的平安校园建设与安全稳定工作中不断进行改进与完善。

1. 安全风险管理体系构建缺乏专业系统性，安全风险意识普遍存在不足

我国的高校总体上来说更易受国家或地区宏观环境的直接或间接影响，在没有特殊事件发生或上级部门特殊要求的情况下，其平安校园建设的范围与内容往往局限在传统的安全防范领域。而平安校园建设其实是一项复杂的专业系统工程，并且其涉及的内容与范畴随着时代的发展与各种条件和环境的改变而不断地进行拓展和延伸。目前高校的管理层受认识程度的局限，其安全风险管理体系构建往往将学生安全防范和安全意识教育与影响校园安全的外部环境和外部原因割裂开来单独进行管理与控制，如思想政治教育制度，财务风险和市场风险管理制度，食品安全、防火、防盗、防骗等以及其他纯安全管理制度，其制度和体系构建缺乏二者的有机结合性和引导性。研究生校外专业实践过程的安全稳定工作也同样缺乏以上两者的有机结合性和引导性，更有甚者，有的高校在研究生校外专业实践过程的安全管理制度构建方面仍是空白，表明高校的安全防范意识仍存在认识程度上的局限性和片面性，安全稳定制度构建缺乏专业系统性。

2. 安全稳定管理缺乏长效预防机制

从目前我国绝大多数高校的一般机构设置和职责分配来看，鲜有成立专门管理部门来负责校园安全稳定工作的，使校园的安全风险责任具体落实不到位，长期处于缺失状态。校园安全稳定工作作为一项复杂系统工程，其涉及面不仅仅局限于某一两个部门或单位，需要有专门的制度予以规范，专门的部门实施和管理，同时在多个单位和部门间进行协调，从而才能达到对校园安全稳定工作的主动管理与预防。专门管理部门和风险职责的缺失使得许多制度中的规定仅仅停留在口头上而难以付诸实施，不能构筑长效预防机制而防范许多安全事故的发生，只能采取安全事故发生后的一些处理和补救措施，从而使得校园安全稳定工作长期处于被动状态，难以适应平安校园建设和高校稳定发展的需求。

3. 学校与校外基地缺乏专门统一的专业实践安全管理制度

高校与校外实习单位在运营环境与目标方面往往存在较大差异，高校的安全管理制度侧重于对学生在校园内的安全管理，校外实习单位或企业则侧重于生产过程或生产区域内的安全管理，双方的安全管理制度在某些方面可能存在较大差异甚至矛盾的地方。校企双方共建联合培养基地大多数是围绕着如何培养人才和实现双赢而签订合作协议，并随即展开研究生专业实践教学工作，对于专业实践学习过程中的研究生安全管理，双方往往并未共同进行专题研究和建立专门统一的专业实践安全管理制度予以规范，对事故的发生只能是采取临时性的补救和处理措施，缺乏针对性和长效预防性，甚至对安全事故责任的追究缺乏确切的制度依据。校企双方构建专门统一的专业实践安全管理制度既是研究生专业实践过程中对其本人的有效安全保障，又是保障高校专业实践教学质量、促进实习单位高效生产达到校企双赢的重要制度基础。

4. 研究生专业实践过程缺乏动态监控管理机制

研究生校外专业实践学习期间的吃、住、行等日常生活行为和专业知识应用、实践创新能力提高等学习活动均是在校外实习单位或社会环境中进行的，身处校园之外使得高校研究生管理部门、培养院系和校内导师不能对研究生的实践学习过程直接面对面监控，从而对研究生的实践学习进度、实践创新能力提高状态等具体过程难以确切了解和掌握，对研究生安全管理也处于失控状态，因此需要建立一系列动态监控管理机制，从客观上对研究生的校外专业实践学习过程予以规范，同时从主观上对研究生的思想重心和行为方向加以良性引导。

3 校外专业实践安全保障机制的构建建议

在专业学位研究生的具体培养过程中，专业实践阶段主要是在校外专业实践培养基地完成的，除此之外，由于学位论文工作中如果遇到某些问题和难题，仍可能需要回到实习单位去继续实践并寻找解决思路和方法，所以学位论文中的部分阶段也可能会在校外实习单位通过实践完成。可见，专业实践教学过程对于培养目标和学位论文的完成至关重要，而其有效的安全稳定管理又是重要保障。关于如何构建具体的安全保障机制来保证专业实践教学质量和实现安全稳定管理已经成为高校研究生教育管理和平安校园建设共同面临的问题与难题，本文以专业实践教学质量保障为核心，从规范研究生实习期间各种行为和引导研究生努力提高自身实践创新能力的客观和主观双重视角提出校外专业实践安全保障机制的构建建议。

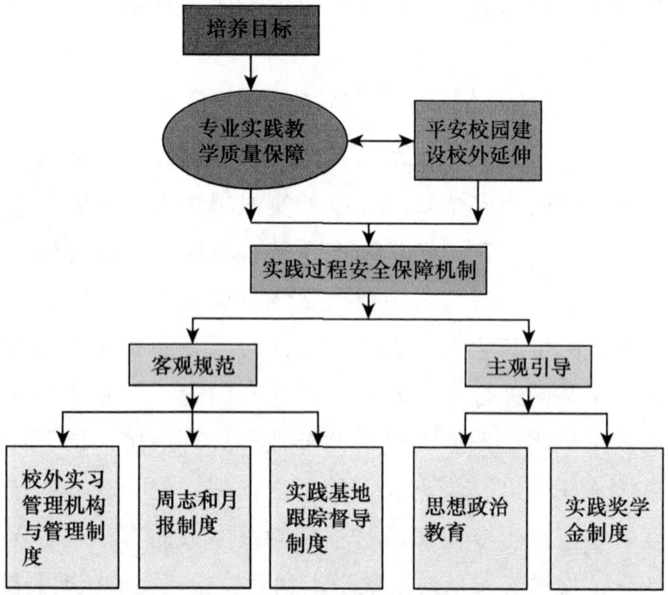

图1　校外专业实践安全保障机制构建

1. 学校建立专门校外实习管理机构和有章可循的管理制度

为了进一步吻合社会行业需求，促进与相关单位和企业教学和科研工作的交叉融合，共同协力提高研究生联合培养质量，顺利完成研究生培养目标，学校应当成立专门校外实习管理机构，同时聘请校外联合培养基地相关领导及管理人员参与管理，从而对研究生校外专业实践过程和企业导师进行专门管理与监督。建立并完善相关安全管理和质量监控制度使得各项奖惩措施的实施有章可循，从而保障研究生校外专业实践教学的平稳推进和校企双方的安全管理。此外，专门校外实习管理机构应当在校企双方间以及双方内部多方协调相关工作。比如结合本校平安校园建设整体规划，制定研究生校外专业实践教学安全管理应急预案以应对各类突发事件，提高安全风险抵御能力；建立定期工作会议制度，双方领导层定期见面或召开工作会议，就企业导师的指导情况和研究生在企业实习的整体情况进行交流与沟通，同时对研究生实习期间出现的一些特殊问题共同商讨解决和处理方案等。

2. 加强导师管理，明确责任，建立校外专业实践周志制度和月报制度

研究生安全管理与导师的管理和职责紧密联系在一起，专业学位研究生培养实行双导师制，其校外专业实践过程更是与校内导师和企业导师的指导、监督和管理分不开。研究生校外专业实践学习期间，应当明确校内导师和企业导师的责任，使其共同协力做好指导和监督工作，达到科学有效的校外专业实践过程管理目标。可以建立校外专业实践周志制度和月报制度，规定进入校外单位或企业从事专业实践学习的研究生每周至少做一次周志，将一周实习过程中所取得的学习收获、遇到的专业问题以及解决情况等具体专业实践经历均记入周志，且每月需将所记录的周志交由企业导师审阅签字并可以扫描或拍照传给校内导师检查，从而可以实现校内导师和企业导师对研究生实习状态和学习进展的及时了解与掌控。同时规定研究生每月向校内导师至少提交一份实践情况工作总结，即实习月报，将本月的实习情况和研究进展做一次总结性汇报，通过总结汇报实现校内导师和企业导师联合培养情况的有效沟通，可以共同确切掌握研究生的专业研究进展，针对出现的问题，共同协商并及时解决。周志制度和月报制度可以加强过程管理，使研究生在双导师的有效客观监督管理下在校外仍然以学习为中心全身心地投入到专业实践学习和研究工作中而无暇顾及其他，从而可以有效避免多种安全意外事件的发生。

3. 建立并落实实践基地跟踪督导制度

从学校或研究生培养院系管理层面上，可以建立并落实实践基地跟踪督导制度来加强研究生专业实践学习的过程管理，并对研究生在实习单位的学习进展、安全管理情况、心理状况、生活困难等以及企业导师的职责履行情况予以及时了解和掌握。各培养院系可以从研究生专业领域和校外实习单位专家中选取相关人员组成研究生实践基地跟踪督导专家组，定期走访和考察校外专业实践基地，采用提前通知或突击检查的形式来定期了解和掌握研究生实习的各项具体情况。定期与企业导师和实习单位相关负责人进行沟通，切实掌握研究生专业实践学习的综合情况，并可以采取座谈会的形式对研究生校外实践过程中的学习进展、安全管理情况、心理状况、遇到的困难和亟待解决的问题进行及时了解并向学校或研究生培养院系予以反馈并得到处理和解决。从而既可以加强研究生专业实践学习的过程管理，保障实践教学质量，又可以及时对实习过程中的许多安全隐患问题进行主动管理与预防，增强对安全事故发生的长效预防性和安全风险抵御能力。

4. 加强思想政治教育，明确实习过程的中心任务，增强安全防范意识

树立学生的安全防范意识和法律意识，确保其心理健康，是从主观上防范安全事故发生的根本。研究生的基础知识学习阶段一般是在校园内完成，可以通过校园内的讲座、心理咨询、班会讨论、广播等形式的安全知识教育和法制宣传教育活动提高其防范意识和法制观念。研究生进行校外专业实践学习离开校园而进入校外实习单位，脱离校园内的安全普及教育范围，但对其思想政治教育仍不能松懈，尤其是离校前的动员教育和入厂安全教育。明确研究生实践过程仍是以学习为中心任务，以提高自身实践创新能力为目标，但因环境的改变需要遵守新的安全管理制度以确保其人身和学习安全。同时提醒研究生身处社会环境和实习单位环境中，独立处理日常生活行为，应增强自我保护和安全防范意识，注意防止食品安全、防火、防盗、防骗等意外情况的发生。辅导员和校内导师应定期联系研究生、企业导师和实习单位，了解和掌控研究生的学习进展和心理状况，监督其学业，同时紧抓思想政治教育不放松，持续加强安全和法律意识教育。

5. 完善和健全专业实践奖学金制度，引导研究生努力提高自身实践创新与创业能力

作为激励研究生努力学习、自力更生成长成才的重要手段，奖助学金体系的构建对于大学生教育培养质量长效保障机制和内在激励机制的构建具有重要意义，同时通过其评选条件的设定可以在主观上引导和激励学生全身心投入课程学习和严格遵守学校的各项行为规定和安全管理制度，在一定程度上降低安全事故发生的主观和心理隐患，有利于校园的安全稳定工作。对于研究生的专业实践教学可以考虑专门设立企业实践和创新活动专项奖学金来重点关注研究生实践创新能力的提高和实践经验的积累。其中，企业实践奖学金主要是对企业实践过程中表现优秀且得到企业认可的研究生予以奖励；创新活动奖学金则是对在具有一定社会经济效益创新项目成果的取得、专利发明、科技竞赛等创新活动方面取得较为突出成果的研究生予以奖励。通过奖学金评选条件的设定从主观上引导、激励和调动研究生专业实践学习和创新的积极性，同时促进其严格遵守校外实习单位的各项岗位操作规程和安全管理规章制度，降低安全隐患，促进学校安全稳定工作的持续开展。

参考文献

[1] 黄宝印. 我国专业学位研究生教育发展的新时代 [J]. 学位与研究生教育，2010（10）：1-7.

[2] 别敦荣，万卫. 论我国专业学位研究生教育人才培养模式改革 [J]. 研究生教育研究，2011

(8): 77-80.

[3] 任红印，建设高校风险管理体系创建和谐平安校园 [J]. 管理工程师，2012 (12): 67-70.

[4] 方益权，杜玉玉. 平安校园视域下社区安全风险评估制度研究 [J]. 高等教育研究，2014 (7): 71-77.

[5] Stephanus Coetzee, Karen Puren. Towards safe campus environments through environmental design: two universities as case studies [J]. Challenges of Modern Technology, 2016, 7 (4): 28-46.

[6] 王永哲. 我国全日制专业学位研究生培养的学术化倾向及改革策略 [J]. 研究生教育研究，2016 (4): 22-25.

[7] 安春元. “总体国家安全观”下的高校平安校园建设探索 [J]. 学校党建与思想教育，2016 (9): 64-66.

[8] 强恩芳. 校园安全与“平安校园”的建设 [J]. 教学与管理，2017 (4): 15-17.

[9] Yongzhe Wang, Junying Chang, Minxia Zhang. Full-time Professional Degree Graduate Practice Teaching Quality Assurance System Construction [J]. Revista de la Facultad de Ingeniería, 2017 (14): 550-555.

[10] 黄龙. 新时期高校平安校园建设创新发展研究 [J]. 法制与社会，2018 (1): 183-184.

巩固网络“微”时代我国高校学生意识形态安全途径研究

北京石油化工学院机械工程学院　冷文勇*

摘　要：巩固学生意识形态安全是高校平安校园建设的重要内容。当前，网络微媒体已成为影响高校学生意识形态安全的主要因素之一。论文在分析了网络“微”时代背景下信息主体的泛在化、信息内容的碎片化、信息传播的裂变性和环境文化的世俗化的基础上，着重从工作主体、工作环境等六个方面分析网络微媒体给高校学生意识形态安全带来的挑战，最后，从工作原则、队伍建设、微媒体利用、环境建设、话语体系等五个方面提出了巩固网络“微”时代我国高校学生意识形态安全的具体措施。

关键词：网络“微”时代　高校学生　意识形态安全　意识形态认同　途径

高校是我国主流意识形态建设的主阵地、主战场，巩固学生意识形态安全既是高校思想政治教育工作的重要目标，也是高校平安校园建设的重要内容。较长一段时间，人们对高校校园稳定的理解侧重于治安防范，主要定位为高校师生人身和财产安全，忽略了学生意识形态安全的关注，这是非常不对的，必须尽快纠正。因此，如何巩固高校学生意识形态安全，切实降低和有效遏制高校学生意识形态安全事件的概率，是开展平安校园建设的重要途径和内容。

高校学生意识形态安全是指我国主流意识形态特别是社会主义核心价值体系的主导地位在高校学生中保持稳固，不受威胁动摇并经得住各种考验的一种状态，其主要包括高校学生理想信仰安全、政治认同安全和国家认同安全。近几年来，随着互联网的迅速发展和智能手机的不断普及，互联网已进入了“微”时代，微信、微博、微视频、微小说等各类网络微媒体异军突起，微公益、微社交、微阅读、微购物、微医疗

---

* 冷文勇（1978—），男，法学博士，副教授，研究方向：高校思想政治教育。北京石油化工学院学生管理辅导员、思政课教师。

等各类微应用迅猛发展，由于高校学生基本上都是互联网时代的原住民，以微信、微博为代表的网络微媒体凭借便捷性、生动性等特性给高校学生意识安全带来了诸多挑战，认真分析这些挑战，并采取有效措施，是高校必须回答好的时代命题。

1　网络“微”时代的特点

网络“微”时代是与传统大众传播时代相对应的，传统大众传播时代具有信息内容完整性强、篇幅较大的特点和互动性不够、时效性不强的劣势，而网络“微”时代具有以下特点：

1.1　信息主体的泛在化

得益于移动网络和智能手机的迅猛发展，网络“微”时代呈现了明显的信息提供主体泛在化的特点。任何人随时可在有网络信号的场域发布信息，无关身份和文化水平，表现出很强的草根性。每个用户既是信息传播者也是信息接收者，人人都成了记者、编辑，人人都手持麦克风。网络微媒体中的许多资信都是由个人发布，由此也导致了信息提供者数量的剧增。

1.2　信息内容的碎片化

“碎片化”，英语单词为“Fragmentation”，本意指完整的东西被切割成诸多零块，当前网络微媒体信息内容的碎片化特征越来越明显。比如，单条微博最大的信息容量为140个字符，从而使得网络上那些容量大、时间长的内容只能在被分为若干个小块后才能被传播。微信、微博等微媒体一般都会以碎片化的片段信息来陈述事实，常常会是一段文字、一张图片甚至可能是一个表情符号，呈现出明显的间断性、碎片化的特征。

1.3　信息传播的裂变性

网络微环境中信息传播的裂变性是指信息传播速度的快捷性和传播范围的急剧扩大性，该特性是由网络微媒体的交互性延伸出而来的特性，具体地说是微媒体的转发、分享功能带来的信息传播的高效。网络微环境中，信息传播逐渐呈现“去中心化”的特点，这条信息的传播速率就会呈几何级数增长，尤其是在紧急事件发生时或者在特定节点，这一特点表现最为明显。

1.4 环境文化的世俗化

文化的世俗化是网络微环境的一大突出特点，这里的文化世俗化是指网络微环境中网民更加关注世俗生活中的微小事件，关注对象和内容更具有草根化和平民化的特点。比如，“晒”已成为网络微环境世俗化的一个显著表征，凡是和网民世俗生活相关的内容几乎无所不包，高校学生晒成绩、晒自拍就是很好的例证。

2 网络微时代高校学生意识形态安全面临的挑战

网络微媒体是把双刃剑，一方面它丰富了主流意识形态的传播途径，提升了主流意识形态的表现力，另一方面它凭借自身的特性给高校学生意识安全带来了诸多挑战，具体表现在：

2.1 网络微媒体信息的海量性消减了高校学生对我国主流意识形态的关注

正如马克思曾说“统治阶级的思想在每一时代都是占统治地位的思想”，在阶级社会意识形态领域，占据主导地位的只能是统治阶级的思想。微媒体对信息的低门槛赋予了网民诸多话语权，网民拥有更多发表个人见解的机会，从而导致微媒体上信息鱼龙混杂，落后、庸俗低甚至反动的信息肆意蔓延。比如，拥有260多万包含高校学生在内的网络粉丝的演员孙海英，竟然在自己的微博上发布质疑“没有共产党就没有新中国”的言论，公开声称“没谁都有中国”。此外，有关历史虚无主义、民主社会主义等非主流思潮的信息频繁出现在高校学生经常光顾的网络微媒体上。上述情况既大大降低了我国主流意识形态对现实的解释力，也极大危害了高校学生对主流意识形态的认知认同，很容易导致高校学生选错政治站位和价值取向。

2.2 网络微媒体加剧西方意识形态对我国主流意识形态的侵扰

我国的主流意识形态长期遭受西方意识形态霸权的侵蚀，过去这种侵蚀主要是依靠美国之音、BBC等电视、广播、图书等传统媒体。但是自从微媒体出现后，这种侵蚀程度进一步加大，美国之音转向注重发挥互联网在意识形态渗透中的作用，使得最近几年我国网络信息安全防范体系在思科（cisco）、IBM、谷歌（Google）、高通（Qualcomm）、英特尔（Intel）、苹果（Apple）、Oracle（甲骨文）、微软（Microsoft）

美国的“八大金刚”面前形同虚设。除此之外，美国还注意借助信息技术优势加紧对我国输送意识形态，“美国广播管理委员会还开发了一套专供中国内地和香港用户对抗网络‘审查’的技术系统，借助该技术系统，可以使大量的中国用户突破网络监管浏览‘美国之音’等崇尚美国意识形态的传播网站。”西方国家上述做法的受众主要是我国高校学生，对此，我们务必始终保持高度警惕。

2.3 网络微媒体成为国外反动势力进行校园宗教渗透的重要渠道

宗教渗透的本质就是意识形态渗透，高校学生尤其是具有海外学习背景的高校学生成了他们渗透的主要目标和对象。随着互联网的发展普及，电子传教时代也随之来临，一些网上教会、网上宗教呈急剧增加趋势。有关资料显示，当前具有浓厚宗教色彩的中文网站大约就有1040个，……，其中一些网站已经成为境外势力利用宗教对我国进行渗透的重要渠道之一。有的国外宗教组织的代言人通过微博、微信向高校学生进行宗教渗透，甚至打着“微公益”的旗号进行“宗教性捐献”宣传，少数学生因此被吸收为教徒。这对高校学生意识形态认同安全形成了极大的挑战。

2.4 网络微媒体信息传播方式给党对高校意识形态管控能力提出了新挑战

“信息时代，随着大众传媒的发展，数亿人能够在同一时间享受同样的新闻信息，强大的传媒舆论可以轻而易举地影响受众的舆论和情绪”，由于网络微媒体自身的便捷性和裂变性，网络微媒体容易无意给各种反动、落后、虚假信息以发酵空间。比如，好似“病毒”传播的微博、微信朋友圈的转发功能，加上国内外势力的别有用心地煽风点火，容易使得看似平常不过的小事件或小问题演变为具有较大影响的意识形态舆情事件。比如，2013年以来，威海文登青年侯聚森因经常在微博上发表爱国言论，因见解不和，侯聚森与梁某某等人经常在网上纷争、谩骂。2015年7月22日，侯聚森与梁某某等人发生群殴，多人受到行政处罚。

2.5 网络微媒体削弱意识形态工作者在高校学生心中的权威

意识形态工作本质是做人的思想工作，工作对象对教育工作者评价事关工作效果。在“微”时代，作为网络原住民的高校学生了解信息的渠道更宽，接触面更广，获取信息“私人定制化”的趋势日益明显，从而使得教育工作者在知识资源占用上不再有优势。此外，当前高校学生的使用微媒体能力往往超过教育工作者，但是他们制作的微视频、编辑的微博微信让教育工作者望尘莫及，再加上，一些教育工作者未能及时适应网络“微”时代的要求，不能及时转变工作方式，而学生不再满足于“你说我听”的传统教育模式，就是这样的“一进一退”极大地影响了高校思想政治教育工作者在高校学生心中的权威，进而影响了高校学生意识形态认同。

2.6 网络微媒体影响高校学生对我国主流意识形态话语的认同

网络微媒体一个特点是信息之微，信息碎片化，这样的后果是，由于碎片化的信息不系统、不连贯和不完整，不利于培养高校学生整体性和系统性思维，使得他们不能理性判断和解读社会现象和历史事实，容易对当下主流意识形态形成片面性认知，进而容易抵制主流意识形态话语。另一方面，网络微媒体消减党对高校意识形态话语的控制力，网络“微”时代，舆论瞬息万变，舆论引导失效的情况时有发生，信息的多源头特点使得高校学生人人都有了诸多信息选择机会，尤其是一些受境外势力支持指示的所谓的“网络大V”正是利用高校学生的逆反、猎奇心理，散布诋毁我国主流意识形态的言行，使得不能反映客观存在的非主流社会意识经常出现在学生光顾的网络微媒体中，大大削弱了党对高校意识形态话语的控制力。

3 巩固网络“微”时代我国高校学生意识形态安全的对策

做好网络“微”时代是我国高校学生意识形态教育工作一项全面、系统的工作，需要多管齐下，具体来说，我们可以从以下五方面采取对策。

3.1 把握工作原则，遵循工作规律

做好网络“微”时代我国高校学生意识形态教育工作，需要把准工作原则，而不能为所欲为，必须遵循以下基本原则：首先，要坚持握牢意识形态工作领导权与借鉴经验相结合，任何时候必须确保社会主义高校的政治属性永不变色，当然，还要借鉴国外的一些成功做法。比如，美国主流意识形态建设中建立了科学严谨的法治体系，联邦德国在内政部设立了“信息和通信技术服务中心”，并组建了一批“网上巡警”。其次，要坚持内容为本与形式创新相统一，必须按照“有思想、有温度、有品质”的原则，教导学生建立主流意识形态理论观点。同时，还要坚持工作理念途径、方式方法的创新。比如，学生微党课比赛、“建言党的十九大”微博写作比赛。再次，要坚持

网上工作与网下工作相统一，高校思想政治工作者完全有必要通过经常关注学生的微博、微信朋友圈，及时采取网上疏导教育等措施，要把开展网上理论教育与思政课教学结合起来，网上网下一起联动。最后，要坚持理论灌输与实践活动相结合，始终重视发挥思想政治理论课主渠道作用，将意识形态建设工作与加强学生日常管理紧密结合起来，通过“三下乡”、志愿服务等社会实践，加深高校学生对我国主流意识形态理论观点的理解，消除误解。

3.2 优化工作主体，提升化解风险能力

开展高校学生意识形态工作关键靠队伍、靠人才，因此，不断提升意识形态工作队伍的能力和水平，是高校意识形态工作的题中之义。首先，要加强高校思政课教师队伍建设，严把思政课老师准入关，把好思政课教师队伍入口至关重要。其次，要加强高校辅导员队伍建设，把好高校辅导员准入关，按照政治强、业务精、纪律严、作风正的要求选聘辅导员，开展好辅导员的学习培训，以提升辅导员意识形态工作能力为核心，建立健全网络“微”时代高校辅导员意识形态工作能力培养长效机制，制定科学合理的辅导员意识形态工作能力考核评价与激励指标体系，还可考虑实行辅导员退出机制。最后，要加强高校网络评论员队伍建设，“高校网络评论员作为网络思想引领和舆论引导的中坚力量，对于创新网络思想政治教育、推动网络清朗空间建设具有举足轻重的作用。”要完善高校网络评论员选拔培养，要按照“思想政治素质高、评论写作能力强、网络运用能力强、法律素养高”的标准做好网络评论员队伍的选拔工作，建立网评队伍建设保障机制，学校党政要加大相关硬件软件建设方面的资金投入，建立相应的考评机制。

3.3 丰富工作渠道，发挥微媒体作用

我们要牢固树立阵地意识，积极抢占各类微媒体阵地，充分利用网络微媒体的优势。首先，要加强思政课微课开发运用，建立高校思政课微课协同工作机制，制定“四有（有‘知识’、有‘方法’、有‘意境’、有‘启发’）”高校思政课微课推广标准，不断提升高校思政课教师微课制作能力。其次，积极打造高校官方微信品牌，完善高校官方微信工作模式，统筹学校、学院、职能部门和各级学生组织的“微平台”，建立严格审核制度，建立强有力的管理队伍，科学完善内容板块，打在内容丰富的移动的指尖微课堂。再次，要培育高校官方微信活动品牌，利用官方微信开展学生喜闻乐见的教育活动，不断培育特色品牌，注意加强社会主义核心价值观在活动中的渗透。最后，要妥善开展校园微公益活动，强化高校校园微公益平台建设，充分利用大学生

志愿者协会等社团优势，完善对高校校园微公益活动的监管，加强网上和网下监控，注重对相关组织单位、活动内容的审查，防止学生上当受骗，要以全国性志愿者服务平台建设为契机，通过“互联网＋”志愿服务建设“PC＋手机端”微公益信息平台，让更多高校学生参与到微公益之中来。

3.4 优化工作环境，强化监管引导

加强对高校学生意识形态工作环境整治，巩固党对意识形态工作管理权是消解意识形态工作面临的挑战和风险的需要。我们需要从以下几方面建立健全校园微媒体监管机制。首先，完善网络微媒体信息查处制度，及时地收集、分析和判断学生网络微媒体中舆论情况，结合网络大数据加大对高校网络信息传播的管控力度，建立网络微媒体信息处置预案，成立突发事件处理领导机构。其次，要加强普法执法工作，结合高校学生破坏国家意识形态家安全的违法犯罪案件，通过多种形式宣传好《国家安全法》等法律法规，建立网络“微媒体”安全执法机制，增加执法人员，制定监督举报制度，政府有关管理部门要经常召集高校、微信运营商等有关方，加强工作研讨。再次，要引导学生参与主流意识形态建设，高校或其他主管部门积极制定有关办法文件，明确学生组织参与意识形态工作的范围、形式、途径和程序，要鼓励学生倡导学生自我教育，在全校范围内营造人人关心、支持、点赞学生参与意识形态建设的良好氛围。此外，还要加强高校学生理论社团建设，不断丰富学生理论社团活动内容。

3.5 创新工作方法，打造“微”话语体系

话语是承载和传播我国主流主流意识形态的重要载体和途径，话语权安全是意识形态领导权安全的主要体现，也是促进实现意识形态领导权安全的重要条件。高校要创新工作方法，不断打造有利于增进学生认知、理解和传播的“微”话语体系。首先，要选用适合高校学生的微话语内容，合理使用网络微言微语，比如“我爱我的祖国”“正能量”“洪荒之力”等充满正能的、新颖有趣的“微”语“微”言，考虑到高校学生对其认可程度，以便与学生形成心理共鸣。其次，要巧妙设置网络微媒体议题，要采用置顶、专题等方式能够引起高校学生情感共鸣且有利于我国意识形态安全建设的议题，比如，针对“上北大、拿冠军、打海盗”的90后女青年宋玺，微信公众号“北京青年”及时推出了“我们该需要什么样的女生”的讨论话题。再次，要采用适合高校学生的话语方式，采用平等交互式的话语方式，果断放弃过去居高临下的说教口气和一味地单向灌输方式，转向采用平等交互式的话语方式。最后，要加强意识形态话语中的情感渗透，要对校园微媒体信息赋予人格化语言表达，努力与学生建立情感连

接，增强语言表达的亲和力。

结 语

网络微媒体的出现的确给我国高校学生意识形态安全带来了全方位的威胁，微博、微信等各类微媒体上敌我意识形态斗争将长期存在，我们必须居安思危，增强危机意识和忧患意识，要从维护校园安全、党的执政安全和国家安全的高度，充分认识高校学生意识形态工作的极端重要性、紧迫性和必要性，不断提升工作的针对性、实效性和吸引力，牢固构筑维护高校学生意识形态安全的防护体系，不断提高高校学生对我国主流意识形态的认同践行以及对其他非主流意识形态的免疫力，使高校真正做到守土有责、守土负责、守土尽责，为巩固我们党的执政安全和国家的长治久安做出应有贡献。

参考文献

[1] 中共中央马克思恩格斯列宁斯大林著作编译局.《马克思恩格斯选集（第1—4卷）》[M]. 北京：人民出版社，1995年.

[2] 中共中央宣传部.《习近平总书记系列重要讲话读本（2016年版）》[M]. 北京：学习出版社，2016年.

[3] 习近平. 决胜全面建成小康社会，夺取新时代中国特色社会主义伟大胜利[M]. 北京：人民出版社，2017年.

[4] 习近平总书记在全国高校思想政治工作会议上强调：把思想政治工作贯穿教育教学全过程开创我国高等教育事业发展新局面[N]. 人民日报，2016年12月09日.

[5] 刘泽西. 新媒体背景下大学生意识形态安全建设探析[J]. 理论导刊. 2017-11-10.

[6] 董海浪. 当代大学生社会主义意识形态教育研究[D]. 重庆：西南大学，2011年.

[7] 刘昕. 大学生意识形态安全现状及对策研究[D]. 太原：中北大学，2016年.

[8] 高芳放. 地方应用型本科高校主流意识形态认同研究[J]. 学校党建与思想教育. 2016-09-23.

[9] 程亮. 新形势下高校学生意识形态安全教育研究[J]. 理论观察. 2016-06-20.

[10] 南永晨. 网络环境与大学生意识形态安全——基于网络行为作用机理的分析[J]. 甘肃理论学刊. 2017-11-20.

加强和规范高校校园交通安全管理的思考*

北京科技大学　刘兴德　田　斌　徐亚伟　卜浩然**

摘　要：高校的发展离不开安全稳定的环境，良好的安全环境是高校正常教学、科研工作顺利进行的有力保证。目前高校校园人多车多，校园道路交通安全压力大隐患多，成为影响校园安全稳定的不利因素。为有效解决校园交通安全管理方面存在的问题，通过制定《校园交通安全管理规范》，建立健全校园交通安全管理体制机制，使交通安全管理工作更加规范化、制度化、科学化，有效维护校园良好的交通秩序。

关键词：高校校园　交通安全　管理规范

高校是培养社会主义建设者和合格接班人的重要机构和场所，安全、稳定、和谐的校园环境和良好的校园秩序是学校教学、科研等各项工作顺利开展的基本保证。如何营造高校发展所需要的良好校园交通环境已成为当前高校改革和发展当中一个非常重要的课题。

1　加强校园交通安全管理的必要性

高校的发展离不开安全稳定的环境，良好的安全环境既是高校正常教学、科研工作顺利进行的有力保障，也是确保学校集体和师生人身、财产安全的一个重要因素。教育部部长陈宝生在2018年全国学校安全工作电视电话会议上强调，必须把安全工作摆在教育强国建设更突出的位置，时刻把广大师生生命安全放在第一位。高校交通安全是校园安全的重要内容之一，一旦发生交通事故很容易造成人员伤亡，成为校园安全稳定不利因素，也将给社会整体稳定带来影响。

---

* 本文已被《安全》杂志录用，待出版。

** 刘兴德，北京科技大学保卫保密处处长，副研究员；田斌，北京科技大学保卫保密处副处长，助理研究员；徐亚伟，北京科技大学保卫保密处科长，助理研究员；卜浩然，北京科技大学保卫保密处科长，助理研究员。

随着高校自身的快速发展及学校社会化的不断推进，高校校园开放程度不断加大，学校对外交往增多，大量社会车辆和人员进出高校校园。另外，伴随着人们物质生活水平的不断提高，私人购置车辆的数量大幅增加，使校园内机动车辆、非机动车辆及各种代步工具增多，校园车辆的保有量达到饱和甚至超饱和状态，同时学生规模也在不断扩大，校园道路的交通流量逐年上升，压力逐年加大。

由于校园人员密集，空间有限，交通道路狭窄拥挤，停车场地和车位数无法满足需求，车辆占用道路停放，影响校园道路畅通。加之师生交通安全意识有待提高，交通违法违规行为经常发生，交通安全管理不到位，管理服务水平也有待提高等，校园交通安全隐患及问题越来越突出。近年来，校园交通事故频频发生，给师生的生命财产安全带来损失，有的还甚至酿成群体性事件，一旦处置不当极可能转化为社会热点，给学校的社会形象带来一定的负面影响，继而影响到学校正常的教学、科研、生活秩序。

高校是国家培养高素质合格人才的教育基地，营造良好的校园安全环境和秩序，有利于促进大学生健康成长成才。目前，高校校园交通安全形势不容乐观，进一步加强校园交通安全管理，规范校园交通安全管理工作，提高交通安全管理和服务水平是极其必要的，对高等教育事业的持续健康发展具有重要现实意义。

2　解决校园交通安全管理问题的对策

在交通安全管理中，“人、车、路”构成了交通安全的三要素。交通安全的关键在于人，人是核心是主体。国内外的交通事故统计表明，有80%—85%的事故是由人造成的，人是交通安全中最重要的因素。交通安全的第二要素是车，包括机动车和非机动车。据国内外交通统计资料表明，由于车辆本身车况不良所造成的交通事故，在工业发达国家占5%左右，在发展中国家占10%左右，车辆也是道路交通中主要因素。交通安全的第三要素是道路环境，良好的道路环境能够避免或减少交通事故，消除交通安全隐患，由道路环境等客观条件引发的交通事故也时有发生，因此道路环境是交通安全中必须重视的客观因素。

根据国家有关法律法规，学校交通管理部门在校园交通管理过程中无执法权限，缺乏执法依据和力度，对校园交通违法违规行为约束力不强，存在管理难题。综合构成交通安全的“三要素”及学校交通管理部门无执法权问题，为有效解决校园交通安全管理方面存在的问题，做好校园交通安全管理工作，根据高校特点研究制定《校园交通安全管理规范》是有效途径。通过制定高校《校园交通安全管理规范》，对“人、车、路”管理明确的规范和要求，建立健全校园交通安全管理体制机制，完善校园交通安全管理各项配套措施，使交通安全管理工作更加规范化、制度化、科学化，有效维护校园良好的交通秩序。《校园交通安全管理规范》实施中要坚持“统筹规划、师生为本、因校因地、人物技相结合”的原则。通过调研分析，结合高校交通安全工作实际，《校园交通安全管理规范》应包括 8 个大部分共 28 小项内容，每项内容中制定有若干相应的具体要求（如图）。

《校园交通安全管理规范》框架结构图

- 1.组织领导
  - 1.1组织机构
  - 1.2具体职责
- 2.管理制度
  - 2.1基本制度
  - 2.2专项制度
  - 2.3二级制度
- 3.宣传教育与培训
  - 3.1宣传教育与培训原则
  - 3.2宣传教育方式
  - 3.3教育培训内容
  - 3.4宣传教育时间
- 4.交通安全管理与服务
  - 4.1校园交通管理模式
  - 4.2校园道路管理
  - 4.3机动车管理
  - 4.4非机动车管理
  - 4.5行人管理
  - 4.6停车场管理
  - 4.7校园区划管理
  - 4.8重要时期及大型活动管理
- 5.交通设施设备
  - 5.1科学规划与设计
  - 5.2基础设施
  - 5.3安全设施
  - 5.4交通智能管理系统建设
  - 5.5设施设备的维护与保养
- 6.安全检查与问题整改
  - 6.1安全检查
  - 6.2问题整改
- 7.考核与奖惩
  - 7.1考核
  - 7.2奖惩
- 8.应急处置与条件保障
  - 8.1应急处置
  - 8.2条件保障

3　校园交通安全管理的规范要求

3.1　建立健全组织机构，明确工作职责

交通安全管理组织机构是开展校园交通安全各项工作的基本保障。包括组织领导机构、工作机构、工作人员配备及工作职责等方面内容要求。各高校领导应充分认识校园交通安全形势，高度重视新形势下校园交通安全工作，建立健全校园交通安全组织机构，加强对校园交通安全工作的组织领导，同时抓好交通安全工作队伍建设。为做好校园交通安全管理，需要进一步明确学校、各单位的工作职责，确保交通安全管理各项工作得到有效落实。

学校要成立由主管安全校领导为负责人、各相关职能部门主要负责人为成员的学校交通安全工作领导机构（委员会或领导小组），加强对校园交通安全工作的领导，全面负责学校的交通安全工作，对全校交通安全工作实施组织领导、统筹协调、监督检查等。同时设立交通安全管理工作机构，并配备热爱校园交通安全管理、有奉献精神的专职管理人员，负责校园交通安全的日常管理工作，指导协调、监督检查各单位交通安全管理工作。另外各学院应成立交通安全工作小组，明确职责以及工作内容，坚持“谁主管，谁负责”的原则，落实校园交通安全管理各项工作。

3.2　建立健全管理制度，完善责任体系

建立健全校园交通安全管理规章制度是做好交通安全管理工作的基础，是开展校园交通安全管理工作的依据。学校应根据《中华人民共和国道路交通安全法》及其他相关法律法规，结合学校自身实际情况建立健全校园交通安全管理制度。包括交通安全基本制度、专项制度及各单位二级制度。

校园交通安全管理基本制度包括组织领导、工作职责、宣教培训、工作措施、检查与整改、考核与奖惩、应急救援与条件保障、信息报送及档案管理等内容。专项制度指大型活动及重要时期为保证校园交通安全，维护校园交通秩序而制定的相关管理制度，还有为加强校园道路及重点功能区域管理而制定的交通管理制度等。各单位应根据学校基本制度，结合本单位工作实际制定单位内部交通安全工作实施细则，即为二级制度。

陈宝生部长在全国学校安全工作会议上还强调，要健全落实安全管理责任制。为进一步落实校园交通安全管理责任，需要完善交通安全责任体系，制定校园交通安全

责任制，明确学校及各级领导、单位及相关人员的责任，确保交通安全工作层层有落实。

3.3 加强宣传教育培训，增强安全意识

加强交通安全宣传教育，是提高师生交通安全意识的重要手段。《中华人民共和国道路交通安全法》明确规定“教育行政部门、学校应当将道路交通安全教育纳入法制教育的内容”，《北京市道路交通安全防范责任制办法》规定“学校应将交通安全教育纳入学校的教育内容，定期进行交通安全专题教育”。学校应针对教职工、在校学生（含国际学生）、公车司机等重点人群开展相关交通安全教育培训。应根据不同对象，从方式、内容、时间要求上实施差异化的宣传教育和培训，增强师生的交通安全意识和防范能力。

宣传教育形式应多样化，在通过传统形式和方法进行宣传教育的同时，要充分利用各种新媒体开展线上线下的交通安全宣传教育培训。宣传教育培训的内容要体现科学性、趣味性、易读性，能充分激发师生接受交通安全宣传教育与培训的主动性、积极性，从而提高交通安全宣传教育的实效性。学校应将交通安全教育培训内容纳入大学生安全教育课程体系，进课堂、计学时、计学分。

学校每学期开学初应当组织一次全校性交通安全宣传教育活动。在交通安全宣传日、重大节日、放假前、特殊时期有针对性组织宣传教育活动，在此基础上还要组织开展好日常宣传教育，做到交通安全宣传教育常态化。国际学生、公车司机应重点集中进行安全学习与教育。

3.4 强化安全管理服务，提高工作水平

学校应根据校园地理位置、周边环境、开放程度、学生生活区教学区与居民区混合程度，选择适合学校交通特点的校园交通管理模式，采用学校自管、自管+委托专业公司管理或委托物业公司进行封闭或半封闭式管理。

高校校园应按照学生生活区、教学区、科研实验区、生产试验区等不同功能进行区域划分，根据各功能区域的交通特点实行分区管理。校园不同功能区域内，道路、机动车、非机动车、行人、停车场等采取不同管理措施。通过限制车辆通行、划定步行区、上下课高峰和用餐时段道路交通管制等措施，维护各区域内交通秩序，防止发生交通事故，从而确保校园整体交通秩序良好。另外，重要时期及大型活动期间等，分别制定校园交通管理疏导方案，提出明确的交通管理要求，落实好各项工作措施，保证校园良好秩序。

校园交通安全管理坚持“师生为本，服务中心”的原则。在交通管理工作中，以维护全体师生安全利益为出发点，满足学校教学科研中心工作需求，以既要加强校园管理，又要便利学校各项工作开展为目的，采取切实可行的工作措施，加强对进入校园外来车辆的管控，对校园车流、人流进行交通引导。实施校地警联合，推进校地、校警、校群联动联防联治，加大对违法违规行为的查处力度，不断提升交通安全管理服务水平。

3.5 完善交通设施设备，提升保障能力

加强校园交通设施建设是强化校园交通安全管理的基础条件。各高校要根据全国学校安全工作会议关于加强学校安全基础设施建设的有关要求，结合学校基本建设情况，深入挖掘潜力，整合资源，合理规划校园内道路、停车场地，并与校园建设改造同步设计、同步施工、同时使用。结合校园交通实际情况合理规划校内道路交通流线，保障全体师生员工交通安全。

高校道路是社会道路的延伸，应根据国家相关的法律法规、技术规范和技术标准要求，科学合理的规划、设计、建设校园道路交通标志标牌等基础设施和限行、禁停、限速、视频监控等安全设施，配备满足工作需要的设备器材。学校加大交通设施投入，在校门口、停车场出入口建设安装满足安全管理和日常管理需要的交通智能管理系统，利用现代化技术手段加强交通安全管理，实现对机动车辆的智能化管理。学校应定期对交通设施设备进行必要的检查、维护和保养，保证交通设施能够正常有效运行，提升基础保障能力。

3.6 定期开展安全检查，整改隐患问题

安全检查是发现交通安全危险因素、监督各单位落实交通安全责任制情况的重要手段，隐患整改是消除交通安全危险因素和存在隐患问题的工作措施。学校应根据国家交通法律法规，制定学校交通安全检查制度，明确交通安全检查职责、工作流程及具体要求，定期开展校园交通安全检查。学校每半年应组织一次交通安全检查，全面梳理交通安全管理方面存在的问题。各单位根据学校关于交通安全检查的有关制度，制定本单位交通安全检查实施细则，有效开展本单位交通安全检查工作。

学校应当对交通安全检查情况及时汇总，发现交通安全隐患和问题应以书面形式向责任单位下发《交通隐患限期整改通知书》。各单位要根据整改通知要求，明确隐患整改责任，制定整改方案，落实整改措施，形成整改报告并反馈。学校交通安全管理工作部门对有关单位隐患整改情况进行督促检查。

3.7 完善交通考核机制，落实奖惩制度

考核与奖惩是落实交通安全责任和建立交通安全工作激励机制的重要保障。学校要建立健全交通安全工作考核与奖惩机制，将交通安全责任落实情况纳入单位年度绩效考核内容，建立科学的目标绩效考核管理机制。

严格落实交通安全管理奖惩制度。学校每年应对校园交通管理工作成绩突出的部门和个人给予表彰奖励，调动内在工作积极性。对违反交通安全法律法规和学校相关规定的行为给予处罚，严格落实交通安全责任追究制度。

3.8 健全应急处置机制，加强条件保障

学校要以“积极预防、有效控制、妥善处置”为基本原则，建立健全交通应急组织体系，编制交通安全事故和大型活动应急预案，并结合学校实际开展应急演练，不断完善学校交通管理应急预案体系，完善应急处置机制，维护校园安全和谐稳定。进一步强化值班和信息报送，确保应急反应快速有序，建立完善突发事件信息发布制度，严格落实信息报送时间、内容和要求。

学校要为交通安全工作提供必要的条件保障。学校要设立交通安全管理工作日常经费和专项经费，并纳入学校年度经费预算，保证交通经费投入，保障交通管理工作的需要。日常经费用于宣传教育与培训、日常办公、交通管理等。专项经费用于交通安全管理设施设备建设与改造。另外，学校应当建立交通安全工作档案，由交通安全管理工作机构和业务部门分别建立，档案内容应真实完整，并按规定存档。

塑造新时代高校国家安全教育体系的几点思考*

北京科技大学　卜浩然

摘　要：我国社会主义进入新时代，塑造新时代高校国家安全教育体系对全方位贯彻落实总体国家安全观、培育中国特色社会主义事业接班人具有重要意义。目前国家顶层设计日趋完善、高校国家安全教育体系日渐成熟、高校国家安全教育效果显著提升，但高校国家安全教育依然存在教育流程分散化、教育效果平淡化、教育工作者水平有待提升等问题，完善高校国家安全教育总体布局、强化高校国家安全教育组织保障、结合隐形教育塑造全方位立体教育模式对塑造新时代高校国家安全教育体系具有重要意义。

关键词：高校　总体国家安全观　国家安全教育

习近平总书记在 2018 年 4 月 17 日主持召开十九届中央国家安全委员会第一次会议时强调："正确把握当前国家安全形势，全面贯彻落实总体国家安全观，努力开创新时代国家安全工作新局面。"我国社会进入新时代，在全球化与信息化背景下，国家安全已由战争时代的军事、制度领域扩展到经济、科技、文化、信息、意识形态等多元综合领域，公民一定程度上直接成为维护国家安全的利益主体。青年一代的大学生肩负着实现中华民族伟大复兴的时代使命，而高校作为培养新时代青年的主要阵地，国家安全教育对培育和树立大学生新时代总体国家安全观至关重要。坚持维护和塑造国家安全，塑造是更高层次更具前瞻性的维护，在新时代奏响时代号角，维护既有高校国家安全教育体系优势，并稳中求进、破旧立新，塑造更加立体健全的高校国家安全教育体系是时代之要。

1　新时代高校国家安全教育体系现状

世界经济、政治格局发生变化，全球联系日渐紧密，在全面建成小康社会决胜阶

---

* 本文 2018 年已被北京教育（高教版）（ISSN 1000 - 7997，CN 11 - 1129/G4）录用，待出版。

段、中国特色社会主义进入新时代的关键时期，国家安全须摆在更加重要的位置。我国作为社会主义大国，国家安全所面临威胁日益增多，总体国家安全观教育急需全民化、细节化、实战化，尤其要加强对大学生这一特殊群体的国家安全意识的培养。改革开放以来出台的一系列政策法规对国家安全作出了顶层指导，并始终强调国家安全教育的重要作用。党的十八大以来，高校国家安全教育工作逐步规范化、具体化，形成了理论与实践全面结合的高校国家安全教育体系，教育效果得到显著提升。

第一，国家顶层设计日趋完善。党和政府始终高度重视大学生总体国家安全观的培育，先后从国家顶层设计出台了一系列文件对高校国家安全教育做出了指导。从1993年的《中华人民共和国国家安全法》到2014年出台的《中华人民共和国反间谍法》；从2015年全面修订的《中华人民共和国国家安全法》中将每年的4月15日定为全民国家安全教育日在到2018年教育部出台的《关于加强大中小学国家安全教育的实施意见》，更是直接从国家规划的角度对高校国家安全教育提出要求，明确表示将研发国家安全教育教材、设立国家安全学一级学科，对提升普通大学生国家安全意识水平与实践能力、培育高校国家安全专业人才作出了顶层指导。由此可见，党和政府全面重视公民总体国家安全观的培育，从法律层面为高校培育大学生国家安全意识提供制度保障与任务规划。

第二，高校国家安全教育体系日渐成熟。塑造新时代高校国家安全教育体系，教材是基础，课程是关键，实践活动是手段，校园文化建设是补充。从教材方面看，一系列教材的出版与补充使高校国家安全课程拥有更多书面依据，能够使高校更加系统化地展开国家安全教学；从课程设置来看，高校国家安全教育主要依托军事理论课与思想政治课开展，军事理论课是大学生接受国家安全教育的最直接阵地，维护国家安全的责任意识往往是“开学第一课”。思想政治课也逐步注重大学生国家安全意识培育，思政课程从不同角度对国家安全进行剖析解读；从实践活动来看，高校采用多种形式践行国家安全教育，组织学生成立国防社团，开展国家安全征文、比赛，开展专项党团日活动等，使大学生在实践中更加深刻地体会国家安全的重要性。此外，校园文化建设作为高校国家安全教育体系的重要补充，运用“软手段”在潜移默化间使大学生在校园环境中受到国家安全教育熏陶。

第三，高校国家安全教育效果显著提升。习近平总书记在党的十九大报告中指出：“必须坚持国家利益至上…完善国家安全制度体系，加强国家安全能力建设，坚决维护国家主权、安全、发展利益。”高校紧跟时代步伐，全面把握全球化、信息化时代总体国家安全观丰富内涵，通过军事理论课、安全教育课、思想政治理论课等课程对大学生进行国家安全通识教育，增强了大学生的政治安全意识，运用新媒体加强国家安全宣传力度，开展国家安全专项实践调研活动，调动了大学生学习国家安全知识积极性，同时结合时代特征，全面把握非传统安全、全球安全新特征，高校国家安全教育取得良好效果。

2 新时代高校国家安全教育体系的问题

我国高校国家安全教育取得了一定成绩，但国家安全作为高校教育的新生领域，体系构建还不完备，同时国际国内形势风云变幻，总体国家安全观时代内涵日趋丰富，高校教育工作者需不断更新国家安全知识储备，掌握现代教学技能以适应时代发展要求，塑造新时代高校国家安全教育体系仍面临诸多困难与挑战。

第一，教育流程分散化。首先，课程设置方面。除军事院校外，大多数普通高校并未开设国家安全教育专项课程，只是把国家安全教育分散在军事理论课、大学生安全教育课、思想政治理论课中，使得学生缺乏系统化的国家安全教育，国家安全意识趋于淡泊。其次，课程讲授方面。部分高校过度重视学生专业课学习，认为国家安全课程可有可无，使得国家安全教育流于表面、形同鸡肋。一方面，国家安全教育缺乏统一教材及专职教师，国家安全内容分散于思想政治理论课程中的某章某节，由思政课教师代理，部分教师讲授时或浅浅而谈一笔带过，或限于课本忽视时事，致使国家安全教育未能作为教程重点难点深入展开。另一方面，实践课程断章取义，如新生军训并未按照《高等学校学生军事训练教学大纲》严格开展，只进行内务整理、列队军姿等项目，违背对大学生进行国防安全教育的初衷。最后，课程考评方面。大多数高校国家安全教育考核形式单一，往往采用上机调查、闭卷考试或提交论文的形式进行，缺乏过程性检验的定性评估，未能充分反映学生掌握国家安全知识的真实水平，使得考评结果信度较差，难以作为下一步制定国家安全教育规划的真实依据。

第二，教育效果平淡化。课堂作为高校培育大学生总体国家安全观的主要阵地，除灌输外，国家安全教育教学方式和手段相对陈旧，教育效果不容乐观。首先，高校国家安全课程模式不具吸引力，大学生对国家安全课程缺乏足够重视，课堂上低头族众多，考试前临时抱佛脚，并未从心里真正认识到自身责任与义务；其次，官方网站推送的国家安全内容大多来自对主流媒体新闻的复制粘贴，缺乏原创性，浏览量低，大部分学生草草阅读便退出，达不到宣传教育的效果；最后，国家安全教育实践活动如观看纪录片，组织征文、辩论比赛，听讲座报告等方式太过陈旧，往往采用点名、签到强制参加，造成大学生参与热情低下、疲于应对。由此可见，课堂教育、宣传教育、实践教育三位一体的高校国家安全教育工作体系还处于起步阶段，全面加强大学生总体国家安全观教育任重道远。

第三，教育工作者水平有待提升。“传播队伍规模和传播重心的局限，必然影响到总体国家安全观大众化在广度和深度上拓展的效果。”教师作为高校国家安全教育的主要力量，其队伍规模与自身素质是构建新时代高校国家安全教育体系的核心。目前大多数高校缺乏专职国家安全教育师资队伍，主要由领导干部、思政课教师、辅导员担任，由于职业与专业限制，教师偏重本岗位、本专业理论学习，单纯采用灌输、讲解宣传国家安全知识，对于国家安全课程研究不足，影响教学效果。同时出于课程安排，部分教师着眼课本内容，缺乏对国家安全知识的深度扩展，忽视宗教、网络、疾病等非传统国家安全教育，使教育存在滞后性，难以跟上时代步伐。因此，打造一支视野前瞻、学术精良、责任感强、宣讲技巧过硬的国家安全教育专业教师队伍刻不容缓。

3　塑造新时代高校国家安全教育体系

坚持总体国家安全观是习近平新时代中国特色社会主义思想的重要组成部分，针对现阶段高校国家安全教育存在问题，高校工作者需要全面把握总体国家安全观的时代内涵，构建从管理到应用的全角度高校国家安全工作体系，充分激发大学生的爱国热情和忧患意识，强化大学生使命担当，为维护国家安全尽应有之力。

第一，完善高校国家安全教育总体布局。从理论教育看，针对大多数高校专项课程设置空白化、教育内容单一化的现状，有必要建立严格的国家安全教育课程规范。首先，高校应开设国家安全教育必修课，配备专职教师，规定学时，计算学分，创新考核方式，注重阶段性总结，鼓励自我评估与他人评估相结合，严格大学生国家安全课程教育方式；其次，在军事理论课、安全教育课、思想政治理论课程中，明确规定国家安全教育的授课时间，结合理论讲座、实地参观、分期作业等形式在分散化、碎片化的教学过程中形成合力，实现培育大学生总体国家安全观的目标；最后，创新授课方式。除传统正面灌输外，修订教学方案，采用讲练结合、寓情于理、情景感染、视听同行等方式充分发挥大学生的主观能动性是提升大学生学习参与热情、强化大学生国家安全意识有效途径。

第二，强化高校国家安全教育组织保障。“基于协同的教师教学发展机制，就是要在教师教学发展过程中实行组织资源的协同、人力资源的协同、知识资源的协同以及教师自我行为方式的协同”。各高校应筹建国家安全教育工作领导小组，解读最新国家政策并结合本校实际情况，对大学生国家安全教育进行统一部署与系统规划，明确工作重点，提供人力、物力保障，定期监督考核，实现组织资源协同。在人力资源上，领导小组应优化国家安全教育队伍结构，引进国家安全教育专项人才，注重教师团队老中青年比例，明确不同教师职责，定期对教师进行专题培训，形成专兼结合、优势互补、业务精湛的梯级教育团队。国家安全教师应坚定政治立场，提高政策解读水平，拓展国家安全知识结构，以促进国家安全知识资源的协同。教师还需具备言语言表达能力与思维分析能力，熟悉网络社交，采用大学生喜闻乐见的授课方式调动大学生学习热情，以自身人格魅力感染学生，以便形成自我行为方式协同，从而构建更加组织化、规范化、全面化的新时代高校国家安全教育体系。

第三，结合隐形教育塑造全方位立体教育模式。根据美国教育学家杰克逊提出的“隐性课程”的理念，高校国家安全教育应充分利用校园文化环境，采用渗透式、陶冶式教育方法，结合新媒体手段，形成课堂教育、宣传教育、实践教育“三位一体”的立体化教育体系。一方面，加强“两微一端”建设，及时更新国家安全信息，加强原创性，结合具体案例，运用微电影、漫画、直播互动等方式生动形象地向大学生展示国家安全内涵；另一方面，及时掌握学生思想动态并加以引导，同时加强网络监管，更新网络技术，通过循循善诱等隐性手段切实提升大学生维护国家安全的意识能力水平。

我国高校从坚持国家总体安全观的视角，不断塑造完善新时代高校国家安全教育体系，从理论与实践两个维度加强大学生国家安全教育，效果日益明显。但国家安全教育作为高校课程设置的新生领域，在课程设计、流程规划、教师队伍等方面仍有待提升。高校须在国家顶层设计的指导下，结合自身特点，创新传统授课模式，配合现代化传播工具，形成从管理到应用的立体化国家安全教育体系，全方位增强大学生国家安全意识，培育新时代社会主义合格建设者和可靠接班人。

参考文献

[1] 央视网．习近平总书记在十九届中央国家安全委员会第一次会议上强调：全面贯彻落实总体国家安全观开创新时代国家安全工作新局面［EB/OL］．http：//news. cnr. cn/native/gd/20180417/t20180417_524202139. shtml，2018－04－17．刊登时间：2018－04－17，查询时间：2018－04－30．

[2] 中共中央文献研究室．十四大以来重要文献选编（上）［M］．北京：中央文献出版社，2011：801．

[3] 中共中央文献研究室．十五大以来重要文献选编（中）［M］．北京：人民出版社，2001：858－874．

[4] 中华人民共和国教育部．国家中长期教育改革和发展规划纲要（2010－2020 年）［EB/OL］．http：//old. moe. gov. cn/publicfiles/business/htmlfiles/moe/info_list/201407/xxgk_171904. html，2010－07－29．刊登时间：2010－07－29，查询时间：2018－04－30．

[5] 习近平．决胜全面建成小康社会夺取新时代中国特色社会主义伟大胜利——在中国共产党

第十九次全国代表大会上的报告［N］. 人民日报，2017-10-28（01）.

［6］廖生智. 推进总体国家安全观大众化刍议［J］. 江南社会学院学报，2016（6）：14.

［7］康翠萍. 从"理念"到"行动"：高校教师教学发展的理性之路［J］. 江苏高教，2016（2）：5-11.

略论高校安全管理中的问题与对策

——从动机心理学的角度

清华大学　王亚平　管志远

摘　要：文章首先分析了运用动机心理学相关理论指导高校安全管理的重要意义。然后立足于高校安全管理实际情况，运用动机心理学的需要动机、工作动机、成就动机、基本心理需要、动机的分类等方面的理论知识，分析高校安全管理工作中存在的问题，寻找原因，并探索具体的解决办法。文章提出了安全的需要无法催生安全管理动机、高校安全管理给人的成就体验具有滞后性等判断，以飨读者，共同研讨。

关键词：高校安全管理　动机

1　引入动机心理学相关理论指导高校安全管理具有重要意义

打造高校安全、放心的科研、育人环境，需要每一位安全管理工作者热情认真、积极努力地开展工作。安全管理工作者有的热情认真、积极努力；有的磨磨蹭蹭、一拖再拖，不愿意做这项工作。这些行为的背后，都有一定的原因和理由。通俗地讲，这就是动机。“动机关乎人们行动的原因和理由，其作用在于激发人行动的力量，引领人做事的方向。”“动机所涉及的是行为的能量和方向，是激发、维持、调节人们从事某种活动，并引导活动指向某一目标的内部心理过程或内部动力。”运用动机心理学相关理论，结合高校安全管理工作的特征和工作人员的行为表现，分析这些行为背后的心理学原因，对于激发安全管理工作人员的工作热情，从根本上做好高校安全管理工作，具有重要的意义。

2 运用动机相关理论管窥高校安全管理存在的不足

2.1 安全的需要无法催生安全管理动机

需要是动机产生的基础，马斯洛需要层次理论指出，对于人而言，居于首位的是生存的需要，其次就是安全的需要。做好高校安全管理工作，营造安全的学习工作环境，是我们广大师生员工的安全需要，当然也是高校安全管理者的需要。既然这是大家共同的需要，那高校安全管理工作者就理应积极努力地做好安全管理工作。其实不然，在高校部分师生热衷于科研业务，很可能忽视安全工作。例如，一些实验室堆放了许多应该报废的实验设备，堵塞了建筑疏散通道；为了使用方便，就近私接电线，给设备通电；消防主机故障运行一个多月，都没人理会；本来列入日程的安全教育，一再被推迟等等。为什么会这样，是因为人们没有安全的需要吗？当然不是。原因应该是人们对安全的需要，远没有达到激发起人们安全管理动机的程度，或者说，安全需要积累的强度不够。夸张一点，当人们旁边电线短路、毒气泄漏、燃气爆炸才会让人们感受到生命受到了不安全的威胁，才能激发起人们的安全需要，拔腿就跑，到达安全的区域。

2.2 高校安全管理缺少“工作动机”的产生机制

做好安全管理是高校相关管理者的重要工作职责，良好的工作行为，背后须有强烈的工作动机作支撑。根据尼克尔斯的工作卷入理论，“面对工作人们大致有两种心态：一种是工作卷入，指个人全心投入工作，目的是发展个人的潜力，而不太计较结果的成败；另一种心态是自我卷入，指个人之所以工作，目的是在与别人竞争中获得成就，借以炫耀自己的能力”。尼克尔斯认为，持工作卷入心态的人，工作动机较强，而持自我卷入心态的人则时时想到成败，对工作的事避难就易。现实工作中还有第三种情况，即完全从工作角度出发，以工作为中心，一心为公，不计较个人得失的现象。对于这种认真工作者的动机，与尼克尔斯的理论不一致。当然，在当前市场经济浪潮的冲击下，第三种工作动机产生的机制也不明显。高校安全管理工作，尤其是推动隐患整改，既不能锻炼个人的业务能力；也不存在与别人的竞争，以此来获得成就感进而炫耀个人能力的机会。据此，高校安全管理缺少“工作动机”的产生机制，工作执行效率不高，效果不好。

2.3 高校安全管理之于人的基本心理需要满足具有限制性特征

基本心理需要理论认为，内部动机建立在有机体内在的心理需要基础上，自主、胜任和关系需要是人的三种基本心理需要，它们是内部动机产生的源泉。当周围环境能够满足人的以上三种基本心理需要，而且个体体验到成就或效能时，才能够调动出内部动机。相反，在执行任务过程中，威胁、设定最终期限、严苛的指令、压力性评价和强制性目标等都会对内部动机产生削弱作用。在高校安全管理，尤其是隐患整改工作中，留给二级单位负责人“自主”的空间较少，如“为了安全，学生公寓楼首层一定要上铁窗”“实验室两个安全出口一定要保证畅通，不得堆物堵塞”等。这样的工作几乎没有“自我选择”“自我决定”的空间，除了上述规定动作外，他们能选择的往往是对此事的拖延时间。

胜任的需要，指的是一种有效地开展活动并获得预期结果的需要。在此需要的作用下，人们总是希望把事情做好，以证明自己有能力、有价值。但是，高校安全管理工作往不能证明安全管理者的能力与价值。在安全管理部门中，流行着这样一句话“做好了是零；稍有差错，就是负数”，当然也就没有外在的、可比较的“成就”和“价值”可言。

高校安全管理工作，往往是得罪人的事情居多，能与重要人物建立亲密关系的平台和机会较少。基于以上原因，高校安全管理工作本身具有之于满足人们基本心理需要的限制性特征，较难提供满足人们基本心理需要的机会和平台，因而也不易产生内部动机，直接导致安全管理工作较难推动。

2.4 高校安全管理较难设定外部刺激性奖励

在动机相关分类中，将动机分为内部动机和外部动机。“外部动机是指动机由活动以外的因素所引起，活动目的是获得额外的结果，比如表扬、奖励、名誉等。”外部动机有很强的刺激作用，但与内部动机相比，它还有很多负面效应，使用不当会削弱内部动机。高校安全管理，是高校安全管理者的工作职责，是应该履行的工作任务。在履职不到位的情况下，应该得到惩罚、批评。如果设定表扬、奖励等外部刺激，有可能会引导人们为了得到外部奖励而做出某些表面文章，甚至使安全隐患隐藏得更深。其二，高校各单位安全管理工作有基本的框架，但也有自己的特殊情况。如隐患整改工作，单位存在的隐患不同，整改难易度不同，投入的时间和精力也不一样，很难建立一个统一的平台进行比较，因而较难设定相关的奖励，作为外部刺激。如何有效地设定高校安全管理工作的外部刺激，激发外部动机，是我们需要我们深入研究的问题。

2.5 高校安全管理给人的成就体验具有滞后性

成就动机是人们力求实现目标，获得成功为动力。若一个人认为某一目标对自己是重要的，有价值的，他就会克服困难，实现目标。这时，就具有成就动机。高校安全管理重点是做好“预防”工作。隐患没有得到整改，迟早会引发事故。将事故的预防工作做到极致，就是无限趋近于安全。但是，做到极致谈何容易！然而，事故的发生具有偶然性，事故损失具有“偶然损失原则”，并不是做了预防工作，就一定能够避免事故发生。隐患的存在不具有普遍的可比较性。没有办法比较，没有办法证实整改了这个隐患比整改了那个隐患更具有价值，更能挽救人的生命。

5·12 地震时，北川桑枣中学校长叶志平，平时注意学生安全意识的培养和技能训练，加强学校危房加固。在地震中，该校建筑无一倒塌，师生无一伤亡。地震后如潮的好评给了他强烈的成就感，但平时，他又忍受了人们多少的质疑和否定。所以，高校安全管理给人带来的成就感具有滞后性，甚至成就感的出现具有偶然性。如何提高高校安全管理工作人员，尤其是隐患整改责任人的成就动机就显得格外重要，需要我们加强研究，勇于实践。

3 提高高校安全管理工作的措施与对策

3.1 推进“隐患即事故”的安全教育理念

隐患长期得不到整改，必然引发事故。我们要树立“隐患就是事故”的理念，因为隐患就是事故的前奏。要遏制事故，关键在消灭隐患。隐患的危险，我们日常说的并不少，但是在很多人内心深处，仍然不把隐患当回事，以为只要“隐”着，就不足为“患”。还有人只把隐患当作“万一”的“可能性”，犯不着为“小概率”费大力气。

3.2 提高各级安全管理工作人员的素质

高校要提高安全管理水平，促进安全管理工作的精细化、现代化，需要提高各级安全管理工作人员的素质，包括学历要求、安全意识及技能水平等方面。加强对安全管理人员的培训，如基本业务培训、工作要求培训、技能培训、安全事故案例经验教训分享、安全法律法规培训等等。以高素质的人才队伍提高高校安全管理水平。

3.3 建立安全管理工作对比宣传展示平台

高校安全管理工作较难找到一致的对比展示项目，但深入认真分析，还是可以找到一些可比较的具体项目或技能，如化学、化工、材料类实验室安全制度建设情况、应急疏散演练组织情况、建筑消防设施完好有效情况、师生员工安全意识和技能的水平、扑救初起火灾的基本技能等。以此为突破口开展相关活动，提供对比、宣传、展示的平台，从而设置具体的外部奖励，提高相关人员工作的积极性。

3.4 加强安全管理工作评价机制的研究

高校安全管理工作的提升，离不开客观的评价、评估。高校安全工作门类繁多，有实验室安全、房屋安全、消防安全、用水、用电、用气安全、饮食卫生安全等，安全工作的评估也应该分门别类地进行。引入第三方评估，要比自我评估要更加客观。具体的评估、评价机制还需要深入的研究。以高校消防安全工作评估为例，目前对建筑消防安全的评估、评价，有建筑消防和电气检测，有建筑消防安全评估。高校对建筑消防和电气检测开展情况比较多，建筑消防安全评估有待进一步推动普及。但无论是检测还是评估，均侧重于建筑设施的完好有效情况，而对于安全管理软实力进行评估和评价的较少。

3.5 加强安全管理工作责任追究机制的完善

安全管理做得好不好，不能以“是否发生事故”作为唯一评价标准。这是基于安全事故“偶然性”提出的客观判断。做好安全管理要依赖建立健全规章制度。规章制度要清楚、完善、一以贯之、严格执行，实现规章闭环。安全管理制度发挥作用，必不可少的是“责任追究”制度的建设和机制的完善。安全管理工作的落实依靠工作制度的规范，安全管理工作不落实，要依靠“责任追究”制度和机制。这里的责任追究，不是事故后的责任追究，而是“安全管理工作不落实”责任的追究。

党的十九大报告中提出要“树立安全发展理念，弘扬生命至上、安全第一的思想，健全公共安全体系，完善安全生产责任制”，为高校的安全管理工作指明了方向。《中共中央国务院关于推进安全生产领域改革发展的意见》也从总体要求、责任制落实、监管监察、依法治理等方面提出了具体的要求。这些指导性文件，是我们国家进一步深化改革的安全保障基础，也对高校的安全管理工作提出了新的更高的要求。高校安全管理工作者要不断结合工作实际，完善安全管理体系，研究有效的工作机制，大力开展校园安全文化建设，进一步加强师生的安全意识，提高高校管理和治理的水平，为高校教学科研核心工作提供共有力的保障。

参考文献

刘惠军．动机心理学［M］．北京：开明出版社，2012：1.

高校安全“多维立体式”教育体系构建初探*

北京化工大学　杨　明　孟文庆　英启雷

摘　要：新形势下高校所面临的环境日趋复杂化，为应对和预防各环境领域所带来的安全问题，构建新型的校园安全教育平台体系已迫在眉睫。本文从对构建高校安全教育体系的紧迫性和意义分析为切入点，进一步阐述了构建安全“多维立体式”教育体系的内容和实施路径。

关键词：高校安全教育　多维度　体系构建

前　言

随着改革开放的深入，社会转型的深化，高校进入办学主体和层次多元化发展的快车道，规模的急剧扩大，在学校与社会接触的过程中，各种影响校园安全稳定的不确定因素日益增多。党和国家对于高校安全稳定问题高度重视，在《国民经济和社会发展第十三个五年规划纲要》《教育部2016年工作要点》（以下简称《要点》）等文件中对相关工作都做出了重要指示，其中《要点》提出，加强学生安全教育，开展安全教育能力展示活动，深化平安校园建设，研究制定加强高校安全稳定综合防控体系建设[1]。由此可见，高校安全教育工作已经成为高校中的一项重要工作，构建完善的、能够应对和预防各方面的校园安全隐患的教育平台体系已迫在眉睫。

1　构建高校安全教育体系的紧迫性和意义

1. 高校安全稳定因素复杂

随着经济全球化、信息网络化、文化多元化等进程的不断变化，在校大学生世界

---

* 北京教育；CN11－1129/G4；发表时间：高教2017/07－08。

观、人生观、价值观的形成受到外界信息的影响。处在一个信息爆炸的时代，各种思想不断侵蚀和影响青少年政治教育战线，文化安全面临着严峻挑战，加强大学生安全教育培训势在必行。

2. 学生安全意识淡薄

长期以来，学生在成长过程中一直以文化课程的学习为核心内容，缺乏系统的安全知识与能力的培训。当他们进入大学校园后，安全意识淡薄，自我保护意识和能力不强等问题开始凸显。因此，在高校开展安全教育，也是培养学生安全防范意识的必然要求。这有助于引导大学生树立安全观念、形成安全意识、掌握自救自护知识，提高他们机智、勇敢应对危险且正确自救、互救的能力。

3. 高校教育职责要求

安全教育作为高校教育职责的所在，既体现了教育的本体功能，也体现了教育的社会功能，对于提高学生的安全素养，促进身心健康，提升社会个体的应急防范能力，乃至整个社会的整体应急防控能力，促进社会和谐发展具有十分重大的意义。

4. 高校特殊教学需要

高校实验室安全是校园安全问题的重中之重，与一般火灾相比，化学品火灾危害途径多、持续时间长、波及范围大。同时，由于化学品本身及其燃烧产物大多具有较强的毒害性和腐蚀性，并且部分化学品无法使用常规手段扑灭，一旦发生火灾，扑救难度很大。

2 高校安全“多维立体式”教育体系的构建

随着网络和信息化对传统教育教学方式的冲击，众多以新媒体、新技术为创新点的教育培训方式在传统教育和基础上得到了蓬勃发展。而高校安全教育作为一门特殊而重要的教育课程，其培养体系的构建也要适应时代的变化，以传统教育为基础，积极引进网络互动学习、移动多媒体终端等辅助教学手段，加深体验式培养途径，以实战操作演练等实践环节作为教育效果的衡量标准，进而构建“多维立体式”学校安全教育体系，以新思路、新观念寻求安全教育工作新进展，努力把安全教育纳入学校文化建设，充分利用各种教育教学活动对学生进行有针对性的安全教育。

1. 开展课堂教育和宣传教育——传统维度

第一，课堂教学。安全教育课程设置需要根据学校的环境和办学特色，在课程大纲的设计上尽量合理布局，重点施教。在教学过程中学校应根据形势环境变化、大学生活各敏感时段特点、学生个人实际情况，循序渐进，合理调整计划和教学内容，课程贯穿整个大学生活的全过程。学生通过学习和考试获得安全教育课程的学分，同时将安全教育引入高校第二课堂活动课程，通过活动课程的开展积累课程教学经验，逐步推进课堂教学。第二，宣传教育。充分发挥校内职能部门、各学院以及校外职能部门、社会团体的优势，整合资源，全面普及安全知识，做到广泛参与，共同努力打造校园安全文化。如举办安全知识竞赛、开展安全知识专题讲座、张贴安全知识海报、发放安全常识资料、发布安全预警信息、悬挂安全宣传标语等。

2. 搭建学生网上学习平台——网络维度

运用物联网技术，建设学校“互联网＋大学生安全教育”信息化网络平台，主要包括安全微课和移动学习平台。通过校园网络平台设立端口链接，接入到在线安全安全教育课程。数据显示，大学生通过互联网获取知识和信息的比例达到99.8%，高校需要充分发挥物联网技术的宣传教育功能，把网络建设成高校安全教育的新阵地、新平台。[1]采用移动终端学习可极大提升大学生安全学习的参与性、积极性，同时通过移动学习教育跟踪服务及专业安全数据分析可协助高校安全教育量化管理与评估。互联网平台建设，改变了被动、灌输形式的安全教育方式，建立一种智能化、宽松、个性化的学习环境。[2]在信息化网络平台的建立过程中需要考虑以下几点。第一，学习设计。“互联网＋大学生安全教育”信息化网络平台要紧跟移动新媒体时代的步伐，充分挖掘微信、QQ等移动媒体平台，使学生可以通过移动终端关注、扫描二维码进入或者电脑联网直接登录方式，随时随地能够方便地开展安全课程的学习。第二，课程设计。要充分考虑学生的兴趣特点，以学生视角设计安全课程和学习方式，将学生学习层面概括为安全微课、安全生活和安全校园三个方面。其中安全微课涵盖生理、心理、安全、生活学习4大类，以视频、动画、图文混排方式，视频以短视频为主，动画为FLASH方式，单微课流量控制在2M以内，便于学生通过移动终端登录学习；安全生活则是通过各类社交平台定期推送各类安全常识和安全警示内容，打造一个学生个人专属的安全助手；安全校园则是要监理一个师生全员参与的网上安全校园社区，积极引导学生参与校园安全防范体系建设，共同维护校园安全稳定环境。第三，管理功能设计。“互联网＋大学生安全教育”信息化网络平台在管理端要设计公众微信账号管理、用户管理、成绩查询、班级管理、院校管理等功能，方便教师对教育内容把控管理。

3. 开设师生互动反馈渠道——互动维度

在教育过程中开设师生互动反馈渠道，一方面有利于拉近师生之间的关系，营造良好的学习氛围，师生对于一些问题可以进行深入探讨；另一方面，在互动环节中设置学生反馈渠道，学生可以根据课上的学习情况，提出自己的问题或意见，教师可以随时了解学生的情况，并根据学生的建议，改进自己的授课方式。第一，课堂教育。学校通过与学生沟通，确定学生学习目标和要求，合理安排授课方式和主题。同时，在教学过程中充分发挥教师的主导作用、学生的主体作用，坚持理论与实践相结合，引入案例教学、形象的角色体验教学，特别是列举发生在他们身边的真实案例，对于一些问题师生之间需要进行互动讨论，引起他们对校园安全重要性的共鸣。[3] 第二，网络学习。信息化网络平台功能设计需涵盖学生学习体验层与管理服务层两个层面，它是学生学习的平台，也是师生互动的重要渠道，学生可以通过网络平台进行问题提问、师生讨论、校园安全建议等等；同时，学习管理服务层则为学习管理者和后期服务者提供管理平台，通过管理员身份完成教学服务跟踪，师生互动，学校汇报，应用反馈等工作。

4. 建立校园安全教育体验中心——体验维度

校园安全教育体验中心的建造遵循高科技与人性化设计相结合的原则，从体验者的角度出发，运用现代数字影像及声、光、电技术，通过 IPAD 控制展厅整馆的多媒体及展项展示，宣传展示与互动相结合，充分发挥体验中心的宣传教育功能，吸引更多的师生参与安全宣传教育活动。

建立高科技校园安全教育体验中心，一方面通过图片、动画等多媒体技术对相关安全问题进行突出展示，进一步加强安全意识、措施、技能方面的教育；另一方面，设立仿真场景，学生可以参与仿真模拟体验，身临其境般感受火灾、自然灾害场景，并通过教学演练，加强学生应对灾害预防处理的实践练习。学校师生通过对仿真模拟的体验，进一步了解相关安全知识，学习防灾自救互救实践操作方法，增加防灾减灾忧患意识。强化防灾自救实践操作能力，使学生在大难来临时做到临危不惧、立即反应、实施自救或配合营救人员脱离险境，将生命、财产损失到最小。

5. 加强校园安全实战演练——实践维度

实战演练是衡量和验收教学效果的主要方式，同时也是反映学生安全意识和防范能力掌握程度的重要途径。学校通过开展各类安全应急预案的演练，进一步强化安全教育课程的实践教学环节，锻炼和增强学生应对安全问题的实战能力。通过经常性的演练锤炼学生的应急处置能力，检验学生安全教育理论课程的学习效果。同时结合安全教育课程内容，适当开展食品安全、防恐怖袭击、交通事故等各类分项应急演练，全面提高学生自救互救、应急处置的知识和技能。

“多维立体式”高校安全教育体系核心价值在于充分运用互联网技术，并结合实践演练和体验的方式，将“传统—网络—互动—体验—演练”有机的联系在一起，同时各维度的教育方式相互协调和配合，构建了全面系统而且有效的教育体系。这种教育模式的培养和训练将增强高校学生对实践安全问题的透视能力，由表层的认识贯通到安全问题背后的重视、预防以及处理上，在教育过程中，切实全面提高学生的安全防范意识和能力。

高校安全教育体系构建要从多维出发，探索多种培养方式相结合的教育模式，同时其教育内容设计的侧重点需要根据高校自身的特色需求而定，而且在教育体系的设计要保证经济性、实用性和先进性。在设计原则上，从教育体系的日常运行和维护出发，遵循设计先进与便于维护相结合的原则，保证教育体系的可持续运行，考虑到教育体系实施途径过程中的实际问题，需要有专门的管理人员对教育体系进行维护和管理，保证安全教育的有效开展。在设计内容上，要根据各类安全问题分主题设计，涵盖各类安全知识教育，从教育宣传的重点出发，总体概括与重点教学相结合，强调安全教育覆盖全面，对重点安全问题进行突出教育。

总之，应对高校环境日趋复杂化所带来的安全问题，探讨新型的安全教育模式，构建完善的高校安全教育体系是一项十分重要的工作。同时，伴随着互联网技术和高科技技术的发展，新型的高校安全教育体系无论从构建还是实施途径上，都应该打破传统教学模式，开展“传统—网络—互动—体验—演练”的教育模式，内容上覆盖全面，形式上创新多样，从而增强高校安全教育的形象力和感染力，提高安全教育的质量，全面提高高校各级应对安全问题的综合能力。

参考文献

[1] 吴平. 高校安全教育创新机制研究 [J]. 职业教育研究, 2014 (3): 22-24.

[2] 吴学政. 基于物联网技术的高校安全管理与教育初探 [J]. 数字化用户, 2013 (28): 136.

[3] 田娟. 和谐校园视域下校园安全教育的紧迫性及路径研究 [J]. 开封教育学院学报, 2013 (6): 217-218.

平安校园视域下大学生校园贷的研究

中国农业大学　贾会起

摘　要：“互联网+金融”等新型业态的发展，催生了“校园贷”。“校园贷”以其门槛低、手续简单、到账快等优势，加之大学生存在的不良的消费观，频繁借贷，从而导致暴力催收、裸贷、高利贷等事件频发，逐渐演变成为危害校园安全的一颗毒瘤，在社会上引起了广泛关注。本文将从校园贷的概述、现状、危害、原因以及解决策略详细探究，希望能借助此次理论研究，能为大学生校园贷的问题解决提供一些思路，有力促进构建平安校园，为大学生的健康成长保驾护航。

关键词：校园贷　平安校园　大学生　研究

维护高校安全稳定是助力学校发展的内在要求，是构建和谐校园的重要保证。在学校安全工作中，我们要深入学习贯彻党的十九大精神，深刻领会习近平新时代中国特色社会主义思想，切实提高维护高校安全稳定的政治站位，增强责任担当，把党的十九大对维护稳定安全的要求在高校落到实处。

2013 年 8 月国内第一家互联网校园借贷平台——分期乐在深圳成立。据名校贷发布国内首份《校园贷诈骗数据报告》显示，2016 年 4 月至 2017 年 6 月，被报道的校园贷诈骗案达 41 起，涉及全国 22 个省市，平均每月曝光 2—3 起。据不完全统计，仅汇总时有据可查的校园贷诈骗案的受骗人数就有约合 3679 人，涉案金额高达 5496 万元。近几年，通过媒体报道关于大学生“校园贷”的负面新闻频频出现，诸如裸贷风波、卖身、跳楼、失踪等各种“惨案”不断被曝出，成为校园和社会舆论的热点话题。所以，来势汹涌的大学生“校园贷”需要引起全社会的广泛重视，我国的高校也要采取一定的措施加以监督和管理，才能创建平安的校园环境，培养国家需要的优秀人才。

1 校园贷概述[1][2]

校园贷是指贷款平台面向在校大学生开展的贷款业务。它主要面向家庭条件困难、有超前消费需求或有创业想法的学生，借势于银行业金融机构推出为大学生办理信用卡的背景，瞄准校园借贷领域空白，迅速兴起。校园贷肇始于国家开发银行协助贫困大学生完成学业、解决生活困难的一项措施。

校园贷有多种类型。根据校园贷的性质，可分为不良校园贷和正规校园贷。从校园贷发展状况看，不良校园贷有欺诈性、违法性等特征；银行属于正规校园贷。校园贷平台主要分为四类[3]：

1.1 传统电商平台（B2C）

是指阿里、京东和苏宁等提供的信贷服务，如蚂蚁花呗借呗、京东校园白条、苏宁任意付等。

1.2 网络借贷平台（P2P）

这一类平台可以帮助在校大学生助学和创业，如名校贷，投投贷等。投投贷是目前中国互联网金融中 P2P 信贷行业中最大、最安全的平台，为投资理财用户和贷款用户两端提供公平、透明、安全、高效的互联网金融服务。

1.3 网络分期购物平台

如青年钱包、口袋喵、趣分期等，网络分期购物平台不仅能为大学生提供分期购物，有些还提供较低额度的现金提现。

1.4 银行贷[4]

在校园网贷乱象引发监管后，2017 年正规金融机构开始回归校园，为大学生提供较为理性消费的校园产品，即银行贷。如招商银行的“大学生闪电贷”、中国建设银行广东分行首款针对在校大学生群体专属定制的互联网信用贷款产品——“金蜜蜂校园快贷”、中国银行的“中银 E 贷校园贷”、青岛银行的“学 e 贷”。银行贷属于正规校园贷产品。

2 校园贷现状分析

"校园贷款"是一种金融服务产品，已产生多年，在过去是通过银行以向在校大学生发放信用卡的方式提供贷款，从而出现了"校园贷款"一词，在各大高校中普遍存在。如今的校园贷款，虽然是以贷款的形式发行，但是其特征与传统信用卡业务非常相似，存在过度消费、无力偿还等风险，从而使校园贷款成为"不良校园贷款"，会使一些没有偿还能力的大学生误入歧途。

2.1 平台缺乏完善的行业标准[5]

到目前为止，校园贷这一新兴产业尚未制定统一的市场准入标准。市场准入指的是校园贷平台投入市场的门槛，是从根源预防借贷风险的关键环节。然而经济发展不同步，不同省市的市场准入标准是有所差异的，监管程度也不相同，尚未形成全国统一的校园贷平台市场准入标准，有的平台自觉加入自律协会，大多数平台徘徊在协会之外，不在其管制范围内，这就造成借贷双方只需要简单注册，在没有办公地点的条件下同样可以进行借贷活动，进而造成校园借贷行业秩序混乱。

2.2 办理流程简单，审查不严

大部分"校园贷款"并不像银行贷款一样流程复杂，办理流程十分简单，缺乏正规性，对借贷人资料审查不严格，也不需要出示一系列的证件、证明，只需要身份证、个人信息便可顺利地申请到金额不等的贷款，并且一些贷款平台贷给学生的额度相对较高。

2.3 催收方式不合理

由于大学生群体没有稳定的收入来源，经常出现贷款逾期现象，一旦逾期，贷款平台就会进行催收，各种各样不合理的催收方式会造成严重的不良后果，例如：对借贷人进行威胁，给学生造成心理压力；还有进行人身攻击的"暴力催收"。不良后果的例子比比皆是：江西某高校大学生校园网络贷款逾期未按时偿还，遭放贷相关人员非法拘禁达30多个小时；河南某高校大学生因迷恋赌球，冒用28名同学身份信息向多家金融平台办理贷款，身负巨额债务，最终无力偿还而跳楼身亡；"裸贷"事件的相关新闻报道也是骇人听闻。

2.4 校园贷消费规模越来越大

如今我国是14亿人口大国，其中国大学生占比10%，达到3000多万，消费群体十分庞大。2015年阿里巴巴旗下理财平台蚂蚁聚宝发布了《大学生理财报告》，报告分析了全国两千多所高校的大学生理财情况，在全国2500多万在校大学生中，超过35%的人在过去一年尝试了互联网理财。2016年苏宁金融研究院对校园金融市场进行研究并指出市场规模会超过200亿元，而且大学生在金融市场的占比可能达到18%。同年5月份《维度》指出超过一半的学生是为了消费而申请“校园贷”的[6]。

3 校园贷的危害

3.1 校园贷具有高利贷性质[7]

不法分子将目标对准高校，利用高校学生社会认知能力较差，防范心理弱的劣势，进行短期、小额的贷款活动，从表面上看这种借贷是“薄利多销”，但实际上会隐瞒或模糊实际资费标准，提现费、贷款服务费、逾期滞纳金、违约金等。

3.2 校园贷滋生同学攀比的恶习[8]

高校大学生在校园的主要经济来源大多是父母。钱财通常只够普通大学生进行日常生活学习，学生的部分攀比需求和对奢侈品的向往无法得到满足。而校园贷通常打着低利率，放款简单，无需烦琐的抵押程序等旗号吸引大学生。学生正处在青春美好的年纪，对于社会的危险尚未形成辨别能力和防范心理[9]。同时，在部分同学通过校园贷获得资金后，学生间易形成一种借贷潮流和攀比拜金环境，不利于学生的发展和心理健康，还可能会导致学生参与赌博、吸毒等违法犯罪行为。

3.3 严重危害校园秩序

校园贷在办理过程中，中介人员通常对待学生犹如上帝一般，但是一旦学生无法按时还款，其催账手段就多种多样了。学生在贷款过程中对于自身信息通常进行了登记，催款人员会用这些个人信息骚扰同学和家人，同时对学生本人进行威胁、恐吓、辱骂等，极大地扰乱了高校的正常秩序，甚至可能威胁学生的生命。

3.4 不法分子利用“校园贷”进行其他犯罪

放贷人可能利用“校园贷”诈骗学生的抵押物、保证金，或利用学生的个人信息进行电话诈骗、骗领信用卡等等，从而对受贷学生带来别的麻烦。

4 校园贷产生原因

4.1 部分大学生缺乏法律知识，信息保护意识淡薄[10]

大学生对校园贷的认识存在着许多的误区，比如，很多大学生会天真地认为校园贷会像宣传时的那样低利息，安全性高，且无风险。校园贷实质是一种民间借贷的形式，借债还钱是合理的，但是当讨债方用威胁、暴力、恐吓等手段讨债时，就已经触犯了法律，这时学生就应该拿起法律的武器保护自己。然而一些学生既对法律常识不了解，又不知道怎样运用法律保护自己，还有的学生对个人诚信记录不够重视，对贷款到期无力偿还抱有无所谓的态度，要不找朋友借钱还贷，要不置之不理，对银行诚信系统黑名单的危害性认识不足，另外，一些学生防备意识不强，随意泄露个人信息。

4.2 大学生需求量大，校园贷市场潜力巨大[11]

作为摆脱高中束缚生活的大学生，在大学生涯中开始追求个人精神和物质上的满足，愿意将钱投入培训教育、游戏娱乐、社交往来、户外度假、数码产品等领域，此外部分人出现攀比心理，也刺激了他们的消费欲望。大学生消费欲望极其旺盛，但往往这种消费水平无法与自身每月所能支配的金钱匹配，导致大学生想方设法满足消费欲，“校园贷”沦为一个借款工具，用于满足大学生的消费欲。校园借贷市场潜力巨大，大学生群体是校园贷的潜在客户。

4.3 部分大学生价值观取向扭曲

在十几年的学校教育中，大学生本应该树立正确的人生观、世界观、价值观，但在“分数至上”的应试教育背景下，家庭、学校、社会只关心学生的考试分数，忽略甚至漠视了对学生“三观”的培养和引导。这种“应试教育”“功利主义”贯穿于学生的成长过程，在无形中已经改变了他们的价值观，一些学生产生追求功利，贪图享乐的现象也就不足为奇了。校园贷成为了解决资金不足问题的有效法宝，少数学生责任意识不强，只要能贷到钱，从不考虑自己的偿还能力。

4.4 家长对孩子的教育和关心不够[12]

大学生进入大学后，远离了父母，“独立、自由”的心理逐渐增强，希望能摆脱父母的约束，很多学生和家里的联系也越来越少，都是要钱的时候才会和家里联系。很多父母也认为孩子长大成人了，也放松了监管。在各种诱惑面前，大学生很容易迷失自己，容易产生一些不良的消费观念，从而很容易陷入校园贷的“泥潭”。

4.5 监管缺失，征信体制不完善[1][6]

我国的监管机构对于这些实体和网络借贷形式的管理存在缺失。他们有时即便下达指令也难见成效。由于对校园贷监管力度不够，致使大学校园贷存在极大的风险，危害大学生人身与财产安全。校园贷借贷双方法律风险防范意识不足，而且一些校园贷平台与法律打擦边球，相关法律法规的滞后与缺位也使得校园贷存在的问题越来越多、越来越严重。部分校园贷平台为了迅速扩大市场，抢占先机，在信用审核上钻法律漏洞，对高校学生的审查简单粗暴，让大学生轻轻松松贷到款，有了资金的学生消费欲望更加膨胀，多贷多买，可能陷入连环债务之中。

5 校园贷的对策探讨

5.1 政府方面：完善制度，加强市场监管

政府要推进法治建设，加强对金融市场的监管。校园金融位于社会金融管理和校园管理的真空地带，相关部门应加快校园金融法治建设，建立相应的法律法规，在制度层面上积极引导、规范校园贷的发展，使其有法可依。同时，联合相关机构，加强对校园贷的监管，及时发现、处理其存在的问题，避免恶性事件的发生[13]。

进一步完善行业标准，完善市场准入标准。针对校园贷的市场准入标准就是校园贷市场的门槛，我国相关的法律法规对校园贷市场的准入机制没有进行严格的规范，存在一定的风险性。要对校园贷企业能力、注册资本、限制条件等构建统一的面向市场的标准体系，明确规定校园贷企业的权利及行为能力。科学合理的准入机制是预防风险的开始，因此要构建完善的系统备案管理机制，确保校园贷款在校园开展中的顺利实施。

公安机关严查校园贷衍生的违法犯罪活动，做到坚决打击、重点关注、提前预防。对于网络金融平台违法发放高利贷的行为，通过套取、骗取高校大学生个人信息，利

用网络金融平台进行诈骗的行为，对借款学生采用人身伤害、非法拘禁等方式进行暴力催收的行为，公安机关应坚决予以打击[14]。

5.2 大学生方面：增强自身保护意识，建立正确消费观念

校园贷中存在诸多的隐患和风险，高校学生要对其充分认识。大学生应自觉接受有关思想政治方面的教育，养成正确积极的世界观与价值观；如果同学们遇到暴力催款的威胁时，应及时报警，增强自身的保护意识，敢于用正当手段与邪恶作斗争；主动地学习金融知识和安全知识，避免上当，增强自己的金融风险防范意识，远离不良“校园贷”行为；接触分期购物平台和网络借款平台时，要清楚这些平台的利息和违约金高，考虑自己能否承担。平时应积极参与课外素质拓展活动，陶冶情操，提高远见，拒绝赌博、拒绝沉迷游戏；最根本的是要自身剔除错误的思想观念，摒弃拜金主义、享乐主义的消费观念，避免盲目攀比的心理，建立理性消费心理。在不得不进行贷款的情况下，也应对各网贷平台做充分的了解，选择正规合法的平台进行贷款，防止上当受骗[6]。

5.3 学校方面：监管、普法、资助协同发力

1. 加强校园监管，排查不良校园贷，构建良好的校园文化

学校作为育人的重要阵地，处理“校园贷”问题需要学校内部各个部门如学生管理部门、安全保卫部门、教育教学部门、后勤保障部门要齐抓共管，密切配合，形成合力，优化育人园地，实现联动拳头效应[15]。高校可通过建立校园贷专门排查小组，充分发挥学生干部的信息员职能，详细排查校内存在的校园贷，做到对同学情况的总体把握、反馈及时清理校园内散播的校园贷款广告宣传，取缔不良校园贷机构，加强校园文化建设，为学生营造良好的校园文化氛围，促进学生身心健康发展。

2. 向大学生普及金融基础和法律常识

相关教师在教学中应注重向学生传授金融知识和法律常识，学校可在教学的基础上开办讲座或以比赛等形式，加强大学生的金融和法律教育，使其了解与贷款相关的法律知识，树立诚信贷款意识和防范意识，帮助其科学地分辨金融风险。也可邀请知名专家或公安人员来校宣传，重点分析典型案例，开展相关模拟训练，让学生充分了解“校园贷”风险，提高判断风险、应对风险的能力[16]。

3. 完善校园资助制度，鼓励正规机构提供校园借贷服务

高校学生资助管理中心应切实做好困难学生的资助工作，及时解决困难大学生的

学费、生活费问题，避免学生“病急乱投医”；同时根据学生的不同需求，提供差异化资助服务，分层次、分类别甚至分学校分专业的资助业务可以尽可能地满足学生不同的需求，尽可能地保障在校大学生的基本生活需求。另外，针对大学生创业就业等方面的需求，高校应建立有效的解决机制和途径，为学生提供合理、合法的金融贷款服务，为校园贷提供生存的机会，满足学生的发展需要。

5.4 家庭方面：建立“家校共育”机制[11]，指导学生理性消费

家庭既是大学生经济的主要来源，也是大学生消费观念养成的重要环境。从家庭方面角度来看，家长要在日常生活中要以身作则，树立良好的消费榜样，培养子女勤俭节约、合理消费，使子女从小就灌输正确的消费观念[17]。学生家长应对子女在高校期间生活状况时时关注，与学校及时沟通，积极引导大学生树立良好的消费观念。学校可通过建立“家校共育”的交流机制，与学生家庭共同掌握学生的思想状况、花销情况，及时对学生在生活中遇到的烦恼和问题给予帮助和疏导。此外，家长和老师可鼓励学生利用课余时间进行勤工俭学，创造合法财富，培养勤劳节俭的意识。

5.5 校园贷企业：加强行业自律，树立良好形象

社会各界要积极倡导校园贷行业自律。银监会要充分发挥引领作用，协助贷款行业协会与各校园贷平台制定相应的行业规则，督促校园贷走向健康发展之路；建立网贷行业评级与排名机构，促进网贷机构的有序发展。同时，校园贷企业应放眼长远利益，相互协作，解决好现有问题，树立良好的形象，从而赢得长远发展。规范网贷行业的秩序，其获益者不仅是以大学生群体为代表的借款人，更是提供贷款服务的各大网贷平台，因为健康安全的网贷环境有利于增强借款人对“校园贷”的信心[18]。

我国的校园贷的兴起，是社会发展的一种现象和内容[19]。校园贷既有积极作用也有消极影响。学校引导大学生对“校园贷”的正确认识，避免大学生消费价值取向的偏离是有效“校园贷”解决策略关键[20]。要根本解决“校园贷”危机，需要秉承“合力育人”教育的基本理念，创建“以学校教育为主导，以家庭教育为基础，以社会教育为依托”的多元参与互动教育模式，希望在社会、政府、学校、家庭以及学生个人五位一体的联动管理力度下[15]，充分发挥各方监管、帮扶、教育职能，及时发现问题，矫正学生行为，避免身陷“校园贷”的风险误区，为他们的健康成长保驾护航。

参考文献

[1] 梁贵春，安娜，贾佳慧．平安校园视域下大学生校园贷风险的化解［J］．金融在线，2017，36（33）：63－64．

[2] 林紫杨，柯文燕．校园贷的乱象缘由及应对分析［J］．高等教育在线，2018（09）：133．

[3] 陈静．浅谈校园网贷的风险和防范措施［J］．法律经纬，2018（26）：194．

[4] 马晴．不良校园贷对大学生的危害及疏导策略［J］．金融经济，2018（18）：5－7．

[5] 蒲晓华．校园贷发展现状及管理研究［J］．行政事业资产与财务，2018（18）：27－28．

[6] 吴章婷，陈建印．我国校园贷的发展现状与对策研究［J］．时代金融，2017（33）：301－302．

[7] 戎明杰，刘华林，李国鑫，陈凯帆，刘家城，刘金芸．关于校园贷的现状分析及对策研究［J］．现代经济信息，2018（15）：318．

[8] 李霞．关于高校校园安全与校园贷的有效思考［J］．科学咨询（科技·管理），2018（32）：29．

[9] 陈伟，韩树春．新形势下的高校多校区安全管理［J］．安全，2018（05）：51－53，57．

[10] 曾秀琳．大学生校园贷现状分析及对策［J］．高等教育，2018（17）：146－147．

[11] 董濠鋆．基于校园贷乱象下大学生消费观教育路径探索［J］．湖北函授大学学报，2018，31（10）：69－70，76．

[12] 康健，孟杰．浅析校园贷款的现状及防治措施［J］．中国管理信息化，2018，21（18）：114－115．

[13] 张月．"互联网"模式下大学生校园贷的发展现状及对策研究［J］．开封教育学院学报，2017，37（6）：262－263．

[14] 张辉，刘任熊．大学生校园贷款存在的风险及防范机制研究［J］．中小企业管理与科技，2017（32）：87－88．

[15] 杨丽丽．大学生校园贷成因分析及对策思考［J］．工业技术与职业教育，2018，16（3）：67－71．

[16] 李晓健．"校园贷"风险防范的必要性及其应对措施［J］．市场研究，2018（08）：66－67．

[17] 胡忠震，温璇．大学生校园网贷引发的问题及对策［J］．法律经纬，2018（17）：193．

[18] 马欢，杨晨．"校园网贷"发展现状及对策研究——以安徽省高校为例［J］．市场周刊，2018（03）：114－115．

[19] 杜忠原．大学生网络借贷风险及其管理对策研究［J］．电子商务，2017（11）：92－93．

[20] 张枫．"互联网＋"视域下高职校园金融贷款现状及对策研究［J］．电子信息，2018（26）：96，100．

改革开放四十年来党的安全稳定思想的发展及其对高校校园安全管理的启示*

北京联合大学　丁兆明　于　熙**

摘　要：改革开放四十年来，历代中央领导集体和党的主要领导人在治国理政实践中所形成的安全稳定思想，体现了党的安全稳定思想的发展脉络和框架，是新时代高校做好安全稳定工作的重要遵循，对加强校园安全管理具有重要意义。

关键词：改革开放　高校　安全稳定　校园安全管理

历史与现实表明，高校的安全稳定不仅关系到自身的改革和发展事业，而且与国家的政治稳定和社会安全紧密相关。改革开放四十年来，中国共产党作为中国特色社会主义的领导核心，结合不同时期的历史特点与实际，在治国理政实践中形成了丰富的安全稳定思想，是新时代高校做好安全稳定工作的重要遵循。

1　高校安全稳定的基本内涵

安全稳定是党在长期革命、建设和改革实践中探索形成的对国家、社会管理的一项重要内容和根本要求，涉及方方面面。高校是社会系统的重要组成部分，是党和国家安全稳定工作的重要领域。改革开放以来，高校安全稳定越来越受到党和国家领导

---

* 收稿日期：2018 年 4 月 9 日。

基金项目：本文系 2015 年北京联合大学校级课题“高校校园安全管理影响因素与对策研究”和 2017 年北京高教保卫学会重点研究课题“‘十八大’以来首都高校维护稳定工作经验研究”的阶段性研究成果。

** 丁兆明（1979—），男，北京联合大学党委研究室主任，博士，讲师，研究方向为高等教育管理、高校党建和思想政治教育；于熙（1972— ），男，北京联合大学保卫部（处）部（处）长，讲师，研究方向为高等教育安全管理、高校党建和思想政治教育。

的重视，成为国家政治社会安全稳定的风向标和“晴雨表”。

高校安全稳定是指“构成高校系统中的各要素之间，相互保持平衡和协调而呈现出一种不受威胁的、不出事故的、良性的且有序的持续发展状态”[1]。从系统论角度来看，高校系统结构应该包括领导决策系统、人员系统、教育设施系统和环境系统四个方面。决策系统主要是指高校党的领导和决策、管理机构，是高校坚持社会主义办学方向的核心保障，是高校安全稳定的“总开关”；人员系统包括全体师生员工，是高校安全稳定的主体和基础；教育设施系统是指进行各种教育教学活动所需要的各种仪器、设备、材料、场所等媒介，是高校安全稳定的重要方面；环境系统主要包括学校内部和学校周边对学校教育教学活动产生影响的各种因素的总和，是高校安全稳定的重要影响因素。

2 改革开放以来党的安全稳定思想的主要发展

安全稳定思想是一定时期党对安全稳定工作的整体认识和规律总结，不同时期、不同阶段的安全稳定思想决定了不同的维护安全稳定的思路、手段和方法。改革开放以来，党的安全稳定思想的发展主要集中体现在每一代中央领导集体的主要领导人的安全稳定思想上。

2.1 邓小平的安全稳定思想

邓小平的安全稳定思想是在总结经验和教训，特别是吸取十年动乱教训，准确研判当时国内国际形势的基础上提出的重要战略思想，是事关中国发展建设全局性、根本性的战略问题。其主要思想是“稳定压倒一切”“中国的最高利益就是稳定”，与改革和发展的思想共同构成了邓小平理论的核心内容。邓小平指出，“中国的问题，压倒一切的是需要稳定。没有稳定的环境，什么都搞不成，已经取得的成果也会失掉”，“只有稳定，才能有发展”[2]。

邓小平的安全稳定思想十分丰富，主要内容涉及政治稳定、思想稳定、经济稳定、社会稳定、国际环境的稳定等方方面面，是一个完整体系。邓小平特别强调党的领导和法制建设对维护社会安全稳定的重要作用，他指出，“只有共产党的领导，才能有一个稳定的社会主义中国”[3]，同时，“法制完备起来，司法工作完善起来，可以在很大程度上保障整个社会有秩序地前进”。[4]

2.2 江泽民的安全稳定思想

20 世纪 90 年代初，东欧剧变、苏联解体，各种反华势力猖獗，国家的安全稳定形势面临严峻挑战。江泽民非常重视安全稳定工作，在继承邓小平安全稳定思想的基础上，对安全稳定的认识更加深刻，进一步丰富了党的安全稳定思想。他强调指出，“讲稳定，这是最大的大局”[5]“要善于统观全局、精心谋划，从整体上把握改革、发展、稳定之间的内在关系，做到相互协调、相互促进”“没有稳定的政治和社会环境，一切无从谈起，多么好的规划、方案都将难以实现”“稳定是改革和发展的前提，发展和改革必须有稳定的政治和社会环境，这是我们付出了代价才取得的共识”[6]。

在坚持改革、发展、稳定的质的辩证统一关系的基础上，江泽民对三者的量的关系进行了补充和完善，强调要“坚持稳定压倒一切的方针，正确处理改革发展稳定的关系。稳定是改革和发展的前提。要把改革的力度、发展的速度和社会可承受的程度统一起来，把不断改善人民生活作为处理改革发展稳定关系的重要结合点，在社会稳定中推进改革发展，通过改革发展促进社会稳定。”[7]

2.3　胡锦涛的安全稳定思想

进入新世纪，和平与发展仍然是世界的两大主题，但世界并不太平。国际上，全球化、国际化进一步发展，周边安全局势持续紧张，民族宗教矛盾不断加剧，恐怖主义威胁日益严重；国内地区发展不平衡，腐败问题难以遏制，公共突发事件不断增多，人口、资源、环境矛盾日益尖锐。各种矛盾互相交织叠加，安全稳定形势不容乐观。胡锦涛以科学发展观为指导，确立了“以人为本”为核心的社会稳定思想，强调要把维护稳定的立足点放在团结依靠广大人民群众之上，加强执政能力建设，构建和谐社会，建设和谐世界。

胡锦涛指出，“正确处理改革发展稳定关系，实现改革发展稳定的统一，是关系我国社会主义现代化建设全局的重要指导方针”[8]，“保护社会和谐稳定，是顺利推进改革发展的重要前提。我们一定要始终牢记，稳定是硬任务，是第一责任；发展是政绩，稳定也是政绩。没有稳定这个前提条件，什么事情也干不成，已经取得的成果也会失去”[9]，要坚持“以高举中国特色社会主义伟大旗帜，以邓小平理论和‘三个代表’重要思想为指导，深入贯彻落实科学发展观，适应国内外形势新变化，顺应各族人民过上更好生活新期待，以科学发展为主题，以加快转变经济发展方式为主线，深化改革开放，保障和改善民生，巩固和扩大应对国际金融危机冲击成果，促进经济长期平稳较快发展和社会和谐稳定，为全面建成小康社会打下具有决定性意义的基础”[10]为指导思想，坚持解放思想、实事求是、与时俱进，在中国特色社会主义伟大事业和党的建设伟大工程的实践中，不断地丰富、发展和创新安全稳定思想。

2.4 习近平总书记的安全稳定思想

习近平总书记的安全稳定思想集中体现在他提出的“总体国家安全观”上，是对新时代经济社会发展进程中政治、经济、社会和文化等领域安全稳定问题的思想、观点、方法的集中概括。习近平总书记指出，“当前我国国家安全内涵和外延比历史上任何时候都要丰富，时空领域比历史上任何时候都要宽广，内外因素比历史上任何时候都要复杂，必须坚持总体国家安全观”“我们党要巩固执政地位，要团结带领人民坚持和发展中国特色社会主义，保证国家安全是头等大事”[11]。

习近平总书记在十九大报告中明确指出，“经过长期努力，中国特色社会主义进入了新时代”“社会主要矛盾已经转化为人民日益增长的美好生活需要和不平衡不充分的发展之间的矛盾”，在新时代，“统筹发展和安全，增强忧患意识，做到居安思危，是我们党治国理政的一个重大原则”[12]。这说明，在当前我国总体上实现小康以及未来不久将全面建成小康的历史条件下，人民对包括安全在内的非物质文化生活的需要日益广泛。但是，“必须清醒地看到，新形势下我国国家安全和社会安定面临的威胁和挑战增多，特别是各种威胁和挑战联动效应明显。我们必须保持清醒头脑、强化底线思维，有效防范、管理、处理国家安全风险，有力应对、处置、化解社会安定挑战。”[13]安全在改革与发展中的基础和前提地位没有改变，而且对实现“两个一百年”奋斗目标和实现中华民族伟大复兴中国梦更加重要。要贯彻总体国家安全观，必须准确把握我国国家安全形势变化新特点新趋势，坚持并加强党的全面领导，严格落实意识形态工作责任制，扎实做好反恐防暴工作，加强新形势下的反分裂斗争，做好维护社会和谐稳定工作，做好预防化解社会矛盾工作，注重加强网络安全等。

改革开放以来，邓小平、江泽民、胡锦涛、习近平总书记等党和国家领导人关于安全稳定的思想是一脉相承、与时俱进、不断深化、丰富和创新的，共同勾勒了中国共产党安全稳定思想的发展脉络与基本框架。

3 对新时代做好高校校园安全管理几点启示

全国稳定看北京，北京稳定看高校。高校安全稳定工作在国家安全稳定工作中的地位举足轻重。据统计，“2016 年，全国各种形式高等教育在学总规模达 3699 万人。高等教育毛入学率达到 42.7%”“每十万人口中高等教育在校生人数为 2530 人”。[14]高校安全稳定工作的地位越来越重要。党的安全稳定思想是不同时期维护高校安全稳定的根本指导思想，为新时代做好高校安全稳定工作提供了行动指南和科学方法论。

3.1 要树立大局意识，从政治和全局高度认识和把握安全稳定问题

站位的高度决定认识的深度和重视的程度。安全稳定是中国特色社会主义伟大事业和党的建设新的伟大工程的重要基石。高校作为社会系统的重要组成部分，而且体量规模大，地位重要而特殊，因此，其安全稳定的意义已不仅仅在于保障学校教育教学活动的有序开展，维护校园的和谐，推进学校改革和发展事业顺利进行；更在于，从党和国家的大局来看，有利于维护党的执政安全，有利于引领社会安全，有利于全面落实党的“四个全面”战略布局，实现“两个一百年”目标，实现中华民族伟大复兴中国梦。

3.2 要更新观念，树立“以人为本”的安全稳定思想，坚持安全发展

安全稳定是个人和集体的根本利益，是国家的最高利益。重视安全稳定工作，坚持安全发展是科学发展观的应有之义。习近平总书记强调，要树立安全发展理念，弘扬生命至上、安全第一的思想，始终把人民生命安全放在首位，以对党和人民高度负责的精神，完善制度、强化责任、加强管理、严格监管，把安全生产责任制落到实处。因此，高校应该牢固树立“以人为本”的理念，结合高级知识分子密集的特殊性和重要性，创新安全管理和教育的方式方法，实现从管理到服务的转变，为高校师生提供优质的安全管理服务，为高校师生全面自由的发展提供安全保障。

3.3 要加强干部队伍建设，强化“大安全观”意识，增强部门协同，引导全员参与

人是生产力中最活跃的因素，安全稳定干部队伍是高校做好安全稳定工作的中坚力量。高校安全稳定工作任务重、责任大、范围广、频度高、影响深，因此，高校的安全稳定工作是一项贯穿整个教育教学全过程和各方面的全面的工作，需要学习各部门在学校党委的领导下，协调配合、共同努力，更需要每一位师生员工深刻认识安全稳定工作的重大意义并自觉按要求做好各项安全稳定工作。因此，在加强安全稳定干部队伍建设方面，要特别注重理清思路，强化“大安全观”意识，调动各部门和所有师生员工积极参与安全稳定工作的积极性和主动性。

3.4 要加强思想政治建设工作，注重引领和引导，筑牢意识形态安全阵地

高校是青年学生和高级知识分子密集的高地，是各种敌对势力搞渗透，争夺优秀人才，图谋对我国实施“西化”“分化”等和平演变政策的重要领域，也是各种思想交流、交汇、交锋的前沿阵地。因此，高校面临的安全稳定形势不是缓和了，而是更加严峻了，高校的思想政治建设工作不是可以放松了，而是要更加强了。加强高校的思想政治建设工作，首先要加强高校的党建工作，发挥好龙头作用；其次要充分发挥思想政治理论课的作用，发挥好主渠道的作用；第三，要加强宣传思想工作，特别是网络宣传思想工作，加强引领和引导，筑牢高校的意识形态安全阵地。通过加强思想政治建设工作，增强高校师生的政治认同和政治归属，提升“四个自信”，夯实政治思想稳定基础。

3.5 要严格落实安全稳定工作责任制，稳定工作格局，推进网格化管理，提高精细化水平

“安全责任制是根据我国安全工作的方针，即‘安全第一、预防为主、综合治理’有关法律法规、文件的规定和基本精神，建立的各级领导、各个部门、各类人员对安全工作层层负责的制度。”[15]建立和落实安全责任制是推动安全稳定工作的关键。高校安全稳定工作要以网格化管理模式为依托，以健全完善工作机制为重点，以落实工作责任为核心，按照“全面覆盖、不留死角，夯实基础、落实责任，整合联动、有效防控”的原则，建立起“精细化管理、多元化参与、科学化配置、规范化运行”的校园网格化安全管理工作格局，完善工作体系，形成整体合力，着力建立健全常态化、精细化、规范化的工作运行机制，全面提升校园安全管理水平，持续维护学校安定和谐良好局面。

高校安全稳定工作要始终坚持以党的安全稳定工作思想为指导，从高校实际出发，深入推进“平安校园”建设，建设和谐校园，为学校事业发展保驾护航，增强师生的获得感、幸福感、安全感，为社会安全稳定贡献力量，保一方平安。

参考文献

[1] 孙珠红，翟青，焦兰. 高校安全稳定工作的内涵分析 [J]. 思想政治教育研究，2011 (4): 130 - 132.

[2] 邓小平. 邓小平文选（第3卷）[M]. 北京：人民出版社，1993年版：284.

[3] 邓小平. 邓小平文选（第3卷）[M]. 北京：人民出版社，1993年版：357.

[4] 邓小平. 邓小平文选（第2卷）[M]. 北京：人民出版社，1994年版：255.

[5] 江泽民. 江泽民文选（第2卷）[M]. 北京：人民出版社，2006年版：327.

[6] 江泽民. 江泽民文选（第1卷）[M]. 北京：人民出版社，2006年版：461.

[7] 江泽民. 江泽民文选（第3卷）[M]. 北京：人民出版社，2006年版：534.

[8] 胡锦涛. 在庆祝中国共产党成立90周年大会上的讲话 [OL]. http://cpc.people.com.cn/GB/64093/64094/15053924.html. 2011-7-1.

[9] 胡锦涛. 在党的十七届二中全会第二次全体会议上的讲话 [OL]. http://cpc.people.com.cn/GB/64093/64094/6932588.html. 2008-2-27.

[10] 我国国民经济和社会发展十二五规划纲要 [N]. 人民日报. 2011-3-17：第1版.

[11] 习近平. 坚持总体国家安全观 走中国特色国家安全道路 [OL]. http://www.xinhuanet.com/politics/2014-04/15/c_1110253910.htm. 2014-4-15.

[12] 习近平. 决胜全面建成小康社会 夺取新时代中国特色社会主义伟大胜利 [M]. 北京：人民出版社，2017年版：10-24.

[13] 切实维护国家安全和社会安定，为实现奋斗目标营造良好社会环境 [N]. 人民日报. 2014-4-27：第1版.

[14] 教育部. 中国教育概况——2016年全国教育事业发展情况 [OL]. http://www.moe.edu.cn/jyb_sjzl/s5990/201711/t20171110_318862.html.

[15] 王树民. 落实责任制是推动安全稳定工作的关键 [N]. 中国社会科学院院报. 2007-7-24：第2版.

提升高校民族宗教工作机制研究

——以首都体育学院为例

首都体育学院机关党总支保卫处党支部　徐延昶

提升高校民族宗教工作机制研究是在“两学一做”学习教育中，深入学习贯彻习近平新时代中国特色社会主义思想、党的十九大精神和全国宗教工作会议精神，围绕党的民族宗教工作基本方针，围绕首都高等教育改革发展大局和高校立德树人根本任务，开展的一次创新实践活动。通过对这一创新实践项目进行研究，主要是找准我校民族宗教工作薄弱环节，从源头上找到突破口，把提升我校民族宗教工作机制融入基层党建工作中，形成较为完备做好民族宗教工作机制，将之具体化、措施化，更好地做好民族宗教工作，为师生服好务。

1　首都体育学院学生宗教信仰状况

为全面了解和掌握我校学生宗教信仰情况，保卫处党支部采取问卷调查的方法，对相关情况进行了解和掌握。共发出问卷900张，收回864张，问卷调查结论如下：

有宗教信仰的学生为111人，占调查数的13%。有68人信仰的是佛教，有35人信仰的是基督教或伊斯兰教，有8人信仰的是道教等。说明信仰佛教的是主流，信仰基督教或伊斯兰教占相当比重，信仰其他宗教为极少数。

有18人有固定的宗教活动时间，主要行为是祷告、诵经和礼拜。有51人偶尔参加宗教活动，有42人几乎不参加宗教活动。说明我校学生信教形式比较单一，大部分只是一种信仰，参加宗教活动均不多，对宗教信仰多数处在一种愿望和好奇的阶段，很少参加教会群体组织的各类活动。

调查少数民族学生83人，信教52人，占少数民族学生的63%。说明少数民族是信教主体。其中，有46人偶尔参加宗教活动，说明这部分人应该是比较虔诚的信教人员。

有102人通过教徒的人际传播，比如在学校了解宗教，占12%。说明学校仍不是净土，有部分人员在校园内通过人际传播了解宗教。

有55人信仰宗教的关键因素是想如愿，有35人信仰宗教的关键因素是父母或家中其他信仰宗教人员的劝说，有13人信仰宗教的关键因素认为是通过微信、网络、书籍等教义本身的说服力，有8人信仰的宗教的关键因素是信仰群体的传播和感染。说明信仰宗教的学生大部分是为了祈祷和家庭因素影响，但也有部分人员通过教义和信仰群体的传播感染，说明这部分有可能是在学校当中受到影响。

有584人认为不能在校园内公开传教，并禁止传教，占68%。说明还有近1/3的学生不知晓学校禁止公开传教，普法宣传还需进一步加强。

2 调查问卷对我们的思考

1. 作为体育院校，学生真正信仰宗教的学生虽然不多，但在当前社会影响下，高校师生中信教人员有明显的增加之势，势必对我校也会造成一定的冲击，切不可大意轻心。如何防范非法组织向高校进行渗透，是做好新时期高校稳定工作的一个重要问题。尤其是针对民族宗教工作中往往是相关部门单打独斗，分工模糊，合力不够的问题，在防范各种宗教组织向高校进行渗透方面，需要对工作合力机制进行创新和研究。

2. 少数民族是信仰宗教的主要群体，有针对性地加强少数民族学生管理教育的服务机制进行创新和研究，对正确引导少数民族宗教信仰工作意义重大。

3. 部分学生对宗教与学术分离等知识掌握得不多，说明马克思主义宗教观宣传教育还有不到位和存在弱化的问题，必须变被动应付为主动进攻，加强培训和宣传教育机制的研究和创新。

3 工作机制建设

1. 守住关口，建立做好抵御和防范校园传教渗透工作防范机制

近年来，随着我国经济的快速发展，国际交流也日益增多，高校师生中信教人员有明显的增加之势，如何防范非法组织向高校进行渗透，是做好新时期高校稳定工作的一个重要问题。

一是要健全组织。要认真贯彻落实上级相关文件精神，及时成立和调整民族宗教工作领导小组和意识形态工作领导小组，党委书记任组长。主管统战工作的和分管学生工作的校领导任副组长，相关职能部门和学生部门（单位）负责人为成员，上下一心，齐抓共管，按照职责分工抓好工作落实。二是要落实责任。要建立责任清单，明确各成员单位（基层党组织）的具体工作任务，将工作责任落实到日常工作中，列入党建工作体系。三是完善制度。要加强报告会、研讨会、讲座、论坛等方面的管理，结合实际制订《校内报告会，研讨会，讲座，论坛管理办法》，做到事前审核，事中监督、事后审查，确保各个环节不失管、不失控。要加强对舆情信息工作的研究和管理，适应新媒体带来的变化，制订《新媒体应用管理办法（试行）》，在自媒体时代，不断巩固舆情信息工作的马克思主义在意识形态领域的指导地位。教师工作部要强化课堂教学管理，明确并落实教师出版和选用教材、课堂讲授与工作考核的政治要求。要加强教师人才引进工作，适时考虑将少数民族辅导员列入招聘计划。四是要加强培训。通过党委宣传部制定学习计划，在党委中心组的理论学习中，把马列主义宗教知识纳入计划，通过发放学习材料、专家讲座、调研考察报告等多种形式，多渠道加强政治理论学习，用马克思主义理论武装头脑，树立正确的宗教观。通过对党总支（支部）书记的培训，大力进行宗教教育和政策宣传上提供业务支持和指导，积极选派教师参加民族宗教班的培训学习，联系专家到校举办讲座，在两课教学中加入马克思主义宗教观的内容，努力形成一支专兼职的干部队伍，理论研究团队。五是要完善措施。在广大学生中认真贯彻落实中共中央《关于进一步加强和改进大学生思想政治教育意见》和全国高校思想政治工作会议的精神，推进大学生思想政治建设。通过培育典型，弘扬正能量。通过组织讲坛，使同学们对宗教有新的认识，认识到宗教工作的重要以及当前宗教形势的严峻，为同学们加强防范提供了理论支持和武装。通过全员、全程、全方位育人，细化教书育人、科研育人、实践育人、管理育人、服务育人、文化育人、组织育人的措施。

2. 突出重点，建立做好少数民族学生管理与教育的服务机制

高质量的服务保障工作能够拉近距离，建立良好的纽带，为做好管理教育工作奠定扎实的基础。

一是要安排好他们的生活。要充分尊重民族学生的饮食习惯，经常听取少数民族学生对伙食的意见和建议，根据他们的愿望不断增加、改换品种，尽量满足少数民族学生的饮食习惯和饮食要求。在他们的传统节日中，给予生活上的照顾。比方说伙食

减免、办个晚会、挂个标语、贴个横幅、发个邮件、送个慰问等。在寒暑假，对留校的民族学生也要给予关怀和开展送温暖活动。二是要关心他们成长成才。学校在评选各项奖学金和安排勤工俭学岗位时，适当向经济困难的少数民族学生倾斜，缓解他们的经济压力。在“奖、贷、减、免、勤、资、补”等七位一体的助学体系，以及在每年的学校评优活动中，受奖或受资助比例要提高。在学业上，尽可能组织汉族学生与少数民族学生结对子，进行互帮互学；多组织他们参与社会实践活动，提高语言交流能力；要关心他们的就业，按照他们的人生规划，对少数民族毕业生开展“一对一”的就业指导和服务，引导他们调整就业期望，制定切实可行的求职计划，帮助他们顺利实现就业。三是要调动他们的积极性。及时了解和关心他们的学习生活情况，积极组织他们参加各种健康有益的文体活动，给少数民族学生提供展示自己才能的舞台，增强他们的民族自豪感和自信心；注重培养和选任少数民族学生干部，鼓励他们追求上进，有重点地做好少数民族学生党员发展工作，通过他们和多种方式积极宣传民族团结意识，党和国家的民族政策，教育全校师生自觉维护民族团结，共同创造民族团结的和谐氛围，引导他们自觉地融入社会主义民族大家庭中。四是要重点关注少数群体。比如在开展心理咨询和深度辅导，谈心谈话等方面，在不影响负面情绪的情况下，加强与其的交流，尽可能了解和掌握他们的思想和行为动态。既当他们人生路上的老师，又当他们生活中的朋友。知其想、知其行，真正做到情况明、底数清。对难以掌握或相对比较敏感的学生，要组织经验丰富、能力较强的导师、辅导员等小组，加强沟通联系，通过人格魅力和因势利导等，切实让其成为放心的人。只有从长远考虑，从细微入手，利用各方有利条件形成合力，才能做好少数民族学生教育管理和服务工作，确保学校实现安全稳定。

3. 强化宣传，建立帮助青年学生树立马克思主义宗教观的教育机制

青年学生刚进入校园，可塑性强。在宗教知识和信仰方面，多数还是一张白纸，要让青年学生树立马克思主义宗教观，要从以下“三个发挥”做工作。

一是发挥好马列主义思想政治理论课主旋律的作用。要从国家大局的高度，旗帜鲜明地讲授马克思主义宗教观这个大道理。强调“宗教”与科学社会主义世界观是对立的，虽然享有信仰自由，但教育与宗教是分离的，不能让宗教思想影响和侵蚀学校这个知识的海洋。通过开展党校和党团日活动，准备好学习内容和讲授内容，让青年学生熏陶在阳光下，成长在平常细小的交流中，进一步树立远大的理想和信念。在学校中大力开展并积极培育社会主义核心价值观体系教育活动。开展好七五普法教育，上好形势政治理论课。从课程上、从组织活动上唱响宗教政策的主旋律。二是发挥好宣传教育的主阵地作用。开学初期，利用军训之机，拿出专门时间，组织专人，一人

不落地对学生进行宗教政策课方面的学习和教育。利用学校组织的论坛、讲坛，邀请党性觉悟高、政策功底厚的专家进入校园，有针对性地对宗教政策课进行授课。不仅运用传统的板报、橱窗、新闻稿件等传统宣传方式进行宣传，更要勇于创新，利用微信、自媒体等开展宣传教育活动。通过深入的思想工作并引过网络教学手段，引导学生将宗教政策课变化成规定性选修课。推动宗教政策课的教育进课时、入学分。要开展好各种宗教知识演讲、竞赛、答题等活动，进一步普及青年学生相关知识。通过组织学生多到革命老区参观，多到党的基层组织中参与社会实践活动，让他们进一步接受教育和启发。三是发挥好做学生服务、管理与教育工作的主渠道作用。学生工作队伍是做好青年学生服务、管理与教育工作的主体，也是从思想上、行为上影响最直接、最深入的群体。很多学生加入偏门偏教，除了自身的好奇以外，就是被其抓住心理特点，在特殊时期受到思想上的开导、行为上的陪伴、生活上的帮助，感受到无微不至的关怀和照顾，最后防线不攻自破。基于这一点，要充分发挥辅导员的教育管理作用，要充分发挥导师的人生引路作用，要充分发挥安全员的信息共享作用，要充分发挥网管员的监控疏堵作用。形成合力，加强培训，提高素质，把思想工作与解决困难有机结合起来，对有宗教问题或倾向性苗头的学生做到早发现、早汇报、早处理，尽可能消灭在萌芽状态。

高校代表着国家的主流意识形态，担负着培养社会主义合格建设者和接班人的重任，民族宗教工作和平安校园创建工作一样，都是党的工作，是大家的工作，需要各个部门（单位）协力配合。这就需要大家形成工作上的常态联系机制，不能单打独斗，也不能各自为政。因此要充分认识到高校在民族宗教工作中的重要性，复杂性和长期性，将民族宗教工作纳入建设和谐稳定校园的日常工作中去，形成长效机制，扎实做好宗教向校园渗透和蔓延的防范抵御工作，保证学校在意识形态领域的马克思主义主阵地的旗帜不动摇，切实维护校园稳定。

浅析高校电信网络诈骗案件手段及应对措施*

北京大学医学部　赵恒志**

摘　要：当前社会电信网络诈骗案件持续高发，高校中也不例外，给师生造成了严重的财产损失和心理伤害。笔者结合自身工作，对高校电信网络诈骗手段和原因进行梳理分析，并总结提出一些应对措施，希望能够为今后防范及应对高校电信网络诈骗起到一定作用。

关键词：高校　电信网络诈骗　手段　措施

据统计数据分析，电信网络诈骗是目前高校中发案率最高、造成师生财产损失最严重的一类案件。电信网络诈骗不仅给师生带来巨大财产损失，而且造成很大程度的心理伤害。因此，对高校电信网络诈骗案件手段及应对措施进行研究具有十分重要的现实意义。

1　高校电信网络诈骗的含义

高校电信网络诈骗，是指犯罪分子以非法占有为目的，利用手机、座机、互联网、微信、QQ 和手机短信等通信工具，采取远程、非接触的方式，通过编造虚假信息、虚构事实诱使高校师生往指定的账号打款或转账，骗取师生财物的一种犯罪行为。

2　高校电信网络诈骗的手段

高校电信网络诈骗手段多种多样，且诈骗手段不断更新，下面就几类成功率较高

---

* 本文发表于《法制与社会》2017 年第 2 期，国际刊号：ISSN1009－0592，国内刊号：CN53－1095/D。

** 赵恒志，就职于北京大学医学部，研究实习员。

的电信网络诈骗手段进行介绍：

2.1 冒充类电信网络诈骗

冒充类电信网络诈骗一般包括：冒充熟人、冒充客服、冒充公检法、冒充领导等几类。其中冒充熟人的发案起数最多，在高校发生的电信网络诈骗案件中一般以冒充导师、亲戚和朋友为主。例如：2016 年 9 月，海淀区某高校学生接到一陌生电话，对方自称是其所在大学研究生院的“王老师”，让该生次日 14 时到学校办公室找他，当面商量有关研究生报考方面事项。因该生确要报考本校研究生，故信以为真。次日 13 时，该生在赶往学校研究生院的路上时，接到“王老师”电话，称有急事需用钱，让该生转账 15000 元。该生毫不怀疑，立即通过支付宝给对方转账。后该生到达研究生院，找到真正的“王老师”后，才方知被骗。

2.2 网上交易类电信网络诈骗

网上交易类电信诈骗一般包括：网上购物、网上订票、网上买论文、网上买简历、网上买考卷等类型。其中，网上购物和网上订票犯罪分子一般以支付未成功或退票借口，误导顾客点入“伪网站”实施诈骗；例如：2015 年 11 月，某高校女生在“淘宝网”上购买商品，次日接到其“客服中心”电话，称因系统升级，此交易未成功，现返回现金，然后要求重新操作订购。随后，该生进入“客服”提供网址按电话提示操作，输入银行卡卡号、手机验证码等信息后，页面显示订单交易成功。后该生上网查询自己银行卡余额时，发现被骗 30000 元。网上买论文、网上买简历、网上买考卷等犯罪分子主要通过抓住学生投机取巧的心理，引其上钩，然后再采取威胁的手段实施诈骗。

2.3 其他

除以上两大类外，还有盗刷银行卡、刷信誉、网上找工作、网上借代、网上租房、网上交友、中奖、积分兑换现金等类型。例如：2015 年 4 月，某高校一学生在宿舍上网时，加入一 QQ 群，群内一人称可网上兼职刷信誉赚钱。该生按要求刷了一笔订单，次日收到对方佣金并返还本金。该生信以为真，即加大资金投入，购买大量商品，但对方以未按规定时间内完成任务为由拒绝返还本金及支付佣金，并告知该生为了恢复提升自己“信誉”，需继续购买商品。该生继续购买商品后，对方没能返还本金及支付佣金，发现被骗 15460 元。且电信网络诈骗手段仍处于不断更新中。

3 高校电信网络诈骗案件高发的原因分析

明确电信网络诈骗案件高发的原因，便于有针对性地采取应对措施。现将高校电信网络诈骗案件高发的原因总结如下：

3.1 学生生活环境相对“单纯”

从学生接触的环境来讲，相对单纯，从出生到大学基本就是“两点一线”——家和学校；从学生接触的人群来讲，相对单一，基本就是亲戚、同学、老师等；从学生思考的内容来讲，相对局限，基本局限于“如何把学习搞好”。十几年如一日，在家庭和学校的庇护下，“安全”成长，极度缺乏社会经验。一旦遇到诈骗，极易上当受骗。

3.2 学生个人信息泄漏严重

犯罪分子在实施电信网络诈骗时，往往能够精准地说出师生的姓名及其他相关信息，这说明了其通过某种途径获取了我们的个人信息。个人信息的泄漏基本分以下三种情况：第一，我们个人在平时的生活中，存在一些自主透漏自己信息的行为，例如：扫描二维码、注册网站、填写调查问卷等。第二，官方机构存在内部人员为获取利益，批量泄漏个人信息的行为，例如：新闻中曝光的可以通过网上批量购买个人信息，每条信息根据身份不同售价几毛钱至几块不等，然后筛选进行针对性诈骗。第三，网络黑客，在利益驱使下，入侵官方机构电脑批量获取个人信息。

3.3 犯罪分子作案成本低廉，隐匿性较强

犯罪分子作案成本低廉。几名成员、一套设备（手机、电话、伪基站、电脑等）等，就可以发送成百上千条短信，拨打成百上千个电话，只要有几人上当，就可以轻松骗取少则几千元，多则上千万元，收益极高，回本极快。“极低的成本、较高的收益”是犯罪分子愿意铤而走险的重要原因之一。

电信网络诈骗的实施隐匿性较强。其原因在于：一是电信网络诈骗案件核心人员往往在境外，犯罪分子普遍为异地作案，异地跨行取款，地域流动性非常大，近的来说，香港、台湾；远的，马来西亚、菲律宾等。二是受害人电话上显示的来电号码都是网络虚拟电话，通过境内、境外的服务商、服务器层层转接，服务器全部设在境外，具有极强地隐蔽性。

3.4 贪图便宜的心理

贪图便宜心理是人类致命的心理弱点，犯罪分子正是抓住了人类这一点，加以攻击，才屡屡得手。

4 高校电信网络诈骗的应对措施

结合高校电信网络诈骗案件的各种类型及其高发的原因，按电信网络诈骗案件发生前、发生时和发生后的顺序，总结出以下应对措施：

4.1 电信网络诈骗案件发生前

1. 从师生个人角度分析

提高自身安全防范意识，是防范一切安全隐患最有效的措施。师生平时在学习工作之余，应通过电视、网络、微信等媒介关注一些与电信网络诈骗相关的视频、新闻、文章等，了解最新电信网络诈骗手段，增加自身电信网络诈骗防范知识，增强防范意识。例如：个人信息泄露是电信网络诈骗实施的关键，我们可以在平时的生活中做到以下细节：①在编辑自己手机通讯录时，自己亲属直接用姓名进行编辑，而不是用类似“爸爸”这样的称谓，防止手机丢失时，被犯罪分子直接辨识出自己的亲属；②在使用自己身份证复印件时，用笔在上面写明具体用途等。

2. 从学校工作角度分析

加大电信网络诈骗防范知识的宣传力度，提高师生安全防范意识。一是定期开展电信网络诈骗防范知识讲座。在新生开学时，邀请属地公安机关民警或者学校保卫处相关科室老师为学生举办电信网络诈骗防范知识讲座，结合案例就最新的诈骗手段进行介绍。二是就最新电信网络诈骗案情进行及时通报。例如：凭借学校定期的学生信息发布会传达或者形成书面材料发放到各学院班主任或辅导员手里。三是借助学校的展板、食堂或教学楼的电子滚动屏幕、校园广播站等载体进行长期宣传，例如：张贴“八个凡是”“六个一律”、48 种诈骗方式等。鉴于学生追求时尚，对新奇的东西比较感兴趣的特点，我们也需借助微信平台进行相关信息的推送，以适应时代的发展。

4.2 电信网络诈骗案件发生时

当师生遇到类似电信网络诈骗时，其一般表现为对方要求师生转账或汇款。如果自己不确定是否为真，可以电话核实，例如：是熟人借钱的，可以直接电话或当面联系熟人求证；如果是商家，可以拨打客服求证。此外，可以把自己遇到的情况，跟周围的人（例如：父母、老师、同学等）聊聊，一般都会识破骗局，避免电信网络诈骗的发生。

4.3 电信网络诈骗案件发生后

1. 从受害者角度分析

作为电信网络诈骗的最直接受害者，在心理、情绪等方面必然受到较大冲击，存在较大波动。受害者要努力争取保持自身的冷静与清醒，第一时间报警。发觉被骗后，要及时保存好汇款账号、凭条、短信记录、电话记录等证据；采取截屏等方式保存好聊天记录、网址等信息；报案时主动向公安机关提供对方联系方式、汇款账号、被骗金额、被骗手段等详细信息。

2. 从辅导员或班主任角度分析

学生在遭遇电信网络诈骗后，心理往往会产生强烈的自责或悔恨感，严重者甚至导致心理障碍或产生轻生的想法。鉴于此，辅导员或班主任在得知学生被骗后，要第一时间与该学生取得联系，了解情况做好心理疏导安抚工作，并叮嘱班干部及其舍友等给予该生适当关注，防止被骗后过激行为的发生。

3. 从高校保卫处角度分析

高校保卫处接到师生报警后，第一时间提醒师生上报公安机关，并叮嘱其做好证据的收集准备工作，对于师生不明白的方面，尽力予以解答和帮助，同时密切关注被骗师生情绪，做好情绪疏导和安抚工作。密切关注案情进展，并形成书面材料，及时做好警情通报，避免类似事情再次发生。

5 结束语

当前，国家、政府、社会和学校都高度重视电信网络诈骗的预防，正采取一切措施，努力做好防范电信网络诈骗的宣教工作。作为个体的我们更应积极学习相关知识，提高安全防范意识，谨防被骗。

参考文献

[1] 董银苹，韩洪文. 论当前高校安全教育工作的创新——基于高校学生电信诈骗受害问题的

思考［J］. 黄冈职业技术学院学报，2016（5）：77－80.

［2］胡向阳. 电信诈骗犯罪防控对策研究［J］. 中国人民公安大学学报（社会科学版），2010（5）：90－98.

试论新时代高校安全教育的新使命*

中央财经大学保卫处，首都经济贸易大学资产管理处

杨中英　燕　东　闫建科　董笑含**

摘　要：新时代，积极认清安全教育面临的新形势、新矛盾、新挑战，从而因时因势地改善和推进校园安全教育工作，对维护校园稳定具有重要的理论价值和现实意义。本文阐述了现有高校安全教育的问题，从完善多元课程体系、健全专业师资队伍、借力校内特色资源和营造校园安全文化等方面提出了针对性建议。

关键词：新时代　高校　安全教育　新使命

高校是为国家培育和输送高质量人才的重要基地，大学生是未来参与国家建设的中坚力量，是实现中华民族伟大复兴“中国梦”的主力军。安全教育是高校安全稳定工作的重要组成部分，是通过提高师生安全自觉性、提升自我防范技能以有效预防安全事故的基础性工作，不仅关系到师生个人的健康成长和生命财产安全，还事关校园稳定和社会建设，高校安全教育至关重要。党的十九大报告指出，中国特色社会主义已经进入新时代，这是我国发展新的历史方位，也是我国社会今后很长一段时间内的发展大背景。[1]新时代下，高校安全教育工作要继续深化推进，必然要在认清形势的基础上承担起新的使命。

---

* 发表情况：《社会科学前沿》，2018 年 5 月。

基金项目：2017 年北京高教保卫学会研究课题“大学生安全教育体系建设研究”；中央财经大学 2017 年度党建和思想政治工作理论研究课题“高校安全教育体系建设研究”（DJC17024）。

** 杨中英（1984— ），女，浙江桐乡人，中央财经大学马克思主义学院马克思主义中国化专业博士生、海外发展研究中心助理研究员、保卫处平安校园办公室主任，从事思想政治教育、教育社会学、高校安全管理研究。燕东（1988— ），男，河南开封人，中央财经大学保卫处安全教育科副科长，助理研究员，从事高校管理、大学生安全教育研究。闫建科（1980— ），男，河南南阳人，首都经济贸易大学资产管理处科员，从事企业经济学、企业管理研究，通讯作者。董笑含（1992— ），女，江西抚州人，中央财经大学保卫处平安校园办公室科员，从事高校安全管理、安全教育研究。

1 新时代高校安全教育面临的新形势

新时代的安全稳定形势已完全不同于以往，更加错综复杂，国内外政治经济局势复杂多变、网络信息技术飞速发展带来更多不稳定因素、意识形态领域斗争依然复杂、国家安全面临新情况，以及高等教育自身快速发展带来的新矛盾。因此，高校安全教育必须认清新时代的安全稳定新形势、新矛盾、新挑战，从而才能因时因势地改善和推进校园安全教育工作。

1.1 新时代新矛盾下的新需求

新时代的高校安全教育矛盾随着社会主要矛盾的变化而变化。十九大报告指出，在进入新时代之际，我国社会主要矛盾已经转化为人民日益增长的美好生活需要和不平衡不充分的发展之间的矛盾这一变化。[2]人民美好生活需要日益广泛，不仅对物质文化生活提出了更高要求，而且在民主、法治、公平、正义、安全、环境等方面的要求日益增长。从马斯洛需求层次理论来论，我国国民已经从普遍满足生理需求的层次上升到对安全（对保护、秩序、稳定的需要）、社会、尊重和自我实现等更高层次的需求，而对于秩序和稳定的需求则是仅次于物质需求的基础性必要需求。十九大报告指出，新时代要树立安全发展理念，弘扬生命至上、安全第一的思想，并对公共安全体系、安全生产责任制、社会治安防控体系、社会心理服务体系建设，牢固树立国家安全观，防范和打击渗透颠覆破坏活动、暴力恐怖活动、民族分裂活动、宗教极端活动等安全稳定工作提出了明确要求。[3]高校作为重要的社会主体和培育国家栋梁的基地，要清晰认识到安全教育工作面对的主要矛盾也在变化调整：面对猖獗的校园诈骗和频繁的国际恐怖袭击，师生主动需求如何识别和避险的技能；面对心理疾患和人际交往失败，师生渴望科学的指导和积极的帮助；面对大学生自杀与他杀案件的不断攀升，师生急需正确认识生命的价值和人生的意义；在陌生人社会日渐成型的今天，年轻大学生更需要被教会能与不能。高校要坚持问题导向，结合新时代高校师生对于安全感的切实需求和期待，开展更具针对性的安全教育工作。

1.2 新时代新形势下的新内涵

新时代下，人类社会已经进入了后现代性的文明阶段，科技的高速发展和人类价值理念的多元化，在为社会文明带来丰富多彩新内容的同时也产生了更多不确定性和不稳定因素，伴随着国内外政治形势的风起云动，社会安全稳定形势愈加复杂多变，这就要求高校培养全方位、高素质的人才，这也对高校安全教育提出了更高的要求。一方面，社会文明的发展是一个整体性的过程，高校在不断适应社会劳动需求，更高质量教授学生专业知识和技能的同时，还要综合培养学生的合法行为能力、社会适应能力、人际交往能力、心理调适能力、自我保护能力等等一系列的社会生存知识和技能，而不仅仅是单一的专业劳动技能，安全的认知理念和保障安全的技能便是其中的重要一项；另一方面，新时代的社会科技发展基础也为高校安全教育工作的开展提供了更多的可能，更便捷的互动平台、更专业的体验道具、更生动有趣的参与模式使得安全教育越来越彰显出新时代、新发展的内涵和特色。然而，目前高校普遍存在错误观念，即把安全教育当作管理问题，强调安全控制，通过制定各种规章制度约束学生行为以预防安全问题的发生。这种强制性的方式虽能取得短期效果，但从长远看，师生不能认同并内化为自觉意识。另外，部分高校虽然设置了安全教育的课程，但只是作为辅助教育，放在次要位置。这种重管理而轻教育，通过突击方式开展的安全教育，没有建立长效机制，更不符合新时代新形势下全方位、高素质人才的培养要求。同时，世界一流大学和一流学科建设需要一流的校园安全文化建设，一流的校园安全文化建设更离不开高质量的安全教育。为此，在新时代和“双一流”高校建设背景下，高校要把安全教育作为新时代育人工程的重要组成部分，强化安全教育机制顶层设计，加大安全教育研究力度，在实践模式中融入时代需求和高新科技元素，提升安全教育理论内涵和现实针对性。

2 现有高校安全教育的困境与不足

近年来，各高校大力开展校园安全教育工作，积累了许多有益经验，但伴随社会安全稳定形势的变化和校园安全案事件数量的攀升，现有高校安全教育工作仍存在许多问题和不足。

2.1 教育对象未达到全员覆盖

目前，大部分高校安全教育主体仍以学生尤其是本科生为主，而本科生中则以新生为重点。对于研究生群体，由于其年龄、心理相对成熟，学校往往忽视了对其开展基础安全教育。对于国际学生，由于主管安全教育的保卫部门不一定具备英语专业人才，在知识宣传和课程教学方面都无法把国际学生纳入教育范畴。对于教职工，往往也被认为具备相应的知识库存和自救自护能力，被常态排除在安全教育主体范围外。但事实上，研究生、国际学生、教职工同样存在安全意识弱化、安全自救自护技能缺乏等问题，需要不断灌输安全意识，接受教育培训。

2.2 教育形式传统化碎片化

安全教育以宣传活动为主。很多高校把安全教育课归为第二课堂学生活动，以相关安全宣传日为契机，采用展板、条幅、标语等传统形式开展知识普及、竞赛演讲等安全宣传教育活动，以树立安全意识、了解基本安全常识为主。这种传统手段和碎片化输入方式在根本上未能激发师生的自觉意识，也不能使其真正掌握安全防范技能。

安全教育课程流于形式。大部分高校安全教育课程未正式纳入教学计划，没有教材、学分及专业教师团队，安全教育必修课主要是新生入学教育期或军训期间，通过保卫干部、公安民警或专家讲座报告的方式开展安全知识普及和典型案例讲解，宣传教育缺乏深度，不够理论性和专业化，同时，这种模式下基本是一届新生几百甚至几千人同时上课，无法保证听讲效果。

2.3 师资队伍未实现专业化

高校安全教育师资队伍不专业与课程体系不完善相互制约。以北京地区为例，大多数高校安全教育已落实学分学时，但都尚未建立完整的课程体系和校本教材，以专职保卫干部兼职担任安全教育课教师为主，授课方式不够系统，仅在入学教育期面向新生开设一次 2 小时的课堂讲授，内容仍以安全常识介绍、案例分析为主，达不到专业课程的理论水平和知识深度。这种保卫干部授课方式也不能倒逼保卫队伍强化自身的理论学习和专业提升，无法实现安全教育的教学相长和专业化路径。

3 新时代高校安全教育的新使命

如何解决现有问题和不足，进一步推进安全教育的实效性和专业化水平，营造良好的校园安全文化氛围，切实为高校的内涵发展、质量提升创造安全、稳定、和谐的校园环境，就是新时代赋予高校安全教育工作的新使命。

3.1 完善多元课程体系

高校安全教育不仅是文化知识的传授，而且是综合能力的培养。安全教育可以引导大学生面对纷繁复杂的现代社会，树立自护、自救意识，掌握自护、自救知识，锻炼自护、自救能力。首先，新时代的高校安全教育应建立完善课堂教学、网络教育、体验教育、宣传教育等多元课程体系，全面提升大学生的综合素质和能力。国家教育主管部门和地方教育行政部门应积极响应新时代的要求，加强顶层设计，持续推进高校安全教育进教材、进课堂、落实学分的政策，真正建立课堂教学主渠道，切实发挥安全育人的功能和作用。高校要积极贯彻落实安全教育“三进”工作，切实将大学生安全教育课作为一门必修课，而不仅仅是一场讲座、一次活动、一门选修辅修课或者第二课堂。要通过正式的课堂教学形式具体实施，要有教学计划、教学大纲，保证课堂教学学时，考试合格后给予相应学分。[4]其次，高校要注重理论与实践相结合，高校应开设相应的实践教学环节。安全教育课程的最终目标还是在激发学生自觉、主动的安全稳定意识的基础上运用于实践，真正学会自我防范和保护的技能、手段，切实减少校园安全事故、事件，由此，实践教学应该成为高校安全教育的重要环节。有条件的高校可以建立安全教学实验室，没有条件的高校可以借助城市中的安全教育馆、体验馆，消防实践基地等公共资源，在理论学习的基础上让学生模拟体验危险环境，锻炼安全技能。高校安全教育教材的编写应兼顾理论性和实践性，加入生动的安全分析，通俗易懂，深入浅出，注重时效性和实用性相结合。第三，网络科技应该成为高校安全教育教学的好助手。当代大学生是成长在网络时代的新生代、新人类，安全教育必须考虑这个群体的学习习惯和获取知识的途径，积极开发网络教育资源，提供主课堂之外的移动式学习平台，满足学生自主学习的需求以及在生活中遭遇安全困难时得到快速解惑的需求。第四，高校应该全新阐释安全教育的新内涵和新内容。鉴于新时代更加复杂的国内外、校内外安全稳定形势，高校要及时更新理念，主动将心理安全、网络安全、政治安全、国家安全等内容纳入校园整体安全的范畴，在保卫部门、学工部门的基础上整合、扩大相关部门的师资力量和教学资源，切实加强整体化、系统性的课程设计。第五，课程体系建设要考虑特殊群体的需求。随着安全教育课程体系的逐渐完善，要将国际学生、少数民族学生以及新教工的特殊需求纳入视野，加强教材、教学资源的多语种化和多层次化。

3.2 健全专业师资队伍

师资队伍的专业化程度直接影响和决定着安全教育课程的教育质量，决定着学生是否能将安全意识和技能真正入脑入心，从而形成自觉意识和自护能力。有条件的高校可以成立专门的教研室或者组织专门的安全教育课师资队伍，一是可以从相关的地方和军事高校招聘治安、交通、消防、法律、心理等专业的应届学生，成立专业教师队伍，专门从事安全教育课的教学与相关研究工作，发挥整个师资队伍的专业引领作用。二是从学校现有教师队伍中遴选安全教育相关专业教师担任教学任务，他们既有教育学知识，懂教育方法，又有教学实践经验，能从课堂教学的角度承担安全教育课的理论，同时配以保卫部门组织的安全体验实践活动，组成完整的师资队伍。三是从学校保卫部门、学工队伍、网络管理队伍、宣传队伍和专业思想政治教育工作队伍中遴选一线课堂教学教师，他们懂得学校实际情况，了解学生需求，掌握大量学生安全实践的生动案例，经过系统培训后完全有能力从事安全教育课堂教学。依据现有高校的实际情况，后两种模式的可行性相对更强。此外，组建安全师资队伍必然需要长效的经费投入和专业化培训机制，高校要重视这支队伍的支持力度，在教学科研安排和考核机制上要考虑逐渐与专业教师队伍看齐，不断提升队伍的价值感和归属感，要建立完善、长效的培训机制，支持队伍外出考察、学习、培训，考取相应资质，加强英语、法语等国际语言的专业学习，不断提升队伍的专业化、国际化水平。理论研究是高校的重要内容，安全教育师资队伍也必须在完成教学任务的基础上积极开展科学研究，结合实践提炼理论知识和经典案例，不断完善校本教材，高校应该给予充分认可和大力支持。

3.3 借力校内特色资源

高校本身是一个集合多样专业和人才的资源平台，整合并借力校内与安全教育相关的特色资源，是有效开展安全教育的重要途径。高校应以“平安校园”创建成果和“平安校园”提升工程为基础，以校内特色资源为抓手，深入开展好安全教育。首先，在教育资源方面，部分高校本身开设有安全工程、安全技术与管理、信息安全、心理学、法律等安全类相关专业，其完全可以借力该类专业的教师和学生等特色资源开展全校的安全教育工作；部分高校建设有安全教育体验馆，可以借助其开展全校性的安全教育实践活动；多数高校也可以借力本校的学生自治组织（如学生治保会、班级安全委员、宿舍安全员，以及安全类学生社团等）和校内二级单位的教工安全员队伍开展安全教育。其次，在特色活动方面，高校可以通过校内相关部门的全力合作来打造全校性的师生共同参与的安全知识竞赛、安全主题征文大赛、校园安全设计大赛、安全技能比赛等品牌化活动，开展安全教育工作，使广大师生员工在参与中收获安全知识，掌握安全技能，树立“人人讲安全、人人学习安全、人人重视安全”的观念和意识。第三，在教学模式方面，有条件的高校可以考虑在校内的职能部门和学院之间建立起教学合作模式，共享师资队伍和专业实践基地资源，不断丰富安全教育的多元性、趣味性和共享性。其中，要全面贯彻全国高校思想政治工作会议精神，做好安全教育和思想政治教育的融合互动。第四，在师生互助方面，教学培养单位教职员工的影响力不可忽视，高校应该进一步加强教职员工的安全理念传达和实用技能培训，在提高教职员工自身安全意识和技能的同时积极影响学生的观念和行为，形成师生全员重视、全员参与校园安全环境构建的良好局面。

3.4 营造校园安全文化

校园安全文化是校园文化的重要组成部分，学校安全文化建设水平的高低已成为学校核心竞争力的基本内容之一。所谓校园安全文化是指将学校安全理念和安全价值观表现在决策和管理者的态度及行为中，落实在学校的管理制度中，将安全管理融入学校整个管理服务的实践中，将安全法规、制度落实在决策者、管理者和师生的行为方式中，将安全标准落实在教育教学过程中，由此构成一个良好的安全建设氛围，通过安全文化建设，影响学校各级管理人员和师生的安全自觉性，以文化的力量保障学校财产安全和师生生命安全。[5]新时代的高校安全教育要可以从以下几个方面营造良好的校园安全文化：一是安全教育制度化。每学年初制定详细的全年安全教育工作实施方案，明确工作任务和目标，强化责任落实，严抓安全教育工作实效，形成长效机制。二是安全教育内容系列化。安全教育内容的设置要树立大安全观，除了治安安全、消防安全、交通安全、饮食安全等外显性安全，更不能忽视国家安全、意识形态、网络安全、公共安全等内隐性安全教育，尤其要重视高校师生的思想政治教育。三是安全教育形式多样化。充分利用主题班会、专题宣传、征文比赛、知识竞赛、技能比赛、专题讲座、图片展览等各种喜闻乐见、寓教于乐的教育形式，加强师生安全防范意识和应急自护能力。四是安全教育实践化。安全常识、理论学习只停留在纸上谈兵层面是不够的，经常开展消防器材的使用培训、紧急突发事件的处理培训、大型紧急疏散演练至关重要，唯有实践，才能把知识性的安全教育变为实际性的自救能力。五是教育效果行为化。通过各种形式的安全教育以及教育反馈机制，不断促进和改进教育效果，真正使安全意识、安全观念变为全校师生自觉的安全行为，内化于心，外化于行。

高校安全教育是一项重要的系统工程，需要教育主管部门的高度重视和社会、学校、家庭的紧密配合，更需要学校各部门的通力合作、齐抓共管，提升对大学生安全事故的预见能力。高校开展安全教育，是实施依法治国、依法治校的需要，是高校实施开放办学模式的需要，是全面提高学生综合素质的需要，是抵御和优化高校不良治安环境的需要，也是高校“双一流”建设的基础保障需要，积极探索新时代高校安全教育的新使命，真正使安全教育成为学校育人工作的重要工程，不断增强师生尤其是大学生的安全意识，提高安全防范能力，才能为国家培养更多具有良好安全意识和能力的高素质人才。

参考文献

[1] [2] [3] 习近平. 决胜全面建成小康社会 夺取新时代中国特色社会主义伟大胜利——在中国共产党第十九次全国代表大会上的报告 [M]. 北京: 人民出版社, 2017: 10.

[4] 辛崇胜. 对大学生安全教育“进教材、进课堂、落实学分”的思考 [G]. 北京市高等教育学会2007年学术年会议论文集: 2007年卷. 北京: 北京市高等教育学会, 2007: 639-643.

[5] 褚积挺. 浅议校园安全文化建设 [J]. 科技信息, 2010 (3): 169.

新时代高校安全教育“四位一体”模式探究

中国地质大学（北京）　王文冰

摘　要：高校安全教育关乎学生的培养和社会的稳定，新时代下，不断加强和改进大学生安全教育须引起重视，应在教育理念、教育体系、教育内容、教育方式等方面不断创新，探索实践。本文基于新时代安全稳定新形势、新矛盾、新挑战，提出新时代高校安全教育“四位一体”模式构建，为推进新时代高校安全教育工作提供参考。

关键词：新时代　高校　安全教育　四位一体　教育模式

高校安全教育是高校根据维护国家安全、社会和谐、学生成长成才的目的和要求，以一定的安全理念和安全知识，对全体大学生的品德、思想意识、认知与行为、身心健康等施以相应影响，使其获得与国家安全、生命安全等相关知识、信息、经验，明确自己的责任与义务的一种有计划的规范性教育活动[1]。安全教育是高校安全稳定工作的重要组成部分，是“平安校园”建设的重要环节。

1992 年原国家教委发布《普通高等学校学生安全教育及管理暂行规定》，要求“高等学校将安全教育作为一项经常性工作，列入学校工作的重要议事日程，加强领导”。2006 年北京市委教育工委、市教委联发的《首都教育安全稳定“十一五”规划》文件强调，大学生安全教育要“进课堂、进教材、落实学分”。2010 年《国家中长期教育改革和发展规划（2010—2020 年）》提出要切实维护教育系统和谐稳定，深入开展平安校园创建活动，将安全教育纳入全面提升学生综合素质的重要方面。在政府引导下，高校安全教育越来越受到重视。

2017 年 10 月，中国共产党第十九次全国代表大会在北京召开。党的十九大报告指出，中国特色社会主义已经进入新时代，这是我国发展新的历史方位[2]，也是我国社会今后很长一段时间内的发展大背景。新时代下，安全稳定形势已不同以往，国内外政治经济局势复杂多变，网络信息技术飞速发展带来更多不稳定因素，意识形态领域斗争依然复杂，国家安全面临新情况[3]。而高校安全教育理念依然滞后，体系尚不健全，教育内容陈旧，教学方法单一，教育模式已经不能满足新时代高素质人才培养的需要。本文基于新时代安全稳定新形势、新矛盾、新挑战，提出新时代高校安全教育“四位一体”模式构建（如图1所示），为推进新时代高校安全教育工作提供参考。其中，“四位”是指教育的理念、教育的体系、教育的内容、教育的方式，“一体”是指四个方面相互依赖、相互作用，体现了新时代高校安全教育需要理念的转变、体系的完善、内容的丰富、方式的创新，只有将四者共同构建，才能保证新时代高校安全教育工作的常态化和长效性。

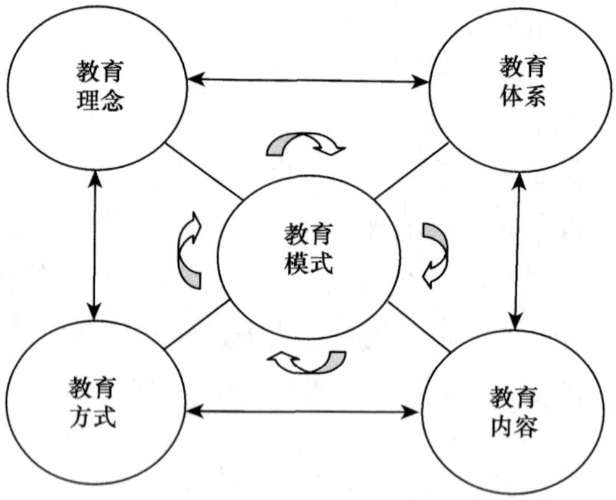

图1　高校安全教育“四位一体”模式

1　结合新时代新矛盾下的新需求，树立安全教育新理念

党的十九大报告指出，在进入新时代之际，我国社会主要矛盾已经转化为人民日益增长的美好生活需要和不平衡不充分的发展之间的矛盾[2]。人民美好生活需要日益广泛，不仅对物质文化生活提出了更高要求，而且在民主、法治、公平、正义、安全、环境等方面的要求日益增长。从马斯洛需求层次理论来讲，我国国民已经从普遍满足生理需求的层次上升到对安全（对保护、秩序、稳定的需要）、社会、尊重和自我实现等更高层次的需求，而对于秩序和稳定的需求则是仅次于物质需求的基础性必要需求。

在开展高校安全教育过程中，由于很多学生安全意识淡漠，专业学习压力大，对强制性宣传教育有抵触心理，因此安全教育的实效性较差。作为施教主体，高校必须清晰认识到，新时代高校安全教育工作面对的主要矛盾也在随着社会主要矛盾的变化而变化：面对新型的各类诈骗和频繁的安全事故，师生主动需求风险识别和防范的技能；面对心理疾患和人际交往失败，师生渴望科学的指导和积极的帮助；面对大学生自杀与他杀案件的不断攀升，师生急需正确认识生命的价值和人生的意义；面对国际形势的复杂斗争和网络背后的潜在威胁，大学生更需要被教会明辨与防范。这种新的需求层次的变化，要求高校安全教育必须转变教育理念，从“满足学生精神层面追求”的角度出发，激发学生“学习安全知识技能，保护生命财产安全”的意识，将安全教育从“高校强制教育→学生被动接受”模式变为“学生主观需求→学生主动学习”模式。

1.1 高校要树立阵地意识和责任意识

党的十九大报告指出，要落实立德树人根本任务，发展素质教育，培养德智体美全面发展的社会主义建设者和接班人[2]。可以说，高校是为国家培养高质量人才的重要阵地，但是，多年来，高校安全教育在教育理念上一直缺乏阵地意识，认识高度不到位，把安全教育仅仅当作一般的宣传教育，没有上升到保证国家长治久安和为我国现代化事业培养合格建设者和可靠接班人所必需的思想政治素质教育的高度。这种阵地意识的缺乏，将会使高校安全教育很难有效实施。因此，要实现“学生主观需求→学生主动学习”安全教育模式，一方面，高校要始终坚持马克思主义指导地位和社会主义办学方向，正确贯彻党的教育方针和政策，使全体师生深刻认识到，高校是对青年学生进行安全教育、爱国主义教育、社会主义核心价值体系教育的强大阵地，国家安全、社会安全、自身安全的教育是关系到国家存亡、社会和谐、自身成长成才的重要依托。另一方面，高校师生员工需要通过增强政治敏锐性、提高责任意识来重新对安全教育的功能进行定位，把做好安全教育工作当作自己责无旁贷的重要任务和职责，从爱国主义教育这条主线出发，强化学生对国家、社会和民族的责任意识，培养其“国家归属感”、公民责任感及法律意识、公德意识等。

1.2 大学生要树立危机意识和防范意识

新时代下，世界面临的不稳定性不确定性突出，世界经济增长动能不足，贫富分化日益严重，地区热点问题此起彼伏，恐怖主义、网络安全、重大传染性疾病、气候变化等非传统安全威胁持续蔓延，人类面临许多共同挑战[2]，安全形势出现了新变量、新样态。然而，当代大学生一直生活在和平环境内，对复杂的国际形势和相关的安全知识认识片面甚至一无所知，对新时代文化安全、信息安全、科技安全等方面的新内容缺乏基本的了解，对新形势下各种新型的危机缺乏正确的判断和有效的防范。高校必须审视新时代面临的复杂严峻的安全教育形势，不断打造学生的危机意识和防范意识。一方面，要加强引导学生对国家安全、经济、科技、文化、信息、环境、文化等非传统安全问题予以关注和认识，使学生充分认识到人口安全、经济安全、生态安全、跨国犯罪、恐怖主义等对我国社会的潜在威胁，从更高的层次上意识到这些安全问题对人类、对国家、对自身利益的负面影响；另一方面，要将对学生的安全能力培养，特别是青年学生的防范意识、自我保护能力的教育和培养摆在重要的位置上。

2　结合新时代育人工作的新要求，构建安全教育新体系

高校思想政治工作关系高校培养什么样的人、如何培养人以及为谁培养人这个根本问题。要坚持把立德树人作为中心环节，把思想政治工作贯穿教育教学全过程，实现全程育人、全方位育人，努力开创我国高等教育事业发展新局面[4]。新时代对高校育人工作提出了新要求，作为高校素质教育的重要组成部分，安全教育应顺应时代要求，积极构建高校安全教育新体系。结合新时代社会发展和高校实际，融合大学生的实际需求，运用霍尔三维结构的优点[5]，修改构建出高校安全教育“全员化＋全过程＋全方位”体系三维模型（如图2所示）。

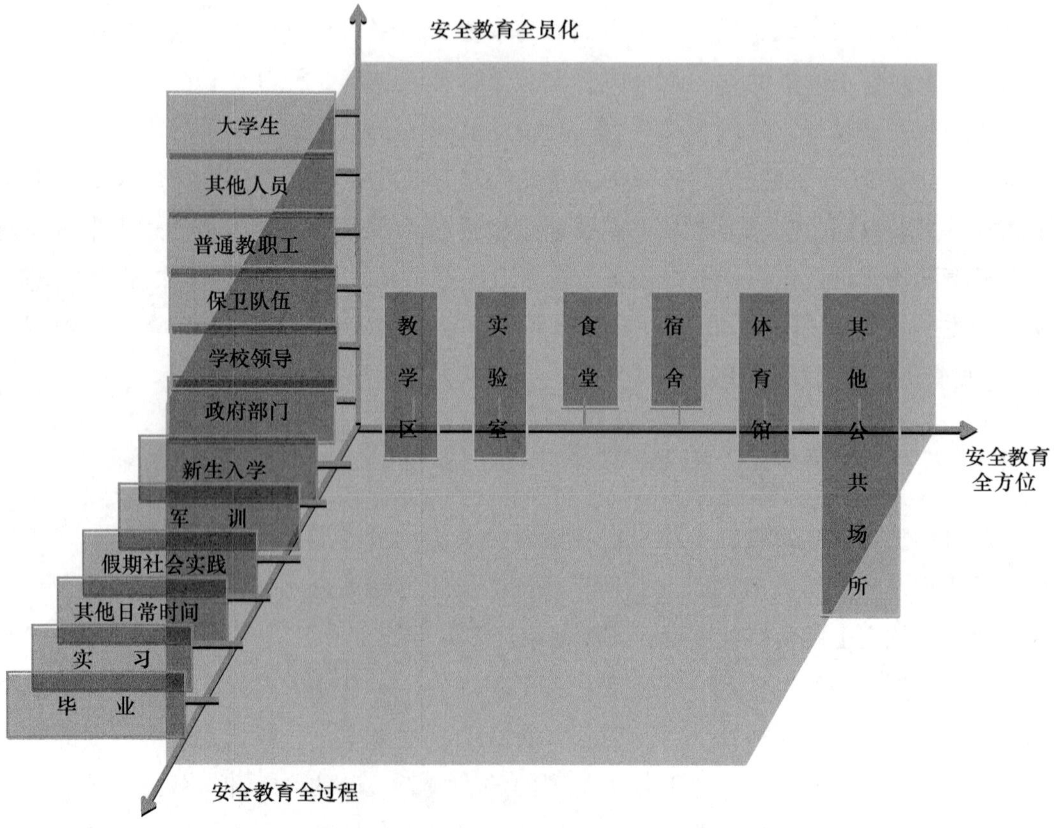

图2　新时代高校安全教育体系三维模型图

2.1 安全教育全员化

1. 施教主体全员化

新时代的高校安全教育应建立完善课堂教学、网络教育、体验教育、宣传教育等多元课程体系，全面提升大学生的综合素质和能力。这是一个系统化的大工程，需要政府部门、社会、家庭、学校等各方联动、全员参与。

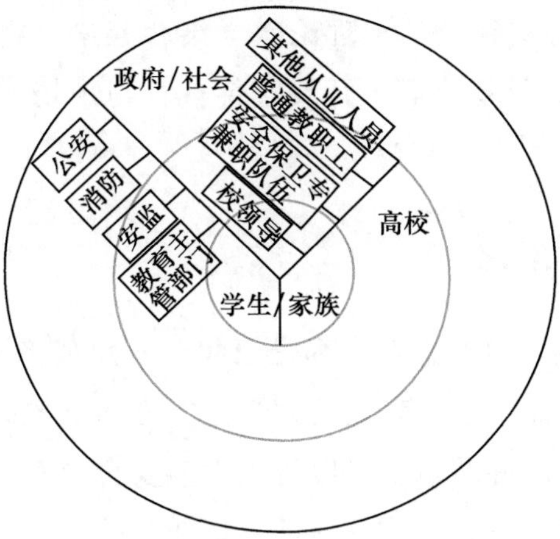

图3 高校安全教育的相关方

政府部门方面，教育部门应积极响应新时代的要求，加强顶层设计，持续推进高校安全教育进教材、进课堂、落实学分的政策。公安、消防、安监等部门应加强与教育部门互动，推动高校构建“府校合作，警校共育”模式，联合社会力量为高校大学生提供专业、精深的安全教育。从高校方面来讲，要建立“保卫处牵头协调，教务、学工、后勤、团委、院系齐抓共管，学生组织自我教育”的大学生安全教育工作机制[6]，整合学校领导、行政管理人员、安全保卫队伍、专业教师、心理咨询教师、辅导员、班主任、宿舍管理员以及大学生群体等各个主体的力量，建立相互协调又相互制约的安全教育组织机构，并将相关工作人员纳入安全教育师资体系（如图3所示），对大学生进行全员教育。

2. 受教主体全员化

目前，大部分高校安全教育受教主体以本科生为主，而本科生中则以新生为重点，对于研究生群体、国际学生群体、教职工群体，由于其群体特殊性，往往被排除在安全教育受教主体范围外。但事实上，研究生、国际学生、教职工同样存在安全意识弱化、安全自救自护技能缺乏等问题，需要不断灌输安全意识，接受教育培训。要实现安全教育受教主体全员化，一方面要完善安全教育课程体系。课程体系建设要考虑特殊群体的需求，要将研究生、国际学生、少数民族学生以及新教工的特殊需求纳入视野，加强教材、教学资源的多语种化和多层次化。另一方面要拓宽安全教育渠道。一是借助专业课程资源，学校将安全教育与安全工程、形势与政策、法律、信息安全、心理学等专业相互关联，依托这些专业课程资源，开展全校性的安全教育工作；二是充分利用学生第二课堂，在第二课堂活动中，利用党组织生活会、班会团会、主题教育活动等，定期组织开展大学生安全教育，基本确保受教学生的全员化；三是依托校外专业安全机构，将实践教学和理论教学结合起来，定期组织全校师生到安全教育馆、体验馆、消防实践基地等，开展宣传教育与现场演练活动，实现各年级学生全员参与。

2.2 安全教育全过程

一般情况下，从学生入学到毕业，都是三年、四年或者五年等一个固定的时期，期间有一些特殊的固定节点，这些时期是大学生安全问题的高发期和实行安全教育全覆盖的好时机。根据这些时间节点，可以将大学生安全教育过程划分为新生入学、军训、寒暑假社会实践、其他日常时间、实习、毕业等阶段，在不同阶段进行不同内容的安全教育。

新生入学阶段主要是让学生树立起一个正确及有效的安全意识和防范意识，重点开展校园安全形势教育，以治安、消防、交通等人身财产安全防范教育为主，让学生了解大学生活需要注意的各类安全问题。军训阶段主要巩固学生的国防安全意识、国家安全意识。寒暑假社会实践阶段主要是学生在假期组团赴某一地区或者单位进行自主调研活动，面临更加复杂的安全问题，需要加强学生人身、财产、交通、自然灾害等各方面安全教育，并通过学生亲身体验社会，感受安全教育的重要性。其他在校日常时间，通过安全课程、体验教学、宣传教育、特色活动、校园安全文化建设等，对学生进行安全教育。实习阶段，部分学生会选择到各类企事业单位实习，为就业做准备，需要在职场交往、社会交往上对他们做出正确引导。毕业阶段，要加强毕业生人身财产安全教育和文明离校教育。

2.3 安全教育全方位

高校要把安全教育贯穿于学校教育的各个环节，贯穿于学生学习生活的各个环节。大学生在校期间主要的活动场所为教室、图书馆等教学区域、实验室、宿舍、食堂、体育活动场所、校园公共场所等，要实高校现安全教育全方位，就要遵循大学生在校园内的主要生活轨迹，重点针对这些区域易发生的问题进行安全教育。

对于图书馆等重点防火区域，严格按照消防规定教会师生使用和操作电器设备，同时掌握灭火逃生等防火技能；对于存有易燃易爆物品的实验室，教育实验管理人员和学生必须掌握和遵守实验操作规范和程序；对于人员密集和易集中的体育馆、学术报告厅等场所，要求学生遵守场所规则，在活动过程中文明礼貌，服从指挥，注意观察周围环境和安全通道设置，发生紧急情况迅速逃生；对于食堂、体育场等公共场所，教育学生注意财物保管，防范盗窃行为。针对这些特定部位，做好制度完善、操作规范和设施维护等方面的安全教育与检查，对照各类标准和行业规范加强教育和管理，于管理于教育之中，有效防止各类事故的发生。

3 结合新时代新形势下的新内涵，丰富安全教育新内容

2014 年 4 月 15 日，习近平在中央国家安全委员会第一次会议上提出集政治安全、国土安全、军事安全、经济安全、文化安全、社会安全、科技安全、信息安全、生态安全、资源安全、核安全等于一体的总体国家安全观[9]。党的十九大报告中提出要“坚持总体国家安全观”，必须“坚持国家利益至上，以人民安全为宗旨，以政治安全为根本，统筹外部安全和内部安全、国土安全和国民安全、传统安全和非传统安全、自身安全和共同安全，完善国家安全制度体系，加强国家安全能力建设，坚决维护国家主权、安全、发展利益”[2]。总体国家安全观的理念丰富和发展了高校安全工作的内涵，为新时代高校安全教育工作指明了方向。

高校安全教育的内容应包含三个方面：安全意识教育、安全知识教育、安全技能教育[8]。新时代背景下，高校要培养全方位、高素质的人才，这对高校安全教育提出了更高的要求。基于总体国家安全观的理念，高校安全教育内容的设置要树立大安全观。在安全意识教育方面，要加强培养大学生维护国家安全意识、遵纪守法和自我防范意识、文化安全意识、网络信息安全意识、心理健康安全意识等。在安全技能教育方面，要综合培养学生的合法行为能力、社会适应能力、人际交往能力、心理调适能力、自我保护能力等等一系列的社会生存知识和技能。在安全知识教育方面，要将人身安全、财产安全、消防安全、交通安全、生活安全、公共安全等“传统”安全与政治安全、文化安全、科技安全、信息安全、生态安全、道德安全、声誉安全、心理安全等“非传统”安全整合并有机统一起来，更新安全教育内容，构建新时代高校安全教育内容新架构（如图 4 所示）。

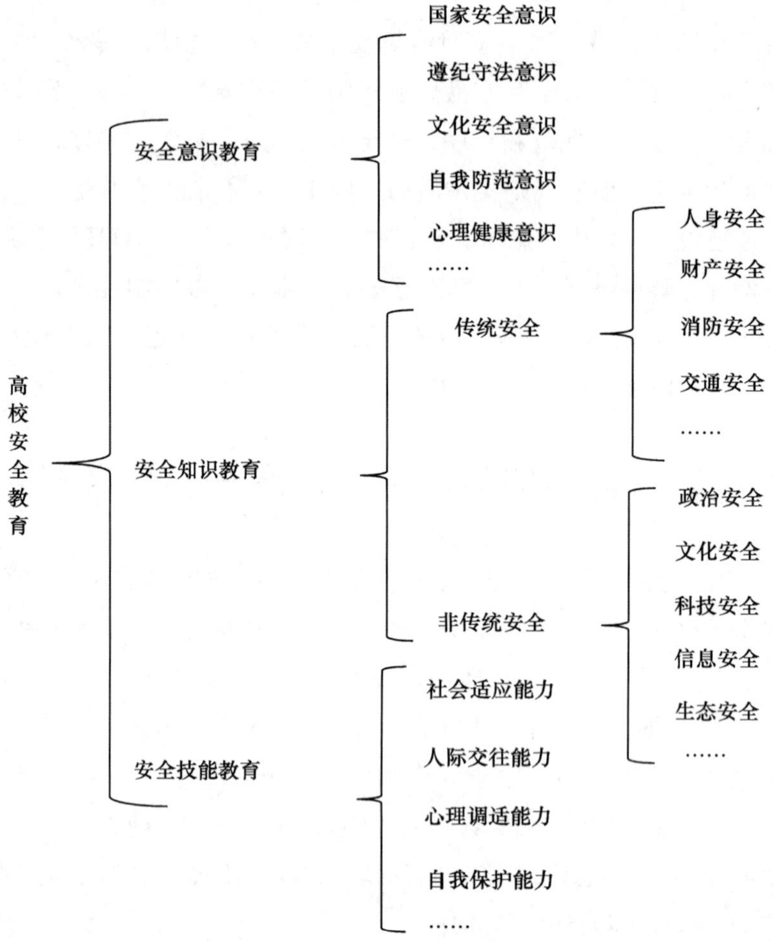

图 4　新时代高校安全教育内容体系图

4　结合新时代互联网传播技术，打造安全教育新方式

新时代下，人类社会已经进入了后现代性的文明阶段，互联网技术的迅速发展为高校安全教育工作的开展提供了更多的可能。根据中国互联网络信息中心刊发的第 42 次《中国互联网络发展状况统计报告》，截至 2018 年 6 月，中国网民中学生群体最多，占比达 24.8%；我国手机网民规模达 7.88 亿，网民使用手机上网的比例为 98.3%[9]。而我国在校大学生智能手机的普及率和新媒体的使用率近 100%。

互联网技术为新时代高校安全教育提供了新的手段。传统安全教育主要是课堂授课的方式，这种方式下，信息传播主要是“一对一”和“一对多”的信息传播方式，这两种方式具有传播范围有限，互动性低的缺点，如图 5（a）、（b）所示。互联网平台传播模式下，通过“多对多”传播模式，克服了上述两种传播方式的缺点，比如，信息从端点A可以通过平台中心O向端点B和其他多个端点大规模发送，各端点与平台中心可以互动交流，平台中心除了承担聚集海量端点和中转的功能外，还能对各种交互信息进行分析、重组、匹配，实现高效率的定向传送[10]，如图5（c）所示。互联网传播除了具有广泛性、互动性的特点，传播内容更加丰富，文字、声音、图像、视频等新颖多样的内容能够激发大学生的学习兴趣。

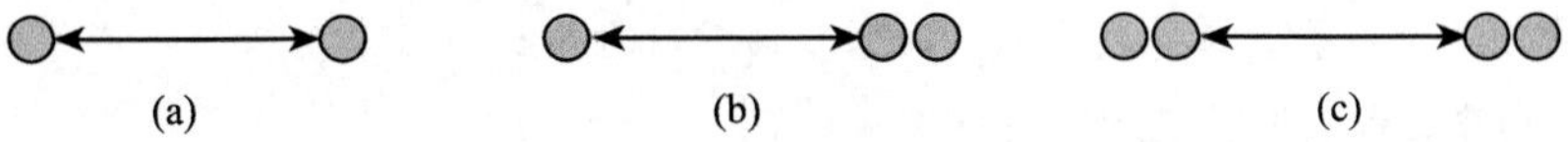

图5　信息传播方式

（a）“一对一”传播模式；（b）“一对多”传播方式；（c）“多对多”传播模式

新时代开展大学生安全教育，离不开互联网传播技术的更新与应用，要运用“互联网+”的理念，研发“互联网+高校安全教育”模式，推进安全教育网络服务平台建设。一是搭建互联网安全教育自主学习平台，学校保卫或教务部门将安全教育内容制作成微课、微视频、多媒体课件等上传至网络教学平台，学生通过教务系统查看课程公告，明确学习内容及任务，然后在网络平台自主学习。二是搭建互联网安全教育宣传交流平台，学校保卫部门开发并负责维护微信公众号等安全教育平台，该平台由服务、宣传、交流三个板块构成，服务板块包含“我要报案”“户籍管理”“车证办理”等模块，宣传板块包含“安全动态”“通知公告”“法规园地”“安全知识”等模块，交流板块包含“安全隐患随手拍”“安全学习交流区”等模块，保卫部门通过该平台定期发布安全知识、案例、警情等内容，通过服务、宣传和交流，加强对师生的安全教育。三是搭建互联网安全教育考核平台，学校可以通过学习时长、学习内容来全面考核并及时掌握每个参加自主学习同学的学习进度、安全素质。

大学生群体的安全素养是高校办学育人与办学效益的重要观测指标，加强安全教育永远在路上。基于新时代背景建构的高校安全教育“四位一体”模式，具有其合理性与适应性，但也存在许多有待优化的方面，我们将在理论和实践中继续探索和完善。

参考文献

[1] 欧阳剑波．略论高校安全教育模式的重构［J］．思想政治教育研究，2007，(6)：40－43.

[2] 习近平．决胜全面建成小康社会，夺取新时代中国特色社会主义伟大胜利——在中国共产党第十九次全国代表大会上的报告［M］．北京：人民出版社，2017：10.

[3] 杨中英，燕东，闫建科，董笑含．试论新时代高校安全教育的新使命［J］．社会科学前沿，2018，7（5）：624－629.

[4] 习近平．习近平谈治国理政第二卷［M］．北京：外文出版社，2017：376.

[5] 阮星岛．基于霍尔三维结构的高校安全教育模式研究［J］．安全，2018，（5）：61－64.

[6] 周德贵．高校安全教育“四全”模式的理论与实践［J］．江苏高教，2018（7）：51－54.

[7] 李旭，谢友平，周而明．基于安全防控网建设的高校安全问题内涵与分类标准［J］．教育评论，2015，（12）：88－91.

[8] 中共北京市委教育工作委员会，北京市高等教育学会保卫学研究会．高等学校安全管理［M］．北京：清华大学出版社，2017：143.

[9] 中国互联网络信息中心．第42次中国互联网络发展状况统计报告［EB/OL］．http：//cnnic. cn/hlwfzyj/hlwxzbg/.

[10] 谷虹．信息平台的概念、结构及三大基本要素［J］．中国矿业大学学报，2012，（5）：72－75.

高校反恐工作研究与实践

首都医科大学　刘　宁　庞　雷　陈　堃　刘月兴　孙　超

摘　要：当前，国际和国内反恐斗争形势日益严峻复杂，暴力恐怖活动频繁发生。恐怖主义的袭击目标、范围和对象不断扩大，袭击目标时常指向普通大众，高校难以独善其身。尽管目前高校的安全教育、管控体系比较完善，但普遍对反恐、防恐、防暴工作关注度不够。进一步加强反恐工作研究，有效保证校园安全和谐的环境，是目前高校安全管理最重要的任务之一。

关键词：高校　反恐工作　恐怖主义　研究　实践

1　恐怖主义的概念及背景

恐怖主义[1]是指通过暴力、破坏、恐吓等手段，制造社会恐慌、危害公共安全、侵犯人身财产，或者胁迫国家机关、国际组织，以实现其政治、意识形态等目的的主张和行为。

恐怖活动组织[1]，是指三人以上为实施恐怖活动而组成的犯罪组织。

恐怖事件[1]，是指正在发生或者已经发生的造成或者可能造成重大社会危害的恐怖活动。

恐怖活动历史久远，20 世纪 60 年代以后，恐怖主义活动日益频繁，恐怖活动严重威胁着国际社会的安全和秩序。当前，我国也面临着民族分裂势力、宗教极端势力和暴力恐怖势力的恐怖主义威胁，“三股势力”紧密勾结，不断变换策略和手段，采取各种形式，煽动宗教狂热，挑起民族仇视，制造暴力恐怖活动，大肆进行反动宣传，攻击党和政府的路线方针政策，严重危害全国各族人民群众的生命财产安全和社会稳定。

为此，许多国家先后颁布反恐怖主义法规，建立专职反恐部队，中国政府也分别加入了联合国和国际民航组织通过的反恐怖主义公约。2015 年 12 月 27 日，全国人民代表大会常务委员会第十八次会议通过并发布了《中华人民共和国反恐怖主义法》，于2016年1月1日开始生效。

2 当前反恐工作面临的形势

近年来，在国际恐怖活动呈反弹之势的背景下，我国恐怖活动再次呈高发状态，国内的反恐怖斗争形势日益严峻和复杂，并有向高校蔓延的趋势，北京更是暴恐分子关注的重点区域，不容忽视和懈怠。

从2009年美国的“911”恐怖袭击、2014年云南昆明火车站暴恐袭击、天安门金水桥边发生汽车冲撞致人伤亡等暴恐事件可以看出，现在恐怖暴力的袭击目标、范围和对象不断扩大，袭击目标时常指向普通人群，通常以劫持、屠杀、自杀式袭击等手段，来达到施压、破坏、泄愤，以达到自身的政治目的或制造社会负面影响力。

高校多为开放式管理模式，人员车辆流动量大、外来人员多、身份识别复杂、管控难度大；同时，高校属于人员密集场所，一旦遭受恐怖袭击，就会出现大量人员伤亡的情况，造成较大的恐慌氛围。特别是首都高校，社会和家庭的关注程度高，受到恐怖袭击后影响面更大。因此，当前高校反恐防恐风险突出，成为恐怖袭击目标的现实威胁日益突显。

3 反恐调查问卷情况反映

我们制作了“高校反恐工作调查问卷”，在全国部分高校及我校师生员工中分类进行了摸底调查，共发放调查问卷200份，其中校外100份、校内100份，共收回有效问卷143份。

3.1 问卷的设计

包括人员基本情况、高校反恐制度、反恐安全教育、安全意识、安全常识和措施建议等6类内容，分为单选题、多选题和简答题3种形式，共36道题。

3.2 被调查人员的基本情况：

1. 性别

男性44人，占30.8%；女性99人，占69.2%；

2. 年龄结构

18—25 岁占 46.1%、26—30 岁占 6.3%、31—45 岁占 25.2%、46—50 岁占 8.4%、51 岁以上占 14%；

3. 学历层次

本科生占 60.1%、硕士占 32.2%、博士占 6.3%、高中占 1.4%；

4. 岗位或身份分布

学生占 49.6%、管理人员占 38.4%、教师占 7%、教辅人员占 1.4%、后勤服务人员占 1.4%、其他身份的占 2.1%。

3.3 统计结果分析

调查问卷统计结果显示，被调查人员对当前高校反恐形势普遍认识比较深刻，重视程度比较高，对反恐常识学习教育培训需求增大，校园反恐工作体系制度日益完善，重点部位日常管理比较严格，大部分师生员工对当前校园反恐防范制度措施和安全环境总体比较满意。

1. 校园反恐安全重视程度普遍比较高

92% 的被调查者认为本校对反恐工作比较重视；72% 的被调查者对社会中出现有一定影响力的暴恐事件新闻普遍关注；87.4% 的被调查者对反恐安全常识有一定的了解。

2. 参加反恐教育培训和演练的主动意识明显增强

想主动参与的占被调查人员的 81.8%，随大家参与的占 18.2%，不想参与的为 0；另外，83.2% 的人希望学校定期组织反恐安全教育培训，97.9% 的人希望在学校能够学习反恐知识。

3. 校园重点部位管理制度基本健全

认为本校已建立实验室安全准入制度的占被调查者的 83.9%；有专人严格管理实验室使用易燃易爆、毒麻药品及放射源等危险品的占 91.6%；食堂操作间管控严格的占 90%；学校宿舍、教学楼、图书馆等人员密集场所安装门禁系统的占 87.4%；锅炉房、燃气间、配电室管理制度齐全、管理严格的占 92.3%。

4. 了解暴恐事件信息渠道较为广泛

来源于网络新闻的人数最多，其次是广播、电视渠道，之后依次是微信、QQ 等社交软件，报纸杂志、讲座、安全教育培训。

5. 反恐安全常识掌握参差不齐

在发现可疑爆炸时你会怎么办的调查中，有 83.2% 的被调查者能够回答正确；在恐怖事件中紧急撤离的正确方式回答正确的为 49.7%；对于常见恐怖袭击手段回答正确的占 16.1%。

4 反恐工作存在的风险点

通过分析调查问卷、结合“平安校园”创建工作实践，我们梳理出高校在反恐工作中可能存在以下风险点：

序号	风险点	现状	潜在威胁
1	毒、麻药品、放射和危化品管理	采买、存储、发放、请领、回收等各个环节可能出现安全漏洞。	1. 遗失 2. 投毒 3. 回收不彻底 4. 清洗流失污染
2	实验室管理	存放有大量实验用易燃易爆试剂化学品，易燃物、可燃物清理不及时。	1. 恐怖暴力袭击破坏（纵火、泼洒腐蚀溶液、制造爆炸等） 2. 实验中意外爆炸 3. 火灾危险性大
3	外来人员管理	校内外来务工、外包公司人员多，成分复杂，流动性大，日常管理难度大。	1. 暴恐分子藏匿 2. 涉案潜逃人员藏匿
4	宗教、邪教势力渗透侵蚀	个别宗教人员到校内传教；拉拢学生进行宗教宣传活动，发放宣传制品。	腐蚀学生思想，学生易受蛊惑。
5	人员居住复杂	家属区与教学办公区在同一区域，人员情况复杂；房屋 租住人员流动性大、管理难度大，公共区域堆积可燃、易燃物，物业管理不到位。	1. 暴恐分子藏匿 2. 涉案潜逃人员藏匿 3. 火灾危险性大
6	少部分人群管理	外国留学生等少部分学生风俗习惯、宗教信仰多样，管理有特殊性。	1. 易受恐怖暴力袭击 2. 宗教极端思想侵蚀 3. 吸毒、贩毒
7	暴恐音视频传播	传播途径隐蔽，传播方式多样，监控监管难度大。	1. 宣扬宗教极端思想 2. 宣传恐怖暴力袭击手段方法 3. 制造社会恐慌

（续表）

序号	风险点	现状	潜在威胁
8	矛盾纠纷与个人诉求	存在复杂的涉校矛盾纠纷。	仇视报复社会，制造绑架、自杀、恶意伤人、打砸等极端暴力事件等。
9	师生员工思想底数	对师生员工思想动态和诉求掌握不及时，对师生员工心理健康关注不够，思想工作跟进不及时。	1. 极端思想膨胀 2. 心理疾病 3. 精神失常或抑郁 4. 出现自杀、恶意伤害等过激行为
10	实习学生管控	实习学生分散、管理责任落实不到位、社情复杂、安全环境差别大、管理漏洞多。	1. 安全教育管理缺失 2. 易受不法分子蛊惑、诱导

5　做好校园反恐工作的对策

综上分析，加强反恐工作研究探索和体系建设，完善校园安全管理制度，加强反恐应急力量构建和备战，是做好校园反恐工作的有效途径。

5.1　加强反恐工作研究探索，强化反恐形势分析研判

一是适时开展反恐安全工作分析。要针对国际、国内以及校园中出现的反恐安全形势和问题，定期开展反恐工作形势分析，重点剖析校园反恐工作中存在的隐患、问题和易出现的风险点，按照“定时、定位、定人、定责”的要求，分项落实、分关把口、查缺补漏、措施到位，做到反恐万无一失。

二是全员参与反恐安全信息收集。“下好先手棋、打好主动仗”，各单位的安全员为骨干，各房间安全员（含宿舍安全员）为网眼，动员全校师生员工参与，构成校园反恐安全信息网络，建立信息传递渠道，一旦发生安全事件，第一时间反馈到学校，及时启动预案，为校园反恐工作提供有效情报保障。

三是分析研判暴恐安全信息。学校保卫、宣传、信息网络等部门加强舆情监测，对社会、学校及师生员工反馈上来的反恐安全情报、舆情动态、网络信息等进行整理、分析和研判，及时有效制定应对措施，防患于未然。

5.2 加强反恐工作体系建设，强化运行机制保障

一是健全组织机构。把校园反恐工作纳入学校稳定与安全工作委员会及各二级单位安全稳定组织机构工作职能，加强组织领导，明确责任分工，结合稳定与安全工作模式，构建学校、学院（二级单位或部门）及安全员组成的三级反恐工作体系。

二是加强队伍建设。按照工作性质和责任主体，建立健全安全稳定专职、兼职和专业三支队伍，为学校反恐安全稳定提供人力保障。

1. 反恐专职队伍

由保卫部门管理干部、“平安校园”管理服务中心值机员、楼宇守护值班员、保安公司保安员为主体组建，是校园反恐工作的专职防控力量，主要负责校园安全监控、综合防范、应急处置和日常安全保卫工作。

2. 反恐兼职队伍

由各二级单位党组织设立的保卫委员、各学系（中心）、实验室（房间）设立的安全员、学生治安服务队、班级辅导员、宿舍安全员组成，负责一线反恐工作信息收集、措施实施和监督落实，发挥宣传员、信息员、督导员的具体职能。

3. 反恐专业队伍

由水、电、暖、气等后勤服务和医疗救护等专业技术人员组成，负责校园专项重点部位的安全设施维护保障和应急处置，严格落实专业特殊工种的安全工作制度和标准，加强重点岗位、要害目标、重要设施的反恐防恐安全预防工作。

三是开展宣传教育和演练。一直以来，我国高校国家安全教育主要“集中在军事安全、国防安全等传统领域，而对非传统领域的安全教育普遍缺乏”[2]。高校要把反恐安全教育纳入新生入学教育及日常安全教育内容，利用校园广播、电视、橱窗、校园网页、专题公开课以及校园公众号、班集微信群等多种形式，开展经常性的反恐安全常识宣传教育。各二级单位要结合安全培训开展好反恐常识学习。保卫部门要结合学校安全环境每学期组织一次反恐安全演习，通过教育宣传培训和演练，着力提高师生员工反恐安全意识和必备的反恐防恐安全技能。

四是完善反恐处置预案。依据《反恐怖主义法》要求，结合学校《安全预警与突发事件应急总体预案》，制定防范和应对处置恐怖活动的分项预案和措施；各二级单位（部门）要结合单位特点，制定本单位的反恐工作预案，结合日常检查和常规演练，定期修订、补充和完善，在全校建立以网格化、等级化为核心的校园反恐综合防控模式。

5.3 加强完善校园安全制度，强化规范化落实

一是突出校园标准化建设。以“平安校园”提升工程为牵引，完善消防、安防建设，统一各校区学生公寓管理，完成餐厅、教室的规范化建设，形成校园整体建设标准统一、使用管理规范统一，有效堵塞安全漏洞。

二是健全网格化管控机制。不断完善网格区域划分、强化人员责任落实。建立保卫干部与相关职能部门、学院、校区的工作联系制度，形成条、块结合的网格化安全管理模式，确保遇有突发情况时，能够及时了解信息，迅速做出反应，科学合理地进行处置。

三是加强实验室及危化品管理。加强对毒、麻药品、放射和危化品的监督管理，明确审批、采买、存储、发放、请领、使用、回收等各个环节管理要求，建立和完善实验室安全管理制度或办法。突出学院管理职能，细化管理责任，充分发挥房间安全员的作用。加强监管指导，保卫部门加强监督，学校定期进行联合安全检查，严防实验室发生重大事故。

四是开展校园综合整治。配合派出所、城管、街道等管理部门，进行校园环境综合整治，彻底清理校园管理死角；加强学校家属区域、楼宇管理，学校房管部门每半年普查一次学校负责管理的家属楼、公寓房等区域人员居住情况，摸清底数，建立人员居住档案。

5.4 加强反恐应急力量构建，强化处突应对能力

一是组建反恐防暴应急分队。组建以若干名保安员为主体的反恐防暴应急分队，设置队长兼心战宣传员 1 人，警戒、抓捕和打击 3 个战斗小组，每组 3 人。

二是配备防暴装备器材。反恐防暴应急分队按照战斗小组职能分工，配备如下装备器材：

1. 车辆配置

反恐应急电动巡逻车 1 台（可装载 4 人）、电动运输车 1 台（可装载 8 人）。

2. 单兵装具配置

凯夫拉防弹头盔 10 具、防刺服 10 套、防割手套 10 双。

3. 防暴器材配置

防暴警棍盾牌 6 套、防暴钢叉 2 个、连接式防暴棍 2 根、灭火逃生瓶 4 具、防爆围栏 1 套、喊话器 1 台。

三是抓好专项训练。每周设置1次反恐防暴专项训练，以反恐应急处置方案、人员分组定位、防暴器材使用、防暴队形以及心战、抓捕、打击战术的合理运用为主要内容，开展经常性的训练工作，让队员熟悉处置方案、熟悉校园环境、熟悉防暴装备、熟悉反恐技能，做到“准备充分、常备不懈”。

四是开展实战演练。反恐防暴应急分队每半年或根据上级要求，进行有反恐背景、有模拟敌情的实战演练，每年不少于2次。重点演练接警后的人员抽组、紧急出动、围堵限制、心战攻心、抓捕打击的处置流程，以检验校园应对突发事件的指挥流程、处置程序，进一步增强协同配合能力，熟练掌握反恐技能。

5.5 加强反恐工作备战，强化校园反恐应急保障

一是突发事件指挥系统保障。依托安全监控与应急指挥中心系统平台，健全完善应急指挥系统，集成视频监控、应急广播、应急信息发布等功能，实现全景传输、指挥通畅、协同一致的一体化指挥系统。

二是应急通信保障。立足现有配备的对讲机系统，辅助手机通信设备，保持100%完好率，校园“110”报警电话保持100%接听率。制定应急情况下通信联络方案和通信规则，确保应急情况下，沟通联络顺畅、安全方便快捷、信息传递及时。

三是应急设备物资保障。完善反恐应急物资、器材、设备等保障条件，按学校和各校区的实际安全环境科学合理配置。不断完善日常巡防器材、消防器材、防爆器材、破拆器材、医疗器材、救援物资器材及应急物资的储备，加强管理，保证物资、器材的完好性和可使用性。

四是与公安反恐机构建立联动机制。高校反恐工作不能单打独斗，必须与属地公安反恐防暴专门机构要形成联动机制，互相支持互相配合。高校要主动邀请属地公安部门对校园反恐进行指导，帮助高校开展反恐防暴演习，加强信息共享和沟通，必要时，属地公安机关还要指派专人驻校开展工作。

总之，校园反恐工作是一项复杂性、长期性、综合性的安全工作。高校应努力搭建校园反恐协同治理平台，完善反恐怖应急联动机制，建立健全“高校主导、政府支持、社会参与”的多元治理体系[3]，推进高校反恐社会一体化，组织动员社会一切力量共同参与高校反恐事务，形成人人参与、齐抓共管、内外配合、上下联动的良好氛围，有效防范校园恐怖事件的发生，有效抵御恐怖暴力的威胁，积极营造出和谐、安全的校园环境。

参考文献

[1] 中华人民共和国反恐怖主义法，第一章第三条（五）.

[2] 林喜庆．对新时期大学生国家安全教育的思考［J］. 北京工业大学学报（社会科学版）. 2005（02）.

[3] 陈由登．反恐法视域下我国高校反恐路径探索［J］. 经济与社会发展. 2016（04）.

高校校园交通管理现状、问题及对策

——以对外经济贸易大学为例

姜元刚　胡瑞丽

校园车辆的急剧增多使得校园交通情况复杂；学校功能区建设混杂，人车需要在校园内穿行，空间交叉点多；加上基础设施建设不完善，人员交通安全意识不够，所以学校交通安全问题非常重要，预防而减少交通事故，提升校园交通环境，对于创建平安校园以及“双一流”高校建设十分重要。

1　校园交通的特点

1.1　校园面积小，师生人数众多，道路人流量大

我校占地面积五百余亩（见图3），学校现有在校学生1.6万余人，学校现有教职工1600余人（见图1、图2）。校园道路人流量大，师生的活动具有很大的潮汐性，特别是在上课、下课时，路上车流和人流达到峰值。寒暑假师生返校以及新生开学时，师生人数在较短时间内大规模的聚散。师生们的出行对校园周边的交通也有特殊的需求。

图1　在职教工人数统计

图2　在校学生人数统计

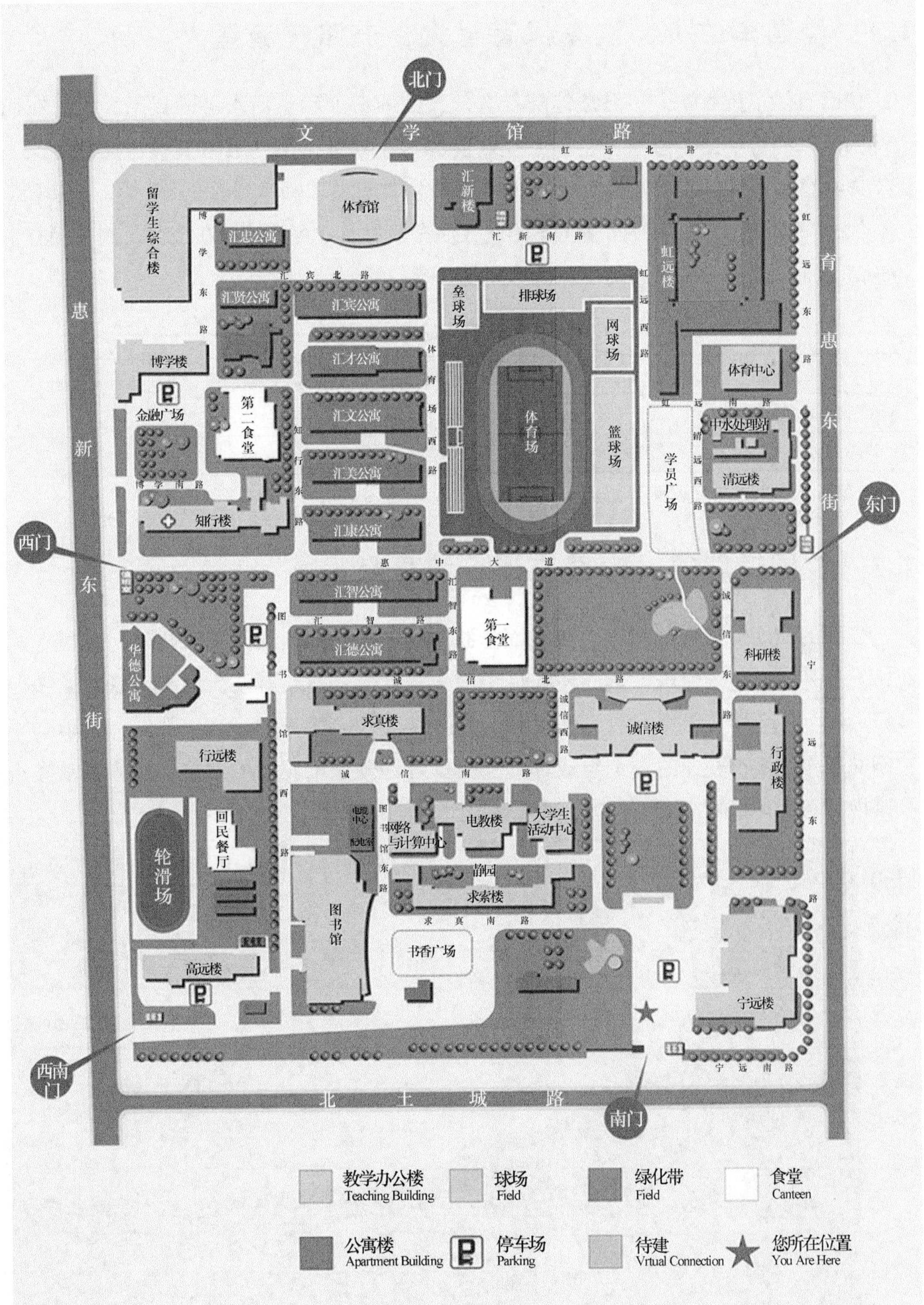
北门
文 学 馆 路
虹 远 北 路
体育馆
汇新楼
留学生综合楼
博学东路
汇忠公寓
汇 新 南 路
汇 宾 北 路
汇贤公寓
汇宾公寓
垒球场
排球场
网球场
虹远楼
虹远东路
虹远西路
博学楼
金融广场
汇才公寓
汇文公寓
汇美公寓
汇康公寓
第二食堂
体育场
篮球场
体育场西路
知行东路
博学南路
知行楼
虹远南路
中水处理站
清远楼
体育中心
学员广场
清远西路
育惠东街
东门
西门
惠 中 大 道
汇智公寓
汇 智 路
汇德公寓
第一食堂
科研楼
诚信东路
华德公寓
图书馆西路
诚 信 北 路
求真楼
诚信楼
诚信西路
行政楼
宁远东路
惠新东街
行远楼
诚 信 南 路
回民餐厅
轮滑场
电教中心
配电室
网络与计算中心
电教楼
大学生活动中心
图书馆东路
静园
求索楼
求 真 南 路
图书馆
书香广场
高远楼
宁远楼
宁 远 南 路
西南门
北 土 城 路
南门
教学办公楼 Teaching Building
球场 Field
绿化带 Field
食堂 Canteen
公寓楼 Apartment Building
停车场 Parking
待建 Vrtual Connection
您所在位置 You Are Here

图3　校园平面图

1.2 校园车位少，汽车保有量大，道路车流量大

校园有效车位400个，但是伴随着教师人数的增加和生活水平的提高，我校在职教师的汽车拥有量逐年递增，特别是受新能源汽车政策影响，数量大幅增加。由保卫处交通办公室统计的表1数据可知，2017年全校教职工车辆达到2259辆，个人保有量达到1.25车/人，再加上校园施工车辆、大使车辆以及业务车辆200余台。汽车保有量的急速增加，使得校园交通的压力大大增加。

表1　我校汽车办证类型及数量

车证类型	教工	施工及使馆	业务证	其他
车证数量/辆	2003	101	84	71
总计/辆	2259			

数据来源于保卫处交通办公室，截止到2017年9月15日。

1.3 校园道路窄，道路交通系统复杂

校园的前期建设已经成型，校园面积狭小，建筑密布，道路很难再进行拓宽。除惠中大道外，其他道路难以形成环线（中国人民大学、北京科技大学等大学都是按照校园环线，避免堵车，提高了出行效率）。通过智能交通系统（图4、图5）查询可知：校园交通作为城市交通的一个组成部分，担负着部分城市交通的功能，外来机动车在校园内穿行，使得校内车流量进一步增加。

图4　智能交通管理系统

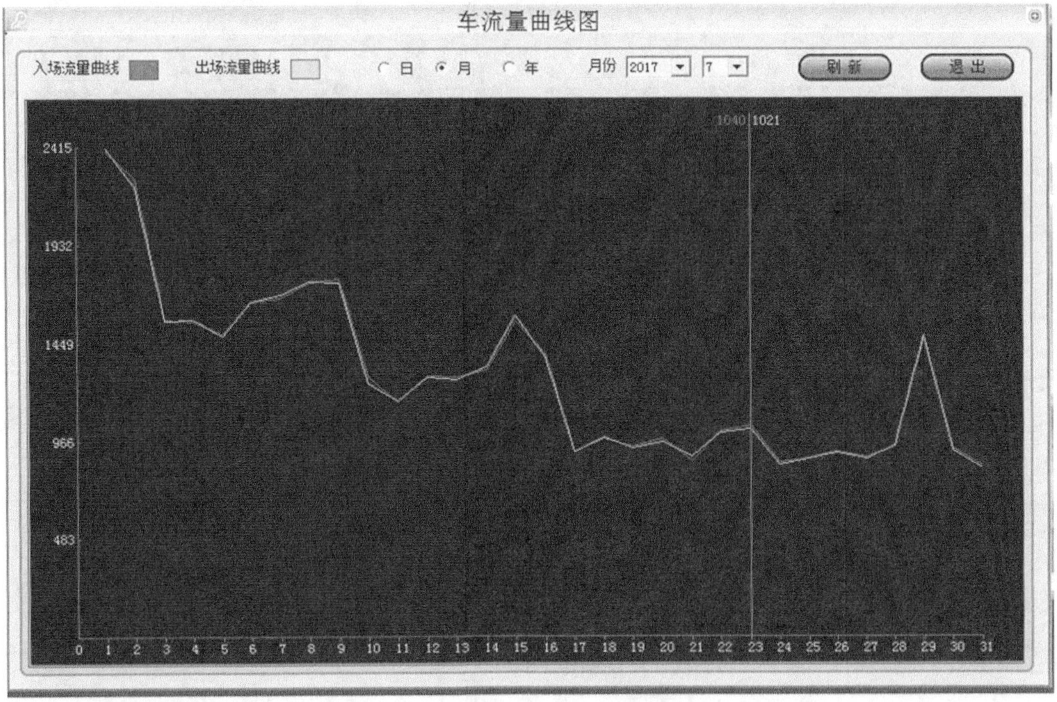

图5　2017年7月份车流量统计

校园是社会的一部分，出现的交通事故也通常由交管部门解决，但是目前校园道路还没有纳入道路交通的执法体系，所以有些校园内交通受害者的权益无法得到保障。

2　校园交通存在的问题

2.1　人车混行安全隐患大，部分车辆车速过快

由图6、图7可以看出，校园白天时段校园车辆通行较多。校园道路狭窄，每逢上课下课时段，人车混行，安全隐患突出，校园发生多起汽车剐蹭行人、汽车剐蹭自行车、自行车碰撞行人的事故。人车抢道，占道问题也带来了极大安全隐患。公寓附近的几条道路由于自行车乱摆放，导致相当拥堵。交叉路口机动车和骑自行车的学生在上下课高峰期速度较快，经常发生撞车事故。

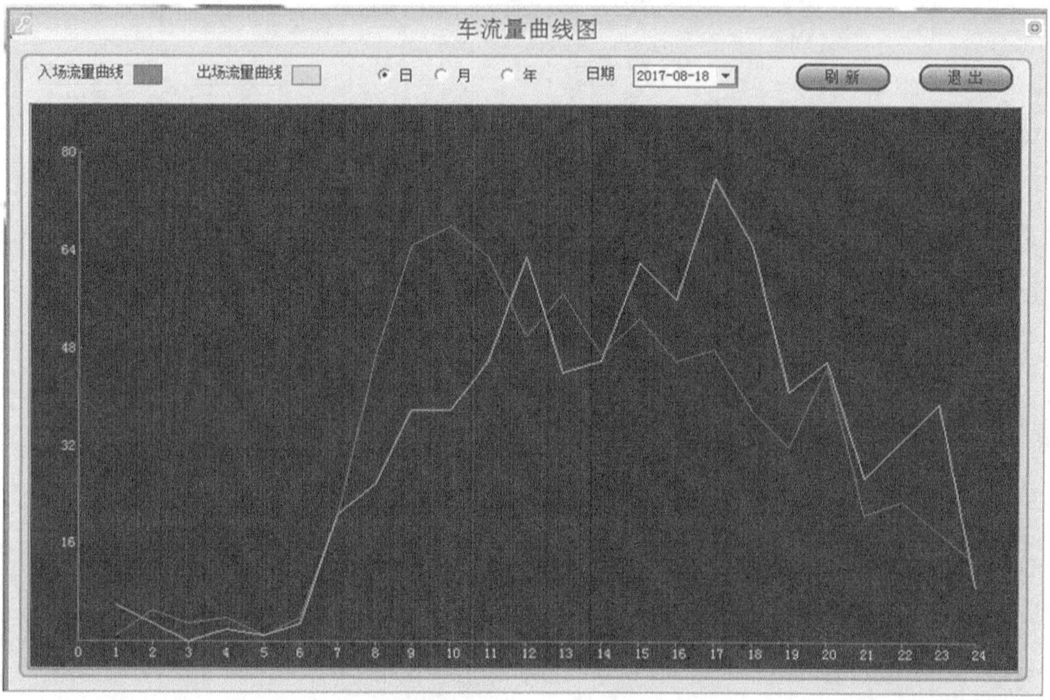

图 6　2017 年 8 月 18 日车流量统计

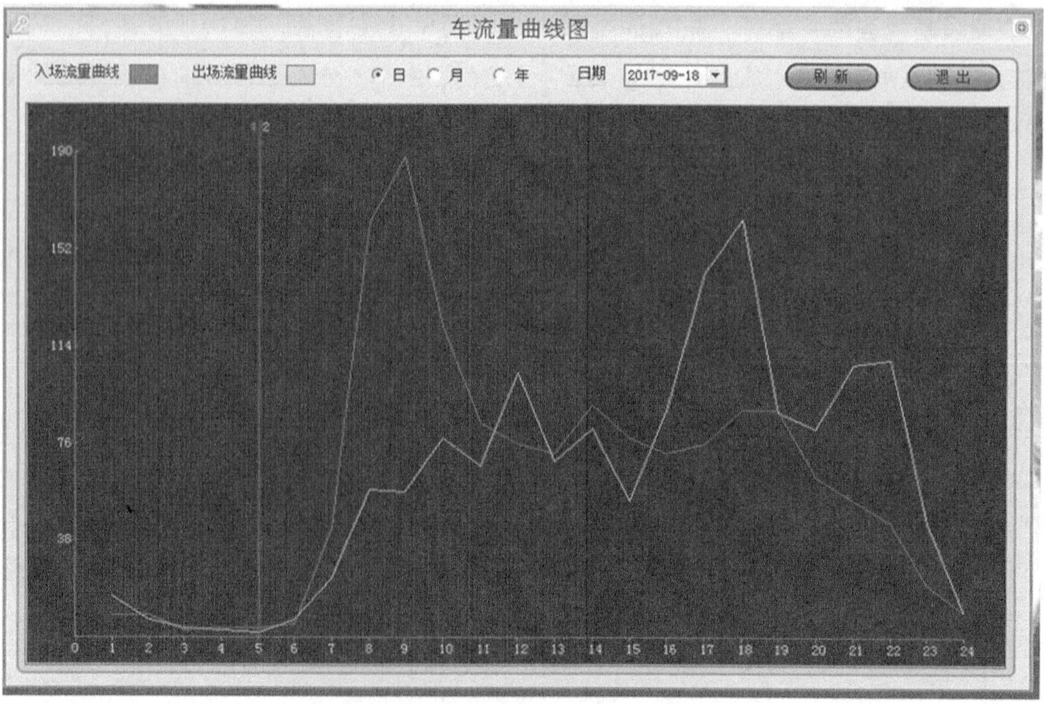

图 7　2017 年 9 月 18 日车流量统计

2.2 校内交通设施落后

校内部分交通设施多年未进行更新，也无法满足现在的交通需求。交通智能系统通过智能车牌识别和智能收费大大提高了学校交通管理水平，但是目前的收费仅限于现金收费，车辆出校存在找零等环节，对于高峰期车辆出校比较缓慢。

2.3 车辆停放不规范，影响道路交通

每到上课下课时段，教学楼前、宿舍楼前的道路上停放大量自行车，快递外卖车，影响道路通行。部分机动车在上课时段为了赶时间，车辆停在马路上，路口处，也影响正常的交通运行。

2.4 闲置自行车、快递车、送餐车数量过多，严重挤占校园道路空间

自行车作为绿色环保的出行交通工具，深受大学生的喜爱。但是当自行车出现损坏时，多数学生因为不方便修理而将自行车闲置，加上毕业季，毕业生离校无暇顾及自行车而将自行车废弃。基于以上两点，校园出现了很多僵尸车，严重影响了校园道路交通，也在一定程度上影响了校容校貌，造成资源浪费。

随着快递和外卖的兴起，快递车、送餐车的数量越来越多，当快递员、送餐员离职或者车辆损坏时，车辆丢在校园内，也产生大量僵尸车。校园内闲置自行车、快递车、送餐车的处理成为困扰高校的难题。

2.5 交通安全意识薄弱

校园活动的主体是在校师生、学术交流访问人员以及周边居民和从事商业活动的体户，活动主体教育背景不一，素质也参差不齐。比如少数司机、外卖快递员在校园内高速行驶，汽车、自行车乱停乱放，教学区、宿舍区、家属区鸣笛，走在机动车道上低头看手机、听音乐，骑自行车在机动车道上逆行等等，这些问题在校园里普遍存在，导致大大小小的交通事故经常发生。

2.6 教工新能源汽车的充电需求

鉴于北京严格的摇号政策以及新能源车的鼓励政策，越来越多的有用车需求而未购买机动车的教工开始转向新能源汽车。目前我校新能源汽车数量达到近 60 辆，困扰

教职工的问题是新能源车的充电问题。

3 校园交通系统提升的对策

3.1 规划人车分离的交通路网，控制行车的速度

校园的道路交通系统分为人行道、非机动车行道、机动车行道三个部分，校园道路建设应服务于师生的教学与学习。道路应以行人、非机动车为主，与机动车分离的校园慢行交通系统，控制好校园机动车辆的驾驶速度。增加校内道路的限速标志，加铺减速带，教学楼、学生公寓周边设置步行道，禁止机动车驶入，避免人流量大的道路人车混行。对于外来施工车辆加强管控，对司机提出校园行车要求。

3.2 升级校园交通设施及系统

学习借鉴其他高校的环形单向行驶，道路一侧可以规划停车位，避免出现道路停车、双向行驶无法会车的难题。整个校园环形行驶可以避免堵车，也可以规划更多的停车位。

针对当前的下班时段出现的出车高峰排队现象，可以升级校园的智能交通收费系统，目前是以人工收费为主，在出车高峰期，收费员需要面找零、给车主发票等工作，用时较长，出现排队现象。结合当前的电子支付系统可以升级收费系统，可以满足微信、支付宝、ETC 等多种形式支付系统，减少人工操作，可以大大提高校门口的出车效率。

进一步开发校内资源，启用地下车库，规划建设立体车库。我校校园占地小，教学楼宿舍楼林立，土地十分紧张，开发地下资源建设车停库是解决停车难问题的有效方案。

3.3 规范学校学生自用自行车、电动车、摩托车和共享单车的停放

为保障校园师生的安全，禁止摩托车进校园，电动车、自行车规范管理，针对日益增多的校园送餐车、快递车，对其流量、学校出入口、校内行车速度进行限制，保障师生安全。要求使用人在不用车时要规范停放，不能占用道路空间。

3.4 将废弃车辆进行分类处理

对于长期停放的僵尸车，按照不可修复、可修复、完好进行分类，不可修复车辆

可以做废品处理，部分零部件可以保留给需要的学生使用；可修复的车辆经修理后与完好车辆一起给学生免费使用或者收取小额租金使用。

闲置自行车占用校园空间资源，处理好僵尸车能够美化校园环境，引导学生绿色出行，减少资源浪费。

3.5 开展交通安全教育，增强师生安全意识

加强师生搜集校园交通事故视频和图片，做成安全教学案例，在交通安全宣传日、学生安全课堂等活动做好交通安全宣传教育，提高全校师生的交通安全意识。提倡绿色出行，规范停车。

3.6 响应国家号召，建设服务师生的新能源充电桩

新能源汽车因使用电能而非燃油，能够减少空气污染，受到国家政策的鼓励与支持。随着教职工新能源汽车数量的增加，可以考虑在校园内安装充电桩，方便师生充电。

大学校园作为人员高度密集的场所，安全是第一位的。作为“双一流”一流学科建设高校，安全是发展的基础，大学校园的交通安全是一个系统工程，需要结合人、物、技术等多管齐下，提高人员交通安全意识，提升校园交通设备设施，利用互联网等多种技术，提升校园交通环境。

参考文献

[1] 毛彩云，韩小腾，等．加强校园交通建设 提高学生素质 [J]. 网络财富．2009，(6)：46-47.

[2] 王珑裕，邵延学. 高校闲置自行车现状及解决对策 [J]. 高校后勤研究，2017，(8)：58-60.

[3] 杜一鹏．关于高校学生交通安全问题的思考 [J]. 高校后勤研究，2010，(6)：65-68.

[4] 涂江红．晓燕交通事故原因分析及预防措施研究 [J]. 价值工程，2017，(1)：158-159.

[5] 章群，段理慧．高校校园交通安全管理质量模糊综合评价系统研究 [J]. 软科学，2011，(7)：141-144.

后 记

2016年10月北京高教保卫学会第十三届学术年会召开以来，各会员高校和广大安全保卫战线工作者，始终坚持以习近平新时代中国特色社会主义思想为指引，深入贯彻落实党的十九大和十九届二中、三中、四中、五中全会精神，全面落实中央和北京市委关于平安建设部署要求，以首善标准全面推进平安校园建设。高校应对各类风险挑战和复杂局面的能力得到不断提升，先后圆满完成了新中国成立70周年庆祝活动等一系列重大专项任务，为高校改革发展奠定了坚实基础，为维护首都安全大局作出了应有贡献。

学会一贯坚持“学会的生命在于开展学术研究”的宗旨，大力倡导理论联系实际，把总结深化首都高校维护稳定和安全管理工作的经验、研究破解影响校园稳定的安全的难题、探索创新“平安校园”建设的途径、不断提升维护稳定和安全管理工作的水平作为学会的首要任务。

2016至2018年度，在市委教育工委的支持和帮助下，学会结合首都高校维护稳定和“平安校园”建设工作的实际，进一步完善课题研究引导机制，拓展研究辐射的范围，累计支持立项研究课题148项（其中专项课题2项，重大课题14项，重点课题37项，一般课题72项，自筹课题23项），组织力量，深入开展研究。2018年12月，学会召开了第十四届学术年会，各会员高校积极响应，共收到学术论文、研究成果169项，经专家评审、常务理事会审定，分别评定出研究课题优秀奖11项、论文一等奖14篇、论文二等奖25篇、论文三等奖55篇、论文成果奖36篇，本书共收录其中6项优秀课题研究成果及论文一等奖、二等奖39篇，它们反映了近年来首都高校在市委教育工委领导下不断完善校园安全管理的同时，广大安全管理工作者也在研究方面进行了积极探索与创新实践。相信本书的出版将会对维护首都高校安全稳定与安全管理工作提供正能量，为提升全局工作发挥积极的作用。

在本书出版过程中，得到了北京航空航天大学出版社的大力支持与帮助，在此深表感谢！

由于水平有限，仍有瑕疵与疏漏之处，敬请予以批评指正。

编 者

2020 年 12 月